Seefahrtsgeschichte
Schleswig-Holsteins
in der Neuzeit

Jann Markus Witt

Seefahrtsgeschichte
Schleswig-Holsteins
in der Neuzeit

BOYENS

Inhalt

Schriftenreihe der Deutschen Maritimen Akademie

– Band 2 –

Vorwort

Die Schifffahrt hat die Geschichte Schleswig-Holsteins entscheidend mitbestimmt. Bereits früh haben die Menschen im Norden Europas erkannt, dass das Wasser kein Verkehrshindernis, sondern ein Kommunikationsweg ist. In Schleswig-Holstein wurde die Entwicklung der Schifffahrt durch die Geographie des Landes besonders begünstigt. Die meisten schleswig-holsteinischen Städte liegen entweder unmittelbar an der Küste oder besaßen zumindest in früheren Zeiten einen schiffbaren Zugang zum Meer.

Bis zum Aufkommen der Eisenbahn im 19. Jahrhundert waren Meere, Flüsse und Seen die bevorzugten Transportwege, da die Beförderung größerer Warenmengen über Land angesichts des oft schlechten Zustands der meist unbefestigten Straßen zeit- und kostenintensiv, wenn nicht sogar unmöglich war. Trotz aller Gefahren und Unwägbarkeiten von Wind und Wetter war der Transport zu Wasser meist leichter und billiger als über Land.

Traditionell waren die größten schleswig-holsteinischen Handelsflotten an der Ostsee und der Unterelbe beheimatet, wo die Bedingungen für die Schifffahrt günstig waren. Lange besaß Flensburg die größte Handelsflotte der Herzogtümer, gefolgt von Altona, Apenrade, Sonderburg, Marstall, Ärösköping, Kiel, Kappeln, Glückstadt, Elmshorn, Eckernförde, Husum, Tönning und Itzehoe.

Das 18. Jahrhundert war das „Goldene Zeitalter" der schleswig-holsteinischen Handelsschifffahrt. Als Teil des dänischen Gesamtstaats profitierten die in den Häfen der Herzogtümer beheimateten Schiffe von der dänischen Neutralität in den zahlreichen Seekriegen des 18. Jahrhunderts. Schiffe aus Schleswig und Holstein segelten damals bis in das Mittelmeer und die Karibik, während die Seeleute von den nordfriesischen Inseln hohes Ansehen als Walfangspezialisten genossen. Diese Zeit der Blüte endete schlagartig, als Dänemark 1807 an Napoleons Seite in den Krieg zwischen Großbritannien und Frankreich hineingezogen wurde: Die schleswig-holsteinische Handelsschifffahrt kam zum Erliegen, und die Wirtschaft kollabierte. Erst in den 1830er Jahren begann sich die schleswig-holsteinische Schifffahrt langsam zu erholen, ohne jedoch ihre alte Bedeutung wiedererlangen zu können.

Mit der Niederlage Dänemarks im Deutsch-Dänischen Krieg von 1864 endete die 1460 im Vertrag von Ripen begründete Personalunion von Schleswig und Holstein mit Dänemark. 1867 annektierte Preußen die Herzogtümer und gliederte sie als Provinz Schleswig-Holstein in das Königreich Preußen ein. Mit der Gründung des Norddeutschen Bundes im Jahr 1867 entstand erstmals eine deutsche Handelsflotte. Im Zuge der Industrialisierung des Deutsche Reiches gewann

„Navigare necesse est" – „Seefahrt ist not(wendig)". In allegorischer Darstellung stellt dieser Stich aus dem 18. Jahrhundert den europäischen Seehandel mit den verschiedenen Kontinenten dar, die jeweils durch einen Indianer, einen Afrikaner und einen Orientalen repräsentiert werden.

auch die deutsche Handelsschifffahrt rasch an Bedeutung. Hatte die deutsche Handelsflotte tonnagebezogen im internationalen Vergleich in den 1880er Jahren weltweit nach Großbritannien, Frankreich, den Vereinigten Staaten und Spanien noch an fünfter Stelle gestanden, nahm sie um 1900 bereits den dritten Platz ein und wuchs weiter, bis sie 1914 den zweiten Platz nach Großbritannien erreichte. An diesem rasanten Aufstieg der deutschen Handelsschifffahrt hatten die schleswig-holsteinischen Städte jedoch nur geringen Anteil; der größte Teil der deutschen Handelsschiffe war in den großen Überseehäfen Hamburg und Bremen beheimatet. Daran hat sich bis heute nicht viel geändert. Zugleich sieht sich die Schifffahrt in Schleswig-Holstein auch neuen Problemen gegenüber: Billigflaggen und internationaler Konkurrenzdruck machen den Reedern und Seeleuten das Leben schwer. Dennoch spielt die Schifffahrt in Schleswig-Holstein nach wie vor eine wichtige Rolle, ebenso wie die maritime Wirtschaft und – trotz der Werftenkrise – auch der Schiffbau. Nach 1867 entwickelte sich in Schleswig-Holstein eine moderne Schiffbauindustrie mit den Schwerpunkten in Flensburg und Kiel. Während jedoch in Flensburg der Handelsschiffbau dominierte, wurde die Entwicklung der Werftindustrie in Kiel lange Zeit vor allem vom Kriegsschiffbau bestimmt. Seit 1865 war die Stadt der bedeutendste deutsche Flottenstützpunkt an der Ostsee, und so hat die Marine die Kieler Stadtgeschichte der letzten 150 Jahre nachhaltig geprägt.

Bis heute ist das maritime Erbe im „Land zwischen den Meeren" lebendig. Zahlreiche maritime Museen und Traditionsschiffe zeugen an Nord- und Ostsee von der Seefahrtvergangenheit. Auch die historische Wissenschaft hat sich immer wieder mit den maritimen Aspekten der Landesgeschichte befasst. Ich selber beschäftige mich seit fast zwei Jahrzehnten mit der schleswig-holsteinischen und nordeuropäischen See-

fahrtsgeschichte. Schon in der von mir und Heiko Vosgerau herausgegebenen und 2010 im Boyens Buchverlag erschienenen „Geschichte Schleswig-Holsteins" spielen maritime Bezüge eine bedeutende Rolle, auch wenn vieles nur knapp angerissen werden konnte. So entstand die Idee, der vielfältigen maritimen Geschichte unseres Landes ein eigenes Buch zu widmen.

Das vorliegende Werk gibt einen Überblick über die Seefahrtsgeschichte Schleswig-Holsteins von der Mitte des 16. Jahrhunderts bis heute. Es knüpft damit an das ebenfalls im Boyens Buchverlag erschienene Buch „Land in Sicht" an, das sich schwerpunktmäßig mit der frühgeschichtlichen und mittelalterlichen Seefahrtsgeschichte Schleswig-Holsteins befasst. Das Themenspektrum reicht von der Entwicklung von Schifffahrt und Häfen über die Sozialgeschichte der Seefahrt und Piraterie bis hin zur Marinegeschichte.

Ein solches Überblickswerk bedeutet jedoch notwendigerweise auch, dass vieles nur kurz angesprochen und anderes überhaupt nicht erwähnt werden kann. Vielleicht ist dieses Buch aber ein Anreiz, sich intensiver mit der Seefahrtsgeschichte Schleswig-Holsteins zu beschäftigen. Sollte darüber hinaus diese historische Übersicht die eine oder andere Forschungsarbeit anregen, würde es mich ganz besonders freuen.

Leider kann ich nicht die Namen all derer erwähnen, die mich bei der Arbeit an diesem Buch unterstützt haben. Besonderer Dank gebührt jedoch Dr. Christian Ostersehlte, Michael Legband, Pressesprecher der Industrie- und Handelskammer zu Kiel, Dr. Liane Faltermeier von der Industrie- und Handelskammer zu Kiel, Dr. Jürgen Rohweder vom Nautischen Verein Kiel sowie Dr. Marina Vollstedt von der Helmut-Schmidt-Universität der Bundeswehr in Hamburg für ihre Anmerkungen und Anregungen sowie Bernd Rachuth vom Boyens Buchverlag dafür, dass er dieses Buch möglich gemacht hat. Etwaige Fehler fallen allein in meine Verantwortung.

Jann M. Witt

Unter Nesselblatt und Danebrog – Schifffahrt und Seehandel in den Herzogtümern Schleswig und Holstein 1544 bis 1721

Die politische Lage in den Herzogtümern zu Beginn des 16. Jahrhunderts

Nach langen Auseinandersetzungen hatten sich die Grafen von Holstein aus dem Hause Schauenburg zu Beginn des 15. Jahrhunderts im Kampf um das Herzogtum Schleswig gegen die dänischen Könige durchsetzen können. 1440 übertrug König Christoph III. von Dänemark das Herzogtum Schleswig als erbliches Lehen an Graf Adolf VIII. von Schauenburg, der damit Schleswig und Holstein endgültig unter einer Herrschaft vereinigte. Während Schleswig unter dänischer Lehenshoheit stand, gehörte Holstein zum Heiligen Römischen Reich Deutscher Nation.

Nach dem Tod von König Christoph III. wählten die dänischen und norwegischen Reichsräte 1448 Christian von Oldenburg-Delmenhorst, den Neffen Adolfs VIII., zum neuen König von Dänemark. Als Christian I. wurde er zum Begründer des bis heute herrschenden dänischen Königshauses. Doch obgleich die drei nordischen Königreiche Dänemark, Schweden und Norwegen seit 1397 in der sogenannten „Kalmarer Union" unter einer Krone vereinigt waren, hatten die nach Unabhängigkeit strebenden Schweden bereits im Frühjahr 1448 einen eigenen König gekürt. Fast seine gesamte Regierungszeit hindurch kämpfte König Christian I. um den Fortbestand der Union der drei nordischen Reiche.

Am 4. Dezember 1459 starb Adolf VIII. von Schauenburg, Herzog von Schleswig und Graf von Holstein, ohne leibliche Erben. Sowohl sein Neffe, König Christian I. von Dänemark, als auch Otto von Schauenburg aus der Pinneberger Nebenlinie des Grafenhauses erhoben Anspruch auf Schleswig und Holstein.

Der seit langem in beiden Landen ansässige schleswig-holsteinische Adel war an der Beibehaltung der engen Verbindung zwischen Schleswig und Holstein interessiert. Um ein erneutes Auseinanderfallen der beiden Lande zu verhindern, beschlossen die Adligen, nur einen Herrn über Schleswig und Holstein zu wählen. Letztlich konnte sich mit dem dänischen König der mächtigste Kandidat durchsetzen. Am 2. März 1460 trafen sich Vertreter des schleswig-holsteinischen Adels mit König Christian I. in der dänischen Stadt Ripen (dänisch: Ribe), wo dieser noch am gleichen Tag zum neuen Landesherrn von Schleswig und Holstein ausgerufen wurde. Als Gegenleistung stellte Christian I. den schleswig-holsteinischen Adligen die berühmte Urkunde von Ripen aus, in der er zusagte, dass Schleswig und Holstein in Zukunft unter einer gemeinsamen Herrschaft stehen sollten. Zugleich sicherte er den Adligen die faktische und rechtliche Selbstständigkeit Schleswigs und Holsteins gegenüber dem Königreich Dänemark sowie die Unteilbarkeit und Zusammengehörigkeit der beiden Lande zu. Dies fand Ausdruck in der berühmt gewordenen Formulierung der Ripener Urkunde *„dat se bliven ewich tosamende ungedelt"* – „dass sie ewig ungeteilt zusammenbleiben".

Mit der Urkunde von Ripen kam es zu einer staatsrechtlichen Verbindung zweier Territorien, die unterschiedlichen Lehnshoheiten unterstanden, unter einem gemeinsamen Herrscher, der zugleich König von Dänemark war. Erst seit dieser Zeit kann man von „Schleswig-Holstein" im eigentlichen Sinne sprechen. Die Auswirkungen dieses historischen Ereignisses sind bis heute spürbar.

Der Vertrag von Ripen und die „Tapfere Verbesserung" vom 4. April 1460, in der König Christian I. vor der Huldigung durch die schleswig-hol-

steinische Ritterschaft weitere Zugeständnisse machte, schufen in Gestalt einer Personalunion einen staatlichen Verbund von Schleswig und Holstein mit Dänemark, der bis 1864 Bestand haben sollte. Dabei bildete allein die Person des Herrschers die einigende Klammer; staatsrechtlich blieben das Königreich Dänemark und Schleswig-Holstein dagegen eigenständige Territorien. Das hieß, dass Christian 1. in Dänemark König, in Schleswig jedoch lediglich Herzog bzw. in Holstein sogar nur Graf war. Erst 1474 wurde die bisherige Grafschaft Holstein zum reichsunmittelbaren Herzogtum erhoben; damit stieg Christian 1. zum Reichsfürsten auf.

Ungeachtet der im Ripener Privileg festgeschriebenen Einheit von Schleswig und Holstein kam es schon bald erneut zur Teilung der Lande. Der Tradition des oldenburgischen Herrscherhauses folgend, nach der alle Söhne gleichberechtigt erbten, entschädigte König Christians 1. Nachfolger Johann 1. im Jahr 1490 seinen jüngeren Bruder Friedrich gegen den Widerstand des schleswig-holsteinischen Adels mit der Herrschaft über den nach Friedrichs Residenzort benannten „Gottorfer Anteil" der Herzogtümer Schleswig und Holstein. Nach der Vertreibung von König Christian II. im Jahr 1523 bestieg der Gottorfer Herzog als König Friedrich I. den dänischen Thron. Damit wurde die Landesteilung in Schleswig und Holstein wieder aufgehoben. Zugleich endete mit der Selbständigkeit Schwedens die Kalmarer Union der drei skandinavischen Königreiche.

1544 nahm König Christian III. von Dänemark gegen den Protest der Ständeversammlung in den Herzogtümern Schleswig und Holstein erneut eine Landesteilung vor, um auf diese Weise seine jüngeren Brüder Johann und Adolf abzufinden. Um die Ausbildung geschlossener Herrschaftsräume zu verhindern, wurden Gebietsstreifen gebildet, die sich die Landesherren auswählten und die nach dem jeweiligen Residenzort benannt wurden.

Nach dem Tod Johanns und mehreren Neuordnungen bestanden die Herzogtümer seit 1581 im Wesentlichen neben einem gemeinschaftlich regierten Anteil aus dem königlichen und dem herzoglichen oder Gottorfer Anteil, wobei der dänische König im Herzogtum Schleswig bis 1660 Lehnsherr des Gottorfer Herzogs blieb, während in Holstein beide als Lehnsmänner des Deutschen Kaisers in der Landesherrschaft gleichberechtigt nebeneinander standen.

Ungeachtet der staatsrechtlichen Einheit der Herzogtümer begann sich allmählich ein herrschaftlicher Dualismus in Schleswig und Holstein herauszubilden, da die Gottorfer Herzöge versuchten, sich eine eigenständige Machtbasis in ihrem Territorium zu schaffen.

Die wirtschaftliche Lage in den Herzogtümern im 16. Jahrhundert

Nach den verheerenden Folgen der großen Pest, durch die ab 1350 auch in Schleswig und Holstein fast die Hälfte der Bevölkerung dahingerafft worden war, hatten die Herzogtümer seit dem 15. Jahrhundert einen beachtlichen wirtschaftlichen Aufschwung erlebt. Auslöser war der durch das erneute Bevölkerungswachstum in Europa stark erhöhte Bedarf an Lebensmitteln gewesen. Die große Nachfrage traf zeitlich mit der Entwicklung der adligen Gutswirtschaft in Schleswig, Holstein und Dänemark zusammen, die vor allem auf der Arbeitsleistung leibeigener Bauern beruhte.

Vor dem Hintergrund einer blühenden Agrarkonjunktur hatte sich um 1500, an der Wende vom Mittelalter zur Neuzeit, die Leibeigenschaft herausgebildet. Angesichts der Gewinnmöglichkeiten vergrößerten die adligen Grundherren ihre eigenen Anbauflächen, während sie gleichzeitig die von den Bauern zu leistenden Dienste steigerten. Dadurch verschlechterte sich die ökonomische, soziale und rechtliche Stellung der Gutsuntertanen, während diese gleichzeitig in eine immer größere Abhängigkeit vom Gutsherrn gerieten. Die Bauern waren durch das sogenannte „Schollenband" fest ihre Hofstelle gebunden, die sie nicht verlassen durften. Zudem waren sie der gutsherrlichen Gerichtsherrschaft unterworfen, die in Ostholstein als Gewohnheitsrecht bestand und den Gutsherren im Herzogtum Schleswig 1524 durch ein Privileg König Friedrichs I. erteilt wurde.

Viele adlige Gutsbesitzer wurden nun zu regelrechten Agrarunternehmern, die mit Hilfe ihrer bäuerlichen Leibeigenen vorwiegend für den Export produzierten. Aber auch die freien Bauern an der fruchtbaren Westküste profitierten von der guten Konjunktur; neue Flächen wurden für die Landwirtschaft erschlossen und die Landgewinnung an der Nordseeküste durch Eindeichungen intensiviert, während zugleich niederländische Einwanderer die Entwicklung von Deichbau, Schifffahrt und Landwirtschaft förderten.

Die schleswig-holsteinischen Agrarprodukte wurde hauptsächlich nach Skandinavien und in die damals bereits stark urbanisierten Niederlande exportiert, von wo aus ein Teil der Lebensmittel über niederländische Zwischenhändler weiter nach Frankreich, Spanien und in den Mittelmeerraum verfrachtet wurde. Neben der Getreideausfuhr besaß vor allem der Massenexport von Ochsen aus Dänemark nach Nordwesteuropa große Bedeutung. Jahr für Jahr wurden riesige Ochsenherden über den alten Heerweg, nun bezeichnenderweise „Ochsenweg" genannt, von Jütland nach Holstein getrieben. In Wedel, Husum oder Itzehoe wurden die Tiere verkauft und auf den eigenen vier Beinen oder per Schiff weiter in die Niederlande gebracht.

Die Entwicklung von Handel und Seefahrt in Schleswig und Holstein im 16. Jahrhundert war zugleich auch eng mit den politischen und wirtschaftlichen Machtverschiebungen im Ostseeraum verbunden.

Infolge der zunehmenden Verfestigung der Staatlichkeit und dem damit verbundenen Aufstieg der Fürsten und Territorialstaaten war Lübeck, die alte Vormacht im Ostseeraum, seit dem 15. Jahrhundert mehr und mehr in die Defensive gedrängt worden. Bereits im dänisch-hansischen Seekrieg von 1510 bis 1512 hatte die neu aufgebaute dänische Flotte den Lübeckern erfolgreich die Seeherrschaft streitig gemacht. 1523 war mit der Kalmarer Union der drei skandinavischen Königreiche auch das alte Machtgleichgewicht in der Ostsee zerbrochen. In den folgenden Jahren wurde die Schwäche Lübecks gegenüber den neuen Territorialstaaten immer deutlicher offenbar.

Das Ende der lübischen Großmachtstellung wurde durch das Scheitern der wirklichkeitsfremden Politik des Lübecker Bürgermeister Jürgen Wullenwever in der sogenannten Grafenfehde von 1533 bis 1536 markiert. Durch die Wiedereinsetzung des 1523 vertriebenen dänischen Königs Christians II. hoffte Wullenwever, seinen Einfluss auf Dänemark zu stärken, um so die alte Machtposition der Travestadt in der Ostsee wieder herzustellen und die Niederländer durch die Sperrung des Öresunds (dänisch: Øresund) aus der Ostsee zu vertreiben. Nach anfänglichen Erfolgen musste Lübeck jedoch bittere Rückschläge

hinnehmen. Der Krieg endete 1536 mit der vollständigen politischen und militärischen Niederlage der Travestadt. Lübeck war seither nicht mehr in der Lage, eine eigenständige Machtpolitik im Norden Europas zu betreiben, auch wenn die Stadt ihre Eigenständigkeit bis zur Eingliederung in die preußische Provinz Schleswig-Holstein durch das Groß-Hamburg-Gesetz von 1937 bewahren konnte. Fortan teilten sich Dänemark-Norwegen und Schweden die Herrschaft über die Ostsee. Zugleich profitierten die beiden skandinavischen Königreiche vom freien Handel nach dem Aufbrechen des alten hansischen Handelsmonopols.

Der ökonomische Bedeutungsverlust der Hanse hatte im 15. Jahrhundert mit dem verstärkten Eindringen neuer Konkurrenten, insbesondere der niederländischen Kaufleute, in den Ostseeraum begonnen. Ihr Auftreten bot den skandinavischen Königreichen die willkommene Möglichkeit, sich von der bisherigen wirtschaftlichen Dominanz der Hanse zu befreien. Es zeigte sich, dass das hansische Handelssystem zu unflexibel war, um angemessen auf die neuen Herausforderungen zu reagieren. Hinzu kamen wachsende Interessengegensätze innerhalb der Hanse, die das innere Gefüge der Gemeinschaft zunehmend schwächten.

Überdies wurde der Ostseeraum seit dem beginnenden 16. Jahrhundert durch die Verlagerung der europäischen Fernhandelsströme in die Küstenregionen des Atlantiks als Folge der Erschließung des Seewegs nach Indien und der Entdeckung Amerikas wirtschaftlich in mehr und mehr an die Peripherie gedrängt, während sich zur gleichen Zeit die im Zentrum der neuen Handelswege gelegenen Niederlande anschickten, zur führenden Wirtschaftsmacht Europas aufzusteigen. Trotz dieses relativen Bedeutungsverlustes blieb die Ostsee ein prosperierender europäischer Wirtschaftsraum, der auch großen Anteil am wachsenden Handel und der guten Konjunktur des 16. Jahrhunderts hatte. So stieg die Zahl Schiffe, die den Öresund passierten, von 567 im Jahr 1497 auf 2.204 im Jahr 1646. Damit hatte sich der Schiffsverkehr in die Ostsee in rund 150 Jahren fast vervierfacht, wobei ein Großteil dieser Handelsschiffe unter niederländischer Flagge segelte. Dank ihrer Handelsbeziehungen mit den Niederlanden konnten sich die skandinavischen Reiche nun endgültig aus ihrer früheren ökonomischen Abhängigkeit von der Hanse lösen. Zu-

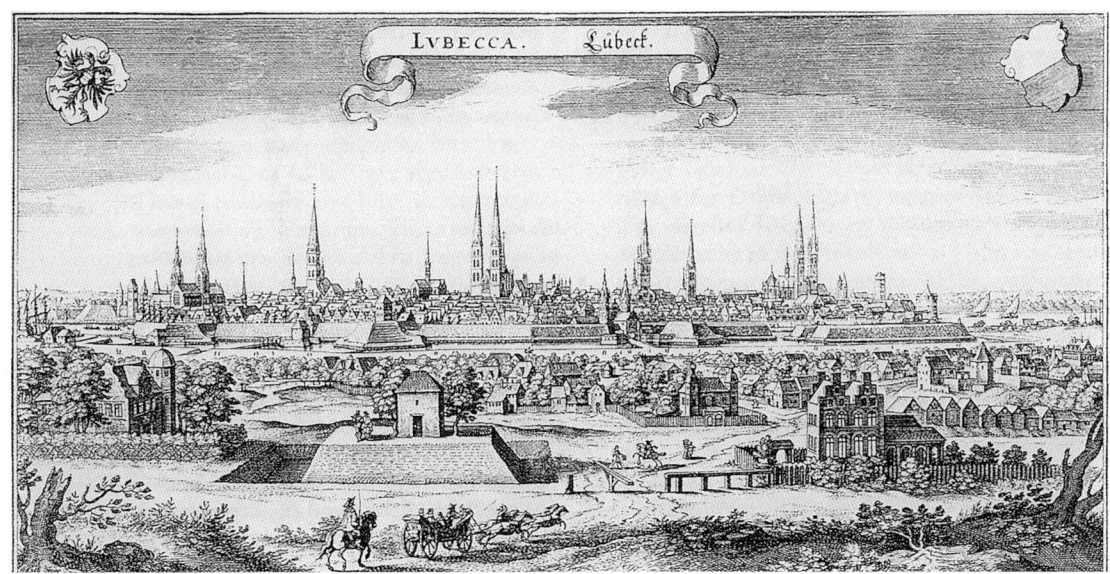

Lübeck um 1650. Zwar hatte die Trave-stadt durch den Niedergang der Hanse im 16. Jahrhundert an politischem Einfluss im Ostseeraum eingebüßt, blieb aber bis in das 17. Jahrhundert hinein die bedeutendste Handelsstadt im Ostseeraum.

dem förderten die Könige von Dänemark und Schweden seit dem 16. Jahrhundert aus fiskalischen Gründen ihre eigenen Kaufleute, so dass für die alten Privilegien der Hanse kein Platz mehr war.

Ungeachtet der zunehmenden Auflösung des hansischen Handelssystems blieb Lübeck bis in das 17. Jahrhundert hinein die bedeutendste Handelsstadt in der Ostsee. Trotz des politischen Machtverlusts florierte Lübecks Wirtschaft. Seit dem 16. Jahrhundert konzentrierte sich der Handel der Travestadt im Wesentlichen auf den Ostseeraum, vor allem auf Dänemark, Schweden und Finnland, Livland und Russland. Zugleich fungierte Lübeck nach wie vor als zentrale Drehscheibe für den Handel mit westeuropäischen Handelswaren, wodurch sich die Stadt einen bedeutenden Anteil an der guten Konjunktur des 16. Jahrhunderts sichern konnte. Seit Ende des 17. Jahrhunderts konzentrierten sich die Lübecker Kaufleute zunehmend auf den Seetransithandel; erst in der zweiten Hälfte des 18. Jahrhunderts erlebten Handel und produzierendes Gewerbe in der Travestadt wieder einen Aufschwung.

Infolge des Niedergangs der Hanse und der Verschiebung der Handelswege gewann auch Hamburg im Laufe des 16. Jahrhunderts gegenüber Lübeck zunehmend an Bedeutung und wurde nun zum bedeutendsten Seehafen des Heiligen Römischen Reichs deutscher Nation. Gleichzeitig begann sich der Schwerpunkt des Hamburger Handels vom Nord- und Ostseeraum,

dem Hauptgebiet des hansischen Handels im Mittelalter, in Richtung Atlantik und Mittelmeer zu verlagern. Spanien und Portugal wurden nach den Niederlanden zu den wichtigsten Handelspartnern, gefolgt von Frankreich und England. Aufgrund ihrer guten Verbindungen in das mittelosteuropäische Hinterland wurde die Elbestadt zu einem bedeutenden Umschlagort für Getreide, Leinen aus Schlesien, Kupfer aus Ungarn oder auch Rheinwein.

Auch regional entwickelte sich neue Konkurrenz für Lübeck. Gezielt förderte der dänische König seine eigenen Kaufleute. So trat in den Herzogtümern nun Flensburg an die Stelle Lübecks als wichtigste Handelsstadt. Im 16. Jahrhundert erlebten Schifffahrt und Handel der Fördestadt einen erheblichen Aufschwung.

Wichtig für den Aufbau neuer Handelsverbindungen waren neben der Unterstützung durch den dänischen König auch familiäre Netzwerke, wie sich am Beispiel der Flensburger Kaufleute belegen lässt. Im 16. Jahrhundert hatten sich zahlreiche Handwerker und Kaufleute aus Niedersachsen und Westfalen in der Fördestadt niedergelassen, um innerhalb des Machtbereiches des dänischen Königs Handel zu treiben. Ihre Nachkommen zogen teilweise weiter nach Dänemark, Norwegen oder Schweden, ohne dass die familiären Kontakte nach Flensburg abrissen, die zugleich als Basis für wirtschaftliche Beziehungen dienten.

Gleichzeitig entwickelten sich zwischen vielen schleswig-holsteinischen Städten an der Ost-

Die Niederlande

Seit der Mitte des 14. Jahrhunderts hatten sich die Niederlande zu einer der führenden Wirtschaftsregionen Europas entwickelt. Schon bald hatten die niederländischen Kaufleute ihre Handelsbeziehungen bis in den Ostseeraum ausgedehnt, wo sie sich rasch zur wichtigsten Konkurrenz für die Hanse entwickelten.

1477 waren die Niederlande durch Heirat unter die Herrschaft der Habsburger gekommen und bei der Teilung der habsburgischen Länder nach der Abdankung Kaiser Karls V. 1556 an deren spanische Linie gefallen. Aufgrund der religiösen Verfolgung der Calvinisten und der Missachtung ständischer Freiheiten kam es 1568 in den Niederlanden zum offenen Aufstand gegen die spanische Herrschaft. Erst 1648 endete der Konflikt mit der Unabhängigkeit der seit 1588 zur Republik der Niederlande oder „Generalstaaten" vereinigten, calvinistisch geprägten nördlichen Niederlande; lediglich der katholische Süden, der ungefähr das Gebiet des heutigen Belgien umfasste, verblieb unter spanischer Herrschaft.

Ungeachtet des Unabhängigkeitskrieg gegen Spanien gelang es den Niederländern im Laufe des 16. Jahrhunderts zur bedeutendsten Seefahrts- und Handelsnation Europas aufzusteigen. Der wirtschaftliche Mittelpunkt der nördlichen Niederlande war Amsterdam. Die Stadt, die um 1600 bereits mehr als 100.000 Einwohner hatte, wuchs zu einer reichen Metropole heran und entwickelte sich bald zum wichtigsten Handels- und Finanzzentrum Europas.

Zu Beginn des 17. Jahrhunderts besaß die Republik der Niederlande die größte Handelsflotte der Welt. Gleichzeitig kamen wichtige Impulse

Eine niederländische Fleuten. Dieser revolutionäre neue Schiffstyp trug viel zum Erfolg der niederländischen Handelsschifffahrt im 17. Jahrhundert bei. Die Fleute war dafür konstruiert, viel Ladung zu geringsten Kosten zu transportieren, und ließ sich auch mit einer kleinen Mannschaft leicht handhaben. Eng verwandt mit der Fleute war das Pinaßschiff, das sich vor allem durch einen schlankeren Rumpf und ein plattes Spiegelheck von dieser unterschied. Fleute und Pinaßschiff wurden zum Ausgangspunkt für die weitere Entwicklung der Handelsschiffe im 17. und 18. Jahrhundert.

aus den Niederlanden, vor allem im Bereich der Navigation und im Schiffbau. Die von den niederländischen Schiffbaumeistern entwickelten neuen Schiffstypen, wie beispielsweise die Fleute, verbreiteten sich wegen ihrer Vorzüge rasch in ganz Nordeuropa.

Nicht zuletzt dank der niedrigen Frachtraten ihrer vor allem nach ökonomischen Gesichts-

Der Öresund, der wichtigste Zugang zu Ostsee. Als größte Seehandelsnation der Welt dominierten die Niederländer im 17. Jahrhundert auch die Ostseefahrt.

punkten konstruierten Handelsschiffe konnten sich die Niederlande im 17. Jahrhunderts als bedeutendste Seefahrtsnation Europas etablieren. Sie besaßen auch einen erheblichen Anteil am Ostseehandel, der dadurch in den über Amsterdam laufenden Welthandel integriert wurde. Ein Großteil der in der Ostseefahrt eingesetzten Schiffe fuhr unter niederländischer Flagge. So machten beispielsweise im Jahr 1618 Schiffe aus den Niederlanden 69 Prozent des gesamten Verkehrs durch den Öresund aus. Die niederländische Dominanz in der Ostseefahrt blieb das gesamte 17. Jahrhundert über bestehen. Allein im Jahr 1670 waren insgesamt 735 niederländische Schiffe mit zusammen 103.500 Last Tragfähigkeit in der Ostseefahrt eingesetzt. Entsprechend stellten die niederländischen

Handelsschiffe während des 17. Jahrhunderts auch eine bedeutende Konkurrenz für die dänische und schleswig-holsteinische Handelsschifffahrt dar. Während der Konflikte um die Vorherrschaft im Ostseeraum schlossen die Niederlande wechselnde Bündnisse mit Dänemark und Schweden mit dem Ziel, die Alleinherrschaft einer Macht im Ostseeraum zu verhindern und den freien Zugang zur Ostsee sicherzustellen.

Durch wirtschaftliche Restriktionen, wie die berühmte Navigationsakte von 1651, und drei erbittert geführte Seekriege begannen die Engländer in der zweiten Hälfte des 17. Jahrhunderts allmählich, die Niederlande aus ihrer Stellung als führende See- und Handelsnation zu verdrängen.

und Westküste enge wirtschaftliche Bindungen, wie etwa zwischen Flensburg, Tondern und Husum.

Die politischen und wirtschaftlichen Folgen der Landesteilung von 1544

Die Landesteilung von 1544 bedeutete für Schleswig und Holstein einen wichtigen Einschnitt. Ungeachtet der im Ripener Privileg festgeschriebenen Einheit der Herzogtümer hatte König Christian III. von Dänemark diese unter sich und seinen Halbbrüdern Adolf und Johann, genannt „der Ältere", aufgeteilt. Nachdem Johann der Ältere 1581 erbenlos gestorben war, wurden seine Anteile zwischen König Friedrich II. und Herzog Adolf von Gottorf aufgeteilt. Fortan bestanden die Herzogtümer neben dem gemeinschaftlich regierten Anteil aus dem königlichen und dem herzoglichen oder Gottorfer Anteil sowie dem Herzogtum Sonderburg.

Bereits 1564 hatte König Friedrich II. die Erbansprüche seines jüngeren Bruders Johann, genannt „der Jüngere", mit der Überlassung der Stadt Sonderburg (dänisch: Sønderborg) und einiger anderer Territorien aus seinem Anteil abgegolten. Da die schleswig-holsteinischen Stände Herzog Johann aber die Huldigung versagten, blieben er und seine Nachfolger lediglich „abgeteilte Herren", die an der Regierung der Herzogtümer keinerlei Anteil hatten. Sie spielten in ih-

ren Territorien eher die Rolle von Großgrundbesitzern als von regierenden Herzögen. Nach Johanns Tod 1622 wurde der Besitz unter seinen Söhnen aufgeteilt; unter deren Nachkommen folgten später weitere Gebietsteilungen. Es bildeten sich verschiedene Seitenlinien des Sonderburger Hauses aus, von denen aber nur die Häuser Glücksburg (jüngere Linie) und Augustenburg um die Mitte des 19. Jahrhundert im Zusammenhang mit der Thronfolge in Dänemark besondere Bedeutung erlangten. Während das Sonderburger Gebiet bereits 1667 durch Konkurs in Besitz des dänischen Königs kam, fielen die anderen meist hoch verschuldeten Anteile der Sonderburger Seitenlinien im Laufe des 18. Jahrhunderts durch erbvertragliche Regelungen an den König.

Eine Folge der Herrschaftszersplitterung in den Herzogtümern war der wirtschaftliche Protektionismus. Die Förderung der Wirtschaftskraft ihrer im Vergleich mit den Ländern Westeuropas ökonomisch rückständigen Territorien war eines der wichtigsten Ziele der Landesherren. Besondere Bedeutung besaßen dabei die Hafen- und Handelsstädte, deren regelmäßige Steuerzahlungen einen wichtigen Aktivposten der fürstlichen Politik darstellten. Bei der Landesteilung waren Flensburg und Rendsburg an den König, Apenrade (dänisch: Aabenraa), Eckernförde, Neustadt, Husum und Tönning dagegen an den Gottorfer Herzog gefallen, während die Stadt Sonderburg dem Sonderburger Herzog gehörte. Um die ökonomische Kraft ihres Herrschaftsgebietes und da-

Herzog Adolf von Schleswig-Holstein-Gottorf (1544–1586), Begründer der herzoglichen Linie des Hauses Oldenburg. 1544 hatte König Christian III. von Dänemark die Herzogtümer Schleswig und Holstein unter sich und seinen Halbbrüdern Adolf und Johann, genannt „der Ältere", aufgeteilt. Nach Johanns Tod 1581 fielen seine Anteile an König Friedrich II. und Herzog Adolf von Gottorf.

Das dänische Flaggschiff TRE KRONER. Ungeachtet der wirtschaftlichen Begünstigung seiner Hauptstadt Kopenhagen ließ König Christian IV. zahlreiche Schiffe in Flensburg bauen, darunter auch die TRE KRONER.

mit ihre Machtposition zu stärken, strebten die beiden Landesherren sowie der Sonderburger Herzog danach, ihre eigenen Hafen- und Handelsstädte besonders zu fördern und gegenüber den Städten der anderen Territorien zu begünstigen. So stattete der dänische König die Stadt Flensburg mit umfassenden Privilegien aus, während der Gottorfer und der Sonderburger Herzog

zum Schutz ihrer eigenen Kaufleute Handelshemmnisse errichteten, die wiederum vor allem die Flensburger Kaufleute benachteiligten.

Die bedeutendste Handelsstadt in den Herzogtümern war das zum königlichen Anteil gehörige Flensburg. In der zweiten Hälfte des 16. Jahrhunderts blühten Stadt und Handel dank der intensiven landesherrlichen Förderung erheblich auf. So war es Flensburg nicht nur gelungen, Anschluss an den westeuropäischen Handel zu gewinnen, sondern auch die von den hansischen Kaufleuten aufgegebenen Märkte im Ostseeraum zu besetzen und so zur bedeutendsten Handelsstadt im Herrschaftsgebiet des dänischen Königs aufzusteigen. Flensburg übertraf damals sogar die dänische Hauptstadt Kopenhagen wirtschaftlich an Bedeutung. Die Flensburger Kaufleute versorgten Skandinavien mit Manufakturwaren, Wein, Bier, Gewürzen, Salz und vielen anderen Handelsgütern und holten von dort Lebensmittel, Metalle, Hanf, Flachs und Baumaterialien, die sie nach Deutschland und Südwesteuropa exportierten.

In der ersten Hälfte des 16. Jahrhunderts waren in Flensburg rund 200 große Schiffe beheimatet. Dagegen verfügte Kopenhagen nur über knapp 100 Schiffe. Die dänischen Könige verliehen Flensburg bedeutende Privilegien, durch die insbesondere der lukrative Fernhandel mit Norwegen, Spanien und Südfrankreich prosperierte, während gleichzeitig der Nahhandel durch protektionistische Maßnahmen der Gottorfer und Sonderburger Herzöge zunehmend eingeschränkt wurde. Unter anderem hatte der Gottorfer Herzog 1578 in seinem Amt Apenrade und 1596 auch im Amt Husum den Kaufleuten aus der Fördestadt den direkten Aufkauf von Agrarprodukten verboten, um seine Untertanen vor der Flensburger Konkurrenz zu schützen. Vor allem König Friedrich II. förderte die Stadt Flensburg, indem er sie 1571 im Gegensatz zu den übrigen schleswig-holsteinischen Städten *„den Reichseinwohnern gleichstellte"*, d.h. sie von den neu eingeführten Handelsbeschränkungen und Zöllen in Dänemark und Norwegen befreite. Dank der guten Konjunktur entwickelte sich in Flensburg im Laufe des 16. Jahrhunderts eine wohlhabende Kaufmannsschicht, die bald zur führenden Bevölkerungsgruppe in der Stadt aufstieg. Angesichts der florierenden Schifffahrt wurde ein Ausbau des Hafens notwendig; 1565 wurde in Flensburg die Süderschiffbrücke angelegt, 1576 folgte

die Norderschiffbrücke. Für die Hafenabfertigung wurde das 1604 fertiggestellte Kompagnietor errichtet, in dem auch die Stadtwaage untergebracht war und die Schiffergilde, der Zusammenschluss der in Flensburg ansässigen Kapitäne, ihren Sitz hatte. Während der Regierung Christians IV. ab 1588 endete die Privilegierung Flensburgs, da dieser vor allem seine Hauptstadt Kopenhagen förderte.

Zugleich war Flensburg ein wichtiges Schiffbauzentrum. Im 16. Jahrhundert bauten die Flensburger Werften vor allem für auswärtige Auftraggeber, weshalb König Friedrich II. 1566 verfügte, dass alle neu gebauten Schiffe zunächst sechs Jahre für Flensburger Reeder fahren mussten, bevor sie verkauft werden durften. Der gute Ruf der Flensburger Schiffbauer veranlasste auch König Christian IV., in der Stadt Schiffe bauen zu lassen, obgleich er ansonsten Kopenhagen begünstigte. 1602 ließ er hier sogar sein Flaggschiff

Das 1604 fertiggestellte Kompagnietor in Flensburg beherbergte die Stadtwaage und war Sitz der Schiffergilde.

TRE KRONER (deutsch: DREI KRONEN) bauen. 1581 war zudem die Stadt Hadersleben (dänisch: Haderslev) in den Besitz des Königs gelangt, die unter Herzog Johann dem Älteren einen lebhaften Aufschwung erlebt hatte.

Auch die in der Mitte des Landes liegende, zum königlichen Anteil gehörende Stadt Rendsburg besaß einen Hafen, der dank der Eider über einen direkten Zugang zur Nordsee verfügte. So heißt es in der Beschreibung der Stadt in dem 1588 erschienenen Band des von Georg Braun und Frans Hogenberg herausgegebenen Werkes „Civitates Orbis Terrarum": *„Die Stadt ist an einem sehr günstigen Ort gelegen; denn die Eider fließt um die ganze Stadt herum und teilt sie mehrmals durch ihren Lauf, und das so, dass man von dort aus mit dem Schiff gut auf die Iberische Halbinsel, nach Frankreich, England und in die Niederlande fahren kann."*

Von den Gottorfer Städten blühten vor allem Apenrade dank der herzoglichen Förderung auf, zumal nach dem Tod Herzog Johanns des Älteren auch die Stadt Tondern (dänisch: Tønder) in ihren Besitz gelangt war und so die traditionelle Ost-West-Verbindung zwischen den beiden Städten wieder etabliert wurde.

Dagegen war Eckernförde zu Beginn des 16. Jahrhunderts als Wirtschaftsstandort wenig bedeutend. Das wichtigste Erzeugnis der kleinen gottorfische Stadt war das im westlichen Ostseeraum recht weit verbreitete, der abführenden Wirkung wegen „Kakabille" genannte Bier.

Neben der Brauerei spielte die Fischerei eine gewisse Rolle für die Eckernförder Wirtschaft, eben-

Ansicht der Stadt Flensburg aus dem Jahr 1588. Dank der intensiven landesherrlichen Förderung stieg das zum königlichen Anteil gehörige Flensburg in der zweiten Hälfte des 16. Jahrhunderts zur bedeutendsten Seehandelsstadt der Herzogtümern auf.

Die kleine Stadt Eckernförde diente im 15. und 16. Jahrhundert als Seehafen für Rendsburg und entwickelte sich gegen Ende des 17. Jahrhunderts zu einer florierenden Seehandelsstadt. Ansicht aus dem Städtebuch von Georg Braun und Frans Hogenberg um 1588.

so wurden in geringem Umfang Küsten- und Seehandel betrieben.

Darüber hinaus diente Eckernförde als Ostseehafen für die Stadt Rendsburg, die über die Eider Zugang zur Nordsee besaß. Im 15. und 16. Jahrhundert hatte sich der ursprünglich von Nord nach Süd verlaufende Transithandel durch das Aufblühen Rendsburgs in ost-westliche Richtung verlagert. Von diesem Warenverkehr profitierte auch Eckernförde: Die Kaufleute verdienten am Zwischenhandel, die Reeder am Seetransport, während die von den Rendsburger Kaufleuten entrichteten Zoll- und Hafenabgaben die Stadtkasse füllten. Doch weil das Eckernförder Zwischenhandelsmonopol ihren Profit schmälerte, bemühten sich die Rendsburger Kaufleute um

dessen Aufhebung. Gleichzeitig versuchten sie, die Handelsbeschränkungen zu umgehen, woraus sich ein langwieriger Konflikt zwischen den Städten Rendsburg und Eckernförde entwickelte.

Neustadt diente vor allem den in der Nähe ansässigen Adligen als Ausfuhrhafen für Schiffbauholz von ihren Gütern. Zu Beginn des 17. Jahrhunderts erlebte hier der Schiffbau einen deutlichen Aufschwung, der möglicherweise auch mit einer Belebung der örtlichen Schifffahrt zusammenhing. Fehmarn, das 1581 ebenfalls an den Gottorfer Herzog gefallen war, betrieb einen florierenden Exporthandel mit den auf der Insel produzierten Getreideüberschüssen; 1597 waren hier 50 Schiffe beheimatet. Dagegen spielten die ebenfalls zum Gottorfer Anteil gehörigen Städte Schleswig und Kiel für den Seehandel nur eine untergeordnete Rolle.

Auch das auf der Insel Alsen gelegene Sonderburg entwickelte sich unter der Herrschaft des Sonderburger Herzogs in der zweiten Hälfte des 16. Jahrhunderts zu einer bedeutenden Hafen- und Handelsstadt. Als geschickter Agrarunternehmer vergrößerte Herzog Johann der Jüngere die ihm gehörigen Agrarflächen und beteiligte sich mit großem Erfolg am Export von Getreide und Ochsen, wobei er 1589 den Flensburger Zwischenhandel ausschaltete und die Agrargüter Alsens und des Sundewitts fortan auf Sonderburger Schiffen transportieren ließ. Da seine Untertanen zudem Zollfreiheit im Herrschaftsgebiet des dänischen Königs genossen, blühte die Son-

Das Eckernförder Kakabellenbier

Seit dem 15. Jahrhundert war das weithin bekannte und beliebte Eckernförder Bier mit dem fast unaussprechlichen Namen „Quackeltheiß" ein echter Exportschlager, denn es schmeckte nicht nur gut, sondern förderte zudem die Verdauung. Auch dem päpstlichen Legaten, Kardinal Raimund Peraudi, wurde das Bier bei seinem Besuch in Eckernförde im Jahr 1503 kredenzt, der es ob seiner abführenden Wirkung als „caca bellam" lobte, *„weil es nach seinen Worten – mit Verlaub – das Kacken angenehm macht. Er hatte es auf Italienisch Cacabelle genannt; daraus machten die Einwohner dann Cacabille,"* wie Heinrich Rantzau in der „Neuen Be-

schreibung der Kimbrischen Halbinsel" von 1597 berichtete. Auch der 1523 abgesetzte dänische König Christian II. trank es gern und ließ es sich auch nach Sonderburg schicken, wo er nach seinem missglückten Rückkehrversuch von 1532 bis 1549 in Haft gehalten wurde. Allerdings verlor das Kakabellenbier im Laufe des 16. Jahrhunderts an Beliebtheit. Den Todesstoß versetzte ihm jedoch ein Importverbot, das der dänische König Christian IV. 1622 für ausländische Biere erließ. Dies betraf auch Bier aus den Herzogtümern, das fortan nicht mehr nach Dänemark eingeführt werden durfte. 1652 wurde das Kakabellenbier in der „Newen Landesbeschreibung der zwey Herzogthümer Schleswich und Holstein" von Caspar Danckwerth letztmalig erwähnt.

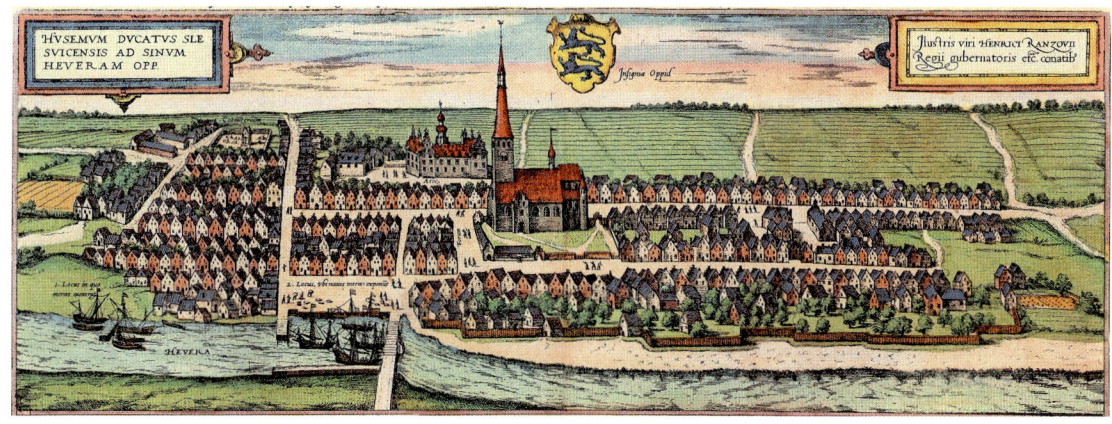

Ansicht Husums um 1588. Hier wurden damals vor allem Waren umgeschlagen, die über Schleswig und Flensburg weiter in den Ostseeraum verfrachtet wurden. Im 16. Jahrhundert war Husum der bedeutendste Hafen- und Handelsort an der Westküste.

derburger Schifffahrt auf; ihr Fahrtgebiet umfasste bald die gesamte Nord- und Ostsee.

Der bedeutendste Handelsort an der Westküste war Husum, das seinen Nordseezugang erst infolge der großen Sturmflut von 1362 erhalten hatte. Der kleine Ort entwickelte sich bald zu einem wichtigen Umschlagplatz für Waren, die über Schleswig und Flensburg weiter in die Ostsee verfrachtet wurden. Im Jahr 1465 war der Siedlung von König Christian I. die Fleckengerechtigkeit verliehen worden, doch hatte Husum schon 1472 wegen seiner Beteiligung an einem Aufstand gegen den König alle Rechte wieder eingebüßt, konnte sich aber dank seines Seehandels und seiner Funktion als Nordseehafen für die Stadt Flensburg innerhalb relativ kurzer Zeit von diesem Rückschlag erholen. Wie Caspar Danckwerth in seiner Landesbeschreibung bemerkt, besaß *„Husum um das Jahr 1500, 1510 und 1520 vierzig schöne, große Schiffe, ohne die kleinen, deren viel mehr gewesen."* 1527 wurden das Hafenbecken und die Schiffbrücke planmäßig angelegt. Unter der Herrschaft der Gottorfer Herzöge wurde Husum nach 1544 neben einem blühenden Handelsort rasch auch zu einem kulturellen und geistigen Zentrum. Von 1576 bis 1582 ließ Herzog Adolf auf dem Grund des ehemaligen Klosters das herzogliche Schloss vor Husum errichten. 1582 erhielt Husum das Marktmonopol für das Umland und 1603 das Stadtrecht, doch war der Höhepunkt seiner Bedeutung als Seehandelsstadt zu diesem Zeitpunkt bereits überschritten.

Ein weiterer aufstrebender Hafen an der Westküste war Tönning. 1590 hatte der Gottorfer Herzog dem an der Mündung der Eider gelegenen Ort die Stadtrechte verliehen. 1613 wurde mit dem Bau des Tönninger Hafens begonnen, der vor allem dem Export landwirtschaftlicher Produkte aus Eiderstedt dienen sollte. Um diese leichter nach Tönning bringen zu können, wurden zwei Kanäle gegraben, die „Norderbootfahrt" und der Kanal nach Kating, der die Stadt mit der Gardinger „Süderbootfahrt" verband. Dem regen Handel entsprach auch der Aufschwung der Tönninger Handelsflotte, die sich innerhalb von knapp 25 Jahren fast verdoppelte und von 29 Schiffen um 1600 auf 54 Schiffe im Jahr 1624 wuchs. Die Bemühungen des Gottorfer Herzogs, den Eigenhandel der Bauern aus Dithmarschen und Nordfriesland zugunsten Husums und Tönnings einzuschränken, blieben letztlich erfolglos.

Die Stadt Tondern, die im Mittelalter einer der wenigen Hafenplätze der schleswigschen Westküste gewesen war, wovon bis heute das Schiff im Stadtwappen zeugt, büßte dagegen im Laufe des 16. Jahrhunderts durch die Verlandung der Zufahrt allmählich ihre Rolle als Hafenort ein. Durch den Ochsenhandel mit den Niederlanden konnte Tondern jedoch seine wirtschaftliche Stellung zunächst behaupten. Infolge der Landgewinnung an der Westküste verlor die Stadt schließlich ganz den Zugang zum Meer. Überdies hatten die zahlreichen Kriege des 17. Jahrhunderts neben den

Tönning um 1650. Der kleine Hafenort an der Mündung der Eider diente vor allem dem Export von landwirtschaftlichen Produkten aus Eiderstedt.

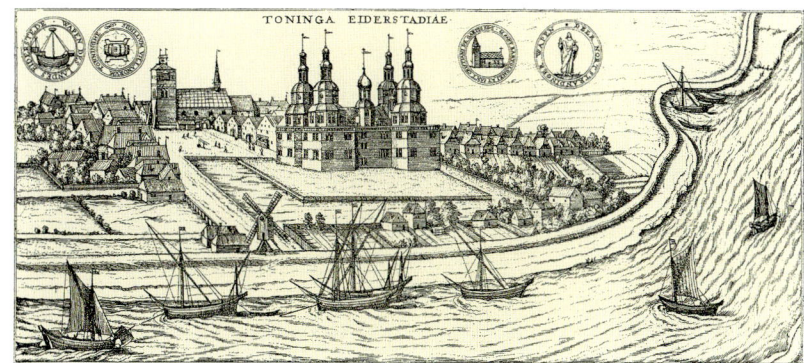

üblichen Plünderungen und anderen Kriegsfolgen auch den Niedergang des Ochsenhandels zur Folge, wodurch Tondern weiter an ökonomischer Bedeutung verlor, auch wenn sich im 17. Jahrhundert das Spitzenklöppeln zu einem wichtigen Wirtschaftszweig entwickelt hatte.

Doch nicht nur die Protektionspolitik der Landesherrn, auch die Rivalitäten zwischen den schleswig-holsteinischen Städten sorgten trotz der guten Wirtschaftslage immer wieder für Probleme. So verschärfte sich der seit Beginn des 16. Jahrhunderts schwelende Konflikt zwischen der zum königlichen Anteil gehörenden Stadt Rendsburg und der gottorfischen Stadt Eckernförde. Die Rendsburger Kaufleute bemühten sich nicht nur um die Aufhebung des Eckernförder Zwischenhandelsmonopols, sondern versuchten gleichzeitig auch die Handelsbeschränkungen zu umgehen, etwa indem sie sich mit Eckernförder Kaufleuten zusammentaten, um auf diese Weise die Entrichtung von Zoll- und Hafenabgaben zu vermeiden. Als die Rendsburger schließlich begannen, den Eckernförder Kaufleuten direkt Konkurrenz zu machen, wurde fremden Kaufleuten und Schiffern verboten, in Eckernförde Handel zu treiben oder ihre Waren zwischenzulagern. Im Jahr 1520 ließ der Eckernförder Rat sogar 400 Tonnen Salz beschlagnahmen, die dem Rendsburger Handelshaus Voß gehörten. Der Konflikt zwischen den beiden Städten eskalierte immer weiter und wurde schließlich vor die Landesherren getragen. Um den Streit zu schlichten, setzen König und Herzog eine gemeinsame Untersu-

chungskommission ein, die 1574 verfügte, dass die Rendsburger Kaufleute zwar das Recht zur Warendurchfuhr haben sollten, aber vor Ort keinen Handel treiben durften. Das war allerdings nicht das Ende des Konflikts. 1622 erließ der Rat der Stadt Eckernförde eine „Brügge-Ordnung", die Handel und Warenumschlag in der Stadt regelte und die Rendsburger Kaufleute stark benachteiligte. Erst nach einem Drohschreiben des Gottorfer Herzogs lenkte der Eckernförder Rat widerstrebend ein und gestattete den Rendsburgern die Warendurchfuhr sowie den Handel in der Stadt.

Ein ähnlicher Konflikt entspann sich auch zwischen dem gottorfischen Husum und dem königlichen Flensburg, wodurch der bislang rege Transithandel zwischen den beiden Städten gegen Ende des 16. Jahrhunderts zum Erliegen kam. Ebenso kam es zum Streit zwischen den Gottorfer Städten Apenrade und Tondern, dessen Kaufleute lieber mit Flensburg als mit Apenrade Handel trieben. Der Zwist wurde erst 1621 durch ein landesherrliches Dekret beigelegt; um 1640 schließlich hatte Apenrade Flensburg als wichtigsten Handelspartner der Stadt Tondern an der Ostseeküste abgelöst.

Ungeachtet dieser handelspolitischen Auseinandersetzungen war das 16. Jahrhundert ein Zeitalter guter Konjunkturen. Neben dem Agrarexport gewann gegen Ende des Jahrhunderts auch die Ausfuhr von Holz aus Norwegen in die Niederlande mit ihrer aufstrebenden Werftindustrie erheblich an Bedeutung.

Blick auf die Stadt Flensburg. Durch die steilen Hänge waren der Ausdehnung der Altstadt natürliche Grenzen gesetzt, die bis in die zweite Hälfte des 19. Jahrhunderts kaum überschritten wurden. Die Bebauung erstreckte sich daher wie ein schmales Band um das Ende der Förde herum. Deutlich zu erkennen ist die von Königin Margarete von Dänemark 1411 auf dem Marienberg über der nördlichen Vorstadt errichtete „Duburg", die bis zu ihrem Abbruch im Jahr 1719 die Stadt eindrucksvoll überkrönte. Zugleich unterstreichen die zahlreichen Schiffe im Hafen die Bedeutung Flensburgs als Seehandelsstadt. Neben einigen großen Dreimastern liegen auch zahlreiche kleinere Küstenfahrer auf Reede vor Anker. Epitaph Beyer aus dem Jahr 1511.

Seefahrt und Seehandel in den Herzogtümern um 1600

Im Laufe des 16. Jahrhunderts waren in vielen schleswig-holsteinischen Städten bedeutende Handelsflotten entstanden. So waren um 1590 in Flensburg 200 Schiffe beheimatet, in Rendsburg 70, in Kiel und Krempe jeweils rund 20. Dagegen besaß Kopenhagen, die bedeutendste Handelsstadt des Königreichs Dänemark, im Jahr 1635 lediglich 85 Schiffe.

Doch während an der fast tidelosen Ostseeküste die weit in das Land ragenden Buchten mit ihrer großen Wassertiefe beste Voraussetzungen für die Entwicklung der Schifffahrt boten, waren die Bedingungen an der Nordseeküste mit Ausnahme der beiden großen Flüsse Elbe und Eider weit weniger günstig. Das flache Wattenmeer und ein Tidenhub von durchschnittlich drei Metern zwangen die Schifffahrt, sich an diese erschwerten Bedingungen anzupassen.

In Schleswig und Holstein bildeten damals kleine Küstenfahrer das Gros der Handelsflotten; sowohl an der Ostküste als auch an der Westküste spielten sie ungeachtet ihrer geringen Größe eine wichtige Rolle für den Warenaustausch und die Versorgung der Bevölkerung mit lebensnotwendigen Gütern. Transporte über Land waren schwierig und teuer, die Straßen und Wege meist in miserablem Zustand und bei schlechtem Wetter kaum passierbar, so dass der Seeweg die einfachste und billigste Möglichkeit zur Beförderung größerer Warenmengen darstellte. Die meisten bedeutenderen Orte in Schleswig-Holstein waren, wie bereits angedeutet, auf dem Wasserweg zu erreichen, wobei selbst kleinere und kleinste Flussläufe als Schifffahrtswege dienten. Dementsprechend besaßen auch heute weit im Binnenland liegende Orte wie Elmshorn, Kellinghusen, Leck oder Tondern zu dieser Zeit einen Hafen.

Vor allem an der Westküste waren durch den Agrarexport in vielen großen und kleinen Häfen bedeutende Flotten von kleinen Küstenseglern entstanden. Zwei Schiffsfunde geben Aufschluss über die Küstenfahrt im 16. und 17. Jahrhundert. Im Jahr 1994 wurde auf Eiderstedt bei Deicharbeiten am Uelvesbüller Koog das Wrack eines kleinen Küstenseglers niederländischer Bauart aus der Zeit um 1600 gefunden. Das Schiff war irgendwann zwischen 1613 und 1623 während

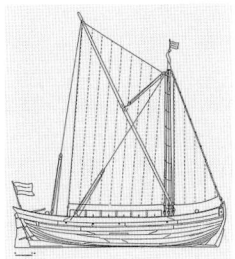

Das Wrack von Uelvesbüll (links). 1994 wurde auf Eiderstedt das Wrack eines kleinen Küstenseglers aus der Zeit um 1600 gefunden. Mit seinem flachen Boden und geringen Tiefgang war das Schiff niederländischer Bauart speziell für die Fahrt durch das Wattenmeer konstruiert. Das Bild oben zeigt eine Rekonstruktion. Küstenschiffe wie dieses befuhren damals zu Tausenden die Nordseeküste.

eines Sturmes gegen den Deich geworfen worden und gesunken. Das einmastige, vermutlich mit einem Sprietsegel getakelte Schiff war etwa zwölf Meter lang und 3,70 Meter breit und besaß eine Tragfähigkeit von etwa zehn Lasten. Vermutlich hatte seine letzte Ladung aus Saathafer bestanden. Das Wrack hat große Ähnlichkeit mit dem niederländischen „Schmalschiff", auch wenn es im Gegensatz zu diesem anscheinend keine Seitenschwerter besaß. Der gehobene und mit Hilfe einer Zuckerlösung konservierte Küstensegler – wegen der ungewöhnlichen Erhaltungsmethode auch scherzhaft das „Zuckerschiff von Uelvesbüll" genannt – kann heute im Schifffahrtsmuseum Nordfriesland in Husum besichtigt werden.

Niederländischer Küstensegler aus dem 17. Jahrhundert. Dieser als „Schmalschiff" bezeichnete Typ fuhr an seinem einzigen Mast ein Sprietsegel sowie ein Vorsegel. Mit Ausnahme der Seitenschwerter dürfte das bei Uelvesbüll gefundene Wrack diesem Segler recht ähnlich gesehen haben.

Bergung des Wracks von Hedwigenkoog im Jahr 1969. Der kleine Küstensegler war um 1720 in einem Sturm gesunken.

Bereits 1969 war im Dithmarscher Hedwigenkoog das Wrack eines Küstenseglers gefunden worden, der zwischen 1717 und 1723 während eines Sturmes durch einen Bruch im Deich in eine Wehle geworfen worden und dort versunken war. Das 14,5 Meter lange und 4,50 Meter breite Schiff konnte etwa zwölf Commerzlasten (CL) tragen und war um 1690 vermutlich in den Niederlanden gebaut worden. Es hatte zwei bis drei Mann Besatzung und fuhr an seinem einzigen Mast ein großes Spriet- oder Gaffelsegel. Damit erreichte das Schiff vermutlich eine Geschwindigkeit von fünf bis sechs Knoten, so dass es die Strecke von der niederländischen Insel Terschelling bis zur Eidermündung an einem Tag zurück-

legen konnte. Reste des Schiffes können im Dithmarscher Landesmuseum besichtigt werden.

Beide Schiffe waren typische Wattenmeerfahrer, wie sie damals zu Tausenden die Nordseeküste zwischen Schleswig-Holstein und den Niederlanden befuhren, wobei sie hauptsächlich Holz und Agrargüter transportierten. Mit ihrem flachen Boden und geringem Tiefgang waren sie diesem Fahrtgebiet perfekt angepasst.

Besonders verbreitet in Nordeuropa war im 16. Jahrhundert der aus den Niederlanden stammende Bojer, ein rund gebauter Küstensegler mit fülligen Formen, flachem Boden, um ein Umkippen beim Trockenfallen im Wattenmeer bei Ebbe zu verhindern, und Seitenschwertern, welche die bei plattbodigen Schiffen besonders große Abdrift bei Amwind- und Halbwindkursen verringern sollten. Zunächst besaßen die Bojer nur einen Mast, später kam ein kleiner Besanmast hinzu. Der Bojer war der Vorläufer von späteren Schiffstypen wie der Galiot, der Kuff oder der Schmack.

Neben kleinen Küstenseglern war in den schleswig-holsteinischen Häfen aber auch eine große Zahl größerer Schiffe beheimatet, die in Nord- und Ostsee oder für Fahrten auf dem Atlantik und im Mittelmeer eingesetzt wurden.

Auch viele der größeren Schiffstypen waren in den Niederlanden entwickelt worden, darunter die berühmte Fleute. Dieser revolutionäre neue Schiffstyp trug viel zum Erfolg der niederländischen Handelsschifffahrt im 17. Jahrhundert bei. Die Fleute war nach rein ökonomischen Gesichtspunkten allein dafür konstruiert, so viel Ladung wie möglich zu geringsten Kosten zu transportieren, und ließ sich auch mit einer kleinen Mannschaft leicht handhaben. Die Fleute besaß ein rundes Heck und stark eingezogene Seitenwände; im Gegensatz zu anderen Schiffen dieser Zeit, wie Galeonen oder Karacken, fehlten aufwändige Verzierungen und hohe Aufbauten. Auch die Takelage der Fleute war einfach gehalten; ihre drei Masten trugen an Fock und Großmast je zwei Rahsegel, am Besanmast dagegen ein Lateinsegel. Schon bald wurden Fleuten in ganz Europa nachgebaut; bereits 1618 lief in Lübeck das erste Schiff dieses Typs vom Stapel. Eng verwandt mit der Fleute war das Pinaßschiff, das sich vor allem durch einen schlankeren Rumpf und ein plattes Spiegelheck von dieser unterschied. Fleute und Pinaßschiff wurden zum Ausgangspunkt für die weitere Entwicklung der Handelsschiffe im 17. und 18. Jahrhundert.

Drei Fleuten vor der niederländischen Küste. Dieser in den Niederlanden entwickelte Schiffstyp war sehr ökonomisch bemessen und wurde aufgrund seiner Vorzüge schon bald in ganz Europa nachgebaut.

Nur selten waren die Schiffe im Besitz eines einzigen Kaufmanns, vielmehr war bis in das 19. Jahrhundert hinein die sogenannte Partenreederei üblich. Um das finanzielle Risiko bei einem Schiffsverlust zu vermindern, war das Schiffseigentum auf mehrere Personen verteilt, die Anteile oder „Parten" an dem Schiff besaßen. Oft war auch der Schiffer an dem von ihm geführten Schiff beteiligt. In der Regel wurde die Reederei als Teilgeschäft von Handelshäusern oder als reine Geldanlage betrieben; die eigentliche Geschäftsführung lag dabei üblicherweise in der Hand eines sogenannten „Korrespondenzreeders". Er war auch für die Befrachtung des Schiffes und den Abschluss des Frachtvertrages zuständig.

Der Handel wurde mit Hilfe eines weitverzweigten Netzwerks von Korrespondenten, Agenten und Bevollmächtigten abgewickelt. Korrespondenten waren Geschäftspartner oder befreundete Firmen im Ausland, mit denen die Reederei oder die Befrachter dauernde Verbindungen unterhielten. Agenten waren dagegen selbständige Kaufleute, die im Auftrag fremder Firmen handelte, während Beauftragte Angestellte der Reederei oder des Befrachters waren. Zu ihren Aufgaben gehörte unter anderem die Übernahme der Waren von den einlaufenden Schiffen im Hafen und die Bereitstellung einer neuen Ladung. Oft zählten derartige kaufmännischen Aufgaben aber auch zum Tätigkeitsbereich der Kapitäne. Auch aus den erhaltenen Briefen des Föhrer Schiffers Jürgen Nannings geht dieses deutlich hervor. So schrieb er am 1. März 1796 aus Hamburg an seinen Reeder Lars Larsen in Kopenhagen und bat um Anweisung hinsichtlich einer ihm angebotenen Fracht Holzdielen: „*Einberichtet von einer gebotenen Fracht von Petersburg nach Mallaga zu BMP 100 pr: 126 Diehlen (oder Lst Holtz) mit 10 pr.Ct. avery & Capl: nebst 5 pr. Cent Gratifikation p. in Erwartung mit umgehender Post Antwort zu haben. J. Nannings.*"

Die Hafeneinrichtungen waren denkbar einfach. Nur in den größeren Häfen gab es steinerne oder hölzerne Kaimauern, an denen Schiffe anlegen konnten. In den kleineren Hafenplätzen mussten einige Bohlen als Behelfsbrücke oder Stelling zwischen Land und Schiff zum Be- und Entladen genügen. Ohnehin konnten in vielen Häfen nur kleinere Fahrzeuge nahe genug für den Warenumschlag ans Ufer gelangen. Größere

Ein typischer Küstenfahrer von der Nordseeküste. Charakteristisch sind die Seitenschwerter, die diesen flachbödigen Seglern eine größere Kursstabilität verleihen sollten.

Schiffe mussten oft auf Reede geleichtert werden, d.h. sie lagen im tieferen Wasser außerhalb oder in der Mitte des Hafens vor Anker, so dass die Waren in kleinere Schiffe oder Boote umgeladen werden mussten, die diese dann in den Hafen brachten. Der Warenumschlag war langsam und mühsam; menschliche Muskelkraft war das wichtigste Hilfsmittel. Bis zum 19. Jahrhundert bestand das Ladegeschirr aus Takeln, die an Rahen oder in der Takelage angeschlagen wurden und mit Menschenkraft bedient wurden.

Wie seit dem Mittelalter üblich, dauerte die Schifffahrtssaison von Mitte März bis Ende November; während des Winterhalbjahrs mit seinen häufigen schweren Stürmen und der damals noch häufigen Vereisung ruhte die Schifffahrt.

Neben der Bedrohung durch Wind und Wetter stellten auch Überfälle durch Seeräuber und Kaperschiffe eine ständige Gefahr dar, weshalb die schleswig-holsteinischen Schiffe oft in großen Konvois fuhren. So segelte beispielsweise 1621 nach dem Ausbruch des Dreißigjährigen Kriegs ein aus rund 100 Schiffen bestehender Geleitzug, der sich vor dem Lister Tief gesammelt hatte, nach Enkhuisen in den Niederlanden.

Unbekannt ist, welche Flagge die schleswigholsteinischen Schiffe im 16. und 17. Jahrhundert führten; vermutlich zeigte sie die rot-gelben Farben des Hauses Oldenburg, wobei eine zusätzliche Flagge gegebenenfalls die Zugehörigkeit zum königlichen bzw. herzoglichen Anteil anzeigte. Erst gegen Ende des 17. Jahrhunderts wurden unterschiedliche Flaggen eingeführt: So fuhren die in Häfen des königlichen Anteils beheimateten Schiffe ab 1685 unter dem Danebrog, der roten Flagge mit dem weißen Kreuz, während die gottorfischen Schiffe seit 1696 eine rote Flagge mit gekröntem Nesselblatt und den beiden schleswigschen Löwen führten.

Danish Merchant

Holstein & Slesvig

Seit 1685 fuhren die in Häfen des königlichen Anteils beheimateten Schiffe unter dem Danebrog, während die gottorfischen Schiffe seit 1696 die sogenannte „Gottorfer Seeflagge" führten, eine rote Flagge mit gekröntem Nesselblatt und den beiden schleswigschen Löwen.

Kaperei

Seit dem Mittelalter war Seekrieg vor allem Handelskrieg. Die einfachste Möglichkeit für mittelalterliche Fürsten, rasch zu einer Kriegsflotte zu kommen, war daher, einige der Piraten in Dienst zu nehmen, die damals die europäischen Gewässer unsicher machten, oder Privatleute mittels eines als „Kaperbrief" bezeichneten offiziellen Dokumentes zu ermächtigen, auf eigene Rechnung und auf eigenes Risiko Jagd auf feindliche Schiffe zu machen. Während das Aufbringen von Schiffen zur eigenen Bereicherung seit alters her als krimineller Akt galt, stellte der als „Kaperei" bezeichnete Seeraub im staatlichen Auftrag ein nach Kriegsbrauch und -recht erlaubtes Mittel im Seekrieg und damit eine legale Form der Piraterie dar. Weil die Kaperschiffe vor allem an schnellem Gewinn interessiert waren, griffen sie in der Regel nur Handelsschiffe an, die leichte Beute versprachen, wobei sie dafür bekannt waren, es mit den Rechten neutraler Schiffe nicht so genau zu nehmen.

Lange Zeit existierte beim Seeraub eine breite Grauzone. In den Auseinandersetzungen um Kolonien, Märkte und Seeherrschaft nutzten die beteiligten Mächte über viele Jahrhunderte dieses Mittel, um ihre Konkurrenten zu schädigen. Wer sich keine große Flotte leisten konnte, ermunterte seine Untertanen, Jagd auf feindliche Handelsschiffe zu machen. Oft genug war der Unterschied zwischen erlaubter Kaperei und verbotenem Seeraub lediglich eine Frage des Standpunkts, wie etwa im Fall des englischen Seehelden Sir Francis Drake, der mit seinen Kaperfahrten den Grundstein für den Aufstieg Englands zur führenden europäischen See- und Handelsmacht legte.

Im 17. und 18. Jahrhundert war der Kaperkrieg, französisch „Guerre de Course", vor allem die Waffe kleinerer oder zweitrangiger Seemächte, die keine große Schlachtflotte unterhalten konnten oder in deren strategischen Erwägungen der Seekrieg eine sekundäre Rolle spielte und die daher auf die leicht und schnell auszurüstenden Kaperschiffe als eine Art ergänzende, private Hilfsstreitmacht zurückgriffen, um die Handelsschifffahrt des Feindes zu schädigen. Das klassische Beispiel für diese Seekriegsstrategie ist Frankreich, das häufig auf Kaperschiffe zurückgriff, um den Handel seiner Feinde zu schädigen.

Allerdings war der Einsatz von Kaperfahrern ein zweischneidiges Schwert, da die Grenzen zwischen legaler Kaperei und illegaler Piraterie oftmals fließend waren. Viele Piraten begannen ihre Karriere als Kaperfahrer. Obwohl Kaperschiffe verpflichtet waren, sich an das Kriegsrecht zu halten und nach ihrer Rückkehr über ihre Aufbringungen Rechenschaft abzulegen, zeigte die Erfahrung, dass Kaperfahrer oft genug hemmungslos alle Schiffe plünderten, die ihnen vor den Bug liefen: Nackte Habgier war schließlich das wichtigste Motiv der Kaperfahrer, die nicht selten nach dem Ende eines Krieges ihr Geschäft als gewöhnliche Seeräuber fortführten.

Auch wenn die Bedeutung der Kaperschiffe als Seekriegsmittel mit dem Entstehen professioneller Kriegsflotten seit dem 17. Jahrhundert kontinuierlich abnahm, wurde diese maritime Form privaten Kriegsunternehmertums erst mit der Pariser Seerechtsdeklaration von 1856 abgeschafft.

Neben der Flagge gaben die Schiffspapiere Auskunft über die nationale Zugehörigkeit von Schiff, Besatzung und Ladung. Daher mussten die Schiffe während der Reise neben dem Frachtvertrag auch ein Ladungsverzeichnis, eine Mannschaftsliste oder „-rolle" sowie den Bau- oder „Biel"-Brief des Schiffes und gegebenenfalls den Kaufbrief mitführen. Seit 1670 waren Schiffe unter dänischer Flagge zudem verpflichtet, einen sogenannten „Seepass" an Bord zu haben, der bescheinigte, dass das betreffende Schiff in einem Hafen des dänischen Staates beheimatet war und keine verbotenen Waren, sogenannte „Konterbande", geladen hatte.

Kolonien, Kompagnien und Merkantilismus

Wie in Westeuropa, entstand auch in Dänemark gegen Ende des 16. Jahrhunderts eine staatlich gelenkte, merkantilistische Wirtschaftspolitik. König Christian IV. wollte den dänischen Handel von dem beherrschenden Einfluss ausländischer Kaufleute unabhängig machen und begünstigte daher die dänischen Kaufmannsstädte, vor allem seine Hauptstadt Kopenhagen, die nach seinem Willen das „Amsterdam des Nordens" werden sollte. Planmäßig begann Christian IV. die wirtschaftliche Entwicklung seines Landes zu fördern. Sein Ziel war es, durch eine positive Handelsbilanz die Wirtschaft und damit auch die politische und militärische Macht seines Landes zu stärken. Um einen Handelsüberschuss zu erwirtschaften, sollten Importe durch hohe Einfuhrzölle verringert, Exporte dagegen durch die Senkung der Ausfuhrzölle gesteigert werden.

Unter anderem gründete und förderte er nach westeuropäischem Vorbild staatlich privilegierte Handelskompagnien, die das Monopol für bestimmte Handelsbereiche erhielten. 1602 wurde die Isländische Kompagnie gegründet und mit umfangreichen Privilegien für den Handel mit Island und den arktischen Gegenden ausgestattet; 1616 folgte die Errichtung einer Ostindischen Handelskompagnie. Zugleich begann Dänemark ebenso wie andere europäische Mächte damit, ein Kolonialreich aufzubauen. So wurde das zeitweilig in Vergessenheit geratene Grönland wieder unter dänische Oberhoheit genommen und 1620 erwarb Christian IV. den an der indischen

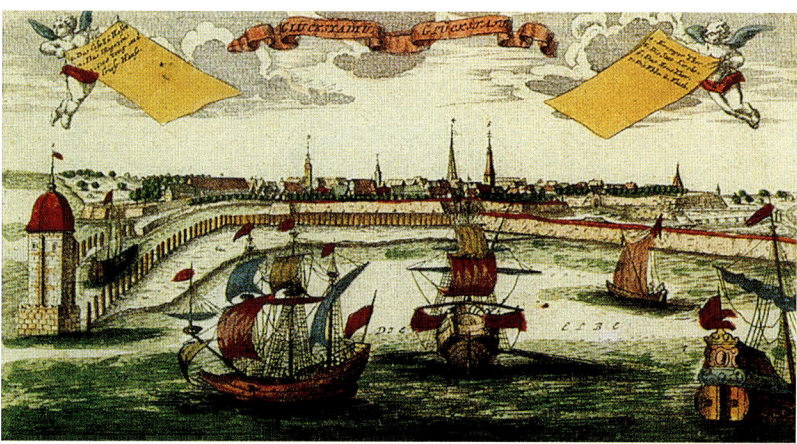

Koromandelküste gelegenen Hafen Tranquebar als Stützpunkt für den Handel mit Indien und Südostasien.

Im Zuge seiner merkantilistischen Maßnahmen hob Christian IV. auch die Privilegien der Flensburger auf, wodurch deren Zwischenhandel emp-

Die mit dem Namen der 1617 von dem dänischen König Christian IV. gegründeten Hafen- und Festungsstadt Glückstadt verbundenen Hoffnungen erfüllten sich nicht. Kupferstich aus dem Jahr 1730.

Handelskompagnien

Die für den Handel mit Indien, Westindien und Afrika notwendigen Investitionen überstiegen die finanziellen Möglichkeiten einzelner Kaufleute. Daher wurden in vielen europäischen Ländern staatlich monopolisierte Handelskompagnien gegründet, deren Zweck der Fernhandel mit fremden Ländern war. Nicht selten erwarben diese Handelsgesellschaften mit Hilfe königlicher Privilegien auch eigenen Kolonialbesitz. Die meisten dieser Kompagnien waren allerdings hoch defizitär und wurden meist nach wenigen Jahren wieder aufgelöst, oft mit erheblichen Verlusten für die Staatskasse. So erlangten beispielsweise von den zahlreichen europäischen Ostindienkompagnien nur die niederländische Vereenigte Oostindische Compagnie (V.O.C.) und die englische East India Company wirkliche Bedeutung. Die 1602 gegründete V.O.C. schuf die Grundlage für das niederländische Kolonialreich in Indonesien, während die 1600 gegründete East India Company seit dem Ende des 17. Jahrhunderts damit begann, Territorien in Indien zu erwerben, die zur Keimzelle des späteren britischen Kolonialreichs in Indien wurden.

Ähnlich wie in den meisten europäischen Ländern standen – mit Ausnahme der 1602 gegründeten Islandkompagnie – auch die dänischen Handelskompagnien in einem engen Verhältnis zum Staat. Hauptaktionär war der König, der wiederum seine Untertanen zur Zeichnung von Anteilen verpflichtete. So forderte Christian IV. 1619 den Flensburger Magistrat auf, eine *"ansehnliche Summe Geldes"* für die Ostindische Kompagnie zur Verfügung zu stellen, der daraufhin 3.000 Reichstaler sammelte. Im Laufe des 17. Jahrhunderts folgte die Gründung weiterer Handelsgesellschaften, so wurde in Glückstadt 1651 eine Westindienkompagnie und 1659 eine Afrikakompagnie und schließlich 1671 in Kopenhagen die Westindisch-Guineische Kompagnie ins Leben gerufen, die 1674 die dänischen Besitzungen in Afrika übernahm und auch den transatlantische Dreieckshandel mit Sklaven und Kolonialwaren betrieb. Bereits 1670 war in Kopenhagen eine neue Ostindische Kompagnie gegründet worden, nachdem sich die erste als wenig erfolgreich erwiesen hatte; 1732 wurde sie in Asiatische Kompagnie umbenannt. Als Dänemark 1807 auf der Seite Napoleons in den Krieg gegen England eintrat, kam der Handel mit Indien zum Erliegen und erholte sich auch nach dem Kriegsende 1814 nur mühsam. Daher wurde die Asiatische Kompagnie 1840 aufgelöst und die dänische Niederlassung Tranquebar in Indien an die Briten verkauft.

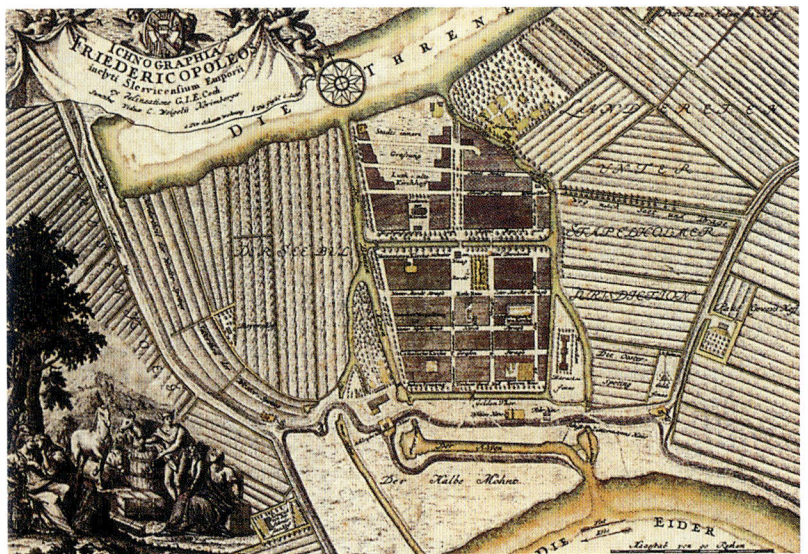

Durch die Gründung Friedrichstadts 1621 versuchte Friedrich III. von Schleswig-Holstein-Gottorf, niederländische Kaufleute ins Land zu ziehen, um sein kleines Herzogtum wirtschaftlich zu stärken. Doch die Pläne des Herzogs, die Stadt zu einem Zentrum des Spanien- und Orienthandels zu machen, scheiterten.

findlich getroffen wurde. So wurde 1590 der Flensburger Handel mit Norwegen eingeschränkt und seit 1619 durften nur noch die Schiffe der dänischen Islandkompanie östlich der vor der norwegischen Küste in der Barentssee gelegenen Insel Vardö Handel treiben. 1622 wurde den Flensburgern zudem untersagt, ihr Bier nördlich von Kolding zu verkaufen. Ein Jahr später wurde der Bierimport in das Königreich Dänemark ge-

nerell verboten, worunter neben Flensburg vor allem die zum herzoglichen Anteil gehörige Stadt Eckernförde litt.

Die Förderung der Wirtschaft war auch das Ziel, als Christian IV. im Jahr 1617 an der Unterelbe eine Hafen- und Festungsstadt gründete, die er „Glückstadt" nannte. Damit wollte er den Handel der elbaufwärts gelegenen Hansestadt Hamburg an sich ziehen. Um Kaufleute und Handwerker zum Zuzug zu ermuntern, verlieh der dänische König der Stadt und ihren Bewohnern umfangreiche Privilegien, darunter auch die Religionsfreiheit. Um die Kontrolle über die Elbe zu erlangen und den Hamburger Handel zu stören, eroberte Christian IV. 1619 zudem die Stadt Stade am südlichen Elbufer und ließ ab 1628 einen Elbzoll erheben. Der Konflikt führte 1630 zu einer bewaffneten Auseinandersetzung mit Hamburg, das 1643 die Oberhoheit des Königs und den Elbzoll anerkennen musste. Doch obgleich es Christian IV. gelang, Glückstadt durch erhebliche Zuschüsse zu einer kurzen Blüte zu verhelfen, konnte die kleine Stadt auf Dauer nicht erfolgreich gegen die Finanz- und Wirtschaftskraft Hamburgs bestehen.

Auch der Gottorfer Herzog Friedrich III. hoffte die Wirtschaft seines kleinen Territoriums zu stärken, als er 1621 an der Untereider ebenfalls eine

Kriegsflotten

Seit dem 16. Jahrhundert begann sich das Gesicht des Seekrieges allmählich zu wandeln, da die europäischen Seemächte nun mit dem Aufbau von Kriegsflotten begannen, die sie auch in Friedenszeiten unterhielten. Die Finanzwirtschaft und Verwaltung der frühneuzeitlichen Staaten waren jetzt gut genug ausgebildet, um stehende Streitkräfte bezahlen zu können und damit die zunehmende Monopolisierung der militärischen Macht in staatlicher Hand voranzutreiben.

Gleichzeitig trat an die Stelle des reinen Handelskriegs mehr und mehr der Kampf großer Flotten, wobei im Laufe des 17. Jahrhunderts speziell erbaute, mit Kanonen bewaffnete Kriegsschiffe in zunehmendem Maße die behelfsmäßig zu Kriegszwecken umgerüsteten Handelsschiffe verdrängten, die lange Zeit die Kriegsflotten dominiert hatten. Um ihre in Breitseiten angeord-

neten Geschütze optimal einsetzen zu können, segelten seit der Mitte des 17. Jahrhunderts die Schiffe im Gefecht in einer Reihe hintereinander weg und bildeten auf diese Weise eine sogenannte „Schlachtlinie". Diese neue Taktik erforderte jedoch einigermaßen gleichartig gebaute Schiffe, die wenigstens 50 Kanonen tragen konnten. Aus diesem Grund entwickelten die Seemächte jetzt das stabil gebaute, dem feindlichen Beschuss besser widerstehende und speziell für die Aufnahme zahlreicher schwerer Geschützen und der dafür notwendigen großen Besatzung konstruierte Segelkriegsschiff, das bis 1850 den Seekrieg dominieren sollte. Kriegsschiffe mit zwei oder drei Kanonendecks, die groß genug waren, um in der Schlachtlinie kämpfen zu können, wurden als „Linienschiffe" bezeichnet. Auch der Handelskrieg wurde nun mehr und mehr eine Aufgabe der regulären Flotten, für die vor allem kleinere und schnelle Kriegsschiffstypen, wie z.B. Fregatten, eingesetzt wurden.

neue Stadt gründete, die nach ihm den Namen Friedrichstadt erhielt und die nach seinem Willen zu einem Zentrum für den Spanienhandel werden sollte. Dank umfangreicher Privilegien gelang es ihm, kapitalkräftige holländische Remonstranten ins Land locken, die aus Glaubensgründen die Niederlande hatten verlassen müssen. Die Stadtgründung begann hoffnungsvoll, doch scheiterte der Versuch, Friedrichstadt zu einer bedeutenden Handelsmetropole zu machen, ebenso wie das Bemühen, sich in den lukrativen Orienthandel einzuschalten und mit Kiel als Ostseehafen und Friedrichstadt als Tor zum Atlantik eine Handelsroute über Russland nach Persien zu etablieren. Eine zu diesem Zweck von 1633 bis 1639 nach Persien entsandte Expedition brachte jedoch außer dem wissenschaftlich bedeutsamen Reisebericht des Gottorfer Hofgelehrten Adam Olearius keine handfesten Ergebnisse. Dieser Misserfolg bedeutete das Ende des ambitionierten Projekts.

Statt zu blühenden Handelszentren entwickelten sich Glückstadt und Friedrichstadt im Laufe der Jahre zu religiösen Freistätten, in denen viele Menschen eine neue Heimat fanden, die ihr Geburtsland wegen ihres Glaubens hatten verlassen müssen.

Drei niederländische Handelsschiffe und ein dänisches Kriegsschiff im Öresund. In die wiederholten Auseinandersetzungen zwischen Dänemark und Schweden im 17. Jahrhundert mischten sich bald auch die Seemächte Niederlande, England und Frankreich ein. Für sie war ein freier Zugang zur Ostsee wichtig, da sie von hier wichtige Schiffbaugüter wie Holz, Teer und Hanf bezogen. Gemälde um 1620 von Hendrick Cornelisz Vroom.

König Christian IV. von Dänemark und Norwegen. Während seiner Regierungszeit von 1588 bis 1648 bemühte er sich, seine Territorien wirtschaftlich zu fördern. Ebenso versuchte er, im Kampf gegen Schweden die Vorherrschaft im Ostseeraum zu erlangen, was jedoch mit einem Misserfolg endete.

Herzog Friedrich III. von Schleswig-Holstein-Gottorf. Er regierte von 1616 bis 1659 und bemühte sich, in den Konflikte zwischen Dänemark und Schweden die politische Handlungsfähigkeit seines kleinen Herzogtums zu bewahren.

Die Festung Christianspries/ Friedrichsort

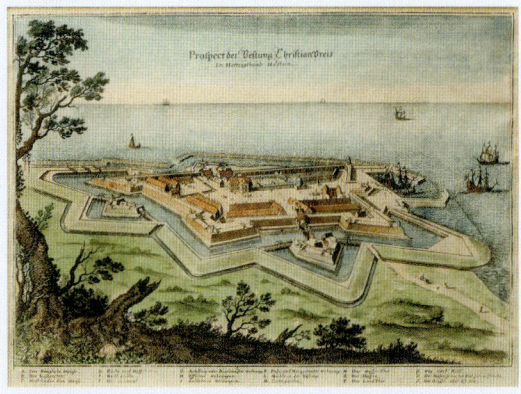

Der Konflikt zwischen Dänemark und Schweden um die Vorherrschaft im Ostseeraum im 17. Jahrhundert hatte unter anderem den Bau zahlreicher neuer Festungsanlagen zum Schutz der Häfen und Küsten zur Folge. 1631 erwarb der dänische König Christian IV. das Gut Seekamp, um eine Festung zum Schutz der Kieler Förde vor schwedischen Angriffen errichten zu lassen, die er Christianspries nannte. Eine im Landesarchiv in Schleswig überlieferte Akte, die „Deßignation vom 4. December 1762", stellt fest: *„Die Vestung Christianspries wurde deshalber gebauet, weil die Schwedische Flotte etliche mahl wenn sie geschlagen war, sich in den Hafen retirierte."* Zugleich konnte der dänische König damit im Herzogtum Gottorf festen Fuß fassen. 1643 wurde die Festung von den Schweden erobert und als Stützpunkt genutzt. 1648 ließ Christians Nachfolger Friedrich III. die Anlage zunächst schleifen, jedoch angesichts der fortdauernden Konflikte mit Schweden ab 1663 an der gleichen Stelle die neue Festung Friedrichsort erbauen. Während der Napoleonischen Kriege wurde die mittlerweile verfallene Festung im Dezember 1813 zum zweiten Mal von den Schweden erobert. Während der Schleswig-Holsteinischen Erhebung von 1848 bis 1851 besetzten schleswig-holsteinische Truppen die mittlerweile zur

Westansicht der Festung Christianspries. Die Befestigungsanlage an der Kieler Außenförde wurde von 1632 bis 1637 von König Christian IV. von Dänemark erbaut. Nach dem Tod Christians IV. wurde die Festung geschleift. Ab 1662 ließ König Friedrich III. von Dänemark am gleichen Ort eine neue, größere Festungsanlage erbauen, die den Namen „Friedrichsort" erhielt. 1831 verbüßte Uwe Jens Lornsen, der „Märtyrer" der Schleswig-Holsteiner, hier einen Teil seiner Festungshaft.

Seebatterie herabgestufte Befestigungsanlage. Nach dem deutsch-dänischen Krieg von 1864 fiel die Festung an Preußen und diente fortan als Zentrum eines ausgedehnten Fortifikationsgürtels rund um die Förde zum Schutz des Marinestützpunktes Kiel und der Einfahrt zum Kaiser-Wilhelm-Kanal, dem heutigen Nord-Ostsee-Ka-

Ein Jahrhundert der Kriege

Mit dem Eintritt Dänemarks in den Dreißigjährigen Krieg im Jahr 1625 endete die lange Friedensphase und die Zeit der guten Konjunktur im Norden Europas. Das 17. Jahrhundert war in Schleswig und Holstein geprägt von den Auseinandersetzungen zwischen König und Herzog. Trotz der staatsrechtlichen Einheit der Herzogtümer hatte sich allmählich ein herrschaftlicher Dualismus in Schleswig und Holstein herausgebildet, da die Gottorfer Herzöge versuchten, sich eine eigenständige Machtbasis in ihrem Territorium zu schaffen. Zudem wurde das kleine Gottorfer Herzogtum in den folgenden Jahrzehnten immer wieder in die politischen und militärischen Konflikte zwischen Dänemark und Schweden hineingezogen.

Lange Zeit war Dänemark die stärkste Macht in der Ostsee gewesen. Mit der Kontrolle über den Öresund und den Großen Belt beherrschten die Dänen die Zugänge zur Ostsee. Seit 1429 mussten alle Schiffe, die den Öresund, den wichtigsten Zugang zur Ostsee passierten, eine Passagegebühr, den sogenannten Sundzoll entrichten, der für die Dänen eine wichtige Einnahmequelle war.

Nach der Auflösung der Kalmarer Union hatte sich Schweden im Laufe des 16. Jahrhunderts jedoch zu einem ernsthaften Konkurrenten im Kampf um die Ostseeherrschaft entwickelt, und so sollte das 17. Jahrhundert im Norden ganz im Zeichen des Ringens zwischen Dänemark und Schweden um das „Dominium Maris Baltici", die wirtschaftliche und politische Vorherrschaft im Ostseeraum, stehen.

nal. In dieser Zeit entstand um die Festung herum der heutige Kieler Stadtteil Friedrichsort sowie mit der 1891 aus dem 1877 gegründeten Torpedodepot hervorgegangenen „Kaiserlichen Torpedowerkstatt", ein bedeutendes Industrieareal. Bis 1918 wurden hier Torpedos für die Kaiserliche Marine gebaut, nach Kriegsende wurde die Torpedowerkstatt in „Deutsche Werke" umbenannt und auf Friedensproduktion umgestellt; nach dem Zweiten Weltkrieg ging daraus die „Maschinenbau Kiel AG", kurz „ MaK", hervor. Die Festungsanlagen selbst wurden nach dem Ersten Weltkrieg geschleift und die Wälle teilweise eingeebnet. Im Zuge der Wiederaufrüstung unter dem NS-Regime wurde die Festung Friedrichsort erneut einer militärischen Nutzung zugeführt. 1935 zog hier die 1. Marineergänzungsabteilung ein, um neue Rekruten für die Marine auszubilden. Nach dem deutschen Zusammenbruch 1945

wurden in den alten Festungskasematten Flüchtlinge und Vertriebene untergebracht. Zunächst wurde das Festungsgelände von der britischen Militärregierung verwaltet und ging 1949 an die Bundesrepublik Deutschland über. Von 1956 bis 2004 nutzte die Bundeswehr Teile der Festung Friedrichsort unter anderem als Marine-Signalstation. Später wurden in der Festung auch wehrtechnische Anlagen für die Marine eingerichtet, die der „Wehrtechnischen Dienststelle 71" in Eckernförde unterstanden. 2004 wurde das Gelände der Festung Friedrichsort an eine private Investorengruppe verkauft. Erhalten sind bis heute Wallanlagen im Westen, Süden und Osten sowie die Kasematten aus preußischer Zeit. Auch der südliche und östliche Festungsgraben sind noch sichtbar. Was zukünftig mit der seit 1966 unter Denkmalschutz stehenden Festung Friedrichsort geschehen wird, ist unklar.

1864 wurde die Festung Friedrichsort von den Preußen übernommen und bildete bis zu der durch den Versailler Vertrag vorgeschriebenen Entfestigung 1920 das Zentrum der Verteidigungsanlagen des Reichskriegshafens Kiel. Nach dem Zweiten Weltkrieg wurden in den alten Festungskasematten Flüchtlinge untergebracht. Von 1956 bis 2006 nutzte die Bundeswehr Teile der Festung. Friedrichsort ist eine der wenigen erhaltenen Seefestungen in Deutschland.

Obgleich der sogenannte Kalmarkrieg von 1611 bis 1613 mit einem klaren Sieg Dänemarks endete, hatte sich Schweden als ernstzunehmende Militärmacht erwiesen. Doch die bittere Niederlage des dänischen Königs im Dreißigjährigen Krieg bot den Schweden einige Jahre später eine neue Chance, die Dominanz im Ostseeraum zu erringen. Um seine Vormachtstellung in Nordeuropa auszubauen, hatte König Christian IV. von Dänemark im Jahr 1625 in seiner Funktion als Herzog von Holstein auf protestantischer Seite in den Dreißigjährigen Krieg eingegriffen. Bereits 1618 waren die im Heiligen Römischen Reich deutscher Nation seit langem schwelenden konfessionellen Spannungen zwischen Katholiken und Protestanten sowie die politischen Gegensätze zwischen Kaiser und Fürsten zum offenen

Krieg eskaliert, der sich schon bald zu einem europäischen Konflikt ausweitete.

Doch der Versuch des dänischen Königs, seine Machtposition zu stärken, endete im Desaster. Nach seiner vernichtenden Niederlage bei Lutter am Barenberge im August 1626 hatte sich Christian IV. wieder nach Norden zurückziehen müssen. Kurz darauf hatte ein kaiserliches Heer unter Albrecht von Wallenstein und Johan Tserclaes Graf von Tilly die Elbe überschritten und die Herzogtümer Schleswig und Holstein besetzt.

Mit dem Einmarsch der kaiserlichen Truppen begannen schwere Zeiten für die Einwohner Schleswigs und Holsteins, denn sie mussten nicht nur für den Unterhalt der Soldaten aufkommen, sondern litten auch unter Raub, Mord und Plünderung. Die Bereitschaft des Gottorfer Herzogs Friedrich III. zur Zusammenarbeit mit den Kaiserlichen schürte das

Die Schlacht vor der Kolberger Heide

Ungeachtet seines bereits fortgeschrittenen Alters von 67 Jahren hatte der dänische König Christian IV. persönlich den Befehl über seine Flotte übernommen. Es gelang ihm, am 16. Mai 1644 eine zur Unterstützung der Schweden nach Norden entsandte niederländische Flotte im Lister Tief vor der Insel Sylt zu schlagen und zum Rückzug zu zwingen. Anschließend machte er sich in der Ostsee mit einem großen Geschwader auf die Jagd nach der schwedischen Hauptflotte unter Admiral Claas Flemming. Am 1. Juli 1644 kam es vor der Kolberger Heide zwischen der Kieler Förde und der Insel Fehmarn zum Kampf.

Über den Verlauf der Schlacht sind allerdings nur ungenaue und widersprüchliche Berichte überliefert. Es hat aber den Anschein, dass der Versuch Admiral Flemings, die unregelmäßige dänische Schlachtlinie zu durchbrechen, scheiterte, worauf sich die Schlacht zu einem wilden Durcheinander zahlloser Einzelgefechte entwickelte, in deren Zentrum die beiden Flaggschiffe standen. Zehn Stunden lang wogte der Kampf hin und her. Während des Gefechts wurde König Christian IV. an Bord seines Flaggschiffs TREFOLDIGHED (dänisch für: DREIFALTIGKEIT) von einem Metallsplitter am Kopf getroffen, wobei er ein Auge verlor.

Zehn Stunden lang wogte der Kampf hin und her. Am Abend trennten sich die beiden Flotten wieder; ein klarer Sieger war nicht auszumachen. Insgesamt hatten die Dänen 37 Tote und 170

Die Seeschlacht vor der Kolberger Heide zwischen der dänischen und der schwedischen Flotte am 1. Juli 1644 endete unentschieden, bescherte den Dänen aber eine neue Königshymne.

Misstrauen des dänischen Königs; das bis dahin gute Verhältnis zwischen den beiden Landesherren in den Herzogtümern zerbrach.

Am 12. Mai 1629 musste König Christian IV. den demütigenden Frieden von Lübeck schließen, der den sogenannten „Kaiserlichen Krieg" beendete. Der Friedensvertrag bedeutete das Scheitern seiner ehrgeizigen außenpolitischen Pläne.

In dieser Situation sah der junge schwedische König Gustav II. Adolf seine Chance gekommen, die schwedische Machtstellung in Nordeuropa weiter auszubauen. 1630 griff er ebenfalls auf Seiten der Protestanten in den Dreißigjährigen Krieg ein, aus dem Schweden im Westfälischen

Frieden von 1648 als die neue Großmacht im Norden Europas hervorging.

Doch Dänemark war nicht ohne weiteres bereit, Schwedens neue Hegemonie zu akzeptieren. Wiederholt kämpften beide Mächte daher um die Vormachtstellung im Ostseeraum. Diese Kriege wurden auch zur See ausgetragen; sowohl Dänemark als auch Schweden hatten im 16. Jahrhundert starke Kriegsflotten aufgebaut, die nun um die Seeherrschaft rangen. Dadurch wurde auch die Handelsschifffahrt in der Ostsee erheblich beeinträchtigt.

Noch während der Dreißigjährige Krieg im verwüsteten Deutschland tobte, kam es 1643 zur

Die TREFOLDIGHED, Flaggschiff König Christians IV. in der Schlacht vor der Kolberger Heide. Zeichnung des niederländischen Marinemalers Willem van der Velde dem Älteren aus dem Jahr 1658.

Verwundete zu verzeichnen, während die Schweden insgesamt 30 Gefallene und 50 Verwundete zählten.

Angesichts der schwedischen Überlegenheit hatten sich die Dänen durchaus beachtlich geschlagen. Auch wenn die Leistungen des dänischen Königs als Heer- und Flottenführer nicht gerade als überragend bezeichnet werden können, steht seine persönliche Tapferkeit außer Frage. Trotz seiner Verwundung hatte Christian IV. während der gesamten Schlacht im dichten Kampfgetümmel auf dem Deck seines Flaggschiffs gestanden, was später seinen Niederschlag in der dänischen Königshymne fand: „Kong Christian stod ved højen mast i røg og damp ...“ (deutsch: „König Christian stand am hohen Mast in Rauch und Dampf ...“).

Der verwundete König Christian IV. in der Schlacht vor der Kolberger Heide an Bord seines Flaggschiffs TRE-FOLDIGHED. Die Schlacht fand Niederschlag in der dänischen Königshymne: „König Christian stand am hohen Mast in Rauch und Dampf“. Historiengemälde von W. Marstrand aus dem 19. Jahrhundert.

ersten militärischen Kraftprobe zwischen Dänemark und Schweden. Auslöser waren die hohen Zölle für die Passage des Öresunds sowie der Versuch des dänischen Königs Christian IV., Hamburg und die Elbe unter seine Kontrolle zu bringen. Erneut litten die Herzogtümer Schleswig und Holstein schwer unter der Besetzung durch dänische und schwedische Truppen.

Die Schweden stießen bei ihrem Vormarsch nur auf geringen Widerstand. Ohne sich um die Festungen Glückstadt und Krempe in Holstein zu kümmern, rückte der schwedische Feldherr Lennart Graf Torstensson direkt auf Kiel vor. Am 17. Dezember 1643 erreichten die schwedischen

Truppen die Fördestadt und standen am nächsten Morgen vor der Festung Christianspries, die sie einen Tag später im Sturm nahmen.

Um Torstensson bei seinen Bemühungen, auf die dänischen Inseln überzusetzen, zu unterstützen, entsandten die mit den Schweden verbündeten Niederländer im Frühjahr 1644 eine aus 14 Kriegs- und 10 Transportschiffen bestehende Hilfsflotte, die jedoch trotz ihrer zahlenmäßigen Überlegenheit am 16. Mai 1644 im Lister Tief zwischen den Inseln Sylt und Röm eine schwere Niederlage gegen neun dänische Kriegsschiffe unter dem Befehl von König Christian IV. erlitt. Die dänischen Kanonen richteten an Bord der

Karte der Herzogtümer Schleswig und Holstein von Johannes Mejer aus der 1652 von Caspar Dankwerth herausgegebenen „Neuen Landesbeschreibung der zwei Herzogtümer Schleswig und Holstein".

niederländischen Schiffe erhebliche Schäden an, weshalb sich diese schließlich in die flachen Gewässer vor der Insel Sylt zurückzogen, wohin ihnen die schwereren dänischen Kriegsschiffe mit ihrem größeren Tiefgang nicht folgen konnten. Erst Ende Mai gelang es den Niederländern, sich mit ihren beschädigten Schiffen abzusetzen und nach Hause zurückzukehren. Damit waren Torstenssons Pläne für eine Invasion der dänischen Inseln endgültig gescheitert. Stattdessen landeten die Schweden am 29. Juni 1644 auf Fehmarn und besetzten die Insel. Anschließend gingen die schwedischen Kriegsschiffe nördlich und westlich von Fehmarn vor Anker, wo sie die dänische Flotte erwarteten.

Nach seinem Sieg über die Niederländer war König Christian IV. in die Ostsee zurückgekehrt. Am 22. Juni traf der dänische König in Kopenhagen ein. Hier erfuhr er, dass eine schwedische Flotte unter dem Befehl von Claas Fleming eine Woche zuvor mit Kurs auf Kiel gesichtet worden war. Der schwedische Admiral hatte den Auftrag, die schwedische Seeherrschaft in der westlichen Ostsee sicherzustellen, um Truppenlandungen auf den dänischen Inseln zu ermöglichen. Sogleich nahm Christian IV. mit seinen Kriegsschiffen die Verfolgung auf.

Am 1. Juli 1644 kam es östlich der Einfahrt zur Kieler Förde auf der „Kolberger Heide", einem Seegebiet vor der Küste der Probstei, zum Kampf zwischen der dänischen und der schwedischen Flotte, die jedoch unentschieden endete. Am 13. Oktober des gleichen Jahres kam es vor Fehmarn erneut zu einer großen Seeschlacht zwischen der dänischen Flotte unter Admiral Pros Mund und einem von Admiral Carl Gustav Wrangel geführten schwedischen Geschwader, in der die Dänen vernichtend geschlagen wurden. Fortan war Schweden die neue Seemacht in der Ostsee.

Der Konflikt endete 1645 mit einer dänischen Niederlage. Dänemark verlor die Bistümer Bremen und Verden, der dänische Elbzoll wurde aufgehoben und die schwedischen Schiffe vom Sundzoll befreit. Mit seinem klaren Sieg hatte Schweden Dänemark auf den zweiten Platz im Ostseeraum verwiesen und seine neue Großmachtstellung im Norden eindrucksvoll unterstrichen. Getreu dem Motto „Der Feind meines Feindes ist mein Freund" suchten die Gottorfer Herzöge nun das Bündnis mit Schweden, doch wurde das kleine Herzogtum dadurch endgültig zum Spielball im Kampf um die Vorherrschaft im Norden Europas.

1657 sah der dänische König Friedrich III. die Gelegenheit für eine Revanche gekommen. Dabei wurde er von den Niederlanden unterstützt, die damals auf dem Höhepunkt ihrer Macht standen und eine Alleinherrschaft Schwedens im Ostseeraum verhindern wollten. Gleichzeitig begannen sich nun auch Frankreich und England zum Schutz ihrer wirtschaftlichen und politischen Interessen durch Diplomatie, Zahlung von Hilfsgeldern und direkte militärische Intervention verstärkt in den Konflikt zwischen Schweden und Dänemark einzuschalten. Insbesondere für die Seemächte England und Holland war ein freier Zugang zur Ostsee wichtig, da sie von hier wichtige Schiffbaugüter wie Holz, Teer und Hanf bezogen.

Zwar gelang den Dänen mit der Eroberung Bremens und Verdens ein bedeutender Anfangserfolg, doch hatten sie nicht mit der raschen Reaktion des schwedischen Königs gerechnet. Eiligst war Karl X. Gustav mit seinem Heer von Polen nach Norden marschiert, durch die Herzogtümer Schleswig und Holstein nach Jütland gezogen, über das Eis der Ostsee auf die dänische Insel Seeland vorgestoßen und hatte die Belagerung der dänischen Hauptstadt Kopenhagen aufgenommen, während seine Kriegsschiffe die dänische Flotte in Schach hielten.

Nur das Eingreifen der europäischen Mächte mit den Niederlanden an der Spitze verhinderte die völlige Niederlage Dänemarks. Dennoch musste der dänische König im Februar 1658 im Frieden von Roskilde seine südschwedischen Provinzen Halland, Blekinge und Schonen sowie die Landschaft Bohuslän an Schweden abtreten. Dänemark verlor damit nicht nur ein Drittel seiner Fläche, sondern auch die alleinige Kontrolle über den Öresund, was aber durchaus im Interesse der europäischen Seemächte lag. Überdies erlangte der mit den Schweden verbündete Gottorfer Herzog Friedrich III. nun die lang ersehnte Souveränität im Herzogtum Schleswig und damit die Unabhängigkeit von der Oberhoheit des dänischen Königs.

Doch der Frieden war nur von kurzer Dauer. Um Dänemark endgültig in die Knie zu zwingen, ging der schwedische König Karl X. Gustav in die Offensive und führte sein Heer erneut über die zugefrorene Ostsee auf die dänischen Inseln. Zugleich beherrschte die schwedische Flotte die Ostsee, da die dänischen Kriegsschiffe aus Geldmangel im Hafen festlagen.

Im Juli 1658 erhielt Feldmarschall Carl Gustav Wrangel, der 1644 als junger Offizier die schwedische Flotte befehligt hatte und inzwischen in höchste militärische Ämter aufgestiegen war, den Befehl, die schwedische Armee nach Kiel zu führen, um sie von dort aus mit Hilfe von Transportschiffen für einen erneuten Angriff auf Kopenhagen nach Seeland überzusetzen. Am 5. August schiffte sich Karl X. mit seinen Truppen auf elf Kriegs- und 60 Transportschiffen ein. Insgesamt soll es sich um eine Streitmacht aus 4.500 Reitern und 1.200 Fußsoldaten gehandelt haben, andere Quellen nennen 1.200 Kavalleristen und 8.000 Infanteristen. Obgleich die schwedischen Truppen ungehindert in Korsör (dänisch: Korsør) auf der Insel Seeland an Land gehen konnten, scheiterte der Überraschungsangriff auf die dänische Hauptstadt, da eine verbündete dänisch-niederländisch-englische Flotte den Schwedenkönig auf den Inseln blockierte, der die zahlenmäßig unterlegene schwedische Flotte nichts entgegenzusetzen hatte. Gleichwohl stellte sich der Gottorfer Herzog nun offen auf die Seite

Schwedens. Am 10. September 1558 schloss er ein Bündnis mit König Karl X. Gustav.

Wieder brachte das Eingreifen der europäischen Mächte die Rettung für Dänemark. Ein 30.000 Mann starkes brandenburgisch-österreichisch-polnisches Heer marschierte im September 1658 im Rücken der Schweden von Süden heran und besetzte die Herzogtümer. Notgedrungen schloss der Gottorfer Herzog ein Neutralitätsabkommen mit Kurfürst Friedrich Wilhelm von Brandenburg und zog sich in seine Festung Tönning zurück. Die wenigen schwedischen Truppen in den Herzogtümern wichen dem heranrückenden Feind in Richtung Norden aus. Mit Hilfe der niederländischen Flotte setzte der dänische Feldmarschall Hans Schack Ende Oktober 1659 von Kiel aus drei jütische Regimenter auf die Insel Fünen über, wo sie Anfang November trotz heftigen schwedischen Widerstands an Land gingen.

1659 unterlagen die Schweden auf der Insel Fünen einer alliierten Streitmacht. Unter Vermittlung Frankreichs, das seinen Verbündeten Schweden von der endgültigen Niederlage bewahren wollte, wurde schließlich 1660 der Frieden von Oliva geschlossen, der jedoch die Bestimmungen des Roskilder Vertrages im Wesentlichen bestätigte. Fortan war es das wichtigste Ziel der dänischen Außenpolitik, die verlorenen südschwedischen Provinzen zurückzugewinnen.

In Dänemark hatte die Niederlage gegen Schweden zudem eine innenpolitische Krise ausgelöst, die König Friedrich III. 1660 nutzte, um den Adel zu entmachten und eine absolutistische Königsherrschaft einzuführen. Mit der Begründung, der Adel habe im Krieg gegen Schweden versagt, fasste der dänische Reichstag mit den Stimmen der nicht-adligen Stände den förmlichen Beschluss, König Friedrich III. die volle Souveränität zu übertragen – ein in ganz Europa einmaliger Vorgang. 1665 wurde mit dem „Königsgesetz" die einzige schriftliche absolutistische Verfassung Europas erlassen; sie galt bis 1848. Verbunden mit dem Übergang zum Absolutismus war eine grundlegende Reform von Staat, Verwaltung und Militärwesen. Dazu gehörten auch die Aufstellung eines stehenden Heeres und die Reorganisation der Flotte nach niederländischem Vorbild. Dänemark wurde dadurch zu dem am stärksten militarisierten Staat Europas.

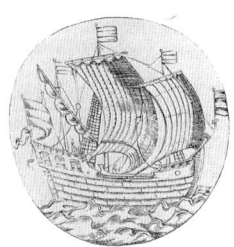

Schiffsdarstellungen auf dem Silberbecher des Sonderburger Schiffergelags, der 1672 vom Bürgermeister der Stadt, Jacob Jensen, gestiftet wurde. Die Gravuren zeigen ein bewaffnetes Kriegs- oder Handelsschiff, ein dreimastiges Handelsschiff und einen einmastigen Küstenfahrer mit Seitenschwertern.

In diesen kriegerischen Ereignissen hatte der Gottorfer Herzog nur eine Nebenrolle gespielt, wenngleich die Herzogtümer erheblich unter den Kriegszügen gelitten hatten. Gleichwohl schien sich für Herzog Friedrich III. das Bündnis mit den Schweden ausgezahlt zu haben. Doch die Souveränität des Herzogtums Gottorf war nicht von Dauer. Bereits Herzog Friedrichs III. Sohn und Nachfolger Christian Albrecht wurde erneut in die Auseinandersetzungen zwischen Dänemark und Schweden mit hineingezogen. Das kleine Herzogtum Gottorf blieb auf Gedeih und Verderb an das Schicksal seiner Schutzmacht Schweden gefesselt. Nur mit schwedischer Unterstützung konnte der Herzog Christian Albrecht seine Stellung als souveräner Landesherr behaupten.

Auch der zweite Versuch Dänemarks, die verlorenen südschwedischen Provinzen im sogenannten „Schonischen Krieg" von 1675 bis 1679 zurückzugewinnen, endete mit einer Niederlage. Die schwedische Niederlage gegen die Brandenburger in der Schlacht bei Fehrbellin im Juni 1675 schien dem dänischen König Christian V. die lang erwartete Gelegenheit zu bieten, nicht nur die 1658 an Schweden abgetretenen Gebiete Halland, Blekinge, Schonen und Bohuslän zurückzuerobern, sondern auch das „Gottorfer Problem" in seinem Sinne zu lösen. Er ließ die Gottorfer Territorien besetzen und zwang Herzog Christian Albrecht zum Verzicht auf die Souveränität in Schleswig. Gleichzeitig erklärte der dänische König Schweden den Krieg. Doch trotz bedeutender Erfolge der dänischen Flotte unter ihrem in den Niederlanden ausgebildeten Oberbefehlshaber Niels Juel unterlagen die Dänen im Dezember 1676 in der Schlacht bei Lund den Schweden. 1679 endete der „Schonische Krieg" im Frieden von Lund mit der Wiederherstellung des territorialen status quo ante: Schweden und der Gottorfer Herzog erhielten ihre von den Dänen und deren Alliierten besetzten Territorien zurück; ebenso musste der dänische König die Souveränität des Herzogtums Gottorf erneut anerkennen.

Kriegslasten und Konjunkturen

Nicht nur das Herzogtum Gottorf, auch der königliche Anteil hatte schwer unter den zahlreichen Kriegen zwischen Dänemark und Schweden gelitten. Regelmäßig hatten die Kampfhandlungen auch auf Schleswig und Holstein übergegriffen, die dadurch in erheblichem Maße in Mitleidenschaft gezogen wurden: Kriegskontributionen und im Lande stehende Truppen belasteten die Herzogtümer schwer, die Wirtschaft wurde ruiniert und der einstige Wohlstand schwand. Handel und Schifffahrt hatten vor allem unter dem Seekrieg zu leiden. Sowohl Schweden als auch Dänemark hatten in den zahlreichen Auseinandersetzungen nicht nur reguläre Kriegsschiffe eingesetzt, sondern auch viele Kaperschiffe ausgerüstet, die Jagd auf gegnerische Handelsschiffe machten. Neben den Aufbringungen durch feindliche Kriegs- und Kaperschiffe hatte auch die Heranziehung zu Kriegsdiensten die schleswig-holsteinische Handelsschifffahrt schwer belastet. So standen beispielsweise in Sonderburg, das 1667 durch den Konkurs der Sonderburger Herzöge an den dänischen König zurückgefallen war, im Jahr 1677 zwölf der 21 dort beheimateten Schiffe im Dienst des Königs.

Hinzu kamen Seuchen und Hungersnöte, die bedeutende Bevölkerungsverluste zur Folge hatten. Erst um das Jahr 1700 erreichte die geschätzte Einwohnerzahl der Herzogtümer mit 448.000 Menschen wieder den Stand aus der Zeit vor dem Dreißigjährigen Krieg. Auch die schleswig-holsteinischen Städte erlebten infolgedessen eine Zeit des wirtschaftlichen Niedergangs, während Kopenhagen und Hamburg ungeachtet der Kriegswirren wirtschaftlich prosperierten.

Vor allem für Flensburg hatten der Eintritt Dänemarks in den Dreißigjährigen Krieg und die folgenden kriegerischen Auseinandersetzungen mit Schweden katastrophale Folgen; die Stadt wurde wiederholt besetzt und geplündert. Ebenso hatten die seit 1610 erlassenen Handelsverbote der Schweden, die das königliche Flensburg als feindliche Stadt betrachteten, zum Niedergang der Flensburger Schwedenfahrt geführt. Auch die merkantilistische Politik des dänischen Königs trug zum wirtschaftlichen Niedergang der Stadt bei. So schrumpfte Flensburgs Handelsflotte von rund 200 Schiffen um 1600 auf nur noch 65 Schiffe im Jahr 1643. Gleichwohl gelang es Flensburg im 17. Jahrhundert, seine Stellung als bedeutendste Handelsstadt der Herzogtümer zu bewahren, auch wenn die Stadt ihre alte wirtschaftliche Bedeutung nicht mehr zurückerlan-

gen konnte und fortan im Schatten von Hamburg und Kopenhagen blieb.

Hadersleben dagegen war infolge der Versandung des Hafens und der hohen Kriegslasten im Laufe des 17. Jahrhunderts zu einer Ackerbürgerstadt herabgesunken. Waren in Hadersleben um 1590 noch 20 Schiffe beheimatet gewesen, wurden 1674 hier lediglich vier Schuten mit zusammen 57 Lasten gezählt.

Eckernförde hatte wirtschaftlich ebenfalls schwer gelitten. Das Verbot des Bierexports nach Dänemark im Jahr 1622 hatte der Stadt einen ersten schweren Schlag versetzt. Ebenso war die Stadt im Verlauf der zahlreichen Kriegszüge mehrfach von kaiserlichen, dänischen und schwedischen Truppen besetzt und zudem 1629 von der Pest heimgesucht worden. Es dauerte lange, bis sich Eckernförde von diesen Rückschlägen erholt hatte; noch 1652 schrieb Caspar Danckwerth in seiner Landesbeschreibung, die Stadt habe *„vor Jahren einen ziemlichen Handel gehabt, der anitzo durch Unvermögen der Einwohner, darin die böse Zeit sie gestecket, sehr danieder liegt."* Waren zu Beginn des 17. Jahrhunderts in Eckernförde die drei Wirtschaftszweige Fischerei, Seehandel und Brauerei noch ungefähr gleichrangig gewesen, so war das Brauereiwesen ein Jahrhundert später durch die dänischen Importverbote ruiniert und auch die Fischerei hatte jegliche Bedeutung verloren. Allein die Schifffahrt

Ansicht der Stadt Eckernförde aus Dankwerths „Neuer Landesbeschreibung". Die einstmals blühende Hafenstadt hatte unter den Kriegszügen des 17. Jahrhunderts schwer gelitten. Erst im 18. Jahrhundert erlebten Handel und Seefahrt in Eckernförde einen neuen Aufschwung.

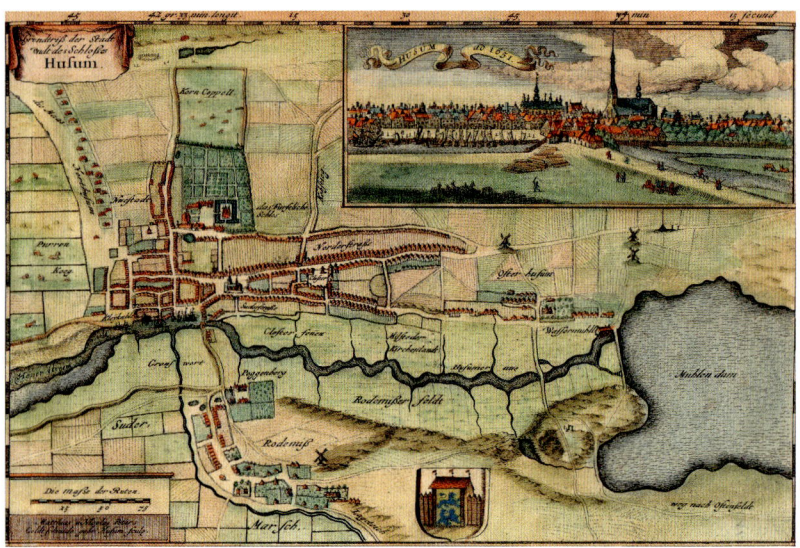

Husum im Jahr 1651. Als Folge der verheerenden Sturmflut von 1634 und der zahlreichen Kriege schwand der einstige Wohlstand der Stadt im 17. Jahrhundert.

spielte noch eine gewisse Rolle für die Eckernförder Wirtschaft.

Auch die Insel Fehmarn hatte im 17. Jahrhundert einen ökonomischen Niedergang erlebt, von dem sie sich erst im 19. Jahrhundert wieder erholen sollte. Dagegen hatte die Apenrader Schifffahrt einen bedeutenden Aufschwung genommen. Unter dem Schutz Schwedens hatten die Apenrader Handelsschiffe begonnen, die Flensburger, Niederländer und Engländer aus der Schwedenfahrt zu verdrängen. Um die Mitte des 17. Jahrhunderts waren die schwedischen Häfen für die Apenrader Schiffe zum wichtigsten Fahrtziel geworden. Sie exportierten Manufaktur- und Kolonialwaren, Wein und Branntwein und holten im Gegenzug Rohstoffe wie Holz, Teer, Pech, Eisen, Kupfer und Baumaterialien, die sie bis nach England und Westeuropa lieferten. Die Stadt selbst besaß nur einen relativ bescheidenen Eigenhandel, so dass die Apenrader Schiffe hauptsächlich im Auftrag fremder Kaufleute in der Frachtfahrt fuhren. Die Reeder verdienten dabei nicht an den Handelswaren, sondern an den Frachtgebühren; sie waren damit zu reinen Transportunternehmern ohne eigene Handelsinteressen geworden. Die Folge dieser frühzeitigen Spezialisierung war, dass sich die Apenrader Handelsflotte durch eine relativ große Gesamttonnage und vergleichsweise große Schiffe auszeichnete. Da die Apenrader Schiffe oft im Auftrag Flensburger Kaufleute segelten, ordnete Herzog Christian Albrecht im Jahr 1670 an, dass alle in der Stadt Apenrade gebauten Schiffe mit einer besonderen Steuer belastet werden sollten, wenn

sie innerhalb eines Jahres nach dem Bau an fremde Reeder verkauft wurden.

In ähnlicher Weise hatte auch Sonderburg profitiert. In den Kriegen zwischen Dänemark und Schweden hatten sich die Sonderburger Herzöge um Neutralität bemüht. Ungestört konnten die Sonderburger Schiffe in der ganzen Ostsee verkehren und so einen beträchtlichen Anteil am Handel mit Schweden an sich ziehen. 1644 wurden die Sonderburger *„Navigation und Commercie"* sogar unter den besonderen Schutz der schwedischen Krone gestellt. Auch in späteren Kriegsjahren konnten die Sonderburger eine von Dänen und Schweden anerkannte Neutralität aufrechterhalten, doch endete ihre privilegierte Stellung, als das Sonderburger Gebiet 1667 durch Konkurs in den Besitz des dänischen Königs kam und die Stadt daraufhin in den königlichen Anteil eingegliedert wurde.

Im Gegensatz dazu hatten die Hafenstädte an der Westküste schwere Zeiten erlebt. Die Konkurrenz der Städte Tönning und Friedrichstadt und die zunehmende Verschlickung des Hafens hatten bereits zu Beginn des 17. Jahrhunderts für Husum den wirtschaftlichen Niedergang eingeleitet, der durch den Untergang der Insel Alt-Nordstrand in der großen Sturmflut von 1634 und die Folgen der zahllosen Kriegszüge weiter beschleunigt wurde; der Wohlstand schwand. Erst im 18. Jahrhundert erlebte Husum als Viehhandelsort für jütische Magerochsen erneut einen bescheidenen Aufschwung.

Auch Tönning hatte schwer unter den Kriegen und der großen Sturmflut gelitten. Zwar ließ Herzog Friedrich III. die Stadt ab 1644 zur Festung ausbauen und machte sie zu einem wichtigen militärischen Stützpunkt, doch der ökonomische Verfall Tönnings war nicht aufzuhalten. 1716 waren hier nur noch 10 Schiffe beheimatet; 1719 war ihre Zahl auf zwei oder drei Küstenschiffe gesunken.

Glückstadt hatte nach dem Tod König Christians IV. im Jahr 1648 ebenfalls wirtschaftlich stark an Bedeutung verloren; lediglich als Verwaltungssitz, Grenzfestung und Flottenstützpunkt blieb die kleine Stadt bedeutsam. Dagegen hatte sich das durch seine Nähe zu Hamburg verkehrsgünstiger gelegene Altona zu einer bedeutenden Handels- und Hafenstadt entwickelt. 1640 war der Flecken Altona zusammen mit dem größten Teil der Grafschaft Holstein-Pinneberg an den dänischen König gefallen und hatte 1664 durch König Friedrich III. das Stadtrecht sowie umfangreiche Zollprivilegien erhalten. Dank der Begünstigung durch den dänischen König verlief die wirtschaftliche Entwicklung im 17. Jahrhundert positiv. Von einer unbedeutenden Siedlung, die noch um 1570 nur etwa 50 Einwohner gehabt hatte, entwickelte sich Altona in kürzester Zeit zur drittgrößten Stadt im dänischen Gesamtstaat; zwischen 1650 und 1710 vervierfachte sich die Einwohnerzahl von 3.000 auf 12.000. Selbst der Stadtbrand von 1712 und die Verwüstungen durch die Schweden ein Jahr später konnten den Aufschwung Altonas nur vorübergehend beeinträchtigen.

Insgesamt hatten die herzoglichen Städte dank des gottorfischen Bündnisses mit Schweden die Verheerungen der zahlreichen Kriege besser überstanden als die Städte, die zum Herrschaftsbereich des dänischen Königs gehörten. Doch auch nach dem Ende des Schonischen Krieges von 1675 bis 1679, des letzten großen Konflikts in Nordeuropa vor dem Ausbruch des Großen Nordischen Kriegs, gab es zunächst kaum Erholung, da diese Zeit europaweit von sinkender Nachfrage und fallenden Preisen, vor allem für Agrargüter, gekennzeichnet war. Da Dänemark und die Herzogtümer vorwiegend Lebensmittel exportierten, waren die Folgen dieser Entwicklungen für Seefahrt und Handel katastrophal.

Erst ab 1688 belebte sich die Wirtschaft in Dänemark und den Herzogtümern allmählich wieder. In den großen internationalen Konflikten des ausgehenden 17. Jahrhunderts, wie dem Reunionskrieg, den Frankreich von 1683 bis 1684 gegen Spanien und die Niederlande führte, oder dem Pfälzischen Erbfolgekrieg von 1688 bis 1697, in denen England, die Niederlande, Frankreich, Spanien und das Deutsche Reich in wechselnden Koalitionen um die Hegemonie in Europa kämpften, blieben Dänemark und das Herzogtum Gottorf neutral, so dass ihre Handelsschifffahrt unter dem Schutz ihrer neutralen Flaggen prosperierte. Nach einer langen Phase der Stagnation erlebten Handel und Seefahrt eine neue Blütezeit.

So nahm beispielsweise die Flensburger Schifffahrt nach einem Tiefstand im Jahr 1677, als in der Stadt angeblich nicht mehr als 20 Schiffe mit insgesamt 840 CL beheimatet waren, erneut einen erheblichen Aufschwung. Der bedeutendste Handelspartner war Norwegen, insbesondere die Stadt Drontheim, wohin hauptsächlich Lebens-

Fensterscheibe mit der Darstellung eines kleinen Küstenschiffs aus dem Jahr 1714.

mittel und Branntwein ausgeführt wurden. Ebenso wurden Manufakturwaren aus Hamburg, Lübeck und Amsterdam nach Dänemark und Norwegen exportiert. Darüber hinaus blieb auch der Handel mit Spanien und Frankreich wichtig, von wo Salz und Kolonialwaren importiert wurden. Von wachsender Bedeutung war auch der Holzexport von Norwegen nach England und Irland. Ebenso konnten die Flensburger Schiffe während des französisch-englisch-holländischen Seekrieges ab 1688 einen Teil der vorher von den Engländern und Holländern dominierten Archangelsfahrt an sich ziehen, über die ein Großteil des Russlandhandels abgewickelt wurde. Zugleich verlagerte sich das Tätigkeitsfeld der Flensburger Reeder mehr und mehr vom Eigenhandel auf die Frachtfahrt. Da alte Handelverbindungen abgerissen waren und das eigene Hinterland geschrumpft war, bot der Seetransport im Auftrag fremder Kaufleute eine gute Möglichkeit, Geld zu verdienen.

Andererseits führte die merkantilistische Politik des dänischen Königs zu weiteren Handelsre-

Ansicht der Stadt Altona. 1640 war der Flecken Altona an den dänischen König gefallen. Rasch lief der 1664 zur Stadt erhobene Ort Glückstadt als Handels- und Hafenstadt den Rang ab. Obwohl Altona 1713 durch die Schweden völlig zerstört wurde, erlebte die Stadt dank Hafen und der Schifffahrt im 18. Jahrhundert einen gewaltigen wirtschaftlichen Aufschwung.

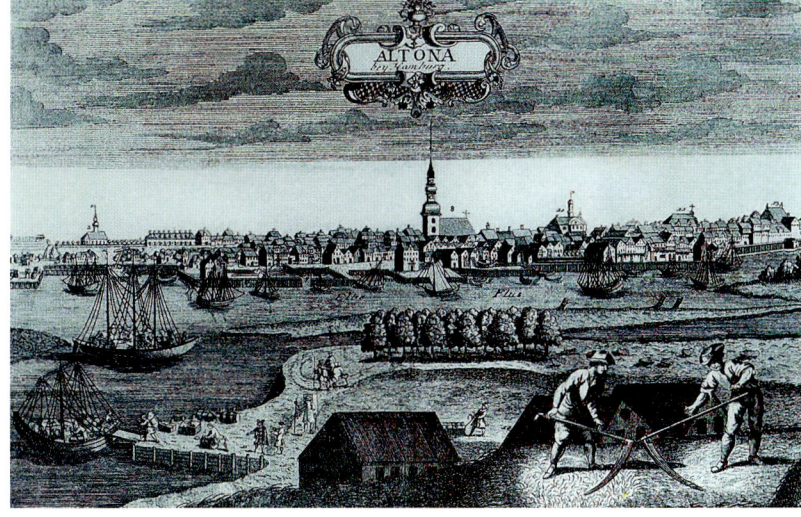

Hamburg hatte dank seiner Neutralität und seiner Festungsanlagen den Dreißigjährigen Krieg und die nachfolgenden Konflikte ohne größere Beeinträchtigungen überstanden. Um die Mitte des 17. war die Elbmetropole Hamburg nach London und Amsterdam eine der bedeutendsten Kaufmannsstädte Europas, deren Handelsverbindungen von Archangelsk im Norden bis in den Mittelmeerraum im Süden reichten.

striktionen und damit auch zu neuen Einschränkungen für die Flensburger Schifffahrt. So wurde den Flensburgern 1683 verboten, importierte Fertigwaren zu dem für im Lande hergestellte Güter geltenden, reduzierten Zollsatz nach Dänemark und Norwegen auszuführen. Daher begann sich in der Stadt ein Manufakturgewerbe zu entwickeln, das Waren speziell für den Export fabrizierte. Besondere Bedeutung besaß dabei die Branntweinherstellung; um 1690 waren in Flensburg rund 100 Brennereien ansässig, die Schnaps für Norwegen, die Herzogtümer und die dänische Isländische Kompagnie produzierten. Ein weiterer wichtiger Erwerbszweig war der Schiffbau. 1681 wurden in Flensburg so viele Schiffe gebaut, dass die Hellinge den Warenumschlag im Hafen behinderten, weshalb den Schiffbauern weiter nördlich neue Werftplätze zugewiesen wurden, wo die Flensburger Werften bis ins 19. Jahrhundert ihren Platz hatten.

Auch die Apenrader Schifffahrt erlebte in diesen Jahren einen erneuten Höhepunkt. Die Apenrader Schiffe befuhren die gesamte Ostsee, brachten aber auch Holz aus Schweden nach England und Frankreich. Unter dem Schutz der Gottorfer Neutralität verdoppelte sich die Apenrader Handelsflotte in den ersten Jahren des Großen Nordischen Krieges. Erst mit der Besetzung des herzoglichen Anteils durch den dänischen König im Jahr 1713 und dem damit verbundenen Verbot der Schwedenfahrt endete Apenrades Glanzzeit. Zugleich hatte der Schiffbau einen

beachtlichen Aufschwung genommen und entwickelte sich neben der Handelsschifffahrt zum wichtigsten Wirtschaftszweig der Stadt.

Eckernförde hatte sich gegen Ende des 17. Jahrhunderts ebenfalls zu einer florierenden Seehandelsstadt entwickelt. Der wirtschaftliche Aufschwung Eckernfördes war eng mit dem Aufstieg des Reederei- und Handelshauses Otte verknüpft, das im 18. Jahrhundert zur bedeutendsten Privatreederei der Herzogtümer aufsteigen sollte. Die meisten in der Stadt beheimateten Schiffe waren relativ kleine Küstenfahrer; lediglich die Reedereien Kruse und Otte betrieben über die reine Küstenschifffahrt hinaus Seehandel in der Ostsee und den angrenzenden europäischen Gewässern bis ins Mittelmeer. Die wichtigsten Handelsgüter waren landwirtschaftliche Produkte, wie Getreide, Wein und Salz, Manufakturwaren sowie Fassdauben für die französischen Weinbaugebiete.

Hamburg, dessen Status als Freie Reichsstadt 1618 durch das Reichskammergericht bestätigt worden war, hatte dagegen dank seiner Neutralität und durch den Schutz seiner Festungsanlagen sowohl den Dreißigjährigen Krieg als auch die nachfolgenden Kriege nicht allein ohne größere Beeinträchtigungen überstanden, sondern als Handelsplatz sowie als Nachschub- und Informationsbörse für die kriegführenden Parteien sogar von den lang andauernden Kriegswirren profitiert. Zuwanderer und Glaubensflüchtlinge, wie spanische Juden oder aus religiösen Gründen vertriebene Niederländer, brachten nicht nur finanzielles Kapital, sondern auch technisches und ökonomisches Wissen mit. Um die Mitte des 17. Jahrhunderts galt Hamburg nach London und Amsterdam als einer der bedeutendsten Handelsmetropolen mit Verbindungen bis nach Archangelsk im Norden und Malaga und dem Mittelmeerraum im Süden. Ebenso betrieben die Hamburger Walfang vor Spitzbergen. Auch mit dem Ostseeraum bestanden enge Handelskontakte. Nachdem lange Zeit Spanien und Portugal die wichtigsten Geschäftspartner Hamburgs gewesen waren, wuchs in der zweiten Hälfte des 17. Jahrhunderts die Bedeutung des Handels mit den Niederlanden. Zu Beginn des 18. Jahrhunderts wurde dann Großbritannien zum wichtigsten Handelspartner der Elbestadt; um 1705 stammten bereits über 50 Prozent aller Auslandsimporte aus England.

Der Große Nordische Krieg

Der Ausbruch des Großen Nordischen Krieges im Jahr 1700 zwischen Schweden und einer breiten Allianz nordeuropäischer Staaten unter der Führung Russlands traf in den Herzogtümern auf eine Phase des lebhaften Aufschwungs von Handel und Schifffahrt.

Überraschend hatten August II. der Starke, König von Polen und Kurfürst von Sachsen, König Friedrich IV. von Dänemark und Zar Peter I. der Große von Russland in einer konzertierten Aktion gemeinsam die schwedischen Besitzungen im Baltikum und das mit Schweden verbündete Herzogtum Schleswig-Holstein-Gottorf angegriffen, um die schwedische Vorherrschaft im Ostseeraum endgültig zu brechen.

Doch der Überfall scheiterte. Entschlossen war der junge schwedische König Karl XII. in die Of-

Peter Wessel Tordenskiold

Die Erfolge der dänischen Flotte im Kampf gegen die Schweden sind untrennbar mit dem Namen Tordenskiold verbunden. 1690 als Peter Wessel in Trondheim/Norwegen als Sohn des Ratsherren Johan Wessel geboren, hatte er bereits früh den Wunsch gehabt, Seeoffizier zu werden. Nachdem er zunächst in der Handelsschifffahrt gedient hatte, wurde er 1709 als Kadett in der dänischen Flotte angenommen. Der kurz darauf ausbrechende Krieg gegen Schweden bot ihm bald ausreichend Gelegenheit, seinen Mut und sein Tatkraft unter Beweis zu stellen. Als Leutnant erhielt er 1711 das Kommando über die kleine, mit vier Kanonen bewaffnete Schnau ORMEN, ein Jahr später wurde er zum Kapitän befördert und zum Kommandanten der mit 20 Kanonen bestückten Fregatte LØVENDALS GALEJ ernannt. Im April 1715 nahm er vor Fehmarn an einem Gefecht zwischen einem dänischen Geschwader und einem schwedischen Verband unter Carl Wachtmeister teil, das nach heftigem Kampf mit der Kapitulation des schwedischen Geschwaders endete, wobei es Wessel gelang, den schwedischen Admiral gefangen zu nehmen. Seine Unerschrockenheit und sein Wagemut wurden 1716 mit der Erhebung in den Adelsstand unter dem Namen Tordenskiold (deutsch: „Donnerschild") be-

Bis heute gilt Peter Wessel Tordenskiold (1690–1720) aufgrund seiner Taten im Kampf gegen die schwedische Flotte als größter dänischer Seeheld. Unter anderem schmückt sein Porträt die Streichholzschachteln der Marke „Tordenskjold" die allerdings – Ironie des Schicksals – ausgerechnet in Schweden hergestellt werden.

lohnt. Nach dem Ende des Krieges unternahm Tordenskiold eine Reise nach Hannover, wo er in Streit mit dem livländischen Obersten Jacob Axel Staël v. Holstein geriet, der in schwedischen Kriegsdiensten gestanden hatte. Im folgenden Duell fand Tordenskiold am 20. November 1720 den Tod; sein Leichnam wurde nach Dänemark überführt und in Kopenhagen beigesetzt. Bis heute gilt er als einer der größten dänischen Seehelden.

fensive gegangen. Von einem englisch-niederländischen Flottengeschwader unterstützt, war er mit einem Heer auf der Insel Seeland gelandet und auf Kopenhagen vorgerückt. Dem dänischen König blieb schließlich keine andere Wahl, als Karl XII. um Frieden zu bitten, der sich nun gegen Polen-Sachsen und Russland wandte. Im Frieden zu Traventhal vom August 1700 konnte Herzog Friedrich IV. von Gottorf noch einmal die volle Souveränität über Schleswig erringen. Doch schon zwei Jahre später fiel der Herzog in der Schlacht von Klissov in Polen. Eine Vormundschaftsregierung übernahm nun die Herrschaft für seinen zweijährigen Nachfolger Karl Friedrich.

Nach dem Frieden von Traventhal blieb Dänemark zunächst neutral. Die Dänen nutzten die Friedenszeit, um ihr Heer zu verstärken und ihre Flotte zu modernisieren. Gleichzeitig begann der dänische König Friedrich IV., sich politisch den Seemächten England und Holland anzunähern, die seit 1702 an der Seite des Kaisers im Spanischen Erbfolgekrieg gegen Frankreich und Spanien kämpften. Anlass war der Tod des spanischen Königs Karl II. im Jahr 1700 gewesen. Um zu verhindern, dass Philipp V., ein Enkel Ludwigs XIV., den spanischen Thron bestieg und die Bourbonen damit die Hegemonie in Europa erlangten, führten England, die Niederlande, Dänemark und das Deutsche Reich von 1701 bis 1714 gemeinsam Krieg gegen Spanien und Frankreich.

Im Jahr 1709 brach der Krieg zwischen Dänemark und Schweden erneut aus. Nach der schweren Niederlage der Schweden gegen die Russen bei Poltava in der heutigen Ukraine sah Dänemark den Zeitpunkt gekommen, wieder in den Kampf gegen Karl XII. einzugreifen. Auch dieser Krieg wurde an Land und zur See ausgetragen.

Dabei gelang es den Dänen, die die Friedenszeit genutzt hatten, um ihre Flotte zu verstärken und zu modernisieren, schon nach kurzer Zeit, die Seeherrschaft in der Ostsee zu erringen.

Da sich das kleine Herzogtum Schleswig-Holstein-Gottorf im Großen Nordischen Krieg um Neutralität bemühte, blieben die unter gottorfischer Flagge segelnden Handelsschiffe zunächst weitgehend von den Kriegs- und Kaperschiffen der kriegführenden Nationen unbehelligt. Vor allem die Jahre zwischen 1709 und 1713 waren eine kurze Zeit der Prosperität für die Schifffahrt unter gottorfischer Flagge, wie das Beispiel Eckernförde zeigt. Auf dem konjunkturellen Höhepunkt im Jahr 1712 waren 37 Schiffe in Eckernförde beheimatet, die eine Tragfähigkeit von insgesamt 723 CL besaßen. Die meisten Schiffe waren allerdings relativ kleine Küstenfahrer, nur zehn Schiffe konnten mehr als 20 CL tragen. Die Flotte Christian Ottes umfasste zu diesem Zeitpunkt drei Schiffe mit 62 CL. In diesen Jahren baute der geschäftstüchtige Otte neue Handelsverbindungen auf und erweiterte den Fahrtbereich seiner Schiffe über den Ostseeraum hinaus bis nach Norwegen, England und Frankreich.

Ursprünglich stammten die Besatzungen der Eckernförder Schiffe aus der Stadt und deren Umgebung, doch mit dem Aufschwung der Eckernförder Handelsschifffahrt konnte seit etwa 1710 der Bedarf an Seeleuten nicht mehr allein durch Einheimische gedeckt werden, weshalb verstärkt auswärtige Seeleute angeworben wurden. Wie die Besatzungslisten zeigen, wurden besonders gern Männer von den nordfriesischen Inseln angeheuert. Die Nordfriesen galten als tüchtige Seeleute und fuhren als Kapitäne, Steuerleute und Matrosen auf den Schiffen der Reederei Otte. So geht aus beispielsweise aus der Musterrolle von Christian Ottes Schiff ELISABETH aus dem Jahr 1715 hervor, dass der Schiffer Toi Nommens und der Steuermann Broder Feddersen von der Hallig Oland stammten, fünf weitere Seeleute kamen von der Hallig Langeneß, die übrigen Matrosen von Nordstrand, aus Wismar und von der schwedischen Insel Gotland.

Doch die gute Konjunktur währte nur kurz, denn 1713 wurde Schleswig-Holstein-Gottorf mit in den Krieg hineingezogen. Obgleich das kleine Herzogtum offiziell neutral war, leisteten die Gottorfer den Schweden insgeheim Hilfe. Diesen Bruch der Neutralität nutzte König Friedrich IV. im Frühjahr 1713 als willkommenen Vor-

Eine als Anderthalbmaster getakelte Galiot. Dieser aus den Niederlanden stammende Schiffstyp gehörte im 18. Jahrhundert zu den beliebtesten Handelsschiffen im Ostseeraum. Es gab auch kleinere Einmast- sowie größere Dreimastgalioten, die als Vollschiffe getakelt waren.

wand, um den Gottorfer Anteil im Herzogtum Schleswig als verwirktes Lehen einzuziehen und die Gottorfer Gebiete in Holstein zu besetzen. Kurz darauf wurde der Eckernförder Reeder Christian Otte damit beauftragt, den berühmten Gottorfer Globus, ein europaweit bewundertes mechanisches Wunderwerk, das sich Zar Peter der Große bei seinem Treffen mit dem dänischen König Friedrich IV. auf Schloss Gottorf von seinem Verbündeten als Geschenk „erbeten" hatte, an Bord eines seiner Schiffe nach St. Petersburg zu bringen.

Erneut litten die Herzogtümer unter den Kriegswirren. Zugleich kamen Handel und Schifffahrt fast völlig zum Erliegen. So sank beispielsweise die Zahl der in Eckernförde beheimateten Schiffe zwischen 1713 und 1716 von 37 auf 22, die Gesamttonnage verringerte sich im gleichen Zeitraum sogar um mehr als die Hälfte. Schwedische, dänische, russische, sächsische Truppen besetzten die Stadt und verursachten durch Plünderung und Fouragierung schwere Schäden. Zugleich stieg die Steuerlast, die die Stadt schließlich nicht mehr aufbringen konnte. Die wirtschaftlichen Folgen des Kriegs waren für die Eckernförder Handelsschifffahrt verheerend; es gab keine Fracht und die Schiffe verrotteten untätig im Hafen liegend. Wie eine Kommission im Jahr 1716 feststellte, war die Schute EMAUS nicht viel mehr als ein schwimmendes Wrack, das kaum gesegelt werden konnte, *„weil die große Mast zweymal entzwey, [...] im mindesten nicht dienlich, eine weitere Reyse als von hier nach Fehmarn damit vorzunehmen,"* und auch der Zustand der Galiot JUNGER TOBIAS war nicht viel besser. Es hieß in dem Bericht, der Mast sei *„gantz verrottet und über dem Deck gleichfalls vermodert, [...] also dasselbe Fahrzeug vor itzo zu Königlichen Diensten nicht bequehm sey."* Die noch seetüchtigen Schiffe waren zwangsweise von den Dänen in Dienst genommen worden, um Transportdienste für die dänische Armee zu leisten, während andere Eckernförder Schiffer den Befehl erhalten hatten, eroberte schwedische Kriegsschiffe nach Kopenhagen zu bringen. 1720 erreichte die Größe der Eckernförder Handelsflotte mit 19 Schiffen und einer Gesamttragfähigkeit von 277 CL den Tiefpunkt. Doch nicht nur die gottorfische Stadt Eckernförde, auch das königliche Flensburg hatte schwer unter dem Krieg gelitten; 1720 wurden in der Stadt nur

noch neun Schiffe gezählt und der Hafen war verlandet.

Nicht nur die schwankenden Konjunkturen, auch Aufbringungen durch Kriegs- und Kaperschiffe hatten der Handelsschifffahrt schwer zugesetzt. Daher wurden die Reeder des königlichen Anteils während des Großen Nordischen Kriegs aufgefordert, bewaffnete Handelsschiffe als sogenannte „Defensionsschiffe" auszurüsten, um zur Verteidigung von Konvois beitragen zu können. Auch die Flensburger Reeder ließen eine ganze Reihe von solchen Defensionsschiffen bauen. Selbst die neutrale gottorfische Flagge bot nicht immer Schutz, wie auch der Eckernförder Reeder Christian Otte erfahren musste, dessen Schiff DIE SONNE im Jahr 1712 von den Schweden gekapert wurde. Gleichwohl versuchten Kaufleute und Reeder, die althergebrachten Handelsverbindungen aufrecht zu erhalten. Für mit wenig Skrupeln behaftete Charaktere boten die komplizierten und verwirrenden Verhältnisse während des Großen Nordischen Kriegs sogar ungeahnte Möglichkeiten. Dies wird deutlich an einem Prozess, der in den Jahren 1717 und 1718 gegen den Schleswiger Kaufmann Asmus Friedrich Bartelsen geführt wurde. Dieser hatte versucht, in Kiel einen Teil der beschlagnahmten Ladung seines Schiffs an sich zu bringen, dessen Kapitän Jacob Kohl des Versuchs verdächtigt wurde, dieses mitsamt der Fracht schwedischen Kaperfahrern in die Hände zu spielen. Das Schiff war nach Kopenhagen gebracht, die Ladung dagegen zum Teil verkauft und der Rest der Fracht nach Kiel transportiert worden. Der zwielichtige Schiffer Kohl war zwischenzeitlich nach Hamburg geflüchtet. Das Obergericht auf Gottorf bat um eine Entscheidung des Königs, der Bartelsen schließlich zu ei-

Karte der Insel Föhr von Johannes Meyer aus dem Jahr 1648.

Von der Mitte des 17. bis zum Ende des 18. Jahrhunderts bot der Walfang in den grönländischen Gewässern den nordfriesischen Seeleuten beste Berufs- und Aufstiegsmöglichkeiten. Die Jagd auf den Wal war ein lukratives, aber riskantes Gewerbe. Niederländisches Kachelbild aus dem 18. Jahrhundert.

Walfangschiffe unter dänischer Flagge beim Flensen, d.h. dem Abschälen der Speckschicht erlegter Wale. An den bauchigen Rümpfen und der charakteristischen Heckform ist erkennbar, dass es sich bei den Schiffen um für die Grönlandfahrt ausgerüstete Fleuten handelt. Prinzipiell konnte jeder Schiffstyp zum Walfang verwendet werden.

ner Geldstrafe von 200 Reichstalern verurteilte, zuzüglich der entstandenen Kosten.

Schließlich wurde die schwedische Niederlage unabwendbar; in den Jahren von 1719 bis 1721 musste Schweden mit seinen Gegnern Friedensverträge schließen, durch die die bisherige schwedische Vorherrschaft im Ostseeraum endgültig beendet wurde. Doch nicht Dänemark, sondern Russland wurde nun die neue Großmacht im Norden Europas.

Der Friede von Frederiksborg, der 1720 den Großen Nordischen Krieg in den Herzogtümern beendete, brachte für die gottorfischen Territorien kaum Erleichterung, denn auch der Gottorfer Herzog gehörte zu den Verlierern des Krieges. Als Folge der Niederlage seiner Schutzmacht Schweden im Großen Nordischen Krieg verlor er seine gesamten Besitzungen in Schleswig an den dänischen König. 1721 vereinigte König Friedrich IV. mit dem Erbfolgeeid den gottorfschen Teil des

Herzogtums Schleswig mit dem königlichen Anteil unter seiner Herrschaft. Dem Gottorfer Herzog blieben allein seine holsteinischen Territorien: Das südlich der Eider gelegene Herzogtum gehörte seit jeher zum Heiligen Römischen Reich, weshalb seine dortigen Besitzungen dem Zugriff des dänischen Königs entzogen waren. Als sogenannte „Gottorfer Frage" blieb das ungelöste Problem der aus Schleswig vertriebenen Gottorfer Herzöge für mehr als ein halbes Jahrhundert eine der beherrschenden politischen Fragen in Nordeuropa.

Das gesamte Herzogtum Schleswig und ein Großteil Holsteins waren nun Teil des dänischen Gesamtstaates. Die Dänen jedoch förderten vor allem die Hauptstadt Kopenhagen durch die großzügige Gewährung von Handelsprivilegien, zu Ungunsten der übrigen Städte im dänischen Gesamtstaat. Zusammen mit der flauen Konjunktur verhieß das harte Zeiten für Handel und Seefahrt in den Herzogtümern.

Die Nordfriesen und der Walfang

Eine besondere Tradition als Seefahrtsregion besaßen die nordfriesischen Inseln. Von der Mitte des 17. bis zur Mitte des 19. Jahrhunderts verdiente ein Großteil der männlichen Bevölkerung der nordfriesischen Inseln und Halligen seinen Lebensunterhalt mit der Seefahrt. Gleichwohl waren die Nordfriesen nicht immer Seeleute gewesen. Erst die verheerende Sturmflut von 1634, die die Insel Strand zerriss und 9.000 Menschen das Leben kostete, hatte sie auf das Meer getrieben. Viele Menschen hatten durch die Flut ihr Land und ihre Habe verloren und suchten nun in der Seefahrt einen neuen Broterwerb. Vor allem in den Niederlanden mit ihrer florierenden Schifffahrt boten sich den Nordfriesen dafür ausgezeichnete Berufsaussichten.

Als tüchtige, zuverlässige und hochqualifizierte Seeleute dienten Nordfriesen in allen Rängen, vom einfachen Matrosen bis zum Kapitän. Jedes Frühjahr reisten sie in großer Zahl auf kleinen Schiffen nach den niederländischen Hafenstädten, um sich eine Heuer zu suchen, und kehrten erst im Spätherbst nach Hause zurück. Oft blieben die nordfriesischen Seeleute ihr ganzes Berufsleben hindurch in niederländischen Diensten

Tranbrennerei. Auf der Grönlandfahrt des 17. und 18. Jahrhunderts wurde der Walspeck nicht an Bord weiterverarbeitet, sondern erst nach der Rückkehr in den Heimathäfen in großen Kesseln zu Tran ausgekocht, was mit erheblicher Geruchsbelästigung verbunden war.

und änderten sogar ihre Namen, um sie niederländisch klingen zu lassen.

Insbesondere der Walfang bot den nordfriesischen Seeleuten beste Berufs- und Aufstiegsmöglichkeiten. Von der Mitte des 17. bis zum Ende des 18. Jahrhunderts war die sogenannte „Grönlandfahrt", der Walfang in den Gewässern zwischen Grönland und Spitzbergen, ein überaus lukratives Geschäft, wobei vor allem der Waltran als Leuchtmittel begehrt war. 1634 hatte der König von Frankreich den Basken, die damals als die besten Walfänger Europas galten, das Anheuern auf niederländischen Walfangschiffen

verboten. An ihre Stelle traten die Seeleute von den nordfriesischen Inseln und Halligen. Innerhalb weniger Jahren wurden sie zu gesuchten Walfangexperten; viele von ihnen stiegen bis zum Kommandeur auf, wie die Kapitäne auf den Walfangschiffen damals genannt wurden.

Die nordfriesischen Seeleute fuhren aber nicht nur auf niederländischen Grönlandfahrern. Auch von Hamburg aus wurde Walfang betrieben. Bereits 1644 war das erste Fangschiff von Hamburg in Richtung Nordmeer ausgelaufen. In den folgenden Jahrzehnten war die Hamburger Walfangflotte rasch angewachsen und zählte 1675

Der Walfänger De STADTS WELVAERT aus Altona.

Grönlandwal und Nordkaper

Die wichtigsten Jagdtiere im Nordmeer waren der 15 bis 20 Meter lange Grönlandwal, lateinisch „Balaena mysticetus", und der 11 bis 18 Meter lange Nordkaper, lateinisch „Eubalaena glacialis". Beide Walarten gehören zu den Glattwalen. Sie leben nahe der arktischen Eisgrenze und ernähren sich von „Krill" genannten Kleinlebewesen, die sie mit ihren Barten aus dem Wasser filtern. Diese Wale waren eine ideale Beute, da sie langsam schwimmen, tot lange an der Oberfläche treiben und ihre Fettschicht viel Öl enthält. Durch hemmungslose Überfischung waren der Grönlandwal und der Nordkaper bereits um 1800 fast ausgerottet.

Bis heute haben sich die Bestände beider Walarten kaum erholt. Als erste Walart überhaupt wurde der Grönlandwal bereits 1931 unter Schutz gestellt. Lediglich die in Alaska und Sibirien beheimateten Eskimos dürfen aus traditionellen Gründen jedes Jahr einige Tiere erlegen.

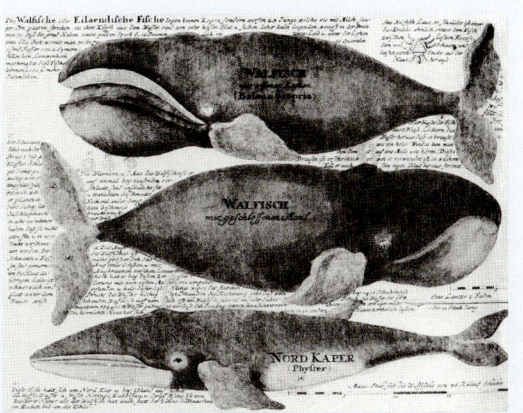

Grönlandwal und Nordkaper

Der Nordkaper mit einem Bestand von nur noch rund 300 Tieren gilt als der seltenste Wal weltweit und ist akut vom Aussterben bedroht, obwohl diese Art seit 1946 nicht mehr gejagt werden darf.

*Kommandeurspesel.
Die Häuser erfolgreicher Walfangkapitäne
waren im niederländischen Stil eingerichtet
und zeugten vom Wohlstand ihrer Besitzer.*

*Die Grönlandfahrt
war nicht ungefährlich. Schiffe wurden
vom Eis eingeschlossen oder sogar zerdrückt, was die Besatzung zur Überwinterung zwang.*

17. Jahrhunderts in Tönning, Friedrichstadt und Husum eigene Walfangschiffe aus und sandte sie ins Eismeer. Doch kaum einem dieser Unternehmungen war Erfolg beschieden; lediglich die Husumer Schiffe scheinen anfänglich Beute gemacht zu haben. Erfolgreicher waren dagegen die Bemühungen in Altona und Glückstadt. Im Jahr 1685 wurde die erste Altonaer Grönlandkompanie gegründet, nachdem es bereits zuvor Verbindungen zu Hamburger Walfangunternehmen gegeben hatte. Auch von Glückstadt aus wurde seit der zweiten Hälfte des 17. Jahrhunderts Walfang betrieben. Obgleich das erste Unternehmen dieser Art 1671 mit dem Verlust des Schiffes endete, schickten die Glückstädter Reeder weitere Grönlandfahrer ins Nordmeer, die anscheinend mit sehr wechselhaftem Erfolg auf Wal- und Robbenjagd gingen. Die Flensburger beteiligten sich ebenfalls seit Anfang des 17. Jahrhunderts an der Grönlandfahrt.

bereits 83 Schiffe. Neben Nordfriesen hatten zunächst auch viele Niederländer auf Hamburger Walfangschiffen gedient, doch wurde ihnen von 1661 bis 1665 seitens der niederländischen Regierung das Anheuern auf Hamburger Grönlandfahrern verboten. Wie zuvor auf niederländischen Schiffen füllten die nordfriesischen Seeleute die entstandene Lücke aus.

Auch in den schleswig-holsteinischen Städten versuchten risikobereite Reeder und Kaufleute, sich an der lukrativen Gönlandfahrt zu beteiligen. So rüstete man in der zweiten Hälfte des

Walfangschiffe mussten nicht schnell, aber seetüchtig und robust sein sowie über eine große Ladekapazität verfügen, um den Proviant, die umfangreiche Ausrüstung und den Fang an Bord nehmen zu können. Das typische Walfangschiff im 17. Jahrhundert war das aus der Fleute hervorgegangene, dreimastige „Bootsschiff". Grundsätzlich konnte aber jedes Schiff von der zweimastigen Brigg bis zum dreimastigen Fregattschiff zum Walfangschiff umgerüstet werden. Dazu wurde der Rumpf durch eine zusätzliche Schicht Planken verstärkt, der besonders gefährdete Vordersteven mit einer eisernen Verkleidung beschlagen und im Mast eine Tonne, das sogenannte „Krähennest", angebracht, die dem Ausguck in dem eisigen Klima des Nordmeers Schutz vor Wind und Wetter bieten sollte.

Zur Ausrüstung eines Grönlandfahrers gehörten vor allem die Fangboote. Jedes Walfangschiff führte sechs bis sieben dieser schnellen, schlanken Ruderboote mit sich, mit denen die Walfänger dem Grönlandwal und dem Nordkaper, ihrer bevorzugten Beute, nachstellten. Sobald der Ausguck einen Wal sichtete, ließ er den Ruf *„Fall, Fall! Öwerall!"* ertönen. Augenblicklich eilte die Besatzung zu ihren Fangbooten und nahm die Verfolgung auf. Sobald ein Boot nahe genug herangekommen war, wurde der Wal harpuniert. Die Harpune war mit einer langen Leine mit dem Boot verbunden; ergriff das getroffene Tier die Flucht, zog es das Boot daran hinter sich her. Die Jagd dauerte oft Stunden. Lag der Wal schließ-

lich erschöpft an der Wasseroberfläche, erstachen ihn die Harpuniere mit langen Lanzen. Anschließend schleppten die Boote den Kadaver zu den Schiffen, wo die Männer ihn „flensten", d.h. der Speck des Tieres wurde abgeschält und in Fässern verpackt, um nach der Rückkehr im Heimathafen zu Tran weiterverarbeitet zu werden. Ein mittelgroßer Wal ergab eine Ausbeute von rund 17.000 Litern Tran. Mitunter gab es Streit um die Beute, wenn mehrere Schiffe Jagd auf den gleichen Wal gemacht hatten. In einem solchen Fall

sprach das sogenannte „Grönländische Recht" den Wal dem Schiff zu, das diesen zuerst harpuniert hatte. Oftmals bildeten zwei oder mehrere Walfangschiffe auch eine sogenannte „Mackerschaft", das heißt, sie jagten gemeinsam und teilten anschließend die Beute.

Doch nicht nur der Walspeck, auch die vom Oberkiefer herabhängenden, „Barten" genannten Hornblättern, die den Bartenwalen zum Durchseihen des Wassers nach Nahrung dienen, waren hochbegehrt. Aus den Barten wurde Fischbein

Der „Glückliche Matthias"

Der erfolgreichste nordfriesische Walfänger war der 1632 in Oldsum auf Föhr geborene Matthias Petersen, genannt der „Glückliche Matthias". Bereits im Alter von 20 Jahren wurde er Kommandeur eines Walfangschiffes und fing in den folgenden 50 Jahren „durch unglaubliches Glück 373 Walfische", wie seine Grabinschrift verkündet. Doch in seinen letzten Lebensjahren verließ ihn das Glück. 1701 wurde das von seinem ältestem Sohn Matz geführte Walfangschiff von einem französischen Kaperschiff aufgebracht und nach St. Malo gebracht, wo Matz Petersen verschollen ist. Auch Matthias Petersen selbst blieb nicht verschont. Auf seiner letzten Reise 1702 wurde sein Schiff ebenfalls von einem französischen Schiff gekapert und er musste sich und seine Mannschaft mit 8.000 Reichstalern freikaufen. Im gleichen Jahr fielen seine beiden Söhne Ock und John in einem Gefecht mit einem französischen Piratenschiff. Nach diesen Schicksalsschlägen gab Matthias Petersen die Seefahrt auf und setzte sich auf seiner Heimatinsel Föhr zur Ruhe, wo er 1706 starb. Bis heute erinnert sein Grabstein auf dem Friedhof von St. Laurentii an den „Glücklichen Matthias".

Der erfolgreichste nordfriesische Walfänger war der 1632 in Oldsum auf Föhr geborene Matthias Petersen, genannt „Der Glückliche Matthias". Bereits im Alter von 20 Jahren war er Kommandeur eines Walfangschiffes geworden. Er starb 1706 auf seiner Heimatinsel Föhr.
Die Übersetzung seiner lateinischen Grabinschrift lautet: „Matthias Petersen, geboren in Oldsum den

24. Dezember 1632, gestorben den 16. September 1706. Er war der Schifffahrt nach Grönland ehemals sehr kundig, wo er durch unglaubliches Glück 373 Wale gefangen hat, so dass er nach dem Urteil aller den Namen „Der Glückliche Matthias" erlangte, und dessen Frau Inge Matthiessen, geboren den 7. Oktober 1641, gestorben den 1. April 1727."

Paul Frercksen

Paul Frercksen wurde am 14. August 1725 auf der Hallig Langeneß im Herzogtum Schleswig als jüngstes von acht Kindern eines Kapitäns geboren. Im Alter von 15 Jahren ging er 1740 mit einem niederländischen Walfangschiff auf seine erste Walfangreise nach Grönland, wechselte später aber in die Handelsschifffahrt. Während der Winterpause 1743/44 nahm er auf eigene Kosten Unterricht bei einem privaten Navigationslehrer in Wyk auf Föhr. Seit 1745 fuhr Frercksen als Matrose, ab 1750 abwechselnd als Matrose und Steuermann. 1758 wurde er von zwei mit ihm bekannten niederländischen Reedern zum Kapitän befördert. Nach einem Schiffbruch wurde ihm 1761 ein neues Schiff anvertraut. Aufgrund von Streitigkeiten wegen eines Ladungsdiebstahls wechselte Frercksen 1764 in den Dienst eines anderen Reeders, der ihm über seine Kapitänsheuer hinaus auch einen 1/8-Anteil an seinem neuen Schiff übertrug. Die Reisen gingen gewöhnlich in die Nord- und Ostsee, wobei norwegische, finnische, russische und preußischen Häfen das Ziel waren. Auf der Hinfahrt wurden meist Stückgüter, auf der Rückfahrt Getreide oder Holz transportiert. Seit 1765 litt Frercksen unter Gesundheitsproblemen und musste daher in den Jahren 1768 und 1769 sein Schiff an einen Ersatzkapitän abgeben. Nach dem Bankrott seiner Buchhalter geriet Frercksen in finanzielle Schwierigkeiten und sah sich 1770 daher gezwungen, das Schiff versteigern zu lassen. Wegen seiner gesundheitlichen Probleme gab Frercksen 1772 im Alter von 45 Jahren die Seefahrt auf. Bis zu seinem Tod nach 1784 lebte er von seinem erworbenen, bescheidenen Wohlstand.

gewonnen. Dieses elastische Material wurde zu Miedern und Korsagen, Regen- und Sonnenschirmen, Peitschenstiele usw. verarbeitet. Die Haut von Walen und Robben war ebenfalls ein wichtiger Rohstoff. So wurden beispielsweise die Treibriemen für die frühen Dampfmaschinen aus Walrosshaut hergestellt.

Im Herbst kehrten die Schiffe in ihre Heimathäfen zurück, wo der Tran in großen Kesseln aus dem Speck gekocht wurde. Diese sogenannte Tranbrennerei war mit erheblicher Geruchsbelästigung verbunden. Bei gleichmäßiger Hitze wurde der Speck unter ständigem Umrühren zwei bis drei Stunden erhitzt, bis sich alle Speckteilchen aufgelöst hatten. Sobald der Tran fertig war, wurde er zum Auskühlen abgeschöpft und schließlich in Fässer gefüllt. Der Tran diente vor allem zur Beleuchtung, aber auch als Lebens- und Heilmittel sowie als Rohstoff für die Seifensiederei und die Gerberei. Ebenso wurde Waltran noch bis in die 1950er Jahre als Schmiermittel verwendet.

Eine gute Fangsaison freute nicht nur die Reeder. Anders als in der Handelsschifffahrt erhielten die Seeleute auf den Walfangschiffen keine regelmäßige Heuer, sondern waren entsprechend ihrem Rang anteilsmäßig am Fangertrag beteiligt – aber auch am Risiko. Gab es keinen Fang, gab es auch kein Geld. Selbst eine Position als Kommandeur bedeutete daher keineswegs ein gesichertes Einkommen. Die Walfangreeder waren wenig geneigt, einem Kommandeur, dessen Fangerfolge zu wünschen übrig ließen, weiterhin ein Schiff anzuvertrauen. Nur wer sich über lange Jahre bewährt hatte, konnte es sich erlauben, eine Fangfahrt erfolglos zu beenden, ohne die Entlassung zu riskieren. War den Kommandeuren dagegen das Jagdglück hold, konnten sie zu mitunter beträchtlichem Wohlstand kommen. Auf den Inseln und Halligen bildeten sie die Oberschicht.

Der erfolgreichste Walfänger war der Föhrer Matthias Petersen (1632–1706), genannt der „Glückliche Matthias". In seiner 50jährigen Karriere fing er 373 Wale. Der nächsterfolgreichste Walfänger war der Sylter Kommandeur Lorens Petersen de Hahn (1688–1747). Er stammte aus Rantum und erlegte auf 38 Grönlandreisen insgesamt 169 Wale.

Neben einer schlechten Fangsaison machten auch Unfälle, Schiffbrüche und die Gefahr, in den zahlreichen Kriegen durch Kaperschiffe aufgebracht zu werden, den Walfang zu einem riskanten Gewerbe. Viele Walfangschiffe wurden auch vom Packeis eingeschlossen und gingen verloren – oft genug mit der ganzen Mannschaft, sofern es dieser nicht gelang, sich auf ein anderes Schiff zu retten. Auch von Föhr stammende Seemann Jens Jacob Eschels beschreibt in seinen Lebenserinnerungen, wie sein Schiff auf seiner ersten Reise vom Eis eingeschlossen und zerdrückt wurde: *„Des Nachts von dem 5. auf den 6. Juli fing das Eis an zu drängen und um 2 Uhr den 6. Juli des Morgens, wurde ‚Ueberall!' gerufen, das heißt: alle Mann aufs Deck ... und ... fiel plötzlich unser Schiff fast ganz auf die Seite ... und weil unser Schiff auf die Steuerbordseite überfiel, so fiel ich natürlicher Weise nach der Steuerbordseite hin. ... Gott sey gedankt! ich wurde unbeschädigt aufs Eis gerettet. ... Keiner der Mannschaft ... bekam Verletzung und keiner verlor das Leben."*

Ein für die nordfriesischen Inseln besonders schicksalhaftes Jahr war 1777, als 14 Schiffe im Eis verloren gingen. 17 Föhrer Seeleute, 20 Seefahrer von der Insel Röm und 13 Männer von der Hallig Nordmarsch fanden dabei den Tod. Mehr Glück hatte die Mannschaft des Glückstädter Grönlandfahrers FRAU MARGARETHA. Das unter dem Befehl des von Amrum stammenden Kommandeures G.H. Siemonsen stehende Schiff schlug 1821 im Eis leck und musste aufgegeben werden. Mithilfe der Beiboote konnte sich die Besatzung der FRAU MARGARETHA nach Island retten und kehrte an Bord von anderen Schiffen im folgenden Jahr nach Hause zurück, wo man sie bereits für tot gehalten hatte.

Doch nicht nur das Eis bedrohte das Leben der Seeleute. Im Jahr 1700 ertranken 54 Grönlandfahrer von der Insel Föhr beim Untergang eines Schmackschiffes auf der Heimfahrt von Amsterdam und 1744 verloren 70 Seeleute ihr Leben, als ihre Schmack ebenfalls auf der Heimreise kurz vor den nordfriesischen Inseln im Sturm sank.

Gleichwohl entwickelten sich dank des Walfangs die nordfriesischen Inseln und Halligen innerhalb weniger Jahrzehnte von einer Armutsregion zu einem relativen Wohlstandsgebiet. Die enge Verbindung der Nordfriesen mit den Niederlanden schlug sich auch in der Wohnkultur nieder. Die Häuser wurden nach niederländischen Vorbildern gebaut, mit niederländischen Kacheln gefliest und mit niederländischen Gegenständen eingerichtet. Doch ungeachtet ihrer bedeutenden Rolle im Walfang investierten die Nordfriesen kaum selber in Unternehmungen dieser Art. Sie kannten die Gefahren der Grönlandfahrt und suchten daher lieber weniger riskante Anlagemöglichkeiten für ihr schwer verdientes Geld.

Die Blütezeit der Grönlandfahrt war das 18. Jahrhundert. Um das Jahr 1700 dienten bereits etwa 3.600 Nordfriesen in der Grönlandfahrt. Nach wie vor waren die Niederlande die dominierende Walfangnation, während Hamburg das Zentrum des deutschen Walfangs war. Um die Mitte des 18. Jahrhunderts war die Hamburger Grönlandfahrt fest in nordfriesischer Hand. Von 1669 bis 1756 fuhren insgesamt 512 in Hamburg beheimatete Walfangschiffe unter dem Kommando nordfriesischer Seeleute. Davon stammten 179 von Röm, 162 von Sylt, 125 von Föhr und 56 von Amrum. 1790 waren allein auf der Insel Sylt von 2.000 Bewohnern 100 Kapitäne.

Durch Privilegien und Prämien des dänischen Staats gefördert, erlebte in der zweiten Hälfte des 18. Jahrhunderts auch der Walfang von den holsteinischen Häfen, wie Altona und Glückstadt, eine relative Blüte. Ebenso nahm Flensburg als einziger Ostseehafen 1759 wieder die Grönlandfahrt auf. Auch die 1774 gegründete, halbstaatliche Königlich Dänische Grönlandkompagnie bot den nordfriesischen Walfängern neue Beschäftigungsmöglichkeiten. Gegen Ende des 18. Jahrhunderts gingen allerdings die Fangerträge im grönländischen Walfang durch hemmungslose Überfischung erheblich zurück. Dadurch verringerten sich auch die Walfangflotten. Dies hatte vor allem für die Föhrer Seeleute, die sich auf den Walfang spezialisiert hatten, negative Folgen. In der Handelsschifffahrt waren ihre Fachkenntnisse nicht gefragt, dennoch stellten sie sich nur zögerlich auf die neuen Gegebenheiten ein. Die Amrumer dagegen hatten sich bereits früh wieder aus der Walfangfahrt zurückgezogen und sich statt dessen der Küsten- und Handelsfahrt zugewandt.

Doch als Dänemark 1807 an Napoleons Seite in den Krieg zwischen Großbritannien und Frankreich hineingezogen wurde, kam die Walfangfahrt endgültig zum Erliegen. Nach dem Kriegsende 1815 wurde die Grönlandfahrt wieder aufgenommen, doch angesichts der gesunkenen Walbestände bot nur noch der Robbenschlag Aussicht auf Erfolg. In den Niederlanden und Hamburg wurden kaum noch Walfänger ausgerüstet, nur Großbritannien betrieb nach den Napoleonischen Kriegen noch Grönlandfahrt in nennenswertem Umfang.

Seeleute, Kapitäne, Reeder –
Die Welt der Seefahrt
im 17. und 18. Jahrhundert

Das Leben an Bord

Die sichere Beherrschung eines so komplexen technischen Systems, wie es ein hochentwickeltes Segelschiff darstellt, setzt ein hohes Maß an Organisation und Koordination voraus. Da auf See zudem jederzeit und völlig unerwartet Notsituationen auftreten können, gab es seit dem Mittelalter auf allen Schiffen in Fragen der nautischen Führung eine deutlich ausgeprägte Befehlsstruktur mit dem Kapitän an der Spitze. Der von Föhr stammende Kapitän und Navigationslehrer Hinrich Brarens fasst diese Grundbedingungen der Seefahrt und die Rolle des Kapitäns an Bord prägnant zusammen: *„Mit dem Schiffe, als einer dem Wind und Wetter blosgestellten Maschine, übernimmt daher der Führer eine Art von voraussorgender Unruhe. Er muß immer auf neue Mittel und neue Maasregeln bedacht sein, sowohl wenn das Schiff vor Anker liegt, als auch wenn es im Ocean segelt: denn Strohm, Wind und Seegang können sich plötzlich ändern."*

Um in allen Situationen ein planvolles und koordiniertes Handeln der Crew und damit die Sicherheit des Schiffes und das Überleben der Besatzung sicherzustellen, existiert bis heute auf jedem Kriegs- und Handelsschiff eine strenge Hierarchie, die vom Kapitän abwärts jedem einzelnen Mannschaftsmitglied einen exakt definierten Aufgabenbereich zuweist. Grundlage für das damit verbundene Unterordnungsverhältnis zwischen Kapitän und Mannschaft war der Heuervertrag. Diese strikte Bordhierarchie wurde aber auch von den Seeleuten grundsätzlich für notwendig gehalten. So betont beispielsweise der sächsische Seiler Friedrich Gottlob Köhler über seine Erfahrungen während einer Walfangreise, *„der wahre Seemann ist von selbst schon bedacht, die Ordnung zu erhalten, ohne welche das Zusammenleben auf der See nicht möglich sein würde."*

Das Leben an Bord folgte eigenen Gesetzen. Auf einem Schiff dauerte der Dienst rund um die Uhr. Die Mannschaft war daher in zwei oder drei Wachen oder „Quartiere" eingeteilt, die abwechselnd Dienst taten. So hielt ein Teil der Mannschaft den Schiffsbetrieb aufrecht, während die übrigen Seeleute als sogenannte „Freiwache" nachts schliefen oder tagsüber die anfallenden Arbeiten an Bord erledigten. Die tägliche Arbeitsbelastung der Seeleute war dementsprechend hoch. Einige Spezialisten, wie der Schiffszimmermann oder der Koch, waren jedoch von den Wachen ausgenommen. In Notfällen, bei Sturm oder bei besonders schwierigen „Alle-Mann-Manövern" wurde jedoch stets die gesamte Besatzung eingesetzt. Eine Wache dauerte in der Regel vier Stunden, so dass für die Seeleute an einen durchgehenden Nachtschlaf nicht zu denken war, zumal es nicht selten vorkam, dass sie zu „Alle-Mann-Manövern", wie das Setzen oder Reffen von Segeln, an Deck gerufen wurden.

Die Zeit wurde bis in das 19. Jahrhundert hinein an Bord mit Hilfe von Sanduhren gemessen, da mechanische Uhren zu unzuverlässig und vor allem zu kostspielig waren. Üblich waren vor al-

Segelreffen. Manöver wie das Kürzen der Segel bei Wind und Wetter stellten hohe Anforderungen an die körperliche Leistungsfähigkeit der Seeleute.

lem Halbstundengläser. War der Sand durchgelaufen, wurde die Sanduhr gedreht und mit der Schiffsglocke ein Signal gegeben, das sogenannte „Glasen". Nach vier Stunden oder acht Glasen wechselte die Wache, was oft mit einem Lied begleitet wurde. Ein bekanntes „Quartierslied" aus dem 19. Jahrhundert lautete: *„Acht Glasen sünd um, de Wach is gedahn, reise, Quartier, in Gottes Naam."* Das Wort „reise" ist dabei abgeleitet von dem englischen „to rise" (deutsch: „sich erheben") und stellt somit die Aufforderung an die aufziehende Wache dar, sich zur Wachablösung bereit zu machen.

Die Matrosen lebten im Logis, einem engen Raum im Vorschiff, der gleichzeitig als Schlaf-, Speise- und Aufenthaltsraum diente. Dagegen waren Kapitän, Offiziere und Passagiere, zumindest auf größeren Schiffen, vergleichsweise komfortabel im Achterschiff untergebracht, wo sie eigene Kammern bewohnten, die zugleich ein Mindestmaß an Privatsphäre gewährten. Ihre Kleider und persönlichen Besitztümer bewahrten die Seeleute vom Mittelalter bis ins 20. Jahrhundert in hölzernen Truhen, den Seekisten, auf. Normalerweise besaß jeder Seemann seine eigene Seekiste. Hinzu kam meist noch ein Zeug- oder Seesack, in dem Kleider und Bettzeug zum Transport verstaut wurden. Starb ein Seemann während der Reise, wurde die Seekiste entweder im nächsten Hafen aufbewahrt, bis die Erben benachrichtigt waren, oder Kiste und Inhalt wurden verkauft und der Erlös den Angehörigen ausgezahlt.

Die hygienische Zustände an Bord waren nach heutigen Maßstäben katastrophal. Ein hölzernes Segelschiff bildete einen idealen Lebensraum für Ungeziefer aller Art, so dass der Kampf gegen Schädlinge wie Ratten, Wanzen, Läuse und Flöhe nie endete. Ebenso blieb angesichts der eng bemessenen Frischwasservorräte für Körper- und Kleidungswäsche nicht viel übrig, ein Reinigen der Kleidung war deshalb kaum möglich. Meist konnten die Kleider nur in Seewasser gewaschen werden; durch das darin enthaltene Salz trockneten die Kleider nur schlecht, sie blieben meist klamm und feucht. Zudem besaßen die Seeleute oft keine Kleidung zum Wechseln. Bei schlechtem Wetter mussten sie daher oft tagelang in nassen Kleidern arbeiten und schlafen.

Das Leben und die harte körperliche Arbeit an Bord eines Segelschiffs verlangte Kraft, Widerstandsfähigkeit und eine eiserne Konstitution. Allerdings dürften die Lebensbedingungen der ländlichen und städtischen Unterschichten damals in vielerlei Hinsicht noch schlechter als an Bord eines Schiffes gewesen sein. Immerhin erhielten die Seeleute an Bord regelmäßige Mahlzeiten. Zu den Grundnahrungsmitteln an Bord gehörten neben dem Schiffszwieback, d.h. steinhart gebackenen Teigplätzchen, vor allem Hülsenfrüchte, wie Erbsen und Bohnen, die sich durch Trocknen gut haltbar machen ließen, sowie eingepökeltes Fleisch. Obgleich die Qualität dieser Nahrungsmittel oft fragwürdig und die Auswahl eintönig und wenig schmackhaft war, kam die Verpflegung an Bord einer ausgewogenen Ernährung wesentlich näher als das, was viele Menschen an Land zu Essen bekamen. Der Reisebericht von Friedrich Gottlob Köhler aus dem Jahr 1801 gibt einen guten Eindruck von der Verpflegung an Bord: *„Das Brot, der Schiffszwieback, ist schlecht, und oft so alt, dass es ganz von Würmern zerfressen ist."* Nicht viel besser war der Zustand des Trinkwassers, wie Köhler berichtet: *„Das Wasser ist eben so schlecht als das Brot. Manches Fass stinkt wie eine Kloake, und dennoch darf kein Tropfen davon vergossen werden."*

Weil das Wasser relativ schnell in den Holzfässern zu faulen begann, war Bier damals das wichtigste Getränk an Bord. Auch Spirituosen dienten dazu, das Wasser genießbar zu machen, oder als Belohnung für besonders anstrengende oder gefährliche Tätigkeiten. Darüber hinaus diente der Alkohol natürlich auch als Rauschmittel. Übermäßiger Alkoholkonsum stellte mitunter ein Problem dar, denn betrunkene Matrosen begannen eher zu streiten und verweigerten öfter Befehle als nüchterne Seeleute.

„Besanschot an!" Dieser Befehl wurde an Bord gern gehört, denn er bedeutete, dass es zur Belohnung für eine besonders anstrengende Arbeit ein Glas Rum oder Schnaps gab.

Der Schoner ZWEY GEBRÜDER im Sturm. Auf hoher See konnten Segelschiffe Stürme oft abwettern, in Landnähe dagegen wurden sie bei auflandigem Wind nicht selten auf die Küste geworfen. Für die Mannschaft bedeutete eine Strandung Gefahr für Leib und Leben.

Die Seefahrt war ein gefährliches Gewerbe. Stürme, Strandungen und Schiffsuntergänge forderten zahllose Todesopfer. Die größten Risiken drohten meist in der Nähe des Landes. Auf See konnten die Schiffe einen Sturm oft unbeschadet abreiten, indem sie sich mit gerefften Segeln treiben ließen. In Küstennähe konnte es jedoch vorkommen, dass ein Schiff durch auflandigen Wind in Gefahr geriet, auf ein Riff oder auf den Strand geworfen zu werden. Eine solche Situation, seemännisch auch als „Legerwall" bezeichnet, war von allen Seeleuten besonders gefürchtet, da die einzige Hoffnung, eine Strandung zu vermeiden, darin bestand, eine geschützte Stelle zum Ankern zu finden oder zu versuchen, sich von der Küste freizukreuzen. In seinen Memoiren berichtet der aus Ekenis an der Schlei stammende Kapitän Peter Hansen, wie sein Schiff in einem Sturm auf die norwegische Küste getrieben wurde und er verzweifelt versuchte, geschützte Gewässer zu erreichen. Dabei wurde das Schiff *„über die Klippe hinweggehoben, aber mit Verlust ihres Steuerruders und mit bedeutendem Leck. Ich leitete nun, so gut es eben gehen wollte, mit den Segeln das Schiff, welches jetzt sich immer mehr der festen Küste näherte und dabei in ruhigere See kam. ... Das Schiff stieß wieder auf einen unsichtbaren Felsen und ... war in wenigen Minuten mit Wasser angefüllt. ... Beim Ueberwerfen knickten aber beide Masten, und nur die Holzladung hielt das Fahrzeug noch über dem Wasser. Das Schiff trieb aber jetzt dem Festlande zu und kam bald in ruhigere See."* Hansen hatte Glück im Unglück gehabt. Wäre das Schiff vom Wind auf die

Felsen gedrückt worden, hätten Hansen und seine Besatzung dies vermutlich nicht überlebt. Eine Strandung bedeutete in den meisten Fällen höchste Lebensgefahr. Lief ein Schiff im Sturm auf Grund, wurde es meist von Brechern überspült oder unter Umständen sogar in kürzester Zeit von den Wellen zerschlagen. Dann kam meist jede Hilfe zu spät und die Seeleute mussten in Sichweite der rettenden Küste jämmerlich ertrinken.

Doch nicht nur Seegefahren, auch Unfälle und Krankheiten bedrohten Leben und Gesundheit der Seeleute. Stürze aus der Takelage waren keine Seltenheit, ebenso konnten Missgeschicke beim Be- und Entladen zu Knochenbrüchen oder anderen schweren Verletzungen führen. Auf langen Fahrten machte sich das Fehlen frischer Nahrungsmittel durch das Auftreten von Mangelkrankheiten, wie dem durch Vitamin-C-Mangel hervorgerufenen Skorbut, bemerkbar, während bei Fahrten nach Indien, Afrika oder in die Karibik Tropenkrankheiten jahrhundertelang eine große Gefahr waren. Viele Seeleute fielen ihnen zum Opfer. Mitunter wurden ganze Schiffsbesatzungen vom Gelbfieber oder ähnlichen Infektionskrankheiten dahingerafft. Auch die Malaria war in wärmeren Gegenden wie dem Mittelmeerraum oder Afrika weit verbreitet. Der allgemeine Mangel an Hygiene an Bord der damaligen Segelschiffe erhöhte noch die Gefahr von Krankheiten. Verschmutzte Kleidung sowie Ungeziefer wie Flöhe und Läuse begünstigten die Ausbreitung von Infektionskrankheiten wie Fleckfieber, die zahllose Todesopfer forderten.

Die kleinen, aus Feldsteinen gehauenen Grabsteine für die einfachen Seeleute auf Föhr unterstreichen das soziale Gefälle zwischen den oft wohlhabenden Kommandeuren und den Matrosen, die ihr Alter oft in Armut fristeten.

Die medizinische Versorgung an Bord von Handelsschiffen war lange Zeit mangelhaft. Angesichts des damaligen Stands der Medizin war eine Behandlung an Bord nur eingeschränkt möglich. So berichtet der 1818 auf der Insel Fehmarn geborene Seemann Georg Wilhelm Kroß, wie er als Kapitän das gebrochene Bein eines an Bord verunglückten Seemanns versorgte: *„Ohne einen Arzt, doch nach Anleitung eines guten Buches, wurde das Bein von mir und dem Steuermann geschient und verbunden, während draußen ein starker Sturm wütete. Der Bengel lief nach 8 Wochen wieder gesund umher."* Angesichts der beschränkten Behandlungs- und Versorgungsmöglichkeiten an Bord wurden erkrankte Seeleute unterwegs meist in einem Hafen zurückgelassen. So schrieb beispielsweise das Hamburger Seerecht im 18. Jahrhundert vor, Kranke an Land zu bringen und dort pflegen zu lassen. Doch angesichts der hohen damaligen Sterblichkeitsrate durch Fieber und andere Krankheiten sowie das beschränkte Wissen über Infektionswege und Ansteckungsrisiken war auch eine rechtzeitige medizinische Versorgung keine Garantie für das Überleben der Erkrankten.

Der Tod war auf See ein ständiger Begleiter. Für die Ehefrauen und Kinder von durch Unfall, Krankheit oder Schiffsuntergang verstorbenen Seeleuten bedeutete eine solche Katastrophe oft Armut und Not. Doch ungeachtet der damit verbundenen Risiken war der Seemannsberuf attraktiv. So verdienten die Seeleute in der Regel mehr als vergleichbare Berufsgruppen an Land. Zählt man zu der reinen Heuersumme noch die verringerten Lebenshaltungskosten hinzu, die Seeleute während der Fahrt aufgrund ihres Anspruchs auf freie Kost und Logis an Bord hatten, so erhöht sich ihr relatives Einkommen im Vergleich zu den an Land gezahlten Löhnen noch mehr. Zugleich bot die Seefahrt gute Chancen auf einen beruflichen und sozialen Aufstieg. Ein tüchtiger Seemann konnte es mit etwas Glück bis zum Steuermann oder sogar bis zum Kapitän bringen. Erst um die Mitte des 19. Jahrhunderts verschlechterten sich die Aufstiegschancen der Seeleute aus konjunkturellen Gründen.

Das Ende einer Seefahrtskarriere kam oftmals mit Alter und Krankheit. Viele Kapitäne hatten während ihrer Fahrenszeit einen gewissen Wohlstand erworben, der ihnen entweder einen auskömmlichen Lebensabend sicherte oder ihnen aber durch eine Reinvestition, z.B. in Handels-

oder Reedereigeschäfte, den Wechsel in eine neue Tätigkeit an Land ermöglichte. Dagegen gerieten einfache Seeleute und auch Kapitäne, die keine ausreichenden Rücklagen hatten bilden können, im Alter oft in materielle Not, da sich in den meisten europäischen Ländern eine institutionalisierte Altersvorsorge erst allmählich im 19. Jahrhundert entwickelte.

Die Seeleute

Die meisten schleswig-holsteinischen Seeleute stammten aus Hafenstädten oder aus Seefahrtsregionen, wie beispielsweise Nordfriesland; in vielen Fällen kamen sie sogar aus ausgesprochenen Seefahrerfamilien. Neben dem familiären Vorbild spielten oft wirtschaftliche Aspekte – die relativ gute Bezahlung und die Aufstiegschancen in der Seefahrt machten, wie bereits ausgeführt, den Seemannsberuf attraktiv –, aber auch Abenteuerlust eine Rolle bei dem Entschluss, Seemann zu werden.

Allerdings scheint die Berufswahl nicht immer ganz freiwillig gewesen zu sein. So berichtet der Föhrer Seemann Lorens Friedrich Jepsen in seinen Memoiren von dem sozialen Druck, auf ihm lastete. Wer nicht zur See fuhr, durfte zu Hause nicht mitreden: *„Und wenn du dann zum Winter im Halbdunkeln zu den anderen Gästen kommst, musst du hinter dem Ofen sitzen und kannst – und wahrlich darfst – nicht mitsprechen. Solltest du etwas sagen wollen, dann heisst es gleich, du bist ja nach Hause gegangen, du magst ja nicht fahren, hast ja Heimweh gefühlet, der Doktor hat es ja gesagt. Ich thäte es*

Das Haus des Sylter Walfangkommandeurs Lorens Petersen de Hahn (1688–1747) zeigt, welchen Wohlstand ein erfolgreicher Schiffsführer erwerben konnte. Das Haus steht heute im Freilichtmuseum Molfsee.

Manche nordfriesischen Seeleute gelangten als Kapitän von Walfang- und Handelsschiffen zu beträchtlichem Wohlstand, wovon nicht nur ihre Häuser, sondern auch ihre Gräber zeugen. Ein gutes Beispiel dafür ist der Grabstein des Amrumer Walfangkommandeurs Rörd Peters (1701–1776).

Navigation

Als Navigation wird die Bestimmung des Standorts und Kurses von Schiffen bezeichnet. Dabei wird unterschieden zwischen der terrestrischen Navigation, die sich an markanten Punkten an Land, wie beispielsweise Kirch- oder Leuchttürmen, und Seezeichen, wie Tonnen oder Priggen, orientiert, und der astronomischen Navigation, d.h. der Standortbestimmung mit Hilfe von Himmelskörpern.

Lange war die Navigation weniger eine Wissenschaft als eine Kunst, die mehr auf Mutmaßungen als auf Wissen über die genaue Schiffsposition beruhte. Nur in Küstennähe war durch langjährige Erfahrung und genaue Ortskenntnis bei Zuhilfenahme traditioneller Methoden, wie der Standortbestimmung mit Hilfe von Landmarken und Seezeichen, oder dem Loten zum Messen der Wassertiefe und zur Überprüfung der Beschaffenheit des Meeresbodens, ein relativ sicheres Navigieren möglich. Das bleierne Lotgewicht hing an einer langen Leine, die in regelmäßigen Abständen mit Markierungen versehen war. Die Wassertiefe unter dem Schiff wurde damals in Faden gemessen, wobei ein Faden etwa 1,8 Metern entsprach. Vor allem in der Ostsee spielte das Lot eine wichtige Rolle zur Ortsbestimmung. Unten am Lotgewicht befand sich

Oktant aus dem Jahr 1783. Mit diesem Winkelmessgerät zur Bestimmung von Gestirnshöhen kann man Winkel bis zu 90° messen.

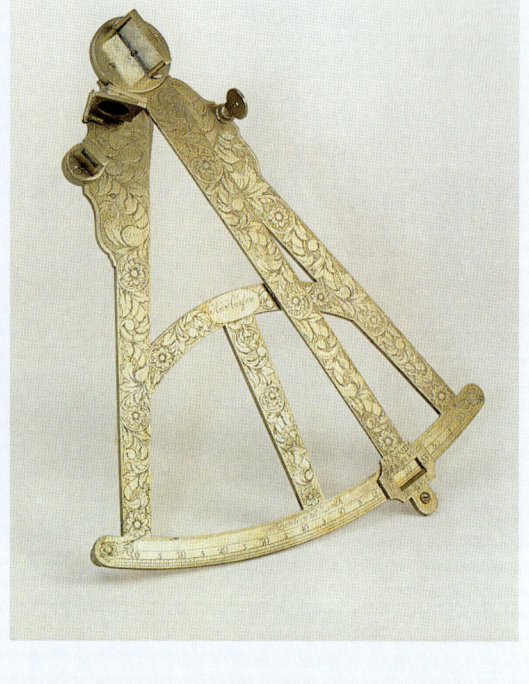

eine Einwölbung, die mit Talg gefüllt war. Daran blieben Sand, Muschelschalen oder kleine Steine haften und gaben Auskunft über die Beschaffenheit des Meeresbodens. Erfahrene Steuerleute wussten dadurch genau, wo sie sich gerade befanden.

Ebenfalls seit dem Mittelalter war in der europäischen Seefahrt der Magnetkompass zur Bestimmung der Himmelsrichtung allgemein gebräuchlich; durch das Magnetfeld der Erde richtet sich die Kompassnadel stets in Nord-Süd-Richtung aus.

Neben Lot und Kompass war das der Geschwindigkeitsmessung dienende Log ein weiteres wichtiges Navigationshilfsmittel. Dabei wurde ein als „Log" bezeichneter Schwimmkörper an einer langen Leine über Bord geworfen, die in regelmäßigen Abständen mit Knoten versehen war. Die Zahl der während des Durchlaufs einer Sanduhr abgelaufenen Knoten gab die Geschwindigkeit des Schiffes an. Bis heute wird daher die Geschwindigkeit von Schiffen in „Knoten" angegeben, wobei ein Knoten einer Seemeile (1,852 Kilometer) pro Stunde entspricht.

Auf hoher See war die Navigation dagegen wesentlich schwieriger. Zwar nutzten die Navigatoren den Kompass zur Kursbestimmung und konnten auch bereits im 16. Jahrhundert durch astronomische Beobachtung den Breitengrad

Kronenkompass. Seit dem Mittelalter gehörte der Kompass zu den wichtigsten Navigationsinstrumenten. Häufig hing an der Decke der Achterkajüte zusätzlich ein solcher Kronenkompass, damit der Kapitän auch unter Deck den Kurs des Schiffes kontrollieren konnte.

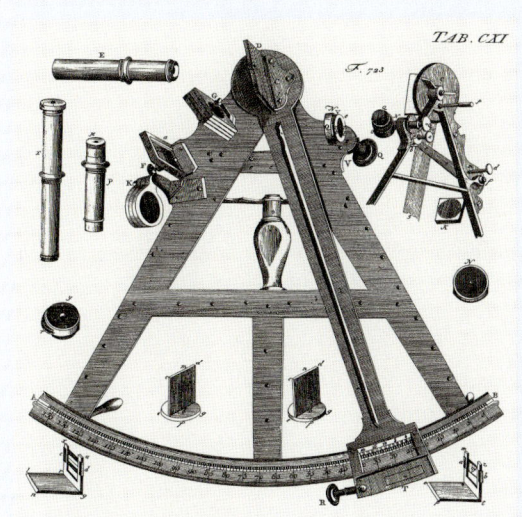

TAB. CXI

F. 723

annähernd genau berechnen, doch da das Problem der Längengradbestimmung noch nicht gelöst war, erfolgte die Ortsbestimmung auf hoher See meist durch Koppeln, d.h. durch die Schätzung des Schiffsstandortes aufgrund des Kurses und der zurückgelegten Segelstrecke, wobei unzureichende Messmethoden, Abtrieb und Abdrift durch Strömungen oft zu erheblichen Fehlkalkulationen führten.

Erst um 1800 hatte die Navigation einen Stand erreicht, der mit Hilfe neuer, wissenschaftlicher Methoden eine genauere Positionsbestimmung erlaubte. Grundlegend hierfür waren erhebliche Fortschritte in der astronomischen Navigation, zum einen durch verbesserte Navigationsgeräte, wie dem Oktanten zur Messung von Gestirnshöhen, der wiederum seit dem Ende des 18. Jahrhunderts zunehmend durch den mit einer größeren Messskala versehenen Sextanten verdrängt wurde, zum anderen durch die Entwicklung von mathematischen Verfahrensweisen zur genauen Längenbestimmung auf See. Während die eine Methode auf komplizierten Berechnungen mit Hilfe der beobachteten Monddistanzen beruhte, basierte die letztlich erfolgreichere Methode auf der Längenbestimmung durch den Abgleich der Ortszeit mit der Zeit eines geographisch bekannten Vergleichsortes mit Hilfe eines Chronometers.

Die vier von dem englischen Uhrmacher John Harrison zwischen 1735 und 1760 konstruierten „Chronometer" waren die ersten Uhren, die auch bei Seegang und unter den extremsten klimatischen Bedingungen derart genau gingen, dass

man mit Hilfe des Unterschieds zwischen Orts- und Referenzzeit den Längengrad und damit die Position des Schiffs präzise bestimmen konnte. Auf seiner zweiten Reise in die Südsee hatte der berühmte Entdecker James Cook einen nach Harrisons Vorlage konstruierten Chronometer an Bord, der so exakt funktionierte, dass am Ende der Reise die errechnete und die tatsächliche Position nur um acht Seemeilen voneinander abwichen.

Zunächst dürften die wissenschaftlichen Methoden der Navigation aber kaum mehr als eine kleine nautische Elite erreicht haben. Erst im Verlauf des 19. Jahrhunderts erfuhren diese neuen, wissenschaftlichen Navigationsmethoden größere Verbreitung. Zugleich wurden im Bereich der Navigation zunehmend internationale Standards eingeführt, wie beispielsweise bei der Betonnung und Befeuerung der Küsten. Ebenso wurde 1880 die Länge von Greenwich international als 0° Meridian festgelegt.

Bis zur Einführung der satellitengestützten Positionsbestimmung durch das GPS-System blieb die relativ aufwändige Bestimmung des Längen- und Breitengrades durch astronomische Beobachtung und Nutzung des Chronometers die Standardnavigationsmethode in der Hochseeschifffahrt.

nicht, wenn ich an deiner Stelle wäre, denn nach abgelegter Reise vermagst du auch mitzusprechen in eurer Gesellschaft." Angesichts der Bedeutung, die die Seefahrt auf den nordfriesischen Inseln hatte, verwundert es kaum, dass Nichtseeleute auf Föhr schlecht angesehen waren und ein niedrigeres Sozialprestige besaßen. Daher wurden viele junge Männern offenbar regelrecht in den Seemannsberuf gedrängt. Andere Eltern betrachteten angesichts der Gefahren der Seefahrt den Wunsch ihrer Söhne, zur See zu gehen, dagegen eher skeptisch, wie das „Flensburgisches Wochenblatt für Jedermann" aus dem Jahr 1788 berichtet: *„Wie manchen Vater hört man sagen: Mein Sohn mag alles werden, nur kein Schiffer!"*

Die Seefahrt war aufgrund der körperlichen Anforderungen, die die Handhabung der Segelschiffe an die Besatzungen stellte, vor allem ein Beruf für junge Männer, wie auch der Föhrer Geistliche Boysen 1793 bemerkte, da *„die dem Seefahrer so nothwendige Geschmeidigkeit und Gewandtheit des Körpers nicht leicht von demjenigen erlangt wird, welcher sich erst dann der See widmet, wenn er schon erwachsen ist."* Die meisten Seeleute gingen daher schon im Alter zwischen 10 und 15 Jahren auf ihre erste Reise. Persönliche Verbindungen zu einem Seemann, Kaufmann oder Reeder, konnten den Berufseintritt erheblich erleichtern, etwa durch die Vermittlung einer Heuerstelle.

Die Jungen begannen ihre Karriere in der Regel als Kajütjungen, d.h. als Diener des Kapitäns oder der Offiziere, später dann als Decksjungen. Mit einer neuen, fremden Lebensrealität konfrontiert, waren die ersten Erfahrungen an Bord allerdings nicht immer freundlich. Obwohl es Kapitäne gab, die sich der Jungen annahmen und sie vor den schlimmsten Schikanen zu schützen versuchten, war die Ansicht weit verbreitet, dass nur eine raue Behandlung und eine harte Ausbildung geeignet sei, aus Jungen gute Seeleute zu machen. Ohnehin herrschte an Bord vieler Schiffe ein eher rüder Umgangston, wie Jens Jacob Eschels in seinen Memoiren berichtet: *„Fluchen und Toben war an derzeit an der Tagesordnung, und das allgemeine Sprichwort hieß: wer einem Matrosen Gutes thut, der thut dem Teufel einen Wohlgefallen. Ich war leider auch von diesem bösen Irrthume angesteckt, daß man nemlich die Matrosen nicht regieren könne, ohne zu fluchen und sie mitunter etwas zu plagen."* Erst als Eschels von einem als Passagier mitreisenden Major auf sein falsches Verhalten angesprochen wird, fängt er an, seine Führungsmethoden zu überdenken: *„Ich fühlte mich nach dieser Unterredung leicht, denn der Herr Major hatte so gesprochen, wie mein inneres Gefühl und Gewissen es mir schon längst gesagt hatte: daß man nemlich, ohne sich etwas zu vergeben, auch seine Untergebenen freundlich behandeln kann, und dann desto mehr geachtet wird. Von dieser Zeit an habe ich meinen Leuten ihren Dienst so leicht als möglich zu machen gesucht, so daß die Seeleute immer gern mit mir fahren wollten, und oft mehrere Reisen nach einander bei mir an Bord geblieben sind."*

Lorens Friedrich Jepsen

Lorens Friedrich Jepsen wurde am 21. November 1802 in dem zur dänischen Westerharde gehörigen Dorf Oldsum auf der Insel Föhr als Sohn einer Seemannsfamilie geboren. 1817/18 ging er mit 15 Jahren als Kajütjunge auf Grönlandfahrt. Unterwegs erlernte er beim Steuermann die Grundlagen der Navigation, so dass er auf der zweiten Reise bereits navigatorische Aufgaben übernehmen konnte. Im Winter 1820/21 nahm Jepsen privaten Navigationsunterricht in seinem Heimatort Oldsum und legte im Winter 1823/24 in Tönning sein Steuermannsexamen ab. 1825 heuerte Jepsen als Matrose auf einem Altonaer Handelsschiff an; 1826 wurde er zum Steuer- mann befördert. Nach mehr als sechs Jahren Dienst als Matrose und Steuermann trennte er sich in gegenseitigem Einvernehmen von seinem Kapitän. 1836 wurde Jepsen von einem Reeder, für den er bereits zuvor als Steuermann tätig gewesen war, zum Kapitän befördert, kündigte aber bereits nach wenigen Tagen wegen eines Streits mit dem Mitreeder. 1837 wurde Jepsen durch eine Empfehlung Kapitän auf einem belgischen Schiff, wechselte aber bereits 1838 wieder Schiff und Reeder. In den folgenden Jahren fuhr Jepsen in der europäischen und internationalen Frachtfahrt, bis er 1846 aus gesundheitlichen Gründen die Seefahrt aufgab. Jepsen starb am 7. März 1892 in seinem Geburtsort Oldsum auf der Insel Föhr.

Die jungen Seeleute erwarben ihr berufliches Wissen nach und nach während des allgemeinen Schiffsbetriebs an Bord und, da die Seefahrt bereits im 18. Jahrhundert ein internationales Gewerbe mit einem internationalen Arbeitsmarkt war, oft auch auf ausländischen Schiffen. So waren z.B. Seeleute von den friesischen Inseln in den Niederlanden als hochqualifizierte Seeleute bekannt, die gern und in allen Rängen geheuert wurden und oft ihr ganzes Berufsleben hindurch in niederländischen Diensten blieben.

In der europäischen Seefahrt galt bis weit in das 19. Jahrhundert hinein das Prinzip der stufenweisen Beförderung. Mit wachsenden Fähigkeiten stiegen die jungen Seeleute langsam in der Bordhierarchie auf, zuerst zum Leicht- und später zum Vollmatrosen. Oft erreichten die Jungen diesen Rang bereits im Alter von 19 bis 20 Jahren. Damit hatten sie jedoch das Ende der allein auf seemännischer Qualifikation beruhenden Karrierestufen erreicht, denn die Beförderung zum Steuermann oder Kapitän setzte neben seemännischer Erfahrung und einer gewissen Reife vor allem ausreichende navigatorische Kompetenz voraus, wie auch der 1757 auf Föhr geborene Kapitän Jens Jacob Eschels betont: *„Denn ohne diese kannst du ja nie höher avancieren als zum Bootsmann oder wenn du ein Handwerk gelernt hast, kannst du auch nicht höher kommen als Zimmermann, Küper oder Segelmacher; hast du aber die Steuermannskunst gelernt, dann kannst du in allen Fällen des Schiffsdienstes dich empfehlen."*

Neben den notwendigen Kenntnissen in Seemannschaft und Navigation war eine grundlegende Bildung zwingende Voraussetzung für die Beförderung zum Steuermann, denn mit der all-

Erste Seite des Schiffsjournals oder Logbuch des Glückstädter Robbenfängers FLORA aus dem Jahr 1820. Bis heute ist auf allen Schiffen die Führung eines Logbuches gesetzlich vorgeschrieben, in dem Kurs, Wetter und Schiffsstandort sowie besondere Vorkommnisse an Bord eingetragen werde.

gemeinen Zunahme der Schriftlichkeit wuchsen auch die Anforderungen an die intellektuellen Fähigkeiten der Schiffsoffiziere. Diese mussten schließlich Ladungspapiere lesen können und hatten in vielen Fällen das Logbuch oder Journal zu führen. Darüber hinaus erforderten die Berechnung des Schiffsstandorts und der zu segelnden Kurse ebenso wie die kaufmännischen Aufgaben, mit denen die Kapitäne oft betraut wurden, auch ein gewisses Maß an mathematischen Kenntnissen. Spätestens gegen Ende des 18. Jahrhunderts waren daher grundlegende Fähigkeiten im Lesen, Schreiben und Rechnen eine zwingende Voraussetzung für den Aufstieg zum Steuermann oder Kapitän.

Seehandbücher und Seekarten

Im Laufe der Jahrhunderte hatte auch die Bedeutung von Seehandbüchern und Seekarten zugenommen. Um diese navigatorischen Hilfsmittel lesen und nutzen zu können, war allerdings ein Mindestmaß an Schulbildung erforderlich. Bereits um 1500 gab es schriftliche Segelanweisungen für die nordeuropäischen Gewässer. Um die Mitte des 16. Jahrhunderts wurden diese Anweisungen in einem gedruckten Band zusammengefasst und durch allerdings noch recht unpräzise Holzschnitt-Karten ergänzt. Wie in vielen

Bereichen der Seefahrt waren auch hier zunächst die Niederländer führend gewesen. 1584 veröffentlichte der niederländische Kartograph Lucas Waghenaer dann einen kompletten Seeatlas mit detaillierten Kupferstich-Karten der nord- und westeuropäischen Gewässer, der als „Spiegel der Seefahrt" bekannt wurde. Auf 44 Karten waren Sandbänke, Landmarken, Ankerplätze und weitere Einzelheiten eingezeichnet, während Silhouetten das Küstenprofil wiedergaben. Ergänzt wurden die Karten durch Segelanweisungen sowie durch Gezeiten- und Sonnenstandtabellen. Waghenaer war zudem der erste Kartograph, der für navigatorische Angaben einheitliche Symbole, etwa für Seezeichen, verwendete.

Die Anfänge des dänischen Seekartenwesens liegen im 16. Jahrhundert. 1568 veröffentlichte Laurentz Benedicht ein Buch mit Segelanweisungen nach niederländischem Vorbild. Der Begründer des dänischen Seekartenwesens war Jens Sørensen (1646–1723), allerdings waren die Karten für die königliche Flotte bestimmt und nicht öffentlich verfügbar. Im 18. Jahrhundert wurde eine Revision der niederländischen Seekarten vorgenommen, die bis 1790 abgeschlossen war.

1784 wurde das dänische „Kongelige Søkartenarkiv" gegründet. Erster Direktor war der Kapitänleutnant Poul de Løwenørn (1751–1826). Aufgabe des Königlichen Seekartenarchivs war es, alle verfügbaren Karten und Segelanweisungen für die dänischen Gewässer zu sammeln und auf dieser Grundlage zuverlässige Karten für die dänischen Kriegs- und Handelsschiffe herauszugeben sowie das dänische Seezeichen- und Lotswesen zu verbessern. Ab 1790 wurde mit der Vermessung und hydrographischen Aufnahme der dänischen Gewässer begonnen. 1843 wurde erstmals das Handbuch „Den danske Lods" veröffentlicht und mit der regelmäßigen Veröffentlichung von Seekarten begonnen.

In der Bundesrepublik Deutschland werden alle Seekarten, Seehandbücher und anderen

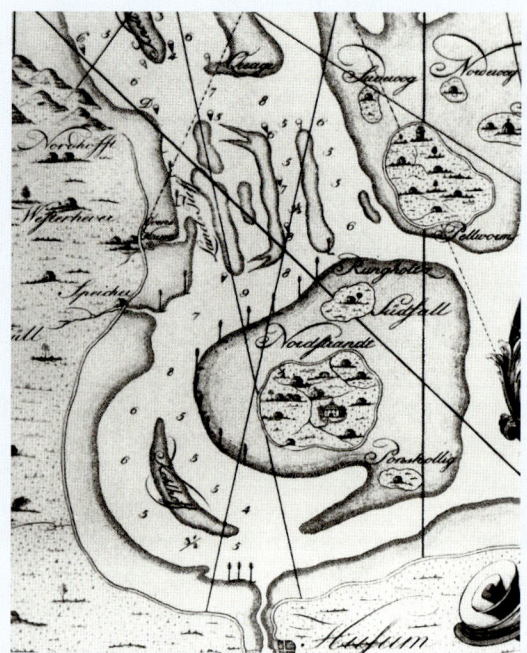

Karte des Hevers, der Zufahrt nach Husum, aus dem Jahr 1776 mit Seezeichen. Deutlich erkennbar sind die Pricken, die den Rand des Fahrwassers markieren.

nautischen Veröffentlichungen vom „Bundesamt für Seeschifffahrt und Hydrographie" (BSH) herausgegeben.

Seekarte der westlichen Ostsee mit Öresund sowie dem Großen und dem Kleinen Belt aus dem Jahr 1732. Die Küsten sind bereits recht detailliert wiedergegeben. Die Hilfslinien sollten die Navigation erleichtern.

Die Navigationsausbildung

Obwohl einige Seeleute ihre Navigationskenntnisse an Bord erwarben, war die Vermittlung navigatorischen Wissens nicht Teil der allgemeinen seemännischen Ausbildung. Daher war es in ganz Europa üblich, die Geheimnisse der Navigation entweder bei einem privaten Navigationslehrer, z.B. einem alten Kapitän, oder auf einer Navigationsschule zu erlernen.

Bereits 1619 war in Kopenhagen ein königlicher Navigationslehrer berufen worden, um die Steuerleute im Dienst des Königs sowie ausgewählte Seeleute in der Kunst der Navigation zu unterrichten. 1675 wurde im Haus der Kopenhagener Schiffergesellschaft eine weitere Navigationsschule eingerichtet. Auch auf der Insel Föhr hatte man schon früh die Notwendigkeit einer guten nautischen Ausbildung erkannt. Eine der ersten Navigationsschulen auf Föhr wurde von Pastor Richardus Petri eröffnet, der von 1620 bis 1678 die St. Laurentii-Gemeinde leitete. Die ersten Navigationslehrer auf den nordfriesischen Inseln waren alte, erfahrene Kapitäne oder mathematisch gebildete Pastoren. Im 17. und 18. Jahrhundert wurden allein auf Föhr bis zu 40 Navigationslehrer gezählt. In fast jedem Dorf der Insel gab es damals eine Navigationsschule.

Ehrgeiz und Eigeninitiative waren wichtige Voraussetzungen für eine erfolgreiche Karriere in der Seefahrt. Die Navigationsausbildung erforderte in der Regel nur wenige Monate und stand prinzipiell jedem Seemann offen, der Lesen, Schreiben und Rechnen konnte. Ebenso hielten sich die Kosten für den Unterricht in einem überschaubaren Rahmen und waren auch für einfache Seeleute erschwinglich, wie der von der Insel Föhr stammende Seemann Jens Jacob Eschels bemerkt: *„Die Steuermannskunst kostet ja nur wenig zu erlernen, und kaum soviel, als mancher Matrose in ein paar Tagen unnütz durchbringt."* Doch nicht jeder Seemann war dazu bereit, diese Kosten und Mühen auf sich zu nehmen. So erinnert sich Eschels, es *„wurde oft darüber gespottet, wenn Einer in die Steuermannsschule ging; es hieß dann: siehe, dieser denkt auch noch was zu werden; selbst einzelne meiner Cameraden, die ich überreden wollte mit in die Steuermannsschule zu gehen, sagten mir: nein, wir wollen die Steuermannskunst nicht lernen, es müssen auch Leute auf den Schiffen seyn, die den großen Hals (ein Tau, das das Schothorn, also die untere Ecke eines Rahsegels nach vorn zieht – JMW) niederziehen ... wie es sich gehört; sie haben auch ihre Lebenszeit daran ziehen müssen."*

Der Unterrichtsstoff bestand im Wesentlichen aus den Grundlagen der Navigation sowie dem dafür notwendigen Hilfswissen und wurde anhand von Lehrbüchern, den sogenannten „Schat-Kamern", gelehrt, von denen die frühesten bereits in der zweiten Hälfte des 16. Jahrhunderts veröffentlicht worden waren. Das bekannteste dieser Lehrbücher war das 1660 von dem niederländischen Navigationslehrer Gietermaker veröffentlichte Werk „Schat-Kamer ofte Konst der Stuer-Lieden", das dieser Gattung den Namen gab und bis 1774 vierzehn Auflagen erlebte.

Der Navigationsunterricht beschränkte sich im 17. und 18. Jahrhundert zumeist auf das Auswendiglernen einiger navigatorischer Faustregeln und das Durchrechnen von vorgegebenen Standardbeispielen, wie der Kommandant des hannoverschen Elbwachtschiffes, Christian Gottlieb Daniel Müller, 1786 anschaulich beschreibt: *„Alles das wird ihm gewöhnlich nicht gelehrt, sondern er wird, wenn mir der Ausdruck erlaubt ist, dazu abgerichtet, bei diesem und jenem Worte eine Handlung vorzunehmen, z.B. eine Zahl aufzusuchen in einer Tafel, sie auszuschreiben etc. Mit vieler Mühe, doch gewöhnlich ohne sonderliches Kopfbrechen lernt er endlich was zum alltäglichen Gebrauch unumgänglich gehört: Nach einem Koppelbrett die Pinnen einer Wache auf einen Strich bringen, oder gar die Kurse eines ganzen Etmals koppeln; er weiß viel, wenn er es auf einem Koppelblat thun kan."*

Obwohl in Form und Inhalt durchaus beschränkt, reichte diese traditionelle Form der Navigationsausbildung lange Zeit aus, um Steuerleute und Kapitäne ausreichend zu qualifizieren. Zunächst gab es keine Prüfungen oder nautischen Patente. Erst gegen Ende des 17. Jahrhunderts wurden in einigen europäischen Staaten nautische Pflichtexamina für angehende Kapitäne und Steuerleute eingeführt. So waren seit 1707 alle Kopenhagener Schiffer und Steuerleute zur Ablegung eines Examens verpflichtet. Diese Regelung war allerdings zunächst auf die Kopenhagener Seeleute beschränkt, sie galt nicht für die dänischen Provinzen und die Herzogtü-

Das Titelblatt des See-Handbuchs „Zee-Spiegel" aus dem Jahr 1680 zeigt links einen Navigator mit astonomischen Instrumenten und rechts einen See-mann mit einem Lot. Solche Handbücher waren im 17. und 18. Jahrhundert ein wichtiges navigatorisches Hilfsmittel für Steuerleute und Kapitäne.

mer. Erst 1802 wurde die Examenspflicht auch auf Schleswig und Holstein ausgedehnt.

Eine Erhebung der dänischen Regierung aus dem Jahr 1771 ergab, das es damals im Bereich der Herzogtümer auf Föhr, auf Sylt sowie in Apenrade, in Sonderburg und in Äräsköping (dänisch: Ærøskøbing) Navigationslehrer gab. Mitunter machten diese Lehrer sogar regelrecht Werbung für ihre Dienste. So erschien im „Flensburger Wochenblatt" im November 1797 die Anzeige des Steuermanns Hans Petersen Böttger aus Sonderburg, in der dieser kund gab, *„das er willens ist, Ausgang dieses Monats mit dem Unterricht der Navigation in dänischer Sprache anzufangen; diejenigen, die Antheil daran nehmen wollen, können sich bei ihm selbst melden. Er wohnt bey dem Schiffer Wilhelm Hansen an der hiesigen Ballastbrücke."*

Im 18. Jahrhundert hatte sich in der europäischen Seefahrt endgültig ein auf Qualifikation beruhendes Aufstiegsmuster etabliert. Gleichzeitig waren auch die Anforderungen an die allgemeine Bildung der Schiffsoffiziere gestiegen. Zu-

gleich zeigten sich immer deutlicher die Schwächen der traditionellen Seeleuteausbildung. So bemerkte der Tönninger Navigationslehrer Brarens 1807 in einem von ihm verfassten Lehrbuch über die mangelnde Qualifikation von angehenden Steuerleuten und Kapitänen: *„In den Navigationsschulen wird ihm gewöhnlich nur die Steuermannskunde, und auf seinen Seereisen höchstens die Seemannschaft erklärt: es bleiben mithin dem Jünglinge so manche Obliegenheiten eines Schiffers ganz unbekannt."* Im Laufe des 18. Jahrhunderts hatte sich überdies gezeigt, dass die traditionellen Formen der Navigationsausbildung durch private Navigationslehrer und reines Auswendiglernen des Lehrstoffes den tatsächlichen Erfordernissen immer weniger genügten. Nachdem die Standortbestimmung auf See lange Zeit weniger eine Wissenschaft als eine Kunst gewesen war, die mehr auf Mutmaßungen als auf Wissen über die genaue Schiffsposition beruhte, hatte die Navigation nach 1750 durch verbesserte Navigationsgeräte, wie den Sextanten, und die Entwicklung von neuen, astronomischen Verfahren zur genauen Längenbestimmung auf See erhebliche Fortschritte gemacht. Gegen Ende des 18. Jahrhunderts hatte die astronomische Navigation einen Stand erreicht, der eine genaue Positionsbestimmung auf See erlaubte.

Für die Küstenfahrt waren diese neuen Navigationstechniken kaum von Bedeutung, da die traditionellen Methoden der Ortsbestimmung hier immer noch ausreichten. Im Bereich der europäischen und internationalen Handelsfahrt sah die Lage jedoch anders aus: Mit der zunehmenden Ausdehnung der Fahrtgebiete über Europa hinaus und dem kontinuierlichen Tonnagezuwachs wuchs seit dem ausgehenden 18. Jahrhundert der Konkurrenzdruck in der europäischen Schifffahrt. Damit stieg zugleich auch das Bedürfnis nach einer besseren Ausbildung von Steuerleuten und Kapitänen, wie der lübische Kaufmann Friedrich Boldemann zu Beginn des 19. Jahrhunderts feststellte: *„Wir dürfen nicht bei der Fahrt in der Ostsee stehen bleiben. Größere Meere erfordern weitergreifende Hülfsmittel, welche man, sofern sie von der Schule ausgehen, rein theoretisch begreifen kann, um sie dann praktisch anzuwenden."* Entsprechend gab es seit der Mitte des 18. Jahrhunderts in ganz Europa Bestrebungen, die Navigationsausbildung zu reformieren.

Ein erster Schritt zu einer verbesserten nautischen Ausbildung war die Etablierung von öf-

Hinrich Brarens

Der aus einer nordfriesischen Seefahrerfamilie stammende Hinrich Brarens war am 1. September 1751 in Oldsum auf Föhr geboren worden. Bereits mit 12 Jahren ging er mit seinem Vater, dem Kommandeur eines Walfangschiffes, auf seine erste Reise. Bis 1780 blieb er in der Grönlandfahrt und wechselte dann in die Handelsschifffahrt, wo er bis zum Kapitän aufstieg. 1792 gab Brarens die Seefahrt auf und ließ sich als privater Navigationslehrer auf Föhr nieder. Zugleich war er als Kaufmann und Hafenmeister von Wyk tätig. 1794 bat er die Deutsche Kanzlei in Kopenhagen um die Genehmigung, Steuermannsprüfungen abzunehmen und Patente ausstellen zu dürfen. 1796 wurde ihm die Prüfungsbefugnis erteilt. Der Unterricht in seiner Navigationsschule kostete sechs Reichstaler, was in etwa der Monatsheuer eines Matrosen entsprach. Für die Prüfung musste eine zusätzliche Gebühr von acht Reichstalern entrichtet werden. Nach seiner Ernennung zum Lotseninspektor für die Eider- und Kanallotsen verlegte Brarens 1799 seine Navigationsschule von Wyk nach Tönning. Ein Jahr später veröffentlichte er sein „System der praktischen Steuermannskunde", das erste nautische Hand- und Lehrbuch in deutscher Sprache. 1807 folgte das „System der praktischen Schifferkunde". In seinen Lehrbüchern ging Brarens deutlich über den bis dahin üblichen Umfang der Seeleuteausbildung hinaus, indem er nicht nur die neuesten Errungenschaften auf dem Gebiet der wissenschaftlichen Navigation, sondern auch die Bereiche Seerecht und Ökonomie behandelte. Damit war Brarens seiner Zeit weit voraus. Er starb am 4. August 1826 in Tönning.

fentlichen Navigationsschulen. Bereits seit dem 17. Jahrhundert gab es in Kopenhagen staatliche Ausbildungsstätten für Seeleute, ebenso wurden 1749 in Hamburg und 1808 in Lübeck öffentliche Navigationsschulen gegründet. Eine weitere Maßnahme zur Neuordnung der nautischen Ausbildung war die allgemeine Einführung obligatorischer Qualifikationsnachweise für Steuerleute und Kapitäne. Das neue Ausbildungskonzept setzte sich im 19. Jahrhundert immer weiter durch. Bereits 1815 bemerkte der erfahrene Seemann Jürgen Jacobsen: *„Fast überall sind jetzt Navigationsschulen, um Steuerleute zu bilden ... und in fast allen Ländern müssen die Steuerleute als solche examinirt seyn, und ein Steuermannspatent aufzuweisen haben."*

Zusammen mit den erhöhten Anforderungen an die berufliche Qualifikation der Kapitäne und Steuerleute führten diese Reformen im nautischen Ausbildungswesen im Laufe 19. Jahrhundert schließlich zu einer verstärkten Professionalisierung der Seefahrt. Neben dem Bestreben, den Bildungsstand der Steuerleute und Kapitäne zu heben, hatte die allmähliche Verstaatlichung des nautischen Ausbildungs- und Prüfungswesens jedoch auch das Ziel – zumindest in den deutschen Küstenländern –, die eigenen Seeleute vor fremder Konkurrenz zu schützen, da die Prüfungen der anderen Staaten nicht anerkannt wurden.

Auch in den Herzogtümern nahm seit dem 18. Jahrhundert die staatliche Reglementierung des nautischen Ausbildungswesens zu. Obgleich die seit 1707 geltende Verpflichtung zur Ablegung eines Navigationsexamens zunächst auf Kopenhagener Schiffer und Steuerleute beschränkt blieb, konnten sich seit 1767 auch Seeleute aus den übrigen Teilen des dänischen Gesamtstaates freiwillig einer Steuermannsprüfung unterziehen.

Lange Zeit war Kopenhagen der einzige Prüfungsort; erst ab 1796 gab es auch in den Herzogtümern die Möglichkeit, das Steuermannsexamen abzulegen, als der erfahrene Kapitän und Navigationslehrer Hinrich Brarens (1756-1826) die Prüfungsberechtigung für seine Navigationsschule erhielt, die er 1799 von Wyk auf Föhr nach Tönning verlegte. Bis zu seinem Tod 1826 hat Brarens schätzungsweise rund 3.500 Seeleute examiniert.

Allerdings fanden die neuen Ausbildungsformen nicht sofort eine breite Akzeptanz; Seeleute wie Reeder waren zunächst sehr skeptisch. Obgleich 1802 auch für schleswig-holsteinische Seeleute die Steuermannsprüfung vorgeschrieben wurde, blieb es den gesamtstaatlichen Reedern noch lange freigestellt, auch nichtexami-

Uwe Jens Lornsen

Zu den jungen Männern, denen aufgrund von Krieg und Kontinentalsperre eine Seefahrtskarriere verwehrt blieb, gehörte auch Uwe Jens Lornsen, der aus einer alten Sylter Seefahrerfamilie stammende Vorkämpfer für eine schleswig-holsteinische Verfassung. Ursprünglich wollte der 1793 als Sohn eines Walfangkommandeurs geborene Lornsen ebenfalls den Seemannsberuf

Eigentlich hatte Uwe Jens Lornsen (1793–1838) wie sein Vater Seemann werden wollen. Statt dessen studierte er Jura und wurde dänischer Beamter. Sein tragisches Schicksal ließ ihn zum Märtyrer der schleswig-holsteinischen Bewegung werden.

ergreifen, hatte aber nach dem Zusammenbruch der schleswig-holsteinischen Schifffahrt als Folge der Kontinentalsperre statt dessen das Studium der Rechtswissenschaften in Kiel und Jena aufgenommen, wobei er auch mit den Gedanken der national-liberalen Bewegung in Kontakt gekommen war. 1830 wurde Lornsen zum Landvogt seiner Heimatinsel Sylt ernannt. Im gleichen Jahr veröffentlichte er eine kleine Schrift mit dem Titel „Über das Verfassungswerk für Schleswigholstein", in der er die Schaffung eines dänisch-schleswig-holsteinischen Doppelstaates forderte. Die Antwort der dänischen Regierung erfolgte prompt: Am 31. Mai 1831 wurde Lornsen vom Gottorfer Obercriminalgericht zu einem Jahr Festungshaft verurteilt. Nach der Entlassung kehrte Uwe Jens Lornsen zunächst nach Sylt zurück. Von Krankheit und Depressionen geplagt, reiste er 1833 nach Rio de Janeiro, kehrte aber 1837 nach Europa zurück und ließ sich in der Schweiz nieder. In einem akuten Anfall von Depression nahm sich Lornsen im Februar 1838 im Genfer See das Leben.

nierte Steuerleute und Kapitäne anzuheuern. Allerdings waren mit dem Examen erhebliche Privilegien bei der Ableistung der Dienstpflicht in der dänischen Marine verbunden. Im 18. Jahrhundert wurden jedes Jahr rund 2.000 Seeleute aus dem Gesamtstaat zum Dienst in der dänischen Flotte herangezogen. Dabei wurden examinierte Steuerleute auf dänischen Kriegsschiffen entsprechend ihrer Qualifikation eingesetzt, während examinierte Kapitäne sogar von der Dienstpflicht ausgenommen waren. Damit bestand ein erheblicher Anreiz von staatlicher Seite zur Weiterbildung der Seeleute.

Der Ausbruch des Krieges gegen Großbritannien im Jahr 1807 und die von Napoleon verhängte Kontinentalsperre, das gegen England gerichtete Handelsembargo, bedeuteten einen schweren Rückschlag bei der Ausbildung des nautischen Nachwuchses. Die schleswig-holsteinische Handelsschifffahrt kam fast vollständig zum Erliegen; in Hamburg und Lübeck wurden die Navigationsschulen geschlossen. Viele junge Männer wurden daran gehindert, den Seemannsberuf zu ergreifen. Nach 1815 bestand daher im dänischen Gesamtstaat ein großer Mangel an ausge-

bildeten Seeleuten. Erst allmählich begann sich die bei Kriegsende am Boden liegende dänisch-gesamtstaatliche Schifffahrt wieder zu erholen.

Nach dem Tod von Hinrich Brarens verfügte die Regierung in Kopenhagen, dass die Steuermannsexamen fortan nur noch in der dänischen Hauptstadt abgelegt werden dürften. Erst 1833 wurde wieder eine Steuermannschule und Examinierungsbehörde in Tönning geschaffen; zum neuen Prüfer wurde der aus Kopenhagen stammende Kapitänleutnant Stephan Middelboe bestallt. Nach der Schleswig-Holsteinischen Erhebung wurde die Schule nach Flensburg verlegt und ging 1870 in der staatlichen königlich-preußischen Seefahrtsschule auf.

Steuerleute und Kapitäne

Mit wachsenden Fähigkeiten stiegen die jungen Seeleute langsam in der Bordhierarchie auf. Für eine erfolgreiche Seefahrtskarriere spielte neben der beruflichen Qualifikation sowie einem guten beruflichen und charakterlichen Leumund das Wohlwollen der Vorgesetzten eine wichtige Rol-

Liste der Föhrer Steuerleute 1795

Alter	Alter der Seeleute	Alter bei Steuermannsexamen	Alter bei der Beförderung	Grund der Beförderung (wenn angegeben)	
18	1			Auf dem Schiff des Vaters	1
19	1	1	2	Kgl. Direction	1
20	3		3	Durch Freunde	1
21	1		1	Gute Führung	2
22	4		2	Besondere Befähigung	5
23	1		2	Durch Fremde	1
24			3		
25	1		1	Degradierter Kapitän	1
26	2		2		
27	3		1		
28	1	2	5		
29	1		4		
30	5	1			
31	5				
32	5				
33	1				
34	1				
35			1		
36	2				
37	3				
38	1				
39					
40	2		1		
41	2				
42	2				
43	3				
44	2				
45	1				
46					
47	1				
48	1				

Anmerkung: Von den insgesamt 56 Steuerleuten waren 31 verheiratet. Nur 14 Steuerleute hatten das Steuermannsexamen abgelegt.
Nach: Konrad Grunsky: Kapitäne, Steuerleute und Matrosen von der Insel Föhr, Eine Liste von 1798 als sozialgeschichtliche Quelle, Husum 1990, S. 30-35.

Liste der Föhrer Kapitäne 1795

Alter	Alter der Seeleute	Alter bei der Beförderung	Grund der Beförderung (wenn angegeben)	
20			Schifferreeder	5
21		1	Kgl. Direction	1
22			Handelskompagnie	1
23			Durch Fremde	3
24	1	3	Gute Führung	1
25	25	3	Besondere Befähigung	7
26				
27	2		zum Steuermann degradiert	1
28	1	2		
29	2			
30				
31		1		
32	1	3		
33		1		
34	2			
35	1			
36	3	1		
37				
38	4			
39	1			
40	5			
41				
42	1			
43	1			
44	1			
45	1			
46	5			
47	1			
48	2			
49	2			
50 und älter				

Anmerkung: Von den insgesamt 63 Kapitänen waren 32 verheiratet.
Nach: Konrad Grunsky: Kapitäne, Steuerleute und Matrosen von der Insel Föhr, Eine Liste von 1798 als sozialgeschichtliche Quelle, Husum 1990, S. 27-29.

le. Viele Kapitäne und Reeder nutzen ihre oft weitreichenden Kontakte, um ihre Kollegen vor Unruhestiftern und unwilligen Matrosen zu warnen oder aber um Seeleute, die ihnen positiv aufgefallen waren, durch Empfehlungen zu fördern. So bemerkte Jens Jacob Eschels aus eigener Erfahrung, *„dass, wenn einer seine Arbeit flink und gut verrichtet, es oft bemerkt wird“.* Diese Art des Beziehungsgeflechts lässt sich am ehesten mit dem Begriff der „Patronage“ umschreiben, die, nicht nur in der Seefahrt, eine der Grundlagen der frühneuzeitlichen Gesellschaft war. Patronage beruhte auf einem engen Netzwerk von persönlichen Verbindungen und gegenseitigen Beziehungen. Die richtigen Kontakte konnten die Karriere eines jungen Seemanns daher erheblich beschleunigen, denn der einfachste Weg, einen vertrauenswürdigen Steuermann oder Kapitän zu finden, war die Beförderung eines Verwandten oder eines guten Bekannten.

Doch auch Seeleute ohne solche persönlichen Beziehungen hatten durchaus reelle Chancen zum beruflichen Aufstieg, da das nautisch-theoretische Wissen prinzipiell allen interessierten Seeleuten zugänglich war. Tüchtigkeit, Ehrgeiz und Eigeninitiative waren daher wichtige Voraussetzungen für eine erfolgreiche Karriere in der Seefahrt. Der mit Aufschwung der europäischen Handelsschifffahrt verbundene Tonnagezuwachs seit der Mitte des 18. Jahrhunderts hatte einen stark erhöhten

Porträt eines unbekanntes Handelsschiffskapitäns um 1820. Zirkel und Seekarte sind Hinweise auf seine nautische Qualifikation, der stolze Blick Ausdruck des Selbstbewusstseins eines erfahrenen Schiffsführers.

Personalbedarf, auch in höheren Positionen, zur Folge, der oftmals nicht allein aus dem Kreis der Bekannten und Verwandten gedeckt werden konnte, weshalb die Reeder zwangsläufig auch auf qualifizierte Außenseiter oder Aufsteiger aus den unteren sozialen Schichten zurückgreifen mussten. Konnten Seeleute lesen, schreiben und rechen und hatten sie zudem Navigationskenntnisse erworben, besaßen sie daher relativ gute Aussichten, zum Steuermann und, mit etwas Glück, später sogar zum Kapitän aufzusteigen.

Der erste Schritt auf das Achterdeck war die Beförderung zum Steuermann. Dieser fungierte als Assistent und Vertreter des Kapitäns, er überwachte die Arbeit der Mannschaft und war sowohl für die Seetüchtigkeit des Schiffs als auch für das Ein- und Ausladen der Frachtgüter sowie deren sichere Stauung verantwortlich. Daher setzte die Beförderung zum Steuermann neben seemännischer Erfahrung auch eine gewisse Reife voraus.

Der Aufstieg zum Steuermann erfolgte zumeist in einem Alter zwischen 20 und 25 Jahren. Für die Beförderung zum Steuermann gab es zahlreiche Möglichkeiten – von einer zufällig vakanten Stelle, etwa durch den Tod des Vorgängers, bis hin zu einem direkten Angebot durch einen Kapitän oder Reeder. Gute Chancen hatten vor allem Seeleute, die mit einem Kapitän oder einem Reeder bekannt oder verwandt waren. Die Beförderung zum Steuermann bedeutete aber nicht, dass der Betreffende nur noch als Offizier fuhr. Aus den verschiedensten Gründen, etwa bei einem Mangel an freien Stellen für Steuerleute, konnte es vorkommen, dass sich ein Steuermann auch wieder als Matrose anheuern ließ.

An Bord orientierte sich der soziale Status der einzelnen Besatzungsmitglieder im Wesentlichen an ihrem Rang und ihrer Funktion an Bord. So wurde bereits bei den Steuerleuten deren herausgehobene Stellung dadurch unterstrichen, dass sie in der Regel nicht länger die „schmutzigen“ und daher weniger angesehenen körperlichen Arbeiten der einfachen Seeleute erledigen mussten. Gleichwohl war der Steuermann im Grunde nicht viel mehr als ein untergeordneter Assistent des Schiffsführers ohne eigene Autorität.

Der bedeutendste Schritt auf der nautischen Karriereleiter war die Beförderung zum Kapitän.

Dieser trug die alleinige Verantwortung für Schiff und Ladung. Entsprechend hoch waren die beruflichen Anforderungen, denn wie Brarens

erläutert, musste der Kapitän über seine rein seemännische Fähigkeiten hinaus auch in der Lage
zu sein: *„Fracht zu schliessen – Die Kaufmanns-
Güter verantwortlich zu führen, und die Ge-
rechtsame seines Schiffes, in jeder Hinsicht, zu
beobachten."* Für viele Seeleute bedeutete der
Tod, der Ruhestand, die Entlassung oder die Ver-
setzung des Vorgängers die Chance zur Beförderung zum Kapitän. So wurde z.B. Jens Jacob
Eschels als Nachfolger des verstorbenen Kapitäns
eines Westindienfahrers bestätigt, nachdem er
als Steuermann das Schiff wohlbehalten zurück-
gebracht hatte.

Die Kapitäne waren oft erstaunlich jung: Viele
Seeleute erreichten die Spitze ihrer Profession
noch vor dem Erreichen des 25. Lebensjahres.
Auch in diesem Fall waren gute persönliche Verbindungen zu Kapitänen oder Reedern und deren Patronage von großer Bedeutung für den
beruflichen Aufstieg. Die richtigen Beziehungen
konnten die Karriere eines jungen Seemanns erheblich beschleunigen, allerdings blieb der Weg
auf das Achterdeck und schließlich zum Kommando über ein Schiff prinzipiell auch für qualifizierte Außenseiter ohne engere Kontakte zu
Schiffseignern offen. Vor allem während des 18.
Jahrhunderts bestand in der Handelsschifffahrt
ein ständig steigender Bedarf an fähigen Schiffsführern. Da nicht alle freien Posten von den Reedern mit Verwandten oder Bekannten besetzt
werden konnten, boten sich hier für tüchtige und
bewährte Seeleute gute Chancen für eine erfolgreiche Karriere als Kapitän. Allerdings war dieser
Weg ohne persönliche Beziehungen weit schwieriger zu bewältigen. Eine große Portion Glück
gehörte in jedem Fall dazu!

Die Herkunft der Kapitäne der Reederei Otte in
Eckernförde zwischen 1740 und 1770

Herkunft	Anzahl der Schiffer
Unbekannt	25
Sylt	35
Eckernförde	15
Rendburg	1
Sonderburg	1
Kopenhagen	1
Aalborg	2
Hannover	1

Der Aufstieg an Bord machte sich auch finan-
ziell bemerkbar, wie die Heuerliste des Schiffes
DER KÖNIG VON DÄNEMARK aus dem Jahr
1802 zeigt. Der Kapitän erhielt eine jährliche
Heuer von 166 Reichstalern und 32 Schilling, der
Steuermann 110 Reichstaler, ein Matrose 72
Reichstaler, der zweite Matrose 60 Reichstaler,
während der Koch mit 33 Reichstalern und 16

Die Kapitäne der Reederei Otte mit 15 oder
mehr Dienstjahren

Classen, Daniel
1750–66: CATHARINA SOPHIA 1-Mast Galiot; 25 CL

Meinerts, Peter
1740–41: STADT ECKERNFÖRDE, Schiff; 54 Last
1742–47: JOHANNES, Schiff; 90 CL
1746: DIE SONNE, 1-Mast Galiot; 45 CL
1747–56: JOHANNES, Schiff; 90 CL

Classen, Peter Boy
1750–60: ULRICA AUGUSTA 1-Mast Galiot; 48–53 CL
1760–67: MUTTER ELSCHEN Fregatte; 96 CL

Meinerts, Reincke
1742–47: EINIGKEIT, Galiot; (16–) 24 Last
1749–61: 3 FREUNDE, Fregatte; 93 CL
1764–66: OLPENITZ, Schnau; 87 CL

Frahm, Henrich
1722–30: Galiot, 14 Last
1739: NORDSTERN, 15 Last
1734–45: DIE SONNE, 1-Mast Galiot; 45 CL
1746: HALBMOND, 1-Mast Galiot; 30 CL

Oven, Peter Dirk
1756–59: SOPHIA ELISABETH, 1-Mast Galiot; 35 Last
1760–62: STUBBE, Galiot; 47 CL
1763–66: FREUND CARL, 1-Mast Galiot; 44 CL
1768–70: LOUISE CHRISTINA, Schiff (Huker); 60 CL
1768–70: LOUISE CHRISTINA, Schiff (Huker); 60 CL

Hansen, Peter
1754–61: EBENETZER, 1-Mast Galiot; 44 CL
1763–65: CHARLOTTE FRIDERICA, Schnau; 74–84 CL
1765–67: TÜRCKENSTEIN, Schnau; 92 CL
1768: MUTTER ELSCHEN, Fregatte; 96 CL

Petersen, Sven
1753–55: BRIGITTA, Jagt; 12 Last
1756–67: BIENEBECK, 1-Mast Galiot; 44 CL
(Schiffer während der Bienebeck-Meuterei)

Tabellen nach: Lars N. Henningsen: Provinsmatadorer fra
1700-Årene, Reder-, købmands- og fabrikantfamilien Otte i
Ekernförde i økonomi og politik, 1700–1770, Flensburg
1985. S. 342–400.

Schilling pro Jahr nur rund 1/5 der Kapitänsheuer erhielt.

Im 16. und 17. Jahrhundert gehörte den Kapitänen oft noch ein Anteil an dem von ihnen geführten Schiff, doch nahm die Zahl dieser Eigenschiffer im Laufe der Zeit stetig ab. Ebenso beschränkte sich die Eignerschaft zunehmend auf kleine Küstenfahrer, obwohl einzelne Kapitäne auch noch im 19. Jahrhundert an größeren Handelsschiffen in der europäischen oder Überseefahrt beteiligt waren. Gleichzeitig nahm die Zahl der bei einer Reederei angestellten Kapitäne zu. Spätestens gegen Ende des 18. Jahrhunderts war der „Setzschiffer" bereits der Normalfall. Doch auch einem angestellten Kapitän bot bereits das Kommando über ein kleines Schiff die Gelegenheit, durch Gratifikationen oder Handelsgeschäfte über sein Kapitänsgehalt hinaus Geld zu verdienen und teilweise erhebliche Summen anzusparen. Die Karrieren dieser Setzschiffer waren oft von einer erstaunlichen Kontinuität geprägt; nicht selten blieben sie ihre gesamte Fahrtzeit hindurch bei einer einzigen Reederei. Ein gutes Beispiel ist die Eckernförder Reederei Otte, die ausschließlich angestellte Kapitäne beschäftigte. Von insgesamt 81 Kapitänen, die im Laufe der Jahre im Dienst der Reederei Otte gestanden hatten, verblieben 21 nur ein oder zwei Jahre, 37 zwischen drei und neun Jahren in der Firma, während 23 Kapitäne den Ottes mehr als 10 Jahre treu blieben. Drei Kapitäne fuhren sogar länger als 15 Jahre für die Firma Otte, die sich offenkundig bemühte, bewährte Kapitäne möglichst lange in ihren Diensten zu behalten.

Während die Eigenschiffer oder Parteigner zugleich Unternehmer waren, entsprach die Stellung eines Setzschiffers in etwa der eines heutigen Managers oder leitenden Angestellten. Ihre Pflichten umfassten neben der rein nautischen Führung des Schiffes oft auch kaufmännische Aufgaben. Der genaue Umfang dieser kaufmännischen Befugnisse eines Kapitäns lag dabei im Ermessen der Reeder und konnte von engster Weisungsgebundenheit bis hin zur völligen Entscheidungsfreiheit in allen ökonomischen Belangen variieren. Der Lübecker Seerechtler Johann Andreas Engelbrecht fasst in seinem Buch „Der wohl unterwiesene Schiffer" aus dem Jahr 1792 das besondere Verhältnis von Kapitän und Reeder so zusammen: *„Ein Schiffer ist schuldig seiner Rheder Bestes und Vortheil nach Vermögen zu befördern, und ihren Schaden und Nachtheil* *soviel an ihm ist zu verhüten; dagegen sie aber auch an alles gebunden sind, was der Schiffer wegen des Schiffes handelt und vornimmt."* Der Kapitän trug für die Rentabilität eines in der Frachtfahrt eingesetzten Schiffes eine große Verantwortung; er hatte auf den wirtschaftlichen Betrieb des Schiffes zu achten und die Kosten, etwa für Heuern oder Proviant, so gering wie möglich zu halten.

Dabei waren die Anforderungen an einen Kapitän, der in der europäischen oder Überseefahrt eigene Entscheidungen treffen musste, wesentlich höher als an einen Küstenschiffer, der, in der Regel mit genauen Anweisungen des Reeders oder Befrachters versehen, meist einer reinen Routinetätigkeit nachging. Wurden Kapitäne als Setzschiffer mit weitergehenden kaufmännischen Befugnissen ausgestattet, handelten sie normalerweise entsprechend den Anweisungen ihrer Reeder und waren verpflichtet, wann immer möglich, ihre Reeder brieflich über alle wichtigen Ereignisse auf dem Laufenden zu halten und um Instruktionen zu bitten. Aus den erhaltenen Briefen des Föhrer Kapitäns Jürgen Nannings geht dieses deutlich hervor. So schrieb Nannings kurz vor Beendigung einer Reise nach Spanien – in durchaus eigenwilliger Ortographie – an seinen Kopenhagener Reeder Lars Larsen:

„HE.HE. Lars Larsen   auf der
Elbe für Glückstadt
den 20 Octobr. 1795
Hoch geEhrter H. Patron
Hiemit lasse EE unser glückl. u. behaltenes Arivement bis hiezu wissen. – Hoffe das wir bald unsere reise völlig zu hamburg Endigen mögen; (G.G.G.) – Mein Schreiben aus cadis vom 30 August wird EE. wohl eingehändigt seyn. mit dem gezogenen wechsel auf EE. – welchen ich izo selber hieselbst von H. Simon zu Hamburg auszahlen tue. – unsere Reise ist dismal überdi maßen lange u. beschwerl.: gewesen p. – vom Verlauf des Schiffes auch haben von Cadix bis hiezu öfters Lekageie in die Lahdung verspürt bey die Pompen, hatte doch von keine große belang Hieauf gewöhnl. beschlossen. J. Nannings."

Laut Seerecht waren zudem die Kapitäne befugt, in Notfällen auf den Namen ihrer Reeder Wechsel zu ziehen, um damit etwaige Reparaturen zu bezahlen, oder andere dringend notwendige Ausgaben zu tätigen. So hatte sich beispielsweise Nannings im August 1795 gezwungen gesehen, den in dem oben zitierten Brief erwähnten Wechsel auf seinen Reeder auszustellen, um frischen Proviant zu kaufen: *„Ich habe mich hieselbst durch Hr. Simon & Ludendörfs Assisentie bedient; u. habe von Ihnen zum behuf des Schiffes benöthigtes in Constant aufgehoben 188 Pessos Duros.“* Angesichts dieser weitreichenden Befugnisse waren die Möglichkeiten zum Betrug zahlreich. So konnten etwa Kapitäne in betrügerischer Weise auf den Namen des Reeders Gelder aufnehmen und diese veruntreuen oder auch Teile der Ladung oder der Schiffsausrüstung verkaufen, um sich zu bereichern.

Damit der Kapitän seine Handlungen rechtfertigen und seine korrekte Abrechnung nachweisen konnte, wurden alle Frachtpapiere, wie Ladungslisten oder Frachtverträge in mehrfacher Ausfertigung ausgestellt und in Kopie beigelegt. Ebenso war der Kapitän gehalten, über alle Frachtgeschäfte sowie alle Einnahmen und Ausgaben genauestens Buch zu führen, ebenso wie er seit dem 18. Jahrhundert in zunehmendem Maße verpflichtet wurde, ein Journal oder Logbuch über den Verlauf und die Ereignisse während der Reise zu führen.

Seiner besonderen Stellung entsprechend wurden Vergehen des Kapitäns gegenüber den Reedern streng geahndet. Dementsprechend stellt auch der Lübecker Seerechtler Engelbrecht ausdrücklich fest: *„Wenn der Schiffer in seiner Rechnung, etwas von der Fracht, dem Proviant und andern Schiffszubehörungen unterschlägt, verschweiget, verkauft, oder verschenkt, so wird er solcher Untreue halber als ein Dieb gestrafet.“* Wurde ein Kapitän bei solchen Verfehlungen ertappt, musste er daher nicht nur mit Schadenersatzforderungen seitens der Reeder, sondern auch mit schwerer Strafe rechnen.

Weil die Kapitäne und ihre Handlungen während der Reise weitgehend der Kontrolle durch die Reeder entzogen waren, mussten sich diese voll und ganz auf die Ehrlichkeit und Integrität ihrer Schiffsführer verlassen können. Daher war die charakterliche Eignung eines Kapitäns genauso bedeutend wie dessen berufliche Qualifikation. Ebenso waren die Ehe und die Bürgerschaft eines Kapitäns in einer Stadt wichtige zusätzliche Vertrauensfaktoren. Offenbar bestand unter den Reedern die verbreitete Ansicht, dass ein Kapitän, der Bürger einer Stadt war, dort Be-

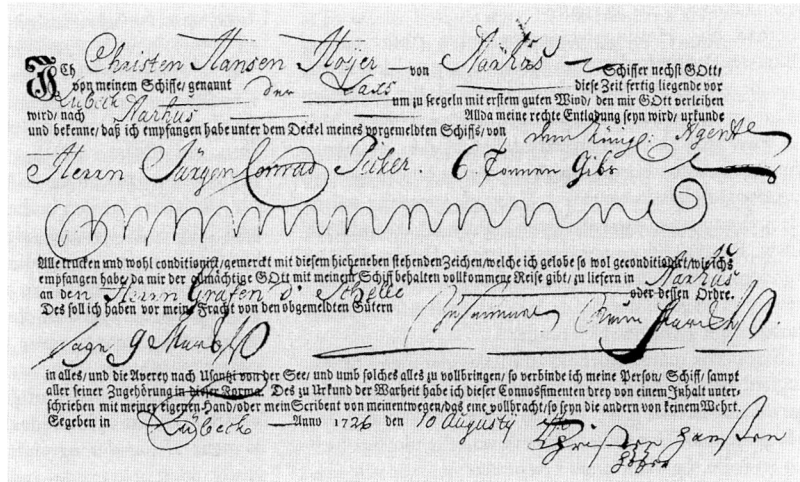

sitz und Familie besaß und damit bei illegalen Machenschaften nicht nur seinen guten Ruf, sondern auch sein Hab und Gut riskierte, den Versuchungen unerlaubter Bereicherung eher widerstehen konnte, als ein Kapitän, der in jeglicher Hinsicht ungebunden war.

Die Beförderung zum Kapitän bedeutete aber nicht nur einen beruflichen, sondern auch einen sozialen Aufstieg. In den Hafenstädten gehörten die Kapitäne zu den angesehensten Bevölkerungsgruppen. Allerdings hing die soziale Stellung eines Kapitäns nicht nur von der Frage seines Eigentums, sondern auch in hohem Maß von der Größe des von ihm geführten Schiffs ab. So stand der Führer eines großen Seeschiffes in der Überseefahrt auf der sozialen Leiter deutlich höher als ein bloßer Küstenschiffer.

In vielen Städten waren die Kapitäne zu sogenannten Schiffergesellschaften zusammengeschlossen, die neben ihrer sozialen und karitativen Rolle, etwa bei der Armenfürsorge, auch öffentliche Aufgaben im maritimen Bereich, etwa in der Seegerichtsbarkeit oder der Hafenverwaltung, wahrnahmen. Das bekannteste Beispiel für eine solche Korporation ist die Lübecker Schiffergesellschaft, doch auch in den Herzogtümern gab es ähnliche Einrichtungen. So war das Flensburger Schiffergelag aus den mittelalterlichen Gilden der Kaufleute und Schiffer hervorgegangen und scheint in der zweiten Hälfte des 16. Jahrhunderts zu einer eigenständigen Organisation geworden zu sein. 1581 wird in Flensburg erstmals eine selbständige Schiffergilde erwähnt. Schon bald wurde aus der ursprünglich freiwilligen Mitgliedschaft eine Zwangsmitgliedschaft. Nach der Aufhebung seiner Privilegien im Jahr 1845 be-

Konnossement oder Seefrachtbrief aus dem Jahre 1726, in dem sich der Schiffer Christen Hoyer aus Aarhus verpflichtet, mit seinem Schiff DER LACHS (dänisch: LAKSEN) für eine Frachtgebühr von neun Mark lübsch sechs Tonnen Gips von Lübeck nach Aarhus zu transportieren.

Seefahrtsstadt Husum

Einen guten Einblick in die Welt der Schifffahrt in den kleineren Seefahrtsstädten der Herzogtümer Schleswig und Holstein bietet die Entwicklung der Husumer Handelsflotte in den 1790er Jahren. Dank der guten Konjunktur während der Revolutionskriege wuchs die Husumer Handelsflotte zwischen 1790 und 1802 von 15 Schiffen mit einer Gesamttragfähigkeit von 150,5 CL auf 18 Schiffe mit einer Gesamttragfähigkeit von 278 CL. Die meisten Schiffe waren Küstenfahrer, während die größeren bis nach England, Norwegen, Holland und bis in das Mittelmeer segelten. Nur fünf der kleinsten Fahrzeuge befanden sich im alleinigen Eigentum ihrer Schiffer, vier Schiffe waren im gemeinsamen Besitz eines Schiffers und eines Kaufmanns. Die größeren Schiffe gehörten entweder Kaufleuten oder wurden in Partenreederei betrieben.

Die Besatzung der in Husum beheimateten Schiffe bestand nicht nur aus Einwohnern der Stadt, auch auswärtige Seeleute fuhren auf Husumer Schiffen. Viele von ihnen stammten von den nordfriesischen Inseln und Halligen sowie von der Insel Fanø.

Das Alter der Husumer Schiffer reichte von 28 bis 64 Jahren. Die meisten waren zwischen 30 und 50 Jahren alt, nur einer war jünger, zwei waren älter. Elf von ihnen lebten in Husum. Alle waren verheiratet und viele hatten Hausbesitz. Sie zahlten pro Jahr 6 Mark Courant Steuern und wurden demnach mit ähnlichen Steuersätzen veranlagt wie viele Handwerker, Gastwirte oder Lehrer. Dagegen lagen die Steuersätze der Kaufleute und Reeder im Durchschnitt dreißig Mal höher. Sie zahlten zwischen 50 und 350 Mark Courant Steuern jährlich.

steht das Schiffergelag bis heute als privater Verein fort. Auch in anderen Städten der Herzogtümer, wie beispielsweise in Sonderburg, Husum und Schleswig, gab es Schiffergesellschaften.

„Jeder Schiffer ist während der Reise Monarch des Schifs"

Die wichtigste Aufgabe des Kapitäns war die nautische Führung des Schiffs. Ein Kapitän musste daher vor allem ein fähiger Seemann sein. Da eine Karriere in der Seefahrt grundsätzlich nach dem Prinzip des allmählichen Aufstiegs vom unteren Ende der Hierarchie nach oben verlief, standen Rang und Stellung an Bord in einem engen Verhältnis zur seemännischen Qualifikation. Ein schlechter Seemann konnte als Kapitän kaum damit rechnen, von seinen Matrosen respektiert zu werden.

Angesichts des für die sichere Beherrschung eines Segelschiffs erforderlichen hohen Maßes an Organisation und Koordination sowie der ständigen Auseinandersetzung mit den Naturgewalten war an Bord eine klare Befehlsstruktur mit dem Kapitän an der Spitze erforderlich. Um Sicherheit und Ordnung an Bord zu gewährleisten, gestand das europäische Seerecht dem Kapitän umfassende Kommandobefugnisse zu, während es gleichzeitig die Seeleute zum Gehorsam verpflichtete.

So formulierte eine Lübecker Klageschrift aus dem Jahr 1804: *„Jeder Schiffer ist während der Reise Monarch des Schifs."* Bei der Befehlsgewalt des Schiffsführers über seine Mannschaft handelte es sich rechtlich gesehen um ein auf dem Heuervertrag beruhendes Subordinationsverhältnis, das für die gesamte Vertragsdauer galt. So berichtet der Seiler Friedrich Gottlob Köhler über seine Anmusterung auf einem Altonarer Walfangschiff: *„Vor der Abfahrt mußten wir sämmtlich Treue schwören, und versprechen, das Schiff nicht zu verlassen, ‚solange Kiel, Steng, Stach, Mast und Wand nocht steht.'"* Der Heuervertrag verpflichtete die Seeleute zur gehorsamen Erfüllung aller Dienstpflichten, die zum Erhalt des Schiffs und zur sicheren Vollendung der Reise erforderlich waren, und galt prinzipiell für die gesamte vereinbarte Vertragsdauer. Während der Kapitän jedoch die Befugnis besaß, widerspenstige Seeleute bei schweren Verstößen gegen die Borddisziplin vorzeitig zu entlassen, hatten die Matrosen nicht das Recht, während der Reise gegen den Willen des Kapitäns ihre Entlassung zu fordern. Desertion, d.h. das vorzeitige, eigenmächtige Verlassen des Schiffes, war als Bruch des Heuervertrages strafbar.

Die Anheuerung der Mannschaft gehörte ebenfalls zu den Aufgaben des Kapitäns. Nicht selten sprachen Seeleute, die auf der Suche nach einer Heuer waren, auf einem Schiff oder direkt bei einem Kapitän vor. Besonders in der Küstenfahrt, wo Kapitäne und Seeleute sich oft persönlich kannten, war diese Form der Verheuerung üblich. Eine andere Möglichkeit, eine Besatzung zu finden, war die Einschaltung eines sogenannten „Heuerbaas", eines privaten Vermittlers von Heuerstellen, die oftmals auch eine Seemannsherberge führten und dafür berüchtigt waren, die Seeleute zu betrügen. Seit dem 18. Jahrhundert erfolgte die Anheuerung der Seeleute in zunehmendem Maße auch über die Vermittlung staatlicher Stellen. In einigen großen Häfen, wie Hamburg oder Kopenhagen, gab es nach niederländischem Vorbild das Amt des sogenannten „Wasserschouten", der als öffentlicher Musterungsbeamter für Seeleute diente.

Zunächst waren die Heuervereinbarungen mündlich, doch setzen sich seit dem 16. Jahrhundert zunehmend schriftliche Heuerverträge durch, da sie für beide Seiten erhöhte Rechtssicherheit bei etwaigen Streitigkeiten und Vertragsverletzungen boten. Die Heuer bestand in der Regel aus einem vertraglich festgelegten Geldbetrag, der je nach Vereinbarung entweder pro Monat oder für eine bestimmte Reise gezahlt wurde, oder aus einer Gewinnbeteiligung, wie sie besonders im Walfang üblich war. Der Heuervertrag konnte überdies auch das Recht beinhalten, ein gewisses Kontingent an Waren kostenlos zu befördern. Diese sogenannte „Führung" wurde jedoch im Laufe des 18. Jahrhunderts allmählich abgeschafft oder durch eine Zahlung in Geld abgelöst.

Bei Verletzungen und Krankheiten, die sie sich im Dienst des Schiffs zugezogen hatten, hatten Seeleute Anspruch auf freie Heilfürsorge auf Kosten von Schiff und Reeder. Dagegen galten selbstverschuldete Unfälle oder Krankheiten, die sich die Matrosen außerhalb des Schiffsdienstes zugezogen hatten, wie etwa Geschlechtskrankheiten, als Vertragsbruch, da die Seeleute durch ihre eigene Schuld nicht in der Lage waren, ihrer Dienstverpflichtung nachzukommen. Daher war es den Kapitänen erlaubt, durch eigene Schuld erkrankte Seeleute während der Fahrt auch im Ausland unter Auszahlung ihrer bis dahin verdienten Heuer zu entlassen. Allerdings war es mitunter nicht ganz leicht festzustellen, ob die Dienstunfähigkeit eines Seemanns selbstverschuldet war oder nicht, wie das Beispiel des Föhrer Matrosen Volkert Paul Volkerts zeigt, der 1842 von dem Blankeneser Kapitän Schaade krank auf einem Londoner Hospitalschiff zurück-

gelassen worden war. Hier stellte sich heraus, dass Volkerts unter anderem an Syphilis litt. Da dies als selbstverschuldete Krankheit bewertet wurde, für die Kapitän und Reeder die Heilungskosten zu übernehmen nicht verpflichtet waren, entstand ein Streit über die Frage, wer die von dem dänischen Generalkonsul in London für Volkerts' Heimreise ausgelegten Gelder zu tragen hätte. Während Kapitän Schaade sich unter Hinweis auf die syphilitische Erkrankung weigerte, die Kosten zu übernehmen, wies ein von Volkerts vorgelegtes Attest des behandelnden Arztes aus, dass diese Krankheit nicht der Grund seiner Einlieferung gewesen war, obwohl die Geschlechtskrankheit seinen Aufenthalt auf dem Hospitalschiff wesentlich verlängert hatte. Die Königlich Schleswig-Holsteinische Regierung auf Schloß Gottorf stellte schließlich fest, dass aufgrund des besonderen Charakters der Erkrankung Volkerts' der Kapitän nicht verpflichtet sei, die gesamte Summe zu tragen, und dass „sich in Fällen der vorliegenden Art die Staats-Cassa unter Vorbehalt der rechtlichen Ausführung der Regresses gegen Schiffer oder Rheder zunächst zur Kostendeckung als verpflichtet anzusehen habe."

In allen europäischen Seerechtstexten und -handbüchern finden sich Bestimmungen über die Verpflichtung der Mannschaft, dem Kapitän in allen Belangen des Schiffsbetriebs den nötigen Gehorsam zu leisten, während zugleich Verstöße gegen die Gehorsamspflicht mit strengen Strafen bedroht wurden. So legte beispielsweise die Hansische Schiffsordnung von 1614 fest: „Die Schiffs-Kinder sollen bey ihrer annehmung angeloben, dem Schiffer getrew, hold und gehorsam zu seyn und sich alles frevels, meuterey und Zusammenverstrickung zu enthalten, bey straffe." In ähnlicher Weise verpflichtete auch der in der gesamten europäischen Seefahrt gültige, informelle Verhaltenskodex die Seeleute zum Gehorsam, wobei gleichzeitig der Kapitän nach dem Prinzip der Gegenseitigkeit gehalten war, gut für seine Seeleute zu sorgen.

Durch die Normen des Seerechts war der Kapitän befugt, seine Autorität und die Ordnung an Bord notfalls auch mit Gewalt durchzusetzen und disziplinarische Verstöße zu bestrafen, etwa durch Heuerabzüge, Geldstrafen, Einsperren oder die vorzeitige Entlassung. Bei der Verhängung von Strafen hatte der Kapitän nach dem Prinzip der Verhältnismäßigkeit zu verfahren. Sie musste einen für die Seeleute nachvollziehbaren Grund

Seerecht

Das europäische Seerecht hat seine Wurzeln im mittelalterlichen Handelsrecht. Als in der Praxis entstandenes Gewohnheitsrecht wurde es zunächst rein mündlich, seit dem späten 11. Jahrhundert aber auch zunehmend schriftlich überliefert. Um 1150 wurde eine Sammlung von Seeurteilen, die nach einer Insel vor der französischen Atlantikküste benannten „Rollen von Oléron", von vielen Häfen an Atlantik und Nordsee, einschließlich der englischen, als geltendes Recht anerkannt. Ebenso entwickelte sich das Seerecht von Visby auf Gotland, das sich im Wesentlichen auf die Bestimmungen der Rollen von Oléron als Quelle stützte, um die Mitte des 14. Jahrhunderts zum geltenden maritimen Normenkodex im Ostseeraum, aus dem schließlich das hansische Seerecht entstand.

Für den europäischen Norden war vor allem das hansische Seerecht bedeutsam. So hatte bis in die Frühe Neuzeit das Lübische Seerecht auch im Herzogtum Holstein Geltung, während im Herzogtum das dänische Seerecht Anwendung fand, das aber in weiten Teilen auf dem hansischen Seerecht beruhte. Dieses Beispiel zeigt, dass das Seerecht einen gesamteuropäischen Charakter besaß, auch wenn in der Frühen Neuzeit vielfach nationale Seerechte entstanden. So wurde in Dänemark im Danske Lov von 1683 auch das Seerecht neu gefasst.

Die Bestimmungen der nationalen Seerechte ähnelten einander sehr, zum einen, da sie in der Regel auf den gleichen Rechtsquellen und -prinzipien beruhten, zum anderen da es immer wieder zur gegenseitigen Beeinflussung kam und beispielsweise Rechtsnormen aus fremden Seerechten übernommen wurden. Auf diese Weise hatte sich bis zum Ende des 18. Jahrhunderts ein Seerechtskomplex entwickelt, der faktisch in ganz Europa Geltung besaß.

Lange blieb das Seerecht mehr den Praktikern als den Rechtstheoretikern überlassen. Erst seit dem ausgehenden 18. Jahrhundert wurde das Seerecht in vielen europäischen Staaten nach dem Vorbild des Römischen Rechts abstrahiert, rationalisiert und kodifiziert. Hatten die Seerechte bislang Handels-, Vertrags- und Arbeitsrecht ohne Unterschied in einem einzigen Rechtstext zusammengefasst, wurde nun auch im Seerecht zwischen öffentlich-rechtlichen und zivilrechtlichen Aspekten unterschieden. Dabei umfasste nun das öffentliche Seerecht alle Bestimmungen, die eine ungestörte und vor allem sichere Seereise gewährleisten sollten, während das zivile Seerecht die handels- und vertragsrechtlichen Fragen behandelte. Zwar wurden veraltete Normen aufgehoben und das Seerecht den veränderten Erfordernissen angepasst, doch wurde kein grundlegend neues Recht geschaffen, da sich die meisten Prinzipien und Bestimmungen des traditionellen Seerechts in der Praxis über viele Jahre bewährt hatten. Noch zu Beginn des 20. Jahrhunderts wurden diese gesamteuropäischen Wurzeln der nationalen Seerechte betont, ebenso wie nach wie vor ausländische Seerechte als Referenznormen für Lücken im deutschen Seerecht herangezogen wurden, da *„der größte Teil des Seerechts aus dem Seebrauche erwachsen ist und daher mehr oder weniger eine internationale Färbung trägt"*, wie der Jurist Karl Hamilkar Bernsten 1904 feststellte. Daher kann man durchaus von einer grundsätzlichen Kontinuität des europäischen Seerechts vom Mittelalter bis heute sprechen.

In der Bundesrepublik Deutschland ist das zivile Seerecht Teil des im Jahr 1900 in Kraft getretenen Handelsgesetzbuches (HGB), während das öffentliche Seerecht in einer Reihe von Gesetzen und Verordnungen, wie der „Verordnung über die Ausbildung und Befähigung von Kapitänen und Schiffsoffizieren des nautischen und technischen Schiffsdienstes" (SchOffzAusbV), durch internationale Übereinkommen wie die 1998 in Kraft getretene STCW 95 (Standards of Training, Certification and Watchkeeping for Seafarers) sowie durch das internationale Recht und das Völkerrecht geregelt wird.

---

haben sowie in Art und Umfang dem informellen Verhaltenskodex entsprechen.

Ein weiteres gebräuchliches Mittel zur Durchsetzung der Disziplin an Bord war die körperliche Züchtigung der Seeleute durch den Kapitän und die Steuerleute. Ohnehin war körperliche Gewalt damals alltäglich: Eltern schlugen ihre Kinder, Lehrherren ihre Lehrlinge, Herren ihr Gesinde. So sagte 1799 Schwenne Petersen Sansberg, der Obersteuermann eines Kopenhagener Schiffs, in einem Untersuchungsverfahren gegen einige ungehorsame Seeleute in Flensburg aus: *„Er läugne nicht daß er die beiden Matrosen Ole Petersen und Peter Jansen geschlagen, daß er aber durch* *ihre Aufsätzigkeit dazu gereizt wurde und es nicht habe entgehen können, um sich in einigem höchst nothwendigen Respect zu erhalten."* Das Königliche Obergericht erklärte dazu: *„So viel das Gericht bemerkt scheint der Obersteuermann ein guter und vernünftiger Mann zu seyn und gar nicht die Vermuthung zu einer ungebührlichen Härte wieder sich zu haben."* Noch im Jahre 1845 stellte der Apenrader Magistrat ausdrücklich fest, *„ein ertheilter Schlag von einem Vorgesetzten könne ferner auch nie fortgesetzte Mißhandlungen beweisen."* Erst die Mitte des 19. Jahrhunderts wurde in den meisten deutschen Staaten das Recht des Kapitäns zur körperlichen Züchtigung der Seeleute weitgehend aufgehoben.

Obgleich der Kapitän durch das Seerecht ermächtigt war, Gehorsam und Ordnung an Bord im notfalls auch mit Gewalt durchzusetzen, besaß er keine richterlichen Befugnisse. Er durfte zwar kleinere Disziplinarverstöße, nicht aber an Bord begangenen Verbrechen ahnden, da dies den zuständigen Gerichten vorbehalten blieb. Wurde an Bord eine schwere Straftat wie Mord oder Totschlag begangen, durfte der Kapitän den Täter lediglich festsetzen, um ihn später den zuständigen Behörden im nächsten Hafen zu übergeben. Ebenso war das Recht des Kapitäns, Disziplin und Ordnung an Bord durchzusetzen, allein auf die Zeit auf See beschränkt. Damit wird deutlich, dass der Kapitän zwar eine herausgehobene Stellung an Bord besaß, aber bei Ausübung seiner Schiffsherrschaft an Recht und Gesetz gebunden war. Nur im äußersten Notfall, etwa bei einer offenen Meuterei, war der Kapitän berechtigt, alle notwendigen Maßnahmen zu ergreifen, um die Disziplin an Bord wieder herzustellen.

Zu den Pflichten des Kapitäns gehörte es, seine Besatzung gut zu behandeln und für das Wohlergehen seiner Männer zu sorgen, wie es der Lübecker Johann Andreas Engelbrecht 1792 in seinem Buch über den „wohlunterwiesenen Schiffer" ausführt: *„Ein Schiffer ist gehalten, für gute und hinlängliche Lebensmittel zu sorgen, und diese zu rechter Zeit anzuschaffen, damit durch verdorbene oder schlechte Speisen, die Gesundheit des Schiffsvolkes nicht leide."*

Insgesamt besaß der Kapitän einen breiten Spielraum bei der Ausgestaltung der Lebensverhältnisse an Bord, doch nur solange er sich dabei innerhalb der allgemein gültigen Rechts- und Verhaltensnormen bewegte. Verstieß der Kapitän

gegen diese Regeln, musste er unterwegs mit dem Protest der Besatzung oder aber nach dem Ende der Reise mit einer Klage vor Gericht rechnen. Um Frieden und Ordnung an Bord zu gewährleisten, riet der Friedrichstädter Navigationslehrer Hinrich Brarens, der selbst lange Zeit als Kapitän zur See gefahren war, daher den Kapitänen 1807 in seinem Buch „System der praktischen Schifferkunde: *„Verhalte Dich gegen Deine Untergebene also, dass sie Dich achten und lieben: Damit Du auf ihren treuen Dienst rechnen kannst."* Um aber die Hierarchie und Disziplin an Bord nicht zu gefährden, wurde von den Kapitänen erwartet, dass sie ihrer Mannschaft gegenüber wohlwollend, zugleich aber mit einer gewissen Distanz auftraten, wie Brarens ausführt: *„In Betreff des täglichen Umgangs mit seinen Matrosen hat er sich klüglich nach ihrer Gemüthsart zu richten. Dieser Umgang darf auf keinen Fall familiair sein. Der Schiffsführer freue sich aber, wenn er seine Gefährten auf einem freundschaftlichen Fuß nehmen kann."* Im Idealfall verband Kapitän und Mannschaft ein auf gegenseitigem Respekt basierendes Vertrauensverhältnis. Ohne Frage gab es aber auch Kapitäne, die ihre Seeleute grundlos schikanierten.

Trotz der umfassenden Disziplinarbefugnisse des Kapitäns kann seine Stellung an Bord keinesfalls als despotisch bezeichnet werden, denn der Kapitänsgewalt waren durch das Seerecht wie auch durch den in der europäischen Seefahrt gültigen Verhaltenskodex, der Kapitän und Mannschaft gleichermaßen nach dem Prinzip der Gegenseitigkeit verpflichtete, deutliche Grenzen gesetzt. Diese durfte auch ein Kapitän nicht überschreiten, ohne mit Konsequenzen rechnen zu müssen. So hatten die Seeleuten bei einem Fehlverhalten des Kapitäns und der Schiffsoffiziere das Recht, nach Ende der Reise Beschwerde zu erheben oder sogar gerichtlich gegen diese vorzugehen. Dies galt nicht zuletzt für Züchtigungen. Obwohl Seeleute bei der Anwendung körperlicher Gewalt eine recht hohe Toleranzschwelle besaßen, gab es in ihren Augen eine klare Grenze zwischen legitimer Strafe und brutaler Misshandlung. Ob es allerdings immer gelang, die Betreffenden auch wirklich vor Gericht zur Rechenschaft zu ziehen, ist eine andere Frage.

Der Umstand, dass nach den Bestimmungen einiger Seerechte die Mannschaft im Notfall im Schiffsrat mit ihrer Meinung gehört werden musste, hat zur Annahme einer beschränkten

Autorität des Kapitäns in früheren Jahrhunderten und einer Beteiligung der Besatzung an der Schiffsführung geführt. Tatsächlich handelte es sich beim Schiffsrat lediglich um eine versicherungsrechtliche Absicherung der Richtigkeit der durch den Kapitän getroffenen Entscheidungen im Hinblick auf etwaige Schadensersatzforderungen, wenn etwa im Sturm ein Teil der Ladung über Bord geworfen werden musste, um das Schiff zu retten. Zudem musste sich der Kapitän im 18. und 19. Jahrhundert für seine Handlungen bei solchen Vorfällen, wie auch allgemein bei Notfällen auf See nachträglich rechtfertigen und mitsamt seiner Besatzung im nächsten Hafen eine sogenannte Verklarung ablegen, eine beeidigte Aussage über die Notsituation und die während dieser getroffenen Maßnahmen. Allmählich trat die Verklarung generell an die Stelle des Schiffsrats.

Konflikte an Bord

Die meisten Kapitäne führten ihre Schiffe zwar straff und diszipliniert, doch auch in dem Wissen, dass eine zufriedene Besatzung, die alle Befehle willig und zuverlässig befolgte, eine grundlegende Voraussetzung für eine ruhige und sichere Reise darstellte. Allerdings war das Ideal gegenseitigen Respekts von Kapitän und Mannschaft auf See nicht immer anzutreffen, so dass es an Bord von Handelsschiffen des öfteren zu Konflikten kam. Ursache für die Störung der Disziplin und des Friedens an Bord konnten sowohl aufsässige und ungehorsame Seeleute als auch tyrannische Kapitäne und Offiziere sein, die ihre Mannschaft schikanierten und schlecht behandelten.

Bei den meisten Verstößen gegen die Bordordnung handelte es sich um spontane Reaktionen der Mannschaft auf akute Missstände, wie schlechten Proviant oder zu kleine Rationen, die in der Regel durch energisches Eingreifen oder Nachgeben der Schiffsführung beigelegt wurden und dann ebenso schnell auch wieder vergessen waren. In einem solchen Fall wurde der Konflikt meist durch das Ritual der sogenannten „Vergebung" beendet, d.h., die Seeleute baten den Kapitän förmlich um Verzeihung für ihr Verhalten, die dieser unter der Bedingung der weiteren guten Führung üblicherweise auch gewährte.

Erforderte das Verhalten der Besatzung während der Reise allerdings eine weitergehende Ahndung, hatte der Kapitän die Möglichkeit, die Seeleute bei den zuständigen Behörden anzuzeigen und ein Gerichtsverfahren anzustrengen, wie ein Fall aus Flensburg aus dem Jahr 1800 zeigt. Fünf Matrosen hatte sich geweigert, mit dem Schiff von Kapitän Dines Hansen-Bork auszulaufen, da dieses angeblich leck war, was aber durch die Aussagen anderer Seeleute widerlegt wurde. Die Streitsache wurde dem Flensburger Schiffergelags vorgelegt, das diese jedoch an den Magistrat weiterleitete, da die „5 Kläger sehr strafbar sind" und sich „gegen uns Aelter-Leute gar zu unanständig bezeiget haben." Die fünf Seeleute wurde schließlich zu acht Tagen Gefängnis bei Wasser und Brot verurteilt.

Ein anderer Fall von Widersetzlichkeit ereignete sich 1842 auf dem von Kapitän Jesper Thomsen geführten Apenrader Schiff COURIER. Die Besatzung hatte sich in Antwerpen bei dem dortigen Konsul über die Verpflegung an Bord beschwert. Obgleich der Konsul keine Unregelmäßigkeiten feststellen konnte, weigerte sich die Mannschaft, die Reise fortzusetzen, weshalb Kapitän Thomsen die Seeleute abmusterte, wobei sie eine Erklärung unterschreiben mussten, dass sie „Gehorsam und Arbeit verweigert hätten." Nach ihrer Rückkehr wurden die Seeleute in Apenrade zu der Sache vom Magistrat befragt und mussten schließlich zugeben, „daß sie sich geweigert hätten, die Reise fortzusetzen." Die Seeleute wurden daraufhin zu einer Geldstrafe verurteilt, gegen die der Matrose Jacob Nielsen in Vollmacht der übrigen Matrosen beim Kopenhagener Admiralitäts- und Commissariats-Collegium mit dem Hinweis auf eine angebliche Misshandlung durch Kapitän Thomsen Einspruch einlegte. Dieses entschied schließlich, dass sich die Seeleute zwar strafbar gemacht hatten, ihnen die Strafe aber wegen formaler Mängel auf dem Gnadenweg erlassen werden solle.

Andererseits hatte, wie bereits angedeutet, aber auch die Besatzung das Recht, bei einem Fehlverhalten des Kapitäns oder der Offiziere nach Ende der Reise Beschwerde oder Klage zu erheben. Häufig konnten Streitereien zwischen Kapitän und Besatzung durch ein Schlichtungsverfahren oder die Vermittlung Dritter beigelegt werden, etwa durch die Älterleute der örtlichen Schiffergesellschaft, die als erfahrene Kapitäne mit allen Problemen der Seefahrt vertraut waren.

Ein solcher Fall ereignete sich 1799 in Flensburg an Bord des von Kapitän Axien geführten Kopenhagener Schiffs HIESING. Weil Kapitän Axien sich geweigert hatten, einen Vorschuss zu zahlen, hatte sich die Mannschaft unerlaubt vom Schiff entfernt, das eingefroren im Flensburger Hafen lag. Da sich die Seeleute hartnäckig weigerten, wieder an Bord zurückzukehren, nahm sich schließlich die Schiffergesellschaft der Sache an. Nach mehreren gescheiterten Schlichtungsversuchen wurde die Angelegenheit schließlich durch einen Kompromiss beigelegt. Die Seeleute wechselten zur königlich-dänischen Flotte und Kapitän Axien erklärte sich bereit, sie zu entlassen und ihnen die zustehende Heuer auszuzahlen.

Nur wenn eine Schlichtung erfolglos blieb, wurde die Sache den zuständigen Gerichten vorgelegt. Solche Klagen waren nicht ohne Erfolgsaussicht, aber wie jeder Prozess mit einem gewissen Risiko verbunden. So berichtet Jens Jacob Eschels, wie er gemeinsam mit einigen anderen Matrosen nach einer Überwinterung vor Gericht eine zusätzliche Vergütung in Höhe der halben Gesamtheuer einforderte. Den Matrosen wurde am Ende aber nur ein Viertel der üblichen Heuer zugebilligt: *„Wir ließen bei diesem Urtheile unsere Ohren gewaltig hängen; denn daß wir weniger, als gebräuchlich war, bekommen würden, daran dachten wir nicht, und konnten es auch nicht begreifen."* Angesichts solcher Schwierigkeiten ist durchaus anzunehmen, dass viele Seeleute nicht selten auf ihr Recht verzichteten und sich stattdessen lieber gleich eine neue Heuer suchten.

Mitunter sorgten auch Vertragsstreitigkeiten für Konflikte an Bord. So kam es 1786 zu einer Auseinandersetzung zwischen dem Lübecker Kapitän Schröder und seiner Mannschaft, in dem es um einen angeblich gefälschten Heuervertrag ging und der in Aufruhr und Widersetzlichkeiten der Mannschaft gegen den Kapitän gipfelte. Der unterwegs hinzugezogene Agent der Hansestädte in Kopenhagen, Meinig, stellte dagegen fest, dass *„ihnen bey Unterzeichnung der Muster Rolle von dem Schoute ... in Lübeck mündlich gegeben und nachher unerfüllt gebliebenen Versprechen die wahre Ursache ihrer Erbitterung gegeneinander sey"*. Nach der Ankunft in Lübeck stellte der Wasserschout, der amtliche lübische Musterungsbeamte, die Richtigkeit des Heuervertrags fest, was der Haupträdelsführer der aufsässigen Seeleute schließlich widerwillig bestäti-

gen musste, der daraufhin vom Wasserschout wegen Beleidigung verklagt wurde.

Insgesamt waren die Gerichte durchaus um eine genaue Aufklärung des Sachverhalts und um ein gerechtes Urteil bemüht, obwohl Stand und gesellschaftliche Stellung durchaus Einfluss auf die Rechtsprechung besaßen. Erst allmählich setzten sich im Verlauf des 18. Jahrhundert unter dem Einfluss der Aufklärung die noch heute gültigen rechtsstaatlichen Prinzipien durch. In der Regel bildete die individuelle Bewertung der Tat und der Umstände, die zu dieser geführt hatten, die Grundlage der richterlichen Entscheidung nach dem Prinzip der Verhältnismäßigkeit von Schuld und Strafe. Oft versuchten die Gerichte auch, die Härte der damaligen Gesetze zu lindern und, wenn möglich, leichtere Strafen zu verhängen, etwa Gefängnis- oder Zuchthausstrafen anstelle von Körper- oder gar Todesstrafen. Nur in besonders schweren Fällen, wie etwa bei einer Meuterei, wurde die ganze Härte des Gesetzes ausgeschöpft.

Meuterei

Nicht immer waren es berechtigte Beschwerden, die einzelne Seeleute oder auch ganze Besatzungen dazu bewogen, sich gegen die Autorität des Kapitäns und der Offiziere aufzulehnen. Der preußische Kapitän Joachim Nettelbeck bekam beispielsweise um 1780 während einer Reise große Schwierigkeiten, als seine Mannschaft die Weinladung des Schiffs anstach und sich sinnlos betrank. Alle Versuche Nettelbecks, der Lage Herr zu werden, scheiterten: *„War es auch geradezu nicht Rebellion zu nennen, so blieb es doch ein wüstes Tollmanns-Leben und wir paar Vernünftige die größte Gefahr und Noth vor Augen sahen, so oft Segel sollten beigesetzt oder eingenommen werden."* Im Zielhafen Hamburg angekommen, schickte Nettelbeck die Seeleute daher schnellstens von Bord.

Mitunter war das Verhältnis zwischen Kapitän und Mannschaft so zerrüttet, dass die Seeleute nicht länger an Bord bleiben wollten. Da die Seeleute nicht das Recht hatten, während der Reise zu kündigen, schlichen sie sich üblicherweise im nächsten Hafen heimlich vom Schiff. Zwar war die Desertion, also das unerlaubte Verlassen des Schiffes, als Bruch des Heuervertrags illegal, doch

Porträt des Kapitäns Boy Bohn (1775–1859) aus Borgsum auf Föhr. Im Idealfall verband Kapitäne und Mannschaft ein gegenseitiges Vertrauensverhältnis. Trotzdem kam es an Bord von Schiffen immer wieder zu Konflikten, sei es durch aufsässige Seeleute oder durch tyrannische Kapitäne.

war nicht nur die Wahrscheinlichkeit, gefasst zu werden, sondern auch das dafür verhängte Strafmaß wesentlich geringer als beispielsweise im Falle von Meuterei.

Gelegentlich konnten die Konflikte zwischen Besatzung und Schiffsführung auch eskalieren und in einer offenen Meuterei enden. Ebenso wie Rebellion galt Meuterei in der streng hierarchischen Gesellschaft der Frühen Neuzeit als Anschlag auf die rechtmäßige Herrschaftsordnung und stand unter hoher Strafandrohung. Allerdings wurde der Begriff der Meuterei damals recht weit ausgelegt. Im Gegensatz zum modernen Strafrecht, das den Tatbestand der Meuterei als kollektiven Akt der Widersetzlichkeit unter Beteiligung von zwei oder mehr Personen definiert, wurden in der Frühen Neuzeit auch Handlungen, die man heute eher als Disziplinarverstoß, als Protest gegen die Verhältnisse an Bord oder als Streik bezeichnen würde, unter dem Begriff Meuterei gefasst.

1757 ereignete sich auf der im Hafen von Eckernförde liegenden Galiot BIENEBECK ein Fall von Meuterei. Weil mit den drei Matrosen Michel Bring, Matthias Henningsen und Peter Hinrichsen fast die Hälfte der insgesamt sieben

Die Meuterei auf der L'ESPÉRANCE 1817

Am 30. Oktober 1817 hatte die 66 CL große Brigg L'ESPÉRANCE, die einem Hamburgischen Kaufmann namens Holpgreve gehörte, mit einer Ladung Ballast an Bord den Hamburger Hafen mit Kurs auf Messina in Italien verlassen. Die Besatzung des unter dänischer Flagge segelnden Schiffes bestand neben dem Kapitän Jens Nielsen Holst und dessen Sohn Niels Hansen Holst, der zugleich auch Obersteuermann war, aus dem Untersteuermann Johannes Lorenzen, dem Zimmermann Jens Jensen Utterberg, dem Koch Johann Diedrich Hinrich Wehrpup, den Matrosen Jochim von Ehren, Niels Hendricksen, Peter Klever, Johannes Bernardus Kuhlmann und Franz Diedrich Widow sowie dem Schiffsjungen Christian Tobias Waldvogt.

Am 27. November 1817 meldete Untersteuermann Lorenzen der L'ESPÉRANCE in der südenglischen Hafenstadt Deal dem dänischen Vizekonsul Edward Iggulden die Ermordung seines Kapitäns sowie dessen Sohns und Obersteuermanns durch die rebellierende Besatzung des Schiffs. Er berichtete, die Seeleute hätten ihre beiden Opfer am Tag zuvor auf der Höhe der Landspitze Beachy Head an der englischen Südküste über Bord geworfen. Anschließend hätten die Meuterer die Kontrolle über das Schiff übernommen und ihn, Lorenzen, gezwungen, Kurs auf die Nordsee zu nehmen, doch habe er das Schiff in der Hoffnung, auf diese Weise Hilfe zu erhalten, auf den Goodwin Sands, einer berüchtigten Untiefe an der englischen Ostküste östlich der Hafenstadt Deal, absichtlich auf Grund ge-

setzt. Mit Hilfe einiger Lotsen gelang es, die Brigg wieder flott zu machen und in den Hafen von Deal zu bringen, wo er den Vorfall sogleich zur Anzeige brachte.

An Bord eines englischen Kriegsschiffes wurde die Mannschaft der L'ESPÉRANCE nach Glückstadt und von hier aus weiter nach Flensburg gebracht, wo sie verhört und schließlich mit Ausnahme von Lorenzen und Waldvogt vor Gericht gestellt wurde. Der Prozess fand zwischen dem 27. Oktober und dem 3. November 1819 statt. Da sie sich gegen die Autorität ihres Kapitäns aufgelehnt hatten, wurde ihnen das „Verbrechen des Mordes und daher zugleich Meuterey" zur Last gelegt. Der Rebellion gleichgestellt, stand Meuterei in allen europäischen Seerechten unter hoher Strafandrohung und wurde in schweren Fällen sogar mit der Todesstrafe geahndet.

Wie Waldvogt aussagte, hatten die Konflikte zwischen Kapitän Holst und seinen Seeleuten bereits kurz nach dem Auslaufen begonnen: „Schon auf der Elbe sey Lärm zwischen dem Capitain und der Mannschaft entstanden, der die ganze Reise fortgedauert habe. Der Capitain habe die Mannschaft geschimpft und geschlagen." Zu dem tyrannischen Verhalten des Kapitäns kam noch ein Streit mit der Mannschaft über das angeblich zu geringe Gewicht der Brotrationen. Dies gab letztlich den Anstoß zur Planung einer Meuterei, wobei der Beschluss zur Ermordung des Kapitäns aber offenbar erst am Mittag des Tattages gefasst wurde. Wie der Matrose Klever erklärte, hatte die Mannschaft beim Mittagessen „über die Ermordung des Capitains berathschlagt".

Mann starken Besatzung die Arbeit verweigert hatte, konnte das Schiff nicht auslaufen, weshalb Kapitän Sven Petersen umgehend seinen Reeder Friedrich Wilhelm Otte und die zuständige Eckernförder Obrigkeit verständigte. Da aber in diesem Fall der Versuch zur gütlichen Streitbeilegung scheiterte, sah sich die Eckernförder Obrigkeit schließlich gezwungen, die betreffenden Seeleute festzusetzen: *„So haben wir, sowohl zur wohlverdienten Bestrafung einer so höchst frevel- und boshaften Widersetzlichkeit, als auch, damit wir in Ansehung dieser Meutmacher nähere Verhaltungs-Befehle einziehen möchten, für nöthig befunden, selbige in bürgerlichen Verwahrsam bringen und auf Wasser und Brod hinsezzen zu lassen."* Doch trotz der Inhaftierung der drei Seeleute gelang es nicht, diese zur Räson und zur Erfüllung ihres Heuervertrags zu bringen. Schlimmer noch, durch die hartnäckige Weigerung der Seeleute, mit dem Schiff auszulaufen, bekam Otte jetzt auch noch Schwierigkeiten mit den Befrachtern des Schiffes, die verlangten, dass ihre Ladung, wie im Frachtvertrag vereinbart, so schnell wie möglich an ihren Bestimmungsort gelangte. Er machte daher seinen beträchtlichen Einfluss geltend, um

Der Prozess gegen die Meuterer der L'ESPÉRANCE wurde nach rechtsstaatlichen Grundsätzen durchgeführt. Allerdings war das Belastungsmaterial derart überwältigend, dass über den Ausgang des Verfahrens kaum ein Zweifel bestehen konnte, zumal die meisten Angeklagten geständig waren. Das Urteil wurde jedoch erst am 14. Oktober 1820 verkündet. Die sieben Angeklagten von Ehren, Klever, Kuhlmann, Wehrpup, Widow, Utterberg und Hendricksen wurden wegen des *„gemachten Complotts und wegen in Folge desselben, beschlossener, auch vollführter, Ermordung des Schifscapitains Jens Nielsen Holst und dessen Sohns, des Obersteuermanns Niels Hansen Holst"* zum Tode verurteilt. Zwei der Veurteilten, Kuhlmann und Hendricksen, wurden zu lebenslänglicher Zuchthausstrafe begnadigt, die übrigen am Morgen des 17. Oktober 1820 auf der Richtstätte an der Schleswiger Landstraße vor den Toren Flensburgs hingerichtet. Damit fand die Meuterei auf der L'ESPÉRANCE juristisch ihren Abschluss.

Angesichts der Tatsache, dass die meisten Fahrten von Handelsschiffen ohne besondere Vorkommnisse verliefen und selbst in den Fällen, wo es zu Konflikten zwischen der Schiffsführung und der Mannschaft kam, diese zumeist rasch und friedlich beigelegt wurden, stellt die Meuterei auf der L'ESPÉRANCE ein außergewöhnliches Ereignis dar. Zweifellos war das tyrannische Verhalten des Kapitäns der Auslöser für die mörderische Tat gewesen. Offenbar sahen die Seeleute im Tod des Kapitäns den einzigen Ausweg. Eine Klage gegen Kapitän Holst oder schlicht und einfach Desertion hatten sie offenbar überhaupt nicht in Erwägung gezogen. Das unerlaubte Ver-

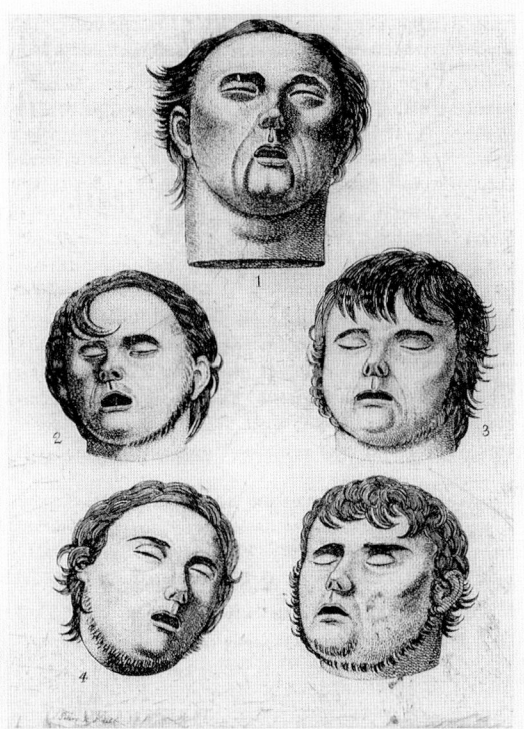

Die abgeschlagenen Köpfe der Meuterer der L'ESPÉRANCE.

lassen des Schiffes galt zwar ebenfalls als Vergehen, wurde aber erheblich milder geahndet als Meuterei oder gar Mord. Ebenso unklar ist das eigentliche Ziel der Meuterei. Keiner der Männer scheint sich Gedanken darüber gemacht zu haben, was geschehen sollte, nachdem sie den Kapitän und dessen Sohn über Bord geworfen hatten. Man fragt sich, was die Seeleute eigentlich mit der Meuterei erreichen wollten. Vielleicht wussten sie es selber nicht.

die Meuterei so schnell wie möglich zu beenden und die aufsässigen Matrosen zu bestrafen. Und so wandte sich die Eckernförder Obrigkeit an das „General Landes-Oeconomie- und Commerz-Collegium" als die für Wirtschafts- und damit Seefahrtsangelegenheiten zuständige Instanz mit dem Ersuchen, die Matrosen mit Zwangsarbeit in Kopenhagen zu bestrafen. Die Honoratioren baten, *„daß die 3 obmemorirte Matrosen als Fahr-diers nach dem Holm in Copenhagen gebracht würden, um daselbst so lange zu dienen, bis man ihre bereits zum voraus genossene Häuer wieder beisam hätte."* Zwei der Matrosen ließen sich allerdings nach einem mehrtägigen Gefängnisaufenthalt schließlich doch noch überzeugen, die Reise an Bord der BIENEBECK anzutreten, nur Peter Hinrichsen beharrte *„bey seinem halsstarrigen Ungehorsam, und boshafter Widersetzlichkeit"*. Der Strafantrag der Eckernförder Obrigkeit wurde jedoch von Seiten des Commerz-Collegiums am 25. März 1757 mit der Begründung abgelehnt, die Sache fiele nicht in ihren Kompetenzbereich, da es sich um eine reine Justizangelegenheit handele. Der endgültige Ausgang des Verfahrens ist leider nicht überliefert, doch erlaubt die Meuterei auf der BIENEBECK einen interessanten Einblick in das damalige dänische Justizwesen: Obwohl die Matrosen gegen ihren Heuervertrag verstoßen hatten, konnte sich Otte trotz seines beträchtlichen Einflusses nicht mit seiner Forderung nach einer harten Bestrafung der widerspenstigen Seeleute durchsetzen. Das dänische Rechtswesen basierte schon damals im Wesentlichen auf rechtsstaatlichen Prinzipien, und so wurde auch in diesem Fall nach Recht und Gesetz entschieden und die Bitte der Eckernförder Obrigkeit durch das Commerz-Collegium abgelehnt.

Mitunter kam es sogar zu regelrechten Unruhen unter den Seeleuten, wie 1765 in Lübeck. Ein Streit zwischen der Mannschaft des Lübecker Schiffs CONCORDIA und dessen Schiffer Hinrich Christoffer Mackeprang hatte die Lübecker Seeleute in Aufruhr versetzt, weshalb sich der Lübecker Kapitän Hans Sietam gezwungen sah, seine Mannschaft unter Bewachung an Bord führen zu lassen, wobei es zu Handgreiflichkeiten mit einer Gruppe von Seeleuten kam, die sich am Hafen versammelt hatte. Zwei Matrosen, Joachim Lange und Hinrich Falck, wurden als mutmaßliche Rädelsführer verhaftet und wegen *„Meuterey"* vor Gericht gestellt. Beide gaben zwar zu, an dem Aufruhr beteiligt gewesen zu sein, leugneten jedoch, diesen angezettelt zu haben. Zugleich sagten sie aus, der Auslöser für die Empörung der Seeleute sei der Prozess, den Kapitän Mackeprang angeblich aus Rache gegen seine Mannschaft angestrengt hätte. Das Verhalten der Seeleute wurde vom Lübecker Rat als Angriff auf die öffentliche Ordnung betrachtet. Lange und Falck wurden daher zu drei Monaten Haft verurteilt, die aber in *„eine nur 6 wöchige Gefängis Strafe [...] convertiert werden könne."* Ungeachtet der relativ harten Bestrafung war das Gericht also bereit, die Strafe auf dem Gnadenweg zu verringern, nachdem die öffentliche Ordnung wiederhergestellt war. Diese Haltung war typisch für die Justiz im 18. Jahrhundert.

Die meisten Meutereien verliefen relativ friedlich. Nur selten kam es zu Handgreiflichkeiten oder gar zu Mord und Totschlag. Auch wenn die Seeleute die Autorität der Kapitäne anfochten, war ihr Ziel nicht die Absetzung des Kapitäns oder die Übernahme des Schiffs. Spätestens seit der Meuterei auf der BOUNTY gilt diese Art der kollektiven Widersetzlichkeit einer Schiffsbesatzung gegen die Autorität des Kapitäns geradezu als die klassische Form der Meuterei. Eine solche Schiffsübernahme war jedoch kaum aus einer spontanen Reaktion der Seeleute heraus denkbar, sondern setzte ein gewisses Maß an Planung und Vorbereitung voraus, um die Schiffsführung und die unbeteiligten Besatzungsmitglieder erfolgreich überrumpeln zu können. Eines der seltenen Beispiele für eine solche Schiffsübernahme auf nordeuropäischen Handelsschiffen ist die Meuterei auf der unter dänischer Flagge segelnden Brigg L'ESPÉRANCE im Jahr 1817, bei der die meuternde Besatzung den Kapitän und dessen Sohn, den Obersteuermann, über Bord warf. Die sieben Meuterer wurden 1819 in Flensburg vor Gericht gestellt und zum Tode verurteilt. Zwei der Delinquenten wurden zu lebenslänglichen Zuchthausstrafen begnadigt, die übrigen fünf im Oktober 1820 hingerichtet.

Der Grund für die harten Strafen im Falle der Meuterei auf der L'ESPÉRANCE war die Ermordung des Kapitäns und seines Sohnes. Damit hatten die Meuterer eine Grenze überschritten. Selbst bei Meuterei übten die Gerichte oft Nachsicht, aber nur solange niemand zu Tode gekommen war. Mord war ein Kapitalverbrechen, auf das die Todesstrafe stand und bei dem die Täter nicht auf Gnade hoffen konnten.

Unter dem Danebrog in die ganze Welt – Schifffahrt und Seehandel in den Herzogtümern Schleswig und Holstein 1721 bis 1864

Schwere Zeiten

1721 hatte König Friedrich IV. mit dem Erbfolge-eid den gottorfischen Teil des Herzogtums Schleswig mit dem königlichen Anteil unter seiner Herrschaft vereinigt. Dem Gottorfer Herzog Karl Friedrich blieben allein seine holsteinischen Territorien, die, zum Heiligen Römischen Reich deutscher Nation gehörig, dem Zugriff des dänischen Königs entzogen waren. Damit war die „Gottorfer Frage" zwar noch nicht endgültig gelöst, aber der Grundstein für die Errichtung des dänischen Gesamtstaates gelegt. Auch die schleswig-holsteinischen Schiffe segelten nun unter dem Danebrog, der gemeinsamen Flagge des Gesamtstaats. Lediglich Kiel und Neustadt standen weiterhin unter der Herrschaft des Gottorfer Herzogs; beide Städte waren jedoch als Handelshäfen wenig bedeutend und besaßen auch nur kleine Handelsflotten. Allerdings besaß Neustadt eine gewisse Bedeutung als Schiffbauort.

Im Königreich besaß nur die Hauptstadt Kopenhagen eine größere Handelsflotte, die auch im Überseehandel, wie beispielsweise in der West- oder Ostindienfahrt, eingesetzt wurde; die dänischen Provinzstädte beschränkten sich auf den regionalen Handel mit kleinen Schiffen. In den Herzogtümern hingegen fand sich eine ganze Reihe von Städten, wie Apenrade, Husum, Flensburg und Eckernförde in Schleswig sowie Altona in Holstein, in denen eine größere Zahl von Handelsschiffen beheimatet war.

Gleichwohl blieb die wirtschaftliche Situation in den Herzogtümern auch nach dem Ende des Großen Nordischen Kriegs noch lange Zeit schwierig. Infolge der desolaten Finanzlage und einer schweren Agrarkrise taumelte der Gesamtstaat von einer ökonomischen Misere in die nächste. Erschwerend kam hinzu, dass die einzelnen Teile des Gesamtstaats wirtschaftlich völlig unterschiedlich strukturiert waren. Norwegen lebte vor allem vom Export von Holz und Fischereierzeugnissen, Dänemark und die Herzogtümer dagegen im Wesentlichen von Agrarexport und Handelsschifffahrt.

Angesichts der erdrückenden Kriegsschulden und der leeren Staatskasse war die Wirtschaftsförderung ein wichtiges Ziel der dänischen Regierung. Wie in den anderen absolutistisch regierten Staaten Europas orientierte man sich auch im dänischen Gesamtstaat an den Ideen des Merkantilismus, der vorherrschenden Wirtschaftstheorie des 18. Jahrhunderts. Planmäßig sollte durch Exporte ein Handelsüberschuss erwirtschaftet, der Reichtum des Staates gefördert und damit die Staatskassen gefüllt werden. So wurden Schifffahrt, Handel und produzierendes Gewerbe im Königreich Dänemark gezielt gefördert. Vor allem die Hauptstadt Kopenhagen wurde durch die großzügige Gewährung von Handelsprivilegien begünstigt, zum Nachteil der übrigen Städte im dänischen Gesamtstaat. So musste beispielsweise seit 1732 für Importe über Kopenhagen nur ein Drittel der sonst üblichen Zölle bezahlt werden. Zusammen mit der flauen Konjunktur verhieß das harte Zeiten für Handel und Seefahrt in den Herzogtümern.

Probleme bereiteten auch die dirigistischen Eingriffe der dänischen Regierung in die gesamtstaatliche Wirtschaft. 1728 wurden große Teile der Stadt Kopenhagen durch eine gewaltige, mehrtägige Feuersbrunst zerstört, der neben einer Vielzahl öffentlicher Gebäude rund 2.500 Privathäuser zum Opfer fielen. Insgesamt ging fast ein Drittel der Stadt in Flammen auf. Um den schnellen Wiederaufbau der Hauptstadt zu gewährleisten, mobilisierten die dänischen Be-

Nach dem Ende des Großen Nordischen Kriegs ging es für die schleswig-holsteini-sche Handelsschiff-fahrt nur langsam wieder bergauf. Klei-nere Schiffe wie diese Einmastgaliot wurden vor allem für die Fahrt in Nord-und Ostsee eingesetzt.

hörden alle Ressourcen des dänischen Gesamt-staats. Durch ein königliches Reskript wurde 1729 auch das Herzogtum Schleswig in die Auf-bauleistungen mit einbezogen. Die in der Nähe der Küste gelegenen Ziegeleien sollten Backstei-ne und Dachpfannen stellen, die die schleswig-schen Reeder mit ihren Schiffen nach Kopenha-gen zu transportieren hatten.

Die Eckernförder Reeder wurden ebenfalls zum Ziegeltransport verpflichtet; nach den Verlusten während des Großen Nordischen Kriegs waren in der Stadt damals bereits wieder 29 Schiffe mit einer Gesamttragfähigkeit von rund 510 CL be-heimatet, darunter auch sieben Schiffe mit ins-gesamt 134 CL, die ganz oder zum Teil Christian Otte gehörten. Er war damit der bedeutendste Reeder in Eckernförde; mit Ausnahme von Jo-hann Cornelius Kruse und Hinrich Frahm, die je-der über zwei Schiffe verfügten, besaßen alle üb-rigen Reeder der Stadt nur ein einziges Schiff.

Nur mit Widerwillen fügten sich die Eckernför-der Schiffseigner den Kopenhagener Anordnun-gen. Zum einen waren sie als ehemals treue Un-tertanen des Gottorfer Herzogs wenig geneigt, den dänischen Forderungen Folge zu leisten, zum anderen band der Ziegeltransport viele Schiffe, die sonst auf anderen, gewinnbringen-deren Routen hätten eingesetzt werden können. So musste Schiffer Hinrich Thamsen Anfang April 1729 bei Androhung einer Strafe von 50 Reichs-talern gezwungen werden, *„gegen billige Bezah-lung Mauersteine in Königlichen Diensten nach Kopenhagen zu transportieren."* Trotz des Drucks seitens der dänischen Behörden begann die Verschiffung der Steine nur sehr schleppend. Auch im folgenden Jahr ging der ungeliebte Zie-geltransport weiter.

Hinzu kam ein Streit mit Hamburg von 1717 bis 1736. Der Auslöser des Konfliktes war die Weigerung der Hamburger gewesen, die während des Großen Nordischen Krieges geprägten, min-derwertigen dänischen Münzen zum vollen Nennwert anzuerkennen. Als die Hamburger sich weigerten, ließ der dänische König, der die Elb-metropole trotz des Spruchs des Reichskammer-gerichts von 1618 nach wie vor als holsteinische Stadt und damit seinem Herrschaftsgebiet zuge-hörig betrachtete, hamburgische Schiffe aufbrin-gen und verbot seinen den Untertanen jeglichen Handelsverkehr mit Hamburg. Dadurch wurde je-doch die schleswig-holsteinische Wirtschaft här-ter getroffen als die hamburgische, da die Stadt schon damals der wichtigste Handelspartner und Bankort für die Herzogtümer war.

Veränderte Rahmenbedingungen

Erst allmählich ging es nach dem Ende des Gro-ßen Nordischen Krieges mit der schleswig-hol-steinischen Handelsschifffahrt wieder bergauf. Im 18. Jahrhundert wurde der Norwegenhandel zu einem wichtigen Geschäft für die Reeder und Kaufleute aus den Herzogtümern. Die schleswig-holsteinischen Schiffe brachten Agrargüter nach Norwegen und holten Salzheringe für die südli-chen Ostseehäfen. Die hier geladenen Waren wie Holz, Hanf, Teer und Getreide wurden nach Frankreich, Spanien und Portugal verfrachtet, von wo aus die Schiffe mit Wein, Kolonialwaren und Salz an Bord nach Norden zurückkehrten. Auch der Handel mit norwegischem Holz nach England und Irland war von großer Bedeutung. Der größte Teil dieser Ladungen wurde direkt von den Herkunfts- in die Bestimmungshäfen verfrachtet, ohne in schleswig-holsteinischen Häfen umgeschlagen zu werden.

Auch die Frachtfahrt gewann weiter an Bedeu-tung. Die schleswig-holsteinischen Reeder ver-dienten dabei ihr Geld mit den Frachtgebühren für den Transport fremder Güter in der direkten Fahrt zwischen ausländischen Häfen. Ihre Schiffe fuhren nicht nur in der Nord- und Ostsee, son-dern auch im Atlantik und bis ins Mittelmeer. Damit hatten die Reeder eine Möglichkeit gefun-den, trotz der schlechten Konjunktur und den Handels- und Einfuhrbeschränkungen vieler europäischer Länder Geld im Seetransport zu verdienen.

Um angesichts des internationalen Konkurrenzdrucks weiterhin wettbewerbsfähig zu bleiben, mussten sich die dänisch-gesamtstaatlichen Reeder seit dem 18. Jahrhundert jedoch an die sich verändernden Bedingungen in der Seefahrt anpassen. Unter anderem wurde im Laufe des 18. Jahrhunderts die seit dem Mittelalter übliche saisonale Beschränkung der Schifffahrtssaison auf den Zeitraum von Mitte März bis Ende November allmählich aufgehoben. So wurde z.B. Getreide aus dem Ostseeraum vor allem im Herbst und frühen Winter nach der Ernte verschifft. Allerdings sorgte im Winter regelmäßig Eisgang für eine Behinderung der Schifffahrt.

Allerdings war die Frachtfahrt ein schwieriges und risikoreiches Geschäft – und zudem in besonderem Maße konjunkturabhängig: In Kriegszeiten stiegen in der Regel die Frachtraten und damit die Gewinne, in Friedenszeiten dagegen sanken die im 18. Jahrhundert ohnehin relativ niedrigen Transportgebühren. Dabei konnte auch die Wahl des Kapitäns erheblichen Einfluss auf die Rentabilität eines in der Frachtfahrt eingesetzten Schiffes haben. Durch die Verringerung der Betriebskosten, etwa für Heuern oder Proviant, die Verringerung der unproduktiven Hafenliegetage und durch geschäftliche Eigeninitiative konnte ein tüchtiger Kapitän die Wirtschaftlichkeit des von ihm kommandierten Schiffes steigern und so mitunter auch unter weniger günstigen Umständen solide Gewinne erwirtschaften.

In der zweiten Hälfte des 17. Jahrhunderts hatten die Niederlande ihre maritime Vormachtstellung an England verloren und befanden sich seitdem als See- und Wirtschaftsmacht im Niedergang. Da sie ihre machtpolitische Position nicht länger behaupten konnten, verfolgten die niederländische Republik in den meisten Konflikten des 18. Jahrhunderts eine strikte Neutralitätspolitik. Ökonomisch stagnierten die Niederlande im 18. Jahrhundert auf relativ hohem Niveau. Die Ausfuhr von Fertigwaren aus niederländischer Produktion wurde durch die merkantilistische Politik der europäischen Staaten behindert, während sich die niederländische Handelsflotte in der internationalen Frachtfahrt in wachsendem Maße mit der Konkurrenz briti-

Eisgang und Eisbrecher

Während der als „Kleine Eiszeit" bekannten Klimadepression, die vom 14. Jahrhundert bis etwa 1900 andauerte und ihren Höhepunkt zwischen 1550 und 1715 hatte, lagen die Durchschnittstemperaturen etwa um ein Grad unter dem heutigen Temperaturniveau. Das hatte auch härtere Winter zur Folge, während derer die Meere und Flüsse zufroren, so dass die Schifffahrt eingestellt oder die Eisdecke mühsam per Hand aufgehackt oder aufgesägt werden musste.

Erst mit dem Aufkommen dampfbetriebener Eisbrecher im 19. Jahrhundert konnten die Fahrwasser auch im Winter offengehalten werden. Das erste in Deutschland speziell für diesen Zweck gebaute Schiff war die 1871 im Auftrag eines Kaufmannskonsortiums in Hamburg vom Stapel gelaufene EISBRECHER NO. 1, nach dessen Vorbild bald weitere Schiff gebaut wurden. Auch in schleswig-holsteinischen Häfen kamen bald Eisbrecher zum Einsatz, die in Hamburg und Preußen von staatlichen Behörden, in Lübeck dagegen von der dortigen Industrie- und Handelskammer betrieben wurden. So wurden beispielsweise 1878 auf der Trave zwei kleine eisbrechende Schlepper, die LÜBECK und die TRAVEMÜNDE eingesetzt; 1879 folgte die größere, auf der Stettiner Werft Aron & Gollnow gebaute TRAVE.

Auch die Ostsee fror damals noch regelmäßig zu. Seit Beginn des 20. Jahrhunderts wurden deshalb speziell konstruierte Schiffe als Eisbrecher in den Küstengewässern eingesetzt. Aber auch Kriegsschiffe wurden mitunter als Hilfs-Eisbrecher verwendet. Insbesondere gepanzerte Schiffe mit massivem Rammbug waren für diese Aufgabe gut geeignet. So wurden beispielsweise die beiden alten Linienschiffe SCHLESWIG-HOLSTEIN und ELSASS der Reichsmarine im Februar 1929 für den Eisnotdienst in der Ostsee eingesetzt, wobei sie insgesamt 65 im Eis eingeschlossene Handelsschiffe befreien konnten. Doch das allein reichte nicht aus, um einen freien Seeverkehr sicherzustellen, so dass die beiden sowjetischen Eisbrecher TRUVOR und ERMAK gechartert werden mussten. Sie brachen im März 1929 den Kaiser-Wilhelm-Kanal auf und waren auch vor der Ostseeküste im Einsatz.

scher und französischer Handelsschiffe konfrontiert sah.

1713 hatte der Spanische Erbfolgekrieg mit dem Frieden von Utrecht geendet. Philipp V., ein Enkel des französischen Königs Ludwig XIV., wurde als König von Spanien anerkannt, musste aber das Verbot einer Vereinigung Spaniens und Frankreichs akzeptieren. Damit war das europäische Mächtegleichgewicht bewahrt. Großbritannien hatte seine Vorherrschaft zur See behaupten und zugleich seinen Kolonialbesitz erheblich erweitern können.

Zugleich stieg durch den kontinuierlichen Tonnagezuwachs der europäischen Schifffahrt der internationale Konkurrenzdruck, während sich ein Überangebot an Frachtkapazität durch verlängerte Hafenliegezeiten oder einen Mangel an Nachfrage negativ auf die Einnahmen in der Frachtfahrt auswirkte. Dies betraf allerdings in erster Linie die größeren, in der europäischen und Überseefahrt eingesetzten Schiffe. Dagegen war die Klein- und Küstenschifffahrt, die nach wie vor große Bedeutung für den Warentransport innerhalb des Gesamtstaats besaß, weit weniger stark von konjunkturellen Schwankungen betroffen. Alles in allem war die Frachtfahrt jedoch ein lohnendes Geschäft für die schleswig-holsteinischen Reeder: In guten Jahren war immerhin ein durchschnittlicher Reingewinn von 20 Prozent möglich.

Doch nicht nur in der hart umkämpften Frachtfahrt, auch auf dem Arbeitsmarkt für Seeleute sahen sich die Reeder einer internationalen Konkurrenz gegenüber. Da im Ausland, vor allem in den Hansestädten, oftmals höhere Heuern als im dänischen Gesamtstaat gezahlt wurden, zogen die Seeleute nicht selten die Fahrt auf fremden Schiffen vor, zum großen Nachteil der schleswig-holsteinischen Reeder, die häufig Probleme hatten, ausreichende Besatzungen zu finden.

Die Heuern bildeten auch damals einen bedeutenden Kostenfaktor in der Seefahrt. Zwar blieb die durchschnittliche Heuerhöhe während des 18. Jahrhunderts im Großen und Ganzen erstaunlich konstant, doch unterlag diese ebenso wie die Frachtraten durchaus konjunkturellen Schwankungen. Diese ökonomischen Zwänge führten zu einem deutlichen Trend der Rationalisierung in der Handelsschifffahrt. Unter anderem gelang es durch technische Verbesserungen der Schiffskonstruktion und der Takelage die Mannschaftsgröße bei gleicher Tragfähigkeit der Schiffe deutlich zu verringern, so dass mit immer weniger Seeleuten immer mehr Ladung befördert werden konnte. Die negative Folge dieser Rationalisierung der Handelsschifffahrt war, dass dadurch die Arbeitsbelastung der Seeleute erheblich erhöht wurde.

Zugleich sahen sich die schleswig-holsteinischen Reeder auch auf dem nautischen Arbeitsmarkt mit staatlichen Eingriffen konfrontiert, durch die ihre internationale Wettbewerbsfähigkeit zusätzlich erschwert wurde.

Seit dem frühen 18. Jahrhundert waren alle unter dänischer Hoheit stehenden und zum Dienst in der königlichen Flotte verpflichteten Seeleute in der sogenannten „Enrollirungsliste" verzeichnet. Dabei handelte es sich aber nicht nur um eine frühe Form der Wehrpflicht, sondern auch um ein Instrument der Wirtschaftslenkung. Mehrfach wurde es den enrollierten Seeleuten verboten, auf fremden Schiffen anzuheuern, solange die dänischen Handelsschiffe noch unbemannt waren, und zugleich den Reedern vorgeschrieben, nach Möglichkeit nur enrollierte Matrosen anzuheuern. So untersagte eine Verordnung von 1739 allen *„nicht enrollirten Personen die Seefahrt [...] imgleichen, daß solche sich von keinem aus Unserm Herzogthum Schleswig absegelnden Schiffer miethen lassen dürfen."* Die Reeder betrachteten die See-Enrollirung daher vor allem als Eingriff in ihre kauf-

Das dänische Linienschiff DRONNING JULIANE MARIE. Kupferstich um 1750.

F. J. ENDRIKSEN sc.

männischen Freiheiten. Sie fürchteten aufgrund des starken Konkurrenzdrucks auf dem nautischen Arbeitsmarkt durch die mit der Enrollirung verbundenen Heuerbeschränkungen nicht genügend Seeleute für ihre Schiffe zu bekommen. Andererseits führten Lockerungen dieser Bestimmungen zu Engpässen bei der Bemannung der gesamtstaatlichen Schiffe, da die Seeleute dann oft in Häfen abwanderten, in denen höhere Heuern gezahlt wurden. Daher bat die Stadt Eckernförde 1748 die zuständigen Stellen, dafür zu sorgen, dass *„denen enrollirten Matrosen zur Früh-Jahrs-Zeit nicht ehender erlaubt werde nach Hamburg, Holland, oder andere Oerter zu fremder Untherthanen See-Diensten zu gehen, bis und zuvorderst die von hierab zum Ausgehen destinirten Kauffardey-Schiffe besetzt sind.“* An diesem Beispiel wird das Pro und Contra der dirigistisch-merkantilistischen Wirtschaftspolitik im 18. Jahrhundert deutlich: Während der dänische Staat einerseits den Seehandel förderte, errichtete er auf der anderen Seite neue Hemmnisse für die Reeder des Gesamtstaats.

Häfen und Konjunkturen

Ungeachtet aller Rückschläge und Einbußen gelang es den schleswig-holsteinischen Kaufleuten und Reedern im 18. Jahrhunderts erneut, sich einen nicht unerheblichen Anteil am europäischen Seetransportgeschäft zu sichern.

Der erneute Aufstieg Flensburgs zur führenden schleswigschen Schifffahrtsstadt begann 1727 dank eines königlichen Privilegs, das der Fördestadt den Handel mit Wein, Branntwein, Salz und Tabak gestattete. In der ersten Hälfte des 18. Jahrhunderts dominierte in Flensburg der Export von Lebensmitteln und Branntwein nach Norwegen, der Holzexport nach England und Irland, der Handelsverkehr zwischen den Ostseehäfen von St. Petersburg bis Wismar und Frankreich, Portugal oder Spanien sowie die Frachtfahrt im Mittelmeer. Allerdings wurde auch der Flensburger Handel immer wieder durch die merkantilistische Wirtschaftspolitik der dänischen Regierung beeinträchtigt. Besonders einschneidend war die Kommerzverordnung von 1742, durch die die Flensburger Privilegien im Handelsverkehr mit Dänemark und Norwegen stark eingeschränkt wurden. 1748 bestand die Flensburger Handelsflotte aus 113 Schiffen mit 2.896 CL. Bis 1754 sank die Zahl der in der Fördestadt beheimateten Schiffe auf 97 mit 2.428 CL Doch mit dem Beginn des Westindienhandels 1755 setzte ein neuer Aufschwung ein; seit 1759 wurde von Flensburg aus auch der profitable Walfang vor Grönland betrieben. Im Gegensatz zu Altona konnte Flensburg nur mäßig von der guten Konjunktur während des Siebenjährigen Kriegs von 1756 bis 1763 profitieren, in dem Dänemark als einziger Ostseeanrainer neutral geblieben war. Dennoch wuchs die Flensburger

Ansicht der Stadt Flensburg aus dem Jahr 1746. Im 18. Jahrhundert stieg die Fördestadt dank der königlichen Privilegierung erneut zur führenden Schifffahrtsstadt im Herzogtum Schleswig auf.

*Das Fregattschiff
HOFFNUNG
aus Apenrade. Fregatten waren Hochseefahrzeuge, die vor allem in der europäischen und in der
Überseefahrt eingesetzt wurden. Der
Bauort des Schiffes ist
unbekannt. Da nicht
alle Apenrader Schiffe
in ihrem Heimathafen
gebaut wurden, ist es
durchaus möglich,
dass DIE HOFFNUNG
in Eckernförde, Flensburg oder Kiel vom
Stapel gelaufen ist.*

delsflotte wuchs dementsprechend zwischen 1729 und 1739 von 1.643 CL auf 2.151 CL. Um die Schiffe im Winter besser zu schützen, wurde 1745 mit dem Ausbau des Hafens begonnen. Der Erlass der schwedischen Navigationsakte im Jahr 1750, mit deren Hilfe die schwedische Handelsschifffahrt vor ausländischer Konkurrenz geschützt werden sollte, und das Tonnageüberangebot nach Ende des Siebenjährigen Krieges führte schließlich zu einer Stagnation der Apenrader Schifffahrt. 1775 wurden hier lediglich 55 Schiffe mit 2.464 CL gezählt und gegen den Landestrend sank ihre Zahl bis 1807 auf 40 Schiffe mit 2.369 CL.

Die Sonderburger waren hauptsächlich im Küstenhandel tätig, hatten aber mit der übermächtigen Flensburger Konkurrenz zu kämpfen. Zugleich beteiligten sich Sonderburger Schiffe am Getreideimport nach Norwegen, am Export von Äpfeln aus Gravenstein nach St. Petersburg sowie am Ziegeltransport, wobei sie oft im Auftrag Flensburger Kaufleute fuhren. Im 18. Jahrhundert war die Flensburger Förde das Zentrum der Ziegelherstellung im Gesamtstaat; damals wurden hier rund 90 Ziegeleien gezählt, die meist direkt am Ufer gelegen waren, um das Verladen der fertigen Ziegel auf die Transportschiffe zu erleichtern, die auf der Rückreise Torf und Kohlen für die Brennöfen brachten. Ebenso wie Flensburg profitierte auch Sonderburg nicht vom Siebenjährigen Krieg; zwischen 1745 und 1777 verringerte sich die Sonderburger Tonnage 2.090 CL auf 1.753 CL. Später setze ein neuer Auf-

Handelsflotte in den Jahren bis 1765 wieder auf 136 Schiffe mit 4.058 CL.

Apenrade hatte nach 1721 die traditionelle Schweden- und Ostseefahrt wieder aufgenommen. Zugleich engagierten sich die Apenrader Reeder auch wieder in der Frachtfahrt, die bald erneut zum wichtigsten Wirtschaftszweig der Stadt wurde. 1738 berichtete der Apenrader Magistrat, dass *„dieser Stadt Commercium lediglich in der Navigation nach fremden Orten bestehet"*, wobei die Apenrader Schiffe häufig im Auftrag Kopenhagener Kaufleute oder der Isländischen Kompagnie fuhren. Die Apenrader Han-

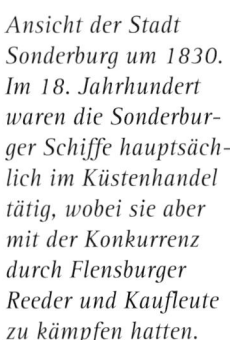

*Ansicht der Stadt
Sonderburg um 1830.
Im 18. Jahrhundert
waren die Sonderburger Schiffe hauptsächlich im Küstenhandel
tätig, wobei sie aber
mit der Konkurrenz
durch Flensburger
Reeder und Kaufleute
zu kämpfen hatten.*

schwung ein; 1806 wurden in Sonderburg 136 Schiffe mit 2.786 CL gezählt; das waren mehr Schiffe als in Apenrade.

Die Wiederbelebung der Eckernförder Handelsschifffahrt verlief dagegen weitaus zögerlicher. Erst 1737 erreichte die Handelsflotte der Stadt zahlenmäßig mit 37 Schiffen wieder den Stand von 1713; beim Schiffsraum dauerte es sogar noch bis 1747, bis die Gesamttonnage mit 812 CL den Vorkriegsstand dauerhaft überschritt. Es scheint, dass der Großteil der Eckernförder Reeder angesichts der schlechten Konjunktur in diesen Jahren vorwiegend Küstenschifffahrt mit kleinen Schiffen betrieb. Die meisten Eckernförder Reeder besaßen nur ein einziges Schiff, lediglich Christian Otte, damals der bedeutendste Reeder der Stadt, verfügte über sieben Schiffe, die er sowohl für den Transport eigener Handelsgüter als auch in der internationalen Frachtfahrt einsetzte. Damit hatte Otte eine Möglichkeit gefunden, ungeachtet der merkantilistischen Einfuhrbeschränkungen in anderen europäischen Ländern gutes Geld im Seetransportgeschäft zu verdienen, auch wenn die Frachtraten teilweise erheblichen konjunkturellen Schwankungen unterworfen waren. Zugleich stand Otte, wie auch die übrigen gesamtstaatlichen Reeder, in einem harten Wettbewerb mit den großen Handelsflotten, vor allem der Briten und Niederländer.

Auch an der Schlei entwickelte sich um die Mitte des 18. Jahrhunderts ein lebhafter Seehandel. Die Schiffe aus Kappeln, Arnis und anderen Orten transportierten vornehmlich landwirt-schaftliche Erzeugnisse aus Angeln und Schwansen nach Kopenhagen, einige der an der Schlei beheimateten Frachtsegler fuhren jedoch bis in das Mittelmeer und nach Westindien. 1776 waren allein in Kappeln bereits 34 Schiffe mit zusammen 227 CL beheimatet. 1796 schlossen sich die Schiffer aus Arnis und Kappeln zu einer „combinirten Schiffergesellschaft" zusammen, die aber nur bis 1806 Bestand hatte.

Die bedeutendste Hafenstadt in Holstein war im 18. Jahrhundert Altona, das seit dem Groß-Hamburg-Gesetz von 1937 ein Teil der Hansestadt Hamburg ist. Obwohl die Stadt 1713 durch die Schweden völlig zerstört worden war, wurde sie innerhalb weniger Jahrzehnte zur bedeutendsten Gewerbe- und Handelsstadt der Herzogtümer. Als Folge des Gottorfer Vergleichs von 1768, in dem Dänemark alle Herrschaftsansprüche auf Hamburg aufgab und es als freie Stadt des Deutschen Reichs anerkannte, fielen die merkantilistischen Förderungsmaßnahmen zwar weg, doch profitierte Altona zugleich von dem verbesserten Verhältnis zu seiner Nachbarstadt. Altona besaß nur wenig Eigenhandel, da nicht allein ein kaufkräftiges Hinterland fehlte, sondern sich auch die Konkurrenz des übermächtigen Nachbarn Hamburg bemerkbar machte. Daher verlegten sich die Altonaer Reeder vor allem auf die Frachtfahrt: Ihre Schiffe fuhren in Ost- und Nordsee, im Mittelmeer, nach Westindien und nach Afrika. So vermehrte sich die Tragfähigkeit der Altonaer Flotte zwischen 1745 und 1767 von 2.570 CL auf 4.329 CL. Dieses starke Wachstum

Ansicht der Stadt Altona aus dem Jahr 1713. Im 18. Jahrhundert stieg die Stadt an der Elbe zur führenden Seefahrtsstadt des Herzogtums Holstein auf, wobei die Altonaer Reeder vor allem in der Frachtfahrt tätig waren.

Ansicht Friedrich-stadts. Anders als es der stolze Zweimaster im Vordergrund vermuten lässt, war hier im 18. Jahrhundert nur eine kleinere Anzahl von Küstenseglern für den Lokal- und Regionalhandel beheimatet.

Bis heute erinnert diese Windfahne in Form eines Schiffes mit der Jahreszahl 1719 an die große Zeit Eckernfördes als Hafenstadt.

war vor allem auf die guten Schifffahrtskonjunkturen während des Siebenjährigen Kriegs zurückzuführen.

Dagegen konnten die Häfen an der Westküste nicht wieder an ihre Blütezeit im 16. und frühen 17. Jahrhundert anknüpfen. Der traditionelle Handel mit den Niederlanden war zwar nicht zum Erliegen gekommen, hatte aber erheblich an Bedeutung verloren. In Husum war der Hafen verschlickt und für größere Schiffe kaum zugänglich; die einstige Seehandelsstadt verwandelte sich nun in einen Viehhandelsort.

Das von einem hölzernen Bollwerk eingefasste Husumer Hafenbecken lag rund einen Kilometer von der Nordsee entfernt und war von den Gezeiten abhängig. Das Ein- und Auslaufen in den Hafen war nur zur Flutzeit möglich, da die Wassertiefe dann sieben Fuß, d.h. rund zwei Meter, betrug. Bei Ebbe war das Wasser dagegen nur einen Fuß, also etwa 30 Zentimeter, tief. Schiffe mit größerem Tiefgang mussten vor der Küste auf Reede liegen bleiben und konnten ihre Fracht nur mit Hilfe von Leichtern laden oder löschen. Husum selbst besaß nur eine kleine Handelsflotte, die 1790 lediglich 15 Schiffe mit 150,5 CL umfasste.

Zur Förderung des Seehandels waren die Husumer Schiffer und Kaufleute in der sogenannten „Cramer-Compagnie" zusammengeschlossen. Zu deren Aufgaben gehörte auch der Unterhalt des Hafens und die Sicherung der Zufahrten nach Husum. Der Weg nach Husum durch das Wattenmeer war mit Tonnen und Baken gekennzeichnet. Die Kosten für diese Seezeichen wurden durch Gebühren gedeckt, die alle Schiffer zu entrichten hatten, die das Wattenmeer befuhren. Die große Bedeutung dieser Navigationshilfen wird auch daran deutlich, dass der Husumer Ha-

fenmeister bis in das 19. Jahrhundert hinein als „Tonnen- und Bakenmeister" bezeichnet wurde.

Im 18. Jahrhundert wurden in Husum mehr Waren ein- als ausgeführt. Gelöscht wurden vor allem Roh- und Fertigwaren, Lebensmittel und Kolonialwaren für die Husumer Kaufleute, die nicht nur die Stadt, sondern auch das Umland versorgten. Der Schwerpunkt lag zwar auf dem Eigenhandel der Kaufleute, doch beteiligten sich die Husumer auch am Speditionshandel für Flensburger Kaufleute. Verfrachtet wurden hauptsächlich landwirtschaftliche Erzeugnisse aus dem Husumer Umland. Der Husumer Hafen wurde dabei aber nicht nur von in der Stadt beheimateten Seglern, sondern auch von fremden Schiffen angelaufen. Die meisten dieser auswärtigen Fahrzeuge waren Boote und Küstenfahrer von den nordfriesischen Inseln und Halligen oder der jütischen Nordseeinsel Fanø.

An der übrigen Westküste sah es kaum anders aus; wie in Husum waren auch in Tönning, Friedrichstadt und den anderen Hafenorten hauptsächlich kleinere Flotten mit Küstenseglern für den Lokal- und Regionalhandel beheimatet.

Die Reedereien Otte und Dultz

Im Herzogtum Schleswig war um die Mitte des 18. Jahrhunderts Flensburg das führende Schifffahrtszentrum; sowohl der Tonnage, als auch der Zahl der Schiffe nach besaß die Stadt die mit Abstand bedeutendste Handelsflotte. Dennoch hatte die größte Reederei des Herzogtums ihren Sitz nicht in Flensburg, sondern in der kleinen Stadt Eckernförde. Während es in Flensburg eine Vielzahl von Reedern und Kaufleuten gab, wurde der

Seehandel in Eckernförde von der Reederei Otte dominiert.

Christian Otte, der Gründer des Unternehmens, war 1674 als Sohn eines Schuhmachers in Eckernförde geboren worden. Wie viele junge Männer ging auch Christian Otte zur See und war bereits 1699, mit knapp 25 Jahren, Kapitän eines eigenen, kleinen Schiffes, mit dem er als Kapitän, Kaufmann und Reeder in einer Person in der Ostsee, vor allem mit Schweden, Handel trieb. Doch Christian Ottes Ehrgeiz ging weiter. Zusammen mit seinem jüngeren Bruder Otto und anderen Investoren begann er in den Jahren nach 1700 mit dem Aufbau einer Handelsflotte. Schon bald gab er die Seefahrt auf, um sich von Eckernförde aus als Kaufmann und Reeder auf die weitere Expansion des Unternehmens zu konzentrieren. In den Jahren der Gottorfer Neutralität im Großen Nordischen Krieg zwischen 1709 und 1713 hatte Christian Otte den Fahrtbereich der zehn Schiffe, an denen er beteiligt war, über den Ostseeraum hinaus bis nach Norwegen, England und Frankreich ausdehnen und neue Handelsverbindungen aufbauen können. Doch die gute Konjunktur währte nur kurz: 1713 wurde das Herzogtum Schleswig-Holstein-Gottorf in den Krieg hineingezogen und die Schifffahrt kam fast völlig zum Erliegen. Auch für Christian Otte wurde das Reedereigeschäft immer schwieriger, ebenso wuchsen die Risiken; bereits

1712 war sein Schiff DIE SONNE von den Schweden aufgebracht worden.

Doch auch in ökonomisch schwierigen Zeiten hatte Christian Otte wirtschaftlichen Erfolg. Bereits 1724 hatte seine Flotte mit sechs Schiffen und 110 CL Gesamttragfähigkeit wieder den Vorkriegsstand erreicht. Der Eigenhandel mit Norwegen, England und Frankreich sowie die immer bedeutsamer werdende Frachtfahrt schufen eine solide Grundlage für den weiteren Ausbau der kommerziellen Aktivitäten der Firma Otte: In den Jahren nach 1730 war Christian Otte der Alleinreeder seiner sieben Schiffe. Damit gehörte die Firma Otte zu den Vorreitern einer bedeutenden

Links: Der Eckernförder Reeder und Kaufmann Christian Otte (1674–1747), Sohn eines Schuhmachers und Gründer des erfolgreichen Eckernförder Reederei- und Handelshauses.

Rechts: Unter der Leitung von Friedrich Wilhelm Otte (1715–1766) wurde die Firma Otte zur bedeutendsten Privatreederei der Herzogtümer. Nach seinem Tod neigte sich auch die große Zeit Eckernfördes als Seehandelsstadt dem Ende zu.

Eckernförde im Jahr 1768. Kupferstich aus Erich Potoppidan „Den danske Atlas eller Kongeriget Danmark".

Der Walfänger GRÖN-LAND. Das Schiff gehörte dem Altonaer Reeder Hinrich Dultz, der sich seit 1768 auch am Walfang in arktischen Gewässern beteiligte. Die für ein Walfangschiff typischen, zahlreichen Fangboote sind auf diesem Aquarell aus dem Jahr 1794 deutlich zu erkennen.

Hinrich Dultz (1735–1825). Aus ärmlichen Verhältnissen stammend, stieg Dultz zum Großunternehmer auf. Zwischen 1781 und 1793 war er der bedeutendste Reeder Altonas. Als Folge der Kontinentalsperre Napoleons ging die Reederei Dultz 1811 in Konkurs.

Veränderung im Schifffahrtsgeschäft, bei der die reinen, auf das Seetransportgeschäft mit eigenen Schiffen spezialisierten Reedereien nach und nach an die Stelle der traditionellen Gesamthandelshäuser traten, die ihre in Partenreederei betriebenen Schiffe vorwiegend zum Transport eigener Handelswaren nutzten.

Als Christian Otte 1747 in Eckernförde starb, hinterließ er seinem 1715 in Eckernförde geborenen Sohn und Nachfolger Friedrich Wilhelm Otte neben einem großen Vermögen ein für die damalige Zeit hochmodernes Unternehmen mit internationalen Geschäftsverbindungen und damit eine gute Grundlage für die weitere Expansion.

Wie schon bei seinem Vater genoss auch im ökonomischen Denken Friedrich Wilhelm Ottes die internationale Frachtfahrt Priorität. Er spezialisierte sich dabei auf die Fahrt von der Ostsee nach Portugal, von dort aus weiter in das Mittelmeer und dann zurück nach Nordeuropa. Die Flotte der Firma Otte wurde in den folgenden Jahren konsequent vergrößert. Wie schon sein Vater Christian zeigte auch Friedrich Wilhelm Otte in seiner Heimatstadt Eckernförde soziales Engagement und besaß auch politischen Einfluss. So fungierte er von 1741 bis 1756 als „Adjunkt" oder Assistent des Eckernförder Bürgermeisters und knüpfte auch erfolgreich Kontakte zu den höheren Regierungskreisen in Kopenhagen; 1748 wurde er sogar zum „Wirklichen Kanzleirath" ernannt.

Die dänische Neutralität im Siebenjährigen Krieg eröffnete Friedrich Wilhelm Otte außergewöhnliche kommerzielle Möglichkeiten, doch in den Jahren nach Kriegsende wurde das Geschäft

schwieriger: Die Konkurrenz wuchs und die Frachteinnahmen gingen zurück. Deshalb dachte Friedrich Wilhelm Otte zeitweilig an eine Verringerung seiner Handelsflotte – doch andere Investitionsmöglichkeiten waren noch weniger aussichtsreich. Zwar hatte Friedrich Wilhelm Otte seit 1754 versucht, Textil- und Keramikindustrie in den Herzogtümern anzusiedeln, doch war den Otteschen Industriebetrieben nur eine kurze Lebensdauer beschieden.

Als Friedrich Wilhelm Otte im Jahr 1766 starb, geriet die bis dahin erfolgreiche Firma rasch in Verfall. Kaufmännisches Können und ein für das 18. Jahrhundert ungewöhnlicher unternehmerischer Wagemut waren das Erfolgsgeheimnis von Christian und Friedrich Wilhelm Otte gewesen. Da ein ebenbürtiger Nachfolger fehlte, wurde nach wenigen Jahren das gesamte Unternehmen liquidiert. Die Handelsflotte, zum Zeitpunkt von Friedrich Wilhelms Tod mit 16 Schiffen die größte Privatreederei der Herzogtümer, wurde stetig verkleinert, bis sie 1770 endgültig aufgelöst wurde.

Sowohl wegen ihrer Größe als auch wegen der Spezialisierung auf die Frachtfahrt war die Reederei Otte für den dänischen Gesamtstaat im 18. Jahrhundert völlig atypisch und Wegbereiter bei der Neustrukturierung des Reedereigeschäfts. Im Gegensatz zu der damals üblichen Partenreederei oder den für Flensburg typischen Gesamthandelshäusern hatte die Firma Otte die Frachtfahrt als Hauptgeschäft mit einer größeren Zahl von allein in ihrem Besitz befindlichen Schiffen betrieben. Doch erst im Zuge der technologisch-ökonomischen Umwälzungen der Industriellen Revolution sollte sich der Trend zur geschäftlichen Spezialisierung in Form von großen Reedereifirmen endgültig durchsetzen. Die traditionellen Gesamthandelshäuser und Partenreedereien, für die das Seetransportgeschäft nur Teilerwerb oder Geldanlage war, wurden dabei allmählich von Reedereien abgelöst, die ihre Geschäfte, vor allem Frachtfahrt, mit Schiffen betrieben, die vollständig ihr Eigentum waren.

Der bedeutendste Reeder im Herzogtum Holstein war der 1735 geborene Hinrich Dultz aus Altona. Als Sohn eines Segelmachers in ärmlichen Verhältnissen aufgewachsen, hatte Dultz 1756 gemeinsam mit seinem Jugendfreund Jürgen Rode eine Schiffsmaterialienhandlung eröffnet. Begünstigt durch die Neutralität des dänischen Gesamtstaats während des Siebenjährigen Krieges, florierte der Seehandel und so begann die Firma Rode & Dultz seit 1762 auch im Reedereigeschäft tätig zu werden.

1765 trennte sich Hinrich Dultz von seinem Kompagnon und machte sich selbständig. Obgleich Dultz auch weiterhin Eigen- und Kommissionshandel von Norwegen bis ins Mittelmeer betrieb, wurde die Reederei rasch zum Hauptgeschäftszweig des Unternehmens. Dultz investierte in Handels- und, seit 1768, auch in Walfangschiffe. Das Reedereigeschäft betrieb Dultz vor allem als Partenreederei alten Stils. Bei den Schiffen, die er als Hauptreeder betreute, betrug sein Anteil in der Regel ein Viertel. Der Rest der Schiffe gehörte den Mitreedern, von denen einige ein achtel Part, die meisten aber nur Sechzehntel-Parten hielten. Zugleich investierte Dultz aber auch als Mitreeder in Schiffe anderer Hauptreeder und war ab 1779 auch Besitzer einer Werft.

Von 1781 bis 1793 war Hinrich Dultz Inhaber der größten Reederei Altonas. Er profitierte von der dänischen Neutralität im Amerikanischen Unabhängigkeitskrieg. Bei stark schwankenden Schiffszahlen umfaßte seine Flotte in diesen Jahren im Schnitt 17 Schiffe.

Erst seit etwa 1790 begann Dultz damit, ähnlich wie die Ottes in Eckernförde, neu erbaute oder gekaufte Schiffe ganz auf eigene Rechnung fahren zu lassen, ohne die Beteiligung von Mitreedern. Der Grund dafür war aber wohl nicht der Wunsch, seine Geschäftsführung zu „modernisieren", sondern die zunehmende Schwierigkeit, Interessenten für die Übernahme von Schiffsparten zu finden. Das lag unter anderem an dem 1793 ausgebrochenen Seekrieg zwischen England und dem revolutionären Frankreich; dieser sorgte zwar für eine gute Schifffahrtskonjunktur, doch stieg zugleich die Gefahr der Aufbringung durch Kriegs- und Kaperschiffe.

Der Niedergang der Reederei Dultz begann, als Dänemark 1807 an Napoleons Seite in den Krieg zwischen Großbritannien und Frankreich hineingezogen wurde. Gleich bei Kriegsbeginn verlor Dultz vier schwer beladene Grönlandfahrer, die von einer britischen Fregatte als Prise genommen wurden. In den folgenden Jahren wurde die Reederei durch den Niedergang der Schifffahrt als Folge der gegen England gerichteten Kontinentalsperre und der britischen Gegenblockade in den Ruin getrieben; 1811 musste die Firma Konkurs anmelden. Völlig verarmt starb Hinrich Dultz 1825 in Altona.

Schiffbau. Im Hintergrund ist ein Schiff abgebildet, das man für die Überholung des Unterwasserschiffs auf die Seite gelegt oder gekrängt hat. In der Mitte ist ein halbfertiges Schiff zu sehen, dessen Spantengerüst deutlich erkennbar ist. Das Schiff im Vordergrund dagegen ist bereits fast vollständig beplankt und steht kurz vor dem Stapellauf.

Schiffbau und Schiffstypen

Der Schiffbau war im 17. und 18. Jahrhundert ein lokales Gewerbe. In jeder Stadt und in zahlreichen Hafenorten fanden sich kleine Werften, auf denen vorwiegend Küstenschiffe gebaut wurden. Hinzu kamen Zulieferer, wie Segelmacher, Kompassmacher, Ankerschmiede oder

Reepschläger. Mit Hilfe einer Winde wurden auf bis zu 400 Meter langen, sogenannten „Reeperbahnen" die für die Ausrüstung eines Schiffes benötigten Taue von der dünnen Flaggenleine bis zur dicken Ankertrosse hergestellt.

Fliesen mit Abbildungen niederländischer Handelsschiffe vom Beginn des 18. Jahrhunderts.

Reepschläger, die ebenfalls am Bau und der Ausrüstung der Schiffe verdienten.

Neben Werften für den Boots- und Kleinschiffbau gab es auch eine ganze Reihe bedeutenderer

Schiffbauplätze, wo auch größere Frachtsegler vom Stapel liefen. Die führenden Werftstandorte an der Ostsee waren Flensburg, Eckernförde, Neustadt und Lübeck, an der Elbe Altona, Blankenese, Wewelsfleth, Itzehoe und Wilster sowie an der Nordseeküste Tönning, Husum und Friedrichstadt. Der Schiffbau war konjunkturell eng mit dem Seehandel verbunden: Blühte die Schifffahrt, florierte auch der Schiffbau; lag die Schifffahrt am Boden, wurden weniger Schiffe gebaut oder repariert.

Die Konstruktion eines Schiffes ist stets ein Kompromiss zwischen verschiedenen Eigenschaften. So stand bei Handelsschiffen meist Wirtschaftlichkeit, Seetüchtigkeit und eine hohe Ladekapazität im Vordergrund, während Geschwindigkeit weniger wichtig war. Obgleich sie weder über Schiffsrisse, noch über Baupläne verfügten, besaßen die damaligen Schiffbaumeister eine genaue Vorstellung von dem zu bauenden Schiff. Sie griffen dabei auf einfache Faustregeln zurück, die die Maße des Schiffes miteinander in Beziehung setzten, um auf diese Weise Form und Gestalt des Schiffes festzulegen. Ebenso verfügten sie über einfache Instrumente, wie Senkblei, ein Stück Seil und Kreide, um die Konstruktion zu überprüfen und die einzelnen Bauteile aufeinander abzustimmen.

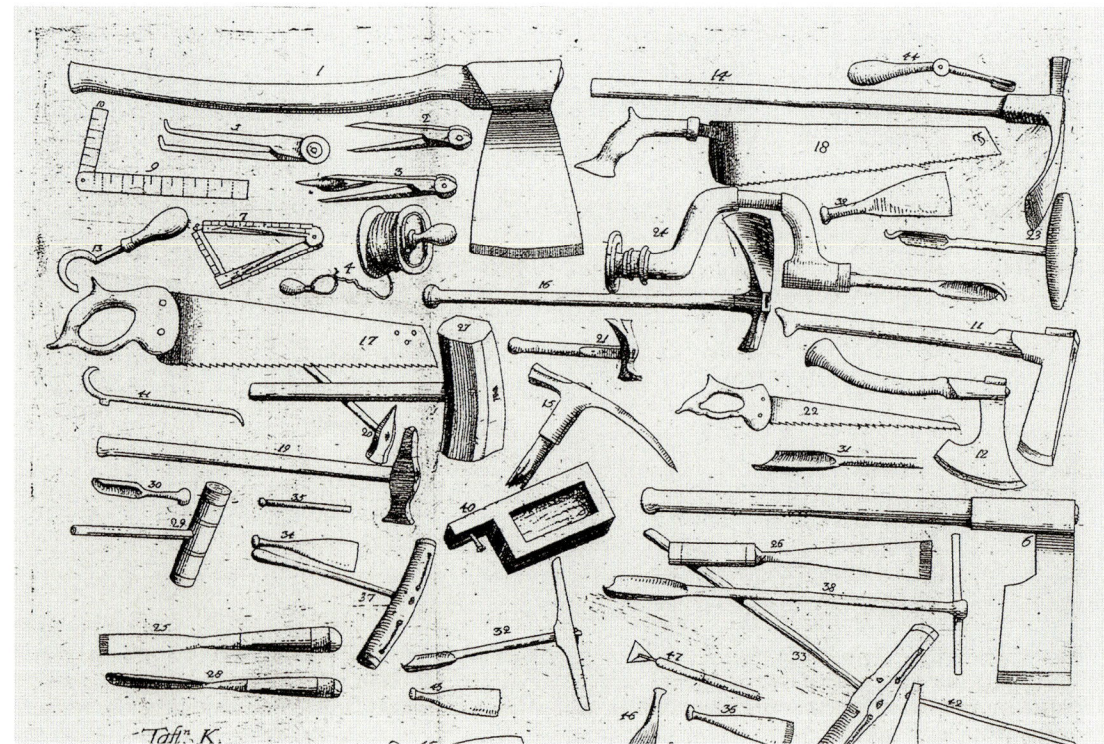

Schiffbauwerkzeuge. Diese Auswahl einfacher eiserner Werkzeuge zur Holzbearbeitung war ausreichend für den Bau hölzerner Schiffe vom kleinen Küstensegler bis zum dreimastigen Fregattschiff.

Für den Bau eines Schiffes war neben einem geeigneten Platz für die Helling, ausreichend Baumaterial und den zur Holzbearbeitung nötigen Werkzeugen lediglich eine gut ausgerüstete Schmiede notwendig, um Nägel, Werkzeuge und andere Eisenteile anzufertigen. Alle Schiffe wurden damals in der sogenannten Spantbauweise gebaut. Das heißt, dass zuerst der Kiel gelegt wurde, um dann, gleichsam wie das Skelett des Schiffs, das Spantwerk zu errichten, an dem anschließend die Planken der Außenhaut befestigt wurden. Die Schiffe wurden dabei kraweel beplankt, das bedeutet, dass die Planken stumpf aufeinander stießen und dadurch eine glatte Schiffswand bildeten. Das wichtigste Schiffbaumaterial war Eichenholz. Zur Konservierung des Rumpfes und zum Schutz vor dem Schiffsbohrwurm wurde das Unterwasserschiff entweder mit Bleiweiß gestrichen oder auch seit dem 18. Jahr-

hundert vermehrt mit Kupferplatten beschlagen. Oberhalb der Wasserlinie wurde mit schwarzem Kohlenteer ein breiter Streifen gemalt, während das restliche Überwasserschiff mit einer Mischung aus Leinöl, Harz und Pech gestrichen wurde.

Die Segel der damaligen Schiffe wurden in Rah- und Schratsegel unterschieden. Die Rahsegel waren mit ihrer Oberkante an den Rahen befestigt, querschiffs an den Masten angebrachten Rundhölzern. Ein voll getakelter Mast trug von unten: Untersegel (z.B. Fock oder Großsegel), Marssegel und Bramsegel. Als Schratsegel wurden dagegen die in Längsschiffrichtung stehenden, nicht an einer Rah befestigte Segel bezeichnet, wie das Gaffelsegel am Kreuzmast oder die Stagsegel, die an den schräg nach vorn und hinten den Mast abstützenden Tauen befestigt wurden. Die Segel selbst bestanden aus einander

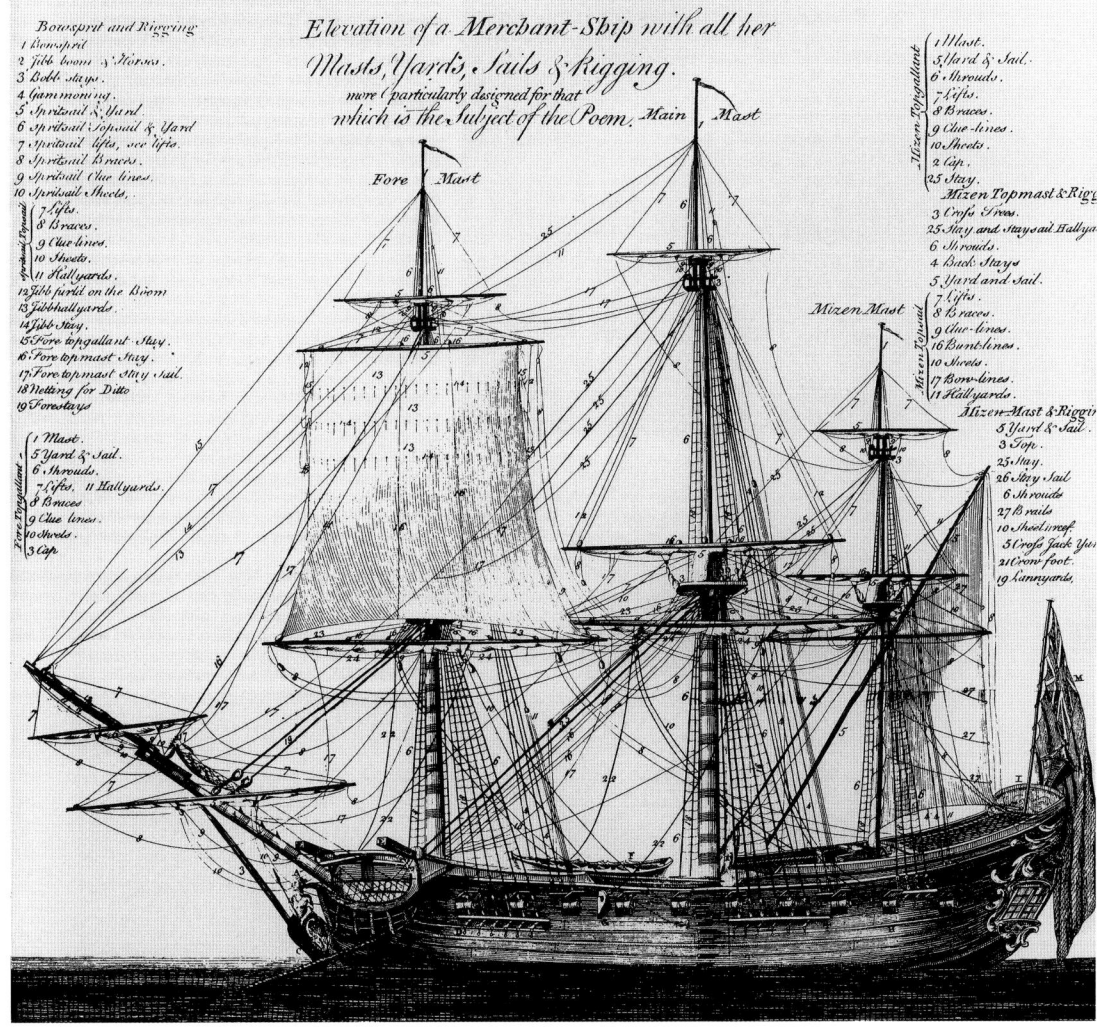

Stich eines typischen Handelsschiffs aus dem 18. Jahrhundert. Dargestellt ist ein Fregattschiff mit Rahsegeln an allen drei Masten. Am Kreuzmast trägt es zusätzlich ein Gaffelsegel. Das Schiff ist mit Kanonen bewaffnet, wie es damals bei der Fahrt nach Übersee nicht unüblich war.

Kleiner Küstensegler, wie er im 18. Jahrhundert an Nord- und Ostsee häufig anzutreffen war.

überlappenden, fest vernähten Leinwandstreifen. Es gab Segel aus schwerem Tuch für schlechtes Wetter und leichtere Segel für gutes Wetter. Um die Geschwindigkeit des Schiffes zu regulieren, setzten und kürzten die Seeleute die Segel entsprechend der Stärke des Windes und der Segeleigenschaften des Schiffes, immer bemüht, rechtzeitig auf Böen und plötzlich auftretende Stürme zu reagieren.

Am besten segelten die damaligen Schiffe nicht bei achterlichem Wind, wie seemännische Laien oft meinen, sondern bei raumem Wind, das heißt, bei schräg von achtern über das Heck einfallendem Wind. Bei Wind von achtern decken nicht nur die hinteren Segel diejenigen an den

vorderen Masten ab, sondern die Segel sind auch weniger wirksam als bei seitlichem Wind.

Die Schiffe konnten aber nicht nur mit achterlichem oder seitlichem Wind segeln, sondern besaßen darüber hinaus auch die Fähigkeit zu kreuzen, das heißt, gegen den Wind zu segeln. Allerdings war das Segeln gegen den Wind ein mühseliges Geschäft. Indem die Schiffe durch Wenden zwischen dem Steuerbord- und Backbordbug hin- und her wechselten, konnten sie – wenn auch nur langsam – in Form eines Zick-Zack-Kurses gegen den Wind Fahrt nach vorn machen.

Benannt wurden die Schiffe meist nach Heiligen, biblischen Personen, Familienmitgliedern des Reeders oder nach besonderen Tugenden. Im 18. Jahrhundert wurden die religiösen Schiffsnamen allmählich seltener, gleichzeitig wurden Namen wie DIE HOFFNUNG, CONCORDIA oder klassische Namen wie NEPTUNUS oder MINERVA modern.

Nach wie vor bildeten kleine Küstenschiffe das Gros der schleswig-holsteinischen Handelsflotten. Der aufblühende gesamtstaatliche Überseehandel belebte auch die Küstenschifffahrt. Im gesamten Ostseeraum herrschte ein reger Handel mit Kolonialwaren, land- und forstwirtschaftlichen Erzeugnissen und Baustoffen. Obwohl ihre Tragfähigkeit selten mehr als 10 CL betrug, spielten die Küstensegler an Nord- und Ostsee eine wichtige Rolle für den Warenaustausch und übernahmen den Transport regionaler Produkte zu den Handelsstädten sowie die Versorgung mit Handelswaren und Rohstoffen.

Der im 18. Jahrhundert in den Herzogtümern am häufigsten gebaute Schiffstyp war die Galiot. Wie viele nordeuropäische Schiffstypen stammte

Der kleine Hafen Warverort östlich von Büsum ist ein typisches Beispiel für Anlandeplätze, die nur von kleinen Küstenseglern angelaufen wurden und lediglich Bedeutung für den lokalen und regionalen Handel besaßen.

Anderthalbmastige Galiot. Galioten gehörten im 18. und 19. Jahrhundert zu den beliebtesten Schiffstypen im Ostseeraum. Die größten Vertreter dieses Typs, wie der hier abgebildete Dreimaster, fuhren bis in die Karibik und nach Ostindien.

Dreimastgaliot aus Apenrade. Gemälde um 1780 von Jes Jessen.

die Galiot ursprünglich aus den Niederlanden. Sie besaß einen breiten, bauchigen Rumpf, jedoch ein etwas schärferes Unterwasserschiff. Die Galiot war in der Regel als Anderthalbmaster getakelt, d.h. sie fuhr hinter dem Großmast einen kleineren Besanmast. Beide Masten trugen jeweils ein großes Gaffelsegel, wobei am Großmast mitunter noch zusätzlich Rahsegel gefahren wurden. Es gab allerdings auch kleinere Einmast- sowie größere Dreimastgalioten, die als Vollschiffe getakelt waren. Die Galioten waren nicht auf den

Einsatz als Küstenschiffe beschränkt, sie fuhren bis ins Mittelmeer und sogar nach Amerika und Ostindien. Von der Galiot wurden zahlreiche regionale Varianten gebaut. Im 19. Jahrhundert erhielt die Galiot einen schlankeren Rumpf und einen schärferen Bug.

Weitere verbreitete Schiffstypen waren die der Galiot sehr ähnliche, aber voller gebaute Kuff sowie der ein- bis dreimastige Huker, ein Schiff mit breitem Bug, rundem Rumpf und rundem Heck. Zu den beliebtesten Küstenfahrern an der Ostsee

Schleswig-Holsteinische Jacht. Diese an der schleswig-holsteinischen Ostseeküste weit verbreiteten einmastigen Küstensegler besaßen einen fülligem Rumpf mit Spiegelheck und recht großem Tiefgang.

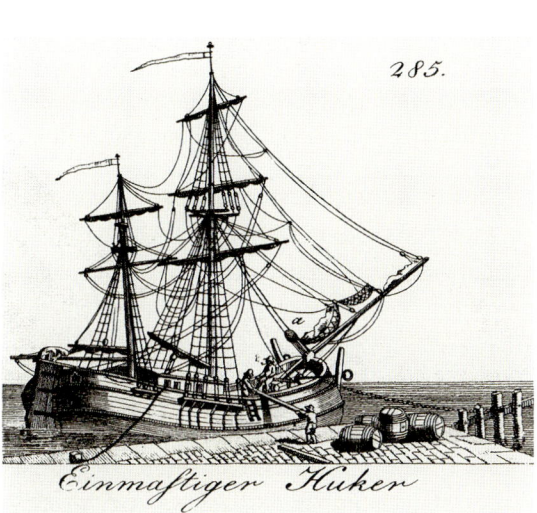

Anderthalbmastiger Huker. Der aus den Niederlanden stammende Huker war ein ein- bis dreimastiger Handelsschiffstyp mit breitem Bug und rundem Rumpf.

Die Brigg (links) und die Schnau (rechts) gehörten im 18. und 19. Jahrhundert zu den beliebtesten Schiffstypen. Beide führen an ihren zwei Masten Rahsegel sowie am Großmast zusätzlich ein Gaffelsegel, doch während es bei der Brigg direkt am Großmast befestigt war, besaß die Schnau einen kleinen, direkt hinter dem Großmast angebrachten „Schnau-Mast", an dem das Gaffelsegel angeschlagen wurde.

Der Schoner LOUISE aus Flensburg. Kolorierte Zeichnung aus dem Jahr 1828. Die schnellen und handigen Schoner gehörten zu den modernen Schiffstypen, die im 19. Jahrhundert einige der älteren Schiffstypen zu verdrängen begannen.

gehörte die schleswig-holsteinische Jacht oder Jagt. 1794 waren von 758 schleswig-holsteinischen Handelsschiffen 412 Jachten. Die 10 bis 20 Meter langen Einmaster besaßen ein Spiegelheck, einen fülligen Rumpf mit einem recht großen Tiefgang und einer Tragfähigkeit von 3 bis 24 CL. Sie waren mit einem großen Gaffelsegel, Vorsegeln sowie mitunter auch einem oder zwei Rahsegeln getakelt. Dank ihres einfach zu handhabenden Riggs benötigten sie nur zwei bis drei Mann Besatzung. Das Zentrum des Jachtbaus lag auf den Inseln Fünen und Ärö (dänisch: Ærø). Jachten verkehrten zwischen den Häfen der Ostsee und fuhren bis nach Norwegen.

Viele dieser traditionellen Schiffstypen wurden im 19. Jahrhundert durch neue, schnittigere Schiffstypen, wie die Galeasse oder den Schoner, verdrängt. Auch die Fleute wurde nach 1780 nicht mehr gebaut. Einen Hinweis auf die Häufigkeit der Schiffstypen an der Ostsee gibt die Flensburger Handelsflotte des Jahres 1750. Von den damals 113 in der Fördestadt beheimateten Schiffen waren 60 Galioten, 29 Jachten und 15 Vollschiffe; hinzu kamen drei Huker, zwei Schnauen, zwei Fleuten, eine Brigantine und eine Schmack.

In der Nordsee waren vor allem Küstensegler mit flachem Boden und Seitenschschwertern zur Kursstabilisierung anzutreffen. Ende des 18. Jahrhunderts wurde die Schmack als anderthalbmastiger Segler mit flachem Boden und Seitenschwertern gebaut. Im 19. Jahrhundert zählte der ursprünglich wohl von nur einem Mann gesegelte Ewer (niederländisch für „Einfahrer") zu den häufigsten Schiffstypen. Er wurde vor allem im Elbgebiet gebaut, besaß einen flachen Boden und einen bis anderthalb Masten. Die einmastige Variante dieses Küstenseglers wurde Giekewer, die anderthalbmastige Besanewer genannt.

Daneben gab es in den Städten der Herzogtümer aber auch eine stattliche Zahl von Briggs, Schauen und Fregattschiffen, die groß genug für den Einsatz in der internationalen Fahrt waren. Das Fregattschiff war ein dreimastiges vollgetakeltes Schiff, während die Bark, die ebenfalls drei Masten hatte, am Besanmast keine Rah-, sondern nur ein Gaffelsegel führte. Die Brigg fuhr an ihren beiden Masten Rahsegel sowie am Großmast zusätzlich ein Gaffelsegel; die im 18. Jahrhundert sehr beliebte Schnau war eine Abart der Brigg, bei der das Gaffelsegel an einem kleinen, direkt hinter dem Großmast angebrachten, sogenannten „Schnau-Mast" angeschlagen wurde.

Die Unterscheidung der einzelnen Schiffstypen erfolgte anhand der Rumpfform oder der Takelage. So waren beispielsweise Kuff und Galiot ähnlich getakelt, besaßen aber unterschiedliche Rumpfformen, während der wesentliche Unterschied zwischen Fregattschiff und Bark in der Takelung des achteren Mastes bestand.

Infolge eines 1666 geschlossenen Vertrags zwischen Dänemark und den Niederlanden über Schiffvermessung und Zollabgaben legte die 1672 erlassene dänische Zollverordnung fest, dass künftig alle dänischen Schiffe, die Kopenhagen anliefen, offiziell vom Commerciekollegium vermessen werden sollten. Diese Vermessung erfolgte in Commerzlasten (CL), einem Raum-

maß, das 150 dänischen Kubikfuß entsprach bzw. einem Gewicht von ungefähr 2,6 Tonnen, dem Äquivalent der durchschnittlichen Ladung eines Pferdefuhrwerks. Später wurden auch die in den Herzogtümern Schleswig und Holstein beheimateten Schiffe in Commerzlasten vermessen.

Zur Berechnung der Tragfähigkeit wurde die Länge des Schiffs über Deck mit der an drei vorgeschriebenen Stellen gemessenen Innenbreite und die Raumtiefe multipliziert und das Ergebnis durch eine Konstante geteilt. Bei dieser Berechnungsmethode wurden schlanke, scharf gebaute Fahrzeuge benachteiligt, weshalb bis etwa 1825 in der Ostsee vor allem füllige Schiffe mit flachem Boden und schmalem Deck gebaut wurden.

Da es jedoch bei der Vermessung der Schiffe häufig zu Abweichungen bei den Größenangaben kam – so wurde bei der amtlichen Vermessung in Kopenhagen die Angabe der Tragfähigkeit der Schiffe aufgrund einer geheimen Dienstanweisung um den Faktor 5/6 reduziert – sind alle Angaben in den Quellen mit gewissen Ungenauigkeiten behaftet. Dementsprechend finden sich auch in den Statistiken teilweise unterschiedliche Angaben zur Handelsschiffstonnage der schleswig-holsteinischen Städte.

Nachdem die Herzogtümer 1867 preußische Provinz geworden waren, wurde in Schleswig und Holstein das metrische Maßsystem eingeführt. Zugleich wurde die Commerzlast als Maß für den Raumgehalt von Seeschiffen durch die international übliche Einheit „Registertonne" (engl. „register ton", entspricht 100 englischen Kubikfuß oder 2,8316 Kubikmetern) ersetzt.

Gefahren der Seefahrt

Schiffsverluste durch Stürme und Strandungen gehörten im 18. Jahrhundert zum Schifffahrtsalltag. So verlor die Reederei Otte 1757 das Fregattschiff ZWEI GEBRÜDERE mitsamt seiner Besatzung in einem Orkan vor Malaga, und im Februar 1766 ging die Ottesche Galiot ELSABE MAGDALENA im Mittelmeer verloren, wobei sich die Mannschaft nach Algier retten konnte. Doch viel gefährlicher als die offene See mit ihren Stürmen war die Küste. Viele Schiffe liefen bei der Annäherung an das Land auf Grund oder wurden

bei Sturm auf das Ufer geworfen, wie beispielsweise die beiden englischen Linienschiffe ST. GEORGE und DEFENCE, die auf der Heimreise nach England am Heiligabend des Jahres 1811 vor der dänischen Nordseeküste strandeten, wobei mehr als 1.400 Menschen den Tod fanden.

Über die Häufigkeit von Schiffsuntergängen gibt es nur wenig verlässliche Zahlen. In der zweiten Hälfte des 18. Jahrhunderts gingen insgesamt 217 Flensburger Schiffe durch Sturm, Strandung oder Feuer verloren. Das entspricht einer Verlustquote von rund 20 Prozent. Nimmt man einen Durchschnitt von jährlich vier Reisen pro Schiff an, so bedeutet dies, dass fünf von tausend Reisen mit dem Verlust des Schiffes endeten.

Insbesondere die küstennahe Fahrt war mit vielfältigen Risiken und Unsicherheiten, wie Sandbänken und Strömungen, verbunden. Vor allem die schleswig-holsteinische Westküste mit ihren zahlreichen Untiefen war für Segelschiffe eine gefahrvolle Strecke. Es wird geschätzt, dass zwischen 1600 und 1900 allein im Gebiet zwischen zwischen Eiderstedt und Sylt etwa 800 hölzerne Fracht- und Fischereifahrzeuge verunglückt sind. Doch was für die Mannschaft dieser Schiffe eine lebensbedrohende Katastrophe war, bedeutete für die Küstenbevölkerung oft ein Geschenk Gottes. Obwohl auf den sogenannten Strandraub schwere Strafen standen, suchten die Einwohner die Strände heimlich nach angetriebenen Gütern ab.

Diese kolorierte Zeichnung aus den 1790er Jahren zeigt drei der damals beliebtesten Handelsschiffstypen in den Herzogtümern. Links ist die Jacht DER FRÜHLING zu sehen, in der Mitte das Fregattschiff DIE GRAZIEN und rechts die Galeasse DER JUNGE NICOLAI.

Die 1810 gebaute Schnau KIELSENG aus Flensburg. Deutlich ist der dünne Schnaumast hinter dem Großmast zu erkennen. Nach 37 Reisen nach Westindien wurde das Schiff 1860 außer Dienst gestellt. Kolorierte Zeichnung aus dem Jahr 1822.

Mit der Schleswig-Holsteinischen Strandungsordnung von 1803 wurde das landesherrliche Strandrecht aufgegeben und das Bergen von Schiffen und Ladungen nur noch mit der Einwilligung des Kapitäns des gescheiterten Schiffes gestattet. Diese Regelung blieb bis 1874 in Kraft, als mit der Deutschen Strandungsordnung zum ersten Mal eine reichseinheitliche Regelung des Strandrechts erlassen wurde. Fortan musste jede Strandung den zuständigen Behörden gemeldet und alle geborgenen Güter nach Abzug der Kosten für die Bergung den Eigentümern ausgehändigt werden.

In Notsituationen war der Kapitän berechtigt, von der vorgegebenen Route abzuweichen und

einen Nothafen anzulaufen, im Namen der Reederei einen Kredit für notwendige Reparaturen aufzunehmen oder eine sogenannte „Bodmerei" zu schließen, d.h. ähnlich einer Hypothek unter Belastung des Schiffs als Sicherheit Geld zu leihen. Wenn auf keine andere Weise Geld zu beschaffen war, durfte er sogar Teile der Ladung verkaufen.

Bei Unfällen auf See musste sich der Kapitän nachträglich durch eine beeidigte Aussage, die sogenannte Verklarung, rechtfertigen. Ebenso war der Kapitän gehalten, in Notfällen den Rat der erfahrensten Besatzungsmitglieder einzuholen, etwa wenn es um die Entscheidung ging, ob die Masten gekappt oder die Ladung über Bord geworfen werden sollte. Dieser sogenannte „Schiffsrat" bedeutete keine Einschränkung der Befehlsgewalt des Kapitäns, konnte ihn aber vor etwaigen Regreßforderungen schützen. Die endgültige Entscheidung über die zu treffenden Maßnahmen lag allein beim Kapitän. Überging er aber den Ratschlag des Schiffsrats ohne triftigen Grund, war er für alle entstehenden Schäden schadenersatzpflichtig.

Angesichts der Risiken der Seefahrt hatte sich im Laufe des Mittelalters in Italien ein maritimes Versicherungswesen entwickelt, das den Reedern die Möglichkeit bot, sich gegen Verlust oder Beschädigung des Schiffes oder der Ladung abzusichern. Die Seeversicherung gehört damit zu den ältesten Versicherungen überhaupt. Dem italienischen Vorbild entsprechend, gab es bald auch in Nordeuropa die Möglichkeit, sich gegen den Verlust eines Schiffes zu versichern. Der früheste aus Hamburg überlieferte Seeversicherungsvertrag stammt aus dem Jahr 1588 und deckte die Risiken einer Ladung Getreide ab, die nach Italien gehen sollte. Auch die 1618 gegründete dänische Ostindische Kompagnie versicherte ihre Schiffe bei wohlhabenden Handelshäusern in Amsterdam, Hamburg oder London. Allgemein üblich wurden Seeversicherungen aber erst im Laufe des 17. Jahrhunderts. 1683 wurde das dänische Seeversicherungswesen im neuen Seerecht einheitlich geregelt und 1726 wurde in Kopenhagen die erste Seeversicherungsgesellschaft gegründet.

Bei einer Seeversicherung trug der Versicherte üblicherweise einen Teil des Risikos, da die Versicherungssumme in der Regel nicht den ganzen Schaden deckte. Die Höhe der Versicherungsprämie war vom Reiseziel abhängig. So musste

Gestrandete Fleute. Schiffsverluste gehörten im 18. Jahrhundert zum Schifffahrtsalltag. Vor allem die schleswig-holsteinische Westküste mit ihren Untiefen barg für Segelschiffe zahlreiche Gefahren.

Strandrecht und Strandraub

Das Strandrecht war das von den Küstenbewohnern oder Landesherren bis in die Frühe Neuzeit hinein ausgeübte Recht, sich gestrandete Schiffe oder Ladungen anzueignen. Ursprünglich war das Strandrecht in Schleswig und Holstein ein landesherrliches Vorrecht gewesen, d.h. gestrandete Schiffe und ihre Ladungen verfielen dem Landesherrn. So beanspruchte der dänische König nach dem Jyske Lov von 1241 alle am Strand angetrieben Waren, deren Eigentümer nicht festgestellt werden konnten. Gab es dagegen Überlebende, blieben sie im Besitz von Schiff und Ladung, sofern sie sich noch auf dem gescheiterten Schiff befanden. Die zuständigen Strandvögte sollten ihnen gegen angemessenen Lohn beim Bergen der Waren helfen; auf Diebstahl von Strandungsgut stand die Todesstrafe. Dennoch entwickelte sich in den Herzogtümern Schleswig und Holstein im Laufe der Zeit die Regelung, dass der Wert von Schiff und Ladung zu gleichen Teilen unter den Eigentümern, den Bergern und dem Landesherrn aufgeteilt werden sollte. Herrenloses Strandgut gehörte dagegen zu zwei Dritteln dem Landesherrn und zu einem Drittel den Bergern. Diese Regelung blieb bis 1803 in Kraft.

Gleichwohl weckten gestrandete Schiffe und ihre Ladungen seit jeher auch die Begehrlichkeit der Küstenbewohner. So stellt beispielsweise eine Quelle aus dem 18. Jahrhundert fest: *„Wie die Helgoländer, so gelten auch die Amrumer – hinsichtlich Strandungsfällen – als habgierig, sind aber auch als tüchtige Berger berühmt."*

Obwohl auf den sogenannten Strandraub schwere Sanktionen standen, suchten die Einwohner die Strände heimlich nach angetrieben Gütern ab, versteckten sie in den Dünen und schafften sie im Schutz der Dunkelheit nach Hause. Dabei fehlte ihnen oftmals jegliches Unrechtsbewusstsein. In den Augen der Küstenbewohner war an der Aneignung von Strandgut nichts Verwerfliches; im Gegensatz zu gewöhnlichen Dieben wurden verurteilte Strandräuber daher von der Dorfgemeinschaft auch nicht ausgegrenzt. In früheren Zeiten sollen die Amrumer sogar Strandungen regelrecht herbeigefleht und den Wunsch *„Gott segne unseren Strand"* in ihre Gebete eingeschlossen haben. Mitunter war die Verlockung groß, der göttlichen Fügung ein wenig „nachzuhelfen". Daher erließ der dänische König Friedrich IV. im Jahr 1705 die „Verordnung des Strand Rechts", nach der auf das Setzen falscher Leuchtfeuer oder Seezeichen sowie das Inbrandstecken von Schiffswracks und auf Übergriffe gegen Schiffbrüchige die Todesstrafe angedroht wurde.

Dennoch war auf den nordfriesischen Inseln die Strandräuberei ein traditionsreiches Gewerbe, wobei die behördliche Aufsicht vor Ort mitunter recht locker gehandhabt wurde, da auch die Strandvögte aus der ortsansässigen Bevölkerung stammten. Im 18. Jahrhundert wurden auf Amrum sogar Strandabschnitte verpachtet, in denen die Strandvögte auf eigenen Gewinn arbeiteten – angesichts der zahlreichen Schiffsunglücke ein lohnendes Geschäft. Um die Kontrolle der Strandvögte zu verbessern, setze die Landesherrschaft daher vereidigte Strandinspektoren oder Strandbevollmächtigte ein, die auf die Einhaltung der landesherrlichen Vorschriften zu achten hatten. Allerdings gab es auch immer wieder Strandvögte, wie den ab 1713 auf Sylt amtierenden Walfangkommandeur Lorens Petersen de Hahn (1688–1747), die energisch gegen die Strandräuberei vorgingen. Wie wichtig die richtige Auswahl der Strandvögte war, zeigt auch die Strandordnung von 1803. Darin wurde unter anderem festgelegt, dass *„vorzüglich in der Nähe des Strandes wohnende, vermögende, unbescholtene und betriebsame"* Männer als Strandvögte eingesetzt werden sollten.

Mit der Schleswig-Holsteinischen Strandungsordnung von 1803 wurde das landesherrliche Strandrecht aufgegeben. Fortan war das Bergen von Schiffen und Ladungen nur noch mit der Einwilligung des Kapitäns des gescheiterten Schiffes gestattet. 1874 wurde schließlich mit der Deutschen Strandungsordnung eine reichseinheitliche Regelung des Strandrechts erlassen, nach der alle gestrandeten Schiffe den zuständigen Behörden gemeldet und alle geborgenen Güter nach Abzug der Bergungskosten und des Bergungslohns den Eigentümern ausgehändigt werden mussten. Doch noch bis in das 20. Jahrhundert hinein wurde auf den nordfriesischen Inseln Strandraub getrieben, wie ein Telegramm aus dem Januar 1920 belegt: *„+ werftleichter 38 bei pellworm gestrandet + bewaffnete fischer hindern bergung + polizeiliche hilfe wird erbeten +".*

beispielsweise im Jahr 1702 für eine Reise nach Afrika und Westindien eine rund drei Mal so hohe Prämie bezahlt werden wie für eine Reise nach Westindien allein.

Allerdings bot auch eine Seeversicherung keine hundertprozentige Sicherheit, vor allem, wenn der Versicherungsmakler unehrlich war. So sind Fälle überliefert, in denen die Versicherten auf ihrem Schaden sitzen blieben, weil die Prämienzahlungen unterschlagen und keine Versicherung abgeschlossen worden war, die Versicherer bankrott angemeldet hatten oder die Auszahlung der Versicherungssumme unter fadenscheinigen Gründen verweigerten oder herauszögerten, so dass teure und langwierige Gerichtsprozesse notwendig wurden.

Das Lotswesen

Seit dem Mittelalter gab es das Bemühen, die Seefahrt sicherer zu machen. So versuchte man, durch die Bereitstellung von Navigationshilfen und Lotsen zumindest einige Risiken der Seefahrt zu vermindern. Als revierkundige, mit den besonderen Gefahren des jeweiligen Seegebietes vertraute Seeleute unterstützten die Lotsen die Schiffsführer bei der Navigation in schwierigen Gewässern.

Lange Zeit waren Lotsen in der Nordsee wichtiger als in der Ostsee, da es hier zahlreiche Sände und Untiefen gibt, die sich zudem ständig verändern. Während daher auf der Nordsee bereits im Mittelalter ortskundige Lotsen für eine sichere Passage durch navigatorisch schwierige Fahrwasser wie die Niederelbe sorgten, entwickelte sich das Lotsenwesen in den einfacher zu befahrenden Gewässern der Ostsee erst wesentlich später. Seit dem 16. Jahrhundert schlossen sich die Lotsen zu Brüderschaften zusammen, um das Lotswesen in einem bestimmten Revier zu organisieren und zu vereinheitlichen.

Besonders wichtig war das Elblotsenwesen, dessen Anfänge bis in das 13. Jahrhundert zurückverfolgt werden können, auch wenn die Lotsen erst seit dem 16. Jahrhundert aktenkundig sind. Damals führten die mit den Strömungen, Untiefen und Sandbänken vertrauten Fischer von den Inseln Helgoland und Neuwerk die Schiffe sicher durch das Mündungsgebiet der Elbe.

Vor allem die Hansestadt Hamburg, die ihre Macht und ihren Reichtum vor allem ihrem Hafen und dem Seehandel verdankte, war an einer sicheren Elbpassage interessiert. 1575 errichteten die Hamburger auf der im Wattengebiet vor Cuxhaven liegenden Insel Neuwerk zwei Lotsenhäuser. Zu Beginn des 17. Jahrhunderts entstanden dann die Anfänge eines geregelten Hamburgischen Seelotsenwesens auf Elbe, als die Hansestadt im Jahr 1610 den von Neuwerk stammenden Carsten Hongholt als ersten „Lotsen bei der Stadt" verpflichtete. Doch es zeigte sich, dass diese noch recht provisorischen Maßnahmen für eine sichere Passage dieses schwierigen Fahrwassers nicht ausreichten. 1623 wurde in Hamburg das Admiralitäts-Kollegium, kurz „Admiralität" genannt, gegründet, das bis in das 19. Jahrhundert die für alle Schifffahrtsbelange zuständige Behörde war und der auch die Regelung des Lotswesens oblag. 1639 entstand die erste Hamburger „Pilotage- und Schragenordnung", in der das Lotswesen und die dafür zu entrichtenden Gebühren geregelt wurden.

Nach einer Reihe von Schiffsverlusten wurde 1656 eine neue Pilotageordnung erlassen, die als Beginn des staatlichen Hamburgischen Lotswesen auf der Unterelbe angesehen werden kann. Die Lotsen mussten ein Examen ablegen und wurden von der Admiralität vereidigt, weshalb sie auch „Admiralitätslotsen" genannt wurden. Die Lotsordnung von 1656 blieb im Wesentlichen bis zur Auflösung der Admiralität im Jahr 1810 bestehen, wurde aber immer wieder den sich verändernden Erfordernissen angepasst. So bestand seit 1674 eine gewisse Reihenfolge der Lotsen, „Bört" genannt. Bis heute regelt neben anderen Vorschriften die Börtordnung den Einsatz der Elblotsen.

Mit der 1750 erlassenen Fassung der Lotsordnung entstand ein Lotssystem, das in einigen Bereichen bis in die Gegenwart Geltung hat. Seither gab es für Elblotsen in Cuxhaven eine Landstation und in Gestalt der bei der ersten Fahrwassertonne auf der Elbe, der „Roten Tonne", vor der Insel Scharhörn stationierten Lotsengaliot eine Seestation. Die Seelotsen führten in der Regel die einkommenden Schiffe elbeaufwärts bis Glückstadt, wo sie von den sogenannten Overlotsen abgelöst wurden, die die Schiffe bis Hamburg führten. Nur ausnahmsweise wurden Schiffe von der See bis Hamburg durchgelotst. In den Jahren 1745 bis 1774 hatten sich in

Oevelgönne, Blankenese, Glückstadt und auf der hannoverschen Elbseite in der Gegend von Stade vier Brüderschaften der Overlotsen gebildet.

Im Gegensatz zur Lotsung elbeinwärts blieb die Lotsung der Schiffe von Hamburg nach See der freien Übereinkunft zwischen Kapitän und Lotsen überlassen. Mit elbaufwärts fahrenden Schiffen kehrten die Lotsen als Passagiere nach Hamburg zurück. Nur in Ausnahmefällen war es ihnen gestattet, Schiffe die Elbe hinaufzuführen. Erst 1905 wurde vom Hamburger Staat auch für die Passage elbabwärts eine Lotsordnung mit festen Tarifen erlassen.

Auf der Ostsee wurden Lotsen erstmals 1299 im Lübecker Seerecht erwähnt. Seit 1447 herrschte in allen Hansehäfen Lotsenzwang. 1699 wurde den Einwohnern Travemündes das „wilde Lotsen" auf der Trave durch die Stadt Lübeck verboten. 1708 wurde das erste Reglement für die Lübecker „Herrenlotsen" (der Name leitet sich von dem niederdeutschen Wort für „Hering" ab) erlassen; zu ihren Aufgaben gehörte unter anderem auch das Öffnen und Schließen der Baumsperre bei Travemünde. 1761 folgte die erste Lotsordnung für die Lübecker Lotsen.

1561 wurden im Seerecht König Friedrichs II. erstmals Regelungen für das Lotswesen im Königreich Dänemark geschaffen. Im Jahr 1683 legte König Christian V. in seinem Gesetzbuch „Danske Lov" die Grundlage eines staatlichen Lotsenwesens im Königreich Dänemark. 1831 wurde das erste dänische Lotsengesetz geschaffen. Diese rechtlichen Regelungen fanden auch für die Herzogtümer Anwendung.

1684 wurde die erste Lotsenlizenz für die Flensburger Förde erlassen. Gut einhundert Jahre später wurde das Lotswesen auf der Flensburger Förde durch ein Reskript König Christians VII. aus dem Jahr 1785 neu geregelt. Danach waren die Lotsen auch für die Seezeichen an der Flensburger Innen- und Außenförde zuständig, wofür bis 1892 von allen den Flensburger Hafen anlaufenden Schiffen das sogenannte „Priggengeld" erhoben wurde.

Zunächst gab es nur in den wichtigsten Häfen staatliche Lotsen, später wurde das Lotsenwesen auch auf die kleineren Häfen ausgeweitet. Schließlich gab es Lotsstationen an der Flensburger Förde sowie in Haderleben, in Apenrade, an der Schlei, in Eckernförde, in Heiligenhafen, in Neustadt und auf Fehmarn. Wie es in der „Instruction für die zu Eckernförde angesetzten Kö-

niglichen Lotsen" von 1799 hieß, sollten in Eckernförde „2 Königliche Lotzen seyn. Diese sollen die Schiffe, wenn es verlangt wird, auf der Rhede und im Hafen frey und sicher für Untiefen und Gründen Lotzen zu können, Kenntnis haben, auch nach Kiel, Fehmer-Sund und Heiligenhaven, Neustadt, Sleymünde, Flensburg und Sondenburg lotzen können."

Bis zum Bau des Schleswig-Holsteinischen Kanals war das Seegebiet vor der Eider durch Helgoländer Lotsen bedient worden. Nach der Eröffnung des Kanals 1784 schlossen sich einige Schiffer zu einer Lotsgemeinschaft zusammen, 1794 wurde die Brüderschaft der Eiderlotsen gegründet. Gelotst wurde in Abschnitten von der See bis Tönning, dann von Tönning bis Rendsburg und schließlich von Rendsburg bis Holtenau. Bereits kurz nach der Eröffnung des Schleswig-Holstein-Kanals war 1784 in Bülk bei Kiel die erste staatliche Lotsenstation an der Ostseeküste eingerichtet worden. Seit 1856 sah das Lotsenreglement für Bülk einen festen Losten und für Laboe zwei Reservelotsen vor.

Im Wesentlichen galten diese Regelungen für das Lotswesen in den Herzogtümern bis zum deutsch-dänischen Krieg von 1864. Nach der Eingliederung der Herzogtümer in das Königreich Preußen 1867 ging die Verantwortung für das Lotswesen entlang der schleswig-holsteinischen Küsten an Nord- und Ostsee auf den preußischen Staat über, wobei die bisherigen Regelungen zunächst ihre Gültigkeit behielten.

Kapitänsbild eines Handelsschiffs aus dem 18. Jahrhundert. Viele Kapitäne ließen Bilder der von ihnen geführten Schiffe anfertigen, die sogenannten „Kapitänsbilder". Zwar sind diese Schiffsporträts nicht immer künstlerisch wertvoll, doch vermitteln sie einen guten Eindruck vom Aussehen der damaligen Schiffe.

Feuerschiffe

Eine Ergänzung zu den landfesten Leuchtfeuern boten die Feuerschiffe. Sie dienten zugleich auch als Seezeichen zur Ansteuerung von Häfen und Flussmündungen. 1815 wurde mit der Lotsengaliot vor der Mündung der Eider das erste Feuerschiff in der Deutschen Bucht in Dienst gestellt. Der starke Schiffsverkehr auf dem Schleswig-Holsteinischen Kanal infolge der Kontinentalsperre hatte die dänische Regierung bereits 1807 veranlasst, den Bau einer „Eider-Lotsengaliot" in Auftrag zu geben, doch wurde ihr Einsatz durch den Ausbruch des Krieges mit England zunächst verhindert. Erst nach Ende der Napoleonischen Kriege wurde das Lotsenschiff, das zusätzlich über eine Metalllaterne mit vier Ölbrennern am Ende einer Wippstange als Leuchteinrichtung verfügte, im September 1815 in Dienst gestellt. Nach dem Totalverlust im Jahr 1834 wurde der Neubau der Lotsengaliot mit einer verbesserten Leuchtvorrichtung ausgerüstet, die aus einem in 10 Metern Höhe angebrachten, weißen Feuer mit einer Reichweite von 2,5 Seemeilen bestand. Dieses Schiff war bereits mit dem heute noch üblichen roten Anstrich als Feuerschiff gekennzeichnet. Die schwierige Ansteuerung der Eider machte es notwendig, im Jahr 1868 noch ein weiteres Feuerschiff – „Außeneider" – etwa 8,5 Seemeilen (rund 16 Kilometer) vor der Eidermündung zu verankern. Dieses im Gegensatz zur Eiderlotsengaliote nur als schwimmendes Seezeichen ausgelegte Fahrzeug erhielt ein weißes Feuer, das in einem Umkreis von mehr als acht Seemeilen sichtbar war. Von 1816 bis 1999 wurde vor der Elbmündung das Feuerschiff „Elbe" betrieben; ab 1988 als unbemanntes Feuerschiff. Seit 2000 ist diese Position mit einer Leuchttonne gekennzeichnet.

Die ALEXANDER VON HUMBOLDT. Von 1920 bis 1967 lag das 1906 bei der AG Weser gebaute, 63 Meter lange und acht Meter breite Feuerschiff am Eingang der Kieler Förde, bis es durch den Kieler Leuchtturm ersetzt wurde. Nachdem es noch zwei Jahrzehnte als schwimmendes Seezeichen auf der Nordsee gedient hatte, wurde das Feuerschiff 1988 endgültig außer Dienst gestellt, von der „Deutschen Stiftung Sail Training" (DSST) gekauft und zur Dreimastbark umgebaut, um anschließend als Segelschulschiff vor allem für Jugendliche eingesetzt zu werden. Bekannt wurde das Schiff mit den grünen Segeln durch die Werbung für eine Bremer Brauerei. Nachdem das Schiff 2011 durch den Neubau ALEXANDER VON HUMBOLDT II ersetzt wurde, verkaufte die DSST die Dreimastbark an einen Bremerhavener Unternehmer, der das Schiff auf den Bahamas für Segeltouren mit Touristen einsetzen will.

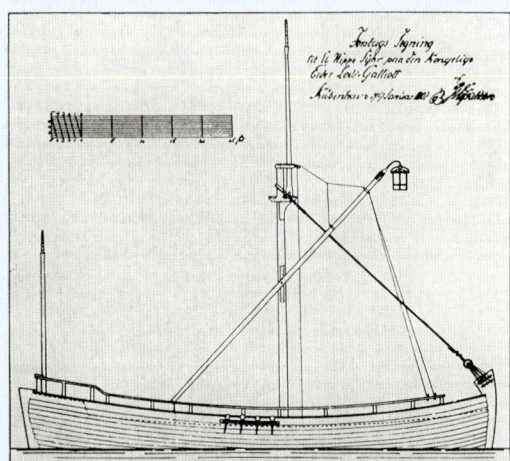

Die 1815 als schwimmende Lotsenstation vor der Eider in Dienst gestellte Eider-Lotsengaliot diente auch als Leuchtfeuer. Dazu wurde nachts mit Hilfe der Wippstange eine Laterne gesetzt.

Das Feuerschiff FLENSBURG. Von 1876 bis 1963 wurde die Zufahrt zur Flensburger Förde durch ein Feuerschiff gesichert.

Auch in der Ostsee gab es Feuerschiffe. Zwischen 1876 und 1963 sicherte das bei Kalkgrund, einem ausgedehnten Flachwassergebiet, liegende Feuerschiff KALKGRUND, das 1925 in Feuer-schiff FLENSBURG umbenannt wurde, die Zufahrt zur Flensburger Förde. Seine Aufgabe übernimmt seit 1963 automatisch betriebene Leuchtturm Kalkgrund. 1967 wurde auch das seit dem Ende des 19. Jahrhunderts vor Kiel liegende Feuerschiff durch den neu erbauten, auf drei Fundamentkörpern aus Stahlbeton errichteten Kieler Leuchtturm ersetzt, der ebenfalls automatisch betrieben wird und zugleich als Lotsenstation dient; der Laternenträger des ehemaligen Feuerschiffs KIEL steht heute vor dem Kieler Schifffahrtsmuseum. Das Feuerschiff FEHMARNBELT wurde sogar erst 1988 durch eine automatische, funküberwachte Großtonne ersetzt.

Hatte es um 1900 insgesamt 25 deutsche Feuerschiffe gegeben, sank ihre Zahl bis 1939 auf zwölf in der Nordsee und vier in der Ostsee. Heute sind die bemannten Feuerschiffe in der Ostsee allesamt durch Leuchttürme oder unbemannte Feuerschiffe bzw. Leuchttonnen ersetzt worden.

Das Feuerschiff KIEL. Das Feuerschiff vor der Kieler Förde wurde erst 1967 durch den neuerbauten Kieler Leuchttrum ersetzt. Das letzte Kieler Feuerschiff wurde später zum Segelschulschiff ALEXANDER VON HUMBOLDT umgebaut.

Seezeichen und Leuchtfeuer

Auch die Errichtung künstlicher Landmarken und Seezeichen sollte den Seeleuten helfen, ihr Ziel wohlbehalten zu erreichen. So dienten seit dem Mittelalter Kirchtürme in Küstennähe als weithin sichtbare Navigationshilfen und erleichterten die Ortsbestimmung. Später wurden auch Fahrwasser und Untiefen gekennzeichnet.

Bereits seit 1564 gab es in Dänemark einen organisierten Seezeichendienst. Als Gegenleistung für den Sundzoll hatte der dänische König die Schifffahrt durch Tonnen auf den Riffen von Dragør und Falsterbro sowie durch Leuchtfeuer in Skagen, auf der Insel Anholt sowie auf dem Berg Kullen an der Küste Schonens am Öresund zu sichern. Ebenfalls im 16. Jahrhundert wurden Seezeichen, wie Tonnen und Baken, erwähnt, die die Zufahrtswege nach Husum und die Fahrwasser durch das übrige Wattgebiet markierten. Seit dem 17. Jahrhundert wurde auch der Schiffsverkehr vor der Eidermündung mit Baken und Tonnen gesichert.

Ebenso wurden Leuchtfeuer und Leuchttürme errichtet. Sie dienten bei Tag als Landmarken und ermöglichen mit ihren Lichtsignalen Schif-

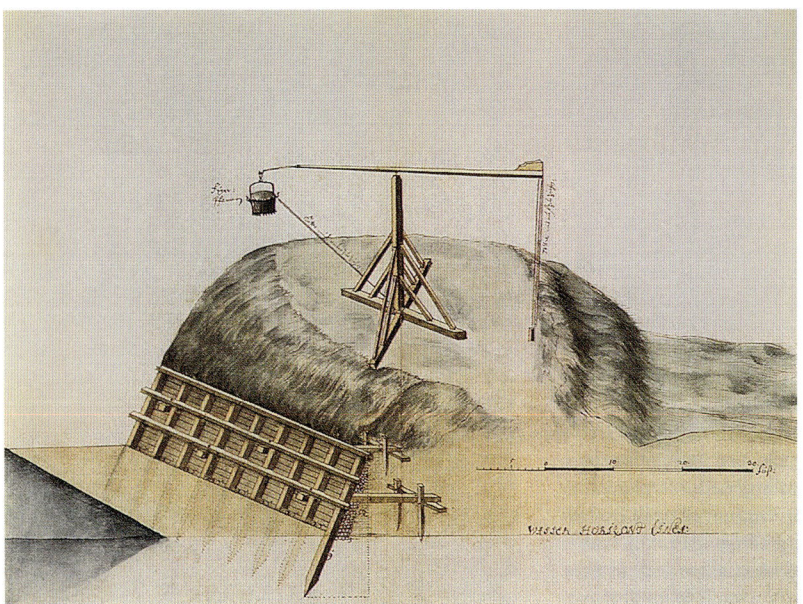

Wippfeuer auf Anholt. Seit 1564 wies ein Leuchtfeuer auf der Kattegatinsel Anholt den Schiffen auch in der Nacht den Weg. Die noch recht primitive Einrichtung bestand aus einem Feuerkorb, der mit Hilfe einer Wippstange emporgehoben wurde, so dass das Leuchtfeuer weithin sichtbar war.

fen auch bei Nacht eine optische Standortbestimmung. Der erste schleswig-holsteinische Leuchtturm war bereits um 1220 in Travemünde errichtet worden. Auch der bedeutende Schifffahrtsweg auf der Unterelbe wurde früh durch Leuchtfeuer gesichert; 1310 wurde der Turm auf der zu Hamburg gehörigen Insel Neuwerk fertiggestellt, der seither als Seezeichen und Leuchtturm dient. 1805 wurde ein weiterer Leuchtturm bei Cuxhaven in Betrieb genommen. Bereits um 1630 war auf Helgoland eine Blüse, ein offenes Feuer auf einem Gerüst, für den Betrieb im Winter eingerichtet worden, die 1811 von den Briten, die die Insel seit 1807 besetzt hielten, durch einen Leuchtturm ersetzt wurde. 1805 wurde die Kieler Bucht durch einen Leuchtturm an der Bülker Huk markiert. 1815 ließ die Kanalinspektion des Schleswig-Holsteinischen Kanals zudem auf

der Südostbastion der Festung ein Leuchthaus errichten. 1854 stellte man am Ende der Sandbank vor Friedrichsort zusätzlich eine Kugelbake auf, die aber bereits 1864 durch Eisgang zerstört wurde.

Infolge der starken Zunahme des Seeverkehrs im 19. Jahrhundert mussten die Schifffahrtsstraßen wirkungsvoller als bisher gesichert werden. Dazu gehörten neben dem Bau neuer Leuchtfeuer auch technische Verbesserungen. So hatte der französische Physiker Augustin Jean Fresnel zu Beginn des 19. Jahrhunderts die nach ihm benannte Fresnel-Linse entwickelt, die das Licht der Leuchttürme bündelte und weithin sichtbar über das Meer ausstrahlte. Durch die Verwendung elektrischer Lampen wurde die Sichtbarkeit der Leuchtfeuer später weiter verbessert. Durch unterschiedliche Blinkfolgen und die Verwendung von farbigen Lichtern konnten die einzelnen Leuchtfeuer auch auf größere Entfernung leicht auseinander gehalten und Navigationsfehler infolge von Verwechslungen vermieden werden.

Eine erste Übersicht der Leuchtfeuer an den schleswig-holsteinischen Nord- und Ostseeküsten wurde 1843 vom Generalzollkammer- und Commerz-Kollegium in Kopenhagen herausgegeben. Nach der Eingliederung der Herzogtümer in das Königreich Preußen veröffentliche die neue preußische Verwaltung 1867 ein Verzeichnis der schleswig-holsteinischen Leuchtfeuer, Tonnen und Baken.

Die meisten schleswig-holsteinischen Leuchttürme wurden aber erst in preußischer Zeit errichtet, um den Dampfschiffen mit ihrem großen Tiefgang in den gefährlichen Gewässern an der Nordseeküste mit ihren zahlreichen Untiefen eine sichere Passage zu ermöglichen, aber auch, um die Ansteuerung der Ostseehäfen zu erleichtern.

Das Zeitalter der Reformen

In der zweiten Hälfte des 18. Jahrhunderts galt der dänische Gesamtstaat, zu dem neben Dänemark und Norwegen auch die Herzogtümer Schleswig und Holstein gehörten, als einer der fortschrittlichsten Staaten Europas. Unter Johann Hartwig Ernst Bernstorff (1712–1772), der ab 1751 an der Spitze des dänischen Regierung stand, begann für den dänischen Gesamtstaat

Die Blüse auf Helgoland. Seit etwa 1630 erleichterte eine Blüse, ein offenes Feuer auf einem hohen Gerüst, in den Wintermonaten die Navigation rund um die Insel. 1811 wurde durch die Briten auf Helgoland der erste Leuchtturm errichtet.

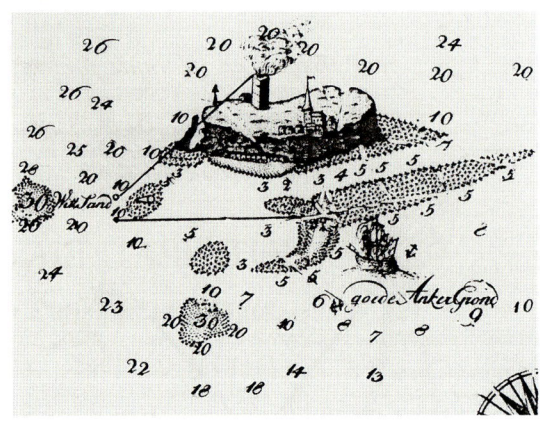

eine Ära der politischen und wirtschaftlichen Reformen. 1770 wurde er von Johann Friedrich Struensee (1737–1772) entlassen, nachdem dieser als Leibarzt und Vertrauter des psychisch labilen Königs Christian VII. (1766–1808) die Regierungsgewalt an sich gerissen hatte. Nach dem Sturz Struensees trat 1773 Johann Hartwig Ernst Bernstorffs 1735 geborener Neffen Andreas Peter Bernstorff dessen Nachfolge an und führte die reformorientierte Politik seines Onkels fort. Bis zu seinem Tode 1797 bestimmte er maßgeblich die Geschicke des Gesamtstaats. Die beiden aus einem alten deutschen Adelsgeschlecht stammenden Bernstorffs zählten zu den herausragendsten Staatsmännern des 18. Jahrhunderts. Ihre strikte Neutralitätspolitik sorgte nicht nur über lange Jahre für Frieden und politische Stabilität im Norden Europas – die viel zitierte „Ruhe des Nordens" –, sondern gewährleistete zugleich auch den Wohlstand des Gesamtstaats.

Lange Zeit waren die Herzogtümer in ihrer wirtschaftlichen Entwicklung durch die einseitige Förderung Kopenhagens benachteiligt worden. Erst unter den Bernstorffs kam es zu einem grundlegenden Wandel in der dänischen Wirtschaftspolitik. Ihr Ziel war es, die gesamtstaatliche Ökonomie zu fördern und zugleich die zwangsweise Durchsetzung des dänisch-absolutistischen Zentralismus in den Herzogtümern zu vermeiden. Auch Handel und Verkehr in den Herzogtümern erhielten wichtige neue Impulse.

Unterstützt durch den in der Geschäftswelt als Finanzgenie bewunderten Kaufmann Heinrich Carl Schimmelmann (1724–1782), seit 1768 dänischer Schatzmeister und damit faktisch Finanz- und Wirtschaftsminister, versuchten die Bernstorffs nach britischem Vorbild, durch die Lockerung des starren Systems der Wirtschaftslenkung und die Abkehr von einer allein auf die Hauptstadt ausgerichteten Wirtschaftspolitik die ökonomischen Zwänge des Merkantilismus zu lockern, was vor allem den Städten der Herzogtümer zugute kam. Dadurch verbesserten sich die wirtschaftlichen und politischen Rahmenbedingungen für die schleswig-holsteinischen Reeder und Kaufleute deutlich.

Zu den umfangreichen Reformmaßnahmen gehörte auch die Modernisierung der Landwirtschaft. Von 1768 bis 1823 wurden die landwirtschaftlichen Nutzflächen der nicht gutsuntertänigen Dörfer im östlichen Hügelland und auf der Geest neu vermessen und in einzelne Hofstellen

1750 wurde der politisch hochbegabte Johann Hartwig Ernst Bernstorff dänischer Außenminister. Erfolgreich bemühte er sich um die Neutralität des dänischen Gesamtstaats in den großen europäischen Konflikten des 18. Jahrhunderts.

aufgeteilt. Erfolge brachten auch die Versuche, der Nordsee an der nordfriesischen Küste Land abzuringen. Insgesamt führte die Agrarreform zu einer effektiveren Nutzung der Ackerflächen und damit zu einer erhöhten landwirtschaftlichen Produktion. Die Überschüsse konnten schon bald exportiert werden, wodurch eine breite bäuerliche Mittelschicht entstand.

Das Gemälde von Samuel Scott (1701–1772) zeigt ein in einen englischen Hafen einlaufendes dänisches Holztransportschiff. Vom Export von Forst- und Agrarprodukten nach Großbritannien und den Niederlanden profitierten sowohl Landwirtschaft, als auch Handelsschifffahrt im dänischen Gesamtstaat.

Die Flensburger Fregatte DIE FRAU BRIGITTA in Venedig. Die Mittelmeerfahrt besaß im 18. Jahrhunderts erhebliche Bedeutung für die gesamtstaatliche Handelsschifffahrt.

Infolge des Bevölkerungsanstiegs in Westeuropa waren seit den 1740er Jahren die Preise für landwirtschaftliche Erzeugnisse deutlich gestiegen. Vor allem in England und den Niederlanden gab es einen großen Bedarf an Agrarimporten, insbesondere an Getreide, wovon Landwirtschaft und Handelsschifffahrt im dänischen Gesamtstaat gleichermaßen profitierten.

Zugleich hatte sich infolge der guten Konjunktur in Europa die internationale Nachfrage nach Schiffstonnage deutlich erhöht, was zu einer Belebung des gesamten Ostseehandels führte. Zwischen 1720 und 1770 verdreifachte sich die Menge der Güter, die den Öresund in Richtung Nordsee passierten. Gleichzeitig verloren die Niederländer im Laufe des 18. Jahrhunderts ihre ehemals dominierende Rolle in der Ostseefahrt an die Briten. Neben Getreide und Agrarprodukten wurden nun auch Schiffbaumaterialien, wie Holz, Teer oder Hanf, zu wichtigen Exportgütern. Da das Zarenreich der wichtigste Lieferant dieser Rohstoffe war, erlebte der russische Außenhandel ebenfalls einen erheblichen Aufschwung. Ebenso konnte Lübeck seine Stellung als wichtigster deutscher Ostseehafen behaupten, wie auch der Handel, besonders mit französischen Weinen, und das produzierende Gewerbe der Travestadt florierten.

Die gesamtstaatliche Handelsschifffahrt gewann gleichfalls erheblich an Bedeutung und nahm beim Export von Waren aus dem Ostseeraum nach den englischen Schiffen den zweiten Platz ein. Dadurch eröffneten sich vor allem für die Herzogtümer Schleswig und Holstein neue

wirtschaftliche Chancen: Innerhalb von knapp 50 Jahren wuchs die dänische Handelsflotte von 30.000 Tonnen auf 75.000 Tonnen um das Zweieinhalbfache, während sich die schleswig-holsteinische Handelschiffstonnage im gleichen Zeitraum von 37.000 Tonnen auf 112.000 Tonnen sogar fast verdreifachte. Zugleich verbesserten zahlreiche Handelsverträge die Wettbewerbsfähigkeit der dänisch-gesamtstaatlichen Frachtfahrt, besonders im Mittelmeer.

Auch Hamburg war im 18. Jahrhundert wirtschaftlich aufgeblüht; die Elbestadt war nach wie vor die bedeutendste deutsche Handelsmetropole. Außenpolitisch hatte es dagegen immer wieder Konflikte mit Dänemark gegeben, nicht zuletzt wegen des dänischerseits bestrittenen Rechtstitel einer freien Reichsstadt. 1768 hatte Hamburg schließlich im sogenannten „Gottorfer Vergleich" eine Vereinbarung mit Dänemark getroffen, mit der das Königreich als Gegenleistung für ein finanzielles Entgegenkommen alle Herrschaftsansprüche aufgab und die Elbmetropole als freie Stadt des Deutschen Reichs anerkannte. War um 1700 noch Großbritannien der wichtigste Handelspartner Hamburgs gewesen, nahm seit der Mitte des 18. Jahrhunderts Frankreich diese Rolle ein, wobei vor allem der Handel mit westindischen Kolonialwaren, wie Zucker und Kaffee, eine bedeutende Rolle spielten. Seit 1767 konnte Hamburg Zucker direkt von der dänischen Karibikinsel St. Thomas beziehen. Nach der Unabhängigkeit der USA wuchs der Handel mit den ehemaligen britischen Kolonien in Nordamerika. Die Hamburger importierten vor allem Reis, Zucker, Kaffee, Tabak und Baumwolle und lieferten dafür Textilien. Dagegen verlor der hamburgische Mittelmeerhandel im 18. Jahrhundert – nicht zuletzt wegen der Bedrohung der hamburgischen Schifffahrt durch die nordafrikanischen Barbareskenkorsaren, die seit dem 16. Jahrhundert Jagd auf europäische Handelsschiffe machten – immer mehr an Bedeutung.

Die Mittelmeerfahrt

Im Laufe des 18. Jahrhunderts war die sogenannte „Fahrt auf Verbesserung" oder Trampfahrt von Lissabon oder Bordeaux in das Mittelmeer neben der nordeuropäischen Handels- und Frachtfahrt zu einem weiteren wichtigen Geschäftszweig für die schleswig-holsteinischen

Reeder geworden. Im Gegensatz zum Linienverkehr fuhren Trampschiffe ohne festen Fahrplan je nach Ladungsangebot von Hafen zu Hafen. Die Frachtraten in der sogenannten „Fahrt auf Verbesserung" waren dabei stark von Angebot und Nachfrage abhängig.

Bereits König Christian VI. (1730–1746) hatte in seinen letzten Regierungsjahren danach gestrebt, die Bedingungen für die Handelsschifffahrt des Gesamtstaates im Mittelmeerraum zu verbessern. Doch erst unter seinem Sohn Friedrich V. (1746–1766) kam es zu greifbaren Erfolgen. Zwischen 1742 und 1756 wurden Handelsverträge unter anderem mit Frankreich, Neapel und Genua sowie Abkommen mit den berüchtigten Barbareskenstaaten geschlossen.

Seit dem 16. Jahrhundert galten die islamischen Barbareskenkorsaren als die Geißel des Mittelmeers. Von ihren nordafrikanischen Stützpunkten Tunis, Tripolis, Algier und Sallé machten sie bis weit in den Atlantik hinein Jagd auf europäische Handelsschiffe, raubten die Ladung und nahmen die Mannschaft und die Passagiere gefangen, um sie als Sklaven zu verkaufen oder Lösegeld zu erpressen.

Das Schicksal der Barbareskensklaven war grausam. Fluchtversuche waren so gut wie aussichtslos, so dass die einzige Hoffnung der Gefangenen im Freikauf durch mitleidige Kaufleute, durch das Heimatland oder die Heimatstadt bestand. Aus diesem Grund waren bereits im 17. Jahrhundert in den Hansestädten sogenannte

Dänische Kriegsschiffe vor Algier im Jahr 1772. Ungeachtet der Tributverträge mit den Barbareskenstaaten kam es immer wieder zu Kaperungen. Wiederholt sah sich Dänemark gezwungen, Flottengeschwader als Machtdemonstration in das Mittelmeer zu entsenden.

„Sklavenkassen" eingerichtet worden, die gefangene Seeleute freikaufen sollten. Dabei handelte es sich um eine Art Zwangsversicherung; jeder Seemann musste einen bestimmten Anteil seiner Heuer an die Sklavenkasse zahlen. Eine solche Sklavenkasse wurde später auch in Dänemark gegründet; sie war seit 1716 auch für Seeleute aus den Herzogtümern zuständig.

Allerdings reichten die Mittel der Sklavenkasse oft nicht aus, um alle gesamtstaatlichen Gefangenen in Nordafrika auszulösen, wie ein Fall aus Flensburg zeigt: Im Jahr 1721 war das Fregattschiff EMANUEL des Flensburger Schiffers Baltzer Nissen von algerischen Korsaren aufgebracht und die Besatzung in die Sklaverei verkauft worden. Die Angehörigen der Besatzung wandten sich darauf hilfesuchend an Bürgermeister und Rat der Stadt Flensburg, die angesichts der leeren Sklavenkasse und der ebenfalls leeren Stadtkasse nicht viel mehr tun konnten, als an das Mitleid der Flensburger Bevölkerung zu appellieren. Innerhalb von zwei Jahren wurden mehr als 9.300 Mark zur Auslösung der Gefangenen gesammelt. Am 31. Dezember 1723 konnten Bürgermeister und Rat der Stadt Flensburg über die glückliche Freilassung von Schiffer Nissen und seiner Besatzung unterrichtet werden.

Zwischen 1716 und 1736 konnten 163 Barbareskensklaven aus dem Gebiet des dänischen Gesamtstaats freigekauft werden. Viele gefangene Seeleute warteten jedoch vergeblich auf ihre Auslösung. Einer der wenigen, denen es gelang, in der Sklaverei Karriere zu machen, war der 1708 auf der Insel Amrum geborene Seemann Hark Olufs. 1724 war sein Schiff bei den Scilly-Inseln

Folterung von Gefangenen in einer nordafrikanischen Stadt. Das Schicksal der Barbareskensklaven war grausam. Ihre einzige Hoffnung war der Freikauf durch mitleidige Kaufleute, durch das Heimatland oder die Heimatstadt.

Einer der wenigen Barbareskensklaven, denen es gelang, in der Sklaverei Karriere zu machen, war der auf der Insel Amrum geborene Seemann Hark Olufs (1708–1754). Bis heute steht sein Grabstein auf dem Friedhof in Nebel auf Amrum.

vor der Südspitze Englands von Barbareskenkorsaren aufgebracht worden. Doch anders als seinen Leidensgenossen gelang es Olufs schon bald, sich der fremden, islamisch geprägten Welt Nordafrikas anzupassen. Der junge, begabte Sklave lernte Türkisch und Arabisch und stieg im Dienst des Herrschers der Stadt Constantine im heutigen Algerien bis zum Schatzmeister und General auf. Erst 1736 kehrt der verlorene Sohn auf seine Heimatinsel zurück, wo er am 13. Oktober 1754 starb – bis zuletzt von den Amrumern misstrauisch beäugt. Sie hatten den Verdacht, dass er seine Anpassung an die nordafrikanischen Gepflogenheiten etwas zu weit getrieben haben und vom christlichen Glauben abgefallen sein könnte. Jedenfalls glaubten die Amrumer, dass seine Seele nach seinem Tod keine Ruhe gefunden habe. Und so erschien er ihnen noch lange als Geist. Bis heute zeugt Hark Olufs Grabstein auf dem Friedhof von Nebel auf Amrum von seinem außergewöhnlichen Lebenslauf.

Um die Mitte des 18. Jahrhunderts hatte der Niedergang der Barbareskenkorsaren eingesetzt.

Seit 1757 hatten die im Mittelmeer unter dänischer Flagge fahrenden Schiffe die sogenannte „Monogrammflagge" zu führen, die in der Mitte des Danebrog-Kreuzes eine Ligatur des dänischen Herrschernamens führte. Dadurch sollten Verwechslungen mit der Flagge des auf der Insel Malta ansässigen Johanniter- oder Malteserordens vermieden werden, der sich in einem dauernden Kriegszustand mit den Barbareskenkorsaren befand.

1751 schloss Dänemark einen Vertrag mit dem Bey von Tunis, in dem dieser gegen jährliche Tributzahlungen Schiffen unter dänischer Flagge Schutz vor Aufbringung durch die Korsaren der Stadt zusicherte.

Die Zahl der britischen und französischen Kriegsschiffe im Mittelmeer war zu groß geworden, als dass die Korsaren Handelsschiffe dieser Nationen noch ungestraft behelligen durften. Aus diesem Grund hatten sie sich auf die Kaperung von Schiffen kleinerer Nationen verlegt, weshalb viele europäische Staaten Friedensverträge mit den Barbareskenstädten schlossen, um sich gegen jährliche Tributzahlungen vor der Belästigung ihrer Handelsschifffahrt zu schützen.

1747 schloss Dänemark einen solchen Vertrag mit Algier, dem ähnliche Übereinkünfte mit weiteren Korsarenstädten folgten, so 1751 mit Tunis, 1752 mit Tripolis und 1753 mit Marokko; darüber hinaus wurden auch Abkommen mit dem türkischen Sultan geschlossen. Die Friedensverträge versprachen den unter dänischer Flagge fahrenden Schiffen Schutz vor Aufbringung durch die Korsaren der betreffenden Städte. Gegen die jährliche Entrichtung von Abgaben sicherten die Barbareskenstaaten allen mit einem durch die dänische Regierung ausgestellten Nationalitätsnachweis, dem sogenannten „See- oder Türkenpass", versehenen Schiffen freies Geleit zu. Tatsächlich erwiesen sich diese „Algerischen Seepässe" im Großen und Ganzen als wirksamer Schutz vor Kaperungen; allein in Flensburg wurden zwischen 1747 und 1807 fast 2.200 dieser Bescheinigungen ausgestellt. Die Gebühren für die „Seepässe" richteten sich nach der Schiffsgröße.

Die nicht zuletzt durch die Verträge mit den Barbaresken gewachsene Bedeutung der gesamtstaatlichen Mittelmeerfahrt lässt sich unter anderem auch an der Tatsache ersehen, dass seit 1757 alle im Mittelmeer unter dänischer Flagge segelnden Schiffe eine besondere, sogenannte „Monogrammflagge" zu führen hatten, die in der Mitte des Danebrog-Kreuzes eine Ligatur des dänischen Herrschernamens führte. Der Grund für die Einführung lag in der Ähnlichkeit der dänischen Flagge mit der Flagge des Johanniterordens, der seit 1530 auf Malta residierte und einen ständigen Krieg gegen die Barbaresken führte. Durch die besondere Gestaltung der Flagge sollten Verwechslungen und versehentliche Aufbringungen durch die Barbareskenkorsaren vermieden werden.

Der Schutz für die Handelsschiffe unter dänischer Flagge war aber nicht absolut. Ungeachtet der Verträge kam es immer wieder zu Kaperungen sowie zu weiteren Forderungen seitens der

Barbareskenherrscher. Wiederholt sah sich Dänemark gezwungen, Flottengeschwader als Machtdemonstration in das Mittelmeer zu entsenden, um Druck auf die Barbaresken auszuüben. Unter anderem wurden zwischen 1770 und 1772 dänische Kriegsschiffe ins Mittelmeer geschickt, um Algier zu beschießen. Diese Angriffe zeigten jedoch nur wenig Wirkung und endeten regelmäßig im Abschluss neuer Verträge.

Alles in allem bedeuteten die Abkommen mit den nordafrikanischen Korsarenstädten aber einen großen Fortschritt sowie einen erheblichen Wettbewerbsvorteil für die gesamtstaatlichen, insbesondere die schleswig-holsteinische Schifffahrt. Die Handelsverträge mit den Barbaresken sollten in den folgenden Jahren die internationale Konkurrenzfähigkeit der mediterranen Frachtfahrt Dänemarks und vor allem der Herzogtümer erheblich verbessern. In der Folgezeit stieg die Zahl der Handelschiffe unter dänischer Flagge im Mittelmeer stark an. Unter dem Schutz des Danebrogs und dank geringerer Heuer- und Instandhaltungskosten gelang es den nordeuropäischen Reedern, die Franzosen nach und nach aus der Mittelmeerfahrt zu verdrängen. Dabei fuhren die schleswig-holsteinischen Schiffe anscheinend oft auf Hamburger Rechnung, da die Hansestadt aus Rücksicht auf den wichtigen Handel mit Spanien keine Schutzverträge mit den Barbaresken abgeschlossen hatte und Hamburger Schiffe daher stark gefährdet waren. Aus diesem Grund flaggten viele Hamburger Reeder ihre Schiffe in die benachbarte holsteinische Stadt Altona aus, die zum Herrschaftsbereich des dänischen Königs gehörte, so dass ihre Handelsflotte vor Kaperungen durch die nordafrikanischen Korsaren sicher war. 1779 fuhren von 53 Altonaer Schiffen allein 44 im Auftrag Hamburger Kaufleute im Mittelmeer. 1781 wurden von der Kopenhagener Admiralität bereits 79 „Türkenpässe" für Altonaer Schiffe ausgestellt.

Neben dem Schutz vor Aufbringungen durch die Barbaresken war die strikte Neutralität des Gesamtstaats in den Kriegen der europäischen Seemächte im 18. Jahrhundert ein weiterer bedeutender Wettbewerbsvorteil für die schleswig-holsteinischen Reeder in der Mittelmeerfahrt. In den 1780er Jahren machten die gesamtstaatlichen Schiffe der Niederländern und Briten auch in der Spanienfahrt erheblich Konkurrenz.

Während der Revolutionskriege erlebte die Kapertätigkeit der Barbaresken einen letzten Aufschwung, was auch der aus Gelting in Angeln stammende Seemann Jürgen Jacobsen feststel-

Jürgen Jacobsen

Jürgen Jacobsen wurde am 15. Mai 1778 in Gelting im Herzogtum Schleswig geboren. 1795 ging er auf seine erste Reise. Auf Anraten eines alten Kapitäns nahm er Navigationsunterricht, da diese Kenntnisse eine wichtige Voraussetzung für eine Beförderung zum Steuermann waren. Aus Reiselust suchte sich Jacobsen eine Heuer auf einem englischen Schiff für eine Reise in den Senegal und von dort über Westindien zurück nach England. Nach einem Schiffbruch an der nordafrikanischen Atlantikküste geriet er in die Sklaverei. Während seiner Gefangenschaft lernte er viele Leidensgenossen kennen, die entweder durch Kaperung oder wie er durch Schiffbruch in die Sklaverei der Barbaresken gelangt waren. 1803 wurde Jacobsen im Auftrag der britischen Reeder des gescheiterten Schiffs durch einen englischen Kaufmann freigekauft. Nach seiner Freilassung trat er in die US Navy ein und nahm am Krieg der Vereinigten Staaten gegen die Barbareskenstaaten teil. Ab 1804 fuhr er einige Zeit als Matrose auf amerikanischen Handelsschiffen. Aus Heimweh entschloss sich Jacobsen schließlich zur Rückkehr nach Schleswig. Auf der Reise nach Hamburg wurde das amerikanische Schiff, auf dem er reiste, von den Briten aufgebracht. Doch weil das Schiff unter neutraler Flagge gesegelt war, wurde Jacobsen bald wieder auf freien Fuß gesetzt. Da sich die Weiterreise nach Schleswig angesichts des Krieges zwischen Dänemark und Großbritannien als unmöglich erwies, sah sich Jacobsen gezwungen, weiter auf Schiffen unterschiedlicher Nationalität zur See zu fahren, um seinen Lebensunterhalt zu verdienen. Erst nach dem Ende der Napoleonischen Kriege gelang es Jacobsen schließlich im Jahr 1816 nach Hause zurückkehren, wo er sich als Gastwirt und Bauer niederließ. Am 4. April 1855 starb er in Neukirchen im Herzogtum Schleswig.

len musste. Jacobsen wurde nach einem Schiffbruch vor der nordafrikanischen Küste im Jahr 1799 für vier Jahre Sklave, bis er 1803 von einem englischen Kaufmann freigekauft wurde.

Erst nach dem Ende der Napoleonischen Kriege wurde das Problem der nordafrikanischen Korsaren ernsthaft angegangen. Nachdem sie bereits von 1801 bis 1805 Krieg gegen die Barbareskenstaaten geführt hatten, schickten die USA im Jahr 1815 erneut Kriegsschiffe zum Kampf gegen Algier, Tunis und Tripolis ins Mittelmeer, während ein britisch-niederländisches Geschwader 1816 die Stadt Algier beschoss.

Doch kaum waren die amerikanischen, britischen und niederländischen Kriegsschiffe hinter dem Horizont verschwunden, nahmen die Korsaren ihre Angriffe auf die europäischen Handelsschiffe wieder auf. Bereits 1817 wagten sich algerische Piraten erneut bis in die Nordsee und tunesische Seeräuber stießen sogar bis an die Küste Norwegens vor. Im gleichen Jahr wurde vor Oporto ein hamburgisches Schiff von Barbareskenkorsaren aufgebracht, ein zweites auf dem Weg von Hamburg nach Lübeck.

Anfang Juli 1817 wurde auch die von dem Lübecker Kapitän Johann Joachim Schümann geführte Brigg INDUSTRIE gekapert. Vor Kap Finisterre an der Nordwestküste Spaniens wurde das unter russischer Flagge segelnde Handelsschiff von einem Schiff angehalten, das die britische Flagge gesetzt hatte. Tatsächlich waren es jedoch Korsaren aus Algier. Fünf Seeleute wurden von den Seeräubern an Bord ihres Schiffs gebracht, während Schümann mit den übrigen fünf Mann seiner Besatzung an Bord der INDUSTRIE blieb. Es gelang den Gefangenen, ihre Bewacher zu töten und mit der Brigg nach Lissabon zu segeln.

Der Rest der Besatzung war zwischenzeitlich nach Algier gebracht worden. Vermutlich wären die Seeleute dank der Vermittlung ausländischer Konsuln bald wieder freigekommen, doch als der Bey vom Tod der Korsaren erfuhr, hielt er sie weiter in Haft. Erst nach längeren Verhandlungen wurden die Gefangenen wieder freigelassen; Anfang Juli 1818 trafen sie in Hamburg ein.

Die nordafrikanischen Korsaren blieben weiterhin aktiv. 1825 warnte der dänische Konsul in Tripolis den Lübecker Senat vor der Brigg MASCOND, die den Hafen der Stadt verlassen habe, um Jagd auf Schiffe zu machen, *„die ihren Frieden hier nicht bezahlt und keine armierte Flotte haben"*, also nicht über Kriegsschiffe zum Schutz ihrer Handelsschiffe verfügten. Noch 1829 berieten die Hansestädte Hamburg, Lübeck und Bremen darüber, wie der Gefahr durch die Barbareskenkorsaren durch Geldzahlungen begegnet werden könne. Im gleichen Jahr zahlten auch das Königreich beider Sizilien, Portugal, Toskana, Sardinien, Schweden, Dänemark und Hannover Tribute an den Bey von Algier.

Erst die Kolonialisierung Nordafrikas konnte die Macht der Barbareskenkorsaren endgültig brechen. Algier wurde 1830 von den Franzosen erobert; Tripolis und Tunis 1835 zu türkischen Provinzen gemacht. Nur Marokko konnte seine Unabhängigkeit bis zum Beginn des 20. Jahrhunderts bewahren.

Die Westindienfahrt

Um die Mitte des 18. Jahrhunderts eröffnete sich für die schleswig-holsteinischen Reeder mit dem Westindienhandel ein ganz neues Betätigungsfeld. 1755 wurden die Fahrtbeschränkungen für die dänischen Kolonien St. Thomas, St. John und St. Croix in der Karibik für Schiffe aus dem Königreich Dänemark und dem Herzogtum Schleswig aufgehoben und diese zu Freihäfen erklärt.

Die Westindischen Inseln waren im 18. Jahrhundert eine bedeutende Quelle des Reichtums für die europäischen Kolonialmächte. Sie versorgten die Mutterländer mit begehrten Kolonialwaren, wie Tabak, Kaffee und vor allem Zucker. Im 17. Jahrhundert hatten europäische Siedler das Zuckerrohr nach Westindien gebracht. Die Inseln mit ihrem tropischen Klima erwiesen sich

Ansicht des Hafens von Christiansted auf der Karibikinsel St. Croix.

Das dänische Kolonialreich

Wie viele andere europäische Mächte, besaßen auch die Dänen Kolonien. Bereits 1620 hatte der dänische König Christian IV. den indischen Handelsstützpunkt Tranquebar erworben. Ebenso hatten die Dänen seit 1661 in Afrika Fuß gefasst, aber erst 1694 mit Christiansborg an der westafrikanischen Goldküste im heutigen Ghana die erste permanente Besitzung erworben, zu der später weitere Niederlassungen kamen. Auch in der Karibik erwarb Dänemark Kolonien. 1666 hatte die dänische Westindisch-Guineische Kompagnie die zur Gruppe der Jungferninseln gehörende Insel St. Thomas und 1718 die Nachbarinsel St. John in Besitz genommen; als letzte Insel war 1733 St. Croix in dänische Hand gekommen. 1754 wurden die drei Inseln aus wirtschaftlichen Gründen von der dänischen Krone übernommen. Ein Jahr später wurde der Handel mit den westindischen Kolonien für Schiffe aus

Das Fort Christiansborg an der Goldküste. 1850 trat Dänemark die Festung an der westafrikanischen Goldküste an die Briten ab. Heute dient Fort Christiansborg als Sitz der Regierung des Staates Ghana.

dem Herzogtum Schleswig und 1764 auch für Schiffe aus Holstein freigegeben. Damit begann die Blütezeit des gesamtstaatlichen Westindienhandels. 1807 wurden die dänischen Besitzungen in Indien und Westindien von den Briten besetzt, aber nach dem Friedensschluss 1815 zurückgegeben. Nach den Napoleonischen Kriegen schwand die ökonomische Grundlage für das dänische Kolonialreich, das nun nach und nach aufgegeben wurde. 1845 wurden die dänischen Kolonien in Indien an Großbritannien veräußert, 1850 erwarben die Briten zudem Fort Christansborg, das seit 1957 der ghanaischen Regierung als Sitz dient, während die drei westindischen Inseln erst 1917 an die USA verkauft wurden. Seither bilden St. Thomas, St. John und St. Croix die Amerikanischen Jungferninseln oder US Virgin Islands.

Blick über Christiansted, die Hauptstadt Dänisch-Westindiens auf der Insel St. Croix.

rasch als ideales Anbaugebiet für die Pflanze, die feuchten und gut durchlüfteten Boden benötigt.

Mit Zucker wurden enorme Vermögen verdient, auf den Inseln ebenso wie in den europäischen Mutterländern. In Westindien wurde in der Regel nur der braune Rohzucker produziert; die Weiterverarbeitung zum fertigen, weißen Kristallzucker geschah meist in europäischen Raffinerien. Ein wichtiges Nebenprodukt der Zuckerherstellung war der Rum, der durch die Destillation der vergorenen Rückstände der Zuckergewinnung gewonnen wurde.

Nach dem Vorbild Englands, Frankreichs und der Niederlande hatten auch die Dänen im Laufe

des 17. Jahrhunderts Kolonien in Indien, Afrika und der Karibik erworben, wobei vor allem die westindischen Besitzungen St. Thomas, St. John und St. Croix durch die Erzeugung der in Europa begehrten Kolonialwaren, vor allem von Zucker, die Wirtschaft des Mutterlandes stärken sollten.

Wie in anderen europäischen Ländern waren die Träger des dänischen Kolonialhandels zunächst staatlich monopolisierte Handelskompagnien gewesen. Obgleich die Dänisch-Westindisch-Guineische Kompagnie – im Gegensatz zu vielen anderen Handelskompagnien – durchaus erfolgreich gewirtschaftet hatte, wurden die drei Karibikinseln St. Thomas, St. John und St. Croix

Der Hafen von St. Thomas. 1666 hatte Dänemark die Insel als erste westindische Kolonie in Besitz genommen, erst später kamen St. John und St. Croix dazu.

Andreas Christiansen (1743–1811) gehörte zu den führenden Flensburger Kaufleuten im Westindienhandel.

1754 aus ökonomischen Gründen von der dänischen Krone übernommen. Damit erlosch die Westindische Kompanie.

Ein Jahr später, 1755, wurde auch das Kopenhagener Monopol für die Fahrt nach Dänisch-Westindien aufgehoben, die dänischen Karibikkolonien zu Freihäfen erklärt und der Handelsverkehr mit den drei Inseln St. Thomas, St. John und St. Croix für alle Reichseinwohner freigegeben. Zugleich wurde die Westindienfahrt auch Schiffen aus dem Herzogtum Schleswig gestattet; ab 1764 durften Schiffe aus dem Herzogtum Holstein ebenfalls an diesem Handel partizipieren. Damit begann für Dänisch-Westindien und den dänischen Gesamtstaat eine Zeit der Hochkonjunktur, die in Dänemark auch *„den florissante periode"* („die Blütezeit") genannt wird. Hatten Anfang der 1750er Jahre nur rund fünf Schiffe jährlich den Öresund Richtung Karibik passiert, stieg ihre Zahl nach Freigabe der Westindienfahrt 1756 auf rund 14 und wuchs bis Anfang der 1780er Jahre auf fast 80 Schiffe pro Jahr. Der Durchschnittswert der zwischen 1757 und 1769 aus Westindien importierten Schiffsladungen betrug 33.000 Reichstaler.

Allein in Kopenhagen machte der Zucker in den 1760er Jahren wertmäßig die Hälfte der Importe aus. Da auf den Zuckerinseln Monokultur herrschte, wurde der Westindienhandel an die Bedingung geknüpft, auf der Reise in die Karibik Nahrungsmittel und andere Bedarfsgüter, wie Bauholz, Faßdauben und Ziegelsteine, mitzufüh-

ren, um die westindischen Kolonien mit allem Lebensnotwendigen zu versorgen.

Auch in den Herzogtümern nahm der lukrative Westindienhandel in den Jahren nach 1755 erheblich an Umfang zu. Von Anfang an beteiligten sich auch Flensburger Schiffe an der Westindienfahrt. Um das Risiko zu verringern, hatten sich einige Flensburger Kaufleute zur *„Handlungsgesellschaft auf St. Croix in Westindien"* zusammengeschlossen. Noch im Jahr 1755 wurde als erstes Flensburger Schiff die 57 CL große Schnau NEPTUNUS in die Karibik geschickt. In den folgenden Jahren etablierten die Kaufleute aus der Fördestadt einen äußerst lukrativen direkten Transatlantikhandel mit den dänischen Karibikinseln St. Thomas und St. Croix. Die Schiffe brachten Lebensmittel, Textilien und andere Manufakturwaren auf die Inseln und kehrten mit Rohzucker, Tabak und Rum zurück.

In Fässern oder Kisten wurde der Rohzucker nach Flensburg gebracht. Die importierten Waren wurden zum Teil direkt in Flensburg weiter verarbeitet; 1764 hatte hier die erste Zuckerraffinerie den Betrieb aufgenommen, in der Rohzucker zum Endprodukt veredelt wurde. Neben Zucker gelangte als Nebenprodukt auch Rum nach Flensburg, der hier mit Wasser auf Trinkstärke herabgesetzt und veredelt wurde. Flensburgs große Zeit als „Rumstadt" begann jedoch erst ab 1850.

Im Durchschnitt betrug der Wert der ausgehenden Ladung etwa 9.200 Reichstaler, die der Rückfracht mit rund 30.000 Reichstalern dagegen mehr als das Dreifache. Allerdings war die Westindienfahrt nicht ohne Risiko; viele Seeleute starben an Krankheiten, und zahlreiche Schiffe gingen verloren. So sank die NEPTUNUS bei ihrer zweiten Reise während der Rückfahrt vor der jütischen Küste.

Zwischen 1748 und 1807 segelten 124 Schiffe von Flensburg nach Dänisch-Westindien. Vor allem der amerikanische Unabhängigkeitskrieg von 1776 bis 1783 sorgte dank der dänischen Neutralität für einen Aufschwung in der Westindienfahrt. 1806 erreichte der Westindienhandel in Flensburg den Höhepunkt: Über zwei Millionen Pfund Zucker, 192.000 Pfund Tabak und mehr als 120.000 Pfund Kaffee sowie 33.000 Liter Rum wurden in der Fördestadt angelandet.

Neben Flensburg war auch Altona am einträglichen Westindienhandel beteiligt, wodurch die Elbestadt in der zweiten Hälfte des 18. Jahrhun-

Die letzte Fahrt der FREDENSBORG

Die am besten dokumentierte Reise eines dänischen Sklavenschiffs ist die letzte Fahrt des Fregattschiffs FREDENSBORG der Westindisch-Guineischen Handelskompagnie. Am 17. Juni 1767 hatte der 139 CL große, mit 14 Kanonen bewaffnete Dreimaster unter dem Kommando von Kapitän Espen König den Hafen von Kopenhagen verlassen und am 1. Oktober das Fort Christiansborg erreicht, wo der Zweite Steuermann Johann Frantzen Ferentz nach dem Tod des Kapitäns und des Ersten Steuermanns das Kommando übernahm. Dies war nicht nur ein beruflicher Aufstieg, sondern auch wirtschaftlich lukrativ, denn als Kapitän der FREDENSBORG war Ferentz mit zwei Prozent am Sklavenverkaufserlös beteiligt. Am 22. April 1768 begann die FREDENSBORG mit 265 Sklaven sowie einer Ladung Elfenbein und Gold an Bord die Überfahrt nach St. Croix, wo die 236 überlebenden Sklaven verkauft wurden. Auch von der 40köpfigen Mannschaft waren 13 Mann gestorben; das entsprach dem Durchschnitt. Am 14. September lief die FREDENSBORG mit einer Fracht Zucker, Tabak, Baumwolle, Mahagoni- und Campecheholz sowie Zimt an Bord zu ihrer Rückreise aus. Die Fahrt über den Atlantik dauerte fast drei Monate. Am 1. Dezember lief die Fregatte durch die Schuld des Lotsen bei Arendal vor der norwegischen Küste auf Grund, wobei es aber keine Todesopfer gab. In den folgenden Wochen konnten das Gold, das Elfenbein und ein Teil der Holzladung geborgen werden; der Zucker und der Tabak waren dagegen verdorben. Ende April 1769 lieferte Kapitän Ferentz der Direktion in Kopenhagen das geborgene Gold ab. Ihm selbst wurde keine Schuld am Verlust des Schiffes gegeben. 1974 wurde das Wrack der FREDENSBORG von Tauchern wiederentdeckt. In Arendal, im Nationalmuseum von Ghana und im Museum von St. Croix erinnern Ausstellungen an die Geschichte der FREDENSBORG.

derts einen gewaltigen wirtschaftlichen Aufschwung erlebte. Zwischen 1773 und 1790 wuchs die Altonaer Handelsflotte trotz konjunktureller Schwankungen von 44 auf 71 Seeschiffe, die vorwiegend in der europäischen und internationalen Frachtfahrt eingesetzt wurden. Auch der Walfang spielte nach wie vor eine Rolle; von den 44 Schiffe, die 1773 in der Stadt gezählt wurden, waren 15 Grönlandfahrer. Ebenso blühte die Werftindustrie auf: 1740 gab es in der Stadt drei Schiffs- und mehrere Bootswerften, nebst Zulieferbetrieben wie Reepschlägern, Segelmachern und Ankerschmieden. 1780 wurden in Altona bereits sechs Werften gezählt, die einen hervorragenden Ruf genossen; bis 1782 stieg ihre Zahl auf acht.

Zwischen 1748 und 1807 wurden von schleswig-holsteinischen Häfen aus insgesamt 405 Fahrten nach Westindien unternommen: 245 gingen von Altona aus, 124 von Flensburg, neun von Glückstadt, sieben von Sonderburg sowie je sechs von Eckernförde und Husum. 1798 gab es in Kopenhagen zwölf Zuckerraffinerien, in Flensburg und Altona je vier.

Die Westindienfahrt war Teil des sogenannten „atlantischen Dreieckshandels", einer ebenso anstößigen wie lukrativen Schifffahrtsbranche. Die westindische Plantagenwirtschaft beruhte auf der Arbeitsleistung afrikanischer Sklaven, die gewaltsam aus ihrer Heimat nach Westindien verschleppt wurden, wo sie unter unmenschlichen Bedingungen auf den Zuckerrohrplantagen schuften mussten, um den Europäern im wahrsten Sinne des Wortes das Leben zu versüßen. Durch die harte Arbeit auf den Plantagen starben stets mehr Sklaven, als geboren wurden, so dass die Zahl der notwendigen Arbeitskräfte nur durch einen ständigen Nachschub an Sklaven aus Afrika aufrecht erhalten werden konnte.

Angesichts des wachsenden Bedarfs an Sklaven entwickelte sich mit dem Dreieckshandel ein spezielles Handelssystem zwischen Afrika, Westindien und Europa: Mit billigen Manufakturwaren, wie Schnaps, Tüchern, Gewehren usw. beladen, fuhren die Schiffe nach Afrika, um dort die Waren gegen Sklaven zu tauschen. Diese wurden dann in Westindien mit großem Gewinn verkauft. Beladen mit den begehrten Kolonialwaren wie Zucker und Tabak kehrten die Schiffe dann wieder nach Europa zurück. Indem die Schiffe zunächst nach Afrika, dann nach Westindien und von dort aus zurück nach Europa segelten, wurden Leerfahrten vermieden und die Gewinne maximiert. Schätzungsweise wurden bis zum Verbot des Sklavenhandels zu Beginn des 19. Jahrhunderts mehr als elf Millionen Afrikaner nach Brasi-

Staatswohl und Eigennutz – das Finanzgenie Heinrich Carl Schimmelmann

Der 1724 als Sohn eines Kaufmanns und Reeders in Demmin/Mecklenburg geborene Schimmelmann hatte als preußischer Heereslieferant im Siebenjährigen Krieg und Spekulant ein Vermögen verdient. Zahlreiche Fürsten, darunter Friedrich II. von Preußen und der dänische König Friedrich V., versuchten den als Finanzgenie bewunderten Kaufmann in ihre Dienste zu locken. Schließlich entschied sich Schimmelmann 1761, sein Glück in Dänemark zu suchen, das damals einem wagemutigen Kaufmann alle Chancen bot. Bei all seinen Verdiensten um seine Wahlheimat hat Heinrich Carl Schimmelmann, der 1762 zum Baron und 1779 in den Grafenstand erhoben wurde, jedoch dabei nie sein eigenes Wohl aus den Augen verloren. So wundert es kaum, dass er bald zum reichsten Privatmann des europäischen Nordens und größten Steuerzahler in Dänemark wurde. Dabei waren Interessenskonflikte zwischen dem Staatsminister und dem Kaufmann Schimmelmann nicht immer auszuschließen. Nach seinem Tod 1782 erbten seine fünf überlebenden Kinder, die allesamt in angesehene Adelsfamilien eingeheiratet hatten, das Wirtschaftsimperium. Den Schimmelmannschen Nachkommen fehlte allerdings das wirtschaftli-

Heinrich Carl Schimmelmann. Der Selfmademan mit dem Ruf eines Finanzgenies sollte den fast bankrotten dänischen Staat sanieren. Als Unternehmer und Investor war er auch an dem schmutzigen, aber einträglichen Geschäft des Sklavenhandels beteiligt.

che Gespür ihres Vaters. Es fiel ihnen schwer, das reiche Erbe zu bewahren: Statt den erworbenen Reichtum zu mehren, wollten sie ihn genießen.

lien, Westindien, und Nordamerika verschleppt, davon rund sechs Millionen allein auf dem Höhepunkt des transatlantischen Sklavenhandels im 18. Jahrhundert.

Im dänischen Gesamtstaat war der Sklavenhandel selbst lange Zeit allein der 1671 gegründeten, in Kopenhagen ansässigen Westindisch-Guineischen Handelskompagnie vorbehalten. 95 Prozent der unter dem Danebrog segelnden Schiffe fuhren ohne den Umweg über Afrika in die Karibik, um Zucker, Rum und andere Kolonialwaren nach Europa zu bringen. Sie beteiligten sich auf diese Weise zwar nicht direkt an der Verschleppung von Menschen, profitierten aber indirekt vom Sklavenhandel.

Auch der dänische Schatzkanzler Heinrich Carl Schimmelmann beteiligte sich als Investor und Unternehmer in großem Stil an diesem schmut-

zigen, aber extrem einträglichen Geschäft. Als Großaktionär der im Guineahandel tätigen Kompagnien war der geschäftstüchtige Kaufmann direkt in den Sklavenhandel involviert, während gleichzeitig seine Gewerbebetriebe, u.a. Tuch- und Gewehrfabriken, Waren für den Kauf der Sklaven in Afrika produzierten. 1763 erwarb er vier der größten Plantagen in Dänisch-Westindien. Dadurch verdiente Schimmelmann gleich mehrfach am Dreieckshandel und wurde zu einem der größten Sklavenhalter des 18. Jahrhunderts.

Unter großem internationalem Aufsehen erließ Dänemark als erste europäische Nation 1792 ein Verbot dieses Menschenhandels. Ironischerweise war dies vor allem Schimmelmanns Sohn und Nachfolger, Ernst Graf Schimmelmann, zu verdanken. Als Direktor der Guineischen Handelskompagnie war er für den Sklavenhandel und die einträgliche Kolonialwirtschaft zuständig. Der Aufklärung und insbesondere den romantischen Ideen Rousseaus verpflichtet, verabscheute er die Sklavenhaltung. Zwar konnte er die Sklaverei aus ökonomischen Gründen nicht abschaffen, bemühte sich aber, zumindest die Lebensverhältnisse der Sklaven zu verbessern und durch die Gründung von Sklavenfamilien den schändlichen Sklavenhandel von Afrika in die Neue Welt überflüssig zu machen. Nach einer zehnjährigen Übergangsfrist wurde der Sklavenhandel unter dänischer Flagge ab 1803 endgültig untersagt, in Großbritannien blieb er noch bis 1807 erlaubt. Erst 1848 wurde die Sklaverei die Dänisch-Westindien endgültig abgeschafft. Im britischen Kolonialreich hatten Sklaven bereits 1833 ihre Freiheit erhalten. In den USA wurde die Sklaverei erst 1865 nach dem Sieg der Nordstaaten im Amerikanischen Bürgerkrieg durch einen Verfassungszusatz endgültig aufgehoben, in Brasilien sogar erst im Jahr 1888.

Ein goldenes Zeitalter

Die zweite Hälfte des 18. Jahrhunderts wurde zur Glanzzeit der gesamtstaatlichen Handelsschifffahrt; Seefahrt und Handel erlebten in diesen Jahren einen bemerkenswerten Aufschwung. Infolge der guten Konjunktur in Europa hatte sich die internationale Nachfrage nach Schiffstonnage deutlich erhöht. Ebenso waren aufgrund des Bevölkerungswachstums in Westeuropa seit den 1740er Jahren die Preise für landwirtschaftliche Erzeugnisse deutlich gestiegen. Vor allem in England und den Niederlanden gab es einen großen Bedarf an Agrarimporten, insbesondere an Getreide, wovon Landwirtschaft und Handelsschifffahrt im dänischen Gesamtstaat gleichermaßen profitierten. So wuchs die Tonnage der dänischen Handelsflotte in der zweiten Hälfte des 18. Jahrhunderts um mehr als das Doppelte von 30.000 Tonnen auf 75.000 Tonnen, während sich gleichzeitig die Handelschiffstonnage in den Herzogtümern von 37.000 Tonnen auf 112.000 Tonnen sogar fast verdreifachte.

Vor allem die zahlreichen Seekriege des 18. Jahrhunderts sorgten für Hochkonjunktur im Seetransportgeschäft. Da die dänische Regierung in diesen Konflikten eine Politik der strikten Neu-

tralität verfolgte, konnten die unter dänischer Flagge segelnden Schiffe auch in Kriegszeiten mehr oder weniger unbehelligt ihren Geschäften nachgehen, wodurch die gesamtstaatliche Handelsschifffahrt gegenüber ihren kriegführenden Konkurrenten einen nicht zu unterschätzenden Vorteil besaß. Um die eindeutige Identifizierung gesamtstaatlicher Schiffe zu ermöglichen, war deren Kennzeichnung durch die ins Holz eingebrannte Markierung „Dansk Ejendom" (deutsch: „Dänisches Eigentum") vorgeschrieben. Unter dem Schutz ihrer Neutralität versorgten die Schiffe aus Dänemark, Norwegen und den Herzogtümern die kriegführenden Mächte mit allen notwendigen Handelsgütern. Im Gegenzug gelangten über Kopenhagen, Flensburg und Altona große Mengen von Waren aus Übersee auf den europäischen Markt.

Bereits während des Österreichischen Erbfolgekriegs von 1740 bis 1748 hatte die Schifffahrt der Herzogtümern dank der dänischen Neutralität eine Phase der kriegsbedingten Konjunktur erlebt. In diesem Krieg kämpften Frankreich und Preußen gegen Österreich und Großbritannien, das gleichzeitig einen Seekrieg gegen Spanien führte, der später als „War of Jenkins' Ear" bekannt wurde. Beide Kriege endeten 1748. Nach dem Friedensschluss folgte eine Zeit der Stagnation, doch mit dem Ausbruch des Siebenjährigen Krieges im Jahr 1756 erlebte die dänisch-gesamtstaatliche Schifffahrt erneut eine Zeit des Aufschwungs.

Der Siebenjährige Krieg war der folgenreichste Konflikt des 18. Jahrhunderts und zugleich der erste weltumspannend ausgetragene Krieg europäischer Mächte. Briten und Preußen standen dabei gegen eine Koalition aus Frankreich, Österreich und Russland. Während Preußen auf dem europäischen Kontinent gleichzeitig gegen die Armeen Frankreichs, Österreichs und Russlands kämpfte, rangen Großbritannien und Frankreich um die weltweite koloniale Vorherrschaft.

Von Anfang an wurde der Siebenjährige Krieg auch auf den Weltmeeren ausgetragen. Der Kampf um die Seeherrschaft wurde mit großer Härte ausgefochten, so dass die Handelsflotten Englands und Frankreichs in hohem Maße unter der Kaperei ihrer Gegner litten. Dagegen war der Seehandel in der Ostsee vor Übergriffen durch Kriegs- und Kaperschiffe sicher, denn die Kriegsgegner Preußen, Russland und Schweden hatten sich in der sogenannten Ostseekonvention dar-

Flensburg um 1770. Die dänische Neutralität in den zahlreichen Seekriegen des 18. Jahrhunderts bescherte der gesamtstaatlichen Handelsschifffahrt eine Zeit der Hochkonjunktur, wie auch an den zahlreichen im Hafen liegenden Handelsschiffen zu erkennen ist.

auf geeinigt, keine Maßnahmen gegen die Handelsschifffahrt zu ergreifen.

Da Dänemark auch in diesem Krieg neutral blieb, konnten Schiffe unter dem Schutz der dänischen Flagge ungeachtet der militärischen Auseinandersetzungen zwischen einem Großteil der Staaten Europas nicht nur in der Ostsee, sondern auch in den übrigen europäischen Gewässern von der Nordsee bis zum Mittelmeer weitgehend unbehindert von den Kriegs- und Kaperschiffen der kriegführenden Mächte ihren Geschäften nachgehen, wodurch die Reeder des Gesamtstaates einen erheblichen Wettbewerbsvorteil erlangten. So errang beispielsweise die Schifffahrt der Neutralen während des Siebenjährigen Kriegs für kurze Zeit fast ein Monopol in der Mittelmeerfahrt. Der Krieg endete 1763 mit der Niederlage Österreichs, das Schlesien endgültig an Preußen abtreten musste, und Frankreichs, das seine nordamerikanischen und indischen Kolonien verlor. Damit war Großbritannien zur weltweit bedeutendsten See- und Kolonialmacht geworden, während sich Preußen definitiv als fünfte europäische Großmacht etablieren konnte.

Obwohl die gesamtstaatlichen Reedereien während des Siebenjährigen Kriegs gut im Geschäft gewesen waren, neigte sich bereits ab 1761/62 die Zeit der kriegsbedingten Hochkonjunktur dem Ende entgegen. Nach dem Ende des Krieges 1763 kam es durch die jetzt wieder auflebende Konkurrenz der großen Seefahrtsnationen zu einem Überangebot an Tonnage, wo-

durch die Frachtraten fielen, so dass die Reederei kaum noch rentabel war.

Erfolgreich bemühten sich die Bernstorffs, Dänemark aus den großen europäischen Konflikten herauszuhalten. Ihr oberstes außenpolitisches Ziel war es, die territoriale Integrität des Gesamtstaats und den Frieden im Norden Europas zu bewahren.

1773 wurde auch die „Gottorfer Frage" endgültig geklärt. Da das Haus Romanow bereits 1730 mit dem Tod Zar Peters II. in seiner männlichen Linie ausgestorben war, hatte Zarin Elisabeth (1741–1762) 1742 ihren Gottorfer Neffen Karl Peter Ulrich zu ihrem Nachfolger gewählt. 1762 hatte er als Peter III. den russischen Thron bestiegen, aufgrund seiner Verehrung für den preußischen König Friedrich II. sogleich mit diesem Frieden geschlossen und statt dessen einen Feldzug gegen Dänemark vorbereitet, um die verlorenen gottorfischen Besitzungen in Schleswig zurückzuerobern. Doch bereits ein halbes Jahr nach seinem Regierungsantritt war Peter III. gestürzt worden und einige Zeit später unter ungeklärten Umständen zu Tode gekommen. Seine Witwe und Nachfolgerin, Zarin Katharina II. (1762–1796), genannt die Große, hatte keinerlei Interesse an Holstein-Gottorf und leitete eine politische Annäherung an Dänemark ein. 1773 wurden nach dem förmlichen Verzicht ihres Sohns Großfürst Paul im Vertrag von Zarskoje Selo die gottorfischen Gebiete in Holstein, ebenso wie die bislang gemeinsam regierten Landesteile, mit dem königlichen Anteil des Herzogtums Holstein vereinigt. Erst jetzt kamen auch die

Städte Kiel und Neustadt unter die Herrschaft des dänischen Königs.

Nachdem die „Gottorfer Frage" zur Zufriedenheit aller Beteiligter gelöst war, drohte nun von anderer Seite ein neuer Konflikt. 1772 hatte König Gustav III. (1771–1792) in Schweden das Zeitalter der parlamentarischen Regierung beendet, als er in einem unblutigen Staatsstreich die Macht an sich riss. Sein Ziel war es, Schweden wieder zu einer Großmacht zu machen. Um sich vor den neu erwachten schwedischen Großmachtallüren zu schützen, ging Dänemark 1773 zudem eine „Ewige Allianz" mit Russland ein. In diesem Bündnis war Dänemark zwar nur Juniorpartner, doch gab die Allianz mit Russland Dänemark Sicherheit und ermöglichte der dänischen Regierung, den Frieden im Norden Europas, die viel zitierte „Ruhe des Nordens", zu bewahren.

Gleichzeitig wurden auch die merkantilistischen Wirtschaftsrestriktionen weiter gelockert. Dazu gehörte auch die Aufhebung weiterer Fahrtbeschränkungen: Bereits 1772 war der Indienhandel für alle gesamtstaatlichen Schiffe freigegeben worden, 1786 folgte der Islandhandel und 1787 der Handel mit den Finnmarken und Archangelsk. 1797 wurde auch die alte merkantilistische Zollordnung von 1768 durch eine neue, liberalere Zollgesetzgebung ersetzt.

Davon profitierte vor allem die schleswig-holsteinische Schifffahrt: 1777 zählte die Handelsflotte der Herzogtümer 15.059 CL gegenüber den 17.149 CL der dänischen Handelsflotte, von denen allein in Kopenhagen 10.218 CL beheimatet waren. Die Herzogtümer verfügten damit über eine fast ebenso große Handelsflotte wie das ganze Königreich Dänemark inklusive Kopenhagen. Auch die Hamburger Handelsflotte war nur etwa halb so groß wie die schleswig-holsteinische.

Doch nicht nur die Fahrt nach Häfen in Europa und Übersee florierte. Die Hochkonjunktur und die Steigerung der Agrarexporte in der zweiten Hälfte des 18. Jahrhunderts hatten auch einen Aufschwung der Küstenschifffahrt zur Folge, da es nach wie vor kaum ausgebaute, geschweige denn gepflasterte Straßen gab und Transporte über Land daher recht mühsam waren. Die kleinen Küstensegler, die meist nicht mehr als 10 CL Tragfähigkeit besaßen, spielten daher an der Nordsee- und Ostseeküste eine wichtige Rolle für den Warenaustausch sowie die Versorgung der an der Küste an den schiffbaren Flüssen gelegenen Städte und Dörfer.

Der Amerikanische Unabhängigkeitskrieg sorgte zwischen 1777 und 1783 noch einmal für eine Zeit der Hochkonjunktur für die neutrale Schifffahrt und damit auch für die Handelsflotte der Herzogtümer. Gleichwohl führte der Streit um den Status der Neutralen zu Spannungen mit Großbritannien. Insbesondere über die Frage „Frei Schiff, frei Gut", also die Berechtigung der Neutralen, während eines Kriegs unbehelligt feindliches Gut auf neutralen Schiffen oder neutrales Gut auf feindlichen Schiffen zu transportieren, wurde heftig gestritten. Zugleich gab es auch Auseinandersetzungen um die Definition der sogenannten „Konterbande", d.h. verbotener, den Feind militärisch unterstützender Handelswaren. Der Begriff Konterbande hatte sich ursprünglich nur auf direkte Militärgüter, wie etwa Waffen, bezogen, war aber im Lauf der Jahrhunderte auf weitere, dem Feind nutzbare Güter ausgedehnt worden. Dadurch wurden der freie Handel und die Schutzrechte der Neutralen in zunehmendem Maße eingeschränkt.

Während Frankreich aufgrund der britischen Übermacht zur See von der neutralen Schifffahrt abhängig war und diese daher bei ihren Forderungen nach dem Schutz ihrer Rechte unterstützte, nahmen die Briten nur wenig Rücksicht auf die Neutralen. Sie weigerten sich, das von Dänemark und den übrigen neutralen Mächten verfochtene Prinzip „Frei Schiff, frei Gut" anzuerkennen. Ebenso weiteten die Briten die Liste

Die Flensburger Schaluppe FRAU MARCIA. Nicht nur die europäische Handelsfahrt, auch die Küstenschifffahrt an Nord- und Ostsee florierte im 18. Jahrhundert.

Die Flensburger Schiffbrücke. Die Zeichnung vermittelt einen guten Eindruck vom lebhaften Betrieb in der bedeutendsten Hafenstadt des Herzogtums Schleswig. Zugleich war Flensburg ein bedeutender Schiffbauort, worauf auch die zahlreichen Krummhölzer im Vordergrund hinweisen, die für Spanten, Steven und andere Bauteile benötigt wurden.

der verbotenen Waren nach und nach aus, bis auch Schiffbaugüter und Nahrungsmittel darunter fielen. Sie behielten sich zudem das Recht vor, jedes neutrale Schiff anzuhalten, zu durchsuchen und gegebenenfalls aufzubringen.

Im Fall einer unrechtmäßigen Aufbringung konnten die Geschädigten zwar versuchen, vor den Gerichten des Heimatlandes des betreffenden Kaper- oder Kriegsschiffs Schadenersatz zu erklagen, doch war dies fast immer ein langwieriges, wenn nicht gar hoffnungsloses Unterfangen. Prozesse vor Prisengerichten dauerten mitunter Jahre, ja Jahrzehnte. Nicht allein eine Vielzahl von Ausnahmeregelungen und juristischen Spitzfindigkeiten, auch besondere Umstände, wie eine Rückeroberung, eine Wiederaufbringung oder verlorene Schiffspapiere konnten die Untersuchungen komplizieren und dadurch das Gerichtsverfahren erheblich verzögern. So berichtet der Hamburger Jurist Johann Georg Büsch in seinem Buch mit dem treffenden Titel *„Ueber das Bestreben der Völker neuerer Zeit, einander in ihrem Seehandel recht wehe zu thun"* über den Fall der Aufbringung des Hamburger Schiffs HENDRIK UND JACOB. Dieses war 1781 während des Amerikanischen Unabhängigkeitskriegs mit neutraler Fracht auf einer Reise nach Portugal von einem britischen Kaperschiff aufgebracht worden. Das anschließende Prisenverfahren dauerte durch endlose Verschleppungen seitens der Reeder des Kaperschiffs bis 1793 und verursachte den Hamburger Eignern der HENDRIK UND JA-COB insgesamt 8.000 Mark Banco an Anwalts- und Gerichtskosten.

Nach zahlreichen britischen Übergriffen gegen ihre Handelsschiffe schlossen sich die neutralen Seemächte, darunter auch Dänemark, 1780 zur sogenannten „Bewaffneten Neutralität" zusammen. Mit dieser Allianz wollten die Neutralen ihre Interessen gegen die Briten durchzusetzen – notfalls auch mit Waffengewalt. Bis 1783 traten fast alle kleineren europäischen Handelsnationen diesem Bündnis bei, wodurch Großbritannien schließlich zum Nachgeben gezwungen wurde.

Dank der guten Konjunktur wuchs die Handelsschiffstonnage in den Herzogtümern zwischen 1777 und 1783 rasant, wobei als Reaktion auf das vermehrte Frachtaufkommen vor allem die Zahl der großen Schiffe zunahm. So verdreifachte sich die Altonaer Flotte in diesen Jahren, während die Flensburger Tonnage immerhin um das Doppelte wuchs. Parallel dazu wurde auch der Hafen der Fördestadt weiter ausgebaut; so musste die 1777 erweiterte Schiffbrücke bereits 1780 noch einmal verlängert werden. Die Glückstädter Flotte vergrößerte sich ebenfalls, während in anderen Städten, wie Eckernförde und Ärösköping, das Wachstum geringer war und andere Flotten, wie die Apenrades und Sonderburgs, sogar stagnierten. Auch die Handelsflotten der 1773 durch den im Vertrag von Zarskoje Selo vereinbarten Gebietstausch an den dänischen Gesamtstaat gefallenen ehemaligen gottorfischen Städte Kiel und Neustadt waren nur wenig bedeutend. So wurden 1773 in Kiel nur neun Schiffe mit 216 CL und in Neustadt fünf Schiffe mit 72 CL gezählt.

Nach dem Ende des Kriegs 1783 endete der internationale Schifffahrtsboom; die Frachtraten fielen und die Überkapazitäten in der Handelsschifffahrt wurden abgebaut. Entsprechend sank beispielsweise die Altonaer Handelsschiffstonnage nach einem starken Tonnagezuwachs von 12.063 CL im Jahr 1783 auf 7.895 CL im Jahr 1791. Insgesamt stagnierte die schleswig-holsteinische Handelsflotte mit leichten Schwankungen auf verhältnismäßig hohem Niveau. So wuchs beispielsweise die Zahl der Flensburger Schiffe in den Jahren zwischen 1785 und 1790 leicht von 217 auf 228 Schiffe, doch schrumpfte deren Gesamttragfähigkeit im gleichen Zeitraum von 9.751 CL auf 8.821 CL. Mit anderen Worten, die Handelsflotte der Fördestadt zeigte in diesen Jahren einen deutlichen Trend zu kleineren Schiffen.

Gleichzeitig hatte seit 1760 der Schiffbau in Flensburg wieder an Bedeutung gewonnen. Die in der Fördestadt vom Stapel gelaufenen Schiffe hatten einen guten Ruf; zeitweilig arbeiteten hier bis zu vier Werften für Auftraggeber aus Flensburg, Norwegen und den Niederlanden. Beispielsweise gab es im Jahr 1781 in der Stadt Flensburg drei Werftbetriebe, auf denen zusammen 120 Zimmerleute und Arbeiter beschäftigt waren. Hinzu kam eine weitere Werft im nahegelegenen Jürgensby. Der bedeutendste Schiffbaubetrieb in der Fördestadt war damals die Werft von Christian Carl Böttger, auf der allein zu diesem Zeitpunkt offenbar elf Schiffe in Bau waren. Ein Bericht an die Admiralität in Kopenhagen vom Dezember 1800 stellt fest, dass auf den vier Flensburger Werften insgesamt sechs Schiffe auf Stapel lägen, der Bau von zwei weiteren Schiffen vorbereitet würde und zudem eine größere Zahl von Schiffen zur Reparatur in den Werften läge. Neben den Werften gab es noch eine ganze Anzahl von Zulieferbetrieben. 1797 wurden in Flensburg je sieben Segel- und Kompassmacher, sieben Reepschläger sowie zahlreiche Takler, Blockmacher, Zimmerleute, Schmiede und andere Handwerker gezählt, die ebenfalls am Schiffbau beteiligt waren.

Der Flensburger Schiffbau folgte ebenfalls den wirtschaftlichen Konjunkturen des 18. Jahrhunderts. Bei guter Wirtschaftslage überstieg die Nachfrage mitunter das Angebot, auch wenn die Flensburger Werften bei schwacher Konjunktur bisweilen Probleme hatte, Schiffe zu verkaufen, die sie auf Spekulation gebaut hatten.

Nach dem konjunkturellen Einbruch nach dem Ende des Amerikanischen Unabhängigkeitskrieges entwickelten sich die einzelnen Seefahrtstädte in den Herzogtümern recht unterschiedlich. Während in Altona die Zahl der Schiffe nach 1783 sank, vergrößerte sich die Flensburger Handelsflotte zahlenmäßig, wobei die Schiffe jedoch kleiner wurden.

Erst der Ausbruch des Kriegs zwischen Großbritannien und dem revolutionären Frankreich im Jahr 1793 bescherte der neutralen gesamtstaatlichen Schifffahrt erneut einen allgemeinen wirtschaftlichen Aufschwung, so dass die schleswig-holsteinische Handelsflotte in den 1790er Jahren erneut zu wachsen begann. So wuchs allein die Flensburger Handelsflotte zwischen 1790 und 1795 von 228 Schiffen mit 8.821 CL auf 257 Schiffe mit 10.094 CL.

Der Schleswig-Holsteinische Kanal

Von 1777 bis 1784 wurden Nord- und Ostsee erstmals durch eine künstliche Wasserstraße, den Schleswig-Holsteinischen Kanal, direkt miteinander verbunden. Damit ließ sich nicht nur der gefährliche Weg rund um Skagen vermeiden, sondern auch eine Strecke von rund 300 Seemeilen (knapp 560 km) einsparen.

Schon seit Jahrhunderten hatte die Idee einer künstlichen Wasserstraße zwischen Nord- und Ostsee Gelehrte und Staatsmänner fasziniert. Bereits 1571 hatte Herzog Adolf von Gottorf erwogen, einen Kanal von Kiel zur Nordsee oder zur Elbe zu graben, doch war dieser Plan im Sande verlaufen. Im 18. Jahrhundert wurde das Kanalprojekt wieder aufgegriffen. Nachdem 1773 mit dem dänisch-gottorfischen Ausgleich ein wichtiges Hemmnis weggefallen war, setzten sich Andreas Peter Bernstorff, Graf Schimmelmann und der königliche Statthalter in den Herzogtümern, Landgraf Carl von Hessen, massiv für den Bau

Die Flensburger Brigg VERÄNDERUNG. Das mit 106 CL vermessene Schiff wurde 1783 in Eckernförde gebaut und besaß eine Besatzung von zehn Mann. 1797 wurde die VERÄNDERUNG zur Schnau umgebaut. Das Schiff fuhr in der Nord- und Ostseefahrt sowie in der Atlantik- und Mittelmeerfahrt. 1802 ging die VERÄNDERUNG vor der niederländischen Küste verloren.

Die Schleuse des Schleswig-Holstein-Kanals bei Knoop mit Ausweichstelle. Der zwischen 1776 und 1784 gebaute, 34 km lange Kanalbau zwischen Renbsburg und Holtenau war eine für das 18. Jahrhundert bewundernswerte technische Leistung. Mit Hilfe von sechs Schleusen überwand der Schleswig-Holstein-Kanal die Wasserscheide.

Das Kanalpackhaus in Tönning. In diesem Lagerhaus konnten Handelswaren vor dem Weitertransport zwischengelagert werden. Nach der Eröffnung des Schleswig-Holstein-Kanals im Jahr 1784 erlebte Tönning einen neuen Aufschwung. Ein ähnliches Packhaus wurde auch in Holtenau errichtet.

einer Kanalverbindung zwischen Nord- und Ostsee ein.

Bereits 1776 wurde das ehrgeizige Unternehmen in Angriff genommen. Der ursprüngliche Plan, den Kanal von der Elbe aus nach Kiel zu führen, erwies sich allerdings als zu teuer. Deshalb entschloss man sich, die bis Rendsburg schiffbare Eider als natürlichen Wasserweg zu nutzen. Erst hier sollte der künstliche Kanalbau beginnen.

Der erste Schritt war die Vertiefung der Eider; erst 1777 begann man mit dem Ausheben des eigentlichen Kanals. Er verband die Untereider mit der Kieler Förde, wobei auf weiteren neun Kilometern die Obereiderseen genutzt werden konnten. Unter der Leitung der Ingenieuroffiziere Christian Friedrich Hermann Peymann und August Hinrich Detmers gruben mehr als 2.000 Arbeiter und 300 Soldaten die künstliche Was-

serstraße. Bis 1782 waren Privatunternehmen am Bau beteiligt, dann übernahm der Staat die Arbeiten. Der Kanalbau war insgesamt 34 km lang und überwand mit Hilfe von sechs Schleusen die Wasserscheide. Das war für das 18. Jahrhundert eine bewundernswerte technische Leistung. Bis zum Bau des Nord-Ostsee-Kanals galt der Eiderkanal als die bedeutendste künstliche Wasserstraße Europas.

Im Oktober 1784 wurde der Schleswig-Holsteinische Kanal eröffnet. Obwohl der Kanalbau in Höhe der Wasseroberfläche nur 31 Meter breit und lediglich 3,45 Meter tief war, konnten neben Küstenfahrern auch kleinere Seeschiffe bis zu einer Tragfähigkeit von etwa 120 CL die Wasserstraße befahren. Die Passage dauerte drei bis vier Tage. Sofern kein achterlicher Wind die Schiffe vorantrieb, wurden sie getreidelt, d.h. von Pferdegespannen gezogen.

Ursprünglich nur für gesamtstaatliche Schiffe vorgesehen, wurde der Schleswig-Holstein-Kanal schon im Mai 1785 für den internationalen Verkehr freigegeben. Unter anderem nutzten Schiffer aus dem niederländischen Groningen gerne den Kanal. Mit 2,4 Millionen Reichstalern war der Kanal um ein Mehrfaches teurer geworden als ursprünglich kalkuliert. Die hohen Kanalgebühren sollten die immensen Baukosten wenigstens zum Teil refinanzieren und zugleich zu große Einbußen beim Sundzoll vermeiden helfen.

Der ab 1853 auch Eiderkanal genannte Schleswig-Holsteinische Kanal bei Knoop von J.L.C. Hansen, um 1840. Bis Rendsburg nutzte die erste künstliche Verbindung zwischen Nord- und Ostsee den schiffbaren Lauf der Eider. Seeschiffe bis zu einer Tragfähigkeit von etwa 300 t konnten die Wasserstraße befahren und so die umständliche und gefährliche Fahrt um Skagen vermeiden.

Der Verkehr auf dem Kanal entwickelte sich daher nur zögernd: 1785 nutzen ihn 438 Schiffe; 1795 waren es 1.822 und 1805 bereits mehr als 3.400 Schiffe. Die Kontinentalsperre und Napoleonischen Kriege brachten die Kanalfahrt jedoch nach 1807 fast ganz zum Erliegen.

Nach dem Ende der Schleswig-Holsteinischen Erhebung von 1848 bis 1851 ließ die dänische Regierung den Kanal im Jahr 1853 in „Eiderkanal" umbenennen, um so den politisch unerwünschten Begriff „Schleswig-Holstein" aus dem Namen zu tilgen.

Die Stadt Tönning erlebte durch die Eröffnung des Schleswig-Holsteinische Kanals einen neuen Aufschwung. Allerdings profitierten vor allem Handwerker und Händler vom Kanalverkehr, während die zum größten Teil aus kleinen Schiffen bestehende Handelsflotte unbedeutend blieb. Auch Kiel erlebte nur in sehr begrenztem Maße eine wirtschaftliche Belebung durch den Kanalbau. Zwar stieg die Zahl der den Hafen anlaufenden Schiffe von etwa 380 im Jahr 1776 bis 1792 um mehr als das Doppelte, doch hatte die Kieler Handelsflotte daran kaum Anteil und stagnierte in ihrer Entwicklung. Allerdings besaß Kiel seit den 1770er Jahren eine gewisse Bedeutung als Werftstandort; im Laufe der Zeit entstand rund ein halbes Dutzend Werften am Ostufer und im Gebiet der Altstadt. Um 1800 war der Kieler Seehandel immer noch relativ unbedeutend. In der Stadt waren lediglich zehn Schiffe registriert. Es gab Verbindungen nach Schweden und St. Petersburg, wohin die Schiffe landwirtschaftliche Produkte exportierten, um anschließend mit Stangeneisen und anderen Waren wieder zurückzukehren. Ebenso gab es eine regelmäßige „Paketfahrt", d.h. eine regelmäßige Linienverbindung zwischen Kiel und Kopenhagen.

Die Revolutionskriege

Lange lebten Deutsche und Dänen in Schleswig-Holstein und Dänemark gemeinsam unter einem Herrscher. Der sogenannte dänische Gesamtstaat galt den Schleswig-Holsteinern im 18. und frühen 19. Jahrhundert gleichsam als ein übernationales Vaterland: Nicht Dänemark, sondern den Gesamtstaat in seiner Geschlossenheit mit dem Monarchen als einigender Integrationsfigur betrachtete man als das Vaterland. Die große Mehr-

Andreas Peter Bernstorff. Bereits früh hatte der kinderlose Johann Hartwig Ernst Bernstorff seinen politisch talentierten Neffen als Nachfolger ausersehen.

heit der Schleswig-Holsteiner pflegte daher einen gesamtstaatlichen Patriotismus, der einige Zeit auch die sich seit der Mitte des 18. Jahrhunderts immer deutlicher abzeichnenden Gegensätze zwischen den dänischen und deutschen Bevölkerungsgruppen überdecken konnte und erst während der Krisen des beginnenden 19. Jahrhunderts Risse bekommen sollte.

1789 kam es in Frankreich zu einer politischen und sozialen Umwälzung, die tiefgreifende Auswirkungen auf ganz Europa hatte. Durch die Französische Revolution und den Ausbruch der Revolutionskriege wurde auch die außenpolitische Lage des dänischen Gesamtstaats erheblich kompliziert. In den Jahren von 1793 bis 1815 kämpften England und Frankreich in einem weltweiten Konflikt um die Vorherrschaft in Europa, wobei sich in den mehr als 20 Kriegsjahren wie nie zuvor militärische und wirtschaftliche Faktoren vermischten. Doch obwohl der Krieg, einem Flächenbrand ähnlich, im Laufe der Zeit fast ganz Europa ergriff, blieb die „Ruhe im Norden" zunächst bewahrt.

Konsequent hielt Andreas Peter Bernstorff, seit 1773 dänischer Außenminister, an der Neutralitätspolitik fest, nicht nur aus Überzeugung, sondern auch aus ganz pragmatischen Gründen: Schließlich bescherte die Neutralität den dänischen Schiffen eine Hochkonjunktur. Während sich England und Frankreich nach Kräften bemühten, ihren Handel gegenseitig zu stören, ver-

Unter der Führung Andreas Peter Bernstorffs verfolgte der dänische Gesamtstaat eine erfolgreiche Neutralitätspolitik. Als Zeichen der Wertschätzung überreichte ihm die Kopenhagener Kaufmannschaft 1793 eine Medaille, die auf der einen Seite einen Kompass und auf der anderen die Inschrift „Uden Misvisning" (Deutsch: „Ohne Missweisung") zeigte.

Durchsuchung eines dänischen Handelsschiffs durch ein britisches Kriegsschiff. Die zunehmenden Übergriffe der Briten gegen die neutrale Handelsschifffahrt während der Revolutionskriege führten im Jahr 1800 zur Gründung der zweiten „Bewaffneten Neutralität".

sorgten die dänischen Schiffe unter dem Schutz ihrer neutralen Flaggen mehr oder weniger ungestört die kriegführenden Mächte mit allen notwendigen Handelsgütern.

Obwohl seine Stellung angesichts der wirtschaftlichen und sozialen Umbrüche im Gesamtstaat nicht unangefochten war, genoss Andreas Peter Bernstorff dank seiner Integrität große Achtung und eine außergewöhnliche Popularität. 1793 überreichte ihm die Kopenhagener Kaufmannschaft zu seinem Geburtstag eine Medaille, die auf der einen Seite einen Kompass, auf der anderen Seite die Inschrift „Uden Misvisning"

Friedrich (VI.), seit 1784 Regent, ab 1808 König von Dänemark.

(„ohne Missweisung") zeigte. Dies war, wie es der dänische Historiker Ole Feldbæk ausdrückte, eine *„Art Heiligsprechung zu Lebzeiten".*

Obgleich es Andreas Peter Bernstorff bis zu seinem Tod am 21. Juni 1797 gelang, die dänische Neutralität aufrecht zu erhalten, wurde es für die Regierung des Gesamtstaats zunehmend schwieriger, sich aus den Auseinandersetzungen zwischen dem revolutionären Frankreich und den wechselnden Koalitionen unter der Führung Großbritanniens herauszuhalten. Es war lediglich eine Frage der Zeit, bis auch die neutralen Staaten Europas sich gezwungen sehen würden, sich für eine der beiden Seiten zu entscheiden. Vor allem England und Preußen bedrängten Dänemark, den Handelsverkehr mit Frankreich einzustellen und sich der antirevolutionären Koalition anzuschließen – mit anderen Worten, die dänische Neutralität aufzugeben.

Zunächst bescherte der Seekrieg zwischen Großbritannien und Frankreich der neutralen Schifffahrt aber einen erneuten wirtschaftlichen Aufschwung, so dass die gesamtstaatliche Handelsflotte wiederum zu wachsen begann. 1797 wurden im Gesamtstaat insgesamt 2.434 größere Handelsschiffe gezählt, von denen 702 in Dänemark, 835 in Norwegen und 897 in den Herzogtümern beheimatet waren; allein 244 Schiffe waren in Flensburg registriert.

Vor allem die schleswig-holsteinische Handelsschiffstonnage vergrößerte sich zwischen 1791 und 1806 deutlich von 1.255 Schiffen mit 28.817 CL auf 1.982 Schiffe mit 47.109,5 CL. Die bedeutendste Schifffahrtsstadt im Herzogtum Schleswig war nach wie vor Flensburg. 1803 waren in der Fördestadt 275 Schiffe mit einer Tragfähigkeit von insgesamt 14.136,5 CL registriert. 1806 bestand die Flensburger Handelsflotte aus 271 Schiffen, darunter Galeassen, Fregatten, Barken und Jachten, mit einer Gesamttragfähigkeit von 14.806 CL, die von 2.068 Seeleuten bemannt wurden.

In Holstein besaß Altona die größte Handelsflotte. Nach einem Tiefstand von 7.895 CL im Jahr 1791 stieg die Tonnage der Altonaer Handelsflotte während der Revolutionskriege ab 1792 wieder stark an und erreichte 1803 mit 11.448 CL einen neuen Höchststand; 1806 war die Altonaer Handelsflotte mit 296 Schiffen sogar größer als die Hamburgs.

Ein anschauliches Beispiel für die gute Konjunktur für die neutrale gesamtstaatliche Schifffahrt ist der bemerkenswerte Aufschwung der Husumer Handelsflotte während der Revolutionskriege. 1790 waren in Husum lediglich 15 Schiffe beheimatet, die eine Gesamttragfähigkeit von 150,5 CL hatten und mit insgesamt 44 Seeleuten bemannt waren. Die meisten Schiffe waren älter als zehn Jahre. 1802 waren in Husum 18 Schiffe mit einer Gesamttragfähigkeit von 278 CL beheimatet, die von 65 Seeleuten bemannt wurden. Nicht nur hatte sich die Zahl der Schiffe und ihre Tragfähigkeit erhöht, die Hälfte der Schiffe war zudem jünger als zehn Jahre. Sechs der Schiffe waren in Husum gebaut worden, während zuvor hier nur Schiffe repariert worden waren. Allerdings war der Bau von Schiffen in Husum teurer als an anderen Orten, da es im Umland keine Wälder gab und das Bauholz daher mühsam herbeigeschafft werden musste, was erhebliche Zusatzkosten verursachte.

Bei den in Husum beheimateten Schiffen handelte es sich größtenteils um kleinere Fahrzeuge, die für die Fahrt im Wattenmeer bestimmt waren und daher einen Plattboden und Seitenschwerter besaßen. Die sechs kleinsten Schiffe waren kleine Küstenfahrer, hatten eine Besatzung von zwei Mann und trugen lediglich 3 bis 8 CL. Sechs mittelgroße Schiffe konnten zwischen 9 und 16 CL tragen, waren mit drei Seeleuten bemannt und fuhren bis nach England, Norwegen und in die Niederlande. Von den verbleibenden Schiffe waren vier zwischen 17 und 29 CL groß und hatten vier bis fünf Mann an Bord, während beiden größten Schiffe eine acht- bis neunköpfige Besatzung hatten und 46 bzw. 50 CL tragen konnten. Die großen Schiffe segelten bis in das Mittelmeer.

Ähnlich wie die Altonaer und Flensburger Reeder nutzen die Husumer Schiffseigner die sich ihnen bietenden Gelegenheiten, hielten sich aber nach 1798 mit weiteren Investitionen zurück, da sich nach Jahren des Aufschwungs ein konjunktureller Einbruch mit einem Absinken der Fracht- und Warenpreise abzeichnete, der 1799 vor allem die Hamburger Kaufleute traf.

Im Gegensatz zu Flensburg, Altona und Husum konnte die Handelsschifffahrt in Eckernförde von der guten Wirtschaftslage nur wenig profitieren. Nach 1796 begann der allmähliche Nie-

Jens Jacob Eschels

Jens Jacob Eschels wurde am 12. Dezember 1757 auf der nordfriesischen Insel Föhr in Nieblum/Osterharde im Herzogtum Schleswig als einer von mehreren Söhnen eines Seemanns geboren. 1769 ging er im Alter von elf Jahren als Kajütwächter auf einem niederländischen Walfangschiff auf seine erste Reise. In den folgenden Jahren fuhr er als Schiffsjunge, Kochsmaat und Leichtmatrose in der Grönlandfahrt. Im Winter des Jahres 1774/75 besuchte Eschels den privaten Navigationsunterricht auf Föhr; 1775 wurde er zum Matrosen befördert. 1778 wechselte Eschels von der Grönland- in die Handelsschifffahrt. 1780 wurde Eschels Steuermann und ein Jahr später Kapitän auf einem Hamburger Westindienfahrer. Er hatte das Schiff nach dem Tod des Kapitäns wohlbehalten nach Hause gebracht und war zur Belohnung durch die Partreeder in seinem Kommando bestätigt worden. Eschels führt das Schiff in den folgenden 17 Jahren in der europäischen und transatlantischen Handelsfahrt, wobei er mit dem Einverständnis seiner Reeder auch eigene Handelsgeschäfte tätig-

Der von Föhr stammende Kapitän Jens Jacob Eschels. Mit Ehrgeiz, Tüchtigkeit und Unternehmungsgeist gelang es ihm, vom einfachen Seemann zum Fabrikanten und Schiffsbesitzer in Altona aufzusteigen.

te. 1798 gab Eschels die Seefahrt wegen der Gefahr der Aufbringung durch französische und besonders englische Kaperschiffe auf. Nach Ende seiner Seefahrtzeit investierte Eschels sein erworbenes Vermögen unter anderem in eine Tabakfabrik und wurde auch als Reeder und Schiffssachverständiger tätig. 1842 starb er in Altona. In seiner Autobiographie mit dem Titel „Lebensbeschreibung eines Alten Semannes" zeichnet er ein anschauliches Bild der Seefahrt im 18. Jahrhundert.

In der Schlacht von Kopenhagen am 2. April 1801 wurde die dänische Flotte von britischen Schiffen unter dem Kommando von Admiral Lord Nelson fast völlig vernichtet.

dergang der Eckernförder Handelsflotte. Waren 1796 in der Fördestadt noch 16 Schiffe mit 644,5 CL beheimatet gewesen, verringerte sich ihre Zahl bis 1806 auf nur noch zwölf Schiffe mit insgesamt 457 CL.

Der Seekrieg zwischen Großbritannien und Frankreich bescherte der neutralen gesamtstaatlichen Schifffahrt zwar erneut eine Zeit der Hochkonjunktur, doch wuchs zugleich die Gefahr der Aufbringung durch britische und französische Kriegs- und Kaperschiffe. Auch in diesem Krieg gerieten die Neutralen wieder zwischen die Fronten. Vor allem die Briten nahmen, wie schon im Amerikanischen Unabhängigkeitskrieg, bei ihrem Bemühen, Frankreich von dringend benötigten Nachschubgütern abzuschneiden, nur wenig Rücksicht auf die neutrale Schifffahrt. Auch das Gebaren der englischen Prisengerichte war nicht unumstritten. In seinen Memoiren schreibt der von der Insel Föhr stammende und unter dänischer Flagge fahrende Kapitän Jens Jacob Eschels über die Zeit der Revolutionskriege: *„Vor den Kapern hatte ich viel mehr Furcht, wie vor Seegefahren."*

Immer wieder wurden die unter dänischer Flagge fahrenden Schiffe Opfer von britischen Übergriffen, denn den Briten war nicht verborgen geblieben, dass die Dänen nicht nur mit Frankreich Handel trieben, sondern auch Reedern aus Frankreich und den Niederlanden, die inzwischen in das französische Lager gewechselt waren, gestatten, ihre Schiffe zu „neutralisieren", das heißt, sie zum Schein in dänischen Besitz zu überführen, um sie auf diese Weise vor dem Zu-

griff der Briten zu schützen. Seit 1794 kreuzten daher dänische und schwedische Kriegsschiffe in der Nordsee, um den Forderungen ihrer Regierungen zum Schutz der neutralen Schifffahrt Nachdruck zu verleihen.

Nach dem Tode von Andreas Peter Bernstorff im Jahr 1797 begann Kronprinz Friedrich VI., der seit 1784 die Regentschaft für seinen geisteskranken Vater führte, mehr und mehr von den bewährten politischen Prinzipien seines langjährigen Ministers abzuweichen. Seit 1798 nahm die bislang eher defensive Ausrichtung der dänischen Neutralität einen offensiveren, vor allem gegen England gerichteten Charakter an. So empfahl der dänische Finanzminister Ernst Schimmelmann im Geheimen Staatsrat, dänische Handelsschiffe künftig durch Kriegsschiffe eskortieren zu lassen. Fortan wurden die dänische Ostindienfahrer, ebenso wie die Routen ins Mittelmeer und nach Westindien, durch dänische Kriegsschiffe geschützt, die den Befehl hatten, die Handelsschiffe, nötigenfalls auch mit Waffengewalt, vor Durchsuchungen und Beschlagnahmen der Engländer zu bewahren. Seit 1797 war zudem ein dänisches Geschwader im Mittelmeer stationiert, das im Jahr 1800 aus einem Linienschiff, fünf Fregatten und einer Kriegsbrigg bestand.

Im Juli 1800 brach der Konflikt mit England offen aus, als die dänische Fregatte FREYA, die sechs gesamtstaatliche Handelsschiffe auf ihrer Fahrt von Norwegen ins Mittelmeer begleitete, eine englische Durchsuchung verweigerte. Nach einem kurzen, aber heftigen Gefecht mit einem englischen Geschwader musste die FREYA die

Flagge streichen, und der Konvoi wurde zur eingehenden Untersuchung in einen englischen Hafen gebracht.

Angesichts der zunehmenden britischen Übergriffe auf die neutrale Schifffahrt hatten sich Russland, Preußen, Dänemark und Schweden im Dezember 1800 nach dem Vorbild der Allianz neutraler Seehandelsnationen während des Amerikanischen Unabhängigkeitskrieges erneut zu einer „Bewaffneten Neutralität" gegen Großbritannien zusammengeschlossen. Bereits im November 1800 hatte Zar Paul 1. britische Kaufleute in Russland verhaften und dreihundert in russischen Häfen liegende britische Handelsschiffe beschlagnahmen lassen.

Die „Bewaffnete Neutralität" war für England eine ernste Bedrohung. Das Bündnis gefährdete den Zugang der Briten zur Ostsee und damit die Zufuhr der für die Royal Navy dringend benötigten Schiffbaugüter, wie Holz, Teer, Flachs für Segeltuch und Hanf für das Tauwerk, die zu einem Großteil aus dem Ostseeraum importiert wurden. Ohne Flotte aber war England verloren. Daher war die Reaktion der Briten schnell und hart: Die Admiräle Sir Hyde Parker (1739–1807) und Lord Horatio Nelson (1758–1805) wurden im März in die Ostsee entsandt, um die widerspenstigen neutralen Mächte zur Räson zu bringen und den Zugang zur Ostsee zu sichern – notfalls mit Gewalt. Nach erfolglosen Verhandlungen folgte am 2. April 1801 die Schlacht von Kopenhagen, in der die dänische Flotte fast völlig vernichtet wurde. Bevor jedoch die Briten auch gegen die noch eingefrorene russische Flotte vorgehen konnten, erreichte die Nachricht von der Ermordung Zar Pauls Kopenhagen. Die Schlacht war unnötig gewesen. Bereits am 24. März 1801 hatte sich eine Gruppe unzufriedener russischer Adliger in einer Palastrevolution des russischen Zaren entledigt, der immer deutlichere Anzeichen seines Irrsinns gezeigt hatte. Mit ihrem Initiator war auch die zweite „Bewaffnete Neutralität" gestorben. Dem dänischen Außenminister Christian Günther Bernstorff gelang es schließlich in langwierigen Verhandlungen, einen Ausgleich mit Großbritannien zu finden und die dänische Neutralität noch einmal zu bewahren.

Bei Wiederausbruch des Krieges zwischen Großbritannien und Frankreich nach dem kurzen Zwischenspiel des Friedens von Amiens verhängten die Briten nach der Besetzung des mit Großbritannien in Personalunion verbundenen Kurfürstentums Hannover durch Frankreich im Mai 1803 eine strenge Blockade über Weser und Elbe, die Hamburg und Altona vom Seehandel abschnitt und dadurch wirtschaftlich schwer in Mitleidenschaft zog. Die Hamburger Kaufleute reagierten auf die Sperrung der Elbe, indem sie ihre Waren teilweise umleiteten und in Lübeck, Kiel oder Tönning, seltener auch über Husum, löschen ließen.

Vor allem Tönning wurde zum Ersatzhafen für Hamburg. Da kleine Küstenfahrer den britischen Blockadeschiffen leichter entgehen konnten, erhielt die Kleinschifffahrt an der Nordseeküste durch die Blockade einen unerwarteten Wachstumsschub. Zugleich wurde der Handel mit den Elbehäfen vermehrt über Land abgewickelt. Auch Lübeck und Kiel profitierten von der Sperrung der Elbe für den Handelsverkehr. In Lübeck wurden nach 1803 jährlich über 2800 Schiffe entladen, während die Zahl der in Kiel abgefertigten Schiffe von jährlich rund 480 auf über 760 stieg. Den Flensburger Hafen liefen 1806 insgesamt 1519 Schiffe mit einer Gesamttragfähigkeit von 24.308 CL an. Auch andere schleswig-holsteinische Städte konnten weiter von der dänischen Neutralität profitieren. Zugleich wuchs die Handelsflotte der Herzogtümer zwischen 1800 und 1806 erneut von 43.142 CL auf 47.110 CL. Die größten Einzelflotten fanden sich nach wie vor in Flensburg mit 271 Schiffen und Altona mit 296 Schiffen.

1806 wurde Hamburg von den Franzosen besetzt. Die Elbestadt litt schwer unter der Kontinentalsperre, da der einträgliche Englandhandel nun völlig zum Erliegen kam. Damit nicht ge-

Ansicht der Stadt Tönning während der Elbblockade. Nachdem die Briten 1803 eine strenge Blockade über Weser und Elbe verhängt hatten, wurde die kleine Stadt an der Eider zum Ersatzhafen für Hamburg.

Der Raub der dänischen Flotte hinterließ bei den Dänen für viele Jahre einen tiefen und bitteren Hass auf die Briten. Englische Karikatur aus dem Jahr 1807.

Bens den Ausgleich mit Frankreich suchte, schloss sich dem Handelsembargo an. Auch die kleineren Mächte Dänemark, Schweden und Spanien sollten, wenn nötig mit Gewalt, dazu gebracht werden, sich an der Kontinentalsperre zu beteiligen. Dies hätte die Schließung der Ostseezugänge für die Briten und damit die Unterbrechung der Versorgung der Royal Navy mit den lebensnotwendigen Schiffbaugütern bedeutet. Die britische Regierung, die auf dunklen Kanälen von dem Plan Kenntnis erhalten hatte, konnte dies unter keinen Umständen zulassen und entsandte daher im Spätsommer 1807 eine Flotte unter Admiral Gambier nach Kopenhagen.

Nachdem die dänische Regierung ein britisches Ultimatum entrüstet zurückgewiesen hatte, begannen die Briten am 2. September 1807, Kopenhagen zu beschießen. Fünf lange Tage verteidigten die Dänen todesmutig ihre brennende Hauptstadt. 2.000 Zivilisten wurden getötet, ein Teil Kopenhagens wurde in Schutt und Asche gelegt. Schließlich war die Kapitulation unvermeidbar; die dänische Flotte wurde von den Siegern beschlagnahmt. Dieser „Raub der Flotte" hinterließ bei den Dänen für viele Jahre einen tiefen und bitteren Hass auf die Briten und trieb sie als treue Bundesgenossen auf die Seite Frankreichs. Am 31. Oktober 1807 ging Dänemark ein Militärbündnis mit Napoleon ein und schloss sich auch Frankreichs Embargo gegen England an. Zum ersten Mal seit 1721 war Dänemark wieder in einen großen europäischen Konflikt verwickelt.

Obwohl die Dänen mit ihren wenigen verbliebenen Kriegsschiffen und einer rasch erbauten Flotte von Ruderkanonenbooten aktiv in den Seekrieg gegen England eingriffen, blieb der britische Zugang zur Ostsee bis zum Kriegsende gewahrt. Ein starker britischer Flottenverband unter dem Kommando von Vizeadmiral Sir James Saumarez hielt die Ostseezugänge offen und sorgte für den Schutz der Handelsschiffe, die während der Sommermonate in stark gesicherten Geleitzügen regelmäßig zwischen Großbritannien und der Ostsee verkehrten.

Nicht nur die dänische Flotte, auch zahlreiche private Kaperschiffe kämpften gegen die britische Übermacht zur See. Insgesamt wurden von 1807 bis 1813 556 dänische Kaperschiffe ausgerüstet, die in der Nord- und Ostsee Jagd auf britische Handelsschiffe machten. Die meisten dänischen Kaperschiffe waren relativ klein. Ein ty-

nug, wurden die drei Hansestädte Lübeck, Hamburg und Bremen Ende 1810 gewaltsam dem französischen Kaiserreich angegliedert. Erst nach der Niederlage Napoleons und dem Zusammenbruch seines allein auf der Gewalt der Waffen aufgebauten Imperiums konnten Lübeck, Hamburg und Bremen 1815 auf dem Wiener Kongress ihre staatliche Souveränität wiedererlangen.

Der englisch-dänische Seekrieg 1807–1813

Nachdem der Gesamtstaat lange seine Neutralität bewahrt hatte, wurden Dänemark, Norwegen und die Herzogtümer im Jahr 1807 schließlich doch noch in den europäischen Konflikt zwischen Großbritannien und Frankreich hineingezogen.

Nach dem Sieg über Preußen und dem Friedensschluss mit Russland im Jahr 1806 hatte Napoleon auf dem Kontinent keinen Gegner mehr. Sein Ziel war es nun, seinen letzten Widersacher England in die Knie zu zwingen. Doch da die Briten seit der Schlacht von Trafalgar 1805 die absolute Seeherrschaft besaßen, konnte der Kaiser der Franzosen sein Ziel nicht auf direktem, militärischem Weg erreichen. Statt dessen wollte er das vom Außenhandel abhängige Großbritannien wirtschaftlich ruinieren. Zu diesem Zweck hatte Napoleon 1806/07 in mehreren Dekreten mit der sogenannten „Kontinentalsperre" ein absolutes Einfuhrverbot für englische Waren verhängt. Russland, das nach der Niederlage Preu-

pisches Beispiel ist die Jacht JOHANNE aus Kopenhagen. Das einmastige Schiff wurde 1813 als
Kaper ausgerüstet; es hatte 25 Mann Besatzung
und war mit zwei dreipfündigen Kanonen bewaffnet. Auch in den Herzogtümern wurden Kaperschiffe in Dienst gestellt. So rüstete der Flensburger Reeder und Kaufmann Andreas Andresen
gemeinsam mit anderen Investoren das Kaperschiff ELLEN SOPHIA aus. Auch die Flensburger
Schiffe ARESTIDES und HANS HANSEN gingen
auf Kaperfahrt, wurden aber von den Briten aufgebracht.

Die wirtschaftlichen Folgen des Kriegs gegen
England und der Errichtung der Kontinentalsperre waren für den Gesamtstaat verheerend. 1.400
unter dänischer Flagge segelnde Schiffe wurden
von britischen Kriegs- und Kaperschiffen aufgebracht, die übrigen verrotteten vor Anker liegend,
da sie sich nicht mehr aus den Häfen heraus
trauten. Die schleswig-holsteinische Seefahrt,
eine der wichtigsten Erwerbsquellen der Herzogtümer, kam damit fast völlig zum Erliegen, ebenso wie der Export land- und forstwirtschaftlicher
Güter nach Großbritannien. Allein in Flensburg
wurde gut die Hälfte der Reedereien in den Konkurs getrieben. Angesichts des Embargos blühte
der Handel mit Kolonialwaren. Wer über ausreichende Vorräte verfügte, konnte nun bei steigenden Preisen gute Geschäfte machen. Noch
1809 wurden in Flensburg 630.000 Pfund Zucker hergestellt.

Auch für Husum, das in den 1790er Jahren einen bescheidenen Aufschwung erlebt hatte, bedeutete der Kriegsausbruch 1807 einen schweren
Schlag. Bis 1810 gingen insgesamt elf Husumer

Handelsschiffe durch Beschlagnahme, Aufbringung, Verkauf oder Schiffbruch verloren. Der
Husumer Schiffsbestand sank auf sechs Fahrzeuge mit einer Gesamttragfähigkeit von lediglich
34,5 CL. In den folgenden Jahren stieg die Zahl
der in Husum beheimateten Schiffe jedoch wieder an. Bald hatte die Husumer Flotte wieder den
Stand von 1790 erreicht. 1815 waren hier wieder
14 Schiffe – acht kleine, vier mittelgroße und
zwei große – mit einer Gesamttragfähigkeit von
197 CL verzeichnet.

Als Napoleon 1810 zudem noch das Herzogtum Oldenburg und die Hansestädte in das fran-

*Aufruf des dänischen Königs an seine Un-
tertanen, sich als Ka-
perfahrer am Krieg
gegen Großbritannien
zu beteiligen.*

*Mit Kanonenbooten
und Kaperschiffen wie
dieser Brigg versuch-
ten die Dänen tapfer,
aber erfolglos der See-
herrschaft der über-
mächtigen Royal Navy
entgegenzutreten.*

*Das Kaperschiff JOHANNE von Kopenhagen. Das
einmastige Schiff hatte 25 Mann Besatzung und
war mit zwei dreipfündigen Kanonen bewaffnet.*

zösische Kaiserreich eingliederte, brach auch der Handel mit den Nachbarterritorien zusammen. Dadurch gerieten nicht nur viele Handelshäuser und Reedereien, sondern auch zahlreiche Güter und landwirtschaftliche Betriebe in den Herzogtümern in wirtschaftliche Bedrängnis. Einquartierungen stellten eine zusätzliche Belastung dar:

Zur Sicherung der Küsten und zur Durchsetzung der Kontinentalsperre hatte Napoleon Truppenkontingente in die Herzogtümer und nach Dänemark verlegt, die „aus dem Land" versorgt werden mussten – grundsätzlich wälzte Napoleon die Kosten für seine Feldzüge und die Versorgung seiner Truppen rücksichtslos auf seine Ver-

Konterbande, Schmuggler und Spione – Helgoland 1807–1815

Im August 1807 hatte ein britisches Kommando die zum dänischen Gesamtstaat gehörende Hochseeinsel Helgoland besetzt, die sich rasch zum wichtigsten Schmuggelzentrum Nordeuropas entwickelte, von dem aus die begehrten englischen Waren ungeachtet der Kontinentalsperre ihren Weg auf den Kontinent fanden. Innerhalb kurzer Zeit fand sich auf Helgoland eine große Zahl seriöser und weniger seriöser Kaufleute ein, die hier ihre Kontore und Warenlager errichteten, um das lukrative Schmuggelgeschäft mit dem Kontinent zu betreiben. Helgoland diente dabei als Basis, von der aus die Konterbande unter tatkräftiger Mithilfe von Untertanen des dänischen Königs mit kleinen Schiffen und Booten über die Häfen Husum und Tönning oder andere kleine, versteckte Anlandeplätze mehr oder weniger heimlich an die deutschen und dänischen Küsten gebracht wurde. Vor allem Kolonialwaren, wie Kaffee, Tee, Zucker und Tabak, waren begehrte, auf dem Kontinent durch die Kontinentalsperre und die englische Blockade kaum erhältliche Güter, deren Schmuggel hohe Gewinne abwarf. Doch diese Blüte war nur von kurzer Dauer, denn während das Aufbrechen der Kontinentalsperre nach dem französischen Überfall auf Russland 1812 für England die wirtschaftliche Rettung bedeutete, war dies für Helgoland eine ökonomische Katastrophe, da nun die Kaufleute und damit der Wohlstand der Insel fast so schnell wieder verschwanden, wie sie gekommen waren.

Aber nicht nur als Stützpunkt für den Schleichhandel besaß Helgoland große strategische Bedeutung, sondern auch als Spionagezentrum des englischen Secret Service. Von hier aus wurde ein weites Netzwerk an Agenten aufgebaut und der Informationsfluss von und nach Europa koordiniert. Der größte Coup, der von Helgoland aus

seinen Anfang nahm, war die Evakuierung eines spanischen Elitekorps unter dem Befehl des spanischen Generals Marquis de la Romana, das von Napoleon vorsorglich als Besatzungstruppe nach Norddeutschland und Dänemark befohlen worden war, um so den möglichen spanischen Widerstand bei seiner Okkupation der iberischen Halbinsel zu schwächen. Im August 1808 nahm ein aus drei Linienschiffen und sechs Fregatten bestehendes britisches Geschwader unter dem Befehl von Konteradmiral Sir Richard Keats die Soldaten de la Romanas auf mehr als 50 requirierten dänischen Handelsschiffen an Bord. Obwohl die Franzosen und Dänen unter der Leitung des französischen Marschalls Bernadotte, des späteren schwedischen Königs, versuchten, die Einschiffung der spanischen Truppen zu verhindern, konnten die Briten fast 9.000 Soldaten zurück nach Spanien bringen, wo sie am Kampf gegen die Franzosen teilnahmen.

Übergabe der Insel Helgoland an das Deutsche Reich 1890.

Nach dem Ende der Napoleonischen Kriege verdämmerte Helgoland, das nach dem Frieden von Kiel 1814 in englischer Hand verblieben war, als bedeutungsloses Anhängsel des britischen Empire. Erst 1890 wurde die Insel im Tausch gegen die deutschen Ansprüche auf Sansibar an das Deutsche Reich übergeben.

bündeten und die von ihm unterworfenen Länder ab. Allein der Schmuggel mit verbotenen englischen Waren brachte in dieser Situation eine gewisse Abhilfe.

Auf beiden Seiten der Nordsee versuchten Kaufleute, Reeder und Seeleute, ihre althergebrachten Handelsverbindungen nicht abreißen zu lassen, und organisierten einen groß angelegten Schleichhandel von begehrten englischen Produkten und Kolonialwaren wie Zucker, Tee und Kaffee. Als Folge der von Napoleon verhängten Kontinentalsperre war auch für die Briten in den Jahren nach 1806 der wirtschaftliche Druck gewachsen. In den zum Bersten gefüllten Londoner Warenhäusern stapelten sich die Exportgüter, die Arbeitslosigkeit stieg, und der Ausbruch sozialer Unruhen schien nur noch eine Frage der Zeit. Eine gewisse Abhilfe brachte ein groß angelegter Schleichhandel, denn vom Mittelmeer bis nach Skandinavien wurden Unmengen britischer Erzeugnisse und Kolonialwaren auf den Kontinent geschmuggelt, oftmals unter stillschweigender Duldung durch bestochene Beamte. Voraussetzung für den Schmuggel waren allerdings geeignete Stützpunkte für den Warenumschlag. Ideale Ausgangsbasis für diese illegalen Geschäfte in der Nordsee war die zum dänischen Gesamtstaat gehörende Hochseeinsel Helgoland. Im August 1807 hatten die Briten die in der Deutschen Bucht etwa 30 Seemeilen (rund 40 Kilometer) vor der schleswig-holsteinischen Küste liegende Insel besetzt, befestigt und zum Handelsstützpunkt und Spionagezentrum ausgebaut. Innerhalb kurzer Zeit fand sich eine große Zahl seriöser und weniger seriöser Kaufleute ein, um die Konterbande von hier aus an Land zu schmuggeln – in Häfen wie Husum und Tönning ebenso wie an kleinen, versteckten Ankerplätzen. Auch viele Kaufleute, Fischer und Seeleute aus den Herzogtümern waren am Schleichhandel beteiligt. Das Geschäft war lukrativ, aber nicht ohne Risiken: Wer von den dänischen Behörden erwischt wurde, musste mit schweren Strafen rechnen.

Nachdem der Handel zwischen Dänemark und Großbritannien 1808 völlig blockiert gewesen war, wurden 1809 die britischen Embargobestimmungen für neutrale amerikanische Handelsschiffe gelockert, die nun wieder die Häfen des dänischen Gesamtstaats anlaufen durften. So lief beispielsweise Ende Juli 1810 die unter neutraler amerikanischer Flagge segelnde Brigg

Die von den Briten besetzte Insel Helgoland entwickelte sich während der Kontinentalsperre zu einem der wichtigsten Schmuggelzentren in Nordeuropa.

COLT in den Eckernförder Hafen ein, um ihre aus Kaffee, Tee, Gewürzen, Baumwolltuch, Gelbholz zum Färben von Tuchen sowie Fassdauben bestehende Fracht zu löschen, wobei die Waren vermutlich zum größten Teil auf dem Land- und Seeweg weiter nach Hamburg und Lübeck verfrachtet wurden. Knapp drei Wochen später liefen zwei weitere amerikanische Handelsschiffe, die WALTHER und die PALLAS, in den Hafen von Eckernförde ein; Ende August folgte noch der von Baltimore kommende Schoner NONSUCH; alle drei Schiffe hatten eine ähnliche Ladung wie die COLT an Bord.

Auch Kiel zog zunächst Nutzen aus der Kontinentalsperre; bis 1810 liefen jährlich rund 560 Schiffe den Kieler Hafen an. Von der Belebung des Handels profitierte auch der dänische Staat durch erhöhte Zolleinnahmen, ebenso wie die schleswig-holsteinischen Fuhrleute und Schiffer. In Lübeck dagegen kam der Schiffsverkehr nach der Annexion der Stadt und ihrer Eingliederung

Amerikanischer Schoner. Unter dem Schutz ihrer neutralen Flagge liefen trotz der Kontinentalsperre in den Jahren 1809 und 1810 zahlreiche mit Kolonialwaren beladene amerikanische Handelsschiffe die Häfen des Gesamtstaats an.

in das französische Kaiserreich im Jahr 1810 vollständig zum Erliegen.

Zur Regulierung des Handelsverkehr mit dem Kontinent bedienten sich die Briten seit 1809 der sogenannten „Lizenzen", eines flexiblen Systems von Sondergenehmigungen, die an Schiffe unter neutraler oder gar feindlicher Flagge erteilt wurden und diesen das Anlaufen britischer Häfen und den Export englischer Waren erlaubten. Um ein unkontrolliertes Unterlaufen der britischen Blockade Frankreichs zu verhindern, war das gesamte Lizenzsystem einer strengen Aufsicht unterworfen. Unter anderem mussten alle lizenzierten Schiffe innerhalb der englischen Konvois se-

Der Fall der VIGILANTIA

Viele Kaufleute gaben sich große Mühe, ihre Schmuggelgeschäfte mit einem legalen Deckmantel zu versehen. Mitunter wurden sogar Kaperbriefe dazu benutzt, um verbotene Handelsbeziehungen zu verschleiern. Ein solcher Fall ereignete sich 1811 in Tönning; die Untersuchungsakten sind im Landesarchiv in Schleswig bewahrt. Der niederländische Kaufmann Hendrik van Nievervaart hatte hier ein Kaperschiff namens VIGILANTIA unter dem Kommando des von der Insel Föhr gebürtigen und in Tönning wohnhaften Kapitäns Jan Jansen ausrüsten lassen und war mit diesem unter dem Vorwand einer Kaperfahrt nach Hull in England gesegelt, wo er sich mit der niederländischen Brigg FORTUNA traf. Gemeinsam segelten die beiden Schiffe zuerst nach Helgoland, um eine Ladung Kaffee einzunehmen, und dann weiter nach Tönning, wo Nievervaart die FORTUNA als angebliche Prise ausgab. Auf diese Weise wollte er die Kontinentalsperre unterlaufen, da Waren von aufgebrachten Schiffen trotz des Embargos verkauft werden duften. Doch der Plan scheiterte am Misstrauen der zuständigen Behörden. Bei diesen war der Verdacht aufgekeimt, dass sich die VIGILANTIA „eines mit den Feinden gehabten unerlaubten Verkehrs" schuldig gemacht haben könnte, weshalb sie beide Schiffe beschlagnahmen und die Besatzungen verhaften ließen.

Bei den anschließenden Verhören zeigte sich Nievervaart ähnlich kreativ wie bei seinem Versuch, die Kontinentalsperre zu unterlaufen. So versuchte er sich mit der Behauptung herauszureden, der wahre Zweck des Unternehmens sei nicht Schmuggel, sondern Industriespionage gewesen, „es sey eigentlich seine Absicht gewesen, in England die Construction der Flussspinnmaschinen zu studiren, um durch ihre Nachahmung die von Sr. Majestät, dem Kaiser Napoleon, auf die vollkommenste Spinnmaschine gesetzte Prämie von Einer

Tönning zur Zeit der Kontinentalsperre. Nach der Verhängung des Handelsembargos gegen England wurde die kleine Hafenstadt Tönning zum Zentrum des Schleichhandels. Viele Kaufleute aus den Herzogtümern waren an dem lukrativen, aber riskanten Geschäft beteiligt. Wer von den dänischen Behörden erwischt wurde, musste mit schweren Strafen rechnen. Doch die Blütezeit Tönnings war nur von kurzer Dauer.

Million Franken zu verdienen." Allerdings war diese ziemlich dreiste Schutzbehauptung wenig stichhaltig, zumal sich im Verhör schon bald Nievervaarts „totale Unkunde in diesem Fache" zeigte. Noch weniger glaubhaft war seine „vorgebliche Unkunde der hiesigen Landesgesetze", da an Bord der VIGILANTIA eine von ihm verfasste holländische Übersetzung des dänischen Kaperreglements gefunden worden war. Der versuchten Einfuhr verbotener Waren überführt, wurde Nievervaart schließlich zu zwei Jahren Zuchthaus verurteilt; der Kapitän der VIGILANTIA wurde mit vier Jahren Zwangsarbeit und der Aberkennung des Rechtes, ein Schiff zu führen, bestraft; zwei ebenfalls beteiligte Kaufleute erhielten mehrwöchige Gefängnisstrafen. Zugleich wurden die VIGILANTIA und die FORTUNA konfisziert. Die harte Bestrafung war ein deutliches Signal der gesamtstaatlichen Behörden, dass Schmuggel nicht als Kavaliersdelikt betrachtet, sondern unnachsichtig geahndet wurde.

geln, wobei die begleitenden Kriegsschiffe nicht nur dem Schutz vor feindlichen Angriffen, sondern auch der Überwachung der Handelsschiffe dienten.

Obwohl Dänemark einer der treuesten Verbündeten Napoleons war und sich nach Kräften bemühte, alle Durchbrechungen der Kontinentalsperre zu unterbinden, wurde das Embargo selbst von offizieller Seite nicht konsequent aufrechterhalten. So war aufgrund eines stillschweigenden Übereinkommens mit Großbritannien der Schiffsverkehr nach Norden aus humanitären Gründen praktisch freigegeben, da Norwegen, Grönland und die Faröer vom Import von Getreide aus Dänemark und den Herzogtümern abhängig waren. Überdies erlaubte König Friedrich VI. von Dänemark seinen Untertanen widerstrebend, sich auf der Fahrt nach Norden des britischen Konvoi- und Lizenzsystems zu bedienen. Zeitweise ließ er sogar den Kaperkrieg gegen England einstellen.

Ab 1810 wurden die Einfuhrbestimmungen für britische Waren im dänischen Gesamtstaat auf französischen Druck hin verschärft und der Kampf gegen den Schleichhandel intensiviert. Alle, auch neutrale Schiffe, die britische Produkte oder Kolonialwaren an Bord führten, waren fortan als gute Prise zu betrachten, egal, was die Papiere als Ursprung angaben. Dass diese Maßnahmen nicht nur auf dem Papier standen, zeigen einige Fälle aus Eckernförde.

Am 1. November 1810 waren zwei amerikanische Schiffe, die CHARLOTTE und die ADMITTANCE, sowie ein niederländisches Schiff, die VROUW HENDRICA, in den Hafen von Eckernförde eingelaufen, um hier ihre Ladung zu löschen. Alle drei Schiffe wurden jedoch vom örtlichen Kommandanten, dem „Lieutenant vom See-Etat" (Leutnant zur See) Holsten, wegen des Verstoßes gegen die Embargobestimmungen beschlagnahmt und ein Untersuchungsverfahren eingeleitet. Das für die Überprüfung der Rechtmäßigkeit der Aufbringung zuständige Flensburger Prisengericht entschied, dass die Beschlagnahme gerechtfertigt war und kondemnierte die Schiffe. Während sich der pflichtbewusste Leutnant Holsten mit seinem Diensteifer unter der Eckernförder Kaufmannschaft kaum Freunde gemacht haben dürfte, wurde er von staatlicher Seite gelobt und ausdrücklich für eine Belohnung empfohlen.

Gegen die Beschlagnahme der VROUW HENDRICA hatte der Kaufmann Dreyer als Bevollmäch-

tigter des Handelshauses Stoppel, von Dadelsen und Heyne erfolglos Beschwerde eingelegt. Dreyer war offenbar selbst tief in den Schleichhandel verwickelt. Nur wenige Tage vor dem Eintreffen der drei Schiffe im Eckernförder Hafen war er von den Behörden beim Schmuggel von 15.000 Pfund unverzollter Kaffeebohnen ertappt worden, die offenbar weiter nach Hamburg transportiert werden sollten.

Im Laufe der Zeit verschärfte sich der Kampf gegen den Schleichhandel. Auf der Insel Amrum kam es 1810 sogar zu einem „Kaffeekrieg", als die Briten bei dem Versuch scheiterten, eine vom Strandvogt beschlagnahmte Kaffeeladung zurückzuerobern. Doch trotz des energischen Durchgreifens und der Verhängung schwerer Strafen gegen die Schmuggler seitens der dänischen Behörden gelang es nicht, den Schleichhandel zu unterbinden.

1811 wurde in Flensburg ein Schmuggelring ausgehoben, zu dem drei Flensburger, zwei Sonderburger und ein Kieler Kaufmann gehörten. Ihnen wurden illegale Handelsverbindungen mit Großbritannien vorgeworfen. Die Urteile gegen die drei Flensburger Kaufleute waren hart, so

Dänisches Kanonenboot. Für den Handelskrieg in Küstennähe waren diese flachgehenden und mit ein oder zwei schweren Kanonen bewaffneten Fahrzeuge, die sowohl gesegelt als auch gerudert werden konnten, ideal geeignet. Während der Erhebung 1848 bis 1851 griffen die Schleswig-Holsteiner auf dieses bewährte Baumuster zurück und ließen eine Reihe von Ruderkanonenbooten für die schleswig-holsteinische Flottille erbauen, die sie mit einigem Erfolg einsetzten.

Attacke dänischer Kanonenboote auf einen britischen Konvoi. Von ihren befestigten Stützpunkten aus stießen die flinken Kanonenboote blitzschnell vor und zogen sich nach dem Angriff ebenso rasch wieder zurück.

Aufbringung einer britischen Kriegsbrigg durch dänischen Kanonenboote. Nicht nur unbewaffneten Handelsfahrzeugen, auch Kriegsschiffen konnten die kleinen, aber manövrierfähigen Kanonenboote in den engen Gewässern der Ostsee gefährlich werden.

musste Christian Stuhr 500 Reichsbanktaler zahlen, Lorenz Göttig erhielt ein Jahr Gefängnis und 5.000 Reichsbanktaler Geldstrafe, der spätere Flensburger Bürgermeister Hans Thomsen Fries wurde sogar zum Tode verurteilt, aber später zu sechs Monaten Festungshaft begnadigt; die aufgefundenen Waren wurden beschlagnahmt. Mit diesen vergleichsweise harten Strafen wollten die gesamtstaatlichen Behörden offenkundig ein Exempel im Kampf gegen den Schleichhandel statuieren und potentielle Nachahmer abschrecken.

Obwohl die Dänen den Kampf gegen die übermächtige Royal Navy nicht gewinnen konnten, hatten sie durchaus Erfolge zu verzeichnen. Eine der effektivsten Waffen der dänischen Marine im Kampf gegen Blockadebrecher und feindliche Kauffahrer waren die Kanonenboote.

Aufgrund der guten Erfahrungen der Schweden mit dem Einsatz von Ruderkanonenbooten während des Kriegs gegen Russland von 1788 bis 1790 hatte die dänische Flotte ähnliche Fahrzeuge entwerfen lassen. Insgesamt wurden zwischen 1807 und 1814 auf den Werften des Gesamtstaats 166 größere und 66 kleinere Kanonenboote erbaut. Die größeren Boote, die auch als „Kanonenschaluppen" bezeichnet wurden, waren 21 Meter lang, vorn und achtern mit je einer in Mittschiffslinie aufgestellten, schweren 24-Pfünderkanone bewaffnet und besaßen eine Besatzung von 79 Mann. Die kleineren Boote waren 12 Meter lang, trugen achtern ein 18- oder 24-Pfündergeschütz und hatten eine 24köpfige Mannschaft.

Da es der dänischen Flotte an ausgebildeten Seeoffizieren fehlte, wurden viele dieser Kanonenboote von Reserveoffizieren, den sogenannten „Monatsleutnanten" (dänisch: „Månedsløjtnant"), befehligt, die sich zum Großteil aus den zum Dienst in der dänischen Flotte verpflichteten Steuerleuten rekrutierte. Einer dieser Monatsleutnante war der Föhrer Hay Peter Johannsen (1771–1821). Bereits im Alter von 18 Jahren war er zum Steuermann befördert worden. Nach dem Ausbruch des Kriegs mit England 1807 diente er als Reserveleutnant auf einem dänischen Kanonenboot und wurde später Kommandant einer Mörserschaluppe. 1809 verhinderte er die Aufbringung einiger für Norwegen bestimmter dänischer Getreideschiffe durch eine englische Fregatte, wofür er mit dem Danebrog-Kreuz ausgezeichnet wurde.

Gefecht zwischen dänischen und britischen Kanonenbooten vor Büsum am 3. September 1813.

Für den Handelskrieg in Küstennähe waren die flachgehenden und trotz ihrer geringen Größe schwer bewaffneten Kanonenboote, die sowohl gesegelt als auch gerudert werden konnten, ideal geeignet. Von ihren befestigten Stützpunkten aus stießen die dänischen Kanonenboote blitzschnell vor und zogen sich ebenso rasch wieder zurück. Handelsschiffe ohne Geleitschutz waren eine leichte Beute für die beweglichen Fahrzeuge mit ihrer großen Besatzung und bei Flaute konnte ein Verband von Kanonenbooten sogar einem Kriegsschiff gefährlich werden. So brachten sie neben zahlreichen Handelsschiffen auch sieben britische Kriegsbriggs auf und im Oktober 1808 wurde das mit 64 Kanonen bewaffnete britische Linienschiff AFRICA im Gefecht mit 19 dänischen Kanonenbooten durch mehr als 70 Treffer so schwer beschädigt, dass es als nicht mehr reparabel außer Dienst gestellt werden musste. Eine traditionelle Kriegsflotte wäre im Handumdrehen von der überlegenen Royal Navy vernichtet worden – doch der Guerilla-Taktik der flinken Boote war in den engen und flachen Gewässern der Ostsee mit den schwerfälligeren Segelkriegsschiffen der Royal Navy nur sehr schwer beizukommen. Auch in der Nordsee konnten sich die dänischen Kanonenboote behaupten. Am 3. September 1813 schlugen sieben dänischen Kanonenschaluppen von ihnen vor Büsum einen Angriff von zehn britischen Kanonenbooten zurück, die von sieben kleineren Fahrzeugen unterstützt wurde. Es war das einzige größere Gefecht zwischen dänischen und britischen Kanonenbooten während des gesamten Kriegs.

So brachte beispielsweise am 23. Oktober 1810 eine Kanonenschaluppe unter dem Kommando von Leutnant Fabricius nahe der dänischen Insel Langeland die Galeasse DOROTHEA auf. Das Schiff hatte nur wenige hundert Meter von einem englischen Kriegsschiff entfernt gelegen, dennoch leugnete der Kapitän, Johann Georg Krüger, dass *„sein Schiff [...] englische Convoi unterwegs benutzt habe."* Allerdings sagte die Besatzung übereinstimmend aus, dass die DOROTHEA in einem englischen Geleitzug gesegelt war. Zudem ergab die Untersuchung der Schiffspapiere, dass die Galeasse bereits früher eine Reise nach England gemacht hatte. Das Flensburger Prisengericht, vor dem der Fall verhandelt wurde, entschied daher, die DOROTHEA *„nebst Ladung, der bey Naskow stationirten Ruderflotille als gute Prise zuzuerkennen".*

Alles in allem kämpften die dänischen Kriegs- und Kaperschiffe aber auf verlorenem Posten gegen den Schleichhandel und das englische Konvoiwesen. Angesichts der großen Zahl gut geschützter britischer Geleitzüge waren ihre Erfolge nicht viel mehr als der sprichwörtliche Tropfen auf dem heißen Stein. Allein 1810 segelten 2.044 Schiffe in 49 britischen Konvois in Richtung Ostsee und 3.321 Schiffe in 35 Konvois in Richtung England, während im gleichen Jahr in Kopenhagen lediglich 70 Schiffe als rechtmäßige Prisen verauktioniert wurden.

Schiffsverkehr 1808–1812

Jahr	Richtung Ostsee		Richtung Großbritannien	
	Schiffe	Konvois	Schiffe	Konvois
1808	836	61	722	34
1809	1.643	59	3.181	49
1810	2.044	49	3.321	35
1811	1.206	37	1.618	23
1812	1.312	43	1.022	28

Ausgelöst durch die Kontinentalsperre und durch die Kriegslasten noch verstärkt, kollabierten die gesamtstaatliche Wirtschaft und das ohnehin instabile dänische Währungssystem. Eine Pleitewelle rollte durch Dänemark, Norwegen und die Herzogtümer. Neben zahllosen anderen Unternehmen musste auch die Firma Hinrich Dultz & Söhne aus Altona im Jahr 1811 Konkurs anmelden: Das Handelsembargo hatte die einstmals größte Reederei im Herzogtum Holstein in den Ruin getrieben. Auch das faktische Ende der Kontinentalsperre nach dem französischen Überfall auf Russland 1812, für England die wirtschaftliche Rettung, brachte kaum Erleichterung. Für Helgoland und Tönning bedeutete die Aufhebung des Handelsembargos vielmehr eine ökonomische Katastrophe; der Wohlstand schwand fast so schnell wieder, wie er gekommen war.

Anfang 1813 musste Dänemark den Staatsbankrott erklären, in den auch die Herzogtümer mit hineingezogen wurden. Durch die Verordnung vom 5. Januar 1813 wurden die Barbestände der Schleswig-Holsteinischen Bank durch den Staat beschlagnahmt und die Währungsautonomie der Herzogtümer aufgehoben.

Auf den wirtschaftlichen Zusammenbruch folgte die politische Katastrophe. Hatten die Herzogtümer bislang vor allem wirtschaftlich unter den Kriegsfolgen gelitten, kam nun der Krieg direkt ins Land. Eine schwedisch-russische Armee rückte Ende 1813 in die Herzogtümer ein. Am 17. Dezember 1813, auf den Tag genau 170 Jahre nach der ersten Eroberung, standen die Schweden erneut vor der Festung Friedrichsort. Nach zweitägiger Beschießung mussten sich die dänischen Verteidiger am 19. Dezember 1813 ergeben.

Gut drei Wochen später kapitulierten die Dänen. In der Nacht vom 14. auf den 15. Januar 1814 wurde im Hauptquartier Bernadottes in Kiel ein Friedensvertrag unterzeichnet. Dänemark musste Norwegen an Schweden abtreten, wofür es mit Schwedisch-Vorpommern entschädigt wurde, das es allerdings 1815 mit Preußen gegen das Herzogtum Lauenburg und eine Zahlung von zwei Millionen Talern eintauschte. Gegen die Abtretung von Helgoland erhielt Dänemark von Großbritannien die eroberten überseeischen Kolonien zurück; Helgoland dagegen blieb bis 1890 in britischem Besitz. Die Gebietsabtretungen reduzierten den Gesamtstaat in seiner Staatsfläche um ein Drittel. Damit war Dänemark der größte Verlierer der Napoleonischen Kriege. Fortan bestand der Gesamtstaat nur noch aus dem Königreich Dänemark selbst, den Färöer-Inseln, Island und Grönland sowie den Herzogtümern Schleswig, Holstein und Lauenburg. Dänemark war von einer nordeuropäischen Mittelmacht zu einem Kleinstaat geschrumpft, der außenpolitisch von den Großmächten abhängig war.

Die Besetzung der Herzogtümer durch die fremden Truppen dauerte länger als ein Jahr und war so drückend, dass die Erinnerung an diese Zeit, vor allem an den strengen „Kosakenwinter" 1813/14, noch lange in der Bevölkerung lebendig blieb.

Noch schwerer als die Gebietsverluste wog die politische Hypothek des Krieges. Nach dem englischen Überfall auf Kopenhagen 1807 hatte eine Welle des gesamtstaatlichen Patriotismus die Herzogtümer ergriffen. Doch sorgte die dänische Politik dafür, dass nun eine Kluft zwischen Deutschen und Dänen entstand. So hatten die Auflösung der Schleswig-Holsteinischen Bank und der anschließende Staatsbankrott nicht nur für die schleswig-holsteinische Wirtschaft, sondern auch für das Verhältnis zwischen den Herzogtümern und Dänemark eine verheerende Wirkung. In Schleswig und Holstein fühlte man sich nach

diesem Vertrauensbruch von Kopenhagen verraten und verkauft – die Folgen sollten sich im 19. Jahrhundert für den Gesamtstaat als verheerend erweisen.

Das 19. Jahrhundert

Nach 1815 lag die dänisch-gesamtstaatliche Schifffahrt am Boden. Zwischen 1807 und 1815 war die Gesamttonnage um fast die Hälfte von 47.000 CL auf rund 25.000 CL gesunken. Allein Flensburg hatte von den bei Kriegsausbruch 290 in der Stadt beheimateten Schiffen 146 verloren. Die Verluste waren nicht vollständig ausgeglichen worden; 1815 wurden hier 195 Schiffe gezählt. Noch deutlicher war der Rückgang an Tonnage: Hatte die Flensburger Handelsflotte 1807 noch eine Gesamttragfähigkeit von 15.823 CL gehabt, so war sie bis 1815 auf nur noch 7.195 CL um mehr als die Hälfte geschrumpft. Von der kriegsbedingten Krise waren vor allem die großen, im überregionalen Handel eingesetzten Schiffe betroffen gewesen, während die kleineren, im Regional- und Küstenhandel fahrenden Schiffe weniger unter den Kriegseinwirkungen gelitten hatten.

Auf das Ende der Napoleonischen Kriege folgte in Schleswig-Holstein und Dänemark eine lang andauernde wirtschaftliche Depression. Zudem hatten die schleswig-holsteinischen Reeder und Kaufleute durch die Abtretung Norwegens ein wichtiges Fahrtziel verloren. Der ökonomische Druck wurde noch verstärkt durch den englischen Wirtschaftsprotektionismus, besonders die 1815 eingeführten Getreideschutzzölle zum Schutz der englischen Landwirtschaft, und die überlegene Konkurrenz der britischen und amerikanischen Schifffahrt. Hinzu kam das Überangebot an Tonnage. Von der Stagnation waren vor allem die Flotten der großen Handelsstädte wie Flensburg und Altona betroffen, während die Flotten einiger kleinerer Hafenorte zu wachsen begannen. Auch die Eckernförder Schifffahrt erlangte ihre einstige Bedeutung nicht mehr zurück; im Jahr 1815 bestand die Eckernförder Handelsschiffsflotte aus 15 Schiffen mit einer Gesamttragfähigkeit von 305,5 CL und verringerte sich bis 1832 auf 12 Schiffe mit nur noch 286 CL.

Die sogenannte „Grönlandfahrt" wurde nach 1815 ebenfalls wieder aufgenommen, doch an-

*Die Jacht FRAU KATHARINA aus Flensburg. Küsten-
segler wie dieser hatten weniger unter dem britisch-
dänischen Seekrieg von 1807 bis 1814 gelitten als die
großen, im überregionalen Handel eingesetzten Schiffe.*

*Das Eckernförder Robbenfangschiff MAGDALENE
FRIEDERIKE. Von 1838 bis zum Ausbruch der
Schleswig-Holsteinischen Erhebung 1848 wurde von
Eckernförde aus Robbenschlag betrieben.*

gesichts der gesunkenen Walbestände bot nur
noch der Robbenschlag, d.h. die massenhafte
Tötung von Robben auf den arktischen Eisflä-
chen, Aussicht auf Erfolg. So erlegte der Glückstädter Grönlandfahrer DER KLEINE HEINRICH
unter dem Kommando von Erk Ketels in den
Jahren von 1834 bis 1849 fast 50.000 Robben,
aber nur elf Wale. Der Robbenspeck wurde zu
Tran, die Felle wurden zu Pferdedecken, Schuh-
sohlen, Tabaksbeuteln und Handschuhen verarbeitet.

Neben Reedern aus Flensburg, Altona, Glückstadt und Elmshorn beteiligten sich ab 1837
auch Eckernförder Schiffseigner mit zwei Schiffen, der Brigg MAGDALENE FRIEDERIKE und der
Bark FREYA am Robbenschlag. Am 3. März 1837
lief die MAGDALENE FRIEDERIKE zu ihrer ersten
Reise aus. Das Schiff gehörte dem Kaufmann H.
Chr. Lange und wurde von Knud Hinrichsen geführt. Das „Eckernförder Wochenblatt" vermerk-
te, es sei *„wohl selten ein so schönes und so gut
ausgerüstetes Schiff auf den Robbenfang aus
gegangen".* Das zweite Schiff war die 112,5 Commerzlasten große, von R.R. Nickelren befehligte
Bark FREYA. Das Schiff war ursprünglich ein
Flensburger Handelsschiff gewesen; 1837 war es
von einer Eckernförder Aktionärsgesellschaft, an
deren Spitze die Eckernförder Kaufleute H. C.
Gaethje und Siegfried C. Claußen standen, gekauft und zum Robbenfänger umgebaut worden.
Im Frühjahr 1838 ging die FREYA auf ihre erste
Fangreise. Die beiden Kommandeure Hinrichsen
und Nickelren stammten von der Insel Föhr.

Im Frühjahr liefen die Schiffe in Richtung
Grönland aus, wo die Robben im Spätsommer
ihre Jungen bekamen. Die wehrlosen Jungrob-
ben wurden auf dem Eis mit Knüppeln erschla-
gen und gehäutet. Die Felle mit der anhaftenden
Speckschicht wurden in den Laderäumen verstaut, während die nutzlosen Kadaver auf dem
Eis zurückblieben.

Um 1845 war die MAGDALENE FRIEDERIKE
das größte Schiff in Eckernförde. Mit dem Ausbruch der Schleswig-Holsteinischen Erhebung im
Frühjahr 1848 kam die schleswig-holsteinische
Schifffahrt wieder einmal zum Erliegen. Damit
endeten auch die jährlichen Fangreisen der MAG-
DALENE FRIEDERIKE und der FREYA in die
grönländischen Gewässer. Beide Schiffe wurden
verkauft; die MAGDALENE FRIEDERIKE ging

*Die Flensburger Gale-
asse ACTIV. Das 1809
in Flensburg gebaute
Schiff fuhr ab 1814 in
der europäischen
Fahrt von Norwegen
bis ins Mittelmeer.
1823 wurde die AC-
TIV nach Assens in
Dänemark verkauft.
Aquarell von Antoine
Roux aus dem Jahr
1816.*

Das Flensburger Fregattschiff URANIA. Der 1826 genaute Dreimaster unternahm zwischen 1828 und 1845 insgesamt 25 Reisen nach Westindien.

Plan der Stadt Flensburg aus dem Jahr 1849. Deutlich zu erkennen ist das großräumige Hafengelände an der Schiffbrücke.

nach Elmshorn, von wo aus sie noch für einige weitere Jahre weiter in der Grönlandfahrt eingesetzt wurde.

Bereits 1838 war in den Herzogtümern die staatliche Unterstützung des Walfangs eingestellt worden. Die Altonaer Reeder hatten die Grönlandfahrt schon 1836 aufgegeben, in Flensburg und Glückstadt endete sie 1863, während die Elmshorner noch bis 1872 Schiffe zur Robbenjagd ins Nordmeer entsandten.

Die Nordfriesen spielten im 19. Jahrhundert kaum noch eine Rolle im Walfang. Der Wohlstand auf den Inseln schwand, was zeitweilig auch zu einem Rückgang der Bevölkerung führte. Zugleich hatte sich auf Föhr der Schwerpunkt des Erwerbs seit dem letzten Viertel des 18. Jahrhunderts allmählich von der Seefahrt zur Landwirtschaft zurückverlagert. Um 1820 waren Ackerbau und Viehzucht wieder der wichtigste Erwerbszweig der Insel. Hatten früher Getreide

und Schlachtvieh in großen Mengen eingeführt werden müssen, begann man nun, Agrarprodukte zu exportieren. Im Gegensatz zu Föhr konnte auf Amrum und Sylt aufgrund der ungünstigeren Bodenverhältnisse nur in geringem Umgang Landwirtschaft betrieben werden, weshalb die Einwohner der beiden Inseln im Heringsfang, in der Küstenfischerei, in der Austernzucht und später im Fremdenverkehr neue Erwerbsmöglichkeiten suchten.

Nach wie vor waren Flensburg und Altona die wichtigsten schleswig-holsteinischen Häfen. Doch obgleich beide Städte über weit gespannte Handelsverbindungen verfügten, reichte ihre wirtschaftliche Bedeutung nicht an Hamburg und Lübeck heran. Die Abtretung Norwegens an Schweden im Frieden von Kiel 1814 bedeutete vor allem für die Flensburger Kaufleute einen schweren Schlag. 1816 wurde die Einfuhr von Kornbranntwein nach Norwegen verboten, womit ein wichtiger Absatzmarkt für die Flensburger wegbrach. Stattdessen wurde erneut der Westindienhandel intensiviert, der Flensburg zusammen mit Altona unter den Hafenstädten in den Herzogtümern eine Sonderstellung verlieh. Die Westindienfahrt wurde von Kopenhagen, Altona und Flensburg dominiert; rund 90 Prozent der die Inseln anfahrenden Schiffe stammten aus diesen drei Städten, wobei die beiden schleswig-holsteinischen Städte allmählich die dänische Hauptstadt überrundeten.

Mit einigem Erfolg versuchten die Flensburger Handelshäuser, in enger Zusammenarbeit mit hamburgischen Firmen den Überseehandel mit Westindien wieder aufzunehmen und neue Fahrtmöglichkeiten zu erschließen. Eines der ersten Schiffe, die 1814 Flensburg in Richtung St. Croix verließen, war das 74 CL große, im Jahr 1800 in Flensburg gebaute Fregattschiff VARIABLE. 1810 war das Schiff von den Briten aufgebracht, aber später von den Flensburger Reedern Jacob Petersen Schmidt und Ricklef Ingwersen zurückgekauft worden. Die Bemühungen der Flensburger in den 1830er Jahren, einen Anteil an der Ostindien-, Brasilien- und Südseefahrt zu gewinnen, waren dagegen nur von geringem Erfolg gekrönt.

Ab den 1830er Jahren verlor auch die Flensburger Westindienfahrt zunehmend an Bedeutung. Seit 1833 durften die dänisch-westindischen Inseln von Schiffen aller Nationen angelaufen werden. Für die Flensburger Handelshäu-

ser, die ihre Schiffe hauptsächlich für den Eigenhandel und nicht in der Frachtfahrt einsetzten, war das ein schwerer Schlag. Nachteilig war auch die längere Route. Im Gegensatz zu britischen und hamburgischen Westindienfahrern mussten die Schiffe aus Flensburg rund um die jütische Habinsel und durch den Öresund segeln, um ihren Heimathafen zu erreichen, worunter ihre Wettbewerbsfähigkeit litt. Zugleich sank die Nachfrage nach westindischem Zucker durch die Konkurrenz des in vielen Ländern durch Importbeschränkungen begünstigten Rübenzuckers. Gleichwohl konnte Flensburg seine führende Rolle in der Zuckerproduktion und im Zuckerhandel bis in die 1840er Jahre behaupten. Noch 1840 segelten etwa 20 Schiffe von Flensburg nach Westindien. 1845/46 wurden nach wie vor 70 Prozent des im Herzogtum Schleswig produzierten Kristallzuckers in Flensburg raffiniert. Doch mit der 1857 von den USA ausgehenden Wirtschaftskrise kam der Flensburger Westindienhandel endgültig zum Erliegen; die Flensburger Rumhäuser bezogen ihren Rum nun über Hamburg oder Kopenhagen.

Nach 1815 hatten die Flensburger Reeder mit staatlicher Unterstützung auch die Grönlandfahrt wieder aufgenommen. Ebenso hatte die dänische Regierung den Islandhandel freigegeben, der einen gewissen Ersatz für die Norwegenfahrt bot, doch konnten die Flensburger ähnlich wie in anderen Fahrtgebieten gegenüber der übermächtigen Konkurrenz der britischen Handelsschifffahrt nur schwer bestehen. 1838 wurde im Gesamtstaat die Subvention des Walfangs eingestellt. Gleichwohl wurden ab 1840 viele Flensburger Westindienfahrer zu Walfangschiffen umgerüstet, auch wenn die Erträge weit hinter denen des 18. Jahrhunderts zurückblieben. Angesichts des drastisch gesunkenen Wal- und Robbenbestandes in den grönländischen Gewässern verlagerten die Briten und später auch die Amerikaner den Walfang zunehmend in den Pazifik.

1788 war erstmals ein britisches Schiff im Stillen Ozean auf Walfang gegangen. Später dominierten die Amerikaner den pazifischen Walfang, der um 1840 seinen Höhepunkt erreichte. Nur wenige Schiffe aus den Herzogtümern machten sich auf die lange, zwei bis drei Jahre dauernde Reise in die Walfanggründe des Pazifik. Überdies verlor das Walöl als Leuchtmittel durch die Einführung von Leuchtgas- und Petroleumlampen

in der zweiten Hälfte des 19. Jahrhunderts zunehmend an Bedeutung.

Altona erlebte ebenfalls schwere Zeiten. Die Elbblockade und die Kontinentalsperre hatten die Blütezeit Altonas abrupt beendet und viele Handelshäuser, Reedereien und exportorientierte Gewerbe an den Rand des Ruins gebracht. Zwar wurde auch in Altona nach 1815 die Westindienfahrt wieder aufgenommen, doch setzte erst ab 1835 wieder eine allgemeine wirtschaftliche Erholung ein, die sich dann im Zuge der Industrialisierung fortsetzte.

Auch die Eckernförder Schifffahrt erlangte ihre einstige Bedeutung nicht mehr zurück. 1832 waren hier 12 Schiffe mit 286 CL beheimatet. Auch vom Aufschwung der gesamtstaatlichen Handelsschifffahrt ab 1837 profitierte die Fördestadt nur in bescheidenem Maße. Zwischen 1837 und 1842 wuchs die Eckernförder Handelsflotte lediglich von 14 Schiffen mit 357 CL auf 15 Schif-

Altona um 1830. Nach dem Ende des britisch-dänischen Krieges erlebte die größte Seehandelsstadt im Herzogtum Holstein eine Zeit der Stagnation. Erst ab 1835 setzte wieder ein Aufschwung ein.

Das 1824 vom Stapel gelaufene Fregattschiff CARAVANE des Apenrader Kapitäns Jürgen Bruhn war der erste in den Herzogtümern nach dem Vorbild der amerikanischen Klipperschiffe gebaute Schnellsegler.

Hans Bruhn

Hans Bruhn wurde am 28. Dezember 1813 in Strågård im Herzogtum Schleswig als Sohn des Kapitäns und Reeders Jürgen Bruhn geboren. Er stammte aus einer alten Seefahrerfamilie; neben seinem Vater fuhren auch mehrere Onkel als Kapitäne auf eigenen Schiffen. Nach seiner Konfirmation sollte Bruhn eine kaufmännische Ausbildung machen, er wollte aber lieber zur See gehen und heuerte daher als Kajütjunge bei einem seiner Onkel an. Obwohl er seinen Entschluss zeit-weise bedauerte, blieb er in der Seefahrt. In den Winterpausen besuchte er eine private Navigationsschule und machte nach kurzer Zeit sein Steuermannsexamen, worauf er zuerst Zweiter, später Erster Steuermann auf einem von seinem Vater bereederten Schiff wurde. 1836 wurde er mit 23 Jahren auf einem Schiff seines Vaters zum Kapitän ernannt. Nach dem Tod seines Vaters übernahm Bruhn 1858 dessen Firma, die unter anderem im Reederei- und Werftgeschäft tätig war. Er starb 1893 in Nymølle bei Apenrade.

fe mit 463½ CL. Fast alle übrigen Hafenstädte an der schleswig-holsteinischen Ostseeküste besaßen bedeutend größere Handelsflotten und hatten Eckernförde als Seefahrtsstadt längst den Rang abgelaufen.

Apenrade und Sonderburg dagegen erlebten dank der Frachtfahrt im Hamburger Auftrag einen erneuten Aufschwung. Die hamburgische Handelsflotte war während der Napoleonischen Kriege fast vollständig vernichtet worden, ihr Wiederaufbau schritt nur langsam voran, so dass viele Hamburger Firmen auf schleswig-holsteinische Handelsschiffe zurückgriffen, vor allem aus Apenrade und Sonderburg, aber auch von der

Die Jacht DIE DREY GESCHWISTER aus Arnis im norwegischen Bergen. Schiffe von der Schlei transportierten zu Beginn des 19. Jahrhunderts vor allem landwirtschaftliche Exportgüter aus Angeln und Schwansen.

Die Galeasse FLORA aus Blankenese. Hier waren vor allem Schiffe mittlerer Größe beheimatet. 1836 besaß der kleine Orte der Tonnage nach eine größere Handelsflotte als Altona.

Westküste. 1822 hatte Hamburg die aufständischen Regierungen in Südamerika anerkannt und konnte sich sowie den Reedern aus Apenrade und Sonderburg dadurch für lange Zeit einen guten Anteil an der Südamerikafahrt sichern. Ebenso nahm der Hamburger Ostasienhandel einen bedeutenden Aufschwung; auch hier wurden vorzugsweise Schiffe aus Apenrade und Sonderburg eingesetzt. Apenrades Flotte wuchs zwischen 1815 und 1836 von 1.152,5 CL auf 3.342 CL um mehr als das Doppelte; bereits 1824 hatte sie wieder den Vorkriegsstand erreicht. In dem gleichen Jahr umrundete auch die 82 CL große Brigg PERLEN der Apenrader Reederei Jürgen Bruhn als erstes Schiff unter dänischer Flagge das Kap Hoorn.

Zugleich hatte sich Apenrade zu einem wichtigen Werftstandort entwickelt. Bereits zu Beginn des 19. Jahrhunderts besaßen die Apenrader Schiffbauer den Ruf, robuste und gut segelnde Schiffe zu bauen. Zugleich waren sie für schiffbautechnische Innovationen aufgeschlossen. 1822 hatte der 1781 geborene Apenrader Kapitän Jürgen Bruhn einen havarierten amerikanischen Klipper in Kopenhagen gekauft und nach Apenrade gebracht, wo der Schnellsegler mit seinem im Gegensatz zu den herkömmlichen, eher bauchigen Handelsschiffen scharfgeschnittenen, schlanken Rumpf zum Vorbild für zahlreiche Neubauten wurde. Das erste in Apenrade nach Klipperart gebaute Schiff war die 1824 für Jürgen Bruhn auf der Werft von Jacob Paulsen vom Stapel gelaufene, 92 CL große Fregattschiff CARAVANE. Auch andere Apenrader Werften übernahmen die neue Konstruktionsweise, so dass die Stadt bekannt wurde für solide gebaute Schiffe mit ausgezeichneten Segeleigenschaften. Nach einer erfolgreichen Karriere hatte sich Bruhn 1821 die Seefahrt aufgegeben und sich auf dem Hof Strågård bei Apenrade niedergelassen, den er 1813 geerbt hatte. Er betätigte sich als Reeder und investierte auch in den Schiffbau. 1847 kaufte der mittlerweile 66jährige Bruhn die kleine Insel Kalvø, auf der er eine Schiffswerft einrichtete, auf der in den folgenden zwei Jahrzehnte einige der größten und schnellsten Handelssegler Nordeuropas gebaut wurden. 1857 stellte die auf der Bruhn'schen Werft auf Kalvø gebaute CIMBER einen Geschwindigkeitsrekord auf, als das Schiff die rund 14.000 Seemeilen lange Reise von Liverpool nach San Francisco in nur 104 Tagen zurücklegte. 1858 starb Jürgen Bruhn im Alter von 76 Jahren.

Die Schleihäfen Kappeln, Arnis und Maasholm betrieben wie schon im 18. Jahrhundert mit kleinen Küstenschiffen einen florierenden Export von Agrargütern aus Angeln und Schwansen nach Dänemark, vor allem nach Kopenhagen, der in den 1830er und 1840er seinen Höhepunkt erlebte. Ebenso entwickelte sich im 19. Jahrhundert ein bedeutsames Schiffbaugewerbe an der Schlei.

Mittelgroße Handelsflotten waren in Marstall auf der Insel Ärö, in Neustadt und in Glückstadt beheimatet. Auch in Blankenese an der Elbe, das bis zum Beginn des 19. Jahrhunderts nur ein unbedeutendes Fischerdorf gewesen war, entwickelte sich nun eine bedeutende Handelsflotte, die allerdings hauptsächlich aus Schiffen mittlerer Größe bestand. 1836 verfügte der kleine Ort mit 4.193,5 CL sogar über mehr Schiffsraum als Altona und besaß damit der Tonnage nach die zweitgrößte Flotte nach Flensburg.

Tönning war nach dem Boom der Zeit der Kontinentalsperre wieder zu einer kleinen, peripheren Hafenstadt herabgesunken, die vor allem durch den Schleswig-Holstein-Kanal Bedeutung besaß. Kiel hatte nach 1814 ebenfalls einen Einbruch an Schiffsklarierungen zu verzeichnen; erst ab 1817 stieg die Zahl der die Stadt anlaufenden Schiffe wieder an und steigerte sich kontinuierlich. Auch die Kieler Handelsflotte wuchs in den Jahren nach 1815 in bescheidenem Maße. 1841 waren in Kiel 22 Schiffe beheimatet, bis 1854 stieg ihre Zahl auf 30. Dieser Aufschwung hing nicht zuletzt mit der Revolution des Transportwesens durch den Bau von Kunststraßen, dem Bau von Eisenbahnen und dem Einsatz von Dampfschiffen zusammen, die Kiel zu einem

Verkehrsknotenpunkt machten, wodurch der Güter- und Personenverkehr eine erhebliche Steigerung erlebte.

Dampfschiff und Eisenbahn

In den ersten Jahrzehnten des 19. Jahrhunderts bahnte sich von England ausgehend die Industrielle Revolution ihren Weg auch auf dem Kontinent. Ihre Auswirkungen waren bald auch in den Herzogtümern zu spüren, vor allem die Umwälzungen im Verkehrswesen durch die Nutzung der Dampfmaschine.

1819 begann mit dem Raddampfer CALEDONIA und der Eröffnung der ersten Dampfschifffahrtslinie zwischen Kiel und Kopenhagen eine neue Epoche in der schleswig-holsteinischen Schifffahrt. Bereits 1803 war auf schottischen Kanälen die CHARLOTTE DUNDAS als weltweit erstes Dampfschiff zum Schleppen von Kanalbooten eingesetzt worden. Später wurden dann die ersten seetüchtigen Dampfschiffe gebaut.

Zunächst waren die Dampfschiffe gegenüber den Segelschiffen wenig konkurrenzfähig; ihre wesentlichen Nachteile waren die erhöhten Betriebskosten, der hohe Kohlenverbrauch und der geringe Wirkungsgrad der frühen Dampfmaschinen. Zudem verringerten die Kohlenbunker die Ladekapazität, während die Sicherstellung des Brennstoffnachschubs während der Reise eine erhebliche logistische Herausforderung bedeutete. Überdies war zusätzliches Personal für die Bedienung der Maschinenanlage notwendig.

Das Fregattschiff LOUISE aus Kiel. Die Kieler Handelsflotte wuchs nach 1815 nur in bescheidenem Maß. 1841 waren hier lediglich 22 Schiffe beheimatet.

Überfahrt auf einem Paketschiff zu Beginn des 19. Jahrhunderts.

Die besondere Stärke der Dampfschiffe war ihre Unabhängigkeit von Wind und Strom und damit ihre Pünktlichkeit, weshalb sie anfänglich vor allem im Linienverkehr Verwendung fanden, wo feste Fahrpläne eingehalten werden mussten. Sie wurden daher auch in den Herzogtümern zunächst hauptsächlich im Personen- und Postverkehr in der Ostsee, dem nordfriesischen Wattenmeer, auf der Elbe sowie als Schlepper auf der Untereider eingesetzt.

Mit Ausnahme der sogenannten „Paketschiffe", auf regelmäßigen Linien verkehrenden Segelschiffen für die Beförderung von Post und Passagieren, hatte es bis dahin keine speziellen Passagierschiffe gegeben. Üblicherweise reiste man mit Handelsschiffen, auf deren Segelroute der gewünschte Hafen lag. Manche Schiffe boten bereits feste Verbindungen an, die auch in der Zeitung angekündigt wurden oder in Reiseführern verzeichnet waren. So bestand beispielsweise seit 1780 eine regelmäßige Schiffsverbin-

Der 1815 in Schottland gebaute Dampfer CALEDONIA verkehrte ab 1819 einmal wöchentlich zwischen Kiel und Kopenhagen. Damit begann auch in den Herzogtümern Schleswig und Holstein das Dampfzeitalter.

dung von Kiel nach Kopenhagen. Zwischen März und November verkehrte einmal wöchentlich ein „*königlich privilegiertes Packetboot*" zwischen Kiel und Kopenhagen. Die Fahrt dauerte bei gutem Wind 18 bis 20 Stunden. Je nach Komfort gab es verschiedene Preisklassen für die Überfahrt als Decks- oder als Kajütpassagier. Die billigste Überfahrt an Deck kostete zwei Reichstaler – das entsprach zwischen einem Drittel und der Hälfte der Monatsheuer eines Matrosen.

Wer außerhalb solcher fester Routen mit dem Schiff reisen wollte, ging an Bord eines normalen Frachtseglers. Die Unterbringung an Bord war im Allgemeinen spartanisch und das Reisen wenig komfortabel. Der Literat Johann Stephan Schütze schildert eine solche Schifffahrt um 1810: „*Endlich und glücklich wurde der Anker gelichtet und die Erschütterung und Schwingung des Schiffes nahm eine andere Wendung. Wir stießen in die offene See, unter fürchterlichem Rauschen und Toben der Winde und Wogen, akkompagnirt von dem schmetternden Fluchen, Rufen und Wettern des Kapitains und der Matrosen. Was die Angst in der Kajüte vermehrte, war die Ungewissheit, wie groß die Gefahr, und wie nah oder ferne wir unserem Ende seyn möchten?*"

Ab 1819 verkehrte die CALEDONIA, ein 70 CL großer, 1815 in Schottland gebauter Raddampfer mit einer 28 PS starken Dampfmaschine, einmal wöchentlich zwischen Kiel und Kopenhagen mit Zwischenstopps auf Lolland, Falster und Moen. Die CALEDONIA beförderte dabei Personen und Briefpost, während die Frachtpost zunächst wei-

Der Raddampfer KÖNIGINN CAROLINE AMALIE verkehrte ab 1842 zwischen Flensburg und Kopenhagen. Angesichts der Konkurrenz anderer Fährlinien warf das Schiff jedoch nur wenig Gewinn ab und wurde daher 1847 wieder verkauft.

terhin mit Segelschiffen transportiert wurde. Weitere Dampfschifflinien folgten bald. 1824 wurde eine Dampferverbindung von Lübeck nach Kopenhagen und 1830 eine weitere von Kiel nach Lübeck eingerichtet. Ab 1835 verband zudem ein Dampfschiff zweimal wöchentlich Kiel und die Hafenstadt Korsör auf der dänischen Insel Seeland. 1837 eröffnete der Dampfer LØVEN eine Fährlinie zwischen Kiel und Flensburg. 1840 gab es von Lübeck aus bereits wöchentliche Dampfschifflinien nach Kopenhagen, Malmö, Stockholm, St. Petersburg und Rostock.

Nicht alle Versuche, neue Dampfschifflinien zu etablieren, waren von Erfolg gekrönt. 1842 erwarb der Flensburger Reeder J.J. Danielsen den in England gebauten Raddampfer KÖNIGINN CAROLINE AMALIE, der auf einer Fährroute von Flensburg nach Kopenhagen und zurück verkehrte. Als von Kiel der Raddampfer CHRISTIAN VIII. und von Aalborg aus der Dampfer IRIS auf dieser Linie als Konkurrenten auftraten, wich Danielsen auf andere Routen aus, die jedoch wenig gewinnbringend waren, weshalb er bereits 1847 die KÖNIGINN CAROLINE AMALIE wieder verkaufte.

Der Übergang vom Segel- zum Dampfschiff dauerte Jahrzehnte. Die frühen Dampfschiffe waren gleichgroßen Segelschiffen an Ladekapazität deutlich unterlegen, da Maschine, Kessel und Kohle nicht nur viel Platz, sondern durch ihr Gewicht auch einen erheblichen Teil der Tragfähigkeit beanspruchten. Durch technische Verbesserungen wurden die zunächst noch störanfälligen Dampfmaschinen jedoch allmählich zuverlässiger, leistungsstärker und wirtschaftlicher. Ebenso wurden die Schaufelraddampfer der Anfangszeit ab Mitte der 1830er Jahre in zunehmendem Maße durch Schiffe mit dem effizienteren Schraubenantrieb abgelöst. Erst jetzt begann der allmähliche Siegeszug des Dampfschiffs

Die Zahl der in den Herzogtümern beheimateten Dampfschiffe blieb allerdings zunächst sehr gering; 1847 gab es in Schleswig-Holstein erst neun Dampfschiffe. Obgleich sich ihre Zahl bis 1862 verdoppelte, machte ihre Tonnage nach wie vor weniger als ein Prozent der Gesamttragfähigkeit aus. Erst nach 1864 ergriff der technologische Strukturwandel auch die schleswig-holsteinische Schifffahrt.

Gleichzeitig wurde seit Beginn des 19. Jahrhunderts auch der Waren- und Personentransport zu Land modernisiert. Den Anfang machte

Dampfschiff vor Helgoland im Jahr 1829. Die damals britische Insel hatte sich im 19. Jahrhundert zu einem beliebten Seebad entwickelt und wurde bereits um 1830 auch von Dampfschiffen angelaufen.

der Bau von gepflasterten Kunststraßen, sogenannten „Chausseen", die einen erheblichen Fortschritt gegenüber den früheren unbefestigten Straßen darstellten, die vor allem bei schlechter Witterung kaum passierbar waren. 1832 wurde die erste Chaussee zwischen Kiel und Altona fertiggestellt. Damit war die Grundlage für einen verbesserten Landtransport gelegt. Hatte eine Postkutsche auf der alten Landstraße 16 Stunden für den Weg zwischen den beiden Städten gebraucht, verkürzte sich die Fahrtdauer nun auf neun Stunden. Zudem konnte ein Pferdefuhrwerk auf der neuen Straße mit Unterbau und Fahrbahndecke die dreifache Last transportieren. Allerdings wurde erst ab 1842 mit der Schaffung eines Chausseenetzes aus staatlichen Haupt- und kommunalen Nebenlandstraßen begonnen, das 1865 bereits 1.239 Kilometer befestigte Straßen umfasste und in preußischer Zeit weiter ausgebaut wurde.

1844 folgte die erste Eisenbahnverbindung zwischen Kiel und Altona. Damit begann eine neue Ära für die Herzogtümer. Bis zum Aufkommen der Eisenbahn im 19. Jahrhundert waren Meere, Flüsse und Seen die bevorzugten Trans-

Ansicht der Stadt Kiel mit Eisenbahn. Mit der Eröffnung der ersten Eisenbahnstrecke zwischen Kiel und Altona im Jahr 1844 begann auch in den Herzogtümern Schleswig und Holstein der Prozess der zunehmenden Vernetzung von Transportmitteln und -wegen.

portwege gewesen, vor allem für schwere Güter. Trotz aller Gefahren und Unwägbarkeiten von Wind und Wetter war der Transport zu Wasser leichter und billiger als über Land. Auch die neuen Kunststraßen hatten daran nichts Grundlegendes geändert. Der Bau der ersten Eisenbahn in Schleswig-Holstein leitete dagegen eine Revolution im Transportwesen ein. Endlich war es möglich, auch auf dem Landweg große Warenmengen schnell und preisgünstig zu transportieren – eine wichtige Voraussetzung für die Industrialisierung. Dank der Eisenbahn sanken die Landtransportkosten erheblich. Mit dem Zug konnte eine Tonne Fracht zu einem Zehntel des Preises transportiert werden, der für die Beförderung mit einem Pferdefuhrwerk angefallen wäre. Damit begann zugleich auch ein Prozess der zunehmenden Vernetzung der Transportmittel und -wege.

Der 1844 eröffneten, nach dem dänischen Monarchen „König Christian VIII. Ostseebahn" benannten ersten Eisenbahnstrecke von Altona nach Kiel folgten 1854 die Strecken nach Flensburg, Husum und Tönning. 1867, als die Herzogtümer preußische Provinz wurden, waren die Eisenbahnstrecken zwischen Nord- und Ostsee schon auf 610 Kilometer Länge, im Jahr 1880 auf insgesamt 834 Kilometer angewachsen. Zugleich begann der Schifffahrt in der Eisenbahn ein bedeutender Konkurrent im Stückguttransport zu erwachsen, doch konnte dies durch den wachsenden Massenguttransport zunächst mehr als ausgeglichen werden.

Die Eisenbahn wurde zur wichtigsten Verkehrsverbindung zwischen den Seehäfen und dem Hinterland, wobei die Nordseestädte Bremen und Hamburg mehr vom Anschluss an das deutsche Eisenbahnnetz profitierten als die Ostseestädte.

Neuer Aufschwung

Das rasante Wachstum der Apenrader und Blankeneser Handelsflotten in den 1830er Jahren kündigte eine allgemeine Belebung der schleswig-holsteinischen Handelsschifffahrt an. Ab 1837 ergriff ein erneuter Aufschwung auch die übrigen Handelsflotten der Herzogtümer; die Gesamtflotte wuchs in den folgenden Jahren kontinuierlich an. Hatte die Tonnage der in Schleswig-Holstein beheimateten Schiffe 1837 noch 31.747,25 CL betragen, stieg sie bis 1842 auf

Die Galeasse AUGUSTE von Tönning. In der Stadt an den Mündung der Eider waren im 19. Jahrhundert vor allem kleine Küstensegler beheimatet.

39.787 CL und nahm weiter zu, bis sie 1847 mit 41.514,5 CL einen neuen Höchststand erreichte.

Für diesen Aufschwung verantwortlich waren neben der allgemeinen wirtschaftlichen Wiederbelebung in den Herzogtümern vor allem Wachstumsimpulse aus Hamburg sowie die zunehmende Verflechtung des stetig wachsenden Welthandels. Im Zuge der rasant fortschreitenden Industrialisierung in Europa stieg das Transportaufkommen und damit auch der Bedarf an Schiffsraum. Schiffe lieferten die Rohstoffe für die aufstrebenden Industriebetriebe und transportierten im Gegenzug die fertigen Produkte zu ihren Abnehmern. Zugleich stieg infolge des starken Bevölkerungswachstums der Verbrauch an Lebensmitteln und Konsumgütern. Vor allem die Aufhebung der Importbeschränkungen für Nahrungsmittel in Großbritannien in den 1840er Jahren bedeutete einen weiteren Konjunkturschub für die schleswig-holsteinische Agrarwirtschaft. Die Ausfuhr von Schlachtvieh über die Nordseehäfen nahm stark zu; so erlebte Tönning ab 1842 als Viehexporthafen erneut einen erheblichen Aufschwung. Zudem wurde im Jahr 1849 die seit 1651 gültige Navigationsakte, durch die die englische Handelsschifffahrt vor ausländischer Konkurrenz geschützt werden sollte, aufgehoben, womit England die Ära des Freihandels eröffnete. Dadurch boten sich auch den Reedern in den Herzogtümern neue wirtschaftliche Chancen, so dass die schleswig-holsteinische Schifffahrt weiter aufblühte.

Noch nie hatte die schleswig-holsteinische Handelsflotte ein so dynamisches und gleichmäßiges Wachstum gezeigt wie in den Jahren zwi-

Tönning um 1840. Ab 1842 erlebte die Stadt als Verladeort für Viehexporte nach Großbritannien einen neuen Aufschwung.

schen 1837 und 1865. Der Tonnagezuwachs war vor allem auf die wachsende Zahl großer Seeschiffe zurückzuführen, die hauptsächlich außerhalb der Herzogtümer in der Frachtfahrt eingesetzt wurden. Gleichzeitig wuchs aber auch die Zahl der kleinen und mittleren Schiffe, was auf ein gestiegenes regionales Frachtaufkommen hinweist.

Doch nicht alle Städte und Hafenorte konnten von der guten Konjunktur profitieren. So setzen die Apenrader, Sonderburger und Blankeneser Handelsflotten ihr Wachstum weiter fort, während der Flensburger Schiffsbestand stagnierte und die Altonaer Handelsflotte zunächst sogar schrumpfte.

Ungeachtet dessen erlebte Altona nach einer wirtschaftlich schwierigen Zeit in den 1840er Jahren einen erneuten Aufschwung. Mit der Eröffnung der „König Christian VIII. Ostseebahn" nach Kiel im Jahr 1844 war die Stadt in das Eisenbahnzeitalter eingetreten, was einen deutlichen Anstieg im Personen- und Güterverkehr zur Folge hatte. Obgleich 1853 die letzten Zollprivilegien aufgehoben wurden, behielt Altona seinen Freihafen und wurde angesichts der Nähe zu Hamburg insgesamt zum Zollausland erklärt. Diese Impulse wirkten sich auch positiv auf die Altonaer Handelsflotte aus, die nach Jahren des Rückgangs ab 1852 wieder zu wachsen begann.

Dagegen konnten die Eckernförder und die Kieler Handelsflotte von der Belebung des Seehandels ab Ende der 1830er Jahre nur in bescheidenem Maße profitieren, ebenso stagnierte die Schifffahrt Glückstadts, während in Arnis, Kappeln, Marstall und Ärösköping mittelgroße Flotten heranwuchsen und sich auch in Hadersleben, Heiligenhafen und auf Fehmarn das Schifffahrtsgeschäft belebte. Auch an der Eider wuchs der Schiffsbestand beachtlich, während sich an der Unterelbe mit Ausnahme von Elmshorn, Wedel und Uetersen die Transportkapazität der kleinen Flotten nur unwesentlich vermehrte.

Glückstadt um 1850. Anders als dieser Stich vermuten lässt, stagnierte die Schifffahrt in der Elbestadt im 19. Jahrhundert.

Es hat dabei den Anschein, dass die Städte, in denen Schiffsführung und Schiffsbesitz traditionell in einer Hand waren, mehr vom Aufschwung in der Schifffahrt profitierten, als solche, in denen die Schiffe im Besitz von Kaufleuten und Reedereifirmen waren. Offenbar konnten die Eigenschiffer besser und flexibler auf die Marktlagen und Konjunkturen in der Frachtfahrt reagieren, als Setzschiffer, die oft zuerst Instruktionen ihrer Reeder einholen mussten. Auch den Seeleuten bot die gute Konjunktur große wirtschaftliche Chancen: Viele Kapitäne ließen sich größere Schiffe bauen, während Steuerleute ermutigt wurden, sich mit einem eigenen Schiff selbständig zu machen.

In den 1840er Jahren wurde von der Regierung in Kopenhagen zudem der Plan gefasst, Husum zum neuen Nordseehafen für Dänemark und die Herzogtümer zu machen. Dafür sollten die Hafenanlagen erheblich erweitert und die Stadt an das Eisenbahnnetz angeschlossen werden. Das Ende dieses ehrgeizigen Projekts kam mit der Schleswig-Holsteinischen Erhebung; als einzige Maßnahme wurde 1854 die Eisenbahnlinie nach Flensburg und Tönning fertiggestellt. Nach 1864 nahm dann die neu gegründete Stadt Esbjerg die ursprünglich Husum zugedachte Rolle als bedeutendster dänischer Nordseehafen ein.

Nicht nur in europäischen Gewässern, auch in Übersee waren die Reeder aus den Herzogtümern aktiv. Nachdem gegen Ende der 1840er Jahre die Frachten in der Südamerikafahrt sanken, fanden die Apenrader Schiffe in der Frachtfahrt in Fernost ein neues, lukratives Betätigungsfeld. Zwi-

schen 1850 und 1880 befanden sich zahlreiche Apenrader Schiffe im Fernen Osten; sie waren an einer Flagge kenntlich, die drei weiße Fische auf rotem Flaggentuch zeigte und als „Three piece fish" bekannt wurde. Zwischen 1836 und 1864 wuchs die Tragfähigkeit der Apenrader Flotte von 3.342 CL auf 5.436 CL.

Die Sonderburger Handelsflotte entwickelte sich ebenfalls positiv; sie wuchs bis 1852 auf 92 Schiffe mit 1.458 CL und bis 1863 auf 96 Schiffe mit 2.728 CL.

Auch die Flensburger Firma Joh. Hansen jr., um die Mitte des 19. Jahrhunderts die bedeutendste Segelschiffsreederei der Fördestadt, setzte ihre Schiffe vor allem in der Chinafahrt ein. Die Flensburger und Apenrader Reeder schickten vor allem kleine und wendige Segler ins Chinesische Meer, wo sie oft jahrelang als Trampschiffe im Küstenverkehr und der Frachtfahrt tätig waren. Ein entscheidender Vorteil der europäischen Schiffe war, dass sie im Gegensatz zu den chinesischen Dschunken gegen den Monsun ankreuzen konnten.

Im Frieden von Nanking, der 1842 den sogenannten Ersten Opiumkrieg beendete, hatte die Briten dank ihrer militärischen Überlegenheit zur See und zu Land die offizielle Erlaubnis erzwungen, chinesische Waren mit Opium bezahlen zu dürfen. Zugleich musste China Hongkong an Großbritannien abtreten und fünf weitere Häfen für europäische Kaufleute öffnen. In der Folge geriet das durch Korruption und innere Konflikte gelähmte Reich der Mitte immer stärker unter den Einfluss der europäischen Mächte. Da es

Georg Wilhelm Kroß

Georg Wilhelm Kroß wurde am 9. August 1818 in Lemkenhafen auf Fehmarn als drittjüngstes von elf Kindern eines Küstenschiffers geboren. Mit 12 Jahren ging er mit seinem Vater auf Küstenhandelsfahrt und nach seiner Konfirmation 1834 an Bord eines von seinem Bruder kommandierten Schiffs auf seine erste größere Reise. Nach zahlreichen Reisen auf Schiffen unterschiedlicher Nationalität besuchte er 1842 die Navigationsschule in Tönning und machte sein Steuermannsexamen. 1845 legte Kroß in Hamburg sein Schifferexamen ab und wurde anschließend Steuermann. 1846 kehrte Kroß nach achteinhalb Jah-

ren Abwesenheit wieder nach Hause zurück. Nachdem er mehrere Jahre als Steuermann gedient hatte, ernannten ihn seine Reeder zum Kapitän eines Schoners in der internationalen Frachtfahrt. Ab 1854 fuhr Kroß im Auftrag seiner Reeder auf verschiedenen Schiffen mehrere Jahre lang in der Australien-, China- und Südseefahrt. 1864 kehrte Kroß von Hongkong über New York und Bristol nach Hamburg zurück. In den folgenden Jahren war er weiter in der internationalen Frachtfahrt tätig. 1868 Kroß gab wegen seines schlechten Gesundheitszustands die Seefahrt auf. Er starb am 19. Juni 1910 in Burg auf Fehmarn.

nach Jahrhunderten der Isolation keine chinesische Hochseehandelsflotte gab, begannen europäische Reeder, darunter viele dänische und deutsche Schiffseigner, ihre Schiffe in China einzusetzen, da hier ein lukrativer Markt und hohe Frachtraten winkten. Oft waren die Schiffe jahrelang in ostasiatischen Gewässern unterwegs. So schreibt der auf Fehmarn geborene Kapitän Georg Wilhelm Kroß über seine Reisen in China: *„In Schanghai trat ein Befrachtungskontrakt in Kraft, wonach ich 36 Monate für die Firma Wm. Pustau & Co. in Monatsfracht fahren sollte. Wir segelten zunächst in Ballast nach Ningpo und von dort mit Ladung nach Hongkong. Wir fuhren dann das ganze Jahr 1855 zwischen Hongkong, Schanghai und Zwischenhäfen."* 1869 musste China sich endgültig dem ausländischen Handel öffnen.

Die Chinafahrt war aber nicht ohne Gefahren. Neben den üblichen Seegefahren wie Stürmen oder Untiefen stellten Piraten in den ostasiatischen Gewässern eine besondere Bedrohung dar. Schiffe aller Nationen wurden vor der chinesischen Küste überfallen. Im März 1864 wurde die holsteinische Brigg GEORG ANDREAS von chinesischen Piraten überfallen, wobei der Kapitän erschossen, der Erste Steuermann und zwei Seeleute schwer verwundet wurden. 1865 lief die von Kapitän Christian Sörensen befehligte Barkentine CHIN-CHIN, damals das größte Flensburger Schiff, bei schlechter Sicht vor der chinesischen Küste auf Grund. Das gestrandete Schiff wurde von mehreren chinesischen Piratenbooten angegriffen, die diesem bereits seit einiger Zeit gefolgt waren. Die kleine Mannschaft der CHIN CHIN konnte die enternden Seeräuber nicht abwehren, doch gelang es Kapitän Sörensen und seinen zehn Seeleuten, im Schutz des Nebels mit einem Beiboot zu entkommen; die Barkentine dagegen wurde von den Piraten ausgeplündert und anschließend zerstört.

Zum Schutz der Handelsschifffahrt ging vor allem die britische Royal Navy in diesen Jahren energisch gegen die Piraten an der chinesischen Küste vor. Aber auch andere Nationen, wie Preußen und später das Deutsche Reich, stationierten Kriegsschiffe in China, die sich ebenfalls an der Verfolgung chinesischer Seeräuber beteiligten. Als besonders effektiv bei der Piratenbekämpfung erwiesen sich mit modernen Geschützen bewaffnete Dampfschiffe. Dank ihres windunabhängigen Antriebs konnten sie die Seeräuber-

dschunken ausmanövrieren und mithilfe ihrer weitreichenden Kanonen aus großer Entfernung zusammenschießen. In der zweiten Hälfte des 19. Jahrhunderts waren die chinesischen Gewässer weitgehend von Piraten gesäubert, auch wenn es ungeachtet der ständigen Präsenz europäischer Kriegsschiffe vor der chinesischen Küste noch bis in die 1920er Jahre immer wieder zu Überfällen auf Handelsschiffe kam.

Insgesamt kann die Zeit ab 1837 als eine neue Blütezeit der schleswig-holsteinischen Schifffahrt bezeichnet werden. Doch mit dem Ausbruch der Schleswig-Holsteinischen Erhebung im Frühjahr 1848 kam die Schifffahrt in den Herzogtümern wieder einmal zum Erliegen. Bis 1848 waren die Handelsflotten Schleswig-Holsteins und Dänemarks etwa gleich groß gewesen, doch begann die dänische Handelsflotte nun mehr als doppelt so schnell zu wachsen – vor allem in den Jahren der Erhebung, als die schleswig-holsteinischen Schiffe aufgrund des Krieges die dänischen Häfen nicht anlaufen konnten.

Das Flensburger Fregattschiff CHRISTIAN war 1837 vom Stapel gelaufen worden und unternahm ab 1838 drei Reisen nach Westindien. Aufgrund der Schleswig-Holsteinischen Erhebung kam der Seehandel in den Herzogtümern ab 1848 faktisch zum Erliegen. 1852 wurde das Schiff nach Kopenhagen verkauft.

Die Schleswig-Holsteinische Erhebung

Ein Erbe der französischen Revolution war der Nationalismus. Nach dem Ende der Napoleonischen Kriege 1815 hatten sich innerhalb des dänischen Gesamtstaats eine schleswig-holsteinische und eine dänische Nationalbewegung gebildet. Der wesentliche Streitpunkt war dabei die Frage, ob das von deutsch- und dänischsprachigen Bevölkerungsteilen besiedelte Herzogtum Schleswig Teil eines dänischen Nationalstaates

Die Reichs- oder Bundesflotte

Am 14. Juni 1848 bewilligte die deutsche Nationalversammlung die Gelder für den Aufbau der
„Reichsflotte" genannten ersten deutschen Marine, die oft auch unzutreffend als „Bundesflotte" bezeichnet wird. Trotz vieler Widrigkeiten
nahm der Aufbau der ersten gesamtdeutschen
Marine bald konkrete Formen an. Zum Oberbefehlshaber wurde der 1804 im sächsischen Anger
geborene Karl Rudolf Bromme, genannt „Brommy", ernannt, der mehr als zwanzig Jahre lang
als Offizier in der griechischen Marine gedient
hatte.

Unter seiner Führung erreichte die sogenannte
Bundesflotte schließlich eine Gesamtstärke von
27 Ruderkanonenbooten und zwölf größeren
Kriegsschiffen, von denen die meisten Dampfschiffe waren. Am 4. Juni 1849 traf ein deutsches
Geschwader unter dem Befehl von Kapitän zur
See Brommy nahe dem damals britischen Helgoland auf die dänische Segelkorvette VALKYRIEN.
Um diplomatische Auseinandersetzungen mit
Großbritannien zu vermeiden, brach Brommy das
für die deutschen Schiffe günstig verlaufende
Gefecht vorzeitig ab und zog sich zurück. Dies
war der einzige Vorstoß der ersten deutschen
flotte. Kurz darauf wies die britische Regierung
in einer Note darauf hin, dass ihr die schwarz-
rot-goldene Flagge unbekannt sei. Tatsächlich
hatte es die deutsche Regierung versäumt, Großbritannien die neue Flagge anzuzeigen, die daher
nur von einigen kleineren Staaten, aber nicht
von der größten Seemacht der Welt anerkannt
wurde. Um außenpolitische Verwicklungen zu
vermeiden, blieb die Reichs- oder Bundesflotte
in der Folgezeit untätig vor Anker liegen.

*Karl Rudolf Bromme
(1804–1860), ge-
nannt „Brommy",
war der Befehlsha-
ber der Reichs- oder
Bundesflotte, der
ersten gesamtdeut-
schen Marine.*

Nach dem Scheitern der Revolution von 1848
beschloss der Deutsche Bundestag am 2. April
1852 die Auflösung der Reichs- oder Bundesflotte. Die Mannschaften und Offiziere, darunter
auch der Oberbefehlshaber, Konteradmiral Brommy, wurden entlassen, zwei der Schiffe an Preußen abgegeben und die übrigen Schiffe sowie die
Ausrüstung am 12. Dezember 1852 versteigert.
Am 31. März 1853 wurde der offizielle Auflösungsbefehl erlassen. Dies war das Ende der
Reichs- oder Bundesflotte. Nach seiner Entlassung diente Brommy für kurze Zeit in der österreichisch-ungarischen Marine und starb 1860 in
St. Magnus bei Bremen.

Als gesamtdeutsche, vom Parlament kontrollierte, die schwarz-rot-goldene Flagge führende
und von vornherein als bündnisfähig angelegte
Seestreitmacht weist die Reichs- oder Bundesflotte von 1848 zahlreiche Parallelen zur heutigen Deutschen Marine auf. Aus diesem Grund
sieht sich die Deutsche Marine in der Tradition
der Bundesflotte von 1848. Seit 1998 wird daher
in Erinnerung an den Beschluss des Frankfurter
Paulskirchenparlaments zur Aufstellung der
Reichs- oder Bundesflotte alljährlich der 14. Juni
als „Marinegeburtstag" begangen.

*Nach dem Scheitern der Revolu-
tion von 1848 wurde die erste
deutsche Marine aufgelöst. Der
Stich zeigt die Versteigerung der
Schiffe der Bundesflotte am
12. Dezember 1852.*

mit dem Fluss Eider als Südgrenze werden oder gemeinsam mit den zum Deutschen Bund gehörigen Herzogtümern Holstein und Lauenburg einem noch zu bildenden deutschen Nationalstaat angehören sollte.

Der nationale Gegensatz machte sich auch in den Symbolen deutlich: Seit 1843/44 führten die Schleswig-Holsteiner die blau-weiß-rote Trikolore, während auf dänischer Seite der Danebrog zum Symbol der Nation wurde. Beide Seiten argumentierten historisch: Die dänische Nationalbewegung mit dem Hinweis auf die ursprüngliche Zugehörigkeit Schleswigs zu Dänemark, die deutschgesinnten Schleswig-Holsteiner durch den Rückgriff auf den Vertrag von Ripen, wobei der – verkürzte und aus dem Zusammenhang gerissene – Halbsatz „Up ewig ungedeelt" zu ihrem Kampfruf wurde.

Schließlich brachte die zu Beginn des Jahres 1848 von Frankreich ausgehende Revolutionsbewegung den seit langem schwelenden Konflikt zwischen den nationalen Bewegungen in Dänemark und Schleswig-Holstein zum offenen Ausbruch. Unter dem Eindruck der revolutionären Stimmung in Kopenhagen sah sich der neue König Friedrich VII. im März 1848 gezwungen, Vertreter der dänisch-nationalen Bewegung in die Regierung zu berufen. Als diese Nachricht nach Kiel gelangte, wurde dort in der Nacht vom 23. zum 24. März 1848 eine „Provisorische Regierung" gebildet, die sogleich verkündete, sich der deutschen Einheitsbewegung anschließen zu

Werner Siemens und die Minen

Angesichts der dänischen Überlegenheit zur See suchten die Schleswig-Holsteiner dringend neue, effektive Methoden, um ihre Küsten zu schützen. Im April 1848 hatte der preußische Artillerieleutnant Werner Siemens (1816–1892, ab 1888 von Siemens), der spätere Gründer des gleichnamigen Elektrokonzerns, den Kieler Hafen durch von ihm erfundene elektrisch gezündete Minen gesichert und die Festung Friedrichsort besetzt.

Sogleich begann Siemens damit, die verfallenen Festungsanlagen wieder in einen verteidigungsfähigen Zustand zu versetzen: *„Ich ließ die Wälle aufräumen, die Scharten ausbessern und die vorgefundenen alten Kanonen auf die noch vorhandenen Bettungen schaffen. Das Pulvermagazin wurde in Ordnung gebracht und durch Kieler Handwerker ein Ofen zum Glühendmachen der Kugeln erbaut."* Zudem ließ er vor dem Festungswall eine seiner Minen vergraben. Die zufällige Explosion dieser Mine stellte deren Zerstörungspotential durch erheblichen Glas- und Dachschaden im Umkreis des Explosionsortes deutlich unter Beweis. Auch auf die Dänen hatte die Explosion große Wirkung, wie der preußische Marinepfarrer Schorn in einer Chronik der Festung Friedrichsort notierte: *„Die dänischen Schiffe gaben ihr Vorhaben auf, suchten die Außenföhrde auf und verließen auch diese bald. Nur das Blokadeschiff allein blieb zurück. Bald nach diesem Ereignis brachten die dänischen Zeitungen die Nachricht, daß eine der untersee-*

Werner Siemens (1816–1892) als preußischer Artillerieoffizier. Neben seinem Militärdienst betätigte er sich auch als Ingenieur und wurde nach seinem Ausscheiden aus der preußischen Armee erfolgreicher Unternehmer. 1888 wurde Siemens in den Adelsstand erhoben.

ischen Minen im Hafen von Kiel bei Friedrichsort in die Luft geflogen sei und die Festung zerstört hätte. Die Dänen selbst hatten jedoch auch einen großen Schreck vor den Minen erhalten." Auch wenn sich der Prinz von Noer, Militärfachmann der Provisorischen Regierung, über die Verschwendung von Schießpulver beklagte, wagten sich die dänischen Schiffe fortan nicht mehr so weit in die Kieler Bucht.

Kurz darauf erhielt Siemens den Auftrag, die Verteidigung der Häfen Kiel und Eckernförde zu übernehmen. Offenbar verstand er sein Handwerk, denn die von ihm angelegten Küstenbatterien bei Eckernförde bewährten sich glänzend, als die Schleswig-Holsteiner im „Gefecht von Eckernförde" am 5. April 1849 den Landungsversuch eines dänisches Geschwaders abwehrten, wobei sie das Linienschiff CHRISTIAN VIII. in Brand schossen und die Fregatte GEFION eroberten.

wollen. Doch die Entscheidung über die zukünftige Zugehörigkeit Schleswig-Holsteins fiel jedoch nicht in den Parlamenten, sondern auf dem Schlachtfeld und durch die internationale Diplomatie.

Die Dänen betrachteten die „Erhebung" der Schleswig-Holsteiner als Aufruhr und reagierten mit einer militärischen Intervention. Gegen die von Norden heranrückende dänische Armee hatte das schwache schleswig-holsteinische Heer keine Chance. Vor dem Hintergrund der nationalen Aufbruchstimmung in Deutschland entsandte der Deutsche Bund daher nach dem Sieg der Dänen bei Bau (dänisch: Bov) nahe Flensburg im April 1848 ein Bundesheer unter dem Oberbefehl des preußischen Generals Friedrich Graf v. Wrangel zur Unterstützung der Schleswig-Holsteiner. Zusammen mit der neuen schleswig-holsteinischen Armee rückten Wrangels Truppen nach Norden vor und trieben die Dänen nach und nach bis Jütland zurück.

Auch die deutsche Nationalversammlung unterstützte den Kampf der Schleswig-Holsteiner. Am 18. Mai 1848 war in der Frankfurter Paulskirche mit der Nationalversammlung das erste frei gewählte gesamtdeutsche Parlament zusammengetreten, um über eine freiheitliche Verfassung für einen zu schaffenden deutschen Nationalstaat zu beraten. Im Juni 1848 löste sich die Bundesversammlung des Deutschen Bundes auf. Zugleich schuf die Nationalversammlung die sogenannte „Zentralgewalt" als provisorische Reichsregierung.

Erschwert wurde die Lage für die Schleswig-Holsteiner allerdings durch die dänische Überlegenheit zur See. Sofort nach Beginn der Erhebung hatten die Dänen die Seeblockade der Herzogtümer erklärt und diese nach Ausbruch des deutsch-dänischen Kriegs auch auf die übrigen deutschen Küsten ausgedehnt. Im internationalen Vergleich war die dänische Flotte zwar nur drittrangig, als regionale Seemacht jedoch nach wie vor bedeutend. Da die Staaten des Deutschen Bundes nur über geringe und die Schleswig-Holsteiner über gar keine Seestreitkräfte verfügten, besaß Dänemark die unangefochtene Seeherrschaft in der Nord- und Ostsee.

Die Folgen der dänischen Seeblockade wurden bald spürbar. Bereits in den ersten Tagen nach Ausbruch des Krieges brachte die dänische Marine mehr als 50 Handelsschiffe auf. Der deutsche Seehandel kam dadurch fast völlig zum Erliegen.

Betroffen war neben den Hansestädte und Preußen vor allem die schleswig-holsteinische Handelsschifffahrt; insbesondere die Flensburger Westindienfahrt und der Flensburger Zuckerhandel sollten sich von diesem schweren Schlag nicht mehr erholen. Gleichwohl gab es findige Reeder, die auch unter diesen Umständen Möglichkeiten fanden, ihre Schiffe wieder in Fahrt zu bringen. Während der Erhebung segelten die schleswig-holsteinischen Schiffe entsprechend der Verordnungen der Provisorischen Regierung unter der – international nicht anerkannten – blau-weiß-roten Trikolore. Ebenso musste die seit der Bernstorffschen Neutralitätspolitik des 18. Jahrhunderts vorgeschriebene, eingebrannte Markierung „Dansk Ejendom" („Dänisches Eigentum") entfernt werden. Die Flensburger Reeder pflegten daher unter blau-weiß-roter Flagge in Sonderburg einzulaufen, die vorgeschriebene Markierung anzubringen und dann unter dem Danebrog weiterzusegeln.

Schon bald nach der Verhängung der dänischen Seeblockade wurde der Ruf nach einer deutschen Marine laut, der sich zu einer regelrechten Flottenbegeisterung steigern sollte. Am 14. Juni 1848 setzte die deutsche Nationalversammlung einen Beschluss der Bundesversammlung um und bewilligte die Gelder für den Aufbau der „Reichsflotte" genannten ersten deutschen Marine, die oft auch – nicht ganz korrekt – als „Bundesflotte" bezeichnet wird. Parallel dazu begann auch Preußen 1848 mit dem Aufbau einer eigenen Marine.

Für Schleswig-Holstein war die dänische Seeherrschaft mehr als nur eine Frage des verletzten Stolzes. Durch die Blockade wurde nicht nur die wegen des unzureichenden Straßennetzes wichtige Küstenschifffahrt unterbunden, die dänische Marine stellte zugleich durch die Gefahr von Truppenlandungen im Rücken der Front eine ständige militärische Bedrohung dar, wodurch erhebliche Kräfte in der Küstenverteidigung gebunden wurden.

Durch rasch errichtete Feldbefestigungen und Geschützbatterien versuchte man, gefährdete Häfen wenigstens provisorisch zu sichern. Unter anderem wurden durch den beurlaubten preußischen Artillerieleutnant Werner Siemens in Eckernförde zwei geschützte Küstenbatterien errichtet, wobei die sogenannte Norderschanze sich ungefähr am Ort des heutigen Marinestützpunkts befand, während die Süderschanze in der

Peter Hansen

Peter Hansen wurde am 7. Oktober 1787 als Sohn eines Fährmanns in Ekenis an der Schlei geboren. Entsprechend seinem Berufswunsch ging er nach seiner Konfirmation 1801 als Decksjunge auf seine erste Reise. 1804 wurde er Bootsmann auf einem holländischen Schiff und machte später Reisen auf amerikanischen und englischen Schiffen. 1808 wurde Hansen Zweiter Steuermann auf einem amerikanischen Schiff, wechselt aber in New York als Kanonier auf ein anderes amerikanisches Schiff. Später fuhr er auf einem amerikanischen Schoner, von dem er je-

Peter Hansen (1787–1863) – Seefahrer, Sklavenhändler und „Admiral der Deutschen Flotte".

doch in Havanna desertierte. 1809 wurde er während einer Reise auf einem spanischen Sklavenschiff zum Zweiten Steuermann befördert, da sein Vorgänger in eine geplante Meuterei verstrickt war. Nach dem Verlust des Schiffs an der afrikanischen Küste wurde Hansen in die Royal Navy zwangsrekrutiert. Er desertierte jedoch und floh zu einem Eingeborenenstamm. 1811 nahm Hansen das Angebot an, Kapitän auf einem Sklavenschiff zu werden. Bei Ausbruch des englisch-amerikanischen Kriegs 1812 wurde er Teileigner

und Kapitän eines unter neutraler schwedischer Flagge fahrenden Schoners, verlor sein Schiff aber bereits auf der ersten Reise durch Kaperung an die Engländer. Nach 16 Jahren Abwesenheit kehrte Hansen nach Hause zurück und betrieb ab 1818 als Kapitän mit einem eigenen Schiff Frachtfahrt in der Nord- und Ostsee, später auch nach Übersee. Seit 1832 wohnte er mit seiner Familie in Kiel.

1834 verkaufte Peter Hansen sein Schiff und erwarb eine alte Brigg sowie ein kleineres Schiff, auf dem er seinen Steuermann als Setzschiffer einsetzte. 1837 musste Hansen wegen Problemen mit dem mexikanischen Zoll in Tampico fliehen und sein Schiff mitsamt der Besatzung, zu der auch sein Sohn gehörte, zurücklassen. Das Schiff wurde später konfisziert, wodurch Hansen einen schweren finanziellen Verlust erlitt. Nach weiteren wirtschaftlichen Rückschlägen wurde Hansen 1839/40 Schiffsagent in Kiel, fuhr aber ab 1840 wieder als Setzschiffer. 1843 ließ er sich wieder an der Schlei nieder. Während der Schleswig-Holsteinischen Erhebung ging Hansen nach dem gescheiterten Angriff auf die GALATHEA nach Amerika und kehrte erst 1856 nach Schleswig-Holstein zurück.

Immer wieder geriet Peter Hansen durch seine Neigung zu riskanten Geschäften und die Fährnisse der Seefahrt an den Rande des Ruins, doch es gelang ihm mit bewundernswerter Hartnäckigkeit schließlich, zu einem gewissen Wohlstand zu kommen. In seinen Memoiren berichtet er über sein bewegtes Seemannsleben – nur das Unternehmen GALATHEA vergaß er dabei. Am 2. Februar 1863 starb Peter Hansen in Amalienburg an der Schlei.

Nähe des heutigen Denkmals am Südstrand stand.

Auch die Kieler Förde wurden von einem dänischen Kriegsschiff, der 1831 erbauten und mit 26 18-Pfünderkanonen bestückten Korvette GALATHEA, blockiert. Kurz nach Beginn der Erhebung hatte der 1789 bei Arnis geborene Schiffskapitän Peter Hansen der Provisorischen Regierung in Kiel vorgeschlagen, das vor Kiel liegende Blockadeschiff GALATHEA durch einen Bootsangriff aufzubringen. Der Plan stieß auf Zustimmung und so trat Hansen als „Admiral der Deutschen Flotte" in den Seedienst der Herzogtümer,

wobei die Spekulationen über seine von Legenden umwitterte Vergangenheit von „Piratenkapitän" bis „ehemaliger Befehlshaber eines Ostindienfahrers" reichten. Auch Werner Siemens beschreibt Hansen und sein Auftreten mit einiger Skepsis: *„Es war ein Herkules, der seine gewaltigen Glieder in eine goldstrotzende Admiralsuniform eigner Phantasie steckte und die Leute mit lauttönender Stimme zu muthigen Thaten anspornte."*

Bereits die Anwerbung des notwendigen seemännischen Personals in Altona und Hamburg nahm groteske Formen an, da Hansen seine

Überzeugungskraft vor allem aus dem freigiebigen Ausschank alkoholischer Getränke schöpfte. Auch das angeblich geheime Ziel der Expedition war nach kurzer Zeit allgemein bekannt. Dennoch wurde das Unternehmen gründlich vorbereitet. Am 20. Mai 1848 um neun Uhr abends war alles bereit: Seeleute und Soldaten waren eingeschifft, die Abläufe bis ins kleinste geprobt worden und die Ufer der Kieler Förde gesäumt von Menschen, die Zeuge der „Geheimoperation" werden wollten – nur „Admiral" Hansen fehlte. Erst um Mitternacht tauchte er völlig betrunken auf. Trotz der Verzögerung machte man sich auf den Weg, doch vergebens: Zum einen hatte eine

Johann Otto Donner

1822 war der am 27. Oktober 1808 in Altona geborene Donner als Seekadett in die dänische Marine eingetreten. Nach seiner Beförderung zum Secondeleutnant 1827 diente er von 1829 bis 1831 als freiwilliger Offizier in der britischen Royal Navy. 1831 verließ Donner die dänische Marine und fuhr anschließend als Kapitän eines dänischen Handelsschiffes nach Ost- und Westindien. 1840 kehrte er in den Dienst der dänischen Marine zurück. Nachdem er zunächst einen Schoner kommandiert hatte, diente er von 1842 bis 1849 als Befehlshaber der in den Herzogtümern stationierten Zollkreuzer. 1846 wurde er

Johann Donner (1808–1873). Der in der dänischen Flotte ausgebildete Marineoffizier trat nach Beginn der Erhebung in schleswig-holsteinische Dienste über. Später wurde er in die preußische Marine übernommen und 1862 im Rang eines Konteradmirals pensioniert

zum Kapitänleutnant befördert. Nach Ausbruch der Schleswig-Holsteinischen Erhebung trat Donner im März 1848 in den Dienst der Provisorischen Regierung und wurde zum Kommandanten des Schoners ELBE ernannt. Von November 1848 bis Februar 1849 war er Mitglied der Technischen Marine-Kommission der Reichs- oder Bundesflotte. Im Februar 1849 wurde Donner zum Fregattenkapitän und Befehlshaber der schleswig-holsteinischen Flottille ernannt, trat aber bereits im April 1849 in den Dienst der Reichs- oder Bundesflotte über. Nach seiner Beförderung zum Kapitän zur See befehligte er zu-

Die Fregatte GEFION. Das ursprünglich dänische Schiff war nach der Eroberung durch die Schleswig-Holsteiner 1849 im Gefecht bei Eckernförde unter dem Namen ECKERNFÖRDE von der Bundesflotte übernommen und nach deren Auflösung 1852 an die Preußische Marine abgegeben worden, die dem Schiff seinen ursprünglichen Namen GEFION zurückgab.

nächst als Interimskommandant die Segelfregatte ECKERNFÖRDE, wurde aber bereits im Juni 1849 zum Kommandanten der Dampffregatte HANSA ernannt. Anschließend diente Donner eine Zeitlang bei der Marineabteilung der Bundeszentralkommission, bevor er ab 1850 zum Dienst in der preußischen Marine beurlaubt wurde. Unter anderem befehligte er die Schiffe AMAZONE und MERKUR. Nach seiner Entlassung aus der Reichs- oder Bundesflotte trat Donner 1852 endgültig im Rang eines Kapitäns zur See in die preußische Marine über. Er diente zunächst in Landverwendungen, unter anderem als Interims-Stationschef, Leiter des Marinedepots und Oberwerftdirektor der Marinewerft in Danzig. Von April 1858 bis September 1859 befehligte Donner die Fregatte GEFION (ex-ECKERNFÖRDE). Im Anschluss diente er als Chef der Marinestation in Danzig, bevor er 1862 mit dem Rang eines Konteradmirals in den Ruhestand verabschiedet wurde. Donner starb am 16. Februar 1873 in seiner Geburtsstadt Altona.

Die Schiffe der Schleswig-Holsteinischen Flottille. Beim Aufbau der kleinen Seestreitmacht zeigten die Schleswig-Holsteiner nicht nur Improvisationstalent, sondern auch Sinn für technische Innovationen.

Das schleswig-holsteinische Dampfkanonenboot VON DER TANN im Kampf mit zwei dänischen Schiffen am 21. Juli 1850. Bei dem Versuch, seinen Heimathafen Neustadt/Holstein zu erreichen, lief das Kanonenboot nach dem zunächst erfolgreich verlaufenenen Gefecht mit einem dänischen Dampfer und einer dänischen Korvette auf Grund. Die manövrierunfähige und daher hilflose VON DER TANN wurde von ihrer Besatzung aufgegeben und beim Verlassen gesprengt. Später wurde das Kanonenboot von den Dänen repariert und unter dem Namen STØREN erneut in Dienst gestellt.

Signalrakete das Unternehmen verraten, zum anderen begann das Morgengrauen. Schweren Herzens musste man das Unternehmen abbrechen; jede weitere Annäherung an die kampfbereite GALATHEA mit ihren zahlreichen Kanonen wäre Selbstmord gewesen. Es wurden zwar noch einige erfolglose Versuche zur Aufbringung der dänischen Korvette unternommen, doch schon Ende Mai wurde das Bootsgeschwader aufgelöst und die Seeleute entlassen. „Admiral" Hansen setzte sich sich in die USA ab und kehrte erst lange nach dem Ende der Erhebung zurück.

Der Ausgang des Angriffs auf die GALATHEA hatte gezeigt, dass der Kampf gegen die dänische Seeherrschaft zu wichtig war, als dass man ihn Abenteurern wie Peter Hansen überlassen konnte. Aus diesem Grund beschloss die Provisorische Regierung Ende Juni 1848 den Aufbau einer schleswig-holsteinischen Flottille zum Schutz von Küste und Schifffahrt. Wie im Fall der Armee musste man auch hier fast bei Null anfangen. Den Anfang machte der von den Dänen übernommene, bewaffnete Schoner ELBE, dessen Kommandant Johann Donner (1808–1873) auch der erste Oberbefehlshaber der Flottille wurde.

Die personellen Engpässe versuchte man durch die Einstellung von Handelsschiffsoffizieren und eine Dienstpflicht für Seeleute zu beheben, die

Schiffe wurden entweder von schleswig-holsteinischen Reedern unentgeltlich zur Verfügung gestellt oder wie das Flaggschiff BONIN, ein 1833 in Schottland gebauter Raddampfer von 180 PS, angekauft. Darüber hinaus hatte man den Bau von elf mit je zwei 60pfündigen Bombenkanonen bewaffneten Ruderkanonenbooten nach bewährten dänischen Konstruktionsplänen zur Küstenverteidigung beschlossen, der zu einem großen Teil durch Spenden finanziert wurde. Wie bereits im Seekrieg gegen England von 1807 bis 1814 erwiesen sich diese rasch zu bauenden, flachgehenden Fahrzeuge, die sowohl ge-

*Der BRAND-
TAUCHER, das erste
prinzipiell funktions-
fähigen deutsche
U-Boot. Gut zu erken-
nen ist das Tretrad,
mit dem die zweiköp-
fige Mannschaft für
den Antrieb sorgte,
während Bauer selbst
in dem turmähnlichen
Aufbau am Bug saß
und das Tauchboot
steuerte.*

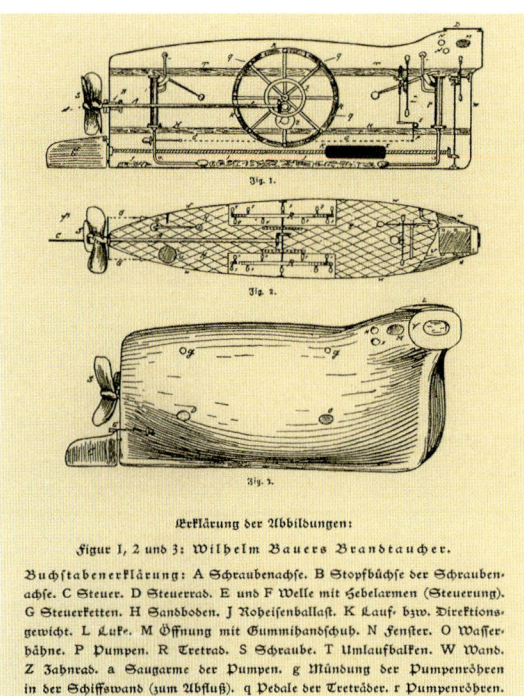

Erklärung der Abbildungen:

Figur 1, 2 und 3: Wilhelm Bauers Brandtaucher.

Buchstabenerklärung: A Schraubenachse. B Stopfbüchse der Schraubenachse. C Steuer. D Steuerrad. E und F Welle mit Hebelarmen (Steuerung).
G Steuerketten. H Sandboden. J Roheisenballast. K Lauf- bzw. Direktions-
gewicht. L Luke. M Öffnung mit Gummihandschuh. N Fenster. O Wasser-
bähne. P Pumpen. R Tretrad. S Schraube. T Umlaufbalken. W Wand.
Z Zahnrad. a Saugarme der Pumpen. g Mündung der Pumpenröhren
in der Schiffswand (zum Abfluß). q Pedale der Treträder. r Pumpenröhren.

*Wilhelm Bauer
(1822–1875), der
Konstrukteur des
BRANDTAUCHERS.*

segelt als auch gerudert werden konnten, als ideal geeignet für den Einsatz in Küstengewässern.

Beim Aufbau ihrer kleinen Seestreitmacht zeigten die Schleswig-Holsteiner nicht nur Improvi-

sationstalent, sondern auch einen bemerkenswerten Sinn für technische Innovation – etwa
durch den Einsatz von Dampfschiffen, wie dem
Kanonenboot NR. 1, das später auf den Namen
des populären Kommandeurs eines Freikorps
VON DER TANN getauft wurde. Das 120t große,
aus Holz gebaute und mit zwei 60pfündigen
Bombenkanonen bewaffnete Schiff war das erste
Schraubenkanonenboot der Welt. Der Dampfer,
im Volksmund auch liebevoll „De Schruv" genannt, gehörte damit zu den modernsten Kriegsschiffen seiner Zeit und war mit bemerkenswerten technischen Neuerungen versehen; unter
anderem besaß die VON DER TANN eine bei
Schweffel & Howaldt gebaute, hochmoderne
Maschinenanlage mit künstlichem Zug, wie bei
einer Lokomotive. Nach einigen erfolgreichen
Einsätzen lief das Schiff im Juli 1850 in der Neustädter Bucht während eines Gefechtes mit den
dänischen Schiffen HEKLA und VALKYREN auf
Grund und wurde von seiner Besatzung aufgegeben, die das Kanonenboot beim Verlassen
sprengten. Später wurde das Wrack der VON DER
TANN von den Dänen geborgen, repariert und
unter dem Namen STØREN wieder in Dienst gestellt.

U-Boote

Der BRANDTAUCHER wies bereits technische Lö-
sungsansätze und Einrichtungen auf, die ihn zu
einem echten Vorläufer heutiger U-Boote machen. Doch erst um die Wende vom 19. zum 20.
Jahrhundert wurden die ersten praxistauglichen
U-Boote entwickelt. Die deutsche Marineführung
stand dieser neuen Seekriegswaffe zunächst skeptisch gegenüber. 1903 ließ die Kieler
Germania-Werft unter dem Codenamen „Leucht-
boje" ein Versuchs-U-Boot bauen. Die Werft
hoffte auf Bauaufträge aus dem In- und Ausland.
Obgleich die russische Marine mehrere U-Boote
bestellte, wurde das erste U-Boot U1 der Kaiserlichen Marine erst Ende 1906 in Dienst gestellt.
Es verdrängte 238 t und war mit einem Torpedo-
rohr bewaffnet. Sein kombinierter Petroleum-
Elektromotoren-Antrieb verlieh ihm eine Geschwindigkeit von 11 Knoten über und 8,7 Knoten unter Wasser. In den folgenden Jahren wurde
die Entwicklung von kampftauglichen U-Booten
stetig vorangetrieben.

Die U-Boote des Ersten und Zweiten Weltkriegs waren im Grunde bloße Tauchboote, die
ihre größte Geschwindigkeit über Wasser erreichten und in ihrer Tauchzeit durch den Atem-
luftvorrat und ihre Batteriekapazität stark begrenzt waren. So wurden zu Beginn des Zweiten
Weltkriegs vor allem Tauchboote der Typen VII
und IX eingesetzt. Erst nachdem sich die deutsche Niederlage im U-Boot-Krieg abzeichnete,
wurden ab 1943 die neuen, modernen U-Boot-
Typen XXI und XXIII entwickelt. Ihr Einsatz Anfang 1945 kam aber viel zu spät, um eine erneute Wende im Seekrieg herbeizuführen. Ohnehin
ist fraglich, ob diese neuen U-Boote angesichts
der gewaltigen alliierten Übermacht zur See viel
hätten ausrichten können.

Von den insgesamt 1.171 im Zweiten Weltkrieg
in Dienst gestellten deutschen U-Booten gingen
781 verloren; von den rund 41.000 deutschen U-
Bootfahrern verloren fast 27.000 ihr Leben –
ebenso wie Tausende alliierte Seeleute.

An den U-Bootkrieg im Zweiten Weltkrieg erinnert U 995, das als Museumsboot in Laboe zu besichtigen ist. Es ist letzte noch existierende U-Boot des Typs VII, von dem bis 1944 insgesamt 663 Einheiten gebaut wurden. Das U-Boot lief 1943 in Hamburg bei Blohm & Voss vom Stapel und wurde von Norwegen aus gegen alliierte Konvois eingesetzt, die die Sowjetunion mit Nachschub versorgten. Zum Zeitpunkt der deutschen Kapitulation im Mai 1945 befand sich das U-Boot in der Werft. So fiel es unbeschädigt in die Hände der Alliierten, die U 995 später an die norwegische Marine abgaben. Bis 1962 fuhr das U-Boot unter dem Namen KAURA unter norwegischer Flagge. Nach der Außerdienststellung wurde das U-Boot als Zeichen der Aussöhnung von Norwegen an die Bundesrepublik Deutschland zurückgegeben. Nach einer umfassenden Restaurierung wurde U 995 im Jahre 1972 als Technisches Museum vor dem Marine-Ehrenmal aufgestellt, wo es zugleich an die deutschen und alliierten Opfer des U-Boot-Kriegs im Zweiten Weltkrieg erinnert.

U 6 der Bundesmarine. Das bei den Howaldtswerken in Kiel gebaute U-Boot der Klasse 205 war von 1963 bis 1974 in Dienst.

Typs 212 A der Deutschen Marine ließen sich längere Tauchzeiten und höhere Unterwassergeschwindigkeiten erreichen.

In Burgstaaken auf Fehmarn kann seit 2005 im U-Bootmuseum das ehemalige U-Boot U 11 (S 190) der Deutschen Marine besichtigt werden. Das bei HDW in Kiel gebaute und im Juni 1968 in Dienst gestellte U-Boot der Klasse 205 (später: 205 A) wurde 1987 zum Unterwasser-Zielboot für die Erprobung von Torpedos und anderen Waffensystemen umgebaut und 2003 außer Dienst gestellt.

U 995 vor dem Marine-Ehrenmal in Laboe. Das letzte erhaltene U-Boot des Typs VIIc erinnert hier seit 1972 an die Schrecken des U-Boot-Kriegs im Zweiten Weltkrieg.

Nach dem Ende des Zweiten Weltkriegs wurden die dieselelektrischen U-Boote der Bundesmarine für eine verlängerte Unterwasserfahrt und erhöhte Unterwassergeschwindigkeit optimiert. Doch nach wie vor wurde die Energie für die Unterwasserfahrt Batterien entnommen, die von Zeit zu Zeit im Schnorchelbetrieb wieder aufgeladen werden mussten. Erst durch die Entwicklung eines außenluftunabhängigen Brennstoffzellenantriebs wie bei den U-Booten des

U 31 der Deutschen Marine. Die deutschen U-Boote der Klasse 212 A gelten als die modernsten nicht-nuklearen U-Boote weltweit.

Das originellste Schiff der schleswig-holsteinischen Flottille war jedoch der berühmte, 1850/51 von dem bayerischen Artillerieunteroffizier Wilhelm Bauer erbaute BRANDTAUCHER. Es war das erste prinzipiell funktionsfähige deutsche U-Boot und das erste in Schleswig-Holstein gebaute eiserne Schiff. Das bei Schweffel & Howaldt in Kiel vom Stapel gelaufene Tauchboot wurde mit Hilfe von zwei Treträdern angetrieben, die eine Schraube bewegten. Mit seiner Konstruktion wollte Bauer Sprengladungen an feindlichen Schiffen und Brücken befestigen und zur Explosion bringen. Bereits während der Erprobungen des auch als „eiserner Seehund" bezeichneten Fahrzeugs zog sich das dänische Blockadegeschwader aus Sorge vor der neuen Unterseewaffe aus der Kieler Förde zurück.

Am 1. Februar 1851 ging das erste deutsche U-Boot auf einer Probefahrt verloren. Aus Kostengründen hatte man die ursprünglichen Konstruktionspläne geändert und die Dicke der Außenhaut um die Hälfte reduziert. Durch den Wasserdruck wurden die zu schwachen Rumpfplatten eingedrückt, der BRANDTAUCHER schlug leck und sank auf den Grund der Kieler Förde. Bauer und seine zweiköpfige Besatzung überlebten das Unglück; im eiskalten Wasser warteten die drei Männer stundenlang auf den Druckausgleich, doch schließlich gelang es ihnen, das

Tauchboot zu verlassen und sich an die Wasseroberfläche zu retten. Das Wrack des BRANDTAUCHERS wurde 1887 in der Kieler Förde geborgen und befindet sich heute im Militärhistorischen Museum der Bundeswehr in Dresden. Ein Teilnachbau des BRANDTAUCHERS ist im Kieler Schifffahrtsmuseum zu besichtigen.

Zusammen mit der neuen schleswig-holsteinischen Armee waren die deutschen Truppen rasch nach Norden vorgerückt. Doch die Großmächte England und Russland, eine Verschiebung des europäischen Gleichgewichts fürchtend, zwangen Dänemark und den Deutschen Bund im August 1848 zum Malmöer Waffenstillstand. Am 22. Februar 1849 kündigten die Dänen jedoch den Waffenstillstand und nahmen wenig später die Feindseligkeiten wieder auf.

Am 26. März 1849 war die schleswig-holsteinische Flottille offiziell in die deutsche Bundesflotte übernommen worden. Obgleich die Schleswig-Holsteiner mit ihren wenigen Fahrzeugen angesichts der dänischen Überlegenheit zur See fast auf verlorenem Posten kämpften, tat die schleswig-holsteinische Flottille ihr Möglichstes, um den dänischen Blockadeschiffen Schaden zuzufügen und die Küsten der Herzogtümer an Nord- und Ostsee vor dänischen Landungen zu schützen. Dabei erzielte sie durchaus einige Erfolge. So zwangen schleswig-holsteinische Ka-

Das Gefecht von Eckernförde am 5. April 1849

Kurz nach Ablauf des Malmöer Waffenstillstands lief am Abend des 4. April 1849 der dänische Kommandeurkapitän Frederik August Paludan (1792–1872) an Bord des Linienschiffs CHRISTIAN VIII. in die Eckernförder Bucht ein. Begleitet wurde der mit 84 Kanonen bewaffnete Zweidecker von der mit 48 Geschützen bewaffneten Fregatte GEFION, den bewaffneten Dampfern HEKLA und GEJSER sowie drei Jachten mit insgesamt 1.315 Mann Landungstruppen. Außerhalb der Reichweite der Eckernförder Küstenbatterien ging Paludan vor Anker.

Obwohl das Überraschungsmoment damit vertan war, vertrauten die Dänen siegesgewiss auf ihre große artilleristische Überlegenheit. Den 148 dänischen Kanonen standen nur eine Handvoll schleswig-holsteinischer Geschütze gegen-

über. Die von Hauptmann Eduard Julius Jungmann (1815–1862) kommandierte Norderschanze war mit je zwei 18pfündigen und 24pfündigen Kanonen sowie mit zwei 84pfündigen Bombenkanonen bestückt, während in der von Unteroffizier Ludwig Theodor Preußer (1822–1849) be-

Das Gefecht von Eckernförde am 5. April 1949.

Die Explosion des dänischen Linienschiffs CHRISTIAN VIII. im Gefecht von Eckernförde. Ungeachtet ihres spektakulären Sieges über ein dänisches Geschwader bei Eckernförde am 5. April 1849 unterlagen die Schleswig-Holsteiner nach dem Rückzug Preußens der dänischen Übermacht.

fehligten Süderschanze vier 18pfündige Kanonen standen.

Trotz des ungünstigen Ostwinds lichtete das dänische Geschwader am Morgen des Gründonnerstags 1849 gegen sechs Uhr die Anker. Obgleich er in erster Linie lediglich die feindlichen Truppen ablenken sollte, hatte Paludan den Befehl, wenn möglich, eine Landung zu versuchen, die Befestigungen zu zerstören und die Stadt zu besetzen. GEFION und CHRISTIAN VIII. liefen zwischen Norder- und Süderschanze hindurch, gingen vor Anker und versuchten, die Batterien mit Breitseiten niederzukämpfen.

Doch schon bald entwickelte sich das Gefecht ungünstig für die Dänen. Nachdem mehrere Rückzugsversuche an den widrigen Windverhältnissen gescheitert waren, hisste Paludan gegen 13 Uhr die Parlamentärflagge, um über die Beendigung des Kampfes zu verhandeln. Da keine Geltungsdauer für den Waffenstillstand vereinbart worden war, kündigte Jungmann den Dänen um 16.30 Uhr das Ende der Waffenruhe an, und das Gefecht begann von Neuem.

Die Lage der Dänen wurde immer verzweifelter, zumal die Süderschanze nun mit glühenden Kugeln auf CHRISTIAN VIII. schoss – für ein hölzernes Kriegsschiff mit mehreren Tonnen Schießpulver an Bord eine tödliche Gefahr. Bereits nach kurzer Zeit begann das stolze Linienschiff zu brennen. Schließlich gab Paludan das Gefecht verloren und ließ, wie bereits zuvor auf der GEFION, die Flagge streichen – die übrigen dänischen

Schiffe hatten sich mittlerweile zurückgezogen. Um 18 Uhr schwiegen die Waffen. Gleich nach dem Ende des Kampfes hatte Unteroffizier Preußer, der Kommandeur der Süderschanze, ohne Befehl auf das brennende Linienschiff übergesetzt und Paludan aufgefordert, sein Schiff zu verlassen und an Land zu gehen. Dies war möglicherweise ein verhängnisvoller Fehler, denn dadurch wurde eine koordinierte Brandbekämpfung erschwert. Trotz aller Anstrengungen, die Brände an Bord des Linienschiffs unter Kontrolle zu bringen, flog CHRISTIAN VIII. um 20 Uhr mit einer gigantischen Detonation mit 91 Mann an Bord, unter ihnen auch Unteroffizier Preußer, in die Luft. Ob die Explosion des Schiffes durch das Überspringen des Feuers auf die Pulverkammer oder aber durch dänische Offiziere, die die Übernahme durch den Feind verhindern wollten, ausgelöst wurde, wird wohl für immer unbekannt bleiben. Die beschädigte Fregatte GEFION wurde später unter dem Namen ECKERNFÖRDE in die deutsche Reichs- oder Bundesflotte übernommen.

Das Gefecht hatte insgesamt vier Schleswig-Holsteinern und 224 Dänen das Leben gekostet, 14 bzw. 86 Menschen waren verwundet worden; mehr als 900 Dänen gingen in die Gefangenschaft. Obgleich ein spektakulärer Erfolg für die Schleswig-Holsteiner, war die „Affäre von Eckernförde" militärisch bedeutungslos, da sie außer dem propagandistischen Echo kaum einen Einfluss auf den weiteren Kriegsverlauf hatte.

nonenboote am 19. Juli 1850 ein dänisches Geschwader vor Heiligenhafen zum Rückzug und am 17. September 1850 gelang es einigen schleswig-holsteinischen Einheiten, der Einschließung durch stark überlegene dänische Seestreitkräfte zu entgehen, wobei sie den dänischen Dampfer GEYSER gefechtsunfähig schossen.

Am spektakulärsten Gefecht des Krieges war die Flottille jedoch nicht beteiligt: Bei Eckernförde gelang es am 5. April 1849 zwei schleswig-holsteinischen Küstenbatterien, zwei dänische Kriegsschiffe, die Fregatte GEFION und das Linienschiff CHRISTIAN VIII., zum Streichen der Flagge zu zwingen. Der Sieg der Schleswig-Holsteiner hatte jedoch kaum Einfluss auf den weiteren Verlauf des Krieges.

Bereits im Juli 1849 wurde auf Druck der Großmächte in Berlin ein neuer Waffenstillstand geschlossen, dem am 2. Juli 1850 der Frieden von Berlin folgte. Preußen schied damit endgültig aus dem Krieg gegen Dänemark aus, die Frankfurter Zentralgewalt folgte kurz darauf widerstrebend, so dass die Schleswig-Holsteiner fortan allein im Kampf gegen die militärisch überlegenen Dänen standen. Auch die schleswig-holsteinische Flottille setzte den Widerstand weiter fort. Die letzten größeren Gefechte der Flottille fanden in der Nordsee statt, als sich die „Westseedivision", bestehend aus dem bewaffneten Dampfer KIEL und den Kanonenbooten Nr. 4, 8 und 11, zwischen Juli und September 1850 vergeblich bemühte, die dänische Besetzung der Insel Föhr zu verhindern. Der Krieg gegen Dänemark zog sich noch bis Anfang 1851 hin, dann gaben die Schleswig-Holsteiner dem internationalen Druck nach und kapitulierten.

Mit der Ablehnung der deutschen Kaiserkrone durch König Friedrich Wilhelm IV. von Preußen im Frühjahr 1849 war der erste Versuch gescheitert, einen deutschen Nationalstaat zu schaffen. Stattdessen wurde der Deutsche Bund wieder hergestellt. Am 2. April 1852 beschloss der Deutsche Bundestag die Auflösung der Bundesflotte. Die Mannschaften und Offiziere, darunter auch der Oberbefehlshaber, Konteradmiral Karl Rudolf Brommy, wurden entlassen, zwei der Schiffe an Preußen abgegeben, darunter auch die im Gefecht von Eckernförde eroberte Segelfregatte ECKERNFÖRDE, ex GEFION, die unter ihrem ursprünglichen Namen in die preußische Marine übernommen wurde. Die übrigen Schiffe sowie die Ausrüstung der Bundesflotte wurden am 12.

Dezember 1852 öffentlich versteigert. Am 31. März 1853 wurde der offizielle Auflösungsbefehl erlassen. Dies war das Ende der ersten gesamtdeutschen Marine. Die gleichzeitig gegründete preußische Marine bestand dagegen weiter und wurde zum Vorläufer der späteren Kaiserlichen Marine.

Die Schiffe der Schleswig-Holsteinischen Flottille mussten nach dem Zusammenbruch der Erhebung an Dänemark ausgeliefert werden, während ein Teil des Personals von der preußischen Marine übernommen wurde. Auch Johann Donner, der erste Befehlshaber der schleswig-holsteinischen Flottille, trat in preußische Dienste über und wurde 1862 im Rang eines Konteradmirals pensioniert.

Die Dänen kehren zurück

Obgleich die Schleswig-Holsteiner im Krieg gegen Dänemark unterlegen waren, hatte auch die dänische nationale Bewegung keinen wirklichen Sieg errungen. Statt der Eingliederung des Herzogtums Schleswig erfolgte auf Druck der europäischen Großmächte die Wiederherstellung des dänischen Gesamtstaats. Dänemark musste verbindlich zusagen, auf einen Anschluss Schleswigs an das Königreich zu verzichten, dafür wurde im „Zweiten Londoner Protokoll" vom 8. Mai 1852 die von König Christian VIII. geplante Erbfolge des Hauses Schleswig-Holstein-Sonderburg-Glücksburg zugesichert. Die Rechte des Deutschen Bundes in Holstein und Lauenburg wurden bestätigt, zugleich verpflichtete sich Dänemark auch gegenüber Preußen und Österreich, Schleswig nicht in Dänemark zu inkorporieren und die dänische und deutsche Nationalität im Herzogtum Schleswig gleichberechtigt zu behandeln. Die dänische Regierung begann allerdings schon bald, gegen diese Vereinbarungen zu verstoßen. So wurde beispielsweise in den gemischt besiedelten mittelschleswigschen Gebieten gegen den Widerstand der deutschsprachigen Bevölkerung das Dänische als Schulsprache festgelegt. Statt zu einem Ausgleich kam es so zu einer Verschärfung des nationalen Gegensatzes.

Als Folge des Krieges gegen Dänemark hatte die schleswig-holsteinische Handelsschifffahrt einen schweren Einbruch erlitten, wuchs aber ab 1852 wieder ähnlich stark wie in den Jahren vor dem Krieg. Bis 1864 stieg die Zahl der in Schleswig-Holstein beheimateten Schiffe auf 2.555, die eine Gesamttragfähigkeit von 51.249 CL besaßen. An der Ostküste herrschten traditionell Jachten, Schnauen und Galioten vor, da die Ostseeförden auch von Schiffen mit größerem Tiefgang angelaufen werden konnten, während in den Wattenmeergebieten an der Westküste nach wie vor hauptsächlich flachgehende Fahrzeuge mit flachem Boden Verwendung fanden, die bei Ebbe trockenfallen konnten, ohne umzukippen.

Angesichts der wechselhaften Konjunkturen gelang es den Reedern in den schleswig-holsteinischen Städten unterschiedlich gut, sich an die veränderten Gegebenheiten anzupassen. Ein Vorteil für die Ostseestädte war die Aufhebung des seit 1429 erhobenen Sundzolls im Jahr 1857, den bis dahin alle Schiffe bei der Durchfahrt durch den Öresund hatten entrichten müssen.

Die zunehmende internationale Konkurrenz und der Einbruch des Seehandels während der Schleswig-Holsteinischen Erhebung hatten der Flensburger Schifffahrt große Probleme bereitet. Allerdings schien der Anschluss an die Eisenbahn zunächst neue kommerzielle Chancen zu versprechen. 1853 wurde im Zuge des Baus der Eisenbahnstrecke von Flensburg über Husum nach Tönning am südlichen Ende des Flensburger Hafens als Endpunkt der 1854 vollendeten „Frederik VII. Südschleswigschen Eisenbahn" die sogenannte „Englische Brücke" errichtet. Die englische Eisenbahngesellschaft, die die Bahnlinie baute, wollte eine Transitverbindung von England über Tönning und Flensburg in den Ostseeraum einrichten, wobei die Güter unter Umgehung des Sundzolls per Eisenbahn zwischen Flensburg und Tönning transportiert werden sollten. Trotz anfänglicher Erfolge kam der Gütertransport nach der Aufhebung des Sundzolls fast völlig zum Erliegen; die Brücke verfiel und wurde 1883 abgebrochen. Seit 1869 war Flensburg über Rendsburg und ab 1881 auch über Kiel an die Bahnstrecke nach Hamburg und damit an das deutsche Eisenbahnnetz angeschlossen.

Auch Altona erholte sich nur langsam; seine Handelsflotte war bis 1852 geschrumpft, begann sich dann aber wieder zu erholen. Waren im Jahr 1847 in der Elbestadt lediglich 3.495 CL gezählt worden, wuchs die Gesamttonnage der in Altona beheimateten Schiffe bis 1864 auf 6.848 CL.

Doch der zaghafte Aufschwung in den Herzogtümern erlebte schon bald den nächsten

Rückschlag, als 1857 eine von den USA und England ausgehende Wirtschaftskrise den europäischen Kontinent erreichte. Hier zeigten sich die negativen Folgen der engen internationalen Wirtschaftsverflechtungen. Der Einfluss der damals führenden europäischen Wirtschaftsmacht Großbritannien auf die Konjunkturen der hamburgischen und schleswig-holsteinischen Wirtschaft war beträchtlich; so war ein Großteil der Güter, die nach und über die schleswig-holsteinischen Häfen transportiert wurden, englischen Ursprungs. Die Rezession riss daher nicht nur in Hamburg zahlreiche Firmen in den Konkurs, sondern zog auch die schleswig-holsteinische Wirtschaft erheblich in Mitleidenschaft – vor allem in Flensburg. Damit nicht genug, steckte die Flensburger Schifffahrt ebenfalls in einer Krise; vor allem die Überseefahrt erlebte einen rapiden Niedergang, da die Waren schneller und preiswerter per Eisenbahn aus dem wichtigsten deutschen Einfuhrhafen Hamburg als mit dem Schiff rund um Kap Skagen herbeigeschafft werden konnten. 1863 endete auch der Flensburger Wal- und Robbenfang. Dagegen prosperierte der Schiffbau in Flensburg. Die bedeutendste Werft war die von E. J. Weedermann, die von 1846 bis 1890 bestand und ausschließlich hölzerne Schiffe baute. Ihr guter Ruf veranlasste zahlreiche deutsche und ausländische Auftraggeber, ihre Neubauten in Flensburg zu ordern. Doch nach 1870 begann der Eisenschiffbau den Holzschiffbau zu verdrängen; 1890 wurde das Weedermannsche Werftgelände von der Flensburger Schiffbau-Gesellschaft übernommen.

Wie Flensburgs Handelsflotte stagnierten auch die Kiels und Glückstadts. In Arnis, Kappeln, Mar-

Der Flensburger Hafen mit der Englischen Brücke. Mit Hilfe dieser 1853 errichteten Verladebrücke sollte der direkte Schiff-Eisenbahn-Umschlag ermöglicht werden. Doch das Vorhaben eines Warentransits zwischen Nord- und Ostsee über die Bahnlinie Flensburg-Tönning scheiterte; 1883 wurde die Englische Brücke wieder abgebrochen.

Hadersleben um 1835. Die hier beheimateten Schiffe waren oft noch im Besitz ihres Kapitäns. In den größeren Hafenstädten waren die Kapitäne dagegen immer häufiger Angestellte der Reeder.

stall und Ärösköping dagegen entstanden in den Jahren nach dem Ende der Erhebung mittelgroße Flotten. Kiel verfügte ebenfalls nur über eine kleine Handelsflotte; zwei Drittel des Kieler Hafenumschlags bestanden aus Transitgut, das von und nach den dänischen Inseln und der Hauptstadt Kopenhagen befördert wurde. Seit den 1850er Jahren blühte zudem die Einfuhr von Holz auf, das vor allem in Holtenau umgeschlagen wurde.

Dagegen entwickelten sich die kleineren Flotten in Hadersleben, Heiligenhafen und Fehmarn ebenso positiv wie der Schiffsbestand an der unteren Eider. Die hier beheimateten Schiffe gehörten nach wie vor in der Regel dem Kapitän; ihr großer Vorteil war ihre Flexiblität, mit der sie geschickter auf die sich verändernden Konjunkturen reagieren konnten als die großen Reedereien in Flensburg und Altona.

Die Hamburger Handelsflotte hatte nach 1837 ebenfalls einen erheblichen Aufschwung erlebt. Seit den 1850er Jahren erschlossen die Hamburger Reeder immer neue Märkte in Übersee, etwa in Australien oder auf den pazifischen Inseln, während die Anbindung an das deutsche Eisenbahnnetz für eine zunehmende Verflechtung zwischen Übersee- und Binnenhandel sorgte. Dadurch wuchs auch die Zahl der Hamburger Handelsschiffe von 257 im Jahr 1848 auf 483 im Jahr 1859, wobei die Schiffe zugleich auch immer größer wurden. 1865 besaßen die in Hamburg beheimateten Handelsschiffe bereits eine doppelt so große Kapazität wie die gesamte schleswig-holsteinische Handelsflotte. Es wurden nicht nur Gewerbeprodukte exportiert, die Hamburger Reeder stiegen nun auch in das Geschäft mit den Auswanderern nach Amerika ein, wobei insbesondere die Schiffe der Reederei Sloman für

die katastrophalen hygienischen Zustände an Bord berüchtigt waren. Sloman und andere skrupellose Schiffseigner machten aus der Auswanderung ein unrühmliches Geschäft, in dem sie auf engstem Raum so viele Passagiere wie möglich an Bord zusammenpferchten. Auch die Verpflegung an Bord der Auswandererschiffe ließ vielfach zu wünschen übrig. Daneben gab es aber auch seriöse Schifffahrtsfirmen wie die Hamburg-Amerikanische Packetfahrt-Actien-Gesellschaft (Hapag) und den Norddeutschen Lloyd (NDL) in Bremen, auf deren Schiffen die Auswanderer unter menschenwürdigeren Bedingungen nach Amerika reisten. Zudem übernahm die Regierung der Stadt Hamburg 1842 die Bremer Schutzvorschriften für Auswanderer von 1832 und richtete 1854 sogar eine eigene Behörde zur Kontrolle und Beaufsichtigung sämtlicher Auswanderungsangelegenheiten ein.

Im Vergleich zu Hamburg hatte sich die Flotte der Hansestadt Lübeck zwischen 1835 und 1865 nur langsam entwickelt; sie war in dieser Zeit etwas kleiner als die Flotte der Stadt Flensburg. Allerdings waren die Lübecker Reeder früher als ihre schleswig-holsteinischen Kollegen dazu übergegangen, Dampfschiffe in der Handelsfahrt einzusetzen. Zwischen 1853 und 1865 stieg der Anteil von Dampfschiffen an der Lübecker Gesamttonnage von zehn auf 25 Prozent. Dies bewies nicht nur die unternehmerische Weitsicht der Lübecker Reeder, sondern auch ihre Kapitalkraft, da der Bau und Betrieb von Dampfern wesentlich teurer war als der von Segelschiffen. Demgegenüber betrug der Anteil der Dampfschiffstonnage in den Herzogtümern 1862 erst ein Prozent. Damit besaß Lübeck zu diesem Zeitpunkt die modernste Handelsflotte Deutschlands.

Der Krieg von 1864 –
Die Herzogtümer werden preußisch

Der Konflikt um die Herzogtümer Schleswig und Holstein eskalierte aufs Neue, als der neue König Christian IX. im November 1863 eine gemeinsame Verfassung für Dänemark und Schleswig unterzeichnete. Damit verstieß Dänemark offen gegen die Verträge von 1851/52. Zur Wahrung der Rechte des Deutschen Bundes besetzten daraufhin Bundestruppen Lauenburg und Holstein. Als die dänische Regierung zudem die preußische Forderung nach der Rücknahme der dänischen Verfassung für Schleswig zurückwies, überschritten preußische und österreichische Truppen am 1. Februar 1864 die Eider.

Um den Vormarsch der Preußen und Österreicher aufzuhalten, hatte sich die dänische Armee am Danewerk verschanzt, dessen im Laufe der Jahrhunderte verfallene Wälle instand gesetzt und durch moderne Stellungen ausgebaut worden waren. Doch schon bald wurde klar, dass die Stellung nicht zu halten war. Am 5. Februar 1864 räumte das dänische Heer das Danewerk und zog sich nach Jütland und in den Schutz der Düppeler Schanzen zurück.

Das dänische Turmpanzerschiff ROLF KRAKE am 18. Februar 1864 im Gefecht mit preußischen Batterien während der Belagerung der Düppeler Schanzen.

Am 18. Februar begann mit einem Angriff der Preußen auf die dänischen Stellungen der Kampf um die Düppeler Schanzen. Am gleichen Tag dampfte das dänische Turmpanzerschiff ROLF KRAKE in der Flensburger Förde auf die preußischen Stellungen vor Düppel zu, um eine von preußischen Pionieren über den Egernsund gebaute Pontonbrücke zu zerstören. Es war der erste Einsatz eines mit Eisen gepanzerten Dampfkriegsschiffes in europäischen Gewässern. Das Gefecht verlief unentschieden: Weder konnten die preußischen Küstengeschütze die Panzerung

Das unentschieden verlaufene Gefecht zwischen einem preußisch-österreichischen und einem dänischen Geschwader am 9. Mai 1864 vor Helgoland war das einzige bedeutende Seegefecht des Deutsch-Dänischen Krieges.

Der Kreuzzoll

Seit dem Mittelalter gehörten Zolleinnahmen zusammen mit den Steuern zu den wichtigsten Einkünften der europäischen Herrscher. Da die See- und Kaufleute aber damals wie heute große Phantasie bei der Umgehung dieser Abgaben entwickelten, kontrollierten Zollwachtschiffe die Seewege. Heute wird das als „Wasserzoll" bezeichnet, doch da die Zollschiffe auf der Jagd nach Schmugglern hin- und herkreuzten, nannte man den Seezoll in Dänemark auch den „Kreuzzoll".

Die Grundlage für das dänische Kreuzzollwesen hatte König Christian V. gelegt. Er verpachtete 1692 den Zoll an einen privaten Investor, der mit einigen kleinen, bewaffneten Schiffen auf Schmugglerjagd ging. Um 1700 wurde diese Aufgabe von staatlichen Stellen übernommen, aber 1777 zugunsten der Zollkontrolle an Land wieder aufgegeben. Erst 1824 wurde in Kopenhagen wieder ein Kreuzzollinspektorat für die Ostsee etabliert, dem 1838 ein zweites Inspektorat für die Westküste folgte, das seinen Sitz zunächst in Tönning hatte, dann aber nach Altona und später nach Glückstadt umzog, bis es 1851 nach Wyk auf Föhr verlegt wurde. Dem Kreuzzollinspektor untergeordnet waren die Zollstationen und die Zollkeuzer. 1852 existierten an der schleswig-holsteinischen Westküste zwischen Fanö und der Elbe bereits 19 Kreuzzollstationen; bis 1860 hatte sich die Zahl auf 21 Stationen mit 23 Kreuzern erhöht. Bereits seit 1833 war ein Zollwachtschiff ständig auf der Elbe stationiert. Die mit einer kleinen Kanone und Handwaffen

Die preußische Kreuzzollflotte kurz vor ihrer Auflösung 1902 im Hafen von Husum.

ausgerüsteten Zollkreuzer führten einen Stander mit der Aufschrift „Königlicher Zollkreuzer" und waren mit einem Kreuzzollassistenten, einem Kreuzzollbediensteten, später „Kreuzschiffer" genannt, und einigen Seeleuten bemannt. Jedes die Küste ansteuernde Schiff wurde gründlich überprüft und die zollpflichtige Ladung versiegelt. Erst im Bestimmungshafen durfte die Verplombung durch Beamte geöffnet werden, wobei auch gleich die fälligen Gebühren kassiert wurden. Während des Krieges von 1864 entkamen einige der dänischen Zollkeuzer nach Dänemark, der Rest fiel den Preußen und Österreichern in die Hände und wurden entweder in das preußische Kreuzzollwesen übernommen, verkauft oder abgewrackt. 1902 wurde der preußische Kreuzzoll aufgelöst. Als letzter dänischer Zollkreuzer ist die 1853 gebaute RIGMOR erhalten, die heute in Glückstadt liegt.

Der restaurierte Zollkreuzer RIGMOR im Jahr 2002. 1992 hatte der „Förderverein RIGMOR von Glückstadt" das Schiff gekauft und anschließend in zehnjähriger Arbeit wieder originalgetreu hergerichtet.

des Schiffs durchschlagen, noch war das Panzerschiff in der Lage, die Pontonbrücke zu zerstören. Gleichwohl hatte ROLF KRAKE seinen Gefechtswert eindrucksvoll bewiesen. Die Ära der hölzernen Kriegsflotten war vorbei – das eiserne Panzerschiff würde die Zukunft des Seekriegs bestimmen.

Neben dem ersten Einsatz eines Panzerschiffs in europäischen Gewässern kam es auch zu einem Seegefecht preußischer und österreichischer Seestreitkräfte mit der dänischen Flotte. Am 9. Mai 1864 traf ein preußisch-österreichischen Geschwader unter dem Befehl von Admiral Wilhelm von Tegetthoff (1827–1871) vor Helgoland auf ein überlegenes dänisches Blockadegeschwader. Das kurze, aber für beide Seiten verlustreiche Gefecht endete zwar mit dem Rückzug Tegethoffs, doch waren die Dänen gezwungen, die Blockade der deutschen Küste aufzugeben. Das Gefecht von Helgoland war das letzte von hölzernen Kriegsschiffen ausgetragene Hochseegefecht. Ansonsten verlief der Seekrieg weitgehend ereignislos. Auch die sogenannte „Hammersche Flottille" blieb nur eine Episode: Bei Ausbruch des deutsch-dänischen Krieges hatte der dänische Kapitänleutnant Otto Christian Hammer (1822–1892) als oberster Zollbeamter auf der Insel Föhr aus einigen Zollkreuzern und anderen Fahrzeugen ein improvisiertes Geschwader aufgestellt, das nach einigen kleinen Scharmützeln im Juli 1864 auf der Reede von Wyk von den Österreichern und Preußen beschlagnahmt wurde.

Nach einem kurzen Krieg, dessen erste große militärische Entscheidung am 18. April 1864 bei der Erstürmung der Düppeler Schanzen durch preußische Truppen fiel, musste König Christian IX. im Wiener Frieden vom 30. Oktober 1864 die Herzogtümer Schleswig, Holstein und Lauenburg und damit zwei Fünftel des Territoriums und ein Drittel der Einwohner des ehemaligen Gesamtstaates abtreten. Damit hatte der übernationale dänische Gesamtstaat sein Ende gefunden; die Herzogtümer kamen nun unter preußische und österreichische Verwaltung. Zu den abgetretenen Gebieten gehörten auch die sogenannten „dänischen Enklaven" im Herzogtum Schleswig, darunter die Insel Amrum sowie Teile der Inseln Föhr, Sylt und Röm, wofür Dänemark mit der Insel Ärö (dänisch: Ærø) nebst einigen Territorien auf dem Festland entschädigt wurde. Der Verlust Nordschleswigs mit seiner zu großen Teilen dänischgesinnten Bevölkerung hinterließ eine tiefe

Wunde im dänischen Nationalbewusstsein und einen tiefen Groll auf Deutschland.

Trotz des Krieges war die Wachstumsdynamik der schleswig-holsteinischen Handelsflotte ungebrochen geblieben; 1865 erreichte sie mit 52.441,75 CL einen neuen Höchststand. Dabei handelte es sich fast ausschließlich um Segelschiffe; Dampfschiffe machten nach wie vor nur rund ein Prozent der Gesamttonnage aus. Die meisten in Schleswig-Holstein registrierten Schiffe war kleine Küstensegler; nur ein Zehntel besaß eine Tragfähigkeit von mehr als 50 CL, stellte aber nahezu 60 Prozent der gesamten Transportkapazität. Über die größte Einzelflotte verfügte Blankenese mit 7.942 CL, gefolgt von Altona mit 6.848 CL, Apenrade mit 5.436 CL und Flensburg mit 4.690 CL. Weit abgeschlagen folgten Kiel mit 2.497 CL und Sonderburg mit 2.454 CL. Viele Städte und Hafenorte wurden durch das Ausscheiden der Herzogtümer aus dem dänischen Staatsverband von ihren alten Handelsverbindungen nach Dänemark abgeschnitten und mussten sich wirtschaftlich neu orientieren.

Vor allem für Flensburg hatte dies erhebliche Folgen. Nach 1864 verloren der Handel mit Dänisch-Westindien und der Zuckerimport rasch an Bedeutung. Überdies hatte inzwischen der billigere Rübenzucker den Markt erobert. Die Flensburger Kaufleute richteten sich in der Folge wirtschaftlich neu auf Deutschland aus.

Doch schon bald erfolgte die nächste umwälzende Veränderung. Das sogenannte „Kondominium", die zunächst gemeinsam, dann getrennt von den Preußen und Österreich ausgeübte Verwaltung in den Herzogtümern, dauerte nur zwei Jahre, denn bereits nach kurzer Zeit begannen sich die preußisch-österreichischen Gegensätze zu verschärfen.

Zugleich kam die Marine nach Kiel. Nach dem Ende des deutsch-dänischen Krieges hatte Konteradmiral Eduard von Jachmann (1822–1897), Chef der Marinestation der Ostsee, Kiel wegen seines Tiefwasserhafens zum neuen Hauptstützpunkt für die damalige preußische Marine bestimmt. Die Kieler Förde bot nicht nur für ankernde Schiffe ausreichend Schutz vor Wind und Wetter, sondern ließ sich dank der Festung Friedrichsort auch gut gegen feindliche Angriffe sichern.

Weil die Stadt Kiel aber zum Herzogtum Holstein gehörte, wurde im September 1865 zwischen Preußen und Österreich eine Sonderrege-

Der dänischen Kapitänleutnant Otto Christian Hammer (1822–1892). Mit einem improvisierten Geschwader versuchte er 1864 vergeblich, die Insel Föhr gegen die Preußen und Österreicher zu verteidigen.

Die Flensburger Bark SOPHIE im Jahr 1870 unter der schwarz-weiß-roten Flagge des Norddeutschen Bundes. Seit 1867 gehörten die Herzogtümer als Provinz Schleswig-Holstein zum Königreich Preußen und waren damit Teil des Norddeutschen Bundes. Nach der Reichsgründung 1871 wurden die Farben Schwarz-Weiß-Rot zur Nationalflagge des Deutschen Reichs.

lung getroffen, nach der das westliche Stadtgebiet von Österreich, der von der Festung Friedrichsort bis zum Ende der Förde reichende Hafen sowie der östliche Teil der Stadt jedoch von Preußen verwaltet werden sollte. Ebenso erhielt Preußen das Recht, in Kiel Truppen zu stationieren und auf beiden Seiten der Kieler Förde Befestigungen zum Schutz des Hafens zu errichten.

Bereits 1866 führten die von Bismarck geschürten Kontroversen um die Zukunft der Herzogtümer Schleswig und Holstein zum Krieg zwischen Preußen und Österreich. Im Frieden von Prag musste Österreich seine Rechte an den Herzogtümern an die siegreichen Preußen abtreten, die Schleswig und Holstein 1867 annektierten und als Provinz in das Königreich Preußen eingliederten. Statt des Danebrogs für die schleswig-holsteinischen Schiffe fortan die aus dem Schwarz-Weiß der preußischen Flagge und dem Rot-Weiß der Hansestädte gebildete Trikolore des Norddeutschen Bundes, die 1871 zur Natio-

nalflagge des neugegründeten Deutschen Reiches wurde.

Nach dem Sieg über Österreich wurde der Deutsche Bund aufgelöst. An seine Stelle trat der von Preußen dominierte Norddeutsche Bund, zu dem unter anderem auch Mecklenburg, Sachsen und die Hansestädte Lübeck, Hamburg und Bremen gehörten. Damit war der Weg frei für eine Neuordnung Deutschlands ohne Österreich. Nach dem Krieg gegen Frankreich wurde 1871 das Deutsche Reich gegründet, wobei die Verfassung des Norddeutschen Bunds die Grundlage für die deutsche Reichsverfassung von 1871 bildete.

Das Problem der dänischen nationalen Minderheit blieb jedoch unbewältigt. Die im Deutschen Reich lebenden Dänen sollten zwangsweise eingedeutscht werden. Doch es wurde das Gegenteil erreicht; der wachsende Druck der preußischen Regierung auf die dänisch gesinnte Bevölkerung veranlasste viele Nordschleswiger zur Auswanderung.

Vom Segel zum Dieselmotor – Sozialgeschichte der Seefahrt von 1865 bis heute

Die soziale Situation der Seeleute

Im Laufe der zweiten Hälfte des 19. Jahrhunderts begann sich die wirtschaftliche und soziale Lage der Seeleute zu verschlechtern. Anders als früher verdienten sie nun deutlich weniger als die Arbeiter an Land. Zugleich wuchs auch die soziale Kluft zwischen Schiffsoffizieren und Seeleuten.

Die ausgeprägte soziale Hierarchie an Bord wurde auch in den Unterschieden bei der Entlohnung deutlich. 1873 verdiente ein Kapitän monatlich durchschnittlich 225 Mark, ein Steuermann 180 Mark, ein Matrose 100 Mark und ein Schiffsjunge 35 Mark. Die Auflistung zeigt, dass ein Kapitän eine mehr als doppelt so hohe Heuer wie ein Matrose erhielt, ein Untersteuermann immerhin noch mehr als anderthalb mal soviel. Je nach Fahrtgebiet konnte sich die Entlohnung durch Überstunden und Zulagen erhöhen. Für den Kapitän kam noch das sogenannte „Kap-Laken" als besondere jährliche Gratifikation hinzu. Die Höhe der Bezahlung konnte sich allerdings in den einzelnen deutschen Häfen deutlich unterscheiden. Eine Aufstellung aus dem Jahr 1873 gibt Auskunft über die monatlichen Heuern auf Flensburger Schiffen. So erhielt ein Kapitän 225 Mark, ein Obersteuermann 120 Mark, ein Untersteuermann 72 Mark, ein Matrose 50 Mark, ein Schiffsjunge 24 Mark und ein Steward 15 Mark. Ein Obermaschinist wurde mit 180 Mark, ein Untermaschinist mit 112,50 Mark, ein Maschinenassistent mit 72 Mark, ein Heizer 50 Mark entlohnt. Wie die Unterschiede in der Heuer für Kapitän, Obersteuermann und Untersteuermann erkennen lassen, gab es auch unter den Schiffsoffizieren eine klare Rangordnung.

Der Grund für die schlechte wirtschaftliche Lage der meisten Seeleute lag aber nicht nur in den niedrigen Heuern, sondern auch in den häufigen Perioden kurzzeitiger Arbeitslosigkeit zwischen zwei Reisen. Da ihr Einkommen allein oft nicht ausreichte, eine Familie zu ernähren, blieben viele Seeleute ledig. Die Familien verheirateter Matrosen lebten häufig in so bescheidenen Verhältnissen, dass Frauen und Kinder gezwungen waren, durch Arbeit zum Lebensunterhalt beizutragen.

Auch die Karrierechancen für die einfachen Seeleute wurden schlechter. Durch die staatliche Reglementierung und die zunehmende Professionalisierung in der Seefahrt war das nautischen Qualifizierungswesen neu geordnet worden. Obgleich der berufliche Weg in der Seefahrt nach wie vor ganz unten mit dem Dienst als Schiffsjunge begann und mit zunehmenden beruflichen Kenntnissen über eine Anzahl verschiedener Beförderungsstufen innerhalb der Bordhierarchie allmählich nach oben führte, gelang als Folge der gesteigerten Bildungsanforderungen und der zunehmend höheren Ausbildungskosten immer seltener Seeleuten aus den unteren Schichten der Aufstieg auf das Achterdeck. Für eine Karriere als

Die Besatzung des Flensburger Segelschiffs DORIS BRODERSEN um 1885.

Holzumschlag im Kieler Hafen. Im 19. und 20. Jahrhundert gehörte Holz zu den wichtigsten Transportgütern im Ostseeraum.

Steuermann oder Kapitän war nun eine teure und zeitaufwendige Ausbildung erforderlich, die schon allein aus finanziellen Gründen nur noch wenigen Seeleuten zugänglich war. Wer nicht über Rücklagen verfügte oder von Freunden und Verwandten unterstützt wurde, musste angesichts der geringen Heuern lange sparen, um die für Unterricht, Prüfung und Lebenshaltungskosten notwendigen Summen zusammenzubekommen.

Nicht zuletzt durch den stark gestiegenen Personalbedarf der Handelsschifffahrt lösten sich im 19. Jahrhundert zudem immer mehr die alten, persönlichen Verbindungen in der Seefahrt. Anstelle der direkten Bekanntschaft von Kapitän und Seemann traten bei der Anheuerung zunehmend staatlich ausgestellte Qualifikationsnachweise in den Vordergrund. Dies betraf nicht nur Kapitäne und Steuerleute, die nun über entsprechende Patente als Befähigungsnachweis verfügen mussten, sondern auch die einfachen Seeleute, für die in verschiedenen deutschen Staaten im 19. Jahrhundert sogenannte „Seefahrtbücher" als individuelle Arbeitszeugnisse eingeführt wurden, in die jede An- und Abmusterung eines Seemanns eingetragen wurde. Das Seefahrtbuch diente damit sowohl der Identifikation des Inhabers, als auch als Nachweis seiner seemännischen Qualifikation, da bei jedem Schiffswechsel die jeweilige Funktion und Stellung an Bord eingetragen wurde. Mit der Seemannsordnung von 1872 wurden die Seefahrtbücher schließlich deutschlandweit vorgeschrieben. Ebenso wurden durch die Seemannsordnung auch staatliche Musterungsbehörden etabliert. Die An- und Abmusterung der Schiffsbesatzungen erfolgte nun im Inland durch die 1879 eingerichteten Seemannsämter, in deren Verantwortung auch die Schlichtung von Streitigkeiten zwischen Kapitän, Offi-

zieren und Mannschaft fielen, im Ausland waren dafür die deutschen Konsulate zuständig.

In den Augen vieler Seeleute waren die Seemannsämter ebenso wie die 1878 für die Untersuchung von Seeunfällen eingerichteten Seeämter und die 1887 gegründete Seeberufsgenossenschaft einseitig von den Reederinteressen dominiert.

Zugleich veränderte sich auch die Arbeitsvermittlung in der Seefahrt. Immer seltener heuerten die Seeleute direkt an Bord eines Schiffes oder bei einem Kapitän an. Häufig geschah die Anwerbung über private Heuervermittler, die sogenannten „Heuerbaase", die oftmals gleichzeitig eine Seemannsherberge führten. Gegen Ende des 19. Jahrhunderts gründeten die großen Reedereien eigene Heuerbüros, die zugleich auch der Aussonderung gewerkschaftlich organisierter Seeleute dienten, die als Unruhestifter betrachtet wurden und daher an Bord unerwünscht waren. Die Seemannsordnung von 1902 legte schließlich fest, dass die Arbeitsvermittlung zukünftig allein durch staatliche Heuerbüros erfolgen sollte. Dadurch sollte den privaten Heuervermittlern das Handwerk gelegt werden, die dafür berüchtigt waren, die Seeleute durch überhöhte Provisionen für ihre Vermittlungstätigkeit zu betrügen und in Schuldenabhängigkeit zu bringen.

Auch die Rolle der Kapitäne veränderte sich im 19. Jahrhunderts. Die meisten Schiffsführer waren nun Angestellte der Reedereien, Eigenschiffer fanden sich zunehmend nur noch in der Küsten- und Kleinschifffahrt. Ebenso wurde die Kommunikation zwischen den Kapitänen und ihren Reedern durch die Einführung der Telegraphie erheblich erleichtert, so dass die Kapitäne jetzt unterwegs um Instruktionen bitten und die Reeder kurzfristig Anweisungen übermitteln konnten. Dadurch wurde die Entscheidungsfreiheit der Kapitäne deutlich beschränkt, die sich daher oft zum bloßen „Droschkenkutscher" herabgesetzt fühlten. Mit der Entstehung der großen Schifffahrts-Aktiengesellschaften wurde der Kapitän endgültig zum leitenden Angestellten.

Dagegen wurde die Befehls- und Disziplinargewalt des Kapitäns im Zuge der Neufassung des Seerechts neu definiert und weiter verfestigt. Zugleich wurde auch die Frage der staats- bzw. privatrechtlichen Zugehörigkeit der Schiffsgewalt diskutiert. Im traditionellen Seerecht waren alle arbeits- und disziplinarrechtlichen Bestimmungen im Heuervertrag zusammengefasst gewesen.

Durch die Systematisierung des Rechts im 19. Jahrhundert wurde die Kapitänsgewalt, die alle Befugnisse zur Gewährleistung einer sicheren Reise und Aufrechterhaltung von Ordnung und Disziplin an Bord umfasste, juristisch wesentlich genauer und detaillierter gefasst. Diese Neuordnung des Seerechts schuf jedoch kein neues Recht, sondern passte die traditionellen Normen lediglich den Anforderungen der neuen Rechtsdogmatik an, so dass man von einer prinzipiellen Kontinuität des Seerechts sprechen kann. Der Kapitän stand auch weiterhin an der Spitze der Bordhierarchie, galt aber nun auch als Inhaber einer öffentlichen Gewalt, dessen recht weitgehende Befugnisse von den Seeleuten allerdings oft als „Prügelrecht" betrachtet wurden.

Zudem wurde nach 1871 auf großen Passagier- und Handelsschiffen für den Kapitän und die Schiffsoffiziere das Tragen einer der Marineoffiziersuniform ähnlichen Handelsschiffsoffiziersuniform üblich. Damit vertiefte sich einerseits die soziale Kluft zwischen den Kapitänen auf großer Fahrt und den einfachen Küstenschiffern, andererseits wurden damit auch die Rangunterschiede zwischen Offizieren und Seeleuten noch deutlicher als bisher hervorgehoben.

Mit der Seemannsordnung von 1872 wurden die Beschäftigungsverhältnisse an Bord erstmals deutschlandweit einheitlich geregelt. Sie verpflichtete die Seeleute zum Gehorsam gegenüber dem Kapitän und untersagte die Bildung von gewerkschaftlichen Organisationen an Bord. Bereits eine gemeinsame Beschwerde von zwei Seeleuten galt als Meuterei und wurde strafrechtlich geahndet. Daher konnten Seeleute auch nicht streiken, ohne Gefahr zu laufen, als Meuterer vor Gericht gestellt zu werden. Zwar durften Seeleute individuelle Beschwerden beim Kapitän, dem Seemannsamt oder einem Konsulat wegen Seeuntüchtigkeit des Schiffs oder mangelhaften Proviants vorbringen, doch wurden unbegründete Beschwerden mit Geld- und Haftstrafen geahndet, so dass sich die Seeleute nur selten beschwerten, da es nachträglich oft schwierig, wenn nicht sogar unmöglich war, nachzuweisen, dass verdorbener oder zu wenig Proviant ausgegeben worden war.

Im Laufe der Zeit wechselten viele Seeleute von der Segel- in die Dampfschifffahrt. Der Dienst auf Dampfern war zwar nicht leichter, bot aber kürzere Reisen, ein trockeneres Logis und oft auch besseres Essen.

Zudem war durch die Einführung des Dampfantriebs im 19. Jahrhundert mit den Maschinisten und Heizern eine ganz neue Klasse von Seefahrenden entstanden. Die unterste Stufe des Maschinenpersonals bildeten die Trimmer, die die Kohlen aus dem Bunker vor die Feuerlöcher schaufeln mussten. Die Tätigkeit als Trimmer erforderte außer Körperkraft keine besondere Qualifikation. Viele auswanderungswillige junge Männer verdienten sich auf diese Weise ihre Überfahrt nach Nordamerika. Während einer vierstündigen Wache musste ein Trimmer bis zu drei Tonnen Kohle bewegen. Die Arbeit in den engen Kohlebunkern war hart und wurde durch Hitze, Kohlenstaub und Sauerstoffmangel zusätzlich erschwert.

Tüchtige und bewährte Trimmer konnten zum Heizer aufsteigen, wobei allein der Schiffsingenieur als Chef der Maschinenanlage über die Beförderung entschied. Das effektive, brennstoffsparende Heizen erforderte Geschick und Erfahrung, daher waren die Heizer geschätzte Fachkräfte. Pro Stunde mussten die Heizer rund eine Tonne Kohle in die Feuerlöcher schaufeln, wobei jede Schaufel mehr als 20 kg wog. Ebenso kräftezehrend wie das Aufwerfen der Kohlen war das Schüren des Feuers. Um die Verbrennung zu optimieren, mussten die Heizer die Kohle regelmäßig mit langen Eisenstangen umwälzen. Ebenso musste die zurückbleibende, glühendheiße Kohlenschlacke immer wieder mühsam aufgebrochen und die Brocken herausgezogen werden. Der Schriftsteller B. Traven beschreibt diese kräftezehrende Arbeit in seinem Roman „Das Totenschiff": *„Endlich wurde die Hitze, die von den Schlacken ausströmte, so gewaltig, dass der Heizer fort musste vom Feuer. Jetzt wurden die Schlacken mit Wasser, das ich aus einem Bottich nahm, gelöscht. Der explosionsartig hochgehende Wasserdampf ließ uns beide an die Wand springen."*

Heizer und Trimmer arbeiteten unter extremen Bedingungen. Die Arbeit an den Maschinen- und Kesselanlage bedeutete bis zu 14 Stunden körperliche Schwerstarbeit bei Temperaturen zwischen 40 °C und 60 °C. Immer wieder kam es zu Hitzschlägen. Hinzu kamen Ruß und Kohlenstaub, die das Atmen erschwerten und Augen und Ohren verklebten. Diese Arbeitsbedingungen hatten zahlreiche Selbstmorde unter dem Heizraumpersonal zur Folge. Allein bei den Trimmern war die Suizidrate rund zwanzigmal so hoch wie

Die Besatzung des Flensburger Dampfers W.C. FROHNE. An Bord von Dampfschiffen kam es oft zu Spannungen zwischen den Seeleuten und dem Maschinenpersonal.

an Land. Ein typischer Fall war der Selbstmord des Heizers Jenner im April 1913. Jenner hatte während der Reise auf dem Flensburger Dampfschiff CERES als Ersatz für einige desertierte Mannschaftsmitglieder angeheuert. Offenbar war er jedoch körperlich für die Arbeit an Bord ungeeignet. Als sich Jenner nach einigen Tagen krank meldete, zwang ihn der Erste Maschinist mit Gewalt zur Arbeit. Nach dem Ende seiner Wache im Maschinenraum verschwand Jenner spurlos. Das für die Untersuchung des Vorfalls zuständige Hamburger Seeamt kam schließlich zu dem Schluss, dass Jenner *"in anscheinend geistesgestörtem Zustand in selbstmörderischer Absicht über Bord gesprungen und ertrunken"* sei. Ungeachtet der durch das Seeamt zweifelsfrei festgestellten Misshandlungen wurde der Erste Maschinist nicht zur Verantwortung gezogen und behielt auch sein Patent.

Erst mit dem Übergang zur Ölfeuerung und zum Motorschiff zu Beginn des 20. Jahrhunderts wurden die Arbeitsbedingungen für das Maschinenpersonals allmählich besser. Andererseits bot

der Übergang von der Segel- zur Dampfschifffahrt technisch geschultem Personal in der Seefahrt aber auch neue Arbeits- und Aufstiegschancen. Ursprünglich gab es keine spezielle Ausbildung für Seemaschinisten, die sich anfänglich hauptsächlich aus Handwerkern wie Schlossern oder Schmieden rekrutierten. Doch ebenso wie bei den Nautikern setzte sich auch beim Maschinenpersonal durch die Einführung von Befähigungsnachweisen allmählich ein Trend zur Professionalisierung durch.

Um ihren sozialen Aufstieg mussten die Maschinisten dagegen lange kämpfen. Bis in das 20. Jahrhunderts hinein gab es an Bord eine strikte soziale Trennung von Decks- und Maschinenpersonal. Erst mit der Seemannsordnung von 1902 wurden die Maschinisten auch formal Teil der Schiffsmannschaft. Ebenso kam es an Bord oft zu Spannungen zwischen Seeleuten und den Angehörigen des Maschinenpersonals, die bis heute meist nur kurz „Heizer" oder aber wegen ihrer oft ölverschmierten Arbeitskleidung etwas abfällig „Black Gang" genannt werden. Der Leitende Ingenieur an Bord trägt dagegen traditionell die respektvolle Bezeichnung „Chief".

Auch die Lebens- und Arbeitsbedingungen an Bord hatten sich im Laufe des 19. Jahrhunderts erheblich gewandelt. Die Rationalisierung und Beschleunigung der Schifffahrt führte zu längeren Arbeitszeiten und einer höheren Arbeitsbelastung für die Seeleute, die durch das Bemühen der Reeder, die Personalkosten so gering wie möglich zu halten, noch verschärft wurden. Zugleich führte die Verlängerung der Seefahrtssaison, die Ausdehnung der Fahrtgebiete und die Verkürzung der Hafenliegezeiten dazu, dass die Seeleute ihre Familie seltener sahen.

Funker und Funkoffizier

Ein weiterer neuer seemännischer Beruf war der Funker bzw. Funkoffizier. Mit dem Aufkommen der drahtlosen Telegrafie zu Beginn des 20. Jahrhunderts erhielten auch immer mehr Handelsschiffe Funkanlagen. Zum ersten Mal war es möglich, Wetterberichte zu empfangen, ständigen Kontakt zum Reeder oder Befrachter zu halten, private Nachrichten zu empfangen und zu übermitteln oder in Seenotfällen auch über größere Distanzen Hilfe zu rufen bzw. Notsignale sendenden Schiffen zu Hilfe zu eilen. Bis dahin

hatten sich die Möglichkeiten, im Notfall die Aufmerksamkeit anderer Schiffe auf sich zu ziehen, auf Sicht- und Schallsignale beschränkt, die lediglich in einem Umkreis von wenigen Seemeilen wahrnehmbar waren. Zunächst wurden alle Nachrichten per Tastfunk im Morsealphabet übermittelt, nach dem Zweiten Weltkrieg zunehmend durch Sprechfunk. Heute ermöglichen Satellitenverbindungen auch auf hoher See problemlos eine weltweite Kommunikation. Daher ist Funkoffizier als spezialisierter seemännischer Beruf inzwischen wieder verschwunden.

Die Wohnräume für die Mannschaft ließen ebenfalls oft viel zu wünschen übrig. Die Unterkünfte mit ihren fest eingebauten Kojen und Spinden boten nur wenig Platz. Lange waren die Seeleute vorn im Schiff unter der Back untergebracht gewesen, später wurde das Logis in die Hütte oder in ein Deckshaus verlegt. Dabei gab es durchaus Unterschiede zwischen Segel- und Dampfschifffahrt: Während die Matrosen zumindest auf den neueren Segelschiffen ihr Quartier in geräumigen und gut durchlüfteten Deckshäusern hatten, die allerdings bei Sturm oder hartem Segeln nicht selten von überkommenen Wassermassen durchnässt wurden, waren die Mannschaftsunterkünfte auf den Dampfschiffen meist eng, schlecht belüftet und den Vibrationen der Maschine ausgesetzt, dafür aber meist trocken und im Winter geheizt, da es an Bord Wärme in Form von Dampf im Überfluss gab.

Die hygienischen Bedingungen blieben auf den meisten Schiffen noch lange mangelhaft. So mussten die Seeleute ihre Notdurft in Eimern, am Bug des Schiffes oder über die Bordwand verrichten, während dem Kapitän und die Offiziere oft achtern spezielle Aborte zur Verfügung standen. Auch Wasch- oder gar Duschräume waren zunächst unbekannt. Zwar wurden im 19. Jahrhundert moderne Sanitäreinrichtungen an Bord üblich, aber zunächst nur für die Schiffsführung und die Passagiere. Erst 1905 wurde ein Gesetz über die Mindestausstattung der Mannschaftsunterkünfte auf deutschen Handelsschiffen erlassen. Nun waren auf Schiffen mit einer Mannschaft von mehr als 20 Seeleuten Waschräume vorgeschrieben. Auf allen anderen Schiffen sollte die Mannschaft zumindest zweimal wöchentlich Frischwasser zum Waschen erhalten, doch wurde die Einhaltung dieser Vorschriften von staatlicher Seite nicht kontrolliert.

Durch das wachsende Bewusstsein über die Bedeutung von Hygiene und Sauberkeit für die Gesundheit wurden im 19. Jahrhundert die Lebensbedingungen an Bord nach und nach verbessert. Zum Schutz vor den Unbilden der Witterung wurde das Ölzeug erfunden, ölimprägnierte Hosen und Mäntel, die zwar nicht vollkommen wasserdicht waren, zumindest aber Schutz vor völliger Durchnässung boten. Auf dem Kopf wurde der sogenannte Südwester, ein breitkrempiger Hut aus ölimprägniertem Gewebe, getragen. Heute schützen moderne Textilien den Seemann vor Nässe und Kälte.

Lange war das Lagern von Wasser ein großes Problem. In hölzernen Fässern wurde das Wasser schnell faulig. Erst mit der Einführung eiserner Wassertanks zu Beginn des 19. Jahrhunderts wurde dieses Problem gelöst. Später begann man damit, die Frischwasservorräte an Bord durch das Entsalzen von Meerwasser zu ergänzen. Bei der Einführung von Dampfmaschinen hatte sich nämlich gezeigt, dass Seewasser für die Verwendung in den Kesseln ungeeignet war, da es zur Schlammbildung führte. Folglich wurden schon bald Vorrichtungen entwickelt, um das Seewasser durch Destillation zu entsalzen. Dieses Wasser war auch für Menschen genießbar, auch wenn es meist nur zum Waschen und für die Körperpflege verwendet wurde.

Durch moderne Konservierungsmethoden wurde auch der Speisezettel an Bord im Laufe des 19. Jahrhundert vielfältiger. Büchsenfleisch und Dosengemüse hielten ihren Einzug in die Handelsschifffahrt. Seit dem Ende des 19. Jahrhunderts ermöglichten die in den 1880er Jahren entwickelten maschinellen Kühleinrichtungen auch die Mitführung und Lagerung von frischem Fleisch, Obst und Gemüse. Gleichwohl bot die Verpflegung vielfach Grund zur Klage. Nicht selten wurde von den Kapitänen, oft sogar mit Wissen der Reeder, an Quantität und Qualität des Proviants gespart. Zwar wurde die Verpflegung an Bord durch die sogenannte Speiserolle gesetz-

Die hygienischen Verhältnisse an Bord blieben noch lange unzureichend. Waschräume oder gar Duschen für die Mannschaft waren im 19. Jahrhundert meist nicht vorhanden. Oft beschränkte sich die Körperpflege auf See daher auf eine oberflächliche Wäsche oder wie auf diesem Bild auf ein Bad im Waschzuber.

lich geregelt, allerdings gab es nur sehr selten staatliche Kontrollen.

Eine ständige Gefahr für das Leben und die Gesundheit der Seeleute waren Unfälle und Krankheiten. Schiffe waren und sind gefährliche Arbeitsplätze. Seeleute erlitten vielerlei Unfälle, nicht selten mit tödlichem Ausgang. Sie fielen aus der Takelage, wurden von Sturzseen über Bord gerissen oder erlitten an den Heizkesseln Hitzschläge oder Verbrennungen. Auch Krankheiten bedrohten die Gesundheit der Schiffsbesatzungen. Zwar wurden Mangelerkrankungen wie Skorbut durch die regelmäßige Ausgabe von Limonen- oder Zitronensaft und die Einführung verbesserter Verfahren zur Haltbarmachung von Lebensmitteln im Laufe des 19. Jahrhunderts seltener, doch blieben Infektionskrankheiten neben Unfällen lange das größte Gesundheitsrisiko für Seeleute – vor allem in den Tropen. Die häufigste Tropenkrankheit war Malaria; 1900 waren bis zu 80 Prozent der Hamburger Schiffsbesatzungen im Tropenverkehr mit Malaria infiziert. Ein weiteres häufiges Problem waren Geschlechtskrankheiten wie Tripper und Syphilis, die lange Zeit nur schwer therapierbar waren und erst seit der Erfindung von Antibiotika im 20. Jahrhundert leicht und erfolgreich behandelt werden können.

Die medizinische Versorgung an Bord war bis in das 20. Jahrhundert hinein unzureichend. Nur die wenigsten Handelsschiffe hatten einen Arzt an Bord. Doch auch hier machte sich allmählich der medizinische Fortschritt bemerkbar. Seit der Mitte des 19. Jahrhunderts waren Medizinkisten vorgeschrieben, die verschiedene Medikamente enthielten, um im Notfall Krankheiten behandeln zu können. 1888 veröffentlichte das Kaiserliche Gesundheitsamt zudem schriftliche Anweisungen, um den Kapitän und die Schiffsoffiziere nach entsprechendem Unterricht in die Lage zu versetzen, bei Krankheiten oder Verletzungen an Bord auch ohne ärztliche Unterstützung medizinische Hilfe leisten zu können. Ab 1898 war für Auswandererschiffe sowie für Handelsschiffe mit mehr als 50 Passagieren oder mehr als 100 Besatzungsmitgliedern ein Schiffsarzt vorgeschrieben.

Seemannsmission und Seeleutebetreuung

Da Seeleute oft von Logierwirten und privaten Heuervermittlern ausgenutzt und betrogen wurden, bemühten sich seit der Mitte des 19. Jahrhunderts christliche Initiativen und verantwortungsbewusste Reeder vermehrt um eine Verbesserung der Seemannsbetreuung.

1854 wurde von dem Reeder Friedrich M. Vitor das erste Seemannsheim in Bremen eröffnet. Später begann sich nach englischem Vorbild auch in Deutschland die evangelische „Innere Mission" als Vorläufer der heutigen Sozialarbeit um die Seeleute zu kümmern.

Auch in Kiel entstanden Ende des 19. Jahrhunderts die ersten Einrichtungen zur Betreuung von Seeleuten. 1895 wurde für die Matrosen und Unteroffiziere der Kaiserlichen Marine ein Seemannshaus eröffnet., das mit seiner Kegelbahn sowie seinen Lese- und Billardzimmern damals als vorbildlich galt. Prinz Heinrich von Preußen, der jüngere Bruder Kaiser Wilhelms II., der als Marineoffizier diente, hatte die Gründung Seemannshaus aus seinem Privatvermögen finanziell unterstützt. Nach dem Ersten Weltkrieg wurde der personelle Umfang der Reichsmarine durch den Versailler Friedensvertrag jedoch stark beschränkt und so dämmerte das Kieler Seemannshaus vor sich hin, bis es 1934 in ein Marine-SA-Heim umgewandelt wurde. Im Januar 1944 wurde das Gebäude durch einen Luftangriff zerstört.

Aber auch die zivilen Seeleute wurden nicht vergessen; bereits 1898 hatte sich in Kiel ein Ortsausschuss für Mission gegründet, der sich um die Seeleute kümmerte. Seit 1901 gab es zudem in Holtenau einen Seemannsmissionar. 1906

Das 1895 eröffnete Kieler Seemannshaus für Angehörige der Kaiserlichen Marine galt mit seinen Lese- und Billardräumen als vorbildliche Betreuungseinrichtung.

Diese Vorschriften wurden im Laufe der Zeit immer wieder ergänzt und erneuert. Nach der Einführung des Funks wurde es auch möglich, über weite Entfernungen ärztlichen Ratschlag einzuholen.

Auch die soziale Absicherung der Seeleute bei Unfällen und Krankheiten war zunächst mangelhaft. Die Seemannsordnung von 1872 schrieb die Fürsorgepflicht der Reeder im Krankheitsfall und bei Unfällen gesetzlich fest. Im Falle eines Unfalls oder einer Erkrankung im Dienst hatte der Reeder die Kosten für die ärztliche Versorgung und Pflege zu tragen. Weigerte er sich, so konnte der betreffende Seemann vor Gericht klagen. Die Seemannsordnung von 1902 dehnte die Krankenfürsorgepflicht der Reeder weiter aus; unter anderem mussten sie nun auch die Kosten für die Behandlung von Geschlechtskrankheiten tragen. Die Reeder empfanden diese Vorschriften als schwere Belastung. Darüber hinaus existierten in vielen Hafenstädten auch Unterstützungskassen für bedürftige Seeleute und ihre Angehörigen. Beispielsweise musste jeder Seemann, der auf einem Flensburger Schiff fuhr, von seiner Heuer pro Mark einen Pfennig für karitative Zwecke an das Schiffergelag zahlen; erst 1920 wurde diese Zwangsabgabe aufgehoben.

Die seit 1884 eingeführte staatliche Sozialversicherung wollte auf gesetzlicher Grundlage alle Arbeitnehmer absichern. Sie erfasste zwar nach und nach auch die Seeleute, doch gab es zu Anfang zahlreiche Lücken im Versicherungsschutz, die erst allmählich geschlossen wurden. So waren die Seeleute von der neuen, 1883/84 durch Reichskanzler Otto von Bismarck eingeführten und damals als beispielhaft geltenden Kranken- und Unfallversicherung zunächst ausgenommen. Erst mit der Gründung der See-Berufsgenossenschaft im Jahr 1887 wurde die gesetzliche Unfallversicherung auch auf die Seeleute ausgedehnt. Bis dahin waren die Seeleute auf die traditionelle Reederfürsorge angewiesen, da es bei Unfällen keine Haftpflicht des Reeder und damit auch keine Rentenansprüche gab. Die Finanzierung der Versicherung erfolgte durch die Reeder.

wurde für die soziale und seelsorgerische Betreuung der zivilen Seeleute von der Seemannsmission am Wall direkt am Hafen das erste Seemannsheim mit 18 Betten sowie Schreib- und Lesezimmer eröffnet, das aber schon 1915 in ein größeres Haus mit 28 Betten und angeschlossenem christlichen Hospiz umzog. 1935 wurde das Seemannsheim nach Holtenau verlegt und 1991 erheblich erweitert. Seit 2002 existiert auch eine Außenstelle im Ostuferhafen.

Die 17 Stationen der Deutschen Seemannsmission in den deutschen Häfen, darunter die drei schleswig-holsteinischen Standorte in Brunsbüttel, Kiel und Lübeck, werden heute von gemeinnützigen Vereinen getragen und von der evangelischen Kirche unterstützt. In den Seemannsheimen können sich die Seeleute erholen oder per E-Mail Kontakt zu Familie und Freunden aufnehmen. Ebenso werden Ausflüge oder Sportmöglichkeiten angeboten, aber auch Hilfe im Notfall. Um die Betreuung der Seeleute kümmern sich Seemannspastoren, Diakone und Sozialarbeiter. Die Seemannsmissionen finanzieren sich aus Zuwendungen und Spenden, vor allem der Reeder, die deren Arbeit mit freiwilligen Schifffahrtsabgaben unterstützen.

1906 wurde im Kieler Hafen das erste Seemannsheim für die Betreuung ziviler Seeleute eröffnet.

Durch das „Gesetz betreffend die Invaliditäts- und Altersversicherung" waren die Seeleute ab 1889 auch rentenversichert. Zu Versorgung der Witwen und Waisen von Seeleuten, die zwar in Ausübung ihres Berufes, aber nicht an den Folgen eines Arbeitsunfalles starben, wurde 1907 die Seekasse als Invaliditäts- und Hinterbliebenen-Versicherung für Seeleute und ihre Angehörigen gegründet. Bereits seit 1888 zahlte die staatliche Unfallversicherung den Hinterbliebenen von tödlich verunglückten Seeleuten eine Rente, ab 1907 auch den Familien von Seeleuten, die an einer Krankheit verstorben waren. Ebenfalls im Jahr 1907 wurde die Invaliden-, Witwen- und Waisenversicherungskasse gegründet, die 1911 in „Seekasse" umbenannt wurde. Damit wurde in der Handelsschifffahrt eine generelle Hinterbliebenenrente eingeführt, bevor diese in Deutschland allgemein üblich wurde.

Als Folge des Festhaltens an der traditionellen Reederfürsorge wurden die Seeleute jedoch erst ab 1928 auch in die gesetzliche Krankenversicherung eingebunden. Versicherungsträger war die See-Krankenkasse in Hamburg. Sie wurde von der Seekasse verwaltet und finanzierte sich aus Beiträgen der Seeleute und der Reeder. Damit wurde die soziale Lage der Seeleute weiter verbessert. Zugleich erhielten auch die Angehörigen der Seeleute einen Anspruch auf Krankenfürsorge.

Ungeachtet der Schutzvorschriften der Seemannsordnungen von 1872 und 1902 war es für Seeleute oft schwierig, ihre Interessen zu wahren. So galten die mit der Seefahrt befassten Behörden den Seeleuten gegenüber als voreingenommen. Um sich gegenüber den staatlichen Stellen und den Reedern besser durchsetzen zu können, schlossen sich viele Seeleute gegen Ende des 19. Jahrhunderts zu Vereinen zusammen. Auf diese Weise entstanden auch in der deutschen Handelsschifffahrt allmählich gewerkschaftsähnliche Organisationen. 1888 wurde der „Unterstützungsverein der Heizer und Kohlenzieher in Bremerhaven" gegründet, 1890 folgte in Hamburg die Gründung des „Vereins der Heizer und Kohlenzieher von Hamburg, Altona und Umgebung" und eines Zusammenschlusses von Seeleuten, aus der später der „Seemanns-Verein zu Hamburg" hervorging.

Nachdem die Reeder Anfang der 1890er Jahre die Heuern reduziert hatten, kam es 1891 zu ei-

nem Generalstreik, der aber ebenso scheiterte wie ein Lohnstreik in Hamburg 1893. Im Zuge des von Ausschreitungen begleiteten Hamburger Hafenarbeiterstreik von 1896/97, an dem sich auch Matrosen und Heizer beteiligten, erfolgte eine Radikalisierung der Seeleute und ihrer Forderungen. Auch wenn sich die Stadt Hamburg letztlich durchsetzen konnte, wurden in der Folgezeit dennoch einige Verbesserungen für die Seeleute und Hafenarbeiter eingeführt.

Allerdings hatte das Scheitern der Arbeitskämpfe deutlich gemacht, dass eine gewerkschaftliche Organisation der Seeleute dringend erforderlich war. 1898 schlossen sich daher die örtlichen Vereine der Seeleute und Heizer zum „Seemannsverband in Deutschland" zusammen, der schon bald 3.000 Mitglieder zählte. Bis 1910 waren über 8.000 Seeleute dem Verband beigetreten, der sich im gleichen Jahr mit den Organisationen der Hafen- und Transportarbeiter zum „Deutschen Transportarbeiter-Verband" zusammenschloss. Allerdings konnte die Seeleute-Gewerkschaft nur wenig erreichen. Obgleich die SPD die Forderungen der Seeleute unterstützt hatte, entsprach die 1902 erlassene, neue Seemannsordnung in den wesentlichen, insbesondere den disziplinarrechtlichen Bestimmungen der alten Verordnung von 1872. Sie blieb bis 1957 in Kraft.

Demgegenüber diente der 1868 gegründete und bis heute bestehende „Deutsche Nautische Verein", in dem die regionalen Nautischen Vereine an Nord- und Ostsee zusammengeschlossen sind, als Interessenvertretung der deutschen Seeschifffahrt, der Hafenwirtschaft und der Schiffbauindustrie. Der Verein repräsentierte die Belange der Seeschifffahrt gegenüber den staatlichen Stellen des Norddeutschen Bund und ab 1871 des Deutschen Reichs bei Fragen der Sicherheit an Bord, der Sicherung der Schifffahrtswege, der Besetzung von Schiffen und anderen Themen. Zu den Mitgliedern der Nautischen Vereine gehörten Kapitäne, Reeder und andere, mit der Seefahrt verbundene Personen und Institutionen. Heute gibt es in Schleswig-Holstein Nautische Vereine in Brunsbüttel, Flensburg, Kappeln, Kiel, Lübeck. Neustadt/Holstein, Nordfriesland sowie den Nautischen Verein Vogelfluglinie mit Sitz auf Fehmarn.

1907 wurde überdies durch den Zusammenschluss bestehender regionaler Reederverbände zum „Zentralverein Deutscher Reeder" (ZDR) ein reichsweiter wirtschafts- und sozialpolitischer Interessenverband der deutschen Schifffahrtsunternehmen gegründet. 1918 wurde der erste Tarifvertrag zwischen dem ZDR und Seeleuteverbänden geschlossen. 1924 wurde der ZDR in „Verband Deutscher Reeder" umbenannt. 1934 wurde der VDR im Zuge der Zentralisierung der Wirtschaftsstrukturen durch das NS-Regime aufgelöst und in die „Fachgruppe Reeder" in die „Reichsverkehrsgruppe Seeschiffahrt" (RVGS) überführt. 1945 wurde der „Verband Deutscher Reeder" zur Wahrnehmung der wirtschafts- und sozialpolitischen Interessen der deutschen Reedereien neu gegründet. Heute vertritt der VDR die Interessen der Reeder gegenüber der Politik und Verwaltung ebenso wie gegenüber den Gewerkschaften und der Öffentlichkeit.

Nautische Ausbildung

Lange erfolgte die Ausbildung in der Seefahrt während des allgemeinen Schiffsbetriebs an Bord. Mit zunehmender Qualifikation stiegen die jungen Seeleute allmählich vom Schiffsjungen zum Jungmann und Leichtmatrosen bis zum Vollmatrosen auf. Mit dem Erwerb von Navigationskenntnissen konnten sich die Seeleute dann für die Beförderung zum Steuermann und Kapitän qualifizieren. Erst in den 1930er Jahren wurde eine reguläre, dreijährige Ausbildung zum Matrosen eingeführt, an die dann gegebenenfalls mit dem Besuch der Seefahrtsschule eine weitere nautische oder technische Qualifizierung anschloss.

Seit Beginn des 19. Jahrhundert lässt sich ein deutlicher Trend zur Professionalisierung der Seefahrt feststellen. Damit ging auch die Neuordnung der nautischen Ausbildung einher. Es hatte sich immer deutlicher gezeigt, dass die traditionellen Formen der Navigationsausbildung durch private Navigationslehrer und reines Auswendiglernen des Lehrstoffes den tatsächlichen Erfordernissen nicht mehr genügten. Der naheliegende Schluss war daher, das Niveau der nautischen Ausbildung durch die Etablierung von öffentlichen Ausbildungsstätten zu heben, um die angehenden Steuerleute und Kapitäne mit den neuen, wissenschaftlichen Navigationsmethoden bekannt zu machen und durch die Einführung von Navigationsprüfungen einen zu-

mindest annähernd einheitlichen Ausbildungsstand zu gewährleisten. Trotz einiger Probleme setzte sich die Neuordnung und Verstaatlichung der Navigationsausbildung durch ihre unbestreitbaren Vorteile, wie die Etablierung von einheitlichen Qualifikationsstandards und die Einführung von Prüfbescheinigungen als objektive Befähigungsnachweise, gegenüber den traditionellen Formen des Unterrichtes allmählich durch. Mit der zunehmenden Komplexität des vermittelten Stoffes wuchsen zugleich auch die Anforderungen an die Vorbildung der Navigationsschüler. Ein solides Grundmaß an Schulbildung war jetzt die Voraussetzung für den Aufstieg zum Steuermann oder Kapitän. Zugleich erhöhten sich die Zeitdauer und die Kosten der Ausbildung, die dadurch nur noch wenigen Seeleuten zugänglich war.

Nachdem es bereits im 18. Jahrhundert vielerorts die Möglichkeit gegeben hatte, sich freiwillig einer Steuermannsprüfung zu unterziehen, waren im Laufe des 19. Jahrhunderts in vielen deutschen Staaten Pflichtexamina für Kapitäne und Steuerleute eingeführt worden. So war beispielsweise seit 1824 in Preußen und seit 1827 in Lübeck eine Prüfung für Steuerleute zwingend vorgeschrieben. Die Voraussetzung für das Ablegen der Steuermannsprüfung war neben ausreichendem nautischem Fachwissen der Nachweis einer Mindestseefahrtszeit.

Lange Zeit war der Erwerb von Seefahrtspatenten nicht einheitlich geregelt, Befähigungszeugnisse aus anderen deutschen Küstenstaaten wurden oft nicht anerkannt. Erst 1869 wurde

Absolventen des Steuermannexamens an der Königlichen Navigationsschule in Flensburg um 1870. Aufgrund gestiegener Anforderungen und höherer Ausbildungskosten wurde der Aufstieg zum Steuermann oder Kapitän für Seeleute aus den unteren Schichten im 19. Jahrhundert zunehmend schwieriger.

Die Abschlussklasse 1910 der Königlichen Navigationsschule Flensburg. Seit 1870 gab es in Deutschland eine einheitliche Prüfungsordnung für den Erwerb nautischer Patente. Der Besuch einer Navigationsschule war dagegen erst ab 1925 vorgeschrieben.

Die Königliche Navigationsschule Flensburg. Nach 1867 wurden die privaten Navigationsschulen in Schleswig-Holstein in staatliche Seefahrtsschulen umgewandelt.

eine einheitliche Regelung getroffen, als in der Gewerbeordnung des Norddeutschen Bundes, zu dem neben Preußen unter anderem auch Mecklenburg und die Hansestädte Lübeck, Hamburg und Bremen gehörten, festgelegt wurde, dass Seeschiffer, Seesteuerleute und Lotsen ihre berufliche Qualifikation durch Befähigungszeugnisse nachzuweisen hatten, die in allen deutschen Küstenstaaten Gültigkeit besitzen sollten. Damit wurden nautische Patente erstmals in allen deutschen Küstenstaaten anerkannt. Voraussetzung für die Zulassung zur Prüfung war eine Mindestfahrenszeit. Ein angehender Steuermann musste insgesamt 45 Monate Seefahrtszeit, von denen er 24 Monate als Vollmatrose gedient hatte, nachweisen können, ein zukünftiger Kapitän Fahrenszeit von 24 Monaten als Steuermann. Mit

Änderungen blieben diese Bestimmungen bis 1931 in Kraft.

1870 wurde für die Staaten des Norddeutschen Bundes eine einheitliche nautische Prüfungsordnung erlassen; mit der Gründung des Deutschen Reichs wurden die Prüfungen Reichssache. Die Prüfungsordnung von 1870 legte auch die Bereiche fest, in denen die Kandidaten ihr Fachwissen nachzuweisen hatten. Dazu gehörten neben Navigation auch englische Sprachkenntnisse sowie Grundbegriffe der Meteorologie.

Im Laufe der Zeit wurden die Prüfungen in Deutschland differenziert: 1900 kam zur Prüfung als Seesteuermann und Schiffer auf Großer Fahrt die Prüfung zum Schiffer auf Kleiner Fahrt; ab 1905 die Prüfung zum Schiffer auf Küstenfahrt. Dadurch wuchs auch die soziale Kluft zwischen den Schiffsführern in den unterschiedlichen Fahrtgebieten. Auf der einen Seite standen die oft wenig gebildeten Schiffer in der Küstenfahrt, auf der anderen Seite die gut qualifizierten Kapitäne auf den großen Schiffen in der internationalen Fahrt, die sich dem gehobenen Bürgertum zurechneten. Unangefochten an der Spitze der sozialen Hierarchie befanden sich die Kapitäne der großen, prestigeträchtigen Übersee-Passagierdampfern.

Allerdings fiel zunächst nur das Prüfungswesen in den staatlichen Kompetenzbereich. Dagegen blieb es den Prüflingen überlassen, ob sie die erforderlichen Kenntnisse auf einer staatlichen oder privaten Navigationsschule erwarben. Ebenso bereiteten sich viele Seeleute mit Hilfe von Lehrbüchern oder Privatlehrern individuell auf die Prüfung vor. Später wurde auch das nautische Ausbildungswesen vollständig durch den Staat übernommen. Nach der Eingliederung der Herzogtümer in das Königreich Preußen 1867 wurden die privaten Navigationsschulen in Flensburg, Altona und Apenrade verstaatlicht und in königlich-preußische Seefahrtsschulen umgewandelt. Entsprechend ging die Flensburger Navigationsschule 1870 in der neugegründeten staatlichen Seefahrtsschule, einer Vorläuferin der heutigen Fachhochschule Flensburg, auf; 1905 wurde auch die Lübecker Navigationsschule verstaatlicht. Der Besuch einer Seefahrtschule wurde allerdings erst ab 1925 verbindlich vorgeschrieben.

Die Seeleuteausbildung in der deutschen Handelsschifffahrt folgte noch lange den traditionellen Mustern. In den 1930er Jahren wurden jedoch feste Ausbildungszeiten eingeführt. Nun war für die Beförderung zum Vollmatrose eine 36monatige Fahrenszeit als Schiffsjunge, Jungmann und Leichtmatrose erforderlich. Seeleute, die auf einem Segelschiff gefahren waren, konnten bereits nach 24 Monaten zum Vollmatrosen aufsteigen.

In Deutschland verband die Ausbildung zum Steuermann und Kapitän praktische Erfahrung mit theoretischem Unterricht. Voraussetzung zum Besuch der Seefahrtsschule war nach wie vor eine Mindestfahrenszeit. Seit der Ausbildungsreform von 1926 dauerte die theoretische Wissensvermittlung an Seefahrtschulen insgesamt vier Semester. Voraussetzung war eine seemännische Ausbildung. Nach drei Semestern Steuermannslehrgang folgte das Examen zum ersten Befähigungszeugnis und nach mindestens zweijähriger Praxis als 4. und 3. Offizier schloss sich ein Semester für den Kapitänslehrgang an. Allerdings besuchten durchschnittlich nur 60 Prozent der Teilnehmer am Steuermannslehrgang auch den Kapitänslehrgang. Analog zum Ausbildungsweg der Nautiker erfolgte die Ausbildung der Maschinisten und Ingenieure.

1931 wurden neue Befähigungszeugnisse für Nautiker und Maschinisten eingeführt. Sie waren in sechs Qualifizierungsstufen unterteilt, wobei für die nautischen Patente folgende Gliederung galt: A1: Schiffer auf Küstenfahrt, A2: Steuermann auf Kleiner Fahrt, A3: Kapitän auf Kleiner Fahrt II, A4: Kapitän auf Kleiner Fahrt I, A5: Seesteuermann auf Großer Fahrt sowie als höchstes Patent A6: Kapitän auf Großer Fahrt. Die Küstenfahrt war auf küstennahe Fahrten bis zur seewärtigen Hoheitsgrenze beschränkt, die Kleine Fahrt umfasste die küstennahen Gebieten in der Nord- oder Ostsee, die Mittlere Fahrt dagegen alle europäischen Häfen mit Ausnahme von Island, Spitzbergen und den Azoren. Die Patente für Große Fahrt erlaubten dagegen das Befahren alle Seegebiete weltweit.

Bis 1931 war für die Erlangung eines Steuermanns- oder Kapitänspatentes zudem der Nachweis von Fahrenszeit auf Segelschiffen notwendig. Angehende Steuerleute mussten insgesamt 36 Monaten Segelschiffszeit nachweisen können, doch fehlte es aufgrund der zunehmenden Verdrängung der kommerziellen Segelschifffahrt durch maschinengetriebene Handelschiffe an Ausbildungsplätzen. Daher musste neue Möglichkeiten gefunden werden, wollte man an der Ausbildung an Bord von Segelschiffen festhalten. Aus diesem Grund stellte der Norddeutsche Lloyd 1900 die Viermastbark HERZOGIN SOPHIE CHARLOTTE als frachtfahrendes Segelschulschiff in Dienst, wodurch die Unterhalts- und damit Ausbildungskosten erheblich verringert wurden. 1901 folgte der Deutsche Schulschiffsverein (DSV) mit der GROSSHERZOGIN ELISABETH, dem ersten reinen Segelschulschiff, das bis 1932 im Dienst blieb, und 1902 die Bremer Großreederei Norddeutscher Lloyd mit dem Neubau HERZOGIN CECILIE. Zwei weitere Segelschulschiffe des DSV, die PRINZESS EITEL FRIEDRICH und die GROSSHERZOG FRIEDRICH AUGUST, mussten nach dem verlorenen Ersten Weltkrieg als Reparationsleistungen abgegeben werden. 1927 wurde das Schulschiff DEUTSCHLAND in Dienst gestellt. Bis 1944 fand der reguläre Ausbildungsbetrieb mit Reisen auf der Ostsee statt. Heute liegt die DEUTSCHLAND als stationäres Ausbildungs- und Museumsschiff in Bremen-Vegesack.

Die Anfänge der technischen Ausbildung

Auch beim Maschinenpersonal setzte sich allmählich der Trend zur Professionalisierung durch. Lange hatten sich die Seemaschinisten vor allem

Der Blick in den Maschinenraum eines Kriegsschiffs der Kaiserlichen Marine gibt einen Eindruck von den extremen Bedingungen, unter denen die Heizer und Trimmer körperliche Schwerstarbeit leisten mussten.

aus Handwerkern wie Schlossern oder Kesselschmieden rekrutiert. Es gab weder eine geregelte Ausbildung, noch irgendwelche staatliche Befähigungsnachweise. Die Maschinisten mussten lediglich gegenüber den Reedern ihre technischen Kenntnisse nachweisen können. Es gab daher des Öfteren Probleme mit unzureichend qualifiziertem Maschinenpersonal. Nur die Kaiserliche Marine, die bereits 1872 ein eigenes „Maschinen-Ingenieur-Korps" geschaffen hatte, bildete seit 1875 an der „Kaiserlichen Maschinisten- und Steuermannsschule" in Kiel seemännisches Maschinenpersonal aus.

Der Mangel an Kenntnissen und Kompetenz der Seemaschinisten führte immer wieder zu Maschinenschäden und Unfällen. Durch die Zunahme der Dampfschiffe häuften sich auch Seeunfälle, bei denen Maschinenausfälle aufgrund unzureichender Kenntnisse über den Maschinenbetrieb eine wesentliche Rolle spielten. Den Ausschlag für die Einführung staatlicher Befähigungsnachweise auch für Seemaschinisten gab die Kollision der Dampfer BORUSSIA und SIRIUS bei klarer Sicht vor der pommerschen Küste im November 1874. Beim Untergang der BORUSSIA starben drei Seeleute. Fast wäre auch die SIRIUS gesunken, da weder der Maschinist noch der Kapitän in der Lage waren, mit der Maschine zu manövrieren.

Am 1. Januar 1880 traten im Deutschen Reich die „Vorschriften über den Nachweis der Befähigung und über das Verfahren bei den Prüfungen der Maschinisten auf deutschen Seedampfschiffen" in Kraft. Damit wurde eine staatliche Prüfung als Befähigungsnachweis vorgeschrieben und zugleich analog zu den Steuermanns- und Kapitänspatenten die Patente I., II. und III. Klasse als Qualifikationsstufen für Seemaschinisten auf Großer, Mittlerer und Kleiner Fahrt eingeführt.

In Bremerhaven, Hamburg und Flensburg wurden Prüfungskommissionen eingerichtet, bei denen sich die angehenden Maschinisten, die sich entweder im Eigenstudium oder auf privaten Schulen vorbereitet hatten, zur Prüfung melden konnten. Der Besuch einer Maschinistenschule war dagegen zunächst nicht vorgeschrieben.

Die Prüfungen bestanden aus einem schriftlichen, einem praktischen und einem mündlichen Teil. Voraussetzung für die Befähigung zum Seemaschinisten waren eine entsprechende Lehre sowie eine zwei- bis dreijährige Fahrenszeit als Maschinenassistent. Zur Maschinistenprüfung melden durfte sich nur, wer entsprechende Erfahrung und Dienstzeiten vorweisen konnte. Vorbedingung für die Zulassung zur Prüfung zum höchsten Patent I. Klasse waren eine 60monatige Lehrzeit mit je 24 Monaten Ausbildung in einer Werkstatt und auf einem Seeschiff, ein Patent als Seemaschinist II. Klasse sowie 24 Monate Dienst in dieser Funktion.

Gerade für das Maschinenpersonal bildete Bildung den Schlüssel für den beruflichen Aufstieg. Über die verschiedenen Qualifizierungsstufen war auch für Volksschüler nach einer Lehre eine Karriere bis zum höchsten Maschinenpatent möglich. Allerdings war der Aufstieg oft langsam, da die Ausbildung mit erheblichen Kosten verbunden war und die Maschinisten zwischen den einzelnen Qualifizierungsstufen erst wieder Geld ansparen mussten.

In den 1880er Jahren wurden in Deutschland die ersten staatlichen Ausbildungseinrichtungen für Seemaschinisten geschaffen. So kündigte die preußische Regierung 1883 an, in Flensburg und Stettin Seemaschinistenschulen einrichten zu lassen. Zugangsvoraussetzung war eine Lehrzeit bzw. Fahrenszeit auf Seeschiffen. Am 1. Oktober 1886 nahm die „Königliche Seedampf-Maschinistenschule" in Flensburg den Lehrbetrieb auf.

1909 wurde als höchste Qualifikationsstufe der „Schiffsingenieur" eingeführt, der jedoch zunächst nur auf großen Handels- und Passagierschiffen anzutreffen war. Mit der neuen Bezeichnung war zugleich auch eine Verbesserung des sozialen Status der Maschinisten verbunden. Fortan galten folgende Befähigungsnachweise: Seemaschinist IV. Klasse für die Nahfahrt, Seemaschinist III. Klasse für die Küstenfahrt, Seemaschinist II. Klasse für die Mittlere Fahrt, Seemaschinist I. Klasse für die Große Fahrt sowie Schiffsingenieur für alle Gebiete und Schiffsgrößen.

Nach der Einführung des Befähigungszeugnisses zum Schiffsingenieur im Jahr 1909 wurde die Schule 1912 in „Königliche Schiffsingenieur- und Seemaschinistenschule" umbenannt. Nach dem Ende der Monarchie in Deutschland hieß die Lehranstalt ab 1919 nur noch „Schiffsingenieur- und Seemaschinistenschule".

Als Folge der Einführung von Turbine und Dieselmotor wurde 1925 die Seemaschinistenausbildung in Deutschland neu geordnet. Neben dem obligatorischen Schulbesuch wurden nun auch Patente für Motorenmaschinisten eingeführt. Nun erfolgte der Aufstieg zum Maschinisten bzw. Ingenieur analog zur Ausbildung der Nautiker über den Besuch einer Fachschule, die dem Besuch der Navigationsschule entsprach. Zugangsvoraussetzung waren eine Lehrzeit auf Seeschiffen sowie eine zusätzliche Fahrtzeit. Die Ausbildung schloss mit einer Prüfung, unter anderem in Englisch, Technik und Mathematik, ab.

1931 wurden neue Patente eingeführt. Dabei stand „A" für Nautiker und „C" für Maschinisten. Die Befähigungsstufen wurden nun wie folgt gegliedert: C1 Seemotorführer (Küstenfahrt bis 150 PS), C2 Kleinmaschinist (Küstenfahrt bis 300 PS), C3 Seemaschinist II (Kleine Fahrt bis 1.000 PS), C4 Seemaschinist I (Mittlere Fahrt bis 2.000 PS), C5 Schiffsingenieur II (Große Fahrt bis 6.000 PS) und C6 Schiffsingenieur 1 (Alle Gebiete und Schiffsgrößen). in der Hochseefischerei war bis 1.000 PS das Patent C3, darüber das Patent C4 vorgeschrieben.

Ebenfalls 1931 wurde die Flensburger Seemaschinistenschule in „Technische Staatslehranstalt für Schiffsingenieure und Seemaschinisten" umbenannt. Nach dem Umzug in das Gebäude der Navigationsschule im Munketoft wurde daraus zwei Jahre später die „Technische Staatslehranstalt für Schiffsingenieure und Seemaschinisten sowie Seefahrtsschule Flensburg". 1934 wurde die Maschinistenausbildung neu geordnet.

Im Zweiten Weltkrieg wurde der Lehrbetrieb eingestellt und erst 1949 wieder aufgenommen. Zunächst der Seefahrtsschule Lübeck zugeordnet, wurde die Lehranstalt 1952 als „Staatliche Schiffsingenieur- und Seemaschinistenschule" wieder selbständig. Bereits 1954 wurde das Institut für Schiffsbetriebsforschung als Forschungs- und Erprobungsstelle und 1971 als Institut an die Fachhochschule angegliedert; es verfügt über zahlreiche schiffstechnischen Versuchsanlagen und bietet auch Weiterbildungsmöglichkeiten an.

Die Modernisierung der nautischen Ausbildung nach 1945

Nach dem Ende des Zweiten Weltkriegs war die nautische Ausbildung in Deutschland zunächst zum Erliegen gekommen. Erst 1948 wurde der Lehrbetrieb wieder aufgenommen. 1956 wurden in der Seemannsausbildung ein Vorausbildungslehrgang und eine Matrosenprüfung vorgeschrieben. Nach Abschluss der Lehre konnten die Seeleute auf dem klassischen Weg durch den Besuch einer Ingenieurs- oder Seefahrtsschule zum Schiffsingenieur bzw. zum Wachoffizier und später zum Kapitän aufsteigen.

Seit Gründung der Bundesrepublik Deutschland unterstehen die Seefahrtsschulen den Bundesländern, die Prüfungen sind dagegen Bundesangelegenheit. Zugleich trug der Lehrplan an den Navigationsschulen den veränderten Bedingungen einer immer weiter spezialisierten und technisierten Schifffahrt Rechnung: Zu den klassischen Fächern wie Navigationskunde kamen Unterrichtsstoffe wie Seerecht oder Schiffsmaschinenkunde hinzu.

Auch die Tradition der Segelschiffausbildung wurde wieder aufgenommen. 1954 gründeten 40 deutsche Reeder die "Stiftung PAMIR und PASSAT", um den seemännischen Nachwuchs an Bord der beiden Viermastbarken PAMIR und PASSAT auszubilden. Die PASSAT war bereits von 1927 bis 1932 für die Hamburger Reederei Laeiz als Segelschulschiff gefahren. Nachdem das Schwesterschiff PAMIR 1957 bei einem schweren Sturm untergegangen war, wurde auch die PASSAT außer Dienst gestellt. Das bedeutete das faktische Ende der Segelschiffausbildung in der deutschen Handelsschifffahrt. 1959 wurde die

Die PASSAT wurde 1911 für die Hamburger Reederei F. Laeisz gebaut. Ab 1954 wurde die stählerne Viermastbark als Segelschulschiff eingesetzt. Nach dem Untergang ihres Schwesterschiffs PAMIR 1957 wurde das Schiff von der Stadt Lübeck gekauft und liegt heute als Museumsschiff in Travemünde.

PASSAT von der Stadt Lübeck für die dortige Seemannschule erworben. Die Viermastbark liegt heute als Museumsschiff in Travemünde.

Lange war der Seemannsberuf durchaus attraktiv. So stiegen die Löhne und Gehälter der deutschen Seeleute zwischen 1955 und 1970 um rund das Dreifache. Gleichzeitig konkurrierte die deutsche Handelsschifffahrt jedoch mit der prosperierenden Wirtschaft an Land um qualifizierte Arbeitskräfte. Angesichts der Vollbeschäftigung in der Bundesrepublik Deutschland kam es Anfang der 1960er Jahre zu einem Mangel an nautischem Personal, den man durch die Verkürzung der Ausbildung zum Steuermann auf Großer Fahrt zu beheben suchte. 1964 wurde die Ausbildung zum Schiffsoffizier neu geordnet. Um zum Wachoffiziers- bzw. Ingenieurpatent zu gelangen, mussten die Seeleute nun nach ihrer seemännischen Ausbildung vier Semester lang die Seefahrtsschule besuchen; nach zwei Jahren Seefahrtzeit konnten sie dann das Kapitäns- oder Oberingenieurspatent erwerben. Angesichts des technischen Fortschritts und der beginnenden Automatisierung in der Handelsschifffahrt wurde 1966 die Ausbildung der Maschinisten und Schiffsingenieure erweitert und vertieft.

Seit den 1960er Jahren ist zudem ein internationaler Trend zu einer verstärkt akademischen Ausbildung von Offizieren und Kapitänen festzustellen. In Deutschland findet die akademische Ausbildung an Fachhochschulen statt. Die Ausbildung bestand aus einem sechssemestrigen Studium mit zwei integrierten Praxissemestern.

Mit der Schaffung von Fachhochschulen in Schleswig-Holstein im Jahr 1969 wurde in Flensburg die Techniker- und Maschinistenausbildung von der Schiffsingenieurausbildung an der neu geschaffenen Fachhochschule Flensburg abgekoppelt und in den Bereich der berufsbildenden Schulen eingegliedert. Auch nach der Umstellung auf eine Fachhochschulausbildung war es für Hauptschüler durch Berufsausbildung und Aufbauschulen möglich, bis zum Schiffsingenieur aufzusteigen.

In diesen Jahren bestanden beste Aufstiegschancen in der Handelsschifffahrt, was sich jedoch in den 1970er Jahren mit der zunehmenden Verkleinerung der deutschen Handelsflotte als Folge der wachsenden internationalen Konkurrenz durch sogenannte „Billigflaggen" und der beginnenden Containerisierung der Schifffahrt änderte.

1970 wurden die Patente, nun amtlich als „Befähigungszeugnisse" bezeichnet, neu geordnet. Für Maschinisten galten fortan die Befähigungszeugnisse: Cmot (Kleine Fahrt bis 300 PS), Ckü (Kleine Fahrt bis 600 PS), CMa (Seemaschinist; Mittlere Fahrt bis 3.000 PS), CT (Schiffsbetriebstechniker; Große Fahrt bis 8.000 PS) und CI (Schiffsingenieur; alle Schiffe und alle Gebiete). Zugangsvoraussetzungen waren für das Befähigungszeugnis CMA Hauptschulabschluss sowie eine Lehre, für CT Real- oder Fachschulabschluss sowie eine Lehre und für CI Fachhochschulreife oder Abitur. Die Ausbildung zum Patent CMa dauerte zwei Semester an einer Fach- oder Fachhochschule, für die Qualifikation als CT waren vier Semester an einer Fach- oder Fachhochschule und für das höchste Befähigungszeugnis CI sechs Semester an einer Fachhochschule vorgeschrieben. Über den zweiten Bildungsweg stand auch Hauptschülern der Weg zum Patent CI offen.

Für Nautiker dagegen galten ab 1970 die neuen Befähigungszeugnisse: AN (Befähigung zum Kapitän mit der Befugnis zum Führen von Frachtschiffen bis zu einer Größe von 300 BRZ in der Nationalen Fahrt), AKW (Befähigung zum Ersten Offizier in der Mittleren Fahrt auf Frachtschiffen bis zu einer Größe von 3.000 BRZ und zum Zweiten Offizier auf Frachtschiffen bis zu einer Größe von 4.000 BRZ), AK (Befähigung zum Kapitän mit der Befugnis zum Führen von Frachtschiffen bis zu einer Größe von 4.000 BRZ in der Mittleren Fahrt und zum Ersten Offizier), AMW (Befähigung zum Zweiten Offizier auf Frachtschiffen bis zu einer Größe von 8.000 BRZ und zum Dritten Offizier auf Großer Fahrt), AM

(Befähigung zum Kapitän auf Frachtschiffen bis zu einer Größe von 8.000 BRZ in allen Fahrgebieten und zum Ersten und Zweiten Offizier), AGW (Befähigung zum Zweiten nautischen Offiziers auf Großer Fahrt) sowie als höchste Befähigungsstufe AG (Befähigung zum Kapitän auf Großer Fahrt und Ersten Offizier).

1982 wurde die Seeleuteausbildung neu geregelt, an die Stelle des Matrosen bzw. des Motorenwärters trat das neue Berufsbild des Schiffsmechanikers als seemännische Fachkraft für den Decks- und Maschinendienst. Die Ausbildungszeit betrug nach wie vor drei Jahre, wobei die theoretische Ausbildung an der 1952 gegründeten Schleswig-Holsteinischen Seemannsschule auf dem Priwall in Travemünde erfolgte. Nach der Beendigung der Lehre bestand die Weiterbildungsmöglichkeit zum nautischen oder technischen Wachoffizier.

In den 1970er und 1980er Jahren verlor der Seemannsberuf in Deutschland erheblich an Attraktivität, so dass der nautische Nachwuchs fehlte. Damals standen die deutschen und schleswig-holsteinischen Schiffseigner im harten Konkurrenzkampf gegen die sogenannten „Billigflaggen". Die Heuern, Steuern und oft auch Sicherheits- und Besatzungsstandards waren in den Billigflaggenstaaten niedriger als in Deutschland. Dies zwang die deutschen Reeder zu Kostensenkungs- und Rationalisierungsmaßnahmen und oft auch zur Ausflaggung, d.h. dem Wechsel in ein ausländisches Schiffsregister, meist in das eines sogenannten „Billigflaggenstaates", um Steuern und Heuerkosten zu sparen.

Zugleich wurden deutsche Matrosen, Offiziere und Kapitäne zunehmend durch Seeleute aus

Der 2011 eingeweihte Schifffahrtssimulator im Maritimen Ausbildungszentrum der Fachhochschule Flensburg gehört zu den modernsten seiner Art in Europa und ermöglicht eine praxisnahe Ausbildung der angehenden Handelsschiffsoffiziere.

Niedriglohnländern ersetzt. Auf dem Höhepunkt dieser Entwicklung in den 1980er Jahren wurden komplette Schiffsbesatzungen entlassen und durch kostengünstigeres Personal aus dem Ausland ersetzt, so dass in Deutschland nur noch ein geringer Bedarf an nautischem Nachwuchs bestand. Auch die Aufstiegsmöglichkeiten waren begrenzt, so dass es zu einer Überalterung des nautischen und technischen Personals kam, was durch die Abwanderung in andere Berufe noch verstärkt wurde. Zudem wurde 1989 in Deutschland ein sogenanntes „Zweitregister" eingeführt, das es den deutschen Reedern erlaubte, ihre Schiffe unter deutscher Flagge fahren zu lassen, ohne die Besatzung nach deutschen Arbeits- und Tarifrecht zu beschäftigen. Dies alles hatte zur Folge, dass in der Bundesrepublik immer weniger nautisches Personal ausgebildet wurde. 1992 erreichte die Studentenzahl am Fachbereich Seefahrt in Elsfleth mit nur noch 47 Studierenden im Jahr 1992 ihren Tiefpunkt. 1993 wurde die in Seefahrtskreisen angesehene Seefahrtschule Lübeck geschlossen und die Ausbildung nach Flensburg verlegt. Die Schleswig-Holsteinische Seemannsschule auf dem Priwall in Travemünde besteht dagegen weiter fort. An dieser berufsbildenden Schule erhalten Seeleute ihre berufliche Aus- und Weiterbildung, wobei die Berufsausbildung zum Schiffsmechaniker einen Schwerpunkt bildet.

Durch den technologischen Fortschritt hat sich in den letzten Jahrzehnten viel in der Handelsschiffsoffiziersausbildung gewandelt. Neben den traditionellen Unterrichtsstoffen, wie Navigation und Seemannschaft, traten in zunehmendem Maße technische Ausbildungsgänge.

Die 1998 in Kraft getretene STCW 95 (Standards of Training, Certification and Watchkeeping for Seafarers) ist der Versuch, international gültige Mindeststandards für die Ausbildung von Seeleuten durchzusetzen. Diese „Konvention über international verbindliche Richtlinien bei der Ausbildung von Seeleuten und die Erteilung von Befähigungszeugnissen" wurde ursprünglich bereits 1978 verabschiedet und 1995 modifiziert. Die STCW 95 soll vor allem in den unterentwickelten Ländern für eine bessere Qualifizierung von Seeleuten und Offizieren sorgen.

Innerhalb der deutschen Seefahrtsbranche war die Anpassung der nautischen Ausbildung an den internationalen STCW 95-Standard nicht unumstritten, denn es wurde befürchtet, dass das traditionell hohe Ausbildungsniveau der deutschen Seeleute dadurch gesenkt werden würde. Zudem hatte die STCW 95 eine Umstrukturierung der bisherigen Ausbildung zur Folge. War bis dahin ein dreijähriges Fachhochschulstudium zur Erlangung des Kapitänspatents in weltweiter Fahrt erforderlich, genügen nun – eine Ausbildung als Schiffsmechaniker vorausgesetzt – zwei Jahre an einer Fachschule, um nach einer gewissen Seefahrtzeit das Kapitänspatent erwerben zu können. Zugleich wurde mit der Übernahme der STCW 95 auch die alte Dreiteilung der Patente in Kleine, Mittlere und Große Fahrt aufgehoben. Diese neue Ausbildung bedeutet die Rückkehr zu einer weniger akademisch und mehr praxisorientierten Ausbildung von Kapitänen und Offizieren. Heute gibt es für Nautiker nur noch die Befähigungszeugnisse für Wachoffiziere, Erste Offiziere und Kapitäne auf Schiffen aller Größen in allen Fahrtgebieten sowie für Offiziere und Kapitäne auf Schiffen von einer Größe bis zu 500 BRZ in der Nationalen Fahrt. Für das technische Personal gelten die Befähigungsnachweise als Technischer Wachoffizier, als Zweiter Technischer Offizier und als Leiter der Maschinenanlage. Für kleinere Schiffe mit einer Antriebsleistung bis zu 750 Kilowatt gibt es zusätzlich das Befähigungszeugnis für Schiffsmaschinisten.

Die Ausbildung zum STCW 95-Patent ohne Einschränkung, das dazu befähigt, Schiffe aller Größen zu führen, kann heute auf verschiedenen Wegen erfolgen. Der klassische Weg führt über die Ausbildung zum Schiffsmechaniker oder Schiffsbetriebstechnischen Assistenten und die weiterführende Ausbildung an einer Fachschule und dauert sieben Jahre. Eine Alternative ist die achtsemestrige Fachhochschulausbildung mit zwei integrierten Praxissemestern, das sogenannten Praktikantenmodell, das nach sechs Jahren mit dem Diplom abschließt. Dieses Modell, das für die Ausbildung zum nautischen Schiffsoffizier nicht länger die Ausbildung zum Schiffsmechaniker voraussetzte, sorgte ab 1998 wieder für einen deutlichen Anstieg der Studierenden an den nautischen Ausbildungsstätten. Es ist heute der häufigste Ausbildungsweg und entspricht vom Umfang dem alten Patent Kapitän auf Großer Fahrt. Die Neugliederung der nautischen Ausbildung hatte allerdings zur Folge, dass Hauptschulabsolventen heute keine Möglichkeit mehr haben, nach einer seemännischen Berufsausbildung direkt ein Patent zu erwerben, da die

In den letzten Jahrzehnten hat sich die Arbeitswelt der Seeleute durch den Siegeszug des Containers und die internationale Konkurrenz auf dem nautischen Arbeitsmarkt massiv verändert. Auch auf deutschen Handelsschiffen beträgt der Ausländeranteil unter den Seeleuten bis zu 90 Prozent. Für deutsche Schiffsoffiziere und Kapitäne sind die Karrierechancen dagegen nach wie vor recht gut.

Mindestvoraussetzung hierfür heutzutage ein mittlerer Bildungsabschluss ist.

Im Bereich der Schiffstechniker führt der klassische Weg ebenfalls von der Ausbildung zum Schiffsmechaniker über die weiterführende Ausbildung an einer Fachschule und dauert achteinhalb Jahre. Für Seiteneinsteiger mit einer Ausbildung in einem Elektro- oder Metallberuf erhöht sich die Ausbildungsdauer auf neuneinhalb bis zehn Jahre. Die alternative Ausbildung an einer Fachhochschule dauert je nach beruflicher Vorbildung zwischen neun und elf Jahren.

Heute gibt es an nautischen Ausbildungsstätten in Schleswig-Holstein nur noch die Seemannsschule in Lübeck-Travemünde für die Ausbildung zum Schiffsmechaniker sowie die Fachschule für Seefahrt und den Fachbereich Seefahrt der Fachhochschule in Flensburg. 2011 wurde an der FH Flensburg ein neues Maritimes Ausbildungszentrum mit einem der modernsten Schifffahrtssimulatoren Europas eingeweiht. Damit wurden die nautischen Studiengänge, die Fachschule für Seefahrt, die Ausbildung der Schiffsoffiziere sowie die Fort- und Weiterbildung der Lotsen unter einem Dach zusammengefasst. An den beiden Ausbildungseinrichtungen können sich angehende nautische und technische Schiffsoffiziere bis zum höchsten Patent qualifi-

zieren. Die Offiziere der Deutschen Marine werden dagegen weiterhin an der Marineschule in Flensburg Mürwik ausgebildet.

Die Seeleute stehen heute in einem internationalen Wettbewerb auf einem internationalen Arbeitsmarkt. Immer noch sind die meisten Schiffe deutscher Reeder ausgeflaggt. Auf heutigen deutschen Handelsschiffen beträgt der Ausländeranteil manchmal bis zu 90 Prozent. Allerdings wurden durch internationale Übereinkünfte wie die STCW 95 in den 1990er Jahren weltweit einheitliche Ausbildungs- und Sicherheitsstandards eingeführt. Neben den Phillipinos gelten vor allem osteuropäische Seeleute und Offiziere als sehr gut ausgebildet und zuverlässig, kosten die Reeder aber nach wie vor weniger als Seeleute aus den westeuropäischen Industriestaaten.

Ende der 1990er Jahre begann allerdings mit der Rückflaggung zahlreicher Schiffe eine erneute Belebung des nautischen Arbeitsmarktes in Deutschland. Nachdem die Zahl des deutschen Bordpersonals lange Zeit rückläufig gewesen war, kehrte sich der Trend ab 2004 um. Der Aufschwung führte zu Problemen, Schiffe mit deutschen Kapitänen zu besetzten. Seit Ende 2006 können auch EU-Bürger Kapitän auf deutschen Schiffen werden, Schiffsoffiziere können auch aus Drittstaaten stammen, wenn keine EU-Bürger verfügbar sind. Ein Problem dieser Neuregelung ist jedoch oftmals der notwendige Nachweis deutscher Sprachkenntnisse.

Seit dem Jahr 2000 hat sich die Zahl der von deutschen Reedern kontrollierten Handelsschiffe mehr als verdoppelt. Obgleich nach wie vor der größte Teil dieser Schiffe aus ökonomischen Gründen ausgeflaggt ist, boten sich in den letzten Jahren durch das rasante Wachstum der deutschen Handelsflotte gute berufliche Chancen für den seemännischen Nachwuchs. Dementsprechend hat auch die Zahl der deutschen Seeleute wieder zugenommen. Etwa 600 Nautiker und 200 Techniker benötigt die deutsche Handelsschifffahrt jährlich. Auch Frauen entscheiden sich zunehmend für eine Seefahrtskarriere. Weibliche Schiffsoffiziere und Kapitäne sind heute keine Seltenheit mehr.

Während deutsche Matrosen oder Schiffsmechaniker angesichts der geringeren Heuern für ausländische Seeleute nach wie vor mit großen beruflichen Schwierigkeiten zu kämpfen haben, sind die Karrierechancen für Schiffsoffiziere und Kapitäne gut. Im Gegensatz zu den Schiffstechnikern sind allerdings die Berufsaussichten an Bord für junge Nautiker nicht mehr ganz so günstig wie noch vor einigen Jahren, da sie als Berufseinsteiger auf dem Arbeitsmarkt bei freien Stellen für Dritte und Zweite Offiziere mit Schiffsoffizieren aus dem europäischen Ausland konkurrieren, die durch ihre niedrigeren Heuern für die Reeder billiger sind. Deutsche Erste Offiziere und Kapitäne sind dagegen nach wie vor gesucht und haben gute Karrierechancen. Aber nicht nur auf See, auch an Land gibt es vielfältige Beschäftigungsmöglichkeiten für Nautiker. Vor allem wenn sie über ein vertieftes nautisches Fachwissen und eine weitergehende Spezialisierung verfügen, finden sie später Aufgaben in den Häfen, in der staatlichen Verwaltung oder bei Klassifizierungsgesellschaften. In einigen Bereichen, wie den Lotsen, gibt es sogar Nachwuchsprobleme. Ebenso klagen deutsche Reeder darüber, dass es junge Schiffsoffiziere oft vorziehen, sich eine Stelle bei Behörden oder bei ausländischen Reedereien suchen, die attraktivere Bedingungen bieten.

Auch der berufliche Alltag auf den Schiffen hat sich in den letzten Jahrzehnten stark verändert. Durch die neuen Arten der Schiffsladungen und die gestiegenen Anforderungen der Seeverkehrstechnik sind die Anforderungen an die Seeleute erheblich gestiegen, während gleichzeitig die Besatzungszahl auf den Schiffen aus wirtschaftlichen Gründen minimiert wurde. Dies erhöht nicht nur die Arbeitsbelastung, sondern auch den beruflichen Stress, dem die Seeleute durch den zunehmenden Termindruck ausgesetzt sind.

Unterkunft und Verpflegung an Bord entsprechen heute dem Standard eines guten Hotels. Es wird auf eine hochwertige, gesunde und abwechslungsreiche Ernährung geachtet. Damit soll nicht zuletzt ein Ausgleich geschaffen werden für die physischen und psychischen Belastungen, die der Dienst an Bord noch immer mit sich bringt.

Sozial sind die Seeleute heute ebenso gut abgesichert wie ihre Kollegen an Land. Die See-Sozialversicherung ist eine Pflichtversicherung, die alle aktiven und ehemaligen Seeleute erfasst. Als letztes Glied kam 1974 die Seemannskasse hinzu, die langjährigen Berufsseeleuten zwischen dem 56. Lebensjahr und dem gesetzlichen Renteneintrittsalter ein monatliches Überbrückungsgeld, auch „Seemannsrente" genannt, gewährt. 2005 fusionierte die Seekasse mit der Knappschaft und der Bahnversicherung zur Deutschen Rentenversicherung Knappschaft-Bahn-See.

Von Schwarz-Weiß-Rot zu Schwarz-Rot-Gold: Seefahrt in Schleswig-Holstein 1866–2012

Die Preußen kommen ...

Mit der Annexion der Herzogtümer durch Preußen begann für Schleswig-Holstein ein neues Zeitalter. Die Preußen räumten radikal mit der aus dem Mittelalter und der Frühen Neuzeit stammenden Buntscheckigkeit unterschiedlicher Verwaltungsformen auf. An ihre Stelle trat eine übersichtliche Ordnung von Kreisen, Städten und Gemeinden, die durch ein ebenso systematisch geordnetes Finanz- und Justizwesen ergänzt wurde. Zugleich wurde auch der Anschluss an den Deutschen Zollverein vollzogen, der 1834 unter Führung Preußens mit dem Ziel gegründet worden war, die zahlreichen Binnenzölle zwischen den deutschen Einzelstaaten zu beseitigen und einen einheitlichen Wirtschaftsraum zu schaffen.

Auch die Wirtschafts- und Erwerbsstruktur in den Herzogtümern veränderte sich nun rapide: Während im übrigen Deutschland die Phase der Hochindustrialisierung bereits begonnen hatte, war Schleswig-Holstein immer noch ein ausgesprochenes Agrarland. Erst jetzt entstanden auch in Schleswig-Holstein industrielle Großbetriebe. Vor allem Standorte wie Neumünster, Elmshorn und Altona mit ihrer frühen Textil- und Lederfabrikation, Büdelsdorf als Standort der 1827 von Kaufmann Marcus Hartwig Holler gegründeten und nach seinem Förderer Landgraf Carl von Hessen, dem königlich-dänischen Statthalter in den Herzogtümern, benannten Carlshütte sowie die Zementindustrie bei Itzehoe und Lägerdorf profitierten von den neuen Impulsen.

Vor allem das Verkehrssystem wurde in preußischer Zeit massiv ausgebaut. So wuchs die Gesamtlänge der Eisenbahnstrecken zwischen Nord- und Ostsee zwischen 1867 und 1880 von 610 Kilometern auf 834 Kilometer. Etwas mehr als 30 Jahre später war Schleswig-Holstein bereits durch ein dichtes Netz von mehr als 2.500 Kilometern Bahnstrecke erschlossen, das durch ein zusätzliches Netz von Kleinbahnen ergänzt wurde. Auch das Chausseenetz wurde in den Jahren von 1867 bis 1912 von 1.239 Kilometer auf 5.892 Kilometer Länge ausgebaut.

Nach 1871 begann der Aufstieg des deutschen Reichs zu einer industriell geprägten Volkswirtschaft mit leistungsfähigen Transportwegen. Zugleich führte dieser Ausbau des Verkehrswesens zur festen Einbindung Schleswig-Holsteins in den deutschen Wirtschaftsraum. Waren die Verkehrswege bislang vorwiegend von Ost nach West verlaufen, verlagerte sich die Hauptverkehrsrichtung nun von Nord nach Süd. Zugleich begann die zunehmende Vernetzung von Eisenbahn- und Schiffsverkehr, wobei die Handelsschiffe durch die verstärkte Nutzung der Dampfkraft zunehmend nach festen Fahrplänen verkehrten. Mit der Gründung des Kaiserreichs 1871 wurden auch Maße, Gewichte und Rechtsvorschriften deutschlandweit vereinheitlicht, soweit dies nicht schon durch den Deutschen Zollverein geschehen war.

Auch die Einwohnerzahl Schleswig-Holsteins nahm seit der Mitte des 19. Jahrhunderts stark zu. Hatten in den Herzogtümern um 1850 etwa 900.000 Menschen gelebt, überschritt die Bevölkerung 1867 die Millionengrenze und stieg bis 1905 auf rund 1,5 Millionen. Dabei nahm die Bevölkerung vor allem in Holstein zu, während in Schleswig vornehmlich die Städte Flensburg, Sonderburg und Husum von der Eingliederung ins Deutsche Reich profitierten. Der Bevölkerungszuwachs war vor allem auf eine steigende Geburtenrate und die verbesserten Überlebenschancen der Neugeborenen infolge medizinischer Fortschritte zurückzuführen. Zugleich hatten die

HAFEN VON KIEL.
Maßstab 1:150 000.
Kilometer.

SCHLESWIG-HOLSTEIN.
Maßstab 1:900 000.
Dänisches, Gemischtes Sprachgebiet.
Regierungssitze sind doppelt, Kreisämter einfach unterstrichen
Dampfer Kabel Höhen u. Tiefen in Metern.
Kilometer.

HELGOLAND.
Maßstab 1:50 000.
Kilometer.

Industrialisierung und die Errichtung von Marine- und Heereseinrichtungen in der neuen Provinz auch eine starke Zuwanderung aus den anderen Teilen des übrigen Deutschen Reichs zur Folge.

Von allen schleswig-holsteinischen Städten hatte Kiel das rasanteste Wachstum zu verzeichnen. 1865 war die Fördestadt preußische Flottenstation und 1871 Reichskriegshafen geworden. Der Marine folgten die Werften und den Werften folgten die Arbeiter. Nach 1865 entstand in Kiel eine moderne Werftindustrie, die durch die massive Flottenvergrößerung ab 1898 stark expandierte. Die Stadt Kiel explodierte förmlich. In wenigen Jahrzehnten hatte sich die Einwohnerzahl verzehnfacht, zugleich wuchs die Stadt durch zahlreiche Eingemeindungen in der Fläche. 1905 hatte Kiel bereits Altona als größte Stadt Schleswig-Holsteins überrundet; aus der Kleinstadt war eine moderne Großstadt geworden, in der 1914 bereits mehr als 250.000 Menschen lebten.

Neben den Zuwanderungen aus anderen Teilen Deutschlands gab es aber auch eine starke Auswanderung. Zwischen 1871 und 1914 verließen über 140.000 Personen Schleswig-Holstein in Richtung Übersee, wobei die Vereinigten Staaten von Amerika das Hauptziel waren. Ein erster Höhepunkt wurde 1872/73 mit 13.000 Personen, der zweite zwischen 1881 und 1885 mit insgesamt 49.000 Menschen erreicht, danach sanken die Zahlen der Auswanderer sukzessive; nach 1895 verließen pro Jahr weniger als 2.000 Personen Schleswig-Holstein. Zentren der Auswanderung waren Nordschleswig, die Westküste und die nordfriesischen Inseln, aber auch Angeln, Fehmarn und die Probstei. In der Regel gaben wirtschaftliche, soziale und politische Gründe den Anstoß für den Entschluss, Schleswig-Holstein zu verlassen und nach Übersee zu gehen: Handwerker und nachgeborene Bauernsöhne hofften auf eine bessere Zukunft in der Neuen Welt, während der wachsende Druck der preußischen Regierung auf die dänisch gesinnte Bevölkerung viele Nordschleswiger zur Auswanderung veranlasste. Bis 1890 hatten insgesamt rund fünf Millionen Menschen Deutschland verlassen. Obgleich die Abwanderung ein gewisses Ventil für soziale Probleme bot, fürchtete man andererseits den Verlust an Wehrpflichtigen und damit die Schwächung der militärischen Kraft des Deutschen Reichs.

Karte der preußischen Provinz Schleswig-Holstein. Nach 1865 wurde die Verkehrsinfrastruktur in Schleswig-Holstein erheblich ausgebaut. Die Karte zeigt unter anderem Dampferlinien, den Nord-Ostsee-Kanal und das gut ausgebaute Eisenbahnnetz, an das auch alle wichtigen Häfen angeschlossen sind.

Die Kieler Fördeschifffahrt

1857 richtete die Laboer Fischerfrau Beeke Sellmer eine regelmäßige Bootsverbindung zwischen Kiel und Laboe ein. Ab 1860 nahm der Kieler Bootsführer Friedrich Holm mit einem bei Schweffel & Howaldt gebauten Dampfboot den Verkehr auf der Kieler Förde und dem Eiderkanal auf. Mit dem Aufbau der Werften am Kieler Ostufer wuchs auch der Bedarf an Fährverbindungen auf der Förde. Nach 1866 entstanden

Die BEEKE SELLMER. Der Nachbau einer Eckernförder Quase entspricht dem Bootstyp, mit dem Beeke Sellmer ab 1857 eine regelmäßige Bootsverbindung zwischen Laboe und Kiel unterhielt.

Fördedampfer in Kiel

mehrere Fährreedereien, von denen die 1887 gegründete Neue Dampfer-Compangnie (NDC) bis zur Übernahme durch die Kieler Verkehrs-AG (KVAG) im Jahr 1939 die bedeutendste war. Die letzte unabhängige Fährlinie wurde 1962 eingestellt. 1996 wurden die Fährverbindungen auf der Kieler Förde von der Schlepp- und Fährgesellschaft Kiel mbH (SFK) übernommen.

Seit der Mitte der 1880er Jahre klang die Auswanderungswelle allmählich ab. Durch die wirtschaftliche Entwicklung des Deutschen Reichs entstanden neue Arbeitsplätze, die Einkommen stiegen, wodurch die Massenauswanderung nach Übersee, zu der sich seit den 1830er Jahren Millionen Deutsche aus wirtschaftlicher Not veranlasst gesehen hatten, gegen Ende des 19. Jahrhunderts allmählich zum Erliegen kam.

Neben der nationalen Frage in Schleswig blieben auch die durch die industrielle Revolution und die damit verbundenen wirtschaftlichen Umwälzungen hervorgerufenen sozialen Probleme im Kaiserreich ungelöst. Dadurch kam es zur Spaltung der Bevölkerung in das kaisertreue konservativ-nationalistische Bürgertum und das die Monarchie ablehnende sozialdemokratische Arbeitermilieu. Die schlechten Arbeits- und Lebensbedingungen der unteren Schichten hatten um die Mitte des 19. Jahrhunderts zur Entstehung der Arbeiterbewegung geführt. Nach der Reichsgründung entwickelte sich Deutschland schnell zu einem Zentrum der sozialistischen Arbeiterbewegung und der Sozialdemokratie, die von Reichskanzler Otto von Bismarck jedoch als Gefahr für Staat und Gesellschaft betrachtet wurden. 1878 erließ Bismarck das sogenannte „Sozialistengesetz" mit dem Ziel, durch das Verbot sozialistischer Parteien, Vereine und Verbände die Sozialdemokratie als politischen Faktor

auszuschalten. Um gleichzeitig die Arbeiter stärker an den Staat zu binden, wurde ab 1883 die damals als beispielhaft geltende Sozialgesetzgebung mit Unfall-, Alters- und Krankenversicherung eingeführt. Dennoch scheiterte Bismarck letztlich mit seinem Kampf gegen die Sozialdemokratie: Nach der Aufhebung des Sozialistengesetzes im Jahr 1890 entwickelte sich die Sozialdemokratische Partei Deutschlands (SPD) zu einer Massenpartei. Ebensowenig gelang es bis zum Ende des Kaiserreichs, die „soziale Frage" zu lösen.

Die schleswig-holsteinische Handelsflotte um 1865

Auch für die schleswig-holsteinische Handelsschifffahrt bedeutete die Eingliederung der Herzogtümer in das Königreich Preußen den Beginn einer neuen Epoche.

1864 hatte die schleswig-holsteinische Handelsflotte über eine Tragfähigkeit von insgesamt 51.249 CL verfügt. Zahlenmäßig stellten kleine Küstenschiffe von maximal zehn Lasten Tragfähigkeit mit 60 Prozent den größten Anteil; lediglich zehn Prozent der Schiffe trugen mehr als 50 CL, bildeten aber 60 Prozent der Gesamttransportkapazität. Sie waren vor allem in den Tiefwasserhäfen an der Ostküste Schleswigs behei-

Eckernförde um die Mitte des 19. Jahrhunderts. Zu diesem Zeitpunkt besaß die Stadt eine mittelgroße Handelsflotte, doch die großen Zeiten als Seehandelsstadt waren endgültig vorbei.

Altona.

Altona um die Mitte des 19. Jahrhunderts. Die Handelsflotte der Elbestadt war zwar größer als die Flensburgs, doch besaß das kleine, weiter elbabwärts gelegene Blankenese damals eine größere Tonnage als Altona.

matet. Noch in den 1860er Jahren ließ sich mit hölzernen Segelschiffen im Seetransportgeschäft in der Ostsee gutes Geld verdienen. Solche Schiffe waren verhältnismäßig billig zu bauen und benötigten auch nur eine kleine Besatzung.

Die bedeutendsten, vorwiegend aus großen Schiffen ab 50 CL bestehenden Flotten an der schleswigschen Ostseeküste besaßen Apenrade mit 5.436 CL und Flensburg mit 4.690 CL; Hadersleben, Sonderburg, Eckernförde, Kappeln und Arnis verfügten über mittelgroße Flotten, die ebenfalls hauptsächlich aus größeren Schiffen bestanden. An der holsteinischen Ostseeküste besaß Kiel mit 2.497 CL die bedeutendste Flotte, in Neustadt, Heiligenhafen und auf Fehmarn waren lediglich mittelgroße Flotten beheimatet.

An der Westküste besaßen nur Blankenese mit 7.942 CL und Altona mit 6.848 CL bedeutende Handelsflotten. Doch während Altona über eine beträchtliche Anzahl größerer Schiffe verfügte, dominierten in Blankenese Schiffe mittlerer Größe. Trotzdem war die Blankeneser Flotte nicht nur zahlenmäßig, sondern auch im Hinblick auf die Tragfähigkeit die größte Handelsflotte Schleswig-Holsteins. Mittelgroße Flotten fanden sich in Glückstadt und Elmshorn. In den übrigen Städten an der Westküste dominierte die Klein-

schifffahrt. In Husum, Wyk oder Tönning waren kleinere Küstenflotten beheimatet, während auf der Eider die Lokalschifffahrt mit meist nur kleinen Fahrzeugen vorherrschte.

Die Handelsflotte der damals noch eigenständigen Stadt Lübeck war annähernd so groß wie die Flensburgs, war aber mit einem Dampfschiffanteil an der Gesamttonnage von 25 Prozent damals die modernste in ganz Deutschland. In Hamburg machten Dampfschiffe dagegen lediglich neun Prozent, in Schleswig-Holstein sogar nur ein Prozent der Handelsschiffstonnage aus. Erst allmählich setzte sich auch hier das Dampfschiff durch.

Für die Ostseestädte bedeutete das Ausscheiden Schleswig-Holsteins aus dem dänischen Staatsverband einen schweren Schlag. Ihre wirtschaftlichen Bezugspunkte verlagerten sich nun von Kopenhagen und den dänischen Inseln auf die südliche Ostseeküste von Stettin bis Elbing. Für die Schleihäfen Kappeln, Arnis und Maasholm, die auf den Transport von Lebensmitteln nach Dänemark spezialisiert gewesen waren, bedeutete dies den Verlust ihres wichtigsten Fahrtgebiets. Aber auch die Flensburger Kaufleute und Reeder mussten sich nun neu orientieren. Bislang hatte die Stadt verkehrstechnisch günstig im Schnittpunkt überregionaler Verkehrsströme ge-

Rumstadt Flensburg

Rum ist ein Nebenprodukt der Zuckerherstellung und wird durch die Destillation der vergorenen Rückstände der Zuckergewinnung gewonnen. Zum ersten Mal kam Rum im Jahr 1767 nach Flensburg, doch erst zu Beginn des 19. Jahrhunderts wurden der Rum zu einem bedeutenden Importgut, das die Flensburger Kaufleute nach der Veredelung größtenteils weiter nach Norwegen exportierten. Die große Zeit Flensburgs als „Rumstadt" begann allerdings erst ab 1850. Nach dem deutsch-dänischen Krieg von 1864 verloren die Flensburger ihre alten Handelsbeziehungen mit den dänischen Kolonien. Stattdessen begannen die Flensburger Rumhäuser, hocharomatischen Jamaika-Rum zu importieren, der sich hervorragend für den Verschnitt eignet. Ein weiterer Grund für die hohe Qualität des

Flensburger Rums war das gute Flensburger Wasser, mit dem der hochprozentige „Pure"-Rum auf Trinkstärke herabgesetzt wurde. Jedes Rumhaus besaß dabei sein eigenes Rezept für die Veredelung. Zu Beginn des 20. Jahrhunderts gab es in Flensburg etwa 30 Rumhäuser. Bis zum Zweiten Weltkrieg wurde der Rum größtenteils in Fässern oder großen Korbflaschen ausgeliefert. Erst in den 1950er Jahren begann der Vertrieb in Flaschen und die Bewerbung des Rums als Markenprodukt. Nachdem die Zahl der Rumhäuser im Laufe der Jahre durch die Marktkonzentration gesunken war, wurden die letzten Betriebe an große Spirituosenhersteller verkauft, die zwar die alten Marken weiterführen, aber den Rum nun an anderen Standorten produzieren. Nur die Firmen Braasch und A.H. Johannsen setzen die Flensburger Rumtradition bis heute fort.

---

legen, die von Nord nach Süd und von Ost nach West verliefen, und war auch seit 1854 an das Eisenbahnnetz nach Husum und Tönning angeschlossen. Mit der Annexion der Herzogtümer an Preußen geriet Flensburg jedoch von einer zentralen Lage innerhalb des Gesamtstaats an die Peripherie des preußischen Staates und damit, ab 1871, auch des Deutschen Reichs. Als Teil des deutschen Wirtschaftsraumes musste sich die Stadt nun nach Süden ausrichten. Zugleich büßte Flensburg auch die Handelsbeziehungen mit den dänischen Kolonien in Westindien ein. Für die zahlreichen Rumhäuser war das ein schwerer Schlag. Statt aus den dänischen Kolonien importierten die Flensburger nun Rum von der britische Karibikinsel Jamaika.

Nach 1866 waren die Flensburger Schiffe vor allem in der Nord- und Ostseefahrt tätig, ebenso wie in der Kohlenfahrt aus England und der Fahrt nach den russischen Schwarzmeerhäfen, über die damals ein Großteil des Getreideexports aus Russland und der Ukraine abgewickelt wurde.

Eine deutsche Handelsflotte gab es erst seit der Gründung des Norddeutschen Bundes 1867, dem mit Preußen, Mecklenburg und den Hansestädten Lübeck, Hamburg und Bremen alle deutschen Küstenländer angehörten. Seither führten alle deutschen Handelsschiffe die neue, schwarz-weiß-rote Flagge, die später zur Nationalflagge des Deutschen Reichs wurde. Gleichzeitig wurde

in Schleswig-Holstein die Commerzlast als Schiffsvermessungseinheit durch die international gebräuchliche Registertonne (RT) abgelöst. Eine Registertonne entsprach 100 englischen Kubikfuß oder 2,8316 Kubikmetern. Angegeben wurde die Größe der Schiffe entweder in Bruttoregistertonnen (BRT), die den gesamten Rauminhalt eines Schiffes bezeichnen, oder in Nettoregistertonnen (NRT), die nur den für die Ladung zur Verfügung stehenden Rauminhalt eines Schiffes umfassen.

Zwischen 1870 und 1913 wuchs die deutsche Handelsschiffstonnage von 938.000 NRT auf 3.300.000 NRT. Hatte die deutsche Handelsflotte im internationalen Vergleich in den 1880er Jahren weltweit nach Großbritannien, Frankreich, den Vereinigten Staaten und Spanien noch an fünfter Stelle gestanden, nahm sie um die Wende vom 19. zum 20. Jahrhundert bereits den dritten Rang ein und erreichte bis 1914 den zweiten Platz nach Großbritannien. Eine bedeutende Rolle beim Wachsen der deutschen Handelsflotte spielten die Handelsstädte Hamburg und Bremen sowie Preußen als größter deutscher Küstenstaat.

Wichtige Faktoren für diesen rasanten Aufschwung des deutschen Seehandels waren die Aufhebung der britischen Navigationsakte 1849, die Öffnung des britischen Küstenhandels für ausländische Schiffe 1854, die Aufhebung des

Sundzolls 1857 und die allgemeine Öffnung des Seehandels in Europa. Gleichzeitig wuchs die Bedeutung der Nordseehäfen Bremen und Hamburg, während die Ostseehäfen an wirtschaftlichem Gewicht verloren. War 1883 noch über 60 Prozent der deutschen Handelsschiffstonnage in der Ostsee beheimatet gewesen, waren es 1914 nur noch zehn Prozent.

Zugleich entstand mit der Gründung des Deutschen Reichs 1871 ein gesamtdeutscher Wirtschaftsraum. Bereits zuvor waren durch den Norddeutschen und den Deutschen Zollverein, dem bis 1868 die meisten deutschen Staaten beigetreten waren, zahlreiche Handelshemmnisse abgebaut worden.

Als erstem Ostseeanrainer gelang dem Deutschen Reich nach 1871 der Sprung zur Industrienation; innerhalb weniger Jahrzehnte entwickelte es sich zur dominierenden Wirtschaftsmacht auf dem europäischen Kontinent. Gleichzeitig fügte sich die aufstrebende deutsche Industrie erfolgreich in den Weltmarkt ein.

Bremen und Hamburg traten dem Deutschen Zollverein allerdings erst 1888 bei. Als Ausgleich für die Aufgabe der Zollhoheit wurde in Hamburg der Freihafen geschaffen, in dem Waren für den Umschlag und den Weitertransport zoll- und abgabenfrei zwischengelagert werden durften. Zölle und Abgaben mussten erst entrichtet werden, wenn die Waren aus dem Freihafen nach Deutschland eingeführt wurden. Ein Teil des Hamburger Freihafens war die Speicherstadt, wo in zahlreichen Lagerhäusern vor allem Tee, Kaffee und Gewürze zwischengelagert wurden. In den letzten Jahrzehnten haben sich die Handelsbedingungen jedoch grundlegend verändert, weshalb der Hamburger Freihafen Ende 2012 aufgelöst wird. Die Freihäfen in Bremen und Kiel wurden bereits 2007 und 2010 aus wirtschaftlichen Gründen aufgehoben.

Technischer Wandel der Seefahrt

Die zweite Hälfte des 19. Jahrhunderts wurde geprägt von der Ablösung der Segelschifffahrt durch die aufkommende Dampfschifffahrt. Das Jahr 1860 gilt als der Höhepunkt der Segelschifffahrt. Danach begann der unaufhaltsame Aufstieg der Dampfschifffahrt.

Zur Zeit der Gründung des Deutschen Reichs 1871 bestand die deutsche Handelsflotte noch überwiegend aus Segelschiffen: 4.320 Seglern standen nur 127 Dampfschiffe gegenüber. 1880 waren es 4.777 Schiffe mit 1,2 Millionen RT, davon 374 Dampfer mit 200.000 RT. Vierzig Jahre später hatte sich das Verhältnis umgekehrt: 1904 fuhren 786 Dampf- und 225 Segelschiffe über 1.000 BRT unter deutscher Flagge. Die Gesamtzahl der Schiffe hatte sich zwar verringert, ihre Größe und Tragfähigkeit war dagegen gewachsen.

Auch die schleswig-holsteinische Handelsschifffahrt vollzog im Großen und Ganzen diese Entwicklung mit. Noch 1874 machte die Dampfschiffstonnage mit 9.869 NRT lediglich ein knappes Achtel der Gesamttonnage aus. Bereits zehn Jahre später, 1884, hatte die Dampfschiffstonnage mit 59.082 NRT die Segelschiffstonnage um rund 1.000 NRT überrundet.

Allerdings wurden die Segelschiffe nicht sofort durch die neue Technologie verdrängt – im Gegenteil: Um die Mitte des 19. Jahrhunderts hatte der Bau von gut segelnden Schiffen mit der Entwicklung der Klipper seinen Höhepunkt erreicht. Der konkave Klipperbug, der schlanke Rumpf und die gewaltige Segelfläche machten diese Schiffe zu ausgesprochenen Schnellseglern. Einige Merkmale der Klipper wurden später auch auf andere Schiffstypen übertragen, doch gab man bei ihnen in der Regel durch einen völligeren Rumpf der Ladefähigkeit den Vorzug vor Geschwindigkeit. Gleichzeitig wurden auch im Segelschiffbau neue Materialien verwendet; so wurde beispielsweise ab Mitte der 1840er Jahre in zunehmendem Maße Eisen-, ab Mitte der 1860er Jahre Stahldraht für die Takelage verwendet. Später setzten sich auch bei Segelschiffen Eisen und Stahl als Baumaterial durch.

Diese Segelschiffe verfügten über eine technischen Vollkommenheit, durch die sie in einigen Seefahrtsbereichen noch bis zum Ersten Weltkrieg wettbewerbsfähig blieben, zumal der Bau und Unterhalt eines Segelschiffs wesentlich kostengünstiger waren als der eines Dampfers. Sie benötigten weder teuren Brennstoff, noch wurde ihre Transportkapazität durch eine große und schwere Maschinenanlage verringert. Vor allem in der Küstenschifffahrt herrschten noch lange Segelschiffe vor. Die kleinen, ein- bis zweimastigen Küstensegler besaßen in der Regel eine Besetzung von ein bis zwei Mann und waren meist

Klipper

Zu Beginn des 19. Jahrhunderts waren in den USA die schnellsegelnden Klipper entstanden. Eigentlich bezeichnet der Name „Klipper" weniger einen spezifischen Schiffstyp, als ganz allgemein ein Handelsschiff, bei dem zugunsten der Geschwindigkeit auf Ladekapazität verzichtet wurde. Ab 1845 begann die Blütezeit dieser eleganten Schiffe mit ihrem schlanken, stromlinienförmigen Rumpf und scharfem Bug. Es waren wohl die schönsten Schiffe, die jemals gebauten wurden. Sie besaßen hohe Masten, eine große Segelfläche und waren meist als Vollschiff getakelt. Schon bald wurden diese Schnellsegler in Großbritannnien nachgebaut. Legendär wurden die Teerennen britischer Klipper, bei denen die Schnellsegler darum wetteiferten, die erste La-dung der neuen Tee-Ernte nach London zu bringen, für die hohe Preise gezahlt wurden.

Bereits in den 1820er Jahren hatten sich die Apenrader Schiffbauer von der Konstruktion eines havarierten amerikanischen Schnellseglers anregen lassen, den der Apenrader Kapitän Jürgen Bruhn in Kopenhagen gekauft hatte. Ab etwa 1850 wurden auch auf deutschen Werften Schiffe nach dem Vorbild der amerikanischen Klipper gebaut. Zu den ersten gehörten zwei auf der Werft von Ernst Dreyer in Altona gebaute Schiffe, das Fregattschiff IMPERIÉUSE und die Bark CID. Zwischen 1853 und 1860 wurden bei Hauschild in Sonderburg ebenfalls zwei Klipper, die VIRGINIA und die TRITON, gebaut. Nach 1860 ist generell ein starker Einfluss der Klipper auf den Segelschiffbau festzustellen.

Der 1857 für den Apenrader Kapitän und Reeder Jürgen Bruhn gebaute Klipper CIMBER war eines der größten, bekanntesten und schnellsten Schiffe der Stadt. Nach einer Havarie wurde die CIMBER 1865 in Bombay als Lagerschiff verkauft.

mit Gaffelsegeln getakelt, was die Bedienung der Segel von Deck aus erlaubte.

Aber auch in einigen Bereichen der Überseefahrt konnte das Segelschiff seinen Platz noch einige Zeit behaupten – vor allem auf Routen, bei denen der Zeitfaktor weniger stark ins Gewicht fiel, wie dem Transport von Massengütern, die nur niedrige Frachtraten erzielten, wie Salpeter, Getreide, Kohlen und Petroleum. Hier konnte das Segelschiff den Vorteil seiner geringeren Betriebskosten ausspielen. Bekannte Beispiele für solche Fahrtgebiete waren die Weizenfahrt nach Nordamerika oder die Salpeterfahrt nach Chile. Nicht zuletzt auch durch das zunehmende Wissen um die Routen mit den besten Windverhält-nissen und die meteorologische Navigation, also die Nutzung des durch langjährige Beobachtung erworbenen Wissens um die in bestimmten Gebieten herrschenden Wetterbedingungen für die Bestimmung des Segelkurses, konnten die großen, aus Eisen und später aus Stahl gebauten „Windjammer" hier noch bis in das 20. Jahrhundert erfolgreich mit den Dampfschiffen konkurrieren.

Trotzdem begannen sich die Dampfer seit den 1870er Jahren zu einer ernsthaften Konkurrenz für die Segelschifffahrt zu entwickeln. So übertraf in Lübeck bereits ab 1874 die Dampfer- die Segelschiffstonnage. Der wichtigste Vorteil der Dampfschiffe war die bessere Berechenbarkeit

Der Lübecker Hafen um 1875. Seit 1874 übertraf in der Travestadt die Dampfer- die Segelschiffstonnage. Zu diesem Zeitpunkt besaß Lübeck die modernste Handelsflotte im Deutschen Reich.

der Reisedauer – ein Faktor, der in einer zunehmend industrialisierten Welt immer bedeutsamer wurde. Von Maschinen angetrieben Schiffe boten die Möglichkeit, Waren pünktlich und regelmäßig zu transportieren, weshalb in den Jahren bis 1914 mehr und mehr der fahrplanmäßige Linienverkehr auf festen Routen an die Stelle der traditionellen Trampfahrt trat.

Nicht nur die Zahl der Dampfschiffe, auch ihre Größe wuchs. Um 1870 war ein durchschnittlicher Frachtdampfer etwa 1.000 RT groß, 1873 bereits 2.000 NRT und um 1905 3.000 NRT. Dadurch ließen sich größere Frachtmengen mit geringerem Kostenaufwand befördern.

In der zweiten Hälfte des 19. Jahrhunderts erfolgte der Übergang vom Holz- zum Eisen- und später zum Stahlschiffbau. Vor allem für Dampfschiffe waren Stahl und Eisen wegen der durch den Maschinenantrieb auftretenden Vibrationen besser als Baumaterial geeignet als Holz.

Zugleich schritt die technische Entwicklung des Dampfschiffs immer weiter voran. Durch konstruktive Verbesserungen konnte im Laufe der Zeit auch die Zuverlässigkeit der Kolbendampfmaschinen verbessert, ihr Kohlenverbrauch gesenkt und ihre Effizienz gesteigert werden, wodurch sie zunehmend leistungsstärker und wirtschaftlicher wurden. Der Sieg des Dampfantriebs kam in den Jahren nach 1860 mit der Verringerung des Brennstoffverbrauchs durch die Einführung des Wasserrohrkessel und der Mehrfachexpansions- oder Verbunddampfmaschine,

bei der die Dampfenergie nacheinander in zwei oder mehr Zylindern mit unterschiedlichem Hubraum genutzt wurde. Der erste Schritt in diese Richtung war in den 1870er Jahren die zweizylindrige Verbund- oder Compound-Dampfmaschine.

Ebenso wichtig waren die Verbesserungen bei der Betriebssicherheit der Dampfmaschinen. Zu Beginn der Dampfschiffszeit war es immer wieder zu Kesselexplosionen gekommen, die sowohl auf konstruktive Probleme einer unausgereiften Technik als auch auf falsche Bedienung der Maschinenanlagen zurückzuführen waren. Durch konstruktive Verbesserungen, den Erlass von Sicherheitsvorschriften und die Einführung von Befähigungsnachweisen für Maschinisten wurden die Dampfkessel im Laufe der Zeit nicht nur stabiler und sicherer, sondern ermöglichten auch einen höheren Dampfdruck und damit leistungsstärkere Antriebsmaschinen. Hatte der Dampfdruck in den 1820er Jahren lediglich zwei ATÜ (ATÜ = Atmosphärenüberdruck) betragen, stieg er bis 1850 auf vier ATÜ, bis 1870 auf 10 ATÜ und nach 1900 auf 16 ATÜ.

Andere Anfangsschwierigkeiten wurden ebenfalls gelöst. Zu Beginn der Dampfschiffszeit wurden die Dampfkessel zumeist ohne Wasseraufbereitung oder sogar mit Seewasser betrieben. Ein Problem war dabei der sogenannte „Kesselstein", eine Krustenbildung durch die Ablagerung von im Speisewasser des Kessels gelösten Bestandteilen wie Kalk und Salz bei Temperaturen über 144

Grad Celsius. Diese ungewollte Isolierung erhöhte den Brennstoffverbrauch und musste in regelmäßigen Abständen mühsam entfernt werden. Erst mit der Einführung des Kondensators konnte dieses Problem in den 1860er Jahren durch einen Kreislauf salzfreien Kesselspeisewassers gelöst werden. Zusätzlich konnte während der Reise für die Verwendung im Dampfkessel geeignetes Wasser gewonnen werden, indem man Seewasser durch Destillation entsalzte.

Gleichzeitig wurden die Antriebsanlagen kompakter und nahmen weniger Raum ein, der nun für Ladung genutzt werden konnte, wodurch die Wirtschaftlichkeit weiter gesteigert wurde. Den endgültigen Durchbruch brachte in den 1880er Jahren die Erfindung der Dreifach-Expansionsdampfmaschine, bei der der Dampf seine Kraft nacheinander in drei Zylindern mit unterschiedlichem Hubraum entfaltet, wodurch der Wirkungsgrad der Dampfmaschinen weiter erhöht wurde. So verbrauchte beispielsweise eine Dampfmaschine mit einer Stärke von 1.000 PS um 1850 pro Tag rund 60 Tonnen Kohle, um 1900 dagegen nur noch 15 Tonnen Kohle. Mit anderen Worten, bei gleicher Kraftentwicklung war der Brennstoffverbrauch in diesen Jahren durch technische Verbesserungen um rund 75 Prozent gesunken. Im gleichen Zeitraum war auch das Gewicht der Maschinenanlagen um mehr als 60 Prozent verringert worden, so dass die Schiffe entsprechend mehr Ladung befördern konnten. Zugleich bedeuteten wirtschaftlichere Maschinen aber auch geringere Betriebskosten und damit einen Wettbewerbsvorteil.

Der Dampfer SILVIA wurde 1886 von der Flensburger Schiffbaugesellschaft gebaut. Bis 1907 fuhr das Schiff für die Flensburg-Stettiner Dampfer-Linie und wurde dann nach Russland verkauft. Erst 1956 wurde die SILVIA in Hamburg abgewrackt.

In der Folge setzte sich die Dampfmaschine als Schiffsantrieb endgültig durch. 1876 bestanden lediglich 12,5 Prozent der Welttonnage aus Dampfschiffen. Bis 1900 stieg ihr Anteil auf 63,9 Prozent. Angesichts der zunehmenden Wirtschaftlichkeit und Betriebssicherheit der Antriebsanlagen verschwand seit den 1870er Jahren auf den Dampfschiffen auch allmählich die bis dahin für notwendig erachtete Hilfstakelage; fortan dienten die Masten nur noch zum Be- und Entladen der Schiffe. Ab Anfang der 1890er Jahre wurden auf deutschen Werften die ersten Handelsschiffe mit Doppelschrauben gebaut; später folgten auch Drei- und Vierschraubenschiffe.

Bei den Frachtdampfern hatte sich bald als Haupttyp das sogenannte „Drei-Insel-Schiff" mit Aufbauten vorne, in der Mitte und achtern durchgesetzt. Um 1900 maßen Frachter meist zwischen 2.000 bis 3.000 BRT. Bis 1910 wuchs ihre Größe auf 3000 bis 5000 BRT. Dieses vergleichsweise geringe Größenwachstum hatte nicht nur schiffbautechnische Gründe, sondern lag vor allem daran, das Tramp- wie Linienschiffe oft auch kleine Häfen anliefen oder Flüsse hinauffahren mussten, was für große Schiffe mit Schwierigkeiten verbunden war.

Nach 1900 stand mit der Dampfturbine ein neuer, besonders leistungsfähiger Schiffsantrieb zur Verfügung. Dabei bewegt der Dampf keinen Kolben auf und ab, sondern treibt ein mit zahlreichen Schaufeln besetztes Laufrad an. Nachdem Dampfturbinen zunächst vorwiegend auf Kriegsschiffen eingesetzt worden waren, fand dieser neue Antrieb allmählich auch auf Handelsschiffen Verwendung, vor allem auf schnellen Überseepassagierschiffen, wie den ab 1913 in Dienst gestellten deutschen Transatlantikdampfern der IMPERATOR-Klasse.

Eine andere Alternative zur herkömmlichen Kolbendampfmaschine war der sparsame und genügsame Dieselmotor. Das weltweit erste dieselgetriebene Handelsschiff war die 1911 in Kopenhagen für die dänische Reederei „Det Østasiatiske Kompagni" gebaute SELANDIA. Als erstes deutsches Motorschiff lief im Februar 1912 bei den Kieler Howaldtswerken der für die Hamburger Reederei Hamburg Südamerikanische Dampfschifffahrts-Gesellschaft, kurz: Hamburg-Süd, gebaute Frachter MONTE PENEDO vom Stapel. Das 3.693 BRT große Schiff wurde von zwei Vierzylinder-Zweitaktmotoren mit je 800 PS an-

getrieben. Eine weitere Verbreitung auf Handelsschiffen erhielt der Dieselmotor allerdings erst nach dem Ersten Weltkrieg.

Ab 1910 begann sich in der Handelsschifffahrt zudem die Ölfeuerung für Dampfkessel zu verbreiten. Das Öl besaß nicht nur einen höheren Heizwert, es war auch leichter und schneller zu bunkern als Kohle, die durch die Besatzung in mühsamer Arbeit an Bord gebracht und in den Bunkern verstaut werden musste. Allerdings betrug der Anteil ölgefeuerter Dampfschiffe an der Welttonnage im Jahr 1914 erst 2,6 Prozent; in Deutschland waren es rund 3 Prozent.

Parallel zu diesen technischen Umwälzungen kam es in der Handelsschifffahrt auch zu einem Strukturwandel, der für große, kapitalkräftige Reedereien leichter zu bewältigen war, als für kleinere Schifffahrtsunternehmen. Die Folge war ein Konzentrationsprozess unter den deutschen Reedereien. Zugleich zeichnete sich seit der Mitte des 19. Jahrhunderts eine wesentliche Veränderung im Reedereigeschäft ab. Noch um 1850 hatte in den deutschen Küstenstädten die Kaufmannsreederei dominiert, d.h. die Kaufleute transportierten auf ihren Schiffen vorzugsweise eigene Handelswaren. Nach 1870 entstanden jedoch vermehrt Reedereigesellschaften, die ihre Geschäftätigkeit allein auf das Seetransportgeschäft konzentrierten und keinen Handel auf eigene Rechnung mehr betrieben. Zugleich entstanden finanzkräftige Großreedereien, die als Aktiengesellschaften organisiert waren und sich vor allem auf die aufgrund des hohen Investitionsbedarfs kapitalintensive Dampfschifffahrt konzentrierten. Lediglich in der Küstenschifffahrt und der Fischerei spielte die traditionelle Partenreederei noch bis in das 20. Jahrhundert eine Rolle. Ähnlich sah auch die Lage in der Kleinschifffahrt aus, in der die Schiffe oft noch im Besitz ihres Schiffers waren, der als Eigner, Reeder, Kaufmann und Schiffsführer in einer Person auftrat.

Die traditionellen Gesamthandelshäuser, die Handel, Reederei und Geldgeschäfte in einer Hand vereinigten, erwiesen sich auf dem Schifffahrtssektor als zu unflexibel und waren der Konkurrenz der modernen, auf das Seetransportgeschäft spezialisierten Reedereien immer weniger gewachsen, trotzdem wurde die Trennung zwischen Handels- und Speditionsgeschäft in Schleswig-Holstein erst wesentlich später als in Hamburg vollzogen.

Allmählich gerieten die traditionellen Seefahrtsregionen gegenüber den neuen maritimen Zentren Hamburg und Bremen ins Hintertreffen, da sich die Großreedereien im härter werdenden Wettbewerb besser behaupten konnten.

Dieser technische und strukturelle Modernisierungsprozess führte auch zu starken Veränderungen in den schleswig-holsteinischen Hafenorten. Wo der Übergang zur Dampfschifffahrt nicht erfolgte, sank die Handelsflotte oftmals zur Bedeutungslosigkeit herab.

Die Entwicklung der schleswig-holsteinischen Handelsschifffahrt

Die ersten Jahre unter preußischer Herrschaft fielen in eine Zeit der wirtschaftlichen Prosperität, die nach dem Krieg gegen Frankreich in die sogenannte „Gründerzeit" mündete. Die Industrialisierung Deutschlands schritt rasch voran und damit erlebte auch die deutsche Handelsschifffahrt einen neuen Aufschwung.

Weil aber mit der Seemannsordnung von 1872 die bis dahin übliche Militärdienstbefreiung für Seeleute aufgehoben wurde, kam es zunehmend zu Rekrutierungsschwierigkeiten in der Handelsschifffahrt, da sich junge Männer nun nicht mehr durch Anheuerung der dreijährigen Wehrpflicht entziehen konnten, wodurch der Seemannsberuf erheblich an Attraktivität verlor.

Mitte der 1870er Jahre brach zudem die Konjunktur in der Schifffahrt ein. Die negativen Folgen der durch den Börsenkrach von 1873 ausgelöste „Gründerkrise" für das Seetransportgeschäft wurden noch verstärkt durch den Ausbruch des

Der Dampfer POLLUX der Flensburger Reederei Heinrich Schmidt um 1930 mit einer Ladung Schnittholz im englischen Hafen Hull. Das 1905 in Großbritannien gebaute Schiff zeigt deutlich die typische „Drei-Insel"-Bauweise mit Aufbauten vorn, in der Mitte und achtern.

Tonnageentwicklung in Schleswig-Holstein 1874–1913 (Angaben in RT)

	1874	1879	1884	1889	1894	1899	1904	1909	1913
Gesamttonnage									
Gesamt	90949	99666	117459	105347	100943	118395	130016	135803	130213
Segelschiffe	81080	81776	58377	30706	23397	19649	18435	19517	23100
Dampfschiffe	9869	17890	59082	74641	77546	98746	111581	116286	107113
Ostseeküste									
Gesamt	44460	54067	80923	78683	76908	94660	104570	114264	111091
Segelschiffe	36678	37698	25162	10308	5604	4312	5212	6444	9262
Dampfschiffe	7782	16369	55761	68375	71304	90348	99358	107820	101829
Nordseeküste									
Gesamt	46489	45599	39536	26664	24035	23735	25446	21539	19122
Segelschiffe	44402	44078	33215	20398	17793	15337	13223	13073	13838
Dampfschiffe	2087	1521	3321	6266	6242	8398	12223	8466	5284

Der Flensburger Dampfschiffpavillon um 1880. Nachdem die SEEMÖVE 1866 mit der Linienschifffahrt auf der Flensburger Förde begonnen hatte, wurden die Dampferfahrten rasch ein beliebtes Freizeitvergnügen.

Russisch-Türkischen Kriegs im April 1877. Bis zum Ende des Konflikts im März 1878 kam die Schifffahrt im Schwarzen Meer und im östlichen Mittelmeer faktisch zum Erliegen, was ein Überangebot an Tonnage zur Folge hatte. Die Frachtraten sanken und vielerorts wurden Schiffe aufgelegt.

Nach Jahren der Krise belebte sich die Schifffahrtskonjunktur ab 1887 und auch die Frachtraten zogen wieder an. Doch schon Anfang der 1890er Jahre folgte die nächste Wirtschaftsflaute; die Schifffahrtsbranche litt unter einem Über-

angebot an Tonnage und tariflichen Auseinandersetzungen mit den Seeleuten. Ab 1897 setzte eine allmähliche Erholung im maritimen Transportgeschäft ein, allerdings brach die Konjunktur bereits kurz nach der Jahrhundertwende wieder ein. Erst ab etwa 1910 begann sich die Konjunktur zu erholen und der Frachtmarkt belebte sich wieder, nicht zuletzt dank der vermehrten Getreidetransporte. Dieser Aufwärtstrend setze sich bis in die letzten Monate vor dem Ausbruch des Ersten Weltkriegs fort.

Das Auf und Ab der Konjunkturen lässt sich auch an der Entwicklung der schleswig-holsteinischen Handelsschifffahrt ablesen. Die Tonnage der schleswig-holsteinischen Handelsflotte sank dementsprechend zwischen 1864 und 1874 von etwa 102.500 RT auf rund 91.000 RT, um bis 1884 wieder auf circa 117.500 RT zu steigen. In den folgenden Jahren sank die Gesamttonnage bis 1894 auf ungefähr 101.000 RT und wuchs anschließend erneut auf einen neuen Höchststand von etwa 135.000 RT im Jahr 1909. Gleichzeitig begann in dieser Zeit auch in Schleswig-Holstein der endgültige Übergang von der Segel- zur Dampfschifffahrt. So sank die Segelschiffstonnage zwischen 1874 und 1904 von 81.080 RT auf 18.435 RT, während gleichzeitig die Dampfschiffstonnage von 9.869 RT auf 111.581 RT wuchs.

Der Flensburger Dampfschiffpavillon um 1910. In diesen Jahren beförderten die 25 Flensburger Fördedampfer neben rund einer Million Passagieren jährlich auch große Mengen Fracht, darunter auch lebendes Vieh.

Dabei erfolgte der Übergang von der Segel- zur Dampfschifffahrt an der Ostküste schneller als an der Westküste. Bis in die 1880er Jahre konnten die Segelschiffe im Ostseeraum ihre starke Stellung behaupten, obgleich die mittelgroßen Segler, die den Ostseehandel lange dominiert hatten, seit der Mitte der 1870er Jahre allmählich verschwanden. Betrug die Segelschiffstonnage an der Ostseeküste 1879 noch 37.698 RT gegenüber 16.369 RT Dampfschiffstonnage, hatte sich das Verhältnis zehn Jahre später mit 10.308 RT zu 68.375 RT zugunsten der Dampfschiffe umgekehrt. 1904 betrug die Dampfschiffstonnage bereits 99.358 RT gegenüber 5.212 RT Segelschiffstonnage. In den folgenden neun Jahren wuchs die Dampfschiffstonnage

weiter auf 111.091 RT und auch die Segelschifffahrt erlebte einen kleinen Aufschwung: 1913 bestand die Segelschiffsflotte an der schleswig-holsteinischen Ostküste vorwiegend aus kleinen Küstenseglern mit einer Gesamttragfähigkeit von 9.262 RT. Gleichzeitig sank die Gesamttonnage an der Westküste zwischen 1874 und 1904 von 46.489 RT auf nur noch 25.446 RT. Auch der

Die Petuh-Tanten

Das sogenannte „Petuh" ist eine deutsch-dänische Mischsprache, die nur in Flensburg gesprochen wurde. Der Überlieferung nach entstand es im 19. Jahrhundert auf den Flensburger Fördedampfern. Viele vor allem ältere Damen besaßen damals Dauerkarten, auf Französisch „Partoutkarten" genannt, was sich schließlich zu „Petuh-Karten" abschliff – und diesem eigentümlichen Kauderwelsch den Namen gab, bei dem sich dänischer Satzbau mit hoch- und niederdeutschen Worten und einer Reihe von Danismen zu einem eigenen Dialekt vermischte und von typischen Ausdrücken wie „figellinsch" für „schlitzohrig", „Aggewars" für „Mühe" oder „Umstand", „Is dat Zünde!" für „Das ist aber schade!" oder „Bei ausses Licht un szue Rollo" – auf hochdeutsch „ohne Licht und bei geschlossenem Rollo" – geprägt wurde. Heute wird „Petuh" nur noch von wenigen Flensburgern gesprochen, doch sind viele der typischen Ausdrücke in die Flensburger Alltagssprache eingegangen.

Fördedampfer im Flensburger Hafen. Die Ausflugsfahrten im Sommer waren besonders bei den legendären „Petuh"-Tanten beliebt.

Salondampfer ALEXANDRA

Die 1908 auf der Schiffswerft & Maschinenfabrik Hamburg vom Stapel gelaufene ALEXANDRA ist der letzte erhaltene Flensburger Förderdampfer. Das 37 Meter lange und 7,2 Meter breite Schiff wird von einer 420 PS starken Dampfmaschine angetrieben, die ihm eine Geschwindigkeit von zwölf Knoten verleiht. Der Salondampfer wurde nach seiner Taufpatin, Prinzessin Alexandra zu Schleswig-Holstein-Glücksburg, benannt. In beiden Weltkriegen wurde die ALEXANDRA zum Marinedienst herangezogen und war gegen Ende des Zweiten Weltkriegs an der Rettung von Flüchtlingen aus den deutschen Ostgebieten beteiligt. Während der Olympischen Segelwettbewerbe 1972 diente sie als offizielles Regatta-Begleitschiff. 1986 verschenkte die Flensburger Fördereederei den inzwischen außer Dienst gestellten Dampfer an den Förderverein „Salondampfer ALEXANDRA e.V.", dem es mit viel Engagement und Unterstützung von Bund und Land gelang, das Schiff wieder fahrbereit zu machen. Seit 1989 unternimmt die ALEXANDRA in den Sommermonaten regelmäßig Fahrten auf

Der Fördedampfer ALEXANDRA. Nach der Restaurierung ist der 1908 gebaute Fördedampfer heute das schwimmendes Wahrzeichen der Stadt Flensburg.

der Flensburger Förde und wurde 1990 als erstes fahrendes historisches Schiff in das Denkmalbuch des Landes Schleswig-Holstein eingetragen. Heute ist der in Flensburg liebevoll „Alex" genannte Salondampfer das schwimmende Wahrzeichen der Stadt Flensburg.

Der 1869 in Großbritannien gebaute Dampfer PRIMA (deutsch: EINS) war das erste Schiff der Flensburger Dampfschiffahrt-Gesellschaft von 1869. Wie zu erkennen ist, besaß das Schiff wie damals üblich noch eine Schoner-Hilfsbesegelung für den Fall einer Maschinenhavarie. 1882 wurde das Schiff nach Norwegen verkauft und ging 1920 nach einer Kollision vor der nordenglischen Küste verloren.

Übergang zur Dampfschifffahrt erfolgte hier deutlich langsamer; so wuchs die Dampfschiffstonnage in den schleswig-holsteinischen Nordseehäfen im angegebenen Zeitraum lediglich von 2.087 RT auf 12.223 RT.

Vor allem in Flensburg, dessen Handelsflotte seit der Mitte des 19. Jahrhunderts im Niedergang gewesen war, hatte man in der Dampfschifffahrt eine neue Chance erkannt. Die Dampfschiffszeit in Flensburg nahm ihren Anfang im Jahr 1866, als die „Flensburg-Ekensunder Dampfschiffahrtsgesellschaft" mit der Fördeschifffahrt begann, die rasch ein beliebtes Freizeitvergnügen wurde. Nach dem Vorbild der Hamburger richtete der Flensburger Kaffeehändler Mommse Bruhn mit dem kleinen Schraubendampfer SEEMÖVE auf der Flensburger Förde einen Linienverkehr ein. Das Unternehmen wurde rasch zum Erfolg; überall an der Flensburger Förde entstanden Ausflugsorte mit Anlegebrücken. 1873 wurde mit der „Sonderburger Dampfschiffahrts-Actien-Gesellschaft" eine zweite Fördeschiffreederei gegründet. 1897 fusionierten beide Unternehmen zur „Vereinigten Flensburg-Ekensunder und Sonderburger Dampfschiffahrtsgesellschaft", die meist nur kurz „Vereinigte" genannt wurde. 1909 beförderten die 25 Dampfer der Reederei bereits rund eine Million Passagiere. In den Jahren vor dem Ersten Weltkrieg umfasste

die Flotte der „Vereinigten" insgesamt 29 Dampfer, die im Personen- und Frachtverkehr auf der Flensburger Förde verkehrten und regelmäßig 37 Stationen von Hadersleben bis Hamburg verbanden. Ebenso wurden die Schiffe für Viehtransporte von Dänemark nach Schleswig-Holstein eingesetzt. Berühmt wurden die „Petuh-Tanten-Fahrten", benannt nach den meist älteren Flensburger Damen, die mit ihren in der Fördestadt auch als „Petuh-Karten" bezeichneten Saisontickets den ganzen Sommer über regelmäßig die Förde befuhren.

Im April 1869 hatten zudem einige Flensburger Kaufleute die „Flensburger Dampfschiffahrt-Gesellschaft von 1869", kurz FDG oder „69er" genannt, gegründet. Als erste Flensburger Schiffseigner setzten die „69er" schwerpunktmäßig auf die neue Antriebstechnik. Das erste Schiff der Reederei war der 680 Tonnen tragende, im englischen West-Hartlepool gebaute Dampfer PRIMA. Innerhalb weniger Jahre wurden weitere Dampfschiffe in Dienst gestellt; so folgten der PRIMA die SECUNDA mit 665 NRT, die TERTIA mit 980 NRT, die QUARTA mit 1131 NRT, die QUINTA mit 1279 NRT und die kleine, für die Ostseefahrt bestimmte SEXTA mit 113 NRT. Die Gründung einer Reedereigesellschaft war eine grundlegende Neuerung, denn vor der „69er" hatte es an der Ostsee nur die Kaufmannsreederei oder die traditionelle Partenreederei gegeben. Zugleich war die FDG die erste Flensburger Reederei, die den Seetransport ausschließlich als Dienstleistung betrieb. Auf den Schiffen der „69er" wurden keine eigenen Handelswaren, sondern nur Güter im Auftrag von fremden Firmen befördert.

Von 1873 bis 1892 waren Flensburger Reeder auch im Petroleumimport aus den USA tätig, nachdem es ihnen gelungen war, die Bremer und Geestemünder Zwischenhändler aus diesem Geschäft zu verdrängen. Bis zur Einführung von Tankdampfern Mitte der 1880er Jahre wurde Petroleum fast ausschließlich in Fässern auf Segelschiffen transportiert, weil die Beförderung auf Dampfschiffen als zu gefährlich galt und daher hohe Versicherungsprämien gefordert wurden. Bis 1892 liefen mehr als 70 große, mit Petroleum beladene Segler den Flensburger Hafen an.

Bereits seit Beginn der 1880er Jahre bestand der größte Teil der Flensburger Flotte aus Dampfern. Waren 1878 in Fördestadt noch 35 Segler und 17 Dampfschiffe registriert gewesen, hatte

Der Flensburger Kapitän und Reeder Heinrich Schmidt (1848–1918). Nachdem er lange als angestellter Kapitän gefahren war, machte sich Schmidt 1892 selbständig. 1901 betreute seine Reederei bereits elf Dampfer. 1908 stieg er auch ins Kohlengeschäft ein. Nach seinem Tod 1918 führten seine Söhne Hans und Carl Schmidt die Firma weiter. In den 1970er Jahren geriet die Reederei Heinrich Schmidt in wirtschaftliche Schwierigkeiten und wurde 1977 aufgelöst.

sich das Verhältnis bereits 1883 umgekehrt. Nun waren in Flensburg 42 Dampfer und nur noch 17 Segelschiffe beheimatet.

Die Schiffe aus der Fördestadt verkehrten aber nicht nur auf der Nord- und Ostsee. Viele Jahrzehnte lang war die Chinafahrt für Flensburger Frachtdampfer ein wichtiger Geschäftszweig. 1877 waren die Flensburger Reeder dem Beispiel von Schiffseignern aus anderen deutschen Häfen gefolgt und hatten damit begonnen, ihre Schiffe als Trampdampfer im Fernen Osten einzusetzen, wo diese alles transportierten, was an Fracht an-

Der Flensburger Hafen im Jahr 1904. Neben deutschen Schiffen sind auch norwegische, schwedische und dänische Frachtschoner zu erkennen. Im Hintergrund liegt der englische Dampfer FIRTH OF DONOCH, der eine Ladung Reis nach Flensburg gebracht hat.

Hadersleben um 1880. Im Hafen liegen zwei Jachten und ein Schoner. Nach 1866 erlebte die Stadt einen wirtschaftlichen Niedergang.

Der Hafen von Apenrade um 1880. Nach dem Ende der Segelschiffszeit gelang den Apenrader Reedern nach einem wirtschaftlichen Einbruch der Übergang zur Dampfschifffahrt. Der Hafenumschlag in Apenrade war nicht sehr bedeutend, nahm aber nach 1900 durch Viehimporte aus Dänenmark deutlich zu. Auch die Holzeinfuhr spielte eine Rolle.

fiel. Oft nahmen sie auch chinesische Deckpassagiere mit. Die deutschen Schiffe waren beliebt, weil die chinesischen Passagiere an Bord gut behandelt wurden und Rücksicht auf ihre Wünsche genommen wurde. Zeitweise waren über 40 Flensburger Schiffe in der Chinafahrt eingesetzt, doch verringerte sich ihre Zahl nach 1900 auf 15. Nach dem Russisch-Japanischen Krieg von 1904 bis 1905 sank die Zahl der Flensburger Dampfer in chinesischen Gewässern auf nur noch drei Schiffe der „Flensburger Dampfschiffahrt-Gesellschaft von 1869".

Die Flensburger Dampfer wurden vorwiegend in der Trampfahrt eingesetzt; Linienfahrt betrieb unter anderem die „Flensburg-Stettiner Dampfschifffahrts-Gesellschaft". 1905 nahm die Flensburger Reederei Heinrich Schuldt zum Ärger der Hamburger und Bremer Großreedereien unter dem Namen „Ozean-Dampfer AG" einen Linienverkehr von Hamburg und Antwerpen nach Kuba und Mexiko auf. Erst nach hartem Konkurrenz-

kampf konnte die Reederei die Anerkennung der deutschen Großreedereien erringen.

Dank des rechtzeitig vollzogenen Strukturwandels von der Segel- zur Dampfschifffahrt stieg Flensburg erneut zur bedeutendsten Seefahrtsstadt in Schleswig-Holstein auf. Bereits 1874 übertraf hier die Dampfschiffstonnage mit 3.900 RT die der Segelschiffe, die nur 3.800 RT betrug. Die Zahl der in der Fördestadt beheimateten Segler sank kontinuierlich von 17 im Jahr 1883 auf lediglich vier im Jahr 1898. Um 1900 bestand die Flensburger Handelsflotte bereits fast nur noch aus Dampfschiffen. 1910 wurden in Flensburg 18 Reedereien gezählt, die zusammen über 100 Schiffe verfügten, bei denen es sich mit Ausnahme eines einzigen Segelschiffs ausschließlich um Dampfschiffe handelte.

Mit dem erfolgreichen Übergang zur Dampfschifffahrt wurde auch die Grundlage für den Aufstieg Flensburgs als Reedereistandort gelegt. 1873 hatte die Fördestadt in der Rangliste der führenden deutschen Reedereistädte noch Platz 26 eingenommen.

1909 besaß Flensburg die größte Handelsflotte in Preußen sowie – wenn auch mit großem Abstand – die drittgrößte im Deutschen Reich und war die bedeutendste Seehandelsstadt an der deutschen Ostseeküste. Ungeachtet dessen setzte nach Erreichen des Tonnagehöchststandes im Jahr 1909 ein langsamer, von Phasen der Erholung in den 1920er und 1930er Jahren unterbrochener Niedergang ein. Das lag nicht zuletzt an der zunehmenden Überalterung der Flensburger Dampferflotte. 1914 betrug das Durchschnittsalter der Flensburger Dampfschiffe mehr als 14 Jahre; nur wenige Schiffe waren jünger als sechs Jahre. Mittelfristig wäre eine Erneuerung der

Der Dampfer MICHAEL JEBSEN aus Apenrade. Das Schiff wurde 1904 bei Howaldt in Kiel gebaut. Nach Ausbruch des Ersten Weltkriegs wurde der Dampfer Anfang November 1914 in der Hafeneinfahrt von Tsingtau als Blockschiff versenkt.

Anzeige für die Dampfschiffslinien Kiel–Korsör mit Fahrplan aus dem Jahr 1912.

Einer der drei von Sartori & Berger bereederten Reichspostdampfer der Linie Kiel–Korsör in der Howaldtwerft.

Flensburger Handelsflotte dringend erforderlich gewesen, zumal neuere Schiffe höhere Frachtraten erzielten. Dazu kam es durch den Beginn des Ersten Weltkriegs jedoch nicht mehr.

In Sonderburg gelang der Übergang zur Dampfschifffahrt nur verzögert, in Hadersleben überhaupt nicht. Gleichwohl erlebten beide Orte eine Steigerung des Verkehrsaufkommens. Auch in Kappeln lässt sich in der zweiten Hälfte des 19. Jahrhunderts ein Niedergang feststellen. Anders als Hadersleben, Apenrade und Flensburg gelang hier nach dem Ausscheiden Schleswig-Holsteins aus dem dänischen Staatsverband die Umstellung auf andere Fahrtziele nicht.

Apenrade erlitt seit Anfang der 1880er Jahre zunächst einen wirtschaftlichen Einbruch als Folge des Niedergangs der traditionellen Segelschifffahrt. Zwischen 1860 und 1880 waren die Apenrader Reeder unter anderem in der überaus einträglichen Linienfahrt zwischen dem Kap der Guten Hoffnung, Mauritius und Madagaskar tätig gewesen. Mit dem Ende der Segelschiffszeit um 1880 endete auch Apenrades Glanzzeit als Seefahrtsstadt, bevor mit dem Übergang zur Dampfschifffahrt ein neuer Aufschwung sowohl für die Apenrader Handelsflotte als auch für den Hafenverkehr einsetzte.

Eckernförde erlebte ebenfalls einen Abstieg. Waren hier 1845 immerhin noch 16 kleinere Schiffe beheimatet gewesen, waren es 1864 nur noch sechs, von denen nur zwei Schiffe eine Tragfähigkeit von mehr als zehn CL besaßen. Erst 1871 kam es zu einer kurzen Wiederbelebung der Handelsschifffahrt, als die Eckernförder Firma Heinrich Wilhelm Clausen einige Segelschiffe

für den Import von Salzsteinen aus Liverpool erwarb, die in der Salzsiederei der Firma zu dem damals beliebten „Eckernförder Salz" verarbeitet wurden. Mit der Anbindung Eckernfördes an das deutsche Eisenbahnnetz im Jahr 1881 kam das Ende der Eckernförder Segelschifffahrt, da es billiger war, Kohle und Salzsteine mit der Bahn in die Fördestadt zu transportieren als mit dem Schiff. Damit endete die lange Eckernförder Schifffahrtstradition; am Übergang zur Dampfschifffahrt hatte die Stadt keinen Anteil mehr. Gleichwohl stieg das Verkehrsaufkommen im Eckernförder Hafen deutlich an und erreichte erst kurz vor Ausbruch des Zweiten Weltkriegs seinen Höhepunkt.

Kiel blieb auch in preußischer Zeit als Handelshafen im Schatten Flensburgs und Lübecks. Nach 1865 nahm die Marine den größten Teil der Kie-

Der Frachtdampfer KIEL der Kieler Dampf Companie, Gemälde von A. Jacobsen aus dem Jahr 1886. Das Schiff besitzt eine Hilfstakelage, wie sie damals bei Dampfschiffen noch üblich war.

Der Kieler Hafen in den 1890er Jahren. In der Bildmitte ist der Anleger für die Schiffe der Korsör-Linie zu sehen.

ler Innenförde als Reede in Beschlag, so dass die Liegeplätze für Handelsschiffe auf die innere Hörn beschränkt wurde, wobei das Ostufer zudem von den großen Werftbetrieben belegt war. Bedeutung hatte vor allem der Fährverkehr nach Dänemark, wobei die alte Linie nach Kopenhagen allerdings 1892 eingestellt wurde; die seit 1835 bestehende Linie nach Korsör auf der däni-

schen Insel Seeland wurde dagegen noch bis in die 1920er Jahre betrieben. 1880 nahmen die beiden von August Sartori bereederten Reichspostdampfer KAISER und KRONPRINZ FRIEDRICH-WILHELM den Linienverkehr zwischen Kiel und Korsör auf. Damit wurde eine wichtige Lücke in der Reiseroute von Kiel nach Kopenhagen geschlossen. Zwischen 1893 und 1899 wurden auf dieser Linie die drei bei Howaldt in Kiel gebauten Fracht- und Passagierdampfer PRINZ WALDEMAR, PRINZ ADALBERT und PRINZ SIGISMUND eingesetzt, die die Strecke in sechs Stunden zurücklegten. Um 1900 gab es von Kiel aus zahlreiche Fährlinien. Zweimal täglich fuhren Dampfschiffe nach Korsör, zweimal wöchentlich nach Lübeck sowie regelmäßig nach Faaborg, Sonderburg, Flensburg, Kappeln, Stettin, Danzig und Hamburg.

Trotz seines ausgezeichneten Naturhafens besaß Kiel nur eine kleine Handelsflotte, die vor allem aus Küstenschiffen bestand. In den 1870er Jahren waren die Kieler Reedereien vor allem in der Nord- und Ostseefahrt sowie in der Englandfahrt tätig. Nur wenige Kieler Schiffe fuhren nach Übersee. Gleichzeitig hatten auch traditionelle Betätigungsfelder der Kieler Segelschiffe, wie die Getreidefahrt vom Schwarzen Meer oder die Fruchtfahrt vom Mittelmeer, an Bedeutung verloren. Da die niedrigen Frachtraten in den 1880er Jahren keine ausreichenden Verdienstmöglichkeiten in der traditionellen Nord- und Ostsee-

Die 1877 in Kiel auf der Werft von C. Ihms vom Stapel gelaufene ELISABETH war das letzte Segelschiff der Reederei Sartori & Berger. 1889 wurde die Dreimastbark nach Hongkong verkauft.

Der 1881 bei Howaldt in Kiel gebaute Frachtdampfer FRANZ fuhr 35 Jahre für die Reederei Sartori & Berger. 1916 ging das Schiff durch Strandung verloren.

Sartori & Berger – eine Kieler Erfolgsgeschichte

Das Geschäft der 1858 gegründeten Firma Sartori & Berger war zunächst die Schiffsmaklerei. Später wurde August Sartori (1837–1903) auch als Reeder tätig, wobei er zunächst er als Korrespondenzreeder agierte, d.h. er betreute Schiffe, die anderen Eigentümern und Anteilseignern gehörten. 1862 beteiligte er sich erstmals selber an einem Schiff, der Brigg ADELAIDE, deren Schiffsparten aus 60 Anteilen bestand. Das erste Schiff, das mehrheitlich Sartori gehörte, war die 1865 gebaute Brigg HERMANN. Im gleichen Jahr wurde August Sartori Gründungsmitglied der Deutschen Gesellschaft zur Rettung Schiffbrüchiger (DGzRS). 1868 erwarb er mit der bei der Norddeutschen Schiffbaugesellschaft AG in Kiel gebauten, 300 BRT großen HOLSATIA sein erstes Dampfschiff, das mehr als fünf Jahrzehnte lang bis 1919 im Dienst der Reederei blieb. 1876 eröffnete Sartori eine Linie nach Königsberg; 1880 folgte eine regelmäßige Schiffsverbindung mit Danzig. 1880 übernahm die Firma gemeinsam mit der Dänischen Staatsbahn (dänisch: „Danske Statsbaner", kurz „DSB") den Postdampferdienst zwischen Kiel und dem dänischen Hafen Korsör, der bis in die 1920er Jahre aufrecht erhalten wurde. 1886 gehörte August Sartori zu den Gründern der „Neuen Dampfer-Compagnie" (NDC), die auf der Kieler Förde Fähr-, Ausflugs- und Schleppdampfer betrieb. Im Zuge des Strukturwandels in der Schifffahrt gab auch Sartori & Berger in den 1880er Jahren die Segelschifffahrt auf. 1889 bestand die Flotte von Sartori & Berger aus 27 Dampfschiffen.

August Sartori (1837–1903), der Gründer der Firma Sartori & Berger.

Obgleich die Reederei zunehmend an Bedeutung gewann, blieb die Maklerei ein wesentlicher Geschäftszweig der Firma Sartori & Berger. Seit 1895 war das Unternehmen auch als Agentur mit eigenen Niederlassungen in Kiel und Holtenau ansässig. Nach der Übernahme der Konkurrenzfirmen Paulsen & Iversen und Casati verfügte Sartori & Berger nach 1934 über einen Anteil von mehr als 50 Prozent am Kanalagenturgeschäft.

Ungeachtet ökonomisch schwieriger Zeiten konnte Sartori & Berger seine Position bis zum Ende des 19. Jahrhunderts weiter ausbauen. Auf den geschäftlichen folgte der gesellschaftliche Erfolg: 1885 wurde Sartori zum „Königlichen Commerzienrath", 1890 zum „Königlich Preußischen Geheimen Commerzienrath" ernannt. Von den Reparationensleistungen nach dem Ersten Weltkrieg war Sartori & Berger nicht betroffen. Die Firma konzentrierte sich nun vor allem auf die Nord- und Ostseefahrt. Nach dem Tod des Firmengründers im Jahr 1903 führten seine beiden Söhne August Sartori (1870–1940) und Paul Sartori (1872–1927) das Geschäft zunächst gemeinsam weiter. 1924 verließ Paul Sartori aufgrund von geschäftlichen Differenzen mit seinem Bruder August die Firma; er starb bereits drei Jahre später nach kurzer Krankheit.

In den 1920er und 1930er Jahren setzte Sartori & Berger das Reederei- und Agenturgeschäft weiter fort, betätigte sich aber auch in anderen Bereichen, wie dem Speditions- oder Versicherungsgeschäft. Um sich gegen die Konkurrenz der in die Ostseefahrt drängenden Großreederei Norddeutscher Lloyd (NDL) zu wehren, schlossen sich die Reedereien Sartori & Berger aus Kiel und Johannes Ick aus Hamburg zur besseren Ausnutzung ihrer Tonnage zu einem Gemeinschaftsdienst auf

Der Passagier- und Frachtdampfer PRINZ WALDEMAR verkehrte ab 1893 auf der Linie Kiel-Korsör.

Sartori-Speicher

den Linien zwischen Hamburg, Stettin, Danzig, Elbing, Königsberg, Memel und Libau zusammen. Als Folge der Weltwirtschaftskrise zogen sich die Hapag und der NDL nach 1933 aus der Ostsee-Linienfahrt zurück. Nach einigen Zukäufen verfügten Sartori & Berger und Ick ab 1934 über 56 Schiffe, die in einem dichten Liniennetz auf der Ostsee verkehrten. Auch im Agenturgeschäft konnte das Unternehmen neue Partner. In den 1930er Jahren übernahm Sartori & Berger die Vertretung für die von der norwegischen Reederei Det Söndenfjelds Norske Dampskibsselskab betriebene Linie Oslo–Kiel–Hamburg sowie für die Verbindung Helsinki–Kiel–Antwerpen der finnischen Reederei Finska Angfartygs AB.

Nach dem Ende des Zweiten Weltkriegs 1945 verfügte Sartori & Berger noch über acht seetüchtige Schiffe, von denen drei als Reparation an die UdSSR abgegeben werden mussten und eines in Dänemark beschlagnahmt wurde. Nach dem Verkauf des alten Dampfers PIONIER besaß die Reederei 1946 nur noch drei Schiffe, die beiden älteren Frachtdampfer HINRICH und LUDWIG sowie das 19 Jahre alte Motorschiff ILSE.

Seit 1946 wurde das Unternehmen von Charles Sartori geführt. In den 1950er Jahren versuchte sich die Reederei Sartori & Berger mit der Fahrt zu den nordamerikanischen Great Lakes ein neues Geschäftsfeld zu erschließen. Zwischen 1951 und 1955 wurden sieben Schiffe speziell für dieses Fahrtgebiet gebaut und waren in ihrer Größe exakt den Schleusen des damals zu den Großen Seen führenden Kanalsystems angepasst; erst 1959 wurde der wesentlich leistungsfähigere St. Lorenz-Seeweg eröffnet. Die Fahrt zu den Great Lakes wurde jedoch zunehmend unwirtschaftlich und daher 1961 eingestellt.

In den 1960er Jahren geriet Sartori & Berger in schweres Fahrwasser. 1967 trat auf Drängen der Gläubiger der Rendsburger Reeder und Kaufmann Knud Knudsen in die Firma ein, der bis 1970 die gesamte Firma von der Familie Sartori übernahm.

Angesichts der schwieriger werdenden Lage der deutschen Handelschifffahrt und der für das Reedereigeschäft ungünstigen Lage Kiels 1973 fasste Sartori & Berger den Beschluss, das Schifffahrtsgeschäft aufzugeben und sich fortan auf das maritime Dienstleistungsgeschäft zu konzentrieren. Bis 1974 waren alle Schiffe verkauft.

Heute ist Sartori & Berger als maritimer Dienstleister erfolgreich. Da keine Reederei in allen Häfen der Welt über Niederlassungen verfügt, wird die Organisation und Abwicklung von Hafenaufenthalten Schiffsmaklern und Schifffahrtsagenturen übertragen, die mit ihrer Erfahrung und ihren Kontakten eine schnelle und problemlose Hafenabfertigung sicherstellen. Vor allem Fährlinien und Kreuzfahrtschiffe greifen auf die Dienste von Sartori & Berger zurück.

Das Frachtmotorschiff ALEXANDRA SARTORI wurde 1954 speziell für die Fahrt zu den nordamerikanischen Großen Seen gebaut, die jedoch bereits 1961 wieder eingestellt wurde. 1967 wurde das Schiff nach Hamburg verkauft.

fahrt boten, wurden die Kieler Schiffe nun vermehrt in der Chinafahrt eingesetzt.

Auch in Kiel verdrängten die Dampfer bald die Segelschiffe. 1889, als Kiel seinen höchsten Schiffsbestand verzeichnete, standen hier 34.200 NRT Dampfertonnage nur noch 700 NRT Segelschiffstonnage gegenüber. Im gleichen Jahr verkaufte die Reederei Sartori & Berger ihren letzten Segler. Die in der Fördestadt beheimateten Dampfer fuhren hauptsächlich in der europäischen Linien- und Trampfahrt. 1908 waren in Kiel 81 Dampfschiffe registriert, bei denen es sich jedoch zumeist um kleinere Fahrzeuge, wie Fördedampfer, handelte. Ein Jahr später waren in der Fördestadt noch 900 NRT Segelschiffs- und 16.700 NRT Dampfschiffstonnage registriert.

Zu diesem Zeitpunkt waren in Hamburg 55 Prozent und in Bremen 28 Prozent der deutschen Handelsschiffe beheimatet; mit etwas über zwei Prozent lag Flensburg an dritter Stelle, während die Kieler Schiffeigner lediglich einen Anteil von weniger als 0,5 Prozent besaßen. Die Kieler Reeder waren in der Regel Kaufleute, die das Schifffahrtsgeschäft als Zweit- oder Nebengewerbe betrieben. So betrieb Heinrich Diedrichsen seit 1837 eine Kohlenhandlung und eine Reederei; erst sein gleichnamiger Sohn verlegte um 1900 den Geschäftsschwerpunkt auf das Seetransport- und das Ostasiengeschäft, das aber mit dem Ersten Weltkrieg endete. Auch der Kaufmann Christoph Ahrens betrieb von 1854 bis etwa 1870 eine eigene Handelsflotte, bevor er sich auf den Holz-

Die Firma Zerssen & Co

Eng verbunden mit der Geschichte des Nord-Ostsee-Kanals ist die Rendsburger Firma Zerssen. 1839 hatte der 1813 in Eckernförde geborene Johann Christian Zerssen zusammen mit dem Holzkaufmann und Reeder Johann Paap die Firma Zerssen & Co gegründet und noch im gleichen Jahr dessen Nichte Catharina geheiratet. Neben Handel betrieb die Firma offenbar schon früh auch das Reedereigeschäft. 1842 wurden Zerssen zum belgischen Konsul und 1853 zum niederländischen Konsul berufen. Bis heute haben seine Nachfahren das Amt eines Honorarkonsuls der Niederlande inne, das allerdings nicht vererbt wird, sondern nach dem Tod oder dem altersbedingten Ausscheiden des Inhabers an den Nachfolger neu verliehen werden muss.

Nach dem Tod Zerssens im Jahr 1865 trat sein Schwiegersohn Thomas J.G. Hollesen (1837–1898) an die Spitze der Firma. Um 1868 wurde eine Niederlassung in Tönning gegründet, die in den Bereichen Schiffsmaklerei, Spedition und Korrespondentreederei für einen Großteil der Eiderschiffer tätig war. Ab 1884 wurde die Firma Zerssen auch mit eigenen Dampfschiffen im Handel mit englischer Kohle tätig. Als Mitglied des preußischen Abgeordnetenhauses setzte er sich energisch für den Bau des Kaiser-Wilhelm-Kanals ein. Nach der Fertigstellung des neuen Kanals wurden in Holtenau und Brunsbüttel Maklerniederlassungen gegründet; die Zweigstelle in Tönning wurden 1907 aufgegeben. Nach

Hollesens Tod trat 1900 sein aus Elbing stammender Schwiegersohn Paul Entz (1859–1936) an die Spitze der Firma, die in den folgenden Jahrzehnten neben der Schiffsmaklerei am Kanal auch in den Bereichen Schiffsausrüstung und Brennstoffhandel tätig wurde. In den 1930er Jahren wurde ebenfalls das Reedereigeschäft wieder aufgenommen. Das erste Schiff war 1930 der Dampfer GLÜCKAUF für den Kohlenimport aus England. Bis 1939 wurde die kleine Flotte um drei weitere Schiffe vergrößert, von denen nach Kriegsende 1945 aber nur ein Schiff, die HÖRNUM, blieb. In den folgenden Jahren wurde die Flotte erheblich vergrößert; bis 1961 ließ die Firma Zerssen acht Stückgutfrachter und drei Tankschiffe bauen. Angesichts des Wandels in der Schifffahrt wurde das Reedereigeschäft jedoch bis 1972 aufgegeben. Nach dem Zweiten Weltkrieg wandelte sich die Firma Zerssen zu einer Beteiligungsholding mit Tochterunternehmen in zahlreichen Geschäftsfeldern. Die Schiffsausrüstung wurde im Jahr 2000 in die gemeinsam mit der CITTI Handelsgesellschaft gegründete Firma „Zerssen & CITTI Ship Service" ausgelagert, die 2008 die Hamburger „Hanseatic Marine Service" (HMS) übernahm; 2010 zog sich Zerssen aus dem Unternehmen zurück. Heute konzentriert sich die Firma Zerssen hauptsächlich auf das Kerngeschäft als Kanalagent und Makler in Holtenau und Brunsbüttel. 1998 gründete Zerssen & Co gemeinsam mit zwei Mitbewerbern die Firma „United Canal Agency" (UCA), an der das Unternehmen heute 60 Prozent hält.

Der Altonaer Hafen um 1920. Nach dem Ersten Weltkrieg begann der endgültige Niedergang der Altonaer Handelsflotte. Die Konkurrenz der Hamburger Großreedereien hatte sich schließlich als unüberwindlich erwiesen.

handel konzentrierte. Ebenso besaß auch das Handelshaus Gebrüder Andresen seit 1877 Dampfschiffe, zog sich aber bereits 1906 wieder aus dem Reedereigeschäft zurück.

1858 gründete der aus Lübeck stammende, damals noch minderjährige August Sartori (1837–1903) gemeinsam mit Johann Albert Berger eine Schiffsmaklerei, d.h. die die Firma kümmerte sich um die Klarierung von Kiel anlaufenden Schiffen und die Erledigung aller damit zusammenhängenden Aufgaben. Obgleich sich die beiden Partner fünf Jahre später trennten, wurde der Firmenname „Sartori & Berger" beibehalten. Gleichzeitig stieg August Sartori nun auch in das Reedereigeschäft ein, das die Firma bis 1974 betrieb.

Obgleich die Reederei für Sartori & Berger eine zunehmende Rolle spielte, blieb die Schiffsmaklerei ein wichtiges Geschäftsfeld. Auch andere Firmen waren in Kiel im maritimen Dienstleistungsgeschäft tätig. Bereits 1839 hatte Johann Christian von Zerssen in Rendsburg eine Spedition und Schiffsmaklerei gegründet. Das Geschäft florierte so, dass 1868 in Tönning und 1894 an den Endpunkten des neuen Kaiser-Wilhelm-Kanals Zweigstellen eingerichtet wurden. Seit 1884 betrieb Zerssen auch ein Reedereigeschäft. Schon bald war die Firma Zerssen in Holtenau eine der

führenden Makler- und Schiffsausrüsterfirmen und betrieb unter anderem eine große Bunkeranlage zur Versorgung der Schiffe mit Kohle und seit den 1920er Jahren auch mit Öl.

Die 1876 gegründete Firma Paulsen und Ivers betrieb in Kiel neben der Schiffsmaklerei, der Stauerei und einem Kohlenhandel auch ein Reedereigeschäft. Obgleich die Firma 1880 ihr erstes Dampfschiff erhalten hatte, betrieb sie noch bis 1903 Segelschifffahrt. 1914 umfasste die Flotte zehn Dampfer, 1923 waren es bereits 18. Nach dem Zweiten Weltkrieg zog sich die Firma aus dem Reedereigeschäft zurück und konzentrierte sich auf den Kohlen- und Ölhandel sowie das Agenturgeschäft.

An der Westküste ist der Bedeutungsverlust der schleswig-holsteinischen Handelsschifffahrt in der zweiten Hälfte des 19. Jahrhunderts noch deutlicher zu erkennen als an der Ostsee. Hier sank die Gesamttonnage zwischen 1864 und 1913 von 56.000 NRT auf 19.000 NRT. Die Transportkapazität aller Nordseehäfen zusammen entsprach damit in etwa der Größe der Kieler Handelsflotte, die noch nicht einmal die bedeutendste an der Ostküste war. Weder die ehemals bedeutenden Handelsflotten von Altona und Blankenese, noch die kleinen Häfen an der Unterelbe und an der Westküste konnten gegen

Tonnageentwicklung in den schleswig-holsteinischen Häfen 1864–1913 (Angaben in RT)

	1864	1869	1874	1879	1884	1889	1894	1899	1904	1909	1913
Altona	12766	11460	12209	10239	4234	1710	1801	2383	5107	3286	4019
Apenrade	10546	7968	10314	14570	16571	5681	7023	8699	13486	16171	16456
Flensburg	9113	5282	7700	12200	27900	29000	36200	50900	62900	73800	70100
Hadersleben	1616	496	722	433	310	275	215	258	422	310	369
Kiel	4587	6473	11100	12000	18200	35000	26900	24800	21500	17600	17400
Rendsburg	4086	2042	2300	3500	2700	2200	2100	2000	2400	3100	800
Sonderburg	4625	2305	3123	3126	1121	510	588	690	692	1486	1632
Wyk auf Föhr		1026	536	825	901	899	803	390	474	542	473
Lübeck	7400		8100	9700	11700	11500	12400	8800	39500	59700	49200

die übermächtige Konkurrenz Hamburgs bestehen, dessen aufblühende Handelsschifffahrt ihnen die wirtschaftliche Grundlage entzog. Zwar hatte man in Altona die Notwendigkeit erkannt, in Dampfschiffe zu investieren, wollte man nach dem Ende der Segelschiffszeit den Anschluss nicht verlieren, doch gelang es nicht, sich gegen die Übermacht der Hamburger Großreedereien durchzusetzen. Hatte die Segelschiffstonnage in Altona 1874 noch 11.030 NRT betragen, sank sie bis 1913 auf nur noch 340 NRT. Diesen Tonnageverlust konnten die Dampfschiffe jedoch nicht kompensieren. War die Dampfschiffstonnage 1874 immerhin 1.179 NRT groß gewesen, sank sie bis 1884 wieder auf Null, um dann bis 1913 langsam auf 3.679 NRT zu steigen. Mit dem Ersten Weltkrieg wurde dann der endgültige Niedergang der traditionsreichen Altonaer Handelsschifffahrt eingeläutet; 1934 betrug die Gesamttonnage nur noch 1.990 NRT. Ähnlich sah die Entwicklung in Blankenese aus: Waren die Segelschiffe der Blankeneser Handelsflotte in ihrer Blütezeit noch weltweit auf fast allen wichtigen Handelsrouten präsent gewesen, wurden sie nach 1867 in zunehmendem Maße durch die Konkurrenz der Dampfschiffe verdrängt. Der Ausbruch des Ersten Weltkriegs setzte der Blankeneser Schifffahrt endgültig ein Ende; 1929 waren in Blankenese mit Ausnahme eines Schleppdampfers nur noch Fischereifahrzeuge beheimatet.

Ebenso verringerte sich die hauptsächlich aus kleinen Küstenfahrern bestehende Handelsflotte Friedrichstadts zwischen 1864 und 1899 von knapp 1.900 NRT auf 143 NRT; nach 1929 waren keine Schiffe mehr in Friedrichstadt beheimatet. Ähnlich sah die Entwicklung in Elmshorn aus; hier sank die Tonnage von fast 3.200 NRT 1864 auf nur noch 600 NRT im Jahr 1894. Der Niedergang der Handelsschifffahrt an der Westküste ist in erster Linie darauf zurückzuführen, dass der Verlust an Segelschiffstonnage nicht durch Dampfschiffe ersetzt werden konnte.

Demgegenüber konnten Husum und Tönning zunächst von der neuen Technologie profitieren. In beiden Städten spielte der Export von Weidemastvieh nach England eine wichtige Rolle, wofür vorwiegend Dampfschiffe eingesetzt wurden. Doch bereits 1889 musste die Viehausfuhr nach dem Auftreten einiger Fälle von Maul- und Klau-

Der Husumer Hafen um 1900. Auch Husum war vom Niedergang der Schifffahrt an der Westküste betroffen. In den 1930er Jahren waren in der Stadt fast nur noch Fischereifahrzeuge beheimatet.

enseuche ausgesetzt werden. Dem Niedergang des Viehexports folgte der Niedergang Husums und Tönnings als Hafenorte: 1913 hatte die Tönninger Handelsflotte aufgehört zu existierten, während in Husum ungeachtet eines leichten Aufschwungs nach dem Ersten Weltkrieg seit den 1930er Jahren fast ausschließlich Fischereifahrzeuge beheimatet waren.

So lässt sich zusammenfassen, dass die Mehrzahl der schleswig-holsteinischen Handelsflotten im Laufe der zweiten Hälfte des 19. Jahrhunderts einen Niedergang erlebte, teilweise bis zur Bedeutungslosigkeit. Der Grund lag oftmals in dem unterbliebenen Übergang zur Dampfschifffahrt. Mitunter hemmten die starke Ausrichtung des Wirtschaftslebens auf die Segelschifffahrt, wie etwa im Falle Apenrades, sowie die traditionelle Partenreederei die Modernisierung. Vielerorts war das Kapital der Reeder in Beteiligungen an Segelschiffen gebunden und damit nicht frei verfügbar für den Einstieg in die kapitalintensive Dampfschifffahrt. Eine weitere Schwierigkeit stellte eine konservative Mentalität in den Hafenstädten dar; die enge persönliche Bindung an die Segelschifffahrt ließ viele Menschen zögern, in die Dampfschifffahrt zu investieren.

Dagegen konnten Städte wie beispielsweise Flensburg, in denen man auf den rechtzeitigen Übergang zur Dampfschifffahrt gesetzt hatte, ihre Stellung besser behaupten. Doch auch eine rechtzeitig erfolgte Umstellung auf die Dampfschifffahrt bedeutete keinesfalls eine Erfolgsgarantie, wie die erwähnten Beispiele Husum und Tönning zeigen.

Ebenso lässt sich bei den Reedereien ein Konzentrationsprozess feststellen; die Großzahl der Handelsschiffstonnage ballte sich in einigen wenigen Städten. Um 1900 konzentrierte sich der Seehandel auf die Häfen von Bremen und Hamburg; mehr als 60 Prozent aller Schiffe und 80 Prozent der deutschen Tonnage waren hier beheimatet. Der Übergang zur Dampfschifffahrt hatte viele der kleineren Reedereien vor erhebliche wirtschaftliche Probleme gestellt. Die Schiffseigner in Kiel, Flensburg und Lübeck waren auf Dauer nicht in der Lage, der Konkurrenz der Bremer und Hamburger Großreedereien standzuhalten, zumal diese nach der Eröffnung des Nord-Ostsee-Kanals ihr Tätigkeitsfeld in zunehmendem Maße auch auf die Ostsee auszuweiten begannen.

Gleichzeitig lässt sich jedoch in vielen schleswig-holsteinischen Hafenorten ein Anstieg der Schiffsfrequenz beobachten. Die Voraussetzung dafür war jedoch die Investition in moderne Hafenanlagen, die allein aber keine Garantie für ein hohes Verkehrsaufkommen boten. Der Großteil der schleswig-holsteinischen Häfen war schließlich nur noch von regionaler Bedeutung. Von dem steigenden Schiffsverkehr aufgrund des wachsenden transozeanischen Handelsvolumens gegen Ende des 19. Jahrhunderts konnten letztlich nur die beiden großen Nordseehäfen Bremen und Hamburg profitieren, da die Ostseehäfen auch nach dem Bau des Nord-Ostsee-Kanals für die großen Überseeschiffe zu abgelegen waren.

Im Laufe des 19. Jahrhunderts hatte sich Hamburg zu einer modernen Industrie- und Handelsgroßstadt mit mehr als einer halben Million Einwohnern entwickelt. Die Elbestadt profitierte besonders von der Reichsgründung 1871, was sich vor allem am Anwachsen des Seehandels zeigte. 1881 wurde der Hamburger Freihafen geschaffen. Da hier für die Zwischenlagerung von importierten Waren keine Zölle gezahlt werden mussten, nahm die Bedeutung des Hamburger Hafens weiter zu.

Die größte Reederei in Hamburg war die 1847 gegründete Hamburg-Amerikanische Packetfahrt-Aktien-Gesellschaft (Hapag). Sie hatte mit dem Linienbetrieb zwischen Hamburg und New York zunächst mit Segelschiffen begonnen, war 1856 auf Dampfschiffe umgestiegen und hatte in den folgenden Jahrzehnten ihr weltweites Liniennetz kontinuierlich ausgebaut. Seit 1856 unterhielt die Hapag einen regelmäßigen Dampferverkehr über den Atlantik mit den USA. Unter der Führung von Albert Ballin (1857–1918) wurde sie zur größten Reederei der Welt und profitierte vor allem vom Auswanderergeschäft.

Die bedeutendste Segelschiffsreederei war die Hamburger Reederei F. Laeisz, die ihre Großsegler in der Salpeterfahrt nach Chile einsetzte. Die für ihre Schnelligkeit berühmten Schiffe waren auch als „Flying-P-Liner" bekannt, da ihre Namen traditionell mit einem „P" begannen. Die größte Reederei in Bremen war der 1857 gegründete Norddeutsche Lloyd (NDL). Ebenso wie sein großer Konkurrent, die Hamburger Hapag, verfügte der NDL um die Jahrhundertwende über ein dichtes Schifffahrtsliniennetz. 1907 verfügten allein die Hapag und der NDL über 40 Prozent der deutschen Handelsschiffstonnage.

Seit 1875 hatten sich viele deutsche Reedereien freiwillig zu nationalen oder internationalen Kartellen, den sogenannten „Schifffahrtskonferenzen", zusammengeschlossen, um Frachtraten, Beförderungsbedingungen und ähnliches zu regulieren. So hatten beispielsweise die Hapag und die Hamburger Union-Linie in den Kölner Konferenzen von 1886 bis 1889 Marktabsprachen für die atlantische Passagierfahrt nach Nordamerika getroffen. 1905 wurde in Kopenhagen unter Beteiligung des Flensburger Reeders H. Schmidt die „Baltic and White Sea Conference" (BIMCO) gegründet, um Minimum-Frachtraten in der Ostsee und im Weißen Meer festzulegen. Die Schifffahrtskonferenzen existieren bis heute.

Der Rundsilo in Eckernförde mit Elevator, einer Saug- und Pumpanlage für den Umschlag von Getreide.

Hafen und Hafenwirtschaft

Auch die Hafeneinrichtungen erlebten einen grundlegenden Wandel. Bis ins 19. Jahrhundert hinein war menschliche Muskelkraft für das Laden und Löschen der Ladung das wichtigste Hilfsmittel gewesen. Erleichterung beim Hantieren schwerer Lasten hatte allenfalls das Ladegeschirr der Schiffe gebracht, das im Wesentlichen aus Takeln oder Taljen (die seemännischen Bezeichnungen für Flaschenzüge) bestand, die an Rahen oder Stagen angeschlagen wurden. Nur in größeren Häfen hatte es einfache Kräne gegeben, die mit Menschenkraft bedient wurden.

Durch die Nutzung der Dampfkraft und später der Elektrizität wurde im 19. und 20. Jahrhundert der Warenumschlag revolutioniert. Mechanische Kräne konnten ein Vielfaches der bisher zu bewältigenden Lasten bewegen, während der An- und Abtransport der Waren durch den Anschluss der Kaianlagen an das Eisenbahnnetz erleichtert und beschleunigt wurde.

Der Umschlag von Stückgut – bis in die 1960er Jahre die übliche Versandform für Waren mit Ausnahme von Massengütern – setzte eine umfangreiche Hafenlogistik voraus, die neben den eigentlichen Umschlaganlagen, wie Bord- und Hafenkränen, auch umfangreiche Lagermöglichkeiten sowie Verkehrsanschlüsse für den Weitertransport der Waren umfasste. Der Hafenbetrieb war überaus personalintensiv, nicht zuletzt da beim Stückgutumschlag viel Handarbeit notwendig war. Obgleich die Arbeit im Hafen in mehreren Schichten rund um die Uhr lief, waren ein

hoher Zeitaufwand und lange Transportzeiten unvermeidlich.

Auch in den Häfen hielt der technische Fortschritt Einzug. Bereits kurz nach der Einführung der Dampfschiffe wurden maschinengetriebene Schlepper zum Ziehen von Flusskähnen eingesetzt. Später unterstützten kleine, wendige Schleppdampfer mit ihren kräftigen Maschinen die großen, schwerfälligen Handelsschiffe beim Manövrieren im Hafen durch Ziehen und Drücken, das sogenannte „Bugsieren". Bereits 1842

Hafenkran in Eckernförde

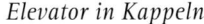

Elevator in Kappeln

Ziegelumschlag per Hand in Ekensund um 1950. Noch um die Mitte des 20. Jahrhunderts wurden in kleineren Häfen ohne moderne Umschlageinrichtungen Schiffe allein mit Menschenkraft be- und entladen.

wurde die erste Hamburger Schlepperreederei Petersen & Alpers gegründet. 1866 gründeten mehrere Hamburger Reeder die bis heute bestehende „Vereinigte Bugsir-Dampfschiff-Gesellschaft", die mehrfach mit anderen Firmen fusionierte und dabei auch den Namen wechselte. Seit 1995 trägt das Unternehmen den Namen „Bugsier-, Reederei- und Bergungsgesellschaft mbH & Co. KG". Auch in anderen Häfen wurde Schlepperhilfe bald unverzichtbar. Auch heute noch unterstützen Schlepper in den großen Häfen Schiffe im Manövrieren sowie beim An- und Ablegen. Darüber hinaus dienen seegängige Hochseeschlepper dem Schleppen von Bohrinseln und anderen Schwimmkörpern sowie als Bergungsschlepper der Sicherung und dem Einbringen von havarierten Schiffen.

Seit der Mitte des 19. Jahrhunderts erfolgte auch in Schleswig-Holstein der Ausbau und die Modernisierung der Hafenanlagen. Den Anfang machte Kiel in den 1840er Jahren, gefolgt von Altona seit den 1860er Jahren. Seit den 1870er Jahren wurden die Häfen in Flensburg und Lübeck modernisiert; kleinere Häfen wie Schleswig, Meldorf, Elmshorn folgten erst gegen Ende des 19. Jahrhunderts oder in den ersten Jahren des 20. Jahrhunderts. Das gleiche gilt für den Anschluss an das Eisenbahnnetz. Hatten 1867 nur bedeutende Häfen wie Flensburg, Kiel, Lübeck oder Altona über einen Gleisanschluss im Hafengebiet verfügt, waren es 1912 bereits 27 Häfen, darunter auch kleinere, nur regional bedeutende Umschlagplätze wie Eckernförde, das seit 1905 über eine Hafenbahn verfügte, oder Inselhäfen wie Munkmarsch auf Sylt und Wittdün auf Am-

rum, die Ausgangspunkt von schmalspurigen Kleinbahnen waren.

Allerdings fanden sich die neuen leistungsfähigen Umschlageinrichtungen aufgrund der dafür notwendigen, hohen Investitionen nur in den bedeutenderen Häfen, wodurch die kleineren Hafenorte weiter ins Abseits gedrängt wurden. Dagegen finden sich einfachere Vorrichtungen, wie die „Elevatoren" genannten Saug- und Pumpanlagen für den Umschlag von Getreide, bis heute in vielen, auch kleineren schleswig-holsteinischen Häfen.

Mit dem Hafenaufenthalt eines Schiffes war ein hoher Organisationsaufwand verbunden: Der Liegeplatz musste rechtzeitig bestellt werden, ebenso wie der Hafenlotse, die notwendigen Schlepper und die Stauer für das Löschen der Ladung. Nach der Ankunft des Schiffes mussten der Messbrief, das Manifest und die Ladungspapiere des Schiffes den zuständigen Behörden vorgelegt werden, das Hafengeld entrichtet und im Hafenamt eine Aufenthaltskarte abgeholt werden. Während das Schiff entladen wurde, mussten die Frachtgelder abgerechnet und dem neuen Befrachter die Ladebereitschaft des Schiffes mitgeteilt werden. Zugleich musste bei Bedarf Brennstoff nachgebunkert und der Reeder über den Ladevorgang informiert werden. Sobald das Schiff zum Auslaufen bereit war, mussten erneut der Hafenlotse und ein Schlepper bestellt, das Ladungsmanifest an den Zoll und die Aufenthaltskarte an das Hafenamt gegeben werden. Um diesen komplizierten Ablauf zu erleichtern, beauftragten viele Reeder Schifffahrtsmakler wie die Kieler Firma Sartori & Berger, die diese Aufgaben im Auftrag des Reeders übernahmen. Ein Vorteil war, dass diese bereits tätig werden konnten, während das Schiff noch auf See war. Durch die verbesserten Nachrichtenverbindungen als Folge der „Kommunikationsrevolution" des 19. Jahrhunderts konnten die Reeder mithilfe der Telegraphie und später des Telefons, nach der Einführung der Funktelegraphie auf Handelsschiffen zu Beginn des 20. Jahrhunderts zunehmend auch die Kapitäne bereits von See aus entsprechende Anweisungen an die Makler übermitteln. Ebenso akquirierten die Schifffahrtsagenturen neue Ladungen und regelten die Versorgung der Schiffe mit allem Notwendigen. Heute erleichtern E-Mail und Satellitenverbindungen auch die Kommunikation zwischen den Schiffen auf See und den Schifffahrtsagenturen an Land.

Die Entwicklung der schleswig-holsteinischen Werftindustrie

Lange war der Schiffbau eine Sache der mündlichen Überlieferung und der Erfahrung. Im 18. Jahrhundert waren in Frankreich die Grundlagen des wissenschaftlichen Schiffbaus entwickelt worden, ohne jedoch zunächst die bewährten traditionellen Methoden zu verdrängen. Erst seit Ende des 18. Jahrhunderts begannen sich wissenschaftliche Berechnung und konstruktives Zeichnen im Schiffbau durchzusetzen, obgleich gerade im Holz- und Kleinschiffbau die hergebrachten Bauweisen noch lange fortbestanden.

Im frühen 19. Jahrhundert war der Schiffbau vor allem ein lokales Gewerbe. In den meisten Häfen gab es kleine Schiffbaubetriebe, auf denen überwiegend Küstensegler entstanden. Nach wie vor wurden ausschließlich hölzerne Schiffe gebaut. Diese Werften waren handwerkliche Betriebe, die lediglich eine Helling und ausreichend Platz zum Lagern und Bearbeiten des Holzes benötigten. Gern wurden Schiffe in kleineren Orten gebaut, da die Bauplätze hier billiger und die

Traditioneller Holz-schiffbau in Eckern-förde zu Beginn des 20. Jahrhunderts.

Löhne niedriger waren. Darüber hinaus gab es aber auch einige Städte, wie Neustadt, Flensburg oder Apenrade, die sich zu bedeutenden Werftstandorten entwickelten. Ebenso hatte sich nach 1770 in Kiel entlang des Fördeufers eine größere Zahl von Schiffbauern niedergelassen.

Auch an der Eider waren nach der Eröffnung des Schleswig-Holsteinischen Kanals in Friedrichstadt, Nübbel, Rendsburg und Tönning zahlreiche Schiffbaubetriebe entstanden; so existierten beispielsweise in Nübbel zwischen 1840 und 1860 sechs Werften, die zusammen 60 bis 70 Handwerker und Arbeiter beschäftigten. Allein in Nübbel wurde zwischen 1840 und 1890 mehr als 100 Eiderschniggen, völlige Schiffe mit ein bis zwei Masten, schwach gerundetem Boden und großen Seitenschwertern fertiggestellt. Zu den übrigen an der Eider gebauten Schiffstypen ge-

Industrieller Eisenschiffbau bei der Flensburger Schiffbaugesellschaft. Die 1869 gegründete Werft war auf den Bau eiserner Frachtdampfer spezialisiert.

Montagehalle der Kieler Howaldtwerft. Für den industriellen Schiffbau war eine große Zahl von Maschinen zur Eisenbearbeitung erforderlich.

Die Montagehalle der Kieler Germaniawerft. Die 1867 als Norddeutsche Schiffbau AG gegründete Werft gehörte seit 1896 zum Kruppkonzern und baute vorwiegend Kriegsschiffe. Nach dem Zweiten Weltkrieg wurden die Werftanlagen demontiert. An der Stelle der Montagehalle befindet sich heute der Oslo-Kai.

Die „Maschinenbau und Eisengießerei von Schweffel & Howaldt" in Kiel war der Ursprung der späteren Großwerft Howaldt. Hier lief 1851 als erstes eisernes Schiff in Schleswig-Holstein der BRANDTAUCHER vom Stapel.

hörten die Eidergaliot, ein Schiff niederländischen Ursprungs mit abgerundetem Bug und Heck, die ebenfalls aus den Niederlanden stammende Kuff, ein gut segelndes Schiff mit plumper Bug- und Heckform, sowie die Tjalk, die auch aus den Niederlanden stammte und einen stark abgerundeten Rumpf mit Seitenschwertern besaß. An der Eider wurden aber auch Jachten, Schoner und Galeassen gebaut, letztere war ein vermutlich in der zweiten Hälfte des 18. Jahrhunderts in Pommern enstandener Schiffstyp mit vollem Bug und einem platten Heck. Die auf den Bau von hölzernen Schiffen spezialisierten Werften an der Eider verschwanden mit dem Übergang zum Eisenschiffbau in der zweiten Hälfte des 19. Jahrhunderts; als letzter Schiffbaubetrieb in Nübbel schloss 1911 die Ohm'sche Werft ihre Pforten.

Bereits 1838 war auf der Werft Messrs. Jackson, Gordon & Co in Liverpool mit dem 270 Tonnen großen Dreimaster IRON SIDES das erste eiserne Schiff vom Stapel gelaufen. 1843 wurde in Bristol mit der von dem britischen Ingenieur Isambard Kingdom Brunel entworfenen GREAT BRITAIN der erste eiserne Transatlantikdampfer mit Schraubenantrieb gebaut. In langsamen Schritten setzte sich das neue Schiffbaumaterial Eisen allgemein durch. In der zweiten Hälfte des 19. Jahrhunderts stieg Großbritannien zur bedeutendsten Schiffbaunation der Welt auf. So wurden um 1870 rund 85 Prozent aller Dampfschiffe und mehr als 25 Prozent aller Segelschiffe auf britischen Werften gebaut.

Schon bald zeigte das neue Baumaterial seine Vorzüge, denn die Verwendung von Eisen im Schiffbau machte es möglich, die durch das Baumaterial Holz gesetzten Grenzen zu überwinden. Neben höherer Festigkeit hatte der Eisenschiffbau aber auch den Vorteil geringeren Gewichts: Bei hölzernen Schiffen macht das Gewicht des Rumpfes 40 bis 57 Prozent des Gesamtgewichts aus, bei eisernen Schiffen dagegen nur 20 bis 46 Prozent.

Nach 1850 erfolgte auch in Deutschland der allmähliche Wechsel vom Holz- zum technisch wesentlich anspruchsvolleren Eisenschiffbau. Damit verbunden war auch ein Wechsel zu industriellen Baumethoden. Um das neue Material Eisen bearbeiten zu können, waren Maschinen zum Formen, Stanzen und Bohren notwendig, ebenso wie Hebewerkzeuge. Nach wie vor wurde der Schiffskörper wie beim herkömmlichen Holzschiffbau auf dem Helgen aus Einzelteilen zusammengesetzt. Die Eisenplatten wurden dabei überlappend vernietet, d.h. zwei Platten wurden an den Kanten übereinander gelegt und die vorgebohrten Nietlöcher dann durch glühende Niete miteinander verbunden; beim Abkühlen zogen sich die Niete zusammen, wodurch die Rumpfplatten wasserdicht aneinander gepresst wurden. Zu Beginn wurde mit Muskelkraft genietet, später wurden pressluftbetriebene Niethämmer eingesetzt; der ohrenbetäubende Lärm dieser Niethämmer war in den von der Werftindustrie geprägten Städten wie Kiel oder Flensburg weithin hörbar.

Allmählich entstand eine deutsche Werftindustrie. Ab 1880 wurden mehr als 60 Prozent der deutschen Handelsschiffe auf deutschen Werften

Der 1865 für den Kieler Kaufmann und Reeder Christoph Ahrens gebaute Dampfer VORWÄRTS war 93 BRT groß, 33 Meter lang und wurde von einer 90 PS starken, von Schweffel & Howaldt gebauten Dampfmaschine angetrieben. 1884 wurde die VORWÄRTS nach Föhr verkauft und nach einigen weiteren Eignerwechseln 1927 abgewrackt.

Die Kesselschmiede der Howaldtwerft. Der Bau von Dampfkesseln erforderte große Sorgfalt, da diese hohen Drücken zuverlässig standhalten mussten.

gebaut. Die Reichssubventionsgesetze unterstützten zwischen 1885 und 1893 den deutschen Handelsschiffbau. Auch die Kriegsschiffe der Kaiserlichen Marine wurden zum Großteil auf privaten Werften gebaut. Der Kriegsschiffbau machte zwischen 30 Prozent und 60 Prozent der Einnahmen der privaten Schiffbaubetriebe aus, was die Werften wegen der sicheren Finanzierung dieser Aufträge durch die Staatskasse auch für Kapitalanleger interessant machte. 1877 erließ der Germanische Lloyd die erste Vorschrift für eiserne Schiffe, 1899 folgte die erste Vorschrift für stählerne Schiffe. Um 1890 erfolgte dann der Wechsel vom Eisen- zum Stahlschiffbau. Bis zum Ersten Weltkrieg war das Deutsche Reich zu einer

der bedeutendsten Schiffbaunationen weltweit aufgestiegen.

Im Laufe der zweiten Hälfte des 19. Jahrhunderts erfolgte nach zögerlichen Anfängen auch in Kiel der Übergang vom handwerklichen Holz- zum industriellen Eisenschiffbau. Schon bald dominierte auf den Werften der Fördestadt das neue Werkmaterial, ebenso wie das Dampfschiff die Segelschiffe verdrängte. 1878 lief in Kiel mit der Bark PAUL der letzte hölzerne Segler vom Stapel.

Am Anfang der maritimen Industrie in Kiel stand die Gründung der „Maschinenbau und Eisengießerei Schweffel & Howaldt". Bereits 1838 hatten Johann Schweffel und August Ferdinand

Stapellauf des Linienschiffs KAISERIN am 11. November 1911. Seit 1909 war die Howaldtwerft auch im Kriegsschiffbau für die Kaiserliche Marine tätig.

Die Howaldtwerft im Jahr 1899. Zu diesem Zeitpunkt war die Kieler Großwerft einer der bedeutendsten deutschen Schiffbaubetriebe.

Seit 1869 verfügte die damals noch als „Königliche Werft" bezeichnete Kieler Marinewerft über das erste eiserne Schwimmdock Deutschlands.

Howaldt ein Unternehmen gegründet, das zunächst Dampfmaschinen und -kessel sowie guss- und schmiedeeiserne Geräte produzierte. Das Betriebsgelände befand sich ungefähr dort, wo heute das „Neue Rathaus", die ehemalige Oberpostdirektion Kiel, steht. Zwar war bei Howaldt bereits 1851 mit dem BRANDTAUCHER das erste auf einer schleswig-holsteinischen Werft gebaute eiserne Schiff vom Stapel gelaufen, doch wurde der Schiffbau erst ab 1865 ein tatsächlicher Geschäftszweig des Unternehmens. Nach 1870 konzentrierte sich die ab 1879 allein von der Familie Howaldt geführte und 1880 in „Gebrüder Howaldt" umbenannte Firma jedoch auf den Bau von Dampfmaschinen, vor allem für die neu entstehende Kieler Werftindustrie.

Der erste gescheiterte Versuch, den industriellen Eisenschiffbau in Kiel zu etablieren, war die 1865 gegründete und 1868 nach nur sieben Neubauten wieder aufgelöste Werft von Georg

Howaldt in Ellerbek. Als erstes Schiff war noch im Jahr 1865 der für den Kieler Kaufmann und Reeder Christoph Ahrens gebaute Dampfer VOR-WÄRTS vom Stapel gelaufen. Auf dem ehemaligen Werftgelände von Georg Howaldt wurde ab 1867 die Marinewerft, die spätere Kaiserliche Werft, aufgebaut.

Ebenfalls 1865 war in Kiel die Norddeutsche Schiffbau AG gegründet worden, um Panzerschiffe für die preußische Marine zu bauen. Das Vorhaben scheiterte, doch 1867 wurde unter dem gleichen Namen in Gaarden ganz am Ende der Kieler Förde eine neue Werft gegründet, die allerdings schon 1879 in Konkurs ging. Sie wurde 1882 an die Berliner „Schiff- und Maschinenbau AG Germania" verkauft und nun in „Germaniawerft" umbenannt. Seit 1896 gehörte die Germaniawerft zunächst durch einen Pachtvertrag und seit 1902 durch Kauf zum Essener Krupp-Konzern, der den Schiffbau als sinnvolle Ergänzung des Hauptgeschäfts Stahlproduktion und Waffenfertigung betrachtete. Die Germaniawerft baute vorwiegend Kriegsschiffe, nicht nur für die Kaiserliche Marine, sondern auch für zahlreiche ausländische Auftraggeber. 1905 hatte die Werft 3.700 Mitarbeiter. Besonders während des Ersten Weltkriegs blühte das Geschäft mit dem Marineschiffbau. Bis 1918 wurden auf der Germaniawerft allein 100 U-Boote gebaut.

1876 gründete Georg Howaldt in Diedrichsdorf nördlich der Schwentine erneut eine Eisenschiffswerft. Dieses Mal hatte das Unternehmen Erfolg: 1889 schlossen sich die Werft „Georg Howaldt" und die benachbarte Maschinenfabrik „Gebrüder Howaldt" zu den „Howaldtswerken" zusammen. Schon bald galt die Werft als einer der bedeutendsten deutschen Schiffbaubetriebe. Bis zum Jahr 1900 waren hier bereits 390 Schiffe vom Stapel gelaufen. Durch defizitäre Aufträge für die russische Marine und die Kaiserliche Marine gerieten die Howaldtswerke jedoch nach 1904 in wirtschaftliche Schwierigkeiten. 1909 übernahm der Turbinenhersteller Brown, Boveri & Co (BBC) die Werft. Im gleichen Jahr begannen die Howaldtswerke vor dem Hintergrund des deutsch-britischen Marinewettrüstens auch mit dem Bau von Kriegsschiffen. 1910 schied die Familie Howaldt aus dem Betrieb aus. Im Ersten Weltkrieg verlagerte sich die Bautätigkeit dann endgültig vom Handels- zum Kriegsschiffbau; neben Linienschiffen, wie die Schlachtschiffe der Kaiserlichen Marine offiziell genannt wurden, entstan-

Die Kaiserliche Werft um 1900. 1867 war mit dem Aufbau eines marineigenen Schiffbau- und Reparaturbetrieb begonnen worden, der im Zuge der Flottenrüstung unter Tirpitz ab 1900 erheblich vergrößert wurde.

Kiel-Gaarden — Blick a. d. kaiserl. Werft.

den bei Howaldt auch zahlreiche Kreuzer und Torpedoboote.

Aber auch die Kaiserliche Marine selbst unterhielt eine eigenen Werft in Kiel. 1867 hatte die preußische Marine auf einem Gelände, das Georg Howaldt zwangsweise hatte abtreten müssen, mit dem Aufbau eines marineeigenen Schiffbau- und Reparaturbetriebs begonnen, der zunächst den Namen „Königliche Werft" und ab 1871 „Kaiserliche Werft" führte. Der Werftdirektor war ein Marineoffizier und die gesamte Betriebsorganisation militärisch organisiert. Die Marinewerft diente in erster Linie der Wartung und Reparatur von Kriegsschiffen, es wurden aber auch vereinzelt Neubauten auf Kiel gelegt, wie beispielsweise der 1908 vom Stapel gelaufene Große Kreuzer BLÜCHER. Ab 1869 wurde hier das erste eiserne, rund 57 Meter lange und 25 Meter lange Schwimmdock Deutschlands eingesetzt. Im Zuge der Aufrüstung der Marine unter Tirpitz wurde das Werftgelände zwischen 1899 und 1904 erheblich erweitert; im Süden musste die Germaniawerft einen Teil ihres Geländes abtreten, während im Norden seit 1900 anstelle des alten Fischerdorfes Ellerbek die Nordwerft aufgebaut wurde. 1909 wurde auf der Kaiserlichen Werft zur Verbindung zwischen der alten Werft und der neuen Nordwerft eine Schwebefähre gebaut, die an einer 57 Meter hohen Brücke über der Haupteinfahrt hing und zwei Eisenbahnwaggons aufnehmen konnte. Nach der Verkleinerung der Werft als Folge der im Versailler Vertrag von 1919 erzwungenen, massiven Flottenverkleinerung nach dem Ersten Weltkrieg wurde sie nicht mehr benötigt und 1923 abgegeben.

Neben diesen Großwerften gab es aber auch kleinere Schiffbaubetriebe, wie die Werft Stocks & Kolbe in Wellingdorf, auf der zwischen 1893 und 1930 eiserne und hölzerne Schiffe gebaut wurden, darunter Zollfahrzeuge, Tonnenleger und kleinere Handelsschiffe. 1913 verfügte die Werft über zwei Schwimmdocks und 400 Mitarbeiter. Von 1907 bis etwa 1920 betrieb die Werft eine Zweigstelle in Sonderburg.

Ebenso gab es damals rund um die Kieler Förde noch zahlreiche weitere kleinere Werften. Einige dieser vorwiegend handwerklich geprägten Schiffbaubetriebe konnten sich durch die Beschränkung auf den Bau von hölzernen Fracht- und Fischereifahrzeugen, Beibooten für die Kaiserliche Marine und Yachten behaupten. Ein gutes Beispiel ist die aus einer 1750 gegründeten

Die Werft Arp in Laboe um 1950. Anders als viele andere traditionelle Schiffbaubetriebe konnte sich die Werft Arp durch die rechtzeitige Spezialisierung auf Bau und Reparatur von kleineren Handels-, Behörden- und Fischereifahrzeugen behaupten.

Schmiedewerkstatt hervorgegangene Werft Arp in Laboe. 1888 hatte der Betrieb mit dem Boots- und Schiffbau begonnen und 1900 ein neues Betriebsgelände am Laboer Hafen bezogen. Zu dieser Zeit hatte sich die unter dem Namen „Schiffbauerei E.H.Arp" bekannte Werft auf den Bau und die Reparatur von eisernen und hölzernen Handels- und Fischereifahrzeugen, Schuten, Behördenfahrzeugen und anderen Kleinfahrzeugen spezialisiert. Ein wichtiger Kunde, insbesondere für Reparaturaufträge, war die Kaiserliche Marine. Im Laufe der Jahre machte sich die Werft Arp mit dem Bau von Lotsenbooten und Behördenfahrzeugen einen guten Namen. Nach 214 Jahren im Familienbesitz wurde die Werft 1975 verkauft und in Schiffswerft Laboe umbenannt. Bis heute ist die Werft ein leistungsfähiger Reparaturbetrieb für die Berufs-, Behörden- und Sportschifffahrt. Vielen der kleinen, traditionellen Schiffbaubetriebe an der Kieler Förde gelang die Anpassung an die neuen Bedingungen jedoch nicht, so dass sie schließlich aufgeben mussten.

Mit dem Übergang zum industriellen Schiffbau entwickelte sich zugleich auch eine vielfältige Zulieferindustrie mit Betrieben, die Anker, Ketten, Winden, Maschinenanlagen und vieles anderes mehr für die Kieler Großwerften oder den maritimen Markt im In- und Ausland fertigten. So bauten die „Kieler Maschinenbau AG vorm. C. Daevel" oder die Firma „Bohn & Kähler" Motoren und Pumpen, während die „Maschinenfabrik Poppe" zusätzlich eine Gießerei betrieb.

Zu Beginn des 20. Jahrhunderts gehörte Kiel zu den bedeutendsten Schiffbaustandorten im Deutschen Reich. Auf dem Ostufer von der Hörn bis Diedrichsdorf nördlich der Schwentine reihten sich vier große Werften aneinander: Ganz am Ende der Kieler Förde lag die Germaniawerft, direkt daneben die Kaiserliche Werft mit der Nordwerft, während die Howaldtswerke im Norden den Abschluss bildeten. Der größte Schiffbaubetrieb an der Kieler Förde war die Kaiserliche Werft, die sich auf einem weitläufigen Gelände von Gaarden bis zum Nordufer der Schwentine erstreckte. Bei Ausbruch des Ersten Weltkriegs waren auf den Kieler Werften über 17.000 Menschen tätig.

Die Bedeutung der Fördestadt als Zentrum des militärischen und zivilen Großschiffbaus wurde mit der Gründung der „Königlich Höheren Schiffs- und Maschinenbauschule" als höhere technische Lehranstalt für den Schiffbau unterstrichen. 1902 hatten die Königlich Preußische Staatsregierung und die Stadt Kiel einen Vertrag über die Errichtung und Erhaltung einer Schiffsingenieurschule geschlossen. 1903 wurde der Lehrbetrieb an der neuen „Königlichen Höheren Schiff- und Maschinenbauschule in Kiel" aufgenommen, deren Absolventen vor allem im Marineschiffbau Anstellung fanden. Die Studiendauer betrug zunächst vier, ab 1910 fünf Semester. Zulassungsvoraussetzungen waren die Obersekundareife sowie eine zweijährige Werkstattpraxis. Diese Bedingungen behielten bis zum Übergang der Ingenieurausbildung in das Fachhochschulstudium im Wesentlichen ihre Geltung.

Nach Ausbruch des Ersten Weltkriegs im August 1914 wurde der Unterricht eingestellt, erst 1919 wurde die Ausbildung unter der neuen Bezeichnung „Staatliche Höhere Schiff- und Maschinenbauschule" wieder aufgenommen. 1930 wurde die Ausbildungseinrichtung erneut in „Höhere Technische Staatslehranstalt für Maschinenwesen und Schiffbau" umbenannt. Im Zweiten Weltkrieg kam es erneut zu einer Unterbrechung des Lehrbetriebs. Trotz schwerer Bombenschäden wurde der Unterricht an der nunmehr „Staatliche Ingenieurschule Kiel" genannten Ausbildungseinrichtung bereits kurz nach Kriegsende 1945 wieder aufgenommen. 1969 wurde die Staatliche Ingenieurschule Kiel durch das „Gesetz über Fachhochschulen im Lande Schleswig-Holstein" zum Fachbereich Technik der Fachhochschule Kiel.

Auch in Flensburg entstand in den Jahren nach 1864 eine moderne Werftindustrie. Die langen Lieferfristen englischer Werften für Dampfschiffe führten 1869 zur Gründung der „Flensburger Schiffbau-Gesellschaft" (FSG), die 1876 ihren ersten Neubau ablieferte. Die auf den Bau eiserner Frachtdampfer spezialisierte Werft erwarb

Aufruf zur Aktienzeichnung für die neu gegründete Flensburger Schiffbau-Gesellschaft aus dem Jahr 1872.

Werftarbeiter der FSG

Das Schwimmdock der Flensburger Schiffbaugesellschaft im Jahr 1903.

sich innerhalb kurzer Zeit einen ausgezeichneten Ruf im In- und Ausland. Von den ersten 50 auf der FSG gebauten Schiffen waren 22 für Flensburger, 13 für Hamburger, sechs für dänische und zwei für Bremer Reedereien bestimmt. Rasch entwickelte sich die Flensburger Werft zu einem industriellen Großbetrieb; bis 1914 liefen hier 342 Schiffe mit insgesamt 850.000 BRT vom Stapel. Das ursprüngliche Betriebsgelände wurde schon bald zu klein und so wurde 1903 eine neue Werftanlage am nördlichen Fördeufer errichtet. Auch in den folgenden Jahren konnte die Werft ihren Erfolgskurs fortsetzen. 1912 waren allein in der neuen Werft 989 Männer beschäftigt. Der Stundenlohn für Facharbeiter betrug damals 38 Pfennig, hinzu kam ein Akkordzuschlag von bis zu 50 Prozent. Ein Obermeister verdiente 75 Mark pro Woche, ein Untermeister

brachte wöchentlich zwischen 45 und 60 Mark nach Hause. Die Arbeit begann um 6 Uhr morgens und endete um 6 Uhr abends. Sie wurde von einer halbstündigen Frühstücks- und einer einstündigen Mittagspause unterbrochen. 1913 war die „Flensburger Schiffbau-Gesellschaft" die größte ausschließlich auf den Bau von Handelsschiffen spezialisierte Werft an der Ostsee und eine der meistbeschäftigten Werften Preußens.

1882 begann mit der Gründung der Schiffswerft von Henry Koch auch in Lübeck der industrielle Schiffbau. Über Jahrzehnte war die Werft der größte Industriebetrieb der Travestadt und zählte im Jahr 1900 bereits zu den zehn größten Werften Deutschlands. Ihr Ende kam mit der Weltwirtschaftskrise. Erst 1917 wurde mit der Flender-Werft, einem Zweigbetrieb der in Benrath am Rhein ansässigen Brückenbau Flender

Die Flensburger Schiffbaugesellschaft um 1890. Innerhalb kurzer Zeit hatte sich die FSG im In- und Ausland einen ausgezeichneten Ruf erworben und entwickelte sich rasch zu einem industriellen Großbetrieb. Zwischen 1876 und 1914 liefen hier 342 Schiffe vom Stapel.

Die 1882 gegründete Schiffswerft von Henry Koch in Lübeck gehörte um 1900 bereits zu den zehn größten deutschen Schiffbaubetrieben.

Die Werft von Henry Koch um 1925. Zu erkennen sind die Hellinge, die Schiffbauhalle, die Werkstätten und das Dock. Wenige Jahre später kam mit der Weltwirtschaftskrise das Ende der Lübecker Großwerft.

Die Glasau-Werft in Eckernförde zu Beginn des 20. Jahrhunderts. Wie viele kleine Schiffbaubetriebe war auch die Glasau-Werft auf Bau und Reparatur von hölzernen Küsten- und Fischereifahrzeuge spezialisiert.

AG, eine zweite Großwerft in Lübeck gegründet, die sich auf den Bau von Schwimmdocks und Handelsschiffen spezialisierte; bis 1921 wurden hier zwölf Dampfschiffe für die Deutsche Levante-Linie gebaut. 1926 wurde die Werft in eine eigenständige Aktiengesellschaft umgewandelt. Zeitweise gehörte die Flenderwerft zu den bedeutenderen deutschen Schiffbaubetrieben; nach einer Insolvenz musste sie jedoch 2003 ihre Tore schließen.

Die dritte Lübecker Werft, die 1873 gegründete Lübecker Maschinenbau-Gesellschaft (LMG) konzentrierte sich auf den Bau von Fracht-, Fähr- und Spezialschiffen, von denen vor allem Schwimm- und Trockenbagger einen ausgezeichneten Ruf genossen. Bis 2000 gehörte die Werft zu der Firmengruppe ThyssenKrupp Fördertechnik. Nach einer Insolvenz wurde das 2007 in LMG Anlagenbau GmbH umbenannte Unternehmen im Jahr 2010 von der KGW Schweriner Maschinen- und Anlagenbau übernommen und soll zukünftig unter anderem Hochsee-Windenergieanlagen herstellen.

Trotz des Aufbaus einer deutschen Werftindustrie konnte Großbritannien seine Führungsposition beim Schiffbau bis in das 20. Jahrhundert behaupten; um 1900 liefen immer noch 80 Prozent der weltweit gebauten Dampfschiffe auf britischen Werften vom Stapel, die beiden wichtigsten Konkurrenten waren Deutschland und die Vereinigten Staaten mit einem Anteil von je etwa neun Prozent am Weltschiffbau. Doch ungeachtet der zahlreichen Werftgründungen nach 1871 konnte der Bedarf der deutschen Handelsmarine an neuen Dampf- und Segelschiffen nur gut zur Hälfte von der deutschen Schiffbauindustrie gedeckt werden; nach wie vor wurden viele Neubauten für deutsche Reeder auf britischen Werften gebaut, die dafür auch deutschen Rohstahl importierten.

Neben den großen industriellen Werftbetrieben in Kiel, Lübeck oder Flensburg gab es in einer ganzen Reihe von Städten und Hafenorten an der Ost- und Westküste kleinere Werften, auf denen vorwiegend hölzerne Küsten- und Fischereifahrzeuge gebaut und repariert wurden. Dazu gehörten beispielsweise die Werften Eberhard,

*Die Aufnahme aus dem Jahr 1936 zeigt eine Holz-
schiffwerft in Tönning mit einem im Bau befindlichen Krabbenkutter. Durch die Spezialisierung auf
den Bau von hölzernen Fracht- und Fischereifahrzeugen gelang es einigen traditionellen Werften, bis
in das 20. Jahrhundert zu überdauern.*

Matthiessen & Paulsen in Arnis, die Werft Paulsen in Kappeln-Grauhöft oder die Glasau-Werft
in Eckernförde.

An der Westküste gehörte die Friedrichstädter
Schöningwerft in den Jahren vor dem Ersten
Weltkrieg zu den produktivsten deutschen Holz-
schiffwerften. 1893 hatte der 1866 in Holling-
stedt geborene Schiffszimmermann Peter Detlef
Johannes Schöning in Friedrichstadt eine kleine
Werft gegründet. Aus einem Reparaturbetrieb
entwickelte sich innerhalb weniger Jahre eine
weit über die Grenzen Schleswig-Holsteins hinaus bekannte Holzschiffwerft. Während überall
der Holz- allmählich durch den Eisenschiffbau
sowie das Segel- durch das Dampfschiff ersetzt
und andernorts kleinere Werften diesem Moder-
nisierungs- und Verdrängungswettbewerb zum
Opfer fielen, wurden in Friedrichstadt noch lange
Jahre hölzerne Segelschiffe gebaut. Die Auftraggeber reichten von heimischen Fischern und
Schiffern über pommersche Kapitäne bis hin zu
dänischen und schwedischen Reedern. Waren
anfänglich hauptsächlich kleine Boote und Fischereifahrzeuge gebaut worden, kamen bald regionale Schiffstypen wie Ewer oder Schniggen
hinzu. Insgesamt liefen hier rund 30 Neubauten,
darunter Galeassen und Schoner, vom Stapel.
Doch um 1910 geriet die Werft in Schwierigkeiten. Das Neubaugeschäft stagnierte und angesichts der immer geringer werdenden Zahl hölzerner Schiffe gingen auch die Reparaturaufträge
mehr und mehr zurück. 1912 kam das Ende: Die

Schöning-Werft musste Konkurs anmelden; ein
auf Holzschiffbau spezialisierter Betrieb war
nicht länger überlebensfähig. Insgesamt schlossen zwischen 1900 und 1914 rund 40 Holzschiff-
werften für immer ihre Pforten, nur wenigen
kleineren Schiffbaubetrieben gelang der Übergang vom Holz- zum Eisenschiffbau.

Die Sicherung der Seewege

Infolge der starken Zunahme des Seeverkehrs im
19. Jahrhundert mussten die Schifffahrtsstraßen
wirkungsvoller als bisher gesichert werden. Aus
diesem Grund begann man auch an den schleswig-holsteinischen Küsten damit, die Fahrwasser
systematisch durch Seezeichen zu markieren sowie Leuchtfeuer, Leuchttürme und Feuerschiffe
einzurichten, die den Schiffen als nächtliche Navigationshilfe oder als Warnung vor schwierigen
Gewässern dienten.

Durch einen Zusatz zur Reichsverfassung lag
seit 1873 die Aufsicht für die Seeschifffahrtszei-
chen, also die Betonnung und Befeuerung der
deutschen Küsten, beim Deutschen Reich. Doch
da die deutschen Küstenstaaten sich dadurch in
ihren Rechten beeinträchtigt fühlten, wurde erst
1887 die Einführung einer einheitlichen Regelung nach internationalem Standard beschlossen.

In den folgenden Jahrzehnten wurde das deutsche Seezeichenwesen planmäßig ausgebaut.
Nun entstand an der Nord- und Ostseeküste ein
durchgehendes Netz von Leuchtfeuern, um die
Passage gefährlicher Gewässer und die Hafenan-
steuerung zu erleichtern. Ab 1889 wurde auch
auf deutschen Leuchttürmen elektrisches Licht
eingesetzt.

Unter anderem wurden an der Nordseeküste
1875 in Amrum und 1906/07 in Westerhever
Leuchttürme in Betrieb genommen. Um den in
die Kieler Förde einfahrenden Schiffen die Navigation zu erleichtern, war bereits 1866 auf einer
südöstlich der Festung gelegenen Sandbank
nahe dem Westufer ein 13 Meter hoher Leuchtturm errichtet worden. 1889 ließ die preußische
Regierung den Leuchtturm um 1,5 Meter erhöhen. Nach der Sturmflut von 1872 erhielt der
Leuchtturm zusätzlich eine Schutzmauer, die
1913 verstärkt wurde. 1969 wurde mit dem Bau
des neuen, 32,9 Meter hohen Leuchtturms be-

Der 1911 errichtet Hafenleuchtturm in Eckernförde. 1981 wurde das alte Hafenleuchtfeuer durch einen neuen Turm auf der Außenmole ersetzt.

Der 1905 in Papenburg gebaute Tonnenleger BUSSARD. Das 37,5 Meter lange, 7,2 Meter breite und von einer 390 PS starken Dampfmaschine angetriebene Schiff war zunächst in Sonderburg und später in Kiel stationiert. Nach 75 Jahren Dienst auf der Ostsee wurde das Schiff 1980 außer Dienst gestellt und an das Kieler Schifffahrtsmuseum übergeben. Nach langen Jahren als stationäres Museumsschiff wurde die Antriebsanlage des BUSSARD restauriert. Heute fährt das Schiff wieder.

gonnen, der 1971 seinen Dienst aufnahm. 1907 wurde auch auf dem Eckernförder Klintbarg ein Leuchtfeuer errichtet, das 40 Kilometer weit zu sehen war und seinen Dienst bis zur Inbetriebnahme des neuen Leuchtfeuers im Jahr 1986 verrichtet. Zudem wurde 1911 auf der Eckernförder Hafenmole ein kleiner eiserner Leuchtturm als Hafenfeuer errichtet, der Schiffe mit Kurs auf Eckernförde sicher in den Außenhafen leiten sollte. Nach dem Bau der neuen Außenmole im Jahr 1981 wurde das alte Hafenfeuer durch einen neuen, in das Molenbecken gebauten Turm ersetzt.

Nach dem Zweiten Weltkrieg wurde der Betrieb der Leuchttürme zunehmend automatisiert. Seit 1973 gibt es an den deutschen Küsten keine bemannten Leuchttürme mehr. Heute existieren in Schleswig-Holstein an der Westküste noch 13 Leuchttürme, an der Ostseeküste sind es 19, von denen sich allein sechs auf der Insel Fehmarn be-

finden. Auf der Unterelbe als international bedeutendem Seeverkehrsweg unterstützen im Bereich des Wasser- und Schifffahrtsamts Hamburg drei Leuchttürme mit Sektorenfeuern sowie 22 Leuchttürme mit 24 Richtfeuern die Navigation. Im Bereich des Wasser- und Schifffahrtsamts Cuxhaven zwischen Brunsbüttel und der Elbmündung sorgen der Leuchtturm Neuwerk als Sektorenfeuer, sechs Richtfeuer auf zehn Türmen sowie elf Navigationsbaken für eine sichere Passage, wobei die Zahl der Baken jedoch zukünftig auf sechs verringert werden soll. Während Sektorenfeuer zur Orientierung je nach Richtung unterschiedliche Lichtsignale ausstrahlen, markieren die aus je zwei Türmen, dem Ober- und dem Unterfeuer, bestehenden Richtfeuer die Mitte des Fahrwassers.

Aufgrund des Eigeninteresses der deutschen Küstenländer kam es erst 1919 zur Gründung eines Reichsverkehrsministeriums in Berlin, das auch für die Seefahrt zuständig war. Bis dahin waren die Einzelstaaten für das Seezeichenwesen, das Reichsamt des Inneren, wie das Innenministerium im Deutschen Kaiserreich bezeichnet wurde, für alle rechtlichen Aspekte und die Kaiserliche Marine für die meteorologisch-hydrographischen Fragen zuständig.

Lange war in Preußen das Handelsministerium für alle das Seewesen und die Hydrographie, also die Erforschung, Beschreibung und Vermessungen der Küsten und Meere, betreffenden Fragen zuständig gewesen. Im Jahr 1841 wurden in Preußen die ersten modernen deutschen Seekarten herausgegeben. 1861 wurde das „Hydrographische Büro" der preußischen Marine gegründet. 1879 wurde daraus das „Hydrographische Amt" der Kaiserlichen Marine. Bis 1882 wurden zudem erstmals die deutschen Küsten vermessen und auf 44 Karten nebst Beschreibung veröffentlicht. 1893 wurde die Behörde in „Hydrographisches Amt des Reichsmarineamtes" und 1908 noch einmal in „Nautisches Departement des Reichsmarineamtes" umbenannt. Ab 1902 begann die Kaiserliche Marine mit der Erstellung eines alle Seegebiete weltweit umfassenden Seekartenwerks.

Ebenso wurden in der zweiten Hälfte des 19. Jahrhunderts die Grundlagen der modernen ozeanischen Meteorologie gelegt. 1868 hatte der Navigationslehrer Wilhelm von Freeden in Hamburg die „Norddeutsche Seewarte" als privates Institut gegründet, die 1875 als „Deutsche Seewarte" von der Kaiserlichen Marine übernommen wurde und ab 1893 dem Reichsmarineamt unterstand. Zu den Aufgaben der Seewarte gehörte vor allem die Beobachtung und Erforschung der maritimen Meteorologie. Dabei wurden die gewonnenen Erkenntnisse nicht zuletzt für die Erstellung von Segelanweisungen, optimierten Reiserouten und Wettervorhersagen genutzt, was die Grundlage für die sogenannte „Meteorologische Navigation" bildete. Weitere Aufgaben war die Überprüfung von meteorologischen und nautischen Instrumenten, wie Sextanten, Kompassen oder Chronometern. Hauptsitz der Deutschen Seewarte war von 1881 bis 1945 das Seewartengebäude in Hamburg.

Gemeinsam mit dem Hydrographischen Amt der Marine war die Deutsche Seewarte für den Seewetterdienst, die Seekartographie und die Kontrolle der nautischen Instrumente von Kriegs- und Handelsschiffen zuständig. Von 1919 bis 1934 unterstand die Deutsche Seewarte dem Reichsverkehrsministerium, danach dem Oberkommando der Marine. Ab 1945 wurden die Aufgaben der Deutschen Seewarte vom „Deutschen Hydrographischen Institut" übernommen, aus dem 1990 durch die Zusammenlegung mit dem „Bundesamt für Schiffsvermessung" (BAS) und dem „Seehydrographischen Dienst der ehemaligen Volksmarine" das dem Bundesminister für Verkehr unterstellte „Bundesamt für Seeschifffahrt und Hydrographie" (BSH) wurde. Heute ist das BSH als Bundesoberbehörde in Deutschland für alle Fragen der Meereskunde, Schiffsvermessung, Vermessung der Küsten und Meere sowie für die Herausgabe der Seekartenwerke, der Seehandbücher für die europäischen Seegebiete und der nautischen Veröffentlichungen zuständig; unter anderem bearbeitet das BSH mehr als 1000 Karten von Seegebieten weltweit.

Auch das Lotswesen auf Nord- und Ostsee wurde weiter verbessert. Auf der Außenelbe war die Stadt Hamburg für die Bereitstellung von Lotsen zuständig. Durch die gewachsene Größe der Schiffe wurde es um die Mitte des 19. Jahrhunderts notwendig, den Lotsenversetzdienst in sicherer Entfernung von den Untiefen der Elbmündung durchzuführen. Deshalb wurde 1855 der erste Lotsenschoner in Dienst gestellt; bis 1893 folgten sechs weitere Schoner. Im Jahr 1900 waren auf der Außenelbe 120 Lotsen eingesetzt, die dem Hamburger Lotsinspektor un-

terstanden. Auf sechs Seestationen zwischen Borkum-Riff und Helgoland standen die Lotsen zur Verfügung, die die Schiffe bis Brunsbüttel führten, wo entweder Kanal- oder Elblotsen übernahmen. Auf den 42 Seemeilen von Brunsbüttel bis Hamburg lag der Lotsdienst in den Händen von 40 hamburgischen und rund 120 preußischen Lotsen.

Seit 1865 regelte das sogenannte „Bösch-Regulativ" die Tätigkeitsbereiche der See- und Overlotsen auf der Elbe. Die Seelotsen waren für die Passage von und nach See bis östlich Brunsbüttel, die Overlosten dagegen für die Fahrt auf dem Fluss bis Hamburg zuständig. Rund zehn Kilometer flussaufwärts von Brunsbüttel entstand bei St. Margarethen die von den einzelnen Brüderschaften anteilig besetzte Zentralstation der Overlotsen, die nach einer gegenüberliegenden Sandbank, der Bösch, auch "Böschstation" hieß. Hier fand der Lotsenwechsel statt: Der Overlotse kam an Bord, der Seeloste verließ das Schiff und wurde per Boot wieder nach Cuxhaven zurückbefördert. Erfolgte der Lotsenwechsel vor St. Margarethen zunächst noch per Ruderjolle, wurde 1882 der erste Versetzungsdampfer mit Namen BÖSCH in Dienst gestellt. Die Elblotsen waren seit jeher freie Gewerbetreibende; die 30 für den Hamburger Hafen zuständigen Hafenlotsen waren dagegen Beamte der Stadt Hamburg.

Nach der Eröffnung des Nord-Ostsee-Kanals wurde die Elblotsenstation an die Kanaleinfahrt nach Brunsbüttel verlegt. Die aus dem Kaiser-Wilhelm-Kanal kommenden und nach See be-

Lotsenboot in schwerer See. Da die Lotsen ihre Tätigkeit bei jedem Wetter ausübten, wurden die Boote, mit denen sie zu den Schiffen gebracht wurden, besonders stabil und seetüchtig gebaut. Trotzdem war das Übersetzen der Lotsen vor allem bei Sturm nicht ohne Risiko.

stimmten Schiffe wurden dagegen von den Cuxhavener Lotsen besetzt.

Auch im Kaiser-Wilhelm-Kanal, dem heutigen Nord-Ostsee-Kanal, herrschte Lotspflicht. Die Kanallotsen waren auf die Lotsenstationen in Brunsbüttel und Holtenau verteilt; der Lotsenwechsel fand in Nübbel südwestlich von Rendsburg statt. Angesichts häufiger Havarien ist seit 1899 zusätzlich die Annahme von speziellen Kanalsteurern auf dem Kaiser-Wilhelm-Kanal vorgeschrieben, die als Rudergänger das Steuern des Schiffes übernehmen. Ebenso wie die Kanallotsen handelt es sich bei den Kanalsteurern um erfahrene Nautiker; obgleich sie oft mit den Lotsen verwechselt werden, stellen sie eine eigene Berufsgruppe dar. Von Anfang an waren die Kanalsteurer Freiberufler, die seit 1908 in einem eigenen „Verein der Kanalsteurer" zusammengeschlossen sind. Dagegen waren die Kanallotsen zunächst verbeamtet, jedoch wurde 1922 aufgrund des Lotsenmangels und des starren Beamtengesetzes der Übergang zu gewerblichen Lotsen auf dem Kaiser-Wilhelm-Kanal beschlossen.

Das Lotsenwesen auf der Eider oblag der Eider-Lotsenbrüderschaft. Ihr Lotsrevier erstreckte sich von der Lotsgaliot EIDER bis Tönning und weiter durch den Eider-Kanal bis Rendsburg und Holtenau. Aufgrund des Rückgangs des Schiffsverkehrs auf der Eider nach Eröffnung des Kaiser-Wilhelm-Kanals im Jahr 1895 wurden die in Holtenau stationierten Eiderlotsen in das Kanallotsenkorps übernommen.

Auf der Ostsee unterstand das Lotsenwesen für den Bereich von Hadersleben bis Neustadt nach 1867 dem preußischen Regierungspräsidenten in Schleswig. Die 25 Lotsen waren preußische Beamte. Sie versahen ihren Dienst auf den Lotsenstationen Ärö, Örbyhage, Apenrade, Sonderburg, Kekenis, Falshöft, Birk, Feuerschiff KALKGRUND, Flensburg, Schleimünde, Maasholm, Kappeln, Arnis, Lindaunis, Eckernförde, Laboe, Heiligenhafen, Orth, Lemkenhafen, Burgstaaken, Neustadt und Jonathanwiese. Bei Bedarf konnte auf zusätzliche Hilfs- oder Nebenlotsen zurückgegriffen werden. Für den Bereich der Flensburger Förde sah das Reglement von 1898 auf den vier Lotsenstationen folgende Aufteilung vor: In Flensburg vier Lotsen, in Sonderburg ein Loste, in Kekenis drei Losten und in Falshöft (Birk) drei Losten. Konkurrenzkämpfe zwischen Lotsen waren nicht unbekannt, insbesondere zwischen denen aus Kekenis und Falshöft. Die Lotsen unterstanden dem Lotsenkommandeur in Rendsburg. Auf der Trave oblag das Lotsenwesen dagegen der Hansestadt Lübeck. Die 17 beamteten Lotsen waren in Lübeck und Travemünde stationiert.

Auch das Lotsenwesen war im 20. Jahrhundert gekennzeichnet von der Anpassung an die veränderten Erfordernisse der modernen Seeschifffahrt. Zugleich setzte bei den Lotsenvereinigungen ein Konzentrationsprozess ein. Bereits 1900 hatten sich die Cuxhavener Lotsen zum Verein der Cuxhavener Lotsenschaft zusammengeschlossen, aus dem 1942 die Lotsenbrüderschaft Cuxhaven hervorging. Ebenfalls 1942 erfolgte die Gründung der Lotsenbrüderschaft Hamburg durch den Zusammenschluss der dortigen Lotsenkorporationen.

1919 wurde mit dem Deutschen Lotsenbund der erste Zusammenschluss aller Lotsenvereinigungen als Vertretung gegenüber der staatlichen Verwaltung gegründet. Lange hatte die Verantwortung für das Lotsenwesen in den Händen der deutschen Küstenländer gelegen. Erst mit der Übernahme der Wasserstraße durch das Deutsche Reich im Jahr 1921 begann die Vereinheitlichung des Lotsenwesen, doch wurde dieser Prozess erst 1954 durch das Gesetz für das Seelotsenwesen zum Abschluss gebracht. Im gleichen Jahr wurde die Bundeslotsenkammer als Zusammenschluss der einzelnen Lotsenbrüderschaften gegründet.

1957 vereinigten sich die Elblotsenbrüderschaften Hamburg und Cuxhaven zur Lotsenbrüderschaft Elbe, die sich 1999 wiederum mit den Cuxhavener Hafenlotsen vereinigte. Zugleich wurde das Elbrevier in die Lotsbezirke Eins (Hamburg–Brunsbüttel–Hamburg) und Zwei (Brunsbüttel–Hamburg–Brunsbüttel) aufgeteilt. Im Jahr 1960 übernahm die Lotsenbrüderschaft Elbe zudem die bisher von der Wasser- und Schifffahrtsverwaltung betriebenen Lotsenfahrzeuge in Eigenregie. Durch den Zusammenschluss war Cuxhaven jetzt nur noch Zwischenstation, weshalb drei Viertel der in Cuxhaven ansässigen Lotsen ihren Wohnsitz nach Schleswig-Holstein verlegten.

Durch die moderne Technik hat sich auch das Berufsbild der Lotsen stark gewandelt, wie das Beispiel der Elblotsen zeigt. Seit der Einführung der Radarüberwachung des Elbefahrwassers im Jahr 1967 kann der Schiffsverkehr auch bei dichtestem Nebel voll weiterlaufen. Dabei werden bei schwierigen Fahrt- und Wetterverhältnissen die Radarzentralen von den Elblotsen besetzt. Seit

Drahtlose Telegraphie

Die Erfindung der drahtlosen Telegraphie bedeutete eine Revolution der Nachrichtenübermittlung auf See. Für die Schifffahrt war die Möglichkeit, per Funk mit anderen Schiffen oder mit dem Land in Verbindung zu treten, von immenser Bedeutung. Bereits zu Beginn des 20. Jahrhunderts verfügten daher bereits zahlreiche deutsche Handelsschiffe über Funkanlagen. 1906 wurde in Nauen bei Potsdam die erste deutsche Seefunkstelle in Betrieb genommen. 1911 wurde die „Deutsche Betriebsgesellschaft für drahtlose Telegraphie" (DEBEG) für den Betrieb der Funkstationen an Bord deutscher Handelsschiffe gegründet.

Der Seefunk diente zur Übermittlung von Nachrichten, zur Kommunikation zwischen Reeder und Schiffsführung sowie als Notsignal. Nach dem Untergang der TITANIC, bei dem rund 1.500 Menschen ihr Leben verloren, wurden 1912 auf der dritten Funkkonferenz in London eine spezielle Notruffrequenz und das neue internationale Notrufzeichen SOS eingeführt. Das auf dem Morsecode basierende Signal (···———···) wurde wegen seiner Einprägsamkeit gewählt, die angebliche Bedeutung „Save Our Souls" („Rettet unsere Seelen") ist eine nachträgliche Interpretation. Das Abhören der Notruf-Frequenzen, um im Notfall sofort reagieren und Unterstützungsmaßnahmen einleiten zu können, gehörte seither zu den wichtigsten Aufgaben des Funkoffiziers.

Nach dem Ersten Weltkrieg entwickelten sich Funkeinrichtungen zur Standardausrüstung an Bord von Handelsschiffen. Zunächst wurden alle Nachrichten nur im Morsealphabet, später auch durch Sprechfunk übermittelt. In den 1960er Jahren wurden UKW-Sprechfunkgeräte weltweit auf Handelsschiffen zunehmend üblich, wodurch die Kommunikation zwischen Schiffen und von Schiff zu Land weiter verbessert wurde. Heute wird der Seefunk hauptsächlich über Satelliten, etwa über das INMARSAT-System, abgewickelt. 1999 hat das ebenfalls satellitengestützte Seenot- und Sicherheitssystem GMDSS (Global Distress and Safety System) den traditionellen Notruf per Funk abgelöst.

Anfang der 1970er Jahre werden größere Schiffe bereits in den Rheinmündungshäfen oder in einem britischen Hafen mit einem Elblotsen besetzt. Später wurde auch ein Spezialdienst für Großtanker bzw. Massengutschiffe eingeführt. Diese erhielten auf einer festgelegten Position nordwestlich von Helgoland ihren Lotsen per Hubschrauber. Nach der Indienststellung des ersten SWATH-Doppelrumpfschiffs für den Lotsenversetzdienst in der Deutschen Bucht im Jahr 1999 ist dieser Zubringerdienst aus der Luft jedoch zunehmend verzichtbar geworden. Heute führen die etwa 300 Seelotsen aus Cuxhaven, Schleswig-Holstein und Hamburg im Jahr durchschnittlich 48.000 Schiffe auf einer der verkehrsreichsten Seeschifffahrtsstraße der Welt.

Lotsen sind Experten in ihrem jeweiligen Revier oder Fahrtgebiet. Obgleich sie rein rechtlich nur als „Berater des Kapitäns" gelten, übernehmen sie beim Anbordkommen die Führung des Schiffes. Jeder Lotse ist in der Regel etliche Jahre als Kapitän gefahren, bevor er nach einer Spezialausbildung seine Bestallung als Lotse erhält.

Heute sind die deutschen See- und Hafenlotsen in neun Lotsenbrüderschaften zusammengefasst, die als Körperschaften öffentlichen Rechts organisiert sind. Die Lotsen sind erfahrene Nautiker und werden nach erfolgreicher Prüfung von der zuständigen staatlichen Behörde für ein bestimmtes Revier zugelassen. Im Bereich der schleswig-holsteinischen Küsten gibt es heute die Seelotsen an Elbe (242 Lotsen), Nord-Ostsee-Kanal I (131 Lotsen; Sitz Brunsbüttel), Nord-Ostsee-Kanal II/Kiel/Lübeck/Flensburg (146 Lotsen im Bezirk Kiel, 22 Lotsen im Bezirk Lübeck). Hinzu kommen die 61 Hamburger Hafenlotsen.

Seeunfälle

Trotz der zunehmenden Sicherung der Seewege kam es immer wieder zu verhängnisvollen Schiffsunglücken in der Nord- und Ostsee. Allein die Kieler Reederei Sartori & Berger verlor zwischen 1872 und 1882 insgesamt zwölf hölzerne Segelschiffe. Angesichts der eingeschränkten Kommunikationsmöglichkeiten gingen Schiffe oft spurlos verloren, selbst in der Ostsee. So verschwand der Dampfer ADELE von Sartori & Berger im Dezember 1898 auf der Reise von Ham-

Die Deutsche Gesellschaft zur Rettung Schiffbrüchiger

1865 wurde in Kiel die „Deutsche Gesellschaft zur Rettung Schiffbrüchiger", kurz DGzRS, gegründet, die heute ihren Sitz in Bremen hat.

Schon bald begann der Aufbau von Seenotrettungsstationen an den deutschen Küsten. Neben den offenen Ruderrettungsbooten waren damals die sogenannten „Raketenapparate" das wichtige Rettungsmittel, mit dessen Hilfe die DGzRS zwischen 1865 und 1915 über 600 Menschen von havarierten Schiffen retten konnte.

Zehn Jahre nach seiner Gründung unterhielt das deutsche Seenotrettungswerk bereits 91 mit Ruderrettungsbooten und Raketenapparaten ausgestattete Rettungsstationen an der Nord- und Ostseeküste; bis 1890 war das Sicherheitsnetz an den deutschen Küsten auf 111 Rettungsstationen und mehr als 1.000 freiwillige Rettungsmänner gewachsen.

Die Seenotrettung mit offenen Ruderrettungsbooten war anstrengend und gefährlich, weshalb zu Beginn des 20. Jahrhunderts mit der Motorisierung der Rettungsfahrzeuge begonnen wurde. 1911 stellte die DGzRS ihr erstes motorgetriebenes Rettungsboot in Dienst. Im Jahr 1939 verfügten die deutschen Seenotretter über 39 Motor- und 55 Ruderrettungsboote sowie 71 Raketenapparate auf 101 Rettungsstationen. Auch während des Zweiten Weltkriegs setzte die DGzRS unter dem Schutz der Genfer Konvention den Seenotrettungsdienst fort. Nach dem Kriegsende 1945 nahm die DGzRS ihre Tätigkeit in der Deutschen Bucht und der westlichen Ostsee wieder auf, während in der sowjetischen Besatzungszone und der späteren DDR ein eigenes Seenotrettungswesen aufgebaut wurde. 1957 begann in der Bundesrepublik mit der Indienststellung der THEODOR HEUSS die Ära der modernen Seenot-Rettungsfahrzeuge, die sich seither hervorragend bewährt haben. 1979 wurde die DGzRS offiziell mit dem maritimen Rettungsdienst in der Bundesrepublik Deutschland betraut und übernahm 1990 auch den DDR-Seenotrettungsdienst. Heute zählt die Rettungsflotte der DGzRS zu den modernsten und leistungsfähigsten der Welt. An der deutschen Nord- und Ostseeküste stehen auf 54 Stationen 185 fest angestellte und über 800 freiwillige Rettungsmänner mit 61 Fahrzeugen vom 8,5-Meter-Seenotrettungsboot bis zum modernen 46-Meter-

Der 1944 gebaute Seenotkreuzer HINDENBURG war auf Sylt stationiert. Nach der Außerdienststellung im Jahr 1980 wurde der Seenotkreuzer an das Kieler Schifffahrtsmuseum abgegeben

Seenotkreuzer bereit, um jederzeit auszulaufen und Hilfe zu leisten. Ihr Einsatz wird von der Seenotleitung in Bremen koordiniert. Etwa 2.500 Mal im Jahr werden die Seenotretter alarmiert. Bis heute wird die Arbeit der DGzRS allein durch Mitgliedsbeiträge und Spenden finanziert. Deutschlandweit bekannt sind die Sammelschiffchen, scherzhaft auch „die kleinste Bootsklasse der DGzRS" genannt. Seit 1875 sammeln sie in einem seither kaum veränderten Design Geld für das deutsche Seenotrettungswerk.

Im Kieler Schifffahrtsmuseum ist der 1944 in Hamburg gebaute Seenotrettungskreuzer HINDENBURG zu besichtigen, der 1980 nach 36 Dienstjahren auf der Insel Sylt außer Dienst gestellt und an das Kieler Schifffahrtsmuseum abgegeben wurde.

Die Seenotkreuzer der DGzRS sind in vielen Häfen an Nord- und Ostsee ein vertrauter Anblick. Ihre Besatzungen stehen bereit, um bei jedem Wetter in kürzester Zeit auszulaufen und auf See Hilfe zu leisten.

burg nach Königsberg mit einer Ladung Stückgut und Eisen während eines schweren Ostseesturms. Erst durch eine vom Kapitän des Schiffes im Angesicht des Todes verfasste Flaschenpost erfuhr die Nachwelt von der Tragödie.

Noch gefährlicher als die Ostsee war die Nordsee. Um die Mitte des 19. Jahrhunderts gerieten allein vor der deutschen Nordseeküste Jahr für Jahr mehr als 50 Schiffe in Seenot. Häufig endeten diese Havarien mit einem Totalverlust und zahlreichen Todesopfern. Vor allem bei Strandungen war Hilfeleistung oft unmöglich, da die Brandung jeden Versuch, das Schiff zu erreichen, unmöglich machte. Erst die Erfindung des sogenannten „Raketenapparates" machte das Bergen von Überlebenden möglich. Mit diesem Gerät konnte man mit Hilfe einer Rakete ein Tau zu einem gestrandeten Schiff hinüberschießen und

anschließend die Schiffbrüchigen in einer sogenannten Hosenboje, einem Rettungsring mit angenähter Hose, nach dem Prinzip einer Seilbahn einzeln an Land holen.

1906 wurde der Dampfer JOHANNE in der Bucht von Hongkong während eines Taifuns auf den Strand geworfen. Das Schiff wurde später geborgen und repariert. Die JOHANNE war 1903 bei Henry Koch in Lübeck gebaut worden und gehörte der Apenrader Reederei Jepsen, die den Dampfer in der Ostasienfahrt einsetzte. Nach dem Eintritt der Vereinigten Staaten in den Ersten Weltkrieg wurde die JOHANNE 1917 in Manila von den US-Behörden beschlagnahmt.

Der Untergang des Dampfers ITZEHOE

Ein besonders gut dokumentierter Fall eines Schiffsverlustes ereignete sich am 24. Mai 1911, als kurz nach zehn Uhr der 1899 bei der Flensburger Schiffbaugesellschaft gebaute Frachtdampfer ITZEHOE der in Hamburg ansässigen Deutsch-Australischen-Dampfschiffsgesellschaft (DADG) unter dem Kommando von Kapitän Franz Ferdinand Kirstein vor dem Cap Recife an der südafrikanischen Küste auf Grund lief. Das Vorschiff war leck geschlagen; die Mannschaft versuchte, zu retten, was zu retten war. Erst nach fast drei Stunden kamen zwei Dampfschlepper aus dem nahe gelegenen Hafen Port Elisabeth dem Havaristen zu Hilfe. Sie waren durch den Wärter des Leuchtturms auf dem Cap Recife alarmiert worden, der das Drama beobachtet hatte. Doch alle Mühe war vergebens, das Schiff musste aufgegeben werden. Allerdings konnten zumindest Teile der Ladung und des Schiffsinventars mit Hilfe der britischen Behörden gerettet werden. Am 20. Juli 1911 wurde die Strandung der ITZEHOE in einer öffentlichen Sitzung des Seeamtes Hamburg untersucht, das zu dem Urteil kam, dass Kapitän Kirstein durch seine unvorsichtige Navigation den Unfall verschuldet hatte. Obgleich ihn der wachhabende Dritte Offizier mehrfach gewarnt hatte, war Kapitän Kirstein auf dem eingeschlagenen Kurs geblieben

und hatte sein Schiff zu nah an das gefährliche Kap herangesteuert. Der Kapitän kam mit einem blauen Auge davon. Weil er ein Nautiker von tadellosem Ruf war und seinen Fehler offen zugegeben hatte, verzichtete das Seeamt auf die Aberkennung seines Patentes. Zugleich lobte es den Dritten Offizier ausdrücklich für sein umsichtiges Verhalten.

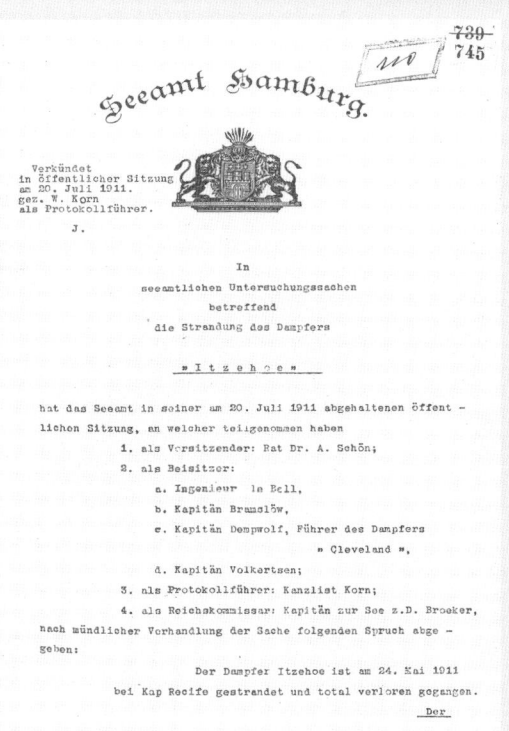

Das Urteil des Seeamts Hamburg zum Untergang des Frachtdampfers ITZEHOE. 1911 ging das Schiff bei einer Strandung vor der Küste Südafrikas verloren. Die ITZEHOE war 1899 bei der Flensburger Schiffbaugesellschaft (FSG) vom Stapel gelaufen.

Seit jeher galt die Umrundung von Skagen als besonders riskant. Die sogenannte „Kaviarkarte" zeigt die bei der Fahrt um die Nordspirte der jütischen Halbinsel durch Strandung verloren gegangenen Schiffe im Zeitraum von 1858 bis 1887. Jeder Punkt steht für ein gestrandetes Schiff. Insgesamt gingen in diesen 30 Jahren fast 3.000 Schiffe verloren. Durch den Bau des Nord-Ostsee-Kanals konnte die gefährliche Fahrt um Skagen vermieden werden.

Angesichts der hohen Schiffsverluste wurde an den deutschen Küsten immer dringender die Notwendigkeit eines professionell organisierten Seenotrettungswesens empfunden. Am 29. Mai 1865 wurde daher in Kiel nach britischem und holländischem Vorbild die „Deutsche Gesellschaft zur Rettung Schiffbrüchiger", kurz DGzRS, als deutsches Seenotrettungswerk gegründet.

Nicht nur Segelschiffe, auch Dampfer gerieten durch die Naturgewalten sowie technisches und menschliches Versagen immer wieder in Notsituationen oder gingen sogar verloren. Schlechte Sicht, Navigationsfehler oder ein Maschinenschaden konnten verhängnisvolle Folgen haben. Um 1900 betrug der jährliche Verlust an Dampfschiffen durch Unglücksfälle weltweit im Durchschnitt etwa zwei Prozent.

Damals wie heute müssen alle Unfälle auf See nach der Rückkehr gemeldet und gegebenenfalls untersucht werden. Seit 1878 waren in den deutschen Küstenländern die sogenannten „Seeämter" als staatliche Behörden für die Untersuchung von schweren Seeunfällen, die zu Todesfällen oder Schiffsverlusten geführt hatten, zuständig. Die Seeämter waren mit einem Juristen als Vorsitzenden sowie mit vier ehrenamtlichen, jährlich neu zu berufenen Beisitzern besetzt, von denen zwei seemännische Erfahrung besitzen mussten. In einem gerichtsähnlichen Verfahren mit einer mündlichen Verhandlung hatten sie die Unfallursachen festzustellen und die Handlungsweise der Beteiligten zu beurteilen. Bei schuldhaftem Verhalten der Beteiligten konnten die Seeämter Strafen bis zur Entziehung des Patents verhängen. In der preußischen Provinz Schleswig-Holstein gab es Seeämter in Flensburg und Tönning, ebenso waren Seeämter in Hamburg und Lübeck ansässig.

Erst 1986 trat das neue Seeunfalluntersuchungsgesetz in Kraft, nach dem auch die erstinstanzliche Unfalluntersuchung in die Kompetenz des Bundes fällt. Heute sind für die Untersuchung von Seeunfällen die den Wasser- und Schifffahrtsdirektionen unterstellten Untersuchungsausschüsse (weiterhin „Seeämter" genannt) in Bremerhaven, Emden, Hamburg, Kiel und Rostock zuständig, die aus einem Juristen als Vorsitzenden und erfahrenen Nautikern als Beisitzern bestehen, um eine sachkundige und unabhängige Beurteilung in einem mündlichen Verfahren zu gewährleisten, das entweder mit der Einstellung des Verfahrens oder der Verhängung eines befristeten oder in außergewöhnlichen Fällen sogar lebenslangen Fahrverbots endet. Nach einer Neustrukturierung des Seeunfalluntersuchungverfahrens ist seit 2002 die „Bundesstelle für Seeunfalluntersuchung" für die Ermittlung der Unfallursachen zuständig, während die Beurteilung des Verhaltens der Beteiligten weiterhin Sache der Seeämter ist. Gegen deren Urteil kann bei der Widerspruchsstelle der Wasser- und Schifffahrtsdirektion Nord Widerspruch eingelegt werden, ebenso besteht die Möglichkeit einer Klage von dem Verwaltungsgericht.

Zugleich wurden seit der zweiten Hälfte des 19. Jahrhunderts aber auch Maßnahmen zur Unfallvorbeugung und -verhütung ergriffen. Die Überprüfung der Sicherheit von Seeschiffen oblag im Deutschen Reich zunächst den Schiffs-Klassifikationsgesellschaften, nach deren Beurteilung des Zustands eines Schiffes sich die Berechnung der Versicherungsprämie richtete.

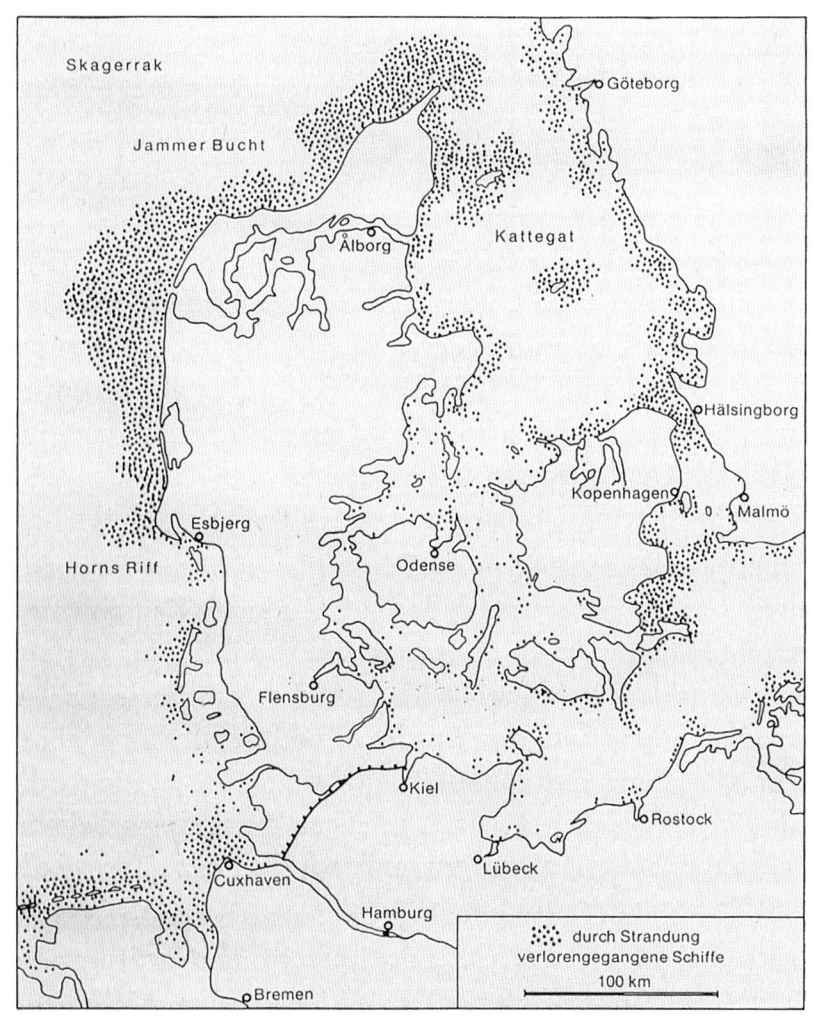

Skagerrak

Jammer Bucht

Göteborg

Ålborg

Kattegat

Hälsingborg

Kopenhagen

Malmö

Esbjerg

Odense

Horns Riff

Flensburg

Kiel

Rostock

Lübeck

Cuxhaven

Hamburg

Bremen

···· durch Strandung
verlorengegangene Schiffe

100 km

Dazu war bereits 1867 in Hamburg der Germanische Lloyd (GL) als private, gemeinnützige Gesellschaft gegründet worden, der auch Bauvorschriften für Schiffe erließ. Den Vorsitz des schleswig-holsteinischen Distriktvereins des GL hatte lange Zeit der Kieler Reeder August Sartori inne. Seit 1875 stand der GL unter staatlicher Aufsicht und wurde 1889 in eine Aktiengesellschaft umgewandelt. Bis heute dient der GL als technischer Berater in allen Fragen der Schiffssicherheit.

Durch die 1880 erlassene „Verordnung zur Verhütung des Zusammenstoßes der Schiffe auf See", im Wesentlichen die Übernahme der entsprechenden britischen Vorschrift, wurde die Grundlage für die heutige „Seestraßen- und Seeschifffahrtsstraßenordnung" gelegt. Ebenso wurden gesetzliche Qualifikations- und Mindeststandards für die Besatzungen deutscher Handelsschiffe festgelegt. Seit 1869 waren für den Erwerb von nautischen Patenten staatliche Prüfungen erforderlich. Zudem musste nach der Schiffsbesetzungsordnung von 1904 ein Schiff auf großer Fahrt mit einem Kapitän und zwei Steuerleuten bemannt sein, auf Dampfschiffen waren zusätzlich drei Maschinisten vorgeschrieben.

Mit der Gründung der See-Berufsgenossenschaft als Unfallversicherung für Seeleute im Jahr 1887 wurde dieser zugleich auch die Aufgabe übertragen, Unfallverhütungvorschriften für die deutsche Handelsschifffahrt zu erlassen und zu kontrollieren.

1894 wurden die Zuständigkeiten von See-Berufsgenossenschaft und GL in einem Vertrag geregelt, der in seinen wesentlichen Teilen bis heute gilt. Nach wie vor ist die See-Berufsgenossenschaft nicht nur als Sozialversicherungsanstalt für Seeleute, sondern auch im Auftrag des Bundesverkehrsministeriums als Schiffssicherheitsbehörde tätig. Diese Doppelfunktion ist weltweit einmalig. Zu ihren Aufgaben gehört unter anderem auch die Überprüfung ausländischer Schiffe, die deutsche Häfen anlaufen.

Oft wurden Katastrophen und Unfälle zum Anlass für Verbesserungen und neue Sicherheitsvorschriften. So erließ beispielsweise die See-Berufsgenossenschaft im Jahr 1896 Vorschriften zum Einbau von Schotten, nachdem der Transatlantikdampfer ELBE im Januar 1895 nach einer Kollision mit dem britischen Dampfer CRATHIE innerhalb von nur 20 Minuten gesunken war, wobei 332 Menschen ihr Leben verloren hatten.

Ebenso wurden in Deutschland im Jahr 1903 Freibordvorschriften nach dem Vorbild der seit 1875 vorgeschriebenen britischen Plimsoll-Linie erlassen. An allen deutschen Frachtschiffen mussten fortan Markierungen angebracht werden, die den maximal zulässigen Tiefgang anzeigten, um ein Überladen und damit eine Gefährdung des Schiffes zu verhindern.

Der Bau des Nord-Ostsee-Kanals

Im Laufe des 19. Jahrhunderts war der alte Eiderkanal für die sehr viel größer gewordenen Seeschiffe unpassierbar geworden. Obgleich die Passage rund um Kap Skagen durch die größer und seetüchtiger gewordenen Schiffe viel von ihrem Schrecken verloren hatte, blieb die Fahrt entlang der jütischen Westküste riskant. Allein zwischen 1858 und 1885 gingen auf dem Weg rund um Skagen 91 Dampfer und 2.747 Segler verloren.

Bereits zu Beginn des deutsch-dänischen Krieges 1864 hatte der preußische Ministerpräsident Otto von Bismarck (1815–1898) Überlegungen bezüglich einer neuen Verbindung zwischen Nord- und Ostsee angestellt. Obwohl die Pläne zum Neubau des Kanals aufgrund der Ablehnung durch den preußischen Kriegs- und Marineminister Albrecht von Roon und den preußischen Generalstabschef Helmuth von Moltke 1873 zeitweilig zu den Akten gelegt worden waren, gelang es dem Hamburger Schiffsmakler und Reeder Heinrich Hermann Dahlström (1840–1922) ab 1878, das Projekt wieder in Gang zu bringen.

1886 wurde bei der Flensburger Schiffbaugesellschaft der Dampfer KANAL auf gemeinsame Rechnung zweier Flensburger Reedereien gebaut. Das Schiff war exakt an die Abmessungen der Schleusen des alten Eiderkanals angepasst, da es für den Liniendienst von Flensburg nach Hamburg bestimmt war.

Die Rendsburger Eiderkanal-Schleuse mit Zoll- und Schleusenwärterhaus um 1880.

Der Bau des Nord-Ostsee-Kanals bei Grünental um 1893. Die Hochbrücke ist bereits weitgehend fertiggestellt. Die Spannweite zwischen den Pfeilern betrug 156 Meter. Mitte der 1980er Jahre wurde die Brücke durch einen Neubau ersetzt.

Flottenparade zur Grundsteinlegung des Nord-Ostsee-Kanals im Juni 1887. Der in der Mitte zwischen den feierlich beflaggten Kriegsschiffen hindurchfahrende Raddampfer ist die Kaiseryacht HOHEN-ZOLLERN (I) mit Kaiser Wilhelm I. an Bord, der die Parade abnimmt.

Als unermüdlicher Kämpfer für das Großprojekt erhielt er schon bald den Spitznamen „Kanalström". Zu den Befürwortern eines Kanals gehörte auch der Kieler Reeder August Sartori. Aber erst nachdem es Reichskanzler Otto von Bismarck gelungen war, Kaiser Wilhelm I. für das Vorhaben zu begeistern, wurde der Bau eines neuen Kanals zu einem nationalen Prestigeprojekt.

Im Juni 1887 legte der 90jährige Kaiser Wilhelm I. (König von Preußen 1861–1888; ab 1871 Deutscher Kaiser) in Kiel den Grundstein für den neuen Kanalbau, im Juni 1895 eröffnete sein Enkel Kaiser Wilhelm II. (1888–1918) feierlich die zu Ehren seines Großvaters „Kaiser-Wilhelm-Ka-

nal" benannte, fast 100 Kilometer lange Wasserstraße von Holtenau an der Kieler Förde nach Brunsbüttel an der Elbe. Der neue Kanal war das größte Verkehrsprojekt, das je in Schleswig-Holstein verwirklicht wurde. In den acht Jahren Bauzeit hatten Tausende von Arbeitern mehr als 80 Millionen Kubikmeter Erde bewegt sowie Schleusen, Uferbefestigungen und Brücken gebaut.

Der Kaiser-Wilhelm-Kanal ersparte nicht nur der Handelsschifffahrt den mühsamen und gefährlichen Weg rund um Kap Skagen, sondern steigerte auch die strategische Bedeutung Kiels als Marinestadt, da die künstliche Wasserstraße der Kaiserlichen Marine die Möglichkeit bot, jederzeit ungehindert von gegnerischen Seestreitkräften einzelne Schiffe oder auch ganze Geschwader zwischen Nord- und Ostsee hin und her zu verlegen.

Der Kaiser-Wilhelm-Kanal war die erste Reichswasserstraße, die durch eine Reichsbehörde, die „Kaiserliche Kanalkommission", erbaut und unterhalten wurden. Diese wurde damit zum Vorläufer der heutigen Wasser- und Schifffahrtsverwaltung des Bundes.

Der neue Kanal war neun Meter tief und hatte 22 Meter Breite am Grund und 67 Meter am Wasserspiegel. Das war für die damalige Handelsschifffahrt ausreichend, für die ständig größer werdenden Kriegsschiffe aber schon bald zu klein. Ausgerechnet die Kaiserliche Marine, die ur-

sprünglich dem Kanalprojekt skeptisch gegenübergestanden hatte, forderte nun den weiteren Ausbau des Kanals. Von 1907 bis 1913 wurde der Kanal um zwei Meter vertieft, die Sohlenbreite wurde verdoppelt, die Spiegelbreite auf 102 Meter erweitert – ohne dass der Schifffahrtsbetrieb eingestellt werden musste. Mit Kosten in Höhe von 242 Millionen Goldmark war diese Erweiterung wesentlich teurer als der ursprüngliche Kanalbau.

Zugleich wurden die alten Dreh- und Schwimmbrücken durch Hochbrücken ersetzt, unter denen die Schiffe einfach durchfahren konnten. Der spektakulärste Brückenneubau war die zwischen 1911 und 1913 errichtete Rendsburger Eisenbahnbrücke mit der angehängten Schwebefähre für den Fußgänger- und Fahrzeugverkehr über den Kanal. Bei einer Länge von fast zweieinhalb Kilometern verschlang sie 16.700 Tonnen Stahl. In Brunsbüttel und Holtenau entstanden neue Schleusen, die bis heute in Betrieb sind. Mit 330 Metern Länge, 45 Metern Breite sowie zwölf Metern Tiefe galten sie seinerzeit als die größten der Welt.

Obgleich der Kanal schon bald nach seiner Eröffnung von der internationalen Schifffahrt gut frequentiert wurde, profitierte der Kieler Hafen nicht in dem erhofften Maße von der neuen Wasserstraße; ein Großteil des Verkehrsstromes lief an der Fördestadt vorbei, während der Rendsburger Hafen dank seiner verkehrsgünstigen Lage in der Mitte Schleswig-Holsteins durch den Kanal einen Aufschwung erlebte. Die Hauptnutznießer der neuen Wasserstraße waren jedoch die beiden großen Nordseehäfen Hamburg und Bremen, die nun neue Ostseedienste einrichteten. Für die großen Überseeschiffe waren Bremen oder Hamburg der Anlaufhafen; eine Vielzahl kleinerer Segel- und Dampfschiffe übernahm dann den Weitertransport der für die Häfen in der Ostsee bestimmten Waren. Dies war billiger und effizienter, als die Schiffe weiter in die Ostsee fahren zu lassen. Damit sparten die Reeder die Kosten für weitere Reisetage und die Kanalpassage. Gleichzeitig sorgte die Entwicklung dieses Transportsystems für einen erneuten Aufschwung der Küstenschifffahrt.

Tönning dagegen entzog die Eröffnung des Nord-Ostsee-Kanals die wirtschaftliche Grundlage und auch für Flensburg waren die Folgen des Kanalbaus eher negativ. Immer weniger Übersee-

Auf seiner Kaiseryacht „Hohenzollern" eröffnete Kaiser Wilhelm II. im Juni 1895 feierlich die zu Ehren seines Großvaters „Kaiser-Wilhelm-Kanal" benannte, fast 100 Kilometer lange Wasserstraße zwischen Nord- und Ostsee. Für das größte je in Schleswig-Holstein verwirklichte Verkehrsprojekt bewegten Tausende von Arbeitern in den acht Jahren Bauzeit mehr als 80 Millionen Kubikmeter Erde. Gemälde von Alexander Kircher.

Die alten Kanal-schleusen in Brunsbüttel. Für Handelsschiffe waren die 1895 fertiggestellten Schleusen ausreichend, doch für die immer größer werdenden Kriegsschiffe wurden sie schon bald zu eng.

Die Kaiseryacht HOHENZOLLERN (II) bei der Eröffnung der neuen Kanalschleusen durch Kaiser Wilhelm II. Zwischen 1907 und 1913 war der Nord-Ostsee-Kanal erheblich vergrößert worden und hatte zugleich auch neue, 330 Meter lange und 45 Meter breite Schleusen erhalten, die selbst den größten Schlachtschiffen der Kaiserliche Marine ausreichend Platz boten.

schiffe liefen den Flensburger Hafen an, während gleichzeitig aber die Zahl der die Fördestadt anlaufenden Küstenschiffe und kleineren Fahrzeuge zunahm. Lübeck wiederum versuchte durch den Bau des 62 Kilometer langen Elbe-Trave-Kanals zu verhindern, dass die Stadt in eine Randlage geriet. Fast auf den Tag genau fünf Jahre nach dem Nord-Ostsee-Kanal eröffnete der schifffahrtsbegeisterte Kaiser Wilhelm II. den damals modernsten Binnenkanal der Welt, der 1936 in Elbe-Lübeck-Kanal umbenannt wurde. Heute ist die Bedeutung des Kanals eher gering, da aufgrund der Abmessungen von Schleusen und Brücken lediglich kleinere Binnenschiffe mit einer Tragfähigkeit von bis zu 1.000 Tonnen den Kanal passieren können und ein wirtschaftlicher Containertransport nicht möglich ist.

Auch der Kaiser-Wilhelm-Kanal erlebte ein Auf und Ab der Konjunkturen. Die Jahre nach dem Ersten Weltkrieg brachten schwere Zeiten für das einstige Renommierstück. Während der Weltwirtschaftskrise Ende der 1920er Jahre fehlte das Geld für die notwendigen Instandsetzungsarbei-

ten, und der Zweite Weltkrieg verursachte erneut schwere Schäden.

1948 wurde die in der internationalen Schifffahrt als „Kiel Canal" bekannte Wasserstraße auf Befehl der Alliierten Besatzungsmächte in Nord-Ostsee-Kanal umbenannt. Nach seiner Wiedereröffnung wurde der Kanal bald wieder zu einer bedeutenden Wasserstraße. Die Zahl der Passagen durch den Nord-Ostsee-Kanal stieg von 47.271 Schiffen 1950 auf 64.529 im Jahr 1956.

1966 begann der bis heute letzte Ausbau des Kanals. Die Kanaltiefe von elf Metern blieb, doch wurde die Sohlenbreite auf 90 Meter, die Spiegelbreite auf 162 Meter erweitert. Diese Arbeiten sind bis heute nicht abgeschlossen. Im Oktober 2006 wurde zudem ein neues zentrales elektronisches Verkehrslenkungssystem in Betrieb genommen. Mit Hilfe eines den im Straßenverkehr üblichen Ampeln ähnlichen Weichen-Signalsystems (WSS) kann die Verkehrszentrale den Schiffen Anweisungen geben, wie sie sich zu verhalten haben, um einen problemlosen Verkehrsfluss auf dem Kanal zu gewährleisten. Um Kollisionen zu vermeiden müssen größere Schiffe gelegentlich in einer Weiche warten, bis die entgegenkommenden Fahrzeuge vorbeigefahren sind. Zudem werden alle Schiffe ab einer Länge von 45 Metern, die den Nord-Ostsee-Kanal passieren, anhand ihrer Größe in sechs sogenannte „Verkehrsgruppen" eingeteilt, wobei die kleinsten zur Verkehrsgruppe 1 und die größten zur Verkehrsgruppe 6 gehören. Die Höchstgeschwindigkeit für Schiffe Verkehrsgruppen 1 bis 5 beträgt 8 Knoten, Schiffe der Verkehrsgruppe 6 dürfen dagegen nur maximal 6,5 Knoten fahren.

Bis heute ist der Nord-Ostsee-Kanal die meistbefahrene künstliche Wasserstraße der Welt. Allerdings hat sich die Zahl der durchfahrenden Schiffe in den letzten Jahrzehnten verringert. Viele Reeder sparen die teuren Kanalgebühren und schicken ihre Schiffe rund um Skagen. Nur wenn der Kraftstoff teurer wird, rechnet sich der Kanal wieder. Dennoch ist der Kanal für den Staat ein Zusatzgeschäft: Rund 50 Millionen Euro kostet sein Erhalt den Steuerzahler pro Jahr. Um die Leistungsfähigkeit des Nord-Ostsee-Kanals auch für die Zukunft zu erhalten, sind in den nächsten Jahren Investitionen von mindestens 700 Millionen Euro, nicht zuletzt für eine neue Schleusenanlage in Brunsbüttel, erforderlich.

Die Gebühren für die Kanaldurchfahrt werden nach der Bruttoraumzahl (BRZ) des betreffenden

Schiffes berechnet. Die Zahl der Passagen folgt den wirtschaftlichen Konjunkturen. Von einem Tiefpunkt mit 35.482 Passagen im Jahr 1999 stieg die Zahl den Kanaldurchfahrten in den folgenden Jahren beinahe kontinuierlich an und erreichte 2007 mit 43.231 Passagen einen neuen Höhepunkt. Bedingt durch die globale Wirtschaftskrise sank die Zahl der Kanaldurchfahrten im Jahr 2008 auf 42.811. 2009 wurden im Nord-Ostsee-Kanal mit 30.228 Durchfahrten erneut weniger Schiffspassagen gezählt. Dagegen stieg die Zahl der Passagen 2010 wieder auf 31.933; 2011 hat sich dieser positive Trend mit 33.522 Durchfahrten weiter durchgesetzt. Auch im Nord-Ostsee-Kanal ist eine Entwicklung hin zu immer größeren Schiffen zu beobachten: Am stärksten wuchs 2011 die Anzahl der Schiffe in den Verkehrsgruppen 4 (Schiffe bis 160 Metern Länge und 23,5 Metern Breite) und 5 (Schiffe bis 210 Metern Länge und 27 Metern Breite).

Ähnlich zeigt sich die Entwicklung beim Transportvolumen. Wurden im Jahr 1999 rund 46 Millionen Tonnen Fracht durch den Kanal befördert, hatte sich das Transportvolumen in den folgenden Jahren erheblich erhöht und erreichte 2008 mit fast 106 Millionen Tonnen seinen bisherigen Höhepunkt, auf den 2009 ein drastischer Rückgang auf nur noch gut 70,5 Millionen Tonnen folgte. Doch bereits 2010

Ein Containerschiff läuft in die Holtenauer Schleusen ein. Bis heute ist der Nord-Ostsee-Kanal die meistbefahrene künstliche Wasserstraße weltweit.

stieg das Frachtaufkommen wieder deutlich auf beinahe 84 Millionen Tonnen an und wuchs 2011 nochmals auf über 98 Millionen Tonnen. Für das Jahr 2012 zeichnet sich eine erneute Zunahme ab; allein im ersten Halbjahr wurden 52 Millionen Tonnen Güter durch den Nord-Ostsee-Kanal befördert.

Diese positive Entwicklung spiegelt sich auch in einer erneuten Zunahme des Seegüterumschlags wider, der im Vergleich zu 2010 im Jahr 2011 in den deutschen Nordseehäfen um 4,9 Prozent und in den deutschen Ostseehäfen sogar um 9,3 Prozent stieg. Rund 40 Prozent der in Hamburg umgeschlagenen Container werden durch den Nord-Ostsee-Kanal weitertransportiert.

Die Holtenauer Schleusen. Der Nord-Ostsee-Kanal ist für den Hamburger Hafen die wichtigste Hinterlandverbindung. Um die Leistungsfähigkeit des Kanals zu erhalten, sind Investitionen von mindestens 700 Millionen Euro erforderlich.

Die Entwicklung der schleswig-holsteinischen Fischindustrie

Lange hatte die Fischerei in Schleswig-Holstein vor allem zur Versorgung der regionalen Märkte gedient. Während an der Westküste die Nebenerwerbsfischerei vorgeherrscht hatte, war an der Ostküste, vor allem in den Städten, die Berufsfischerei weit verbreitet.

Im 16. Jahrhundert hatte die schleswig-holsteinische Ostseefischerei einen ersten Höhepunkt erlebt. An der Ostküste wurde vor allem Wadenfischerei betrieben. Die Wade war ein Zugnetz, das aus zwei rund 130 Meter langen Flügeln und dem ca. 18 Meter langen und 15 Meter breiten Hamen oder Beutel bestand. Zur Handhabung der Wade waren zwei Boote mit je drei Mann Besatzung notwendig. 500 bis 600 Meter vor der Küste wurde das Netz parallel zur Uferlinie ausgesetzt und dann mit Hilfe von Handwinden an die in Ufernähe verankerten Boote herangeholt. Als Fischereifahrzeuge dienten neben kleinen Einbäumen und offenen Booten, die nur in unmittelbarer Küstennähe eingesetzt wurden, auch größere Boote, die meist in Klinkerbauweise gezimmert waren.

An der Nordsee hatte von etwa 1425 bis zum Ausbleiben der Heringsschwärme zu Beginn des 17. Jahrhunderts die Langleinenfischerei vor Helgoland eine bedeutende Rolle gespielt. Nachdem die Grönlandfahrt den Nordfriesen mit dem Walfang eine neue einträgliche Beschäftigungsmöglichkeit bot, wurde die Fischerei an der Westküste

Fischerboote im Eckernförder Hafen zu Beginn des 20. Jahrhunderts. Damals waren Fischerei und Fischverarbeitung die wichtigsten Wirtschaftszweige der Stadt.

nur noch für den Eigenbedarf betrieben. Lediglich die Blankeneser betrieben seit dem 17. Jahrhundert Hochseefischerei mit Ewern.

Doch erst durch die Anbindung an die Eisenbahn kam es zu einem Aufschwung von Fischerei und Fischverarbeitung in Schleswig-Holstein. Fortan konnten Fischprodukte schnell und billig zu den Verbrauchern tief im Binnenland transportiert werden. Dank seines hohen Eiweißgehalts und seines geringen Preises wurde Fisch nun zu einem wichtigen Volksnahrungsmittel.

Ab Mitte des 19. Jahrhunderts entwickelte sich die Fischindustrie in Schleswig-Holstein zu einem wichtigen Wirtschaftszweig mit überregionaler Bedeutung. Ein gutes Beispiel ist Eckernförde. Parallel zum Niedergang der Schifffahrt hatten sich im Laufe des 19. Jahrhunderts in der Fördestadt die Fischerei und die Fischverarbeitung zum dominierenden Wirtschaftsfaktor entwickelt. Seit 1860 hatten die Eckernförder Fischer ihr Fanggebiet erheblich erweitert und sich von der Küsten- auf die kleine Hochseefischerei verlagert. Sie beschränkten sich nicht länger auf ihre traditionellen Fanggründe in der Eckernförder Bucht, sondern unternahmen nun Fangfahrten bis nach Fehmarn und Alsen, Ärö und Langeland.

Das wichtigste Fischereifahrzeug in dieser Zeit war die sogenannte Quase, die um 1860 in Eckernförde von der Werft Glasau in Zusammenarbeit mit den in der Stadt ansässigen Fischern entwickelt worden war und damals zu den modernsten Fischereifahrzeugen im Ostseeraum gehörte. Die schnellen und seetüchtigen Segelboote waren rund zehn Meter lang und etwa zweieinhalb bis drei Meter breit. An ihren zwei oder drei Masten fuhren sie Spriet- und später Gaffelsegel. Mit diesem Bootstyp konnten auch längere Fahrten durchgeführt werden; durch einen speziellen, als „Bünn" bezeichneten, vom Meerwasser durchfluteten Laderaum konnten die Fischer ihre Fänge frisch halten und lebend anlanden. Zugleich trugen auch weitere technische Verbesserungen, wie die Einführung maschinell hergestellter Netze, die seit 1862 in England und ab 1873 auch in Deutschland hergestellt wurden, zum Aufschwung der Fischerei bei.

Die Zahl der Eckernförder Fischer nahm im Laufe des 19. Jahrhunderts kontinuierlich zu. Die beiden ersten amtlichen Statistiken über die Fischerei aus den Jahren 1890 und 1894 verzeichnen für Eckernförde 250 Haupterwerbs- und

„In Eckernför dor hebbt se't rut, ut Sülver Gold to maken." Der berühmte Spruch bezieht sich auf die goldene Farbe der fertigen Räucherfische. Die Figurengruppe schmückte einst die Räucherei Jarck.

etwa 100 Nebenerwerbsfischer. Dabei stammten die Berufsfischer nicht nur aus Eckernförde und Umgebung, sondern rekrutierten sich zum Teil auch aus Zuwanderern aus den deutschen Ostgebieten, vor allem aus Pommern.

Angesichts der mangelnden Konservierungsmöglichkeiten konnte der Fisch im 19. Jahrhundert nur durch Einsalzen oder Räuchern haltbar gemacht werden. Daher spielte damals Räucherfisch für die Eckernförder Fischindustrie die Hauptrolle. Das wichtigste Produkt der Eckernförder Räuchereien waren die Sprotten. Obgleich sie aus Eckernförde kamen, wurden die Räucherfischchen als „Kieler Sprotten" bekannt, da die Kisten den Stempel des Verladebahnhofs Kiel trugen. Der berühmte Spruch: *„In Eckernför dor hebbt se't rut, ut Sülver Gold to maken"* bezieht sich auf die goldene Farbe der fertigen Räucherfische.

Einen weiteren Schub erhielt die Eckernförder Fischindustrie durch den Bau der Eisenbahnstrecke Kiel–Eckernförde–Flensburg im Jahr 1880/81 und der Kreisbahn Eckernförde–Kappeln im Jahr 1887/90. Dank des direkten Bahnanschlusses konnten nun frische Fische aus dem Schleigebiet, Apenrade, Flensburg, Neustadt und Travemünde nach Eckernförde gelangen und hier weiterverarbeitet werden. 1905 wurde zudem eine Hafenbahn eingerichtet. Jetzt konnte der frische Fisch direkt am Hafen in Eisenbahnwaggons verladen und über die Bahnstrecke Kiel–Flensburg zu den Absatzmärkten im Deutschen Reich gebracht werden.

Um 1900 waren rund 30 Räucherei- und Fischverarbeitungsbetriebe in Eckernförde ansässig und sorgten mit ihren Abgasen für eine regelrechte Smogwolke über der Stadt. Sprotten und andere Fischprodukte aus Eckernförde, wie geräucherte Heringe, Makrelen und Aale, wurden nicht nur in alle Teile des Deutschen Reichs, sondern bis nach Belgien, Frankreich, Rumänien, Italien, die Schweiz und sogar bis ins ferne Amerika verfrachtet. Damals lebte gut ein Drittel der damals rund 6.000 Einwohner der Stadt vom Fisch. Allein die Eckernförder Räuchereibetriebe beschäftigten rund 300 Männer und Frauen in Tages- oder Monatslohn bzw. im Akkord. Vor allem für die Frauen waren die Löhne und Arbeitsbedingungen in der Fischindustrie schlecht.

Dank der Eisenbahn und neuartiger Kühlmöglichkeiten begann gegen Ende des 19. Jahrhunderts der Frischfisch eine größere Rolle zu spielen. Zugleich weiteten die Eckernförder Fischer ihre Fanggebiete bis in die Kieler Bucht, in den Kleinen und Großen Belt, den Fehmarn-Belt und teilweise bis in die Lübecker Bucht aus. Um 1890 wurden in Schleswig-Holstein 428 Quasen und rund dreimal so viele kleine Fischereifahrzeuge gezählt.

Das wichtigste Fanggerät der Eckernförder Fischer war bis Ende des 19. Jahrhunderts die Handwade. Nach 1890 wurde von pommerschen Fischern in Schleswig-Holstein die Zeesen- oder Schleppnetzfischerei eingeführt, die aber innerhalb der Dreimeilenzone verboten war.

Die Arbeit in den zahlreichen Eckernförder Fischräuchereien war hart. Das wichtigste Produkt der Stadt waren geräucherte Sprotten. Weil der Versand über den Bahnhof Kiel erfolgte, wurden sie fälschlicherweise als „Kieler Sprotten" bekannt.

1905 erhielt der Eckernförder Hafen einen Bahnanschluss. Fortan konnte der frische Fisch direkt von Eckernförde zu den Absatzmärkten im Deutschen Reich transportiert werden.

Mit der Einführung neuer Fangmethoden und der Ausweitung der Fanggründe veränderten sich auch die Fischereifahrzeuge. So wurden beispielsweise an der Nordsee die älteren, plattbodigen Ewer mit Seitenschwertern in den 1880er Jahren mehr und mehr von den schnellen, seetüchtigen Kuttern abgelöst, die keine Seitenschwerter benötigten, wodurch das Einholen der Netze deutlich erleichtert wurde.

Um die längeren Fangfahrten bewältigen zu können, wurden die Boote zudem größer und seit Beginn des 20. Jahrhunderts in zunehmendem Maße auch mit Motoren ausgestattet. Zunächst wurden dänische und schwedische Motoren eingebaut, später auch deutsche Fabrikate. 1908 schrieb der Deutsche Seefischerei-Verband einen Wettbewerb aus zur Entwicklung eines geeigneten Motors für die Fischerei. Zur Erprobung rüstete man die Laboer Quase WILLI mit einem Petroleum- und die Eckernförder Quase IDA mit einem Rohölmotor aus. 1914 gab es an der deutschen Ostseeküste bereits 529 Fischereikutter und -boote, die mit Motoren ausgestattet waren. Anfang der 1920er Jahre entwickelte die Eckernförder Firma Rehbehn den Ecke-Motor, einen robusten Zweitakt-Dieselmotor, der bis in die 1950er Jahre produziert wurde.

Der Bau von hölzernen Fischereifahrzeugen war bis in das 20. Jahrhundert hinein ein traditionell betriebenes Handwerk. Doch allmählich hielten auch hier modernere Baumethoden Einzug, ebenso kam es zu einer Vereinheitlichung durch neue, effizientere Fahrzeuge. Viele ältere Bootstypen verschwanden; nur in der Nebenerwerbs- und Kleinfischerei konnten sich die traditionellen Boote länger halten.

Bereits um die Wende vom 19. zum 20. Jahrhundert begann der allmähliche Niedergang der Fischerei in Eckernförde. Zwischen 1890 und 1895 nahmen die Fangerträge stark ab, erreichten aber um 1913 noch einmal einen Höhepunkt. Zugleich sank die Zahl der Haupterwerbsfischer zwischen 1894 und 1913 von 250 auf 120.

Das Ende der Blütezeit der Eckernförder Fischindustrie kam mit dem Ersten Weltkrieg. Die wichtigen Exportmärkte brachen weg und zahlreiche Fischer wurden zum Kriegsdienst eingezogen. Zudem unterlag die Fischerei seit Dezember 1916 der Kontrolle der kurz zuvor auf Veranlassung des Kriegsernährungsamtes gegründeten, in Kiel ansässigen „Gemeinnützigen Schleswig-Holsteinischen Fischhandelsgesellschaft mbH", die in Eckernförde ihre einzige Zweigniederlassung einrichtete. Um die hungernde deutsche Bevölkerung zu ernähren, gingen die Fischer rücksichtslos vor. Die Schleppnetzfischerei wurde intensiviert und die Fangquoten durch die Verringerung der Maschenweiten der Netze, die Missachtung der Schonzeiten und Einführung der Ringwade, einem Zugnetz von bis zu 400 Metern Länge, das ganze Fischschwärme umfasste, hoch getrieben. In den 1920er Jahren gab es in Eckernförde sieben bis zehn Ringwaden, doch sank deren Zahl in den 1950er Jahren auf drei. Seit den 1970er Jahren ist die Fischerei mit Ringwaden in EU-Gewässern verboten.

Die Abtretung Nordschleswigs an Dänemark als Folge der Volksabstimmung im Jahr 1920 versetzte der Eckernförder Fischerei einen weiteren schweren Schlag. Die reichen, von den Eckernförder Fischern gern aufgesuchten Fischgründe um die Insel Alsen herum gerieten nun unter dänische Hoheit. Zugleich verließen viele Fischer ihre nordschleswigsche Heimat und ließen sich sich südlich der neuen Grenze nieder, wo sie für die einheimischen Fischer eine unwillkommene Konkurrenz bildeten. Ebenso verlagerte sich die Fischindustrie durch den Aufbau einer Hochseefangflotte nach dem Ersten Weltkrieg von der Ostsee nach Altona, Cuxhaven und Bremerhaven, die näher an den westdeutschen Ballungszentren lagen, wodurch den Eckernförder Fischern wichtige Absatzmärkte verloren gingen.

Mit dem Ausbau der Torpedoversuchsanstalt in Eckernförde seit der Mitte der 1930er Jahre fielen weitere Fanggründe in der Eckernförder

Bucht weg. Als Entschädigung gewährte das nationalsozialistische Regime den Fischern Darlehen für die Anschaffung größerer und seetüchtigerer Kutter, die auf der Eckernförder Siegfried-Werft gebaut wurden. Die neuen Kutter waren 13 Meter lang und besaßen einen 50 PS starken Dieselmotor, so dass nun Fangfahrten bis in die Lübecker Bucht, nach Rügen und an die schwedische Südküste möglich wurden. Staatlich kontrollierte Fischpreise sicherten den Fischern ein gutes Auskommen, doch mussten sie dafür einen Tagesfang pro Monat dem Winterhilfswerk spenden.

Nach dem Ende des Zweiten Weltkriegs spielte die Fischerei erneut eine wichtige Rolle für die Versorgung der notleidenden Bevölkerung mit Nahrungsmitteln, weswegen Fischereifahrzeuge auch bis zu einer gewissen Tonnagehöchstgrenze vom allgemeinen Schiffbauverbot ausgenommen waren. Verstärkt wurden die einheimischen Eckernförder Fischer dabei durch Fischer aus Ostpreußen, Pommern und Mecklenburg, die auf ihren Fahrzeugen vor der vorrückenden Roten Armee geflüchtet waren.

Durch die Neuankömmlinge aus den deutschen Ostgebieten war die Zahl der Fischer in Schleswig-Holstein 1953 beinahe doppelt so groß wie 1938. Viele Fischer hatten auf der Flucht über die Ostsee ihre Boote und ihr Fanggeschirr retten können. Anders als viele andere Flüchtlinge konnten sie auch in der neuen Heimat fast nahtlos ihren Beruf weiter ausüben. Oft ließen sich mehrere Fischer an einem Ort nieder. So gehörten beispielsweise 1951 in Heikendorf an der Kieler Förde 72 von 82 Fischereibetrieben Neuankömmlingen. Die wirtschaftliche Bedeutung der Fischerei in der Nachkriegszeit führte auch dazu, dass die Fischer anders als andere Flüchtlingsgruppen in ihrer neuen Heimat den Respekt der Einheimischen genossen; diese sprachen in ihrem Fall auch von „Fischersiedlungen" und nicht von „Flüchtlingssiedlungen".

Seit den 1950er Jahren erlebte die schleswig-holsteinische Fischerei einen Modernisierungsschub; wie sich am Beispiel Eckernfördes nachvollziehen lässt. Hier waren in den 1950er und 1960er Jahren noch rund 70 Fischkutter und -boote beheimatet. Damals ließen viele Fischer ihre Kutter um zwei Meter verlängern. Zugleich wurden stärkere Motoren und anstelle der Bünn isolierte Fischräume und feste Lukenabdeckungen eingebaut. Mit diesen modernisierten Kut-

tern konnten Fangfahrten bis in die östliche Ostsee und in die Nordsee unternommen werden. Zudem wurden in diesen Jahren die alten hölzernen Fahrzeuge zunehmend durch größere aus Stahl und Eisen ersetzt. Ebenso wurden in der Klein- und Küstenfischerei die aus Holz gebauten Boote später zunehmend durch Kunststoffboote verdrängt, die preiswerter und pflegeleichter als die traditionellen Fischereifahrzeuge waren.

Dennoch ist die Eckernförder Fangflotte in den letzten Jahrzehnten stark geschrumpft – aus ökonomischen, aber auch aus ökologischen Gründen, wie der Überfischung, die die Fangerträge erheblich zurückgehen ließ. Die in der Folge erlassenen, strengen EU-Richtlinien zu Fangquoten und Fanggebietsaufteilungen wirkten ebenfalls am Niedergang der Eckernförder Fischwirtschaft mit. Heute haben Fischerei und Fischverarbeitung kaum noch ökonomische Bedeutung für die Stadt; es gibt nur noch wenige Fischer und eine einzige Fischräucherei in Eckernförde, die die berühmten „Eckernförder Sprotten" herstellt.

Eine ähnliche Entwicklung wie in Eckernförde ist in Kiel zu beobachten. Auch hier war zunächst der Räucherfisch das vorherrschende Produkt. 1882 gab es in Ellerbek bereits 22 Fischräuchereien; bis 1897 stieg ihre Zahl auf 34. Damit war Ellerbek an der schleswig-holsteinischen Ostseeküste führend. In Kiel selbst wurden die ersten Fischgroßräuchereien ab 1880 auf dem Ostufer eröffnet. 1909/10 wurde in Kiel die Fischhalle am Seegarten errichtet. 1948 verlor sie ihre Funk-

Der Motorenprüfstand der Eckernförder Motorenfabrik Rehbehn um 1930. Seit Beginn des 20. Jahrhunderts wurden Fischereifahrzeuge zunehmend mit Motoren ausgestattet, die längere Fangfahrten ermöglichten. Besonders beliebt war der seit den 1920er Jahren von Rehbehn hergestellte „Ecke-Motor", ein robuster, dieselbetriebener Zweitaktmotor.

Werbung für Frischfisch aus dem Jahr 1931.

Fischkutter im Eckernförder Hafen – heute ein nostalgisches Bild aus einer fernen Vergangenheit.

Ellerbek an der Kieler Förde um 1900. 1897 gab es hier 37 Fischräuchereien; damit war Ellerbek an der schleswig-holsteinischen Ostseeküste führend. Die frühere Fischersiedlung ist heute ein Stadtteil der Landeshauptstadt Kiel.

Das Foto aus dem Jahr 1923 zeigt einen Fischkutter aus Maasholm vor der Kieler Fischhalle. Auch in Kiel gab es eine florierende Fischindustrie, die seit den 1920er Jahren vor allem Fischkonserven produzierte.

tion, als der Fischhandel in den neuen Seefischmarkt an der Schwentinemündung verlegt wurde. Seit 1978 beherbergt die ehemalige Fischhalle das Kieler Schifffahrtsmuseum.

Seit Beginn des 20. Jahrhunderts erhielten die Fischräuchereien zunehmend Konkurrenz durch die Konservenindustrie. 1926 wurde in Kiel die Produktion endgültig von geräuchertem und mariniertem Fisch auf Vollkonserven in Dosen umgestellt. In den 1930er Jahren entwickelte sich Kiel zu einem der wichtigsten Standorte der deutschen Fischindustrie; 1934 wurde in der Fördestadt bereits ein Viertel aller Fischvollkonserven in Deutschland produziert. Nach einem Rückgang im Zweiten Weltkrieg erholte sich die Fischverarbeitung nach 1945 sehr schnell; bereits 1946 gab es in Kiel wieder 20 Fischräuchereien. 1948 entstand auf dem Gelände des ehemaligen Marinearsenals in Kiel-Wellingdorf ein neuer Seefischmarkt, der in den 1950er Jahren seine Blütezeit erlebte. Doch der erneute Boom war nur von kurzer Dauer, denn zwischen 1945 und 1961 sank die schleswig-holsteinische Räucherfischproduktion um 75 Prozent von 12.000 Tonnen auf 3.000 Tonnen.

Lange war die Fischverarbeitung vor allem Handarbeit, erst in den 1960er Jahren wurden vermehrt Verarbeitungsmaschinen eingesetzt. Zugleich setzte in diesen Jahren der Niedergang der schleswig-holsteinischen Fischindustrie ein. Zum einen wandelte sich das Konsumverhalten durch das Aufkommen und die steigende Beliebtheit des Tiefkühlfischs, gleichzeitig gingen die Fischanlandungen kontinuierlich zurück. 1984 schloss die letzte Kieler Fischfabrik ihre Pforten.

An der Nordseeküste war Altona der wichtigste Standort der schleswig-holsteinischen Fischindustrie. Bereits um 1600 waren Fischerei und Fischhandel in Altona bedeutende Wirtschaftszweige. Bis zur Gründung des Deutschen Reichs 1871 hatten die Altonaer fischverarbeitenden Betriebe hauptsächlich für den lokalen Bedarf produziert. Erst ab den 1890er Jahren begann die Blütezeit der Altonaer Fischindustrie, die neben hochwertigen Delikatessen auch preiswerte Massenprodukte herstellte. Um 1913 waren in Altona rund 100 fischverarbeitende Betriebe ansässig. Damit war Altona zu diesem Zeitpunkt der größte Fischanlandeplatz und der bedeutendste Standort der fischverarbeitenden Industrie im Deutschen Reich. Allein in den 15 Jahren

Der neue Kieler Seefischmarkt auf dem Gelände des ehemaligen Marinearsenals. 1948 wurde der Fischhandel an die Schwentinemündung verlegt. Nach einer erneuten Blütezeit in den 1950er Jahren folgte jedoch der langsame Niedergang der Kieler Fischindustrie. 1984 schloss die letzte Fischfabrik der Landeshauptstadt.

seit 1898 waren hier 25 größere und mittlere Fischkonservenfabriken neu gegründet worden. Hinzu kam eine große Zahl von Zulieferbetrieben, die Zutaten wie Essig und Gewürze oder Verpackungsmaterial wie Kisten, Dosen und Gläser herstellten.

Im Laufe des 20. Jahrhunderts erlebte auch die einstmals blühende Altonaer Fischindustrie einen Niedergang. Als Folge des „Groß-Hamburg-Gesetz" von 1937 gehört Altona seit dem 1. April 1938 zu Hamburg. Heute ist die 1895 errichtete Altonaer Fischauktionshalle ein Veranstaltungsort und der sonntägliche Fischmarkt eine Attraktion für Touristen und Nachtschwärmer.

Ab 1880 wurde von Büsum und Tönning aus mit dem gewerbsmäßigen Krabbenfang begonnen. Viele der Krabbenfischer waren Zuwanderer aus Ostpreußen und Pommern. Um 1900 entstand in den wichtigsten Fischereiplätzen in Dithmarschen und auf Eiderstedt, wie Meldorf, Marne, Friedrichskoog oder Tönning, eine bedeutende Fischindustrie, die ihre Produkte mit Hilfe der Eisenbahn zu den Absatzmärkten in den großen Städten verfrachtete. Kurz vor 1900 hatte die Werft von Gustav Junge in Wewelsfleth mit dem rund 10 Meter langen Krabbenkutter das ideale Fahrzeug für den Krabbenfang eingeführt. Bald wurden die Krabbenkutter auch motorisiert. Zunächst diente der Motor nur zum Betrieb der Netzwinde, später auch als Bootsantrieb.

An der übrigen Nordseeküste erlebte die Fischerei in der zweiten Hälfte des 19. Jahrhunderts ebenfalls einen neuen Aufschwung. Neben dem Fisch- und Krabbenfang wurde an der Westküste auch Austernfischerei und vor Helgoland der Hummerfang betrieben. Zur Verbesserung der Lebensmittelversorgung wurde während des Ersten Weltkriegs auch im großen Umfang Miesmuschelfischerei betrieben. Durch Überfischung ging der Ertrag an Hummern seit der Mitte des 20. Jahrhunderts deutlich zurück: Gingen den Helgoländer Fischern in den Hochzeiten des Hummerfangs jährlich 85.000 Stück in die Fangkörbe, sind es heute nur noch 200 bis 300 Hummer pro Jahr.

Anlandung von Fisch in Husum um 1910. Auch an der schleswig-holsteinischen Westküste erlebte die Fischerei in den letzten Jahrzehnten einen Niedergang. Heute machen Überfischung, Regulierungen sowie niedrige Marktpreise und hohe Treibstoffkosten den Fischern das Leben schwer.

Auch die großen Austernbestände im Wattenmeer wurden in den 1920er Jahren durch Überfischung vernichtet. Seit Mitte der 1980er Jahre werden stattdessen auf Sylt Pazifische Felsenaustern in Aquakultur gezüchtet. Seit 1992 breiten sich diese Austern auch außerhalb dieser Zuchtstationen aus, worin einige Biologen eine Gefahr für das biologische Gleichgewichts im Wattenmeer sehen. Seit 1985 steht das Wattenmeer als „Nationalpark Schleswig-Holsteinisches Wattenmeer" unter Naturschutz. Die Errichtung des Nationalpark und seine Erweiterung im Jahr 1999 waren mit erheblichen politischen Auseinandersetzungen verbunden, nicht zuletzt aufgrund der damit verbundenen Einschränkungen für die Fischerei.

Nicht nur in der Nordsee, auch in der Ostsee wurde viele Jahre lang mit den maritimen Ressourcen regelrechter Raubbau betrieben. Die seit 1900 aufgrund der erhöhten Nachfrage, aber auch durch die Verwendung von Fischmehl als Düngemittel und Tierfutter wachsenden Fangmengen führten schließlich in Nord- und Ostsee zur Überfischung und damit zum Sinken der Fangerträge. Insbesondere die sogenannte „Gammelfischerei", das vor allem zur Gewinnung von Fischmehl betriebene, rücksichtslose Leerfischen von Nord- und Ostsee, bedrohte den Nachwuchs aller Fischbestände. Durch Fangzonen, Fangquoten, Fanglizenzen und das Verbot bestimmter Fangmethoden versucht man heute, dem Problem der Überfischung Herr zu werden und die Fischbestände zu schützen. Durch diese Schutzmaßnahmen konnten sich viele Fischarten in Nord- und Ostsee in den letzten Jahren wieder regenerieren. Ein Beispiel ist der Dorsch, dessen

Bestand sich in der östlichen Ostsee gut, in der westlichen Ostsee allerdings noch nicht vollständig erholt hat.

Neben Überfischung, Fangquoten und Regulierungen machen vor allem niedrige Marktpreise und hohe Treibstoffkosten den Fischern heute das Leben schwer. Bereits 1877 wurde als Interessenvertretung der Fischer der „Central-Fischerei-Verein für Schleswig-Holstein", der heutige Landesfischereiverband Schleswig-Holstein, gegründet. Der Landesfischereiverband vertritt heute etwa 250 Mitglieder, die in vier Fischereigenossenschaften und zwölf Fischereivereinen organisiert sind.

Kiel und die Marine

Am 24. Juni 1865 war die preußische Marinestation der Ostsee offiziell von Danzig nach Kiel verlegt worden. Erster preußischer Marinebefehlshaber in Kiel war von 1865 bis 1867 Konteradmiral Eduard von Jachmann (1822–1897).

Bereits während der Schleswig-Holsteinischen Erhebung gegen Dänemark von 1848 bis 1852 hatte Kiel eine bedeutende Rolle als Stützpunkt der schleswig-holsteinischen Flottille gespielt. Der Kieler Hafen bot nicht nur einen idealen, gut geschützten Ankergrund für Schiffe aller Größen, sondern war überdies dank der leicht zu sperrenden Friedrichsorter Enge gut zu verteidigen. In den folgenden Jahren wurde die Festung Friedrichsort zum Zentrum eines umfangreichen Befestigungssystems von Forts und Küstenbatterien zur Sicherung des Kieler Hafens vor feindlichen Angriffen von See aus,. Mit der Eröffnung des Kaiser-Wilhelm-Kanals, des heutigen Nord-Ostsee-Kanals, im Jahr 1895 wurde der Stellenwert Kiels als Marinestadt noch weiter gesteigert.

Nach dem preußischen Sieg über Österreich 1866 war der Deutsche Bund aufgelöst worden, an seine Stelle trat zunächst der von Preußen dominierte Norddeutsche Bund. Am 1. Oktober 1867 ging die preußische Marine in der neu gegründeten Marine des Norddeutschen Bundes auf; Kiel wurde Bundeskriegshafen. Mit der Reichsgründung 1871 wurde aus der Flotte des Norddeutschen Bundes die Kaiserliche Marine, die im Gegensatz zu den Heeren der deutschen Staaten reichsunmittelbar, d.h. direkt dem Kaiser unterstellt war.

Minensperre bei Friedrichsort 1870/71. Während des deutsch-französischen Kriegs legten Ellerbeker Fischer auf Anweisung der Preußen zum Schutz der Kieler Förde eine Seeminensperre zwischen Falckenstein und Jägersberg. Im Vordergrund ist eine provisorisch angelegte Geschützbatterie zu erkennen.

Die 1871 in Danzig vom Stapel gelaufene Korvette ARIADNE war einer der ersten Schiffsneubauten der Kaiserlichen Marine. Der Kriegsschiffbau in den 1870er und 1880er Jahren war vom technologischen Umbruch bestimmt. Neben dem endgültigen Übergang vom Segel- zum Dampfschiff kam es zu einem Wettlauf zwischen Panzerschutz und der Durchschlagskraft der Geschütze.

Kiel und Wilhelmshaven wurden nun zu Reichskriegshäfen. Die Fördestadt entwickelte sich schon bald zum bedeutendsten Marinestandort des jungen Kaiserreichs an der Ostsee. Dem Chef der Marinestation der Ostsee unterstanden die 1. Marineinspektion mit der 1. Matrosendivision und der 1. Werftdivision sowie ab 1896 die Inspektion des Torpedowesens und ab 1898 die Inspektion der Marineinfanterie mit dem 1. Seebataillon in Kiel und dem 2. Seebataillon in Wilhelmshaven. Im Kriegsfall war der Stationschef auch Befehlshaber der Küstenverteidigung.

Die vom Heer dominierte deutsche militärische Führung sah die Aufgaben der anfänglich noch kleinen Kaiserlichen Marine im Kriegsfall in der Küstenverteidigung, dem Handelsschutz sowie in der Unterstützung der deutschen Landstreitkräfte. Angesichts dieser untergeordneten Rolle war zunächst auch der Marinehaushalt bescheiden. Als eine der wenigen Reichsinstitutionen diente die Kaiserliche Marine jedoch von Anfang an auch als nationaler Integrationsfaktor. Während die Marine von den Konservativen abgelehnt wurde, fand sie als Symbol der nationalen Einheit Anerkennung in liberalen Kreisen. Zudem ermöglichte die Kaiserliche Marine nicht nur Adeligen, sondern auch Angehörigen des Bürgertums den Zugang zum Beruf des Marineoffiziers, der in der militaristisch geprägten Gesellschaft des Kaiserreichs höchstes Ansehen genoss. Arbeitersöhne wurden dagegen nicht zugelassen.

Der Reichskriegshafen Kiel. Nach 1865 wurde die Fördestadt zum wichtigsten deutschen Marinestandort an der Ostsee. Wie damals üblich lagen nur kleinere Einheiten wie Torpedoboote in geschützten Hafenbecken, Kreuzer und Linienschiffe gingen dagegen auf Reede vor Anker.

und Unteroffiziere der Kaiserlichen Marine wiederum rekrutierten sich aus Wehrpflichtigen und Zeitfreiwilligen. Die sozialen Spannungen zwischen Seeoffizieren, Ingenieuroffizieren, Deckoffizieren, Unteroffizieren und Mannschaften wurden nie befriedigend gelöst. Vor allem der langsame Aufstieg sorgte bei länger dienenden Mannschaften und Unteroffizieren für erhebliche Unzufriedenheit. Erst nach einer Dienstzeit von 18 bis 20 Jahren konnten Unteroffiziere den Rang eines Deckoffiziers erreichen.

Da es im Bereich der Kieler Altstadt keinen Platz für den Ausbau des Marinestandorts gab, war die Kaiserliche Marine nach Norden ausgewichen. Bereits 1865 war in Düsternbrook ein Marinedepot errichtet worden, das in den 1880er Jahren in einen Torpedoboothafen verwandelt wurde. Ebenso verwandelte sich das ehemalige Dorf Brunswik in diesen Jahren in eine Marinesiedlung. In dem Bereich zwischen Kieler Schloss, Düsternbrooker Gehölz und Holtenauer Straße wurden ein Lazarett, Kasernen für Matrosen und das Seebataillon, Wohnhäuser für die Offiziere und andere Gebäude errichtet.

1866 war auch die Ausbildung der Marineoffizieranwärter von Berlin nach Kiel verlegt worden. Zunächst bezog die Marineschule ein Gebäude an der Ecke Muhliusstraße/Waisenhofstraße. 1872 wurde zudem in Kiel eine Marineakademie zur wissenschaftlichen Weiterbildung der Seeoffiziere und zur Ausbildung von Offizieren für den Admiralstab gegründet. 1888 wurde das monumentale Backsteingebäude der Kaiserlichen Marineakademie eingeweiht, das heute als Landeshaus Sitz des schleswig-holsteinischen Landtags ist. Das alte Gebäude der Marineschule in der Muhliusstraße beherbergte ab 1887 die Deckoffizierschule, die 1901 als Ingenieur- und Deckoffizierschule nach Wilhelmshaven verlegt wurde, bevor sie 1913 einen Neubau im neuen Marineviertel in Kiel-Wik bezog. Bis zur Einweihung der neuen Marineschule in Flensburg-Mürwik 1910 waren Marineschule und Marineakademie unter einem gemeinsamen Direktor im gleichen Gebäude untergebracht. Die Marineakademie wurde 1919 aufgelöst; das Gebäude diente bis 1945 als Sitz des Kommandierenden Admirals Ostsee.

Kiel war der einzige Standort der Kaiserlichen Marine in der Ostsee, in dem im Kriegsfall alle für die Versorgung und Instandhaltung der Flotte notwendigen Einrichtungen uneingeschränkt zur Verfügung standen, und musste daher gut ge-

Badevergnügen auf einem Kriegsschiff der Kaiserlichen Marine. Das Leben der Mannschaften war nicht immer so ausgelassen. Auch die Marine war Teil der hierarchischen Gesellschaft des Kaiserreichs und die sozialen Spannungen zwischen Seeoffizieren, Ingenieuroffizieren, Deckoffizieren, Unteroffizieren und Mannschaften wurden nie wirklich gelöst.

Die Kaiserliche Marineakademie in Kiel, heute Sitz des schleswig-holsteinischen Landtags.

Die zukünftigen Marineoffiziere wurden fachlich hervorragend geschult, erhielten aber keine Ausbildung in Menschenführung. Dieses Versäumnis erwies sich im Ersten Weltkrieg als verhängnisvoll: Schlechte Menschenführung war ein wesentlicher, wenn auch nicht der einzige Grund für die Flottenmeutereien von 1917 und 1918.

Die Marine war Teil der hierarchischen Gesellschaftsordnung des Kaiserreichs. Unangefochten an der Spitze der Rangordnung standen die Seeoffiziere. Von ihnen sozial deutlich abgegrenzt folgten die Ingenieuroffiziere, danach kamen die technischen Fachoffiziere. Nicht mehr zur eigentlichen Offiziersklasse gehörten die Deckoffiziere, Steuerleute und andere Spezialisten, auch wenn sie rangmäßig über den Unteroffizieren standen. Sie hatten ihre Marinelaufbahn als einfache Matrosen begonnen. Die Mannschaften

schützt werden. Bereits 1867 war daher die Entscheidung gefallen, den Kieler Hafen durch den Ausbau der Festung Friedrichsort sowie eine Reihe neuer Befestigungsanlagen und Geschützstellungen auf beiden Seiten der Förde noch stärker zu sichern. Aus diesem Grund wurde die alte Festung Friedrichsort grundlegend modernisiert; unter anderem wurde der östliche Festungswall komplett umgestaltet, um hier moderne großkalibrige Krupp-Kanonen zum Schutz der Einfahrt in die Kieler Förde aufzustellen. Gleichzeitig entstand in den folgenden Jahren rund um die Kieler Förde ein ausgedehnter Festungsgürtel zum Schutz des Marinestützpunktes Kiel und der Einfahrt zum Kaiser-Wilhelm-Kanal. Auf dem Westufer wurden die Forts Falckenstein, Herwarth und Holtenau, auf dem Ostufer die Forts Korügen, Röbsdorf und Stosch sowie die Küstenbatterien Möltenort und Jägersberg nebst weiteren Schanzen und Geschützstellungen errichtet. Von 1899 bis 1902 wurde zudem ein Panzerturm in Laboe gebaut, dessen zwei 28cm-Kanonen eine Reichweite von 23 Kilometern besaßen. Zu Beginn des 20. Jahrhunderts glich die Kieler Förde einer gewaltigen Festung, deren Zentrum die Festung Friedrichsort bildete.

1877 war in Friedrichsort zudem das Torpedodepot entstanden, das zunächst nur zur Lagerung und Erprobung, später auch zur Entwicklung und Fertigung der Torpedos für die Kaiserliche Marine diente. 1891 ging daraus die „Kaiserliche Torpedowerkstatt" hervor. In den folgenden Jahren wurde aus der kleinen Wartungs- und Erprobungsstätte rasch ein bedeutender Industriebetrieb, dessen Betriebsgelände nach Ausbruch

Die Begrüßung von Prinz Heinrich von Preußen in Kiel durch seinen Vater, den Kronprinzen Friedrich, bei der Rückkehr von einer Auslandsreise im März 1884. Der jüngere Bruder Kaiser Wilhelms II. hatte sich für die Laufbahn des Marineoffiziers entschieden und stieg bis zum Großadmiral auf.

des Ersten Weltkriegs aufgrund des ständig steigenden Bedarfs an Torpedos erheblich erweitert wurde. Damit wurde die Torpedowerkstatt zum Kern eines neuen Industriegebiets um die alte Festung Friedrichsort.

Lange Zeit wurden die Torpedos auf dem Torpedo-Schießstand an der Kieler Förde sowie auf zwei Schießplätzen in Ballebro und Höruphaff auf der Insel Alsen erprobt. Allerdings zeigten sich immer deutlicher die Nachteile dieser Testanlagen: So wurden der Erprobungsbetrieb in der Kieler Förde durch den seit der Eröffnung des Kaiser-Wilhelm-Kanals kontinuierlich zunehmenden Schiffsverkehr beeinträchtigt, während

Die SCHLESWIG-HOLSTEIN bei Levensau im Kaiser-Wilhelm-Kanal. Das 1906 bei der Kieler Germaniawerft vom Stapel gelaufene Linienschiff kämpfte 1916 in der Skagerrakschlacht, wurde nach 1918 von der Reichsmarine übernommen und feuerte 1939 die ersten Schüsse des Zweiten Weltkriegs ab.

Die 1900 bei Schichau in Danzig vom Stapel gelaufene KAISER BARBAROSSA gehörte zu einer Klasse von fünf Linienschiffen, die noch vor Admiral Tirpitz' 1. Flottengesetz von 1898 in Auftrag gegeben worden waren.

Die Entwicklung des Segelsports

Seit 1875 wird auf der Kieler Förde Segelsport betrieben. Jährlich finden während der Kieler Woche internationale Wettfahrten statt. 1936 und 1972 wurden zudem in Kiel die olympischen Segelwettbewerbe ausgetragen.

Zunächst war der kostspielige Segelsport den sogenannten „höheren Gesellschaftsschichten" vorbehalten gewesen. 1887 hatten Offiziere und Beamte der Kaiserlichen Marine den Marine-Regatta-Verein gegründet, der 1891 mit Genehmigung Kaiser Wilhelms II. in Kaiserlicher Yacht-Club (KYC) umbenannt wurde. Kommodore des Vereins war der Kaiser persönlich, während die Firma Krupp den Verein großzügig förderte. Fortan wurden auch zivile Mitglieder aufgenommen. 1910 verzeichnete das Vereinsregister des KYC bereits mehr als 3.000 Personen. Als Mitglied im Kaiserlichen Yachtclub wurden damals ausschließlich Marineoffiziere, Adlige und Angehörige des Großbürgertums akzeptiert. Auch zur Zeit der Weimarer Republik wurde die monarchische Tradition weiter gepflegt – so blieb der abgedankte Kaiser Wilhelm II. Kommodore auf Lebenszeit –, weshalb 1929 alle Offiziere der Reichsmarine den KYC verlassen mussten. Nach der Selbstauflösung zur Verhinderung der zwangsweisen Vereinigung mit anderen Segelclubs im Jahr 1936 wurde der Verein im Jahr 1946 als „Kieler Yachtclub" (KYC) neu gegründet. Heute hat der KYC rund 1.500 Mitglieder und ist

Yachtsegeln in Kiel 1912. In den Jahren vor dem Ersten Weltkrieg war der teure Segelsport vor allem Sache der „höheren Schichten".

einer der renommiertesten Segelvereine Deutschlands.

1904 wurde die Kieler Seglervereinigung (KSV) gegründet, die durch vereinseigene Boote einer breiteren Bevölkerungsschicht den Zugang zum Segelsport ermöglichen wollte. 1910 wurde als studentische Vereinigung der Akademische Segler-Verein (ASV) gegründet.

Erst nach dem Ersten Weltkrieg öffnete sich der Segelsport langsam einem breiteren Publikum und verlor nach und nach das Elitäre. Mit der Gründung der Freien Turnerschaft Wassersport 1919 wurde der Segelsport auch für die Arbeiterschaft zugänglich. Aus dem Verein ging

Der Kaiserliche Yacht-Club in Kiel, kurz KYC. Nach der Selbstauflösung 1936 wurde der Verein 1946 als „Kieler Yacht-Club" neu gegründet.

Vor Anker liegende Yachten im Eckernförder Hafen zu Beginn des 20. Jahrhunderts. Eckernförde war bereits früh ein Zentrum des Segelsports. 1900 wurde der Segelclub Eckernförde gegründet. Ebenso war die Stadt Ziel der Auftaktregatta der Kieler Woche.

schließlich die Segler-Vereinigung Kiel hervor, die heute nach dem KYC der zweitgrößte Segelverein der Landeshauptstadt ist. Mittlerweile ist der Segelsport Breitensport. Heute gibt es allein in Kiel mehr als 30 Wassersportvereinigungen sowie zahlreiche Liegeplätze und Yachthäfen rund um die Kieler Förde.

Auch in Eckernförde besaß der Segelsport durch die Regatten der Eckernförder Fischer und die seit 1893 stattfindende Segelwettfahrt Kiel-Eckernförde, die sogenannte „Aalregatta", bereits eine längere Tradition, als am 19. April 1900 sieben Eckernförder Bürger den „Segelclub Eckernförde", kurz „SCE" gründeten. Prominen-

testes Mitglied des SCE war in den ersten Jahren seines Bestehens Prinz Heinrich von Preußen, der jüngere Bruder Kaiser Wilhelms II., der auf Gut Hemmelmark wohnte und ein begeisterter Segler war. Von 1920 bis zu seinem Tod 1929 führte er den Titel eines Kommodore.

Der junge Segelclub blühte rasch auf; bereit im ersten Jahr seines Bestehens zählte er 30 Mitglieder, heute ist der SCE nach dem Kieler Yacht-Club und dem Lübecker Yacht-Club der drittgrößte Segelsportverein in Schleswig-Holstein. Ab 1900 wurden regelmäßig vereinsinterne und ab 1901 auch offene Sportbootwettfahrten veranstaltet. 1902 trat der SCE dem Deutschen Segler-Verband bei. 1922 wurde eine Jugendabteilung gegründet, die ab 1929 auch Mädchen offenstand. Nach dem Zweiten Weltkrieg markierten die gemeinsam mit dem „British Eckernförde Yacht Club" (BEYC) veranstalteten Wettfahrten in den Jahren 1948 und 1949 den Wiederbeginn des Segelsports in Eckernförde. Heute gehören die Eckernförder Frühjahrsregatten, kurz „Eck-Days" genannt, zusammen mit den regelmäßigen vereinsinternen Wettfahrten, wie der „Nachtregatta" oder der „Damenwettfahrt", zum sportlichen Programm des SCE. Ebenso spielt der Segelclub Eckernförde seit Jahren eine herausragende Rolle in der Folkebootszene.

Heute ist das Segeln Breitensport. Allein in Schleswig-Holstein gibt es mehr als 200 Segelvereine. Knapp 300 Sportboothäfen an Nord- und Ostsee sowie an den Seen und Flüssen bieten ideale Bedingungen für Segler und andere Wassersportler.

Regatta um 1920. Nach 1918 wurde das Segeln allmählich zum Breitensport. Heute gibt es allein in Schleswig-Holstein über 200 Segelvereine.

Luftaufnahme der Festung Friedrichsort aus dem Jahr 1910. Deutlich zu erkennen sind die westlich gelegenen Gebäude der Kaiserlichen Torpedowerkstatt. Im Laufe weniger Jahre hatte sich hier aus bescheidenen Anfängen ein bedeutendes Industriegebiet entwickelt. Bis 1918 wurden hier die Torpedos der Kaiserlichen Marine konstruiert, erprobt und gefertigt.

Der „Kieler Knabenanzug" wurde zum Symbol für die Flottenbegeisterung und prägte für Jahrzehnte die Kindermode. Auch Werner Witt, der Großvater des Verfassers, trug als Junge die Matrosenbluse.

die Schießplätze in der Alsen-Bucht nur bei bestimmten Windrichtungen voll genutzt werden konnten. Daher wurde 1911 mit dem Bau einer neuen Torpedo-Versuchsanstalt in Eckernförde begonnen. Die nur wenig befahrene Eckernförder Bucht bot mit einer Länge von über 10 Seemeilen und einer Wassertiefe von mehr als 20 Metern geradezu ideale Bedingungen für einen ungehinderten Erprobungsbetrieb und lag zudem nicht zu weit von Kiel-Friedrichsort entfernt. Im Juni 1913 war die Anlage fertiggestellt und der Erprobungsbetrieb wurde nach Eckernförde verlagert.

1897 wurde Konteradmiral Alfred Tirpitz (ab 1900 „von Tirpitz") zum Staatssekretär im Reichsmarineamt und damit faktisch zum „Marineminister" ernannt. Seine Berufung fiel zusammen mit einem grundlegenden Kurswechsel der deutschen Außenpolitik. Während Bismarck das Deutsche Reich als europäische Kontinentalmacht betrachtet hatte, sollte es nach dem Willen Kaiser Wilhelms II. nun auch zur See- und Weltmacht werden. Für den Schutz der deutschen Machtinteressen wurde der Aufbau einer starken Flotte für notwendig gehalten.

Mit tatkräftiger Unterstützung durch Kaiser Wilhelm II. nahm Tirpitz die Aufrüstung der Marine zielstrebig in Angriff. Mit den beiden Flottengesetzen von 1898 und 1900 wurde die Grundlage für den Aufbau einer starken Schlachtflotte geschaffen.

Der Aufbau der deutschen Hochseeflotte hatte ein maritimes Wettrüsten mit der damals führenden Seemacht Großbritannien zur Folge und trug stark zur außenpolitischen Isolierung des Deutschen Reichs bei. Zugleich wurde auch das Per-

sonal der Marine vergrößert, ebenso wurden die Hafenanlagen, Werften und Ausbildungseinrichtungen ausgebaut.

Um die deutsche Öffentlichkeit für seine Ziele zu mobilisieren und politischen Druck auf den Reichstag auszuüben, baute Tirpitz eine hoch professionelle Propagandamaschinerie auf. Eine wichtige Rolle spielte dabei der 1898 von Tirpitz mitgegründete Deutsche Flottenverein, den die sozialdemokratische Zeitung „Vorwärts" treffend als *„Hurra-Reklame für die Flottenvermehrung"* bezeichnete. Tatsächlich gelang es dem Flottenverein, breite Bevölkerungsteile und vor allem das Bürgertum für den Schlachtflottenbau zu begeistern. Gleichzeitig wurde der „Kieler Knabenanzug" zum Symbol für die Flottenbegeisterung und prägte für Jahrzehnte die Kindermode.

Der Tirpitz-Plan

Bereits kurz nach seinem Amtsantritt hatte Admiral Tirpitz dem Kaiser eine Denkschrift vorgelegt, in der er feststellte, dass England der gefährlichste Gegner Deutschlands sei. Aus diesem Grund hielt er den Aufbau einer kampfkräftigen Schlachtflotte in der Nordsee für unbedingt erforderlich. Dadurch sollte ein Krieg mit dem Deutschen Reich für die britische Flotte zu einem unkalkulierbaren Risiko werden, weshalb Tirpitz' strategisches Konzept auch als „Risikogedanke" und die deutsche Schlachtflotte als „Risikoflotte" bezeichnet wird. Die deutsche Schlachtflotte war in erster Linie eine politische Waffe. Ihre bloße Existenz sollte Großbritannien zu Zugeständnissen bewegen und die außenpolitische Machtstellung des Deutschen Reichs festigen. Käme es dennoch zum Krieg mit Großbritannien, sollte eine Entscheidungsschlacht in der Nordsee über Sieg oder Niederlage bestimmen. Dass der Traum von der deutschen Weltmacht aber nur durch die Herausforderung Großbritanniens zu verwirklichen war, ignorierte Tirpitz ebenso wie das Problem der geostrategischen Lage des Deutschen Reichs: Im Kriegsfall konnten die Briten alle Zugänge zum Nordatlantik blockieren, wodurch der Operationsbereich der deutschen Flotte auf die Nord- und Ostsee beschränkt wurde.

Die Hochseeflotte um 1910 im Kieler Hafen. Während der Amtszeit von Admiral Tirpitz als Staatssekretär im Reichsmarineamt stieg Deutschland zur zweitstärksten Seemacht der Welt auf.

Ungeachtet aller Flottenbegeisterung gab es aber auch kritische Stimmen wie den jüdischen Reeder und Kaiserfreund Albert Ballin, nach dessen Ansicht eine Verständigung mit Großbritannien für die Sicherheit der deutschen Schifffahrt wichtiger war als der Flottenbau. Selbst innerhalb der Kaiserlichen Marine gab es Kritik am Flottenbau.

Sowohl von britischer, als auch von deutscher Seite gab es wiederholt Versuche, das Wettrüsten zu beenden und zu einer Vereinbarung über eine Begrenzung der Flotte zu kommen. Alle Verhandlungen blieben jedoch erfolglos. Im Jahre 1912 scheiterte ein letzter Verständigungsversuch des britischen Kriegsministers Richard B. Haldane an der Weigerung des Kaisers, über „seine Flotte" zu verhandeln. Auch wenn der Schlachtflottenbau nicht als eigentliche Kriegsursache gelten kann, trug die massive Aufrüstung der Kaiserlichen Marine gleichwohl zur Verschärfung der ohnehin angespannten politischen Situation in Europa bei, die 1914 im Ausbruch des Ersten Weltkriegs mündete.

Die Kaiserliche Marine prägt nicht nur das Bild der Stadt Kiel, sondern auch das gesellschaftliche

Deutschland und Großbritannien: „Wie sollen wir uns da die Hand geben?" Karikatur aus dem „Simplicissimus". Das deutsche Flottenbauprogramm führte in ein verhängnisvolles Wettrüsten mit Großbritannien und förderte die außenpolitische Isolierung des Deutschen Reichs.

Der Panzerkreuzer BLÜCHER im Bau auf der Kaiserlichen Werft in Kiel. Bereits bei seinem Stapellauf im April 1908 galt das Schiff gegenüber den modernen britischen Schlachtkreuzern als veraltet.

Der Kieler Handelshafen um 1900. Da ein Großteil des Kieler Hafens von der Kaiserlichen Marine beansprucht wurde, war die zivile Hafennutzung auf wenige Bereiche beschränkt. Dadurch verlor die Fördestadt den Anschluss an die Entwicklung der übrigen Ostseehäfen.

Leben. Jährlicher Höhepunkt war die seit 1882 stattfindende Kieler Woche, zu der nicht nur zahlreiche Yachten aus dem In- und Ausland, sondern auch ausländische Kriegsschiffe den Kieler Hafen bevölkerten.

Ungeachtet der großen Bedeutung der Kaiserlichen Marine für das ökonomische Wohl der Stadt Kiel war das Verhältnis zwischen Stadtregierung und Marine nicht ungetrübt. Vor allem die Frage der zivilen Nutzung des Hafens sorgte immer wieder für Konflikte. Bereits 1869 hatte der Kieler Magistrat erklärt, der *„Hafen nebst seinen Vorstränden gehört zum Weichbilde der*

Der Neubau der Kaiserlichen Deckoffizierschule in Kiel-Wik. Ab 1904 entstand in der Wik eine regelrechte Marinestadt, zu der neben Kasernen- und Wohnanlagen auch ein Marinehospital und die Deckoffizierschule gehörten. Später waren hier die Technische Marineschule der Bundesmarine und der Stab der Einsatzflottille 1 untergebracht.

Stadt Kiel. Derselbe ist wie fast alle Häfen der Herzogtümer ein Kommunalhafen und steht in dieser Seiner Eigenschaft unter der Verwaltung und dem zweckentsprechender Verfügung der städtischen Behörden." Die Marine dagegen wies diesen Anspruch der Stadt Kiel rigoros zurück. Obgleich mit dem Reichskriegshafengesetz von 1883 und durch weitere gesetzliche Regelungen die Rahmenbedingungen für die militärische und zivile Nutzung des Kieler Hafens festgelegt worden waren, wurde im Zweifelsfall meist den Interessen der Marine der Vorzug gegeben und die zivile Nutzung des Hafens immer mehr beschränkt.

Als die Stadt Kiel die Absicht äußerte, in der Wiker Bucht einen Handelshafen zu bauen, legte der Chef der Marinestation der Ostsee sein Veto ein, da die Kaiserliche Marine auf diesem Gelände einen neuen Torpedoboothafen, den heutigen Marinestützpunkt, errichten wollte. Auch der Plan eines neuen Handelshafens unmittelbar südlich der Holtenauer Schleusen wurde von der Marine unterbunden.

Ihren Höhepunkt fanden diese Auseinandersetzungen in den Jahren von 1901 bis 1904 im berühmten „Wiker Hafenprozess". Nachdem die Stadt Kiel den Prozess um die Hafennutzungsrechte 1902 vor dem Landgericht gewonnen hatte, verlor sie in der zweiten Instanz vor dem Kieler Oberlandesgericht. Wegen des Kostenrisikos verzichtete Kiel auf eine Revision, die ohnehin

Die Kieler Woche – ein Spiegel des Jahrhunderts

1882 war die Geburtsstunde der Kieler Woche, als der Norddeutsche Regatta-Verein zum ersten Mal Segelwettfahrten auf der Kieler Förde veranstaltete. Die Kaiserliche Marine verhalf der Festwoche schon bald zu hohem sportlichen und gesellschaftlichen Rang. Auch Kaiser Wilhelm II. besuchte regelmäßig die Kieler Woche. Mit seiner Yacht METEOR beteiligte er sich auch an den Wettfahrten. 1914 fielen die Schüsse auf den Thronfolger in Sarajewo mitten in die Kieler Woche. Die Regatten wurden abgebrochen, auch sieben britische Kriegsschiffe beendeten ihren Besuch. Zum Abschied signalisierten sie: *„Friends in past, friends today, friends forever."*

Während des Ersten Weltkriegs wurden 1917 und 1918 kleinere interne Wettfahrten auf der Kieler Binnenförde veranstaltet. 1919 gab es wieder eine Kieler Woche, doch wurden die Segelwettbewerbe wegen der Unterzeichnung des als Demütigung empfundenen Versailler Friedensvertrags kurzfristig den Ausrichtern, dem Kaiserlichen Yacht-Club (KYC) und von der Kieler Seglervereinigung (KSV), abgesagt. Erst 1920 gab es wieder die Regatten zur Kieler Woche. Fortan sollte die Kieler Woche kein Fest der Elite mehr sein, bei dem das Volk nur zusehen durfte. Anstelle der großen Yachtschoner mit ihren „Herrenseglern" und professionellen Mannschaften wurden nun kleine Bootsklassen gefördert. Nachdem Deutschland 1926 in den Völkerbund aufgenommen worden war, wurde die Kieler Woche wieder zu einem internationalen Treffen für Segler und die Marine.

Kaiser Wilhelm II. an Bord seiner Segelyacht METEOR II im Jahre 1910. Regelmäßig besuchte er die Kieler Woche und nahm auch an den Regatten teil.

Nach dem Zweiten Weltkrieg nahm die britische Besatzungsmacht die Tradition wieder auf. Schon im September 1945 gab es eine „Kiel Week", 1946 die zweite. Die Stadt tat sich mit dem Erbe schwer. Sie ließ nicht das Segelereignis, sondern die Herbstwochen für Kunst und Wissenschaft aus den 1920er Jahren wieder aufleben. So gab es 1948 zwei Kieler Wochen: Im Sommer ein noch bescheidenes Seglertreffen, im Herbst die Kultur. 1949 wurden Sport und Kultur zur Kieler Woche vereinigt. 1954 bot Kiel wieder das weltgrößte Segeltreffen.

Fortan liefen alle Kieler Wochen unter dem Motto: Kunst – Wirtschaft – Sport verbinden die Völker. Die Segel- und Kulturwoche diente nun auch wieder als Forum für die Diplomatie, wobei

Die Kieler Woche 1906. Das Segelsportereignis besaß schon damals sportlich einen hohen Rang und war auch ein gesellschaftliches Ereignis.

die Kieler Woche auch bewusst Akzente für die Annäherung an die Staaten des damaligen Ostblocks setzte. Als die Olympiade 1972 nach Kiel kam, war aus der Kieler Woche längst ein Volksfest geworden. Die Olympiade war auch die Geburtsstunde für die jährliche Großseglerparade. Seit 1974 gibt es die „Spiellinie an der Kiellinie". 1992 war mit der DRUSHNYI erstmals ein russisches Kriegsschiff zu einem offiziellen Truppenbesuch zur Kieler Woche gekommen. Seither gehört die russische Marine genauso zum öffentlichen Erscheinungsbild im Marinestützpunkt Kiel wie die Schiffe vieler NATO-Partner. Auch hier ist das Eis des Kalten Krieges geschmolzen.

Ab 1893 war die Wettfahrt Kiel-Eckernförde als Auftaktregatta fester Bestandteil der Kieler Woche gewesen, geriet aber nach dem Ersten Weltkrieg in Vergessenheit. Erst 1954 wurde die Tradition wiederbelebt. Fortan übernahm der Segelclub Eckernförde die Preisverleihung, wobei jedem teilnehmenden Schiff zur Begrüßung ein Räucheraal überreicht wurde, weshalb die Wettfahrt schon bald den Namen „Aalregatta" erhielt. Mehr als 50 Jahre lang eröffnete die traditionelle Regatta Kiel-Eckernförde die Kieler Woche, bis der Kieler Yachtclub im Herbst 2005 überraschend ankündigte, dass das Ziel der Eröffnungswettfahrt der Kieler Woche ab 2006 nicht mehr Eckernförde, sondern Laboe sein soll. Die Nachricht rief in Eckernförde großes Bedauern hervor, doch einigte man sich schließlich mit dem Kieler Yachtclub darauf, die Tradition der „Aalregatta" in Form einer eigenen Segelsportveranstaltung fortzuführen. Seit 2006 findet die älteste Regatta auf der Ostsee jedes Jahr am Pfingstwochenende statt.

Die Eckernförder Yachtmatrosen

1906 gründeten 17 Eckernförder Fischer den „Verein der Yachtmannschaften zu Eckernförde". Am Anfang stand der sportliche Ehrgeiz, sich gegenüber den damals vorwiegend aus Briten bestehenden Besatzungen der großen Kutter- und Schoneryachten zu behaupten. Als Fischer waren sie erfahrene Segler und weil viele deutsche Yachteigner aus nationalem Prestigedenken nicht länger auf die englischen Matrosen angewiesen sein wollten, nahmen sie die Yachtmatrosen aus Eckernförde gern als Deckskräfte an Bord. Große Yachten hatten professionelle Besatzungen von bis zu 60 Mann, teilweise sogar noch mehr. So benötigte beispielsweise der 1908 auf der Kieler Germaniawerft vom Stapel gelaufene, 47 Meter lange Zweimastschoner GERMANIA der Familie Krupp eine Mannschaft von 40 Seeleuten, um die fast 4.500 Quadratmeter Segelfläche zu bedienen.

Bereits nach kurzer Zeit waren die Eckernförder Yachtmatrosen weit über Deutschlands Grenzen als tüchtige Seeleute bekannt. Die Aufnahme neuer Mitglieder geschah in geheimer Wahl, wobei gute Zeugnisse die Vorbedingung

Gruppenfoto des „Vereins der Yachtmannschaften zu Eckernförde".

waren, um den ausgezeichneten Ruf der Eckernförder Yachtmannschaften aufrecht zu erhalten. Bei Beschwerden mussten sich die Betreffenden vor ihren Kameraden verantworten und konnten bei schwerwiegenden Verfehlungen auch aus dem Verein ausgeschlossen werden. Wichtigste Voraussetzungen für einen Yachtmatrosen waren gute Seemannschaft und Disziplin. Die Verteilung der zur Verfügung stehenden Heuerstellen wurde entsprechend der Vereinssatzung durch Verlosung geregelt. Als Zeichen der Zusammengehörigkeit trugen die Yachtmatrosen seit den 1920er Jahren die typische „Eckernförder Schirmmütze". Das Vereinsabzeichen war ein weißer Wimpel mit blauem Rand, der ein Wappenschild mit goldenem Anker und der Inschrift „YM Eckernförde" zeigte.

Für die meisten Eckernförder Yachtmatrosen war das Yachtsegeln damals ein nur saisonaler Nebenerwerb. Im Sommer bemannten sie die großen Yachten, im Winter gingen sie auf Fischfang. Mit dem Ersten Weltkrieg endete die Epoche der großen Schoneryachten. Erst als sich die wirtschaftlichen Verhältnisse in den 1920er Jahren stabilisierten, wurden wieder vermehrt Yachtmatrosen geheuert. Obgleich die Yachten nun kleiner waren und weniger Besatzung benötigten, konnten sich die Eckernförder Yachtmatrosen behaupten. Ungeachtet der Weltwirtschaftskrise waren 1933 noch über 30 Eckernförder Yachtmatrosen in Lohn und Brot. Vergeblich versuchten die Nationalsozialisten, den

Professionelle Yachtmatrosen an Bord einer Rennyacht im Jahr 1901.

Verein der Eckernförder Yachtmatrosen in die Marine-SA einzugliedern.

Nach dem Ende des Zweiten Weltkriegs wurde das Segeln mehr und mehr zum Breitensport. Die meisten Yachten wurden nun von den Eignern selber gesegelt, so dass Yachtmatrosen kaum noch gebraucht wurden. Dennoch blieb der Verein bestehen, obgleich die Mitgliederzahl stark sank. Hatte der Verein vor dem Ersten Weltkrieg mehr als 200 Mitglieder gehabt, waren es 1996 nur noch 70, von denen nur drei aktive Yachtmatrosen waren. Doch in den 1990er Jahren kam es zu einer bescheidenen Renaissance des professionellen Segelsports und im Jahr 2000 hatte der Verein bereits wieder 84 Mitglieder.

Große Segelyachten wie die kaiserliche METEOR IV oder die GERMANIA der Familie Krupp benötigten Besatzungen von 40 Mann und mehr.

Die Einweihung der Marineschule Mürwik durch Kaiser Wilhelm II. im November 1910.

wenig Erfolg versprach, und so blieben die wichtigsten Bereiche des Kieler Hafens unter der Hoheit der Marine. Durch die einseitige Abhängigkeit von der Marine und die starke Beschränkung der zivilen Hafennutzung verlor die Fördestadt den Anschluss an die Entwicklung der übrigen Ostseehäfen, wovon sich der Kieler Hafen niemals vollständig erholte. Gleichzeitig setzte sich auch der Niedergang der Kieler Handelsflotte fort.

Nach der Verabschiedung der Flottengesetze kam es in Kiel erneut zu einer verstärkten Bautätigkeit der Kaiserlichen Marine. Ab 1904 entstand in der Wik eine regelrechte Marinestadt, zu der neben dem neuen Torpedoboothafen und dem Marinekohlenhafen am Kanal auch Kasernenanlagen für die Werft- und Torpedodivision, das Marinelazarett sowie zahlreiche Wohngebäude

Die Marineschule Mürwik

Seit mehr als 100 Jahren ist die Marineschule Mürwik die „Alma Mater" der deutschen Marineoffiziere. Am 21. November 1910 wurde das „Rote Schloss am Meer" durch den damaligen deutschen Kaiser Wilhelm II. eingeweiht. Der von dem Marinebaurat Adalbert Kelm (1856–1939) entworfene, funktional konzipierte Bau ist architektonisch eine durchaus harmonische Mischung aus Rückgriffen auf mittelalterlichen Bauformen und Jugendstilelementen. Nach dem Ersten Weltkrieg wurde das Gebäude 1919/20 als Unterkunft für britische Truppen genutzt, welche die Abstimmung im deutsch-dänischen Grenzgebiet überwachten. Von 1920 bis Kriegsende 1945 diente die Marineschule dann wieder der

Ausbildung von Marineoffizieren. Vom 3. Mai bis zum 23. Mai 1945 hatte die sogenannte „geschäftsführenden Reichsregierung" unter Großadmiral Karl Dönitz ihren „Regierungssitz" in der Marineschule Mürwik. Nach dem Ende des Zweiten Weltkrieges wurden die Gebäude der Marineschule als Unterkunft für Flüchtlinge sowie als Krankenhaus, Zollschule und pädagogische Hochschule genutzt. Seit 1956 dient die Marineschule wieder der Ausbildung des künftigen Führungspersonals der neu gegründeten Bundesmarine. Seitdem haben hier alle Offizieranwärter und Offiziere der Deutschen Marine im Rahmen ihrer Ausbildung Lehrgänge absolviert Die Marineschule Mürwik gehört zu den weithin sichtbaren Wahrzeichen an der Flensburger Förde und steht heute unter Denkmalschutz.

Die Marineschule Mürwik. Seit über 100 Jahren werden hier deutsche Marineoffiziere ausgebildet. Zugleich ist das „Rote Schloß am Meer" eines der Wahrzeichen der Flensburger Förde.

für die wachsende militärische und zivile Bevölkerung gehörten. 1913 wurde zudem die Ingenieur- und Deckoffizierschule für die technische Ausbildung der Ingenieuroffiziere und Deckoffiziere fertiggestellt. In der Kaiserlichen Marine erfolgte die Ausbildung für angehende Marineingenieure separat von der Ausbildung der Seeoffiziere. Zugangsvoraussetzung waren eine höhere Schulbildung und der Nachweis einer 30monatigen Tätigkeit in einem Schiffbaubetrieb.

Gleichzeitig entstanden in Flensburg und Sonderburg weitere Standorte der Kaiserlichen Marine. 1902 wurde in Flensburg-Mürwik die neue Torpedoschule der Kaiserlichen Marine eingerichtet. In unmittelbarer Nähe wurde ab 1907 die neue Marineschule für die Ausbildung der Offiziere der Kaiserlichen Marine errichtet. Die alte Marineschule in Kiel war für die wachsende Zahl von Marineoffizieranwärtern zu klein geworden. Gleichzeitig hoffte die Marineführung, dass sich die Offizieranwärter im abgelegenen Flensburg ohne Ablenkung auf ihre Studien konzentrieren und vor den „schädlichen Einflüssen" der sozialdemokratisch geprägten Arbeiterstadt Kiel bewahrt würden. Für den Bau einer neuen Ausbildungsstätte hatte die Stadt Flensburg 15 Hektar Land kostenlos zur Verfügung gestellt. 1910 wurde die Offiziersausbildung von Kiel an die neue Marineschule in Flensburg-Mürwik verlegt. Ein Jahr später wurde auch die Ausbildung der Schiffsjungen der Kaiserlichen Marine von Friedrichsort nach Flensburg verlagert.

Bereits 1904 war die 1883 als älteste Fachinspektion der Marine geschaffene Artillerieinspektion in die Inspektion der Küstenartillerie und die Inspektion der Schiffsartillerie mit Sitz in Sonderburg geteilt worden. Ab 1910 war auch der Panzerkreuzer BLÜCHER als Artillerieversuchs- und Schulschiff der Inspektion der Schiffsartillerie in Sonderburg stationiert.

Die schleswig-holsteinische Handelsschifffahrt am Vorabend des Ersten Weltkriegs

Um 1900 waren erstmalig in der Geschichte alle Teile der Welt miteinander verknüpft. Im letzten Viertel des 19. Jahrhunderts hatte sich ein System globaler Wirtschaftsbeziehungen herausgebildet, dessen Zentren in Nordwesteuropa und

Nordamerika lagen und deren verbindendes Element die weltweite Schifffahrt war, wobei rund 75 Prozent der Warenströme auf Europa und Nordamerika entfielen. Durch diese zunehmende internationale wirtschaftliche Verflechtung wuchs der Welthandel zwischen 1880 und 1913 um 156 Prozent!

In den Jahrzehnten vor dem Ausbruch des Ersten Weltkriegs erreichte auch das Zeitalter des Imperialismus seinen Höhepunkt. Nahezu alle europäischen Nationen strebten nach dem Besitz von überseeischen Besitzungen. Größte Kolonialmacht war Großbritannien.

Nach anfänglichem Widerstand hatte Bismarck Mitte der 1880er Jahre begonnen, den Erwerb von sogenannten Schutzgebieten durch das Deutsche Reich in Afrika und im Pazifik zu fördern. Durch die koloniale Expansion des Deutschen Reichs verstärkte sich auch die Auslandstätigkeit der Kaiserlichen Marine. Zum Schutz deutscher Wirtschafts- und Kolonialinteressen wurden Kriegsschiffe dauerhaft in afrikanischen, ostasiatischen und amerikanischen Gewässern stationiert. Zu keinem Zeitpunkt erfüllten sich jedoch die hochgesteckten Erwartungen hinsichtlich der wirtschaftlichen Bedeutung der deutschen Kolonien; sie blieben für das Deutsche Reich ein Verlustgeschäft.

Die Kontinente wurden durch Dampfschiffe und transozeanische Telegrafenkabel verbunden. Europa tauschte Geld und Industrieprodukte gegen Agrarprodukte und Rohstoffe. Die von den europäischen Kolonialmächten erschlossenen

Der Kieler Hafen im Jahr 1901. Auch zu Beginn des 20. Jahrhunderts bestand in Schleswig-Holstein großer Bedarf an maritimen Transportleistungen. Allerdings waren die dafür eingesetzten Schiffe immer seltener in Schleswig-Holstein beheimatet.

Seehandelswege sind bis heute von großer Bedeutung für die Weltwirtschaft. Liniendampfer beförderten Passagiere und Fracht auf festen Routen nach einem festen Fahrplan, während Trampschiffe Nahrungsmittel und Rohstoffe aus Amerika, Afrika, Asien und Australien nach Europa transportierten. Im Gegensatz zu den in der Linienfahrt eingesetzten Schiffen besuchten die Trampdampfer in der sogenannten „wilden Fahrt" vor allem die weniger wichtigen und abgelegeneren Häfen.

1910 besaßen Großbritannien und die britischen Besitzungen mit 26,7 Prozent den größten Anteil am Welthandel. An zweiter Stelle kam das Deutsche Reich mit 11,5 Prozent, gefolgt von den USA mit 9,3 Prozent und Frankreich mit 9,2 Prozent.

Obgleich Europa den Welthandel dominierte, kam dem Handel zwischen den europäischen Staaten die größte ökonomische Bedeutung zu. Großen Einfluss auf die wachsende Verflechtung der europäischen Wirtschaft hatte die britische Freihandelspolitik gehabt. Bis 1860 hatte Großbritannien alle Zölle und Handelshemmnisse einseitig aufgehoben. In den folgenden Jahrzehnten wurden die wirtschaftlichen Beziehungen der europäischen Staaten immer enger. 1913 umfasste der Warenaustausch zwischen den sieben bedeutendsten europäischen Wirtschaftsnationen rund ein Drittel des gesamten Welthandels. Der wichtigste Handelspartner des Deutschen Reichs in Europa war Frankreich.

Großbritannien, das jahrzehntelange seine Rolle als weltweit führende Industrienation behauptet hatte, war zu Beginn des 20. Jahrhunderts im Begriff, diese Stellung an Deutschland und die USA zu verlieren. Dank der rasch fortschreitenden Industrialisierung war das Deutsche Reich zwischen 1880 und 1914 zum weltweit zweitgrößten Exporteur von Fertigprodukten aufgestiegen. Der exportorientierten deutschen Industrie stand jedoch eine von Strukturproblemen gebeutelte Landwirtschaft gegenüber, der es zunehmend an internationaler Konkurrenzfähigkeit mangelte. Zum Schutz der deutschen Landwirtschaft vollzog Bismarck daher Ende der 1870er Jahre die Abkehr vom Freihandel. Ab 1879 wurden die Einfuhr von Eisenerzeugnissen, Holz, Getreide und Fleisch mit hohen Zöllen belegt. Von diesen Schutzzöllen profitierte aber nicht nur die deutsche Landwirtschaft, sondern auch die deutsche Industrie, da auf diese Weise un-

liebsame ausländische Konkurrenz vom deutschen Markt ferngehalten wurde. Für die deutsche Bevölkerung bedeutete die Einführung der Schutzzölle dagegen vor allem höhere Preise. So kostete beispielsweise Getreide im Deutschen Reich rund ein Drittel mehr als im benachbarten Ausland. Mit diesen protektionistischen Maßnahmen wurde das Ende der Epoche des Freihandels eingeläutet. Auch die übrigen europäischen Staaten, darunter Großbritannien, gingen um 1890 zum Schutzzollsystem über, um die ausländische Konkurrenz auf dem Inlandsmarkt zu benachteiligen.

Zwischen 1870 und 1900 war der Gesamtraumgehalt der Welthandelsflotte von 17,7 Millionen RT auf 22 Millionen RT gewachsen. Im gleichen Zeitraum ging die Tonnage der Segelschiffsflotte von 15 Millionen RT auf acht Millionen RT zurück, während sich die Dampfertonnage von 1870 bis 1890 alle zehn Jahre fast verdoppelt hatte und bis 1900 weiter kontinuierlich gestiegen war. Durch die erhöhte Transportkapazität, aber auch durch technische Verbesserungen, wie höhere Geschwindigkeit, die eine größere Zahl von Reisen pro Jahr ermöglichten, war die Leistungsfähigkeit der britischen Handelsflotte von 1870 bis 1870 ungefähr vervierfacht, die der deutschen sogar versiebenfacht. Um 1905 betrug der Anteil der britischen Schiffe am Seehandel etwa 50 Prozent, der Anteil der deutschen Handelsflotte etwa zehn Prozent.

Ähnlich wie die deutsche Industrie hatte sich auch die deutsche Handelsflotte in den Jahrzehnten nach der Reichsgründung rasant entwickelt. Zwischen 1871 und 1914 hatte sich die Tonnage der deutschen Handelsflotte mehr als verdreifacht. Zugleich war das Deutsche Reich nach 1890 von der viertgrößten Schifffahrtsnation nach Großbritannien, den USA und Norwegen zur zweitgrößten nach Großbritannien aufgestiegen. 1914 umfasste die Welthandelstonnage rund 49 Millionen BRT, wovon 21 Millionen BRT auf Großbritannien entfielen; die deutsche Handelsflotte lag mit 5,4 Millionen BRT auf dem zweiten Platz, gefolgt von den USA mit 5,3 Millionen BRT.

Lange wurden Rohstoffe sowie industrielle und agrarische Massengüter vorwiegend in der Tramp-, hochwertigere Fertigwaren dagegen hauptsächlich in der Linienfahrt befördert. Allerdings zeigte sich zu Beginn des 20. Jahrhunderts, dass es den Frachtschiffen „auf wilder Fahrt" zunehmend schwerer fiel, sich gegen die großen Dampferlinien zu behaupten, die einen immer größeren Anteil am Seetransportgeschäft an sich ziehen konnten.

Als Folge der besonderen wirtschaftlichen Struktur des Deutschen Reichs lag der Schwerpunkt der deutschen Handelsschifffahrt von jeher auf der Linienfahrt und weniger auf der Trampfahrt. Die Entwicklung der deutschen Schifffahrt in den beiden letzten Jahrzehnten vor dem Ersten Weltkrieg war daher neben einem erheblichen Zuwachs an Tonnage vor allem von der Verdichtung der Liniennetze und der Integration in das System der internationalen Schifffahrtskonferenzen geprägt. Damit einher ging ein Trend zur Konzentration der deutschen Handelsschifffahrt: 1914 verfügten die acht größten deutschen Reedereien über mehr als 75 Prozent der deutschen Handelsschiffstonnage. Doch während die deutschen Nordseehäfen, vor allem die Großhäfen Hamburg und Bremen, überproportional von der rasanten Industrialisierung des Deutschen Reichs profitierten, stagnierte die Tonnageentwicklung in der Ostsee seit 1880. Zugleich sank der Anteil der in den Ostseehäfen beheimateten Handelsschiffen an der deutschen Gesamttonnage zwischen 1883 und 1914 von mehr als 60 Prozent auf nur noch zehn Prozent.

Ungeachtet dessen war die schleswig-holsteinische Dampfertonnage bis 1909 kontinuierlich gewachsen, als sie mit über 116.000 NRT ihren Höchststand erreichte. Danach setze der Niedergang ein. Dagegen war die Segelschifffahrt nach einer kurzfristigen Erholung zu Beginn des 20. Jahrhunderts fast bis zur Bedeutungslosigkeit abgesunken und spielte nur noch in der Küstenfahrt eine gewisse Rolle. Am allgemeinen Aufschwung der deutschen Handelsschifffahrt hatten die meisten schleswig-holsteinischen Hafenstädte keinen Anteil mehr. Doch während sich der schleswig-holsteinische Schiffsbestand verringerte, stieg der Schiffsverkehr gleichzeitig deutlich an. Nach wie vor bestand großer Bedarf an maritimen Transportleistungen, nur dass die dafür eingesetzten Schiffe immer seltener in Schleswig-Holstein beheimatet waren. Auch der Großteil der schleswig-holsteinischen Häfen besaß nur noch regionale Bedeutung, da der Überseehandel hauptsächlich über die großen Nordseehäfen Hamburg und Bremen abgewickelt wurde.

Der Niedergang der Handelsflotten in vielen schleswig-holsteinischen Hafenstädten im 19. Jahrhundert hatte an Nord- und Ostsee vielerorts auch zu einer beruflichen Neuorientierung der Bevölkerung geführt. Viele Seeleute wechselten in die Fischerei wie in Arnis und in Tönning oder die Kleinschifffahrt wie in Blankenese. Andernorts erschloss man durch den Fremdenverkehr neue Erwerbsquellen, wie zum Beispiel in Wyk auf Föhr. Ebenso hatte der Niedergang der Seefahrt die Abwanderung von Teilen der Bevölkerung in die großen Städte oder die Auswanderung in die Vereinigten Staaten zur Folge.

1910 war Flensburg die führende Hafenstadt an der Ostsee, wurde aber in den folgenden Jahren von dem weitaus größeren Stettin überflügelt, das durch die Eisenbahn und die bis zum oberschlesischen Industriegebiet schiffbare Oder über eine ausgezeichnete Anbindung an das Hinterland verfügte und sich nun zum bedeutendsten deutschen Handelshafen an der Ostsee entwickelte. Dagegen konnte Lübeck seinen Rang als wichtigster Hafen für den Verkehr mit Finnland und Schweden behaupten und zugleich mit Königsberg um die Stellung als wichtigster deutscher Holzumschlagplatz konkurrieren.

Der Ausbruch des Ersten Weltkriegs im August 1914 unterbrach den jahrzehntelangen Aufschwung der deutschen Handelsflotte. Zahlreiche deutsche Handelsschiffe fielen nach Kriegsbeginn feindlichen Kriegsschiffen zum Opfer oder wurden in neutralen Häfen interniert. Bis zum 1. Februar 1915 gingen 152 Schiffe mit 410.600 BRT durch Versenkung oder Aufbringung verloren; das waren 7,1 Prozent der Gesamttonnage. Weitere 311 Schiffe mit 807.200 BRT oder 14,7 Prozent der Gesamttonnage wurden in feindlichen Häfen beschlagnahmt, während sich 621 Schiffe mit 2.341.100 BRT, das waren 42,5 Prozent der Gesamttonnage, in neutralen Häfen in-

Der Postdampfer FREYA im Wattenmeer. Der 1904 in Hamburg gebaute Raddampfer verkehrte zwischen Hoyer und Sylt. Nach dem Ende der Seefahrtszeit hatten die Sylter ebenso wie die Bewohner der übrigen nordfriesischen Inseln im Fremdenverkehr eine neue Einnahmequelle gefunden. 1927 wurde die Fährlinie Sylt-Hoyer nach der Fertigstellung des Hindenburgdamms eingestellt und die FREYA nach Lübeck verkauft.

Der Flensburger Hafen um 1910. Zu diesem Zeitpunkt war Flensburg neben Stettin die bedeutendste deutsche Hafenstadt an der Ostsee. Im Vordergrund zu sehen ist der Dampfer LUCIDA der Flensburger Reederei Holm & Molzen beim Löschen einer Ladung englischer Kohlen.

ternieren ließen. Auch schleswig-holsteinische Reeder erlitten Verluste. Beispielsweise wurde mit 26 Schiffen ein Großteil der Flensburger Handelsflotte entweder von feindlichen Mächten aufgebracht oder in feindlichen Häfen beschlagnahmt.

Von den verbliebenen deutschen Handelsschiffen wurden viele aufgelegt, also außer Betrieb genommen, oder gegen Ausgleichszahlungen von der Kaiserlichen Marine als Hilfsschiffe, d.h. als Kohlen-, Proviant- und Munitionstransporter, oder als Hilfskriegsschiffe, d.h. als Minenleger, Hilfskreuzer und Sperrbrecher, in Dienst gestellt. Während die Hilfsschiffe nach wie vor ihrer Reederei unterstanden und auch zivil besetzt waren, gingen die Hilfskriegsschiffe in den Besitz der Marine über, die auch die Besatzung stellte. Auch fünf der 26 Schiffe der Kieler Reederei Sartori &

Der Dampfer HERMANN der Flensburger Reederei H. Schuldt war 1901 in Rostock gebaut worden. Nach Beginn des Ersten Weltkriegs wurde das Schiff von der Kaiserlichen Marine als „U-Boot-Falle" eingesetzt. Der harmlos aussehende Dampfer sollte feindliche U-Boote anlocken und mit seinen vier versteckten 10,5cm-Kanonen zerstören. Am 14. Juni 1916 wurde die HERMANN nahe Gotland von einem russischen Zerstörer versenkt.

Berger, darunter die Postdampfer PRINZ WALDEMAR, PRINZ ADALBERT und PRINZ SIGISMUND, wurden von der Kaiserlichen Marine in Dienst genommen und unter anderem als Transportschiffe oder Minenleger eingesetzt. Die übrigen Schiffe der Reederei setzten den Handelsverkehr auf der Ostsee fort.

Die in Fahrt verbliebenen Handelsschiffe wurden vor allem in der Ostseefahrt und in geringerem Maß auch in der Nordsee für die Küstenfahrt nach den neutralen Niederlanden eingesetzt und leisteten so einen wichtigen Beitrag für die deutsche Kriegswirtschaft. Auf diese Weise konnten die Reedereien ihre Geschäftstätigkeit zumindest teilweise aufrecht erhalten.

Der Erste Weltkrieg

Seit dem ausgehenden 19. Jahrhundert hatten sich die Konflikte unter den europäischen Großmächten immer weiter zugespitzt. 1914 zerfiel Europa in zwei hochgerüstete Lager. Den Mittelmächten Deutschland und Österreich-Ungarn standen die Ententemächte Frankreich, Großbritannien und Russland gegenüber, als aus der durch die Ermordung des österreichisch-ungarischen Thronfolgers Erzherzog Franz Ferdinand durch serbische Nationalisten am 28. Juni 1914 ausgelösten Balkankrise ein Krieg wurde, der im August 1914 rasch alle europäischen Großmächte und schließlich fast die ganze Welt erfasste. Keine der Großmächte wollte einen gesamteuropäischen Krieg, doch unternahm auch keine Seite ernsthafte Anstrengungen, um diesen zu verhindern. So nahm das Deutsche Reich das Risiko eines bewaffneten Konfliktes der europäischen Großmächte bereitwillig in Kauf, als es Anfang August 1914 Russland und Frankreich den Krieg erklärt.

Das Deutsche Reich führte damit zu Land einen Zweifrontenkrieg gegen Frankreich und Russland, der nicht gewinnbar war. Die strategischen Planungen der deutschen militärischen Führung waren auf eine kurze Kriegsdauer ausgerichtet. Mit einem Flankenangriff durch das neutrale Belgien wollte der deutsche Generalstab Frankreich besiegen, um dann alle Kräfte gegen Russland zu werfen. Als Reaktion auf die Verletzung der belgischen Neutralität erklärte Großbritannien dem Deutschen Reich den Krieg. Schon nach kurzer Zeit blieb die deutsche Anfangsoffensive in Frankreich an der Marne stecken, so dass sich der Kampf an der Westfront zu einem jahrelangen Stellungskrieg entwickelte, dessen blutige Höhepunkte die Schlachten von Verdun, an der Somme und in Flandern waren. Als sogenanntes Marinekorps Flandern nahmen neben den Marineinfanteristen der Seebataillone auch Angehörige der Kaiserlichen Marine an vielen dieser Kämpfe teil. Auch an der Ostfront erstarrte der Kampf schließlich teilweise zum Stellungskrieg, obgleich das deutsche Heer mit dem Sieg über eine überlegene russische Streitmacht in der Schlacht von Tannenberg Ende August 1914 und der Eroberung von Litauen, Kurland und Polen im Sommer 1915 anfänglich einige Erfolge erzielen konnte.

Auch der Krieg zur See verlief wenig erfolgreich. Gleich bei Kriegsausbruch 1914 hatte sich Tirpitz' Konzept der Risikoflotte als Fehlschlag erwiesen. Die abschreckende Wirkung der deutschen Schlachtflotte versagte; Großbritannien trat auf der Seite Frankreichs in den Krieg ein. Statt wie erwartet die Entscheidungsschlacht mit der deutschen Flotte zu suchen, verhängten nach Kriegsausbruch die Briten eine Seeblockade über das Deutsche Reich. Sie sperrten die Zufahrtswege zur Nordsee, um Deutschland vom Nachschub an Lebensmitteln und Rohstoffen abzuschneiden. Die britische Blockade unterbrach aber nicht

nur den Güterverkehr des Deutschen Reichs mit seinen wirtschaftlich wenig bedeutenden Kolonien, sondern vor allem mit wichtigen neutralen Handelspartnern wie den USA.

Es gelang der Kaiserlichen Marine während der gesamten Kriegsdauer nicht, die britische Blockade zu durchbrechen. Mit Ausnahme der Skagerrakschlacht im Mai 1916 beschränkten sich die Aktivitäten der Kaiserlichen Marine in der Nordsee im Wesentlichen auf Vorstöße von Torpedobooten und Kreuzern und auf den U-Boot-

Die Kieler Woche 1914. Kaum einer der Besucher wird geahnt haben, dass dies die letzten Tage des Friedens waren. Mitten in das Segelsportereignis fiel das Attentat von Sarajewo. Wenige Wochen später begann der Erste Weltkrieg.

Deutsche Seeflieger über Helgoland. Nach der Übergabe an das Deutsche Reich war die Insel zur Seefestung mit zahlreichen Geschützbatterien, Torpedoboot- und U-Boot-Hafen sowie einer Seeflugstation ausgebaut worden. 1914 und 1917 kam es nahe Helgoland zu Seegefechten zwischen der deutschen und der britischen Flotte.

Krieg. Mit dem Angriff auf die alliierte Handelsschifffahrt hoffte die deutsche Marineführung, Großbritannien seinerseits von der Rohstoffversorgung abzuschneiden. Doch auch der U-Boot-Krieg konnte Großbritannien nicht in die Knie zwingen, überdies führten wiederholte Angriffe deutscher U-Boote auf neutrale Handelsschiffe 1917 zum Kriegseintritt der USA auf Seiten der Alliierten.

Die Ostsee war während des gesamten Kriegs nur ein Nebenkriegsschauplatz. Hier waren nur einige ältere Kreuzer, Torpedoboote und U-Boote unter dem Oberbefehl von Großadmiral Prinz Heinrich von Preußen, dem jüngeren Bruder Kaiser Wilhelms II., stationiert, wobei es aber jederzeit möglich war, über den Kaiser-Wilhelm-Kanal, den heutigen Nord-Ostsee-Kanal, Verstärkung heranzuführen.

Unmittelbar nach Ausbruch des Ersten Weltkriegs im August 1914 wurde Kiel als Reichskriegshafen unter Kriegsrecht gestellt und der

Am 24. Januar 1915 sank der Panzerkreuzer BLÜCHER in einem Gefecht zwischen deutschen Schlachtkreuzern und einem überlegenen britischen Verband nahe der Doggerbank. Nur 278 der 900 Besatzungsmitglieder wurden gerettet.

Großadmiral Prinz Heinrich von Preußen. Der jüngere Bruder Kaiser Wilhelms II. diente während des Ersten Weltkriegs als Oberbefehlshaber der Ostseestreitkräfte der Kaiserlichen Marine.

Festungsgürtel rund um die Förde in Alarmbereitschaft versetzt. Auf Anordnung des Chefs der Marinestation Ostsee durften Handelsschiffe Kiel nur noch bei Tageslicht anlaufen oder verlassen,

Die Skagerrakschlacht

Ende Mai 1916 unternahm die deutsche Hochseeflotte unter dem Befehl von Admiral Reinhard Scheer einen Erkundungsvorstoß in die Nordsee. Doch da die Briten durch aufgefangene deutsche Funksprüche von dem Unternehmen erfahren hatten, war auch die britische Grand Fleet in See gestochen. Keine der beiden Flotten wusste jedoch, dass der Gegner ebenfalls den Hafen verlassen hatte.

Durch Zufall begegneten sich die deutsche Hochseeflotte und die britische Grand Fleet am Nachmittag des 31. Mai 1916 vor der Westküste Jütlands. Scheer verfügte über 21 Großkampfschiffe, der britische Oberbefehlshaber Admiral Sir John Rushworth Jellicoe dagegen über 37 Schlachtschiffe und Schlachtkreuzer. Zunächst kamen nur die Aufklärungsstreitkräfte beider Seiten miteinander ins Gefecht, später auch die Schlachtschiffe. Die Skagerrakschlacht war mit über 200 beteiligten Schiffen auf beiden Seiten die größte und zugleich auch die letzte ausschließlich von artillerietragenden Großkampfschiffen ausgefochtene Schlacht der Seekriegsgeschichte. Nach mehrstündigem Kampf brachen beide Seiten das Gefecht ab. Es gelang Scheer, sich von Gegner zu lösen und mit der

Der Schriftsteller Johann Kinau schrieb unter dem Namen „Gorch Fock". Er kam in der Skagerrakschlacht am 31. Mai 1916 beim Untergang der WIESBADEN ums Leben. Seine Leiche wurde später an der schwedischen Küste angetrieben und auf der Insel Stensholmen beigesetzt.

Hochseeflotte nach Wilhelmshaven zurückzukehren.

Die Grand Fleet hatte insgesamt drei Schlachtkreuzer, drei Panzerkreuzer und acht Zerstörer eingebüßt, die Hochseeflotte einen Schlachtkreuzer, ein älteres Linienschiff, vier Kleine Kreuzer und fünf Torpedoboote verloren. Die Briten hatten 6.094 Tote zu beklagen, während auf deutscher Seite 2.551 Seeleute gefallen waren. Damit konnten die Deutschen den taktischen Sieg für sich in Anspruch nehmen. Doch ungeachtet ihrer höheren Verluste hatten die Briten

gleichzeitig wurde die Lotspflicht befohlen. Bereits kurz nach Kriegsausbruch war die Fährverbindung nach Korsör eingestellt worden.

1915 wurden Teile der U-Boot-Schule von Kiel nach Eckernförde verlegt. Hier wurden zunächst Kommandanten, Wachoffiziere und Leitende Ingenieure ausgebildet, später wurden auch die Werftabnahmen und das Einfahren der neuen U-Boote in der Eckernförder Bucht durchgeführt. Während des Ersten Weltkriegs waren bis zu 20 U-Boote sowie eine größere Anzahl von Hilfsschiffen im Eckernförder Hafen stationiert.

Obgleich die russische Marine über starke Verbände verfügte, scheute sie die Konfrontation mit der Kaiserlichen Marine, die über den Kaiser-Wilhelm-Kanal rasch Verstärkung aus der Nordsee verlegen konnte, und konzentrierte sich vor allem auf das Legen von Minensperren. Für die Kaiserliche Marine wiederum bestand kein Anlass, den Kampf mit der russischen Flotte zu suchen, da die deutsche Flotte ohnehin die Ostsee

beherrschte und man alle Kräfte auf die erwartete Entscheidungsschlacht mit der britischen Marine in der Nordsee konzentrieren wollte. Auch die Royal Navy unternahm keinen ernsthaften

Torpedoboote im Kieler Hafen. Während des Ersten Weltkriegs waren in der Ostsee vor allem ältere Kreuzer und kleinere Einheiten wie Torpedoboote und U-Boote stationiert.

Die deutsche Hochseeflotte am 31. Mai 1916 auf dem Weg nach Norden.

Kreuzers WIESBADEN, der bereits zu Beginn der Schlacht manövrierunfähig geschossen wurde und schließlich sank. Kinau ist der Namensgeber des Segelschulschiffs GORCH FOCK.

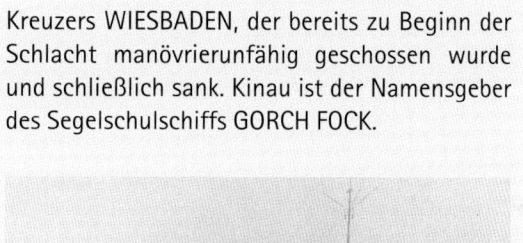

einen – weitaus wichtigeren – strategischen Erfolg zu verzeichnen. Die britische Seeherrschaft in der Nordsee blieb ungebrochen, die deutsche Seekriegskonzeption erwies sich damit endgültig als Fehlschlag. Für den Rest des Krieges blieben die deutschen Schlachtschiffe in ihren Stützpunkten, wobei der eintönige Dienst und schlechte Menschenführung allmählich die Moral der Besatzungen zerrütteten.

Unter den deutschen Gefallenen der Skagerrakschlacht war auch der Schriftsteller Johann Kinau, der unter dem Künstlernamen Gorch Fock schrieb. Er gehörte zur Besatzung des Kleinen

Der schwer beschädigte deutsche Schlachtkreuzer SEYDLITZ nach der Skagerrakschlacht. Die Schiffsglocke der SEYDLITZ befindet sich heute im Marine-Ehrenmal in Laboe.

Deutsche Seeleute entschärfen eine russische Mine. Den russischen Minenfeldern in der Ostsee fielen zahlreiche deutsche Kriegs- und Handelsschiffe zum Opfer.

U-Boote im Eckernförder Hafen während des Ersten Weltkriegs. 1915 war ein Teil der U-Boot-Schule von Kiel nach Eckernförde verlegt worden. 1917 führte der Uneingeschränkte U-Boot-Krieg zum Kriegseintritt der USA auf Seiten der Alliierten.

Versuch, mit einem größeren Geschwader die Durchfahrt durch die von Deutschen und Dänen stark verminten Ostseezugänge zu erzwingen. Allerdings gelang es einigen britischen U-Booten, in die Ostsee vorzudringen, wo sie von russischen Häfen aus operierten. Wegen der Eisbildung kam der Seekrieg in der Ostsee im Winter zum Erliegen.

Auch die Kaiserliche Marine nutzte Minensperren, um die eigenen Häfen und Küsten zu schützen. Gleich bei Kriegsausbruch 1914 war die Kieler Förde vermint worden, wobei ein Minenlege-

Der Hilfskreuzer WOLF war der zum Hilfskriegsschiff umgebaute Frachter WACHTFELS der Bremer Reederei DDG Hansa. Im Mai 1916 lief die WOLF zu einer Reise aus, die den Hilfskreuzer bis in den Pazifik führen sollte. Während der 451 Tage dauernden Fahrt versenkte die WOLF insgesamt 35 Handels- und zwei Kriegsschiffe. Im Februar 1918 kehrte der Hilfskreuzer unversehrt in seinen Heimathafen Kiel zurück. Nach dem Ersten Weltkrieg wurde das Schiff als Reparationsleistung an Frankreich abgegeben.

boot den eigenen Minen zum Opfer fiel. Auch später kam es zu Verlusten. So lief der deutsche Handelsdampfer COLCHESTER, ein ursprünglich britisches Handelsschiff, das 1916 in der Nordsee von deutschen Torpedobooten aufgebracht worden war, in der Nacht vom 2. zum 3. März 1918 bei stürmischer See vor Laboe auf eine Mine und sank, wobei jedoch ein Großteil der Mannschaft und der an Bord befindlichen Passagiere gerettet wurde. 22 Tote der 1919 gehobenen COLCHESTER wurden auf dem Kieler Nordfriedhof, weitere elf Tote in Friedrichsort auf dem Garnisonsfriedhof beigesetzt.

Die wichtigste Aufgabe der deutschen Seestreitkräfte in der Ostsee bestand in der Sicherung der Erztransporte von Schweden nach Deutschland, die von großer Bedeutung für die deutsche Rüstungsindustrie waren. Im Gegenzug lieferte das Deutsche Reich Kohlen für die schwedische Industrie. Jeden Tag verkehrten von deutschen Kriegsschiffen geschützte Geleitzüge zwischen Schweden und den deutschen Ostseehäfen.

Obgleich die Schifffahrt gewissen Beschränkungen unterlag, ging der Seehandel in der Ostsee während des Krieges fast ungestört weiter. Dabei konnte Lübeck einen Großteil des sonst die beiden großen Häfen Bremen und Hamburg anlaufenden Schiffsverkehrs an sich ziehen.

Fast allen deutschen Reedereien gelang es während des Krieges, mit Gewinn zu operieren, zumal während des Ersten Weltkrieges die Frachtraten erheblich angestiegen. Die größte Bedrohung für die deutsche Schifffahrt in der

Ostsee ging von den russischen Minenfeldern und von russischen Stützpunkten aus operierenden britischen U-Booten aus. Zahlreiche deutsche Kriegs- und Handelsschiffe fielen Minen- oder Torpedotreffern zum Opfer, darunter auch Schiffe schleswig-holsteinischer Reeder. So ging beispielsweise 1915 ein Flensburger Schiff verloren, 1917 waren in Flensburg sechs Schiffsverluste zu verzeichnen, wovon fünf kriegsbedingt waren.

Nach der Russischen Revolution und dem Sturz des Zaren geriet im Frühjahr 1917 die Ostfront wieder in Bewegung. Die deutschen Truppen gingen in die Offensive und drängten die in zunehmender Auflösung begriffene russische Armee immer weiter zurück. Im Herbst 1917 besetzte die Kaiserliche Marine auf Wunsch des Heeres die Inseln Ösel und Dagö, um die russische Bedrohung der deutschen Flanke aufzuheben. Dieses Unternehmen mit dem Decknamen „Albion" war die bedeutendste Operation der Kaiserlichen Marine in der Ostsee. Dabei wurden zum ersten Mal in der Kriegsgeschichte See-, Land- und Luftstreitkräfte bei einer gemeinsamen Operation eingesetzt. Erst nach Kriegsende wurden die Baltischen Inseln wieder geräumt. In einem später zur Oktoberrevolution hochstilisierten Putsch rissen im Herbst 1917 die Bolschewiken die Macht in Russland an sich. Im März 1918 zwang das Deutsche Reich der neuen russischen Regierung den Separatfrieden von Brest-Litowsk auf, mit dem der Krieg im Osten beendet wurde. Dadurch verbesserte sich ab März 1918 auch die Ertragslage für die deutsche Handelsschifffahrt in der Ostsee.

Im Dikatfrieden von Brest-Litowsk hatte Russland auch auf seine Hoheitsrechte in Polen und im Baltikum verzichten und die Unabhängigkeit Finnlands anerkennen müssen, das, ebenso wie die baltischen Provinzen, den Zusammenbruch der Zarenherrschaft genutzt hatten, um sich aus dem russischen Machtbereich zu lösen. Bereits zuvor hatte das Deutsche Reich den Kampf der neuen finnischen Regierung gegen die bolschewistischen „Roten Garden" mit Hilfslieferungen und einer Expeditionsstreitmacht unterstützt, deren Kern aus 2.000 finnischen Jägern bestand, die ab 1915 auf dem Truppenübungsplatz Lockstedter Lager (dem heutigen Hohenlockstedt) bei Itzehoe ausgebildet worden waren und auf deutscher Seite gegen Russland gekämpft hatten. Mit Hilfe der deutschen Truppen gelang es

Gefecht im Moonsund. schwerer Einschlag am Bug vor „Kronprinz."

den Finnen, die Bolschewiken zu besiegen und zum ersten Mal in ihrer Geschichte die staatliche Eigenständigkeit zu erlangen.

Nach dem Ende des Kriegs mit Russland hatte die deutsche Heeresführung die dadurch frei gewordenen Truppen an die Westfront verlegt, in der Hoffnung, damit den entscheidenden Durchbruch im Stellungskrieg zu erreichen. Doch die militärische Entlastung im Osten reichte nicht, um auch im Westen das Blatt zu wenden. Eine letzte deutsche Offensive scheiterte im August 1918. Die Niederlage des militärisch und wirtschaftlich erschöpften Deutschen Reichs war damit unausweichlich.

Obgleich die Kriegsbegeisterung in Schleswig-Holstein wie im übrigen Kaiserreich zu Beginn groß gewesen war, wich der Enthusiasmus der ersten Kriegstage angesichts der Grausamkeit des Stellungskrieges sowie der neuen mörderischen Waffen und Kampfmittel des 20. Jahrhunderts bald der Ernüchterung und der Kriegsmüdigkeit. Hinzu kam die infolge der britischen Blockade und kriegsbedingter Produktionsausfälle in der Landwirtschaft zugespitzte Versorgungslage der „Heimatfront" – in Deutschland starben während des Ersten Weltkriegs rund 750.000 Menschen an Unterernährung. Fleisch, Fett und Getreide wurden zur Mangelware. Bereits 1916 kam es in Kiel zu ersten Hungerdemonstrationen, Streiks und Tumulten, 1917 wurde in Flensburg sogar die Brotfabrik „Victoria" geplündert. Doch nicht ziviler Protest, sondern die Verhältnisse auf den Kriegsschiffen der Kaiserlichen Marine wurden schließlich zum Zündfunken für die Revolution vom November 1918.

Die Aussicht, noch in den letzten Tagen eines bereits verlorenen Kriegs in ein militärisch sinnloses Seegefecht geführt zu werden, löste am 28.

Das Unternehmen „Albion". Die Eroberung der baltischen Inseln Ösel und Dagö im Oktober 1917 war das bedeutendste und erfolgreichste Unternehmen der Kaiserlichen Marine in der Ostsee.

Am 3. November zogen meuternde Matrosen und kriegsmüde Arbeiter durch die Straßen Kiels und forderten das Ende des Kriegs. Die von Kiel ausgehende Revolution führte nur wenige Tage später zum Sturz der Monarchie in Deutschland.

Oktober unter den Matrosen der in Wilhelmshaven stationierten Hochseeflotte eine Meuterei aus, die sich in kürzester Zeit auf andere Stützpunkte der Marine ausbreitete.

Die Offiziere der Marine waren auf die Meuterei der Matrosen in keiner Weise vorbereitet; sie reagierten vollkommen hilflos auf den plötzlichen Zusammenbruch der Disziplin. Am 31. Oktober ließ der Befehlshaber der Hochseeflotte, Admiral Franz Ritter von Hipper, das von Vizeadmiral Hugo Kraft befehligte III. Geschwader von Wilhelmshaven in seinen Heimathafen Kiel verlegen. Unterwegs wurden 47 Matrosen als Haupträdelsführer verhaftet. In Kiel eskalierte die Meuterei, da die rebellierenden Matrosen schon bald nach ihrer Ankunft Kontakt zur Arbeiterschaft und den an Land stationierten Marinesoldaten aufnahmen.

Vergeblich versuchte die Marineführung, den Aufstand mit Waffengewalt niederzuschlagen, stattdessen übernahmen die Matrosen gemein-

Matrosenaufstand in Kiel: Matrosen und Arbeiter begleiten einen Beerdigungszug.

sam mit den Arbeitern die Kontrolle über die Stadt Kiel: Am 3. November zogen kriegsmüde Matrosen und Werftarbeiter durch Kiel und forderten das Ende des Krieges. Nachdem es dabei zu Schießereien mit Regierungstruppen mit zahlreichen Toten und Verwundeten gekommen war, begann am Tag darauf in Kiel der Generalstreik.

Am Morgen des 4. November wehte auf den in Kiel liegenden Kriegsschiffen anstelle der kaiserlichen Flagge die rote Fahne. Die Offiziere hatten inzwischen jegliche Autorität eingebüßt; Großadmiral Prinz Heinrich von Preußen, Bruder des Kaisers und Generalinspekteur der Marine, musste sogar verkleidet aus Kiel fliehen. Am gleichen Tag wurde in der Fördestadt der erste Arbeiter- und Soldatenrat gewählt.

Um die Ordnung in Kiel wiederherzustellen, hatte die Reichsregierung noch am Abend des 4. November den Staatssekretär Conrad Haußmann zusammen mit dem SPD-Reichstagsabgeordneten Gustav Noske nach Kiel entsandt, wo dieser von den Matrosen und Arbeitern begeistert begrüßt worden war. Bereits am folgenden Tag wurde Noske zum Vorsitzenden des Soldatenrats gewählt. Am 7. November übertrug ihm der Arbeiter- und Soldatenrat auch den Gouverneursposten. Durch sein energisches und tatkräftiges Eingreifen gelang es dem geschickten Politiker Noske alsbald, die Revolution in Kiel in gemäßigte Bahnen zu lenken. Um ein bolschewistisches Chaos zu verhindern, hielt Noske die Zusammenarbeit mit den Vertretern der alten Ordnung für unvermeidbar. Dafür wurde ihm später von den Linken vorgeworfen, die *„Revolution verraten"* zu haben.

Der Kieler Matrosenaufstand markierte den Anfang vom Ende der Monarchie in Deutschland. Von Kiel ausgehend, griff die Revolution rasch auf Flensburg und Lübeck über und hatte bis zum 7. November ganz Schleswig-Holstein erfasst; ebenso übernahmen bis zum 10. November Arbeiter- und Soldatenräte in fast allen größeren deutschen Städten die Regierung und forderten die demokratische Umgestaltung des Deutschen Reichs sowie die Abdankung des Kaisers.

Der Kollaps des Kaiserreichs war nicht mehr aufzuhalten. Am 9. November 1918 erklärte Reichskanzler Prinz Max von Baden eigenmächtig die Abdankung des Kaisers und übergab die Regierung an den SPD-Vorsitzenden Friedrich Ebert. Noch am selben Tag rief der Sozialdemokrat Philipp Scheidemann die Republik aus, wäh-

Gustav Noske (1868–1946) spricht zu Matrosen. Am 5. November war der SPD-Reichstagsabgeordnete zum Vorsitzenden des Soldatenrats gewählt worden. Bereits nach kurzer Zeit gelang es dem tatkräftigen Noske, den Matrosenaufstand in gemäßigte Bahnen zu lenken.

rend Kaiser Wilhelm II. ins niederländische Exil ging.

Der Erste Weltkrieg hinterließ ein politisch und wirtschaftlich zerrüttetes Deutsches Reich. Auch die deutsche Handelsschifffahrt hatte schwere Kriegsverluste erlitten; rund die Hälfte der deutschen Handelsschiffstonnage von 1914 war durch Versenkung, Aufbringung oder Internierung verloren gegangen.

Weimarer Zeit

In allen am Ersten Weltkrieg beteiligten Staaten erwies sich die Umstellung von der Kriegs- auf die Friedenswirtschaft als schwierig. Ebenso wurde der Welthandel als Folge des Ersten Weltkriegs grundlegend umgewälzt. So drängten neue Konkurrenten wie die USA, die ihre Industrieproduktion während des Krieges erheblich gesteigert hatten, und Japan in die Märkte in Südamerika und Asien, die vor 1914 von den Europäern beherrscht worden waren. Gleichzeitig befand sich die europäische Landwirtschaft in einer schweren Krise und sah sich in zunehmendem Maße internationaler Konkurrenz in Übersee gegenüber – vor allem beim Weizen. In Kanada, Australien, Argentinien und den USA waren große Anbauflächen entstanden, wodurch Weizen immer billiger wurde. Allein zwischen 1924 und 1929 fiel der Weizenpreis um 40 Prozent. Erst ab Mitte der 1920er Jahre setzte wieder ein wirtschaftlicher Aufschwung ein, der auch zu einer Steigerung des internationalen Warenaustausches führte.

Besonders schwierig war die Situation für das Deutsche Reich. Von Anfang an war die Weimarer Republik mit schweren politischen wie wirtschaftlichen Hypotheken belastet. Auch in Schleswig-Holstein waren die Jahre zwischen 1918 und 1933 von politischer Unruhe, wirtschaftlichen Krisen und dem Zerfall der – nie sehr stabilen – parlamentarischen Demokratie geprägt. Viele Menschen waren verunsichert. Sie lehnten die Demokratie und die Republik ab und wählten schon früh republikfeindliche Parteien.

Unter massivem Druck der Alliierten wurde am 28. Juni 1919 der Friedensvertrag von Versailles unterzeichnet. Die Behandlung durch die Alliierten hinterließ in der deutschen Bevölkerung ein tiefes Gefühl der Verbitterung. Das Deutsche Reich musste seine Kolonien und rund ein Siebtel des Territoriums abtreten. Elsass-Lothringen fiel zurück an Frankreich, während Oberschlesien, Posen und der Großteil Westpreußens an das neu erstandene Polen abgetreten wurden, wobei Danzig als sogenannte „Freie Stadt" der Oberhoheit des Völkerbunds unterstellt wurde. Fortan war Ostpreußen durch den sogenannten „Polnischen Korridor" vom übrigen Reichsgebiet getrennt. Ebenso musste Deutschland zum Ausgleich für die Selbstversenkung der deutschen

Das Marine-Ehrenmal:
Von der Heldengedenkstätte
zum Friedensmahnmal

Seit mehr als 70 Jahren gehört das Marine-Ehrenmal in Laboe ebenso zu Kiel wie der Nord-Ostsee-Kanal. Die weithin sichtbare Silhouette seines 85 Meter über der Ostsee aufragenden Turmes prägt seither nicht allein das Gesicht der Kieler Außenförde, das Marine-Ehrenmal ist zugleich auch ein Spiegel der deutschen Geschichte im 20. Jahrhundert. 1925 hatte Wilhelm Lammertz, ein ehemaliger Obermaat der Kaiserlichen Marine, die Idee, eine Gedenkstätte für die im Ersten Weltkrieg gefallenen deutschen Marinesoldaten zu errichten. Der Gedanke stieß bei den deutschen Marinevereinen auf großen Widerhall. 1927 legte Admiral Reinhard Scheer, der 1916 die deutsche Flotte in der Skagerrakschlacht befehligt hatte, den Grundstein für das neue Denkmal und widmete es: *„Für deutsche Seemannsehr', für Deutschlands schwimmende Wehr, für beider Wiederkehr."* Das Ziel hieß: Wiederaufbau einer starken Flotte und Revanche für die Niederlage.

Zwischen 1927 und 1936 wurde das von dem Düsseldorfer Architekten Gustav A. Munzer in expressionistischem Stil entworfene und durch

Das Marine-Ehrenmal in Laboe ist heute Gedenkstätte für die auf See Gebliebenen aller Nationen.

Hochseeflotte in Scapa Flow eine große Zahl von Handelsschiffen als Reparationen an die Siegermächte abgeben.

Um die endgültige Auslieferung an die Alliierten zu verhindern, hatten die Besatzungen der in der Bucht von Scapa Flow internierten Kriegsschiffe der Hochseeflotte am 21. Juni 1919 die Flutventile geöffnet. Fast alle Linienschiffe, Kreuzer und Torpedoboote sanken. Damit war zwar nach dem damaligen Empfinden die Ehre der deutschen Flotte gerettet, doch fügte die Selbstversenkung Deutschland durch die erzwungene Abtretung der Handelsflotte großen wirtschaftlichen Schaden zu. So musste Deutschland alle Schiffe über 1.600 BRT, die Hälfte der Schiffe zwischen 1.000 und 1.600 BRT und ein Viertel der Fischdampferflotte an die Siegermächte abliefern. Die Küstenschiffe blieben dagegen in der Hand ihrer Eigner.

Da die abzuliefernden Schiffe Privateigentum waren, erließ die Regierung in Berlin Ende August 1919 ein Gesetz, das gegen Entschädigung die Enteignung aller deutschen Handelsschiffe über 1.600 BRT verfügte. 1920 wurden allein acht Flensburger Schiffe an die Alliierten abgeliefert. Insgesamt hatten die Flensburger Reedereien durch den Ersten Weltkrieg und seine Folgen rund 75 Prozent ihrer Flotte eingebüßt.

Von 5.459.296 BRT im Jahr 1914 sank die deutsche Handelsschiffstonnage infolge von Kriegsverlusten und den Reparationen auf 317.532 BRT – weniger als ein Zehntel der Vorkriegstonnage. Darüber hinaus mussten als Reparation in den folgenden fünf Jahren 200.000 BRT Schiffsraum für die Alliierten gebaut werden. Doch nicht alle deutschen Reeder waren von den Ablieferungen betroffen. So musste die Kieler Reederei Sartori & Berger von ihren mehr als 20 Schiffen, über die sie bei Kriegsende 1918 verfügte, kein einziges an die Alliierten abgeben, da diese allesamt zu alt oder zu klein waren.

Spenden finanzierte Ehrenmal an Stelle eines demontierten Panzerturmes der Kieler Hafenbefestigung errichtet. 1936 wurde das Marine-Ehrenmal von der NS-Regierung mit einem Staatsakt feierlich eröffnet.

1954 gaben die Siegermächte das 1945 beschlagnahmte Marine-Ehrenmal an den Deutschen Marinebund zurück, das nun zu einer Gedenkstätte für die in beiden Weltkriegen gefallenen Seeleute aller Nationen wurde. In den 1990er Jahren wurde das Ehrenmal neu gestaltet, um diesen Mahnmalscharakter noch deutlicher hervorzuheben. Seit 1996 empfängt den Besucher in der Eingangshalle die neue Wid-

Die unterirdische Gedenkhalle, der zentrale Ort des Gedenkens im Marine-Ehrenmal. Hier finden alle Kranzniederlegungen und Gedenkveranstaltungen statt.

Die Gedenkhalle für die gefallenen deutschen Marinesoldaten beider Weltkriege im Erdgeschoss des Turmes.

mung: *„Gedenkstätte für die auf See Gebliebenen aller Nationen. Mahnmal für eine friedliche Seefahrt auf freien Meeren."* Zugleich wurden in der Eingangshalle die „Gedenkstätte Deutsche Marine" und die „Gedenkstätte zivile Schifffahrt" geschaffen.

Als Ort der Erinnerung soll das Marine-Ehrenmal nach dem Willen des Deutschen Marinebund auch in Zukunft ein lebendiges Denkmal bleiben, das sich mit der deutschen Geschichte bewusst auseinandersetzt.

Mit einem 1921 geschlossenen Staatsvertrag ging die Verwaltung der Wasserstraßen von den Ländern in die Kompetenz des Deutschen Reiches über. Zuständig für Unterhalt, Betrieb und Verwaltung der Reichswasserstraßen einschließlich der Verantwortung für die Schifffahrtspolizei, die Seezeichen und das Lotswesen war das Reichsverkehrsministerium, auch wenn die tatsächliche Verwaltung zunächst noch bei den mittleren und unteren Behörden der Länder verblieb. 1939 wurde die bis dahin getrennte Verwaltung der schleswig-holsteinischen Wasserstraßen und des Kaiser-Wilhelm-Kanals in der neugeschaffenen, dem Regierungspräsidenten in Schleswig unterstellten „Wasserstraßendirektion" in Kiel errichtet. Diese war zwar eine preußische Landesbehörde, unterstand aber der Leitung des Reichsverkehrsministerium.

Ein weiteres Resultat des verlorenen Krieges war der wirtschaftliche Zusammenbruch Deutschlands. Zwar hatte es im Gegensatz zum Zweiten

Weltkrieg keine Kriegszerstörungen gegeben, gleichwohl war die ökonomische Lage durch die hohen Kriegsfolgelasten katastrophal. Die rasante Nachkriegsinflation vernichtete unzählige Vermögen. Erst die Währungsreform von 1923 stabilisierte die deutsche Währung; eine Billion Papiermark entsprach dabei einer neuen Rentenmark, die 1924 durch die Reichsmark (RM) ersetzt wurde.

Für Schleswig-Holstein kamen noch die Folgen der Volksabstimmung von 1920 hinzu. Entsprechend der Bestimmung des Versailler Vertrags sollte das Nationalitätenproblem in Nord- und Mittelschleswig auf der Grundlage des „Selbstbestimmungsrechts der Völker" durch eine Abstimmung der Bevölkerung gelöst werden. Im Februar entschieden sich rund Dreiviertel der Nordschleswiger für die Zugehörigkeit zu Dänemark, die Abstimmung in Mittelschleswig im März ergab dagegen eine Mehrheit für Deutschland. Die Folge war die Verschiebung der

Die Reederei Karl Grammerstorf

1914 hatte der in Lübeck geborene Speditionskaufmann Karl Grammerstorf (1888–1966) eine Maklerfirma gegründet und war nach dem Ersten Weltkrieg in das Schuten- und Schleppgeschäft eingestiegen. 1926 begann seine Firma zudem mit dem Aufbau einer Reederei und erwarb einige Dampfer, die jedoch im Zweiten Weltkrieg verloren gingen. Nach 1945 fing Grammerstorf von Neuem an. In den 1950er verfügte er bereits wieder über sechs Schiffe, die vor allem in Nord- und Ostsee, aber auch in Übersee eingesetzt wurde. Angesichts des härter werdenden Wettbewerbs in der Handelsschifffahrt schloss sich die Reederei Grammerstorf Mitte der 1960er Jahre mit der Lübeck-Line zusammen. Anfang der 1970er Jahre gab die Firma Grammerstorf den Schifffahrtsbereich schließ-

lich endgültig auf, da sich ihre Aktivitäten zunehmend auf das Agenturgeschäft verlagert hatten.

Der Kieler Reeder Karl Grammerstorf in den 1950er Jahren vor seinem Frachtschiff KARL GRAMMERSTORF.

deutsch-dänischen Grenze nach Süden auf ihren heutigen Verlauf, wobei aber beiderseits der neuen Grenze nationale Minderheiten zurückblieben.

Mit der Abtretung Nordschleswigs fielen auch die Städte Apenrade, Hadersleben und Sonderburg an Dänemark, ebenso wie Hoyer (dänisch: Højer), das als Fährort für die Überfahrt nach Sylt gedient hatte. Stattdessen wurde die Insel durch den 1927 nach vierjähriger Bauzeit eingeweihten Hindenburgdamm mit dem Festland verbunden und ist seither über die Bahnlinie von Niebüll nach Westerland direkt an das deutsche Eisen-

bahnnetz angeschlossen. Vor allem für Flensburg bedeuteten die Grenzverschiebung und die Abtretung Nordschleswigs einen schweren Schlag. Die Fördestadt wurde mit einem Mal zur Grenzstadt und verlor dadurch einen Teil ihres nördlichen Hinterlandes an Dänemark, was schwerwiegende Folgen für Handel und Gewerbe hatte.

Auch der Flensburger Hafen litt erheblich unter der Grenzverschiebung infolge der Volksabstimmung von 1920. Als Ausgleich versuchte die Stadt, die Wirtschaft durch die Förderung des Schiffbaus und die Errichtung eines Freihafens zu beleben. 1923 wurde an der nördlichen Ostseite ein landseitig von einer Mauer und seeseitig mit einer Balkensperre abgegrenzter Freihafen eingerichtet, der zu einer wirtschaftlichen Belebung beitragen sollte. Doch die Hoffnungen wurden enttäuscht, so dass der Freihafen bereits 1933 wieder aufgelöst wurde.

Ebenso war als Folge der Oktoberrevolution von 1917 Russland als traditioneller Handelspartner weggefallen. Dadurch verlor Lübeck seine führende Rolle im Russlandhandel, konnte dies aber durch den Ausbau der Werftindustrie und die Erweiterung des Hochofenwerks ausgleichen.

Neben Flensburg und Lübeck litt Kiel am schwersten unter den Folgen des verlorenen Krieges. Durch die einseitige Abhängigkeit von der Marine und die starke Beschränkung der zivilen Hafennutzung hatte Kiel den Anschluss an die Entwicklung der übrigen Ostseehäfen verlo-

Die Linienschiffe der Reichsmarine im Manöver während der 1920er Jahre. Durch den Versailler Friedensvertrag von 1919 wurde die Stärke der deutschen Flotte auf sechs veraltete Linienschiffe, sechs Kleine Kreuzer und 24 Torpedoboote beschränkt.

ren, wovon sich der Kieler Hafen nie erholte. Die Handelsströme liefen an Kiel vorbei, obgleich die wirtschaftlichen Beziehungen insbesondere mit Skandinavien, den baltischen Staaten und Großbritannien ausgebaut wurden. Auch das Kieler Reedereiwesen blieb wenig leistungsfähig; die meisten Reedereien waren auf den Ostseeverkehr beschränkt, wie Sartori & Berger, deren Schiffe vorwiegend die deutschen Ostseehäfen ansteuerten, oder die Belt-Reederei, die dänische und schwedische Häfen anlief. Im Überseehandel tätig war nur die Reederei Grammerstorf.

1921 wurde der Dampfschiffsverkehr von Kiel nach Korsör wieder aufgenommen, aber bereits 1924 wegen Unwirtschaftlichkeit erneut eingestellt. Im gleichen Jahr wurde auf dem direkt neben den Holtenauer Schleusen gelegenen Gelände des ehemaligen Marinekohlenhofs ein Freihafen eingerichtet, der dem zollfreien Umschlag von Waren dienen sollte. Doch die wirtschaftlichen Hoffnungen erfüllten sich nicht. 1934 wurde der Freihafen wieder von der Marine übernommen.

Auch während der Weimarer Republik blieb Kiel Marinestandort. Den Bestimmungen des Versailler Vertrages entsprechend, waren dem Deutschen Reich lediglich sechs Linienschiffe, sechs Kleine Kreuzer und 24 Torpedoboote verblieben. Die technisch veralteten Schiffe durften erst nach Ablauf einer festgelegten Frist durch Neubauten ersetzt werden. Der Besitz und Bau von U-Booten war Deutschland verboten. Das Personal der Reichsmarine wurde auf 15.000 länger dienende Offiziere, Unteroffiziere und Mannschaften begrenzt. Die wichtigste Aufgabe der Reichsmarine war die Landesverteidigung, insbesondere die Sicherung der Seeverbindungen nach Ostpreußen, das durch den „Polnischen Korridor" vom übrigen Deutschland abgeschnitten war. Als mögliche Kriegsgegner betrachtete die Marineleitung in diesen Jahren Polen und das mit diesem verbündete Frankreich, jedoch nicht Großbritannien. Der Einsatzschwerpunkt der Reichsmarine lag daher zunächst in der Ostsee, wurde aber später aus strategischen Gründen in Richtung Nordsee ausgeweitet.

Die Verstrickung des Chefs der Admiralität, Vizeadmiral Adolf von Trotha, und des Chefs der Ostseestation in Kiel, Konteradmiral Magnus von Levetzow, in den von rechtsextremen Kräften und Teilen der Reichswehr unterstützten Kapp-Putsch im März 1920 diskreditierte die Reichs-

marine in der Öffentlichkeit und in weiten Teilen der Politik. Nach dem Scheitern des Putsches wurde zeitweise sogar die Auflösung der Reichsmarine erwogen. Unter dem neuen Marinechef, Admiral Paul Behnke, gelangen die Konsolidierung und der allmähliche Wiederaufbau der Reichsmarine, die der Republik aber weiterhin distanziert gegenüber stand. Auch das Verhältnis zur aktuellen politischen Führung blieb angespannt. Die meisten Offiziere der Reichsmarine lehnten die parlamentarische Demokratie ab und betrachteten die Weimarer Republik lediglich als eine vorübergehende politische Notlösung. Zugleich hofften sie auf eine Revision des Versailler Vertrags und eine Wiederaufrüstung der Marine.

Eine weitere Folge des verlorenen Ersten Weltkriegs war der Abbau der deutschen Rüstungsindustrie. Zum Zeitpunkt der deutschen Kapitulation im November 1918 hatte das Deutsche Reich über insgesamt 21 reichseigene Rüstungsbetriebe an 14 Standorten verfügt, die 1919 als „Deutsche Werke AG" zu einem staatseigenen Konzern zusammengefasst und auf die Produktion nichtmilitärischer Güter umgestellt wurden. Aus der Torpedowerkstatt wurden nun die „Deutsche Werke AG Werk Friedrichsort", die fortan anstelle von Rüstungsgütern zivil nutzbare Erzeugnisse wie Glühkopf- und Dieselmotoren sowie Schiffshilfsmaschinen, wie Rudermaschinen und Pumpen, herstellten. Nach dem Zweiten Weltkrieg ging daraus schließlich 1948 die „MaK" („Maschinenbau Kiel") hervor.

Die Torpedo-Versuchsanstalt, kurz „TVA", in Eckernförde blieb dagegen auch nach Kriegsende bestehen. Entgegen den Bestimmungen des Versailler Vertrages wurde hier schon bald wieder

De Aufnahme aus dem 1920er Jahren zeigt den Strand von Eckernförde mit der 1913 als Torpedo-Schießstand der Kaiserlichen Torpedowerkstatt in Friedrichsort gegründete Torpedo-Versuchsanstalt (TVA). Nach der Auflösung der Torpedowerkstatt 1919 wurde hier ungeachtet der Bestimmungen des Versailler Vertrags die Torpedoentwicklung insgeheim fortgesetzt.

mit der Verbesserung und Neukonstruktion von Torpedos begonnen. Im Zuge der Wiederaufrüstung unter dem NS-Regime wurden Forschung und Erprobung an der TVA ab 1935 wieder intensiviert.

Nachdem die Volksabstimmung von 1920 ergeben hatte, dass Flensburg bei Deutschland verblieb, wurde auch Flensburg Stützpunkt der Reichsmarine. Im September 1920 nahm die Marineschule Mürwik den Ausbildungbetrieb für die Offizieranwärter der Reichsmarine wieder auf. An der Nachrichtenschule wurden Torpedomechaniker, Fernschreiber, Funker und Signaler ausgebildet. Von 1933 bis 1939 wurden die Gebäude der Torpedoschule, der späteren Marinefernmeldeschule und heutigen „Schule für Strategische Aufklärung der Bundeswehr", errichtet.

Nach dem Ersten Weltkrieg war weder die deutsche Handelsschifffahrt noch der Schiffbau durch die Siegermächte eingeschränkt worden; lediglich nach dem Waffenstillstand 1918 war über Deutschland für einige Wochen lang ein totales Schifffahrtsverbot verhängt worden.

Der Wiederaufbau der deutschen Handelsflotte gestaltete sich angesichts der angespannten Wirtschaftslage dennoch schwierig. Zumindest litten die deutschen Reedereien durch die erzwungene Ablieferung deutscher Handelsschiffe an die Alliierten weniger stark unter der einbrechenden Nachkriegskonjunktur als Folge eines Überangebots an Tonnage. Durch Rückkäufe deutscher Handelsschiffe aus dem Besitz der Alliierten und des neutralen Auslands sowie durch staatliche Wiederaufbau- und Entschädigungs-

programme konnten die deutschen Reedereien rasch wieder Anschluss an die Welthandelsschifffahrt finden. Gleichzeitig wurde auf diese Weise die deutsche Handelsflotte modernisiert.

Ein gutes Beispiel für die rasche Erholung nach Kriegsende ist Flensburg: Waren hier 1914 noch waren 89 Schiffe mit insgesamt 109.939 BRT beheimatet gewesen, war ihre Zahl bis 1919 durch die zahlreichen Kriegsverluste und Zwangsablieferungen an die Alliierten auf nur noch 34 Schiffe mit 47.792 BRT gesunken. Bis 1924 stieg die Zahl der Dampfschiffe wieder auf 61 mit 67.800 BRT, hinzu kamen noch 17 Segelschiffe mit 3.325 BRT. Allein im Jahr 1922 waren in Flensburg 25 neue Schiffe, darunter zwei Segler, in das Schiffsregister eingetragen worden. Neben Neubauten und aus alliiertem Besitz zurückgekauften Schiffen hatte es auch Zuwachs durch neue Reedereien gegeben. 1921 war die Schleswiger Reederei H.C. Horn mit fünf Dampfern nach Flensburg übergesiedelt, ebenso war je eine Reederei aus den nun dänischen Städten Apenrade und Hadersleben in die Fördestadt umgezogen. Ende 1928 stand die Flensburger Handelsflotte mit 70 Schiffen von insgesamt 113.789 BRT wieder an Platz vier der deutschen Rangliste.

In den frühen 1920er Jahren erlebte auch die Segelschifffahrt in Schleswig-Holstein eine vorübergehende Renaissance, da Küstensegler insbesondere Massengüter wirtschaftlich transportieren konnten, doch kam diese Entwicklung nach dem Ende der Inflation im Herbst 1923 zum Erliegen. In Flensburg dagegen konnten sich die Segelschiffe noch ein paar Jahre länger behaupten. Hier hatten einige Reeder und Kaufleute nach 1918 mit von der Kaiserlichen Marine während des Ersten Weltkriegs als Prisen aufgebrachten Segelschiffen und einigen im Ausland angekauften Schonern eine beachtliche Segelschiffsflotte aufgebaut. Zu den rührigsten Segelschiffsreedern in Flensburg gehörte der Kaufmann Hans Sager. Nachdem er einige Jahre lang selbständig gewesen und nacheinander mehrere Segler bereedert hatte, wurde er schließlich Teilhaber der erst wenige Jahre zuvor gegründeten Reederei Ingermann & Ohlweiler. Dieser gehörte der 1.538 BRT große, 1919 in Seattle als MOUNT WHITNEY gebaute hölzerne Viermastschoner PAUL. Im Oktober 1925 strandete der Frachtsegler vor der Küste von Wales in der Bucht von Carmarthen. Die Mannschaft und ein Teil der Ladung wurden gerettet, doch der Verlust des unversicherten

Torpedoboote der Reichsmarine im Flensburger Hafen. Im Hintergrund ist die Marineschule Mürwik zu erkennen, an der seit 1920 die Offiziere der Reichsmarine ausgebildet wurden.

1924 wurden auf der Kieler Germaniawerft für die Reederei „Flensburger Dampfer Compagnie" die beiden Motor-Passagierschiffe RIO BRAVO (links) und RIO PANUCO (rechts) gebaut. Die für ihre Zeit hochmodernen Passagierschiffe wurden im Liniendienst von Hamburg nach Mexiko eingesetzt. Nach Ausbruch der Weltwirtschaftskrise mussten die beiden Schiffe jedoch 1930 verkauft werden.

Schiffs bedeutete das Ende der Reederei Ingermann & Ohlweiler. Der Verlust der PAUL war gleichsam der Abgesang auf die große Zeit der Frachtsegler, denn im Zuge der Weltwirtschaftskrise ging auch in Flensburg die Epoche der Segelschifffahrt endgültig zu Ende.

Die wirtschaftliche Lage der deutschen Handelsschifffahrt blieb insgesamt schwierig. Es gab ein Überangebot an Tonnage und eine schlechte Frachtlage. Dies führte zu einer Verschärfung des Wettbewerbs und zugleich zu einer weiteren Modernisierung der deutschen Handelsflotte, da die einzige Chance, im internationalen Wettbewerb zu bestehen, im Einsatz moderner, leistungsfähiger Schiffe bestand. Doch nicht alle Reedereien konnten sich diese Investition leisten.

In den 1920er Jahren bereitete überdies die zunehmende Konkurrenz in der Linien- und Trampfahrt in der Ostsee den deutschen Reede-

reien große Probleme. So trieben nicht nur Polen und die neu entstandenen baltischen Republiken Estland, Lettland und Litauen mithilfe staatlicher Subventionen den Aufbau eigener Handelsflotten voran, auch die dänischen und schwedischen Reeder hatten ihre Flotten weiter vergrößert. Erschwerend kam hinzu, dass durch den Versailler Vertrag auch die deutschen Vorrechte im Küstenverkehr zwischen deutschen Häfen aufgehoben worden waren, so dass sich die deutschen Reeder nun auch in diesem Geschäftsfeld einem starken internationalen Wettbewerbsdruck gegenüber sahen.

Ein weiteres Problem für die deutschen Reeder war die wachsende Konkurrenz der polnischen Kohle, die aufgrund kürzerer Transportwege billiger war als deutsche Kohle. Mit dem Rückgang der deutschen und britischen Kohleexporte in den Ostseeraum fiel für die deutschen Trampfrachter eine wichtige Einnahmequelle weg. Die

Tonnageentwicklung in den schleswig-holsteinischen Häfen 1919–1934 (Angaben in RT)

	1919	1924	1929	1934
Schleswig-Holstein Gesamt		107623		39325
Altona	8965	7632	7593	1990
Flensburg	69563	58989	49712	18293
Kiel	17827	29468	11263	10887
Rendsburg	5028	4231	459	92
Wyk auf Föhr	341	364	516	476
Lübeck	36175	27761	17408	13006
zum Vergleich				
Bremen		498700	805700	711100
Hamburg		1019700	1252900	1115600

Der Hamburger Hafen in den 1920er Jahren. Nach dem Ersten Weltkrieg hatte die Hamburger Hafenwirtschaft eine schnelle Erholung erlebt. Ebenso konnte die Elbmetropole ihre Position als bedeutendster deutscher Reedereistandort behaupten. 1924 war allein in Hamburg fast zehnmal soviel Tonnage beheimatet wie in den wichtigsten schleswig-holsteinischen Häfen zusammen.

Schiffe, die nach Schweden und Finnland fuhren, um Erz oder Holz zu holen, mussten nun häufiger mit Ballast fahren, so dass sie auf der Hinfahrt kein Geld verdienten. Hinzu kam die Konkurrenz durch die deutschen Großreedereien, die ab 1919 versuchten, in der Ostseefahrt ein neues Betätigungsfeld zu finden, wenn auch mit geringem Erfolg.

Nach wie vor war die Kleinschifffahrt an Nord- und Ostsee für die Versorgung an der Küste und im Binnenland höchst bedeutsam. Zu hunderten transportierten diese „Arbeitspferde" Menschen und Waren entlang der Küsten. In der Küstenschifffahrt erlangten nach 1918 kleine Motorfahrzeuge und Motorsegler, sei es als umgerüstete Küstensegler oder als neugebaute Motorschiffe mit Besegelung, eine zunehmend wichtige Rolle. Besonders beliebt waren dabei die einfachen und zuverlässigen Zweitakt-Glühkopfmotoren sowie die kompakten und relativ sparsamen Dieselmotoren. Zunächst wurden die Motoren vor allem als Hilfsantrieb eingesetzt, doch schon bald ersetzten sie mehr und mehr die Besegelung als Hauptantrieb. In den 1920er und 1930er Jahren entwickelte sich aus den Motorseglern das Küstenmotorschiff, kurz „Kümo".

Ähnlich wie die Dampfschiffe in der zweiten Hälfte des 19. Jahrhunderts die Segelschiffe verdrängt hatten, wurde nicht nur in der Küsten-

fahrt die Dampfmaschine als Schiffsantrieb in der Handelsschifffahrt nun allmählich durch den Dieselmotor abgelöst, da dieser eine kompaktere Bauweise und einen größeren Wirkungsgrad als die alte Kolbendampfmaschine besaß. Überdies besaß Dieselöl einen höheren Brennwert und war im Vergleich zur Kohle leichter zu bunkern. Auch für das Maschinenpersonal bedeutete der Übergang vom Dampf- zum Dieselantrieb eine erhebliche Erleichterung ihrer Arbeit und eine Verbesserung der Arbeitsbedingungen.

Dank der Großhäfen Hamburg und Bremen erfolgte die wirtschaftliche Erholung nach dem Ersten Weltkrieg in der Nordsee schneller und nachhaltiger als in der Ostsee.

Bis Ende der 1920er Jahren konnten die deutschen Großreedereien in verschiedenen Fahrtgebieten wieder gefestigte Positionen erringen. Die Abhängigkeit von Bankkrediten und der zunehmende Einfluss der Banken auf die Reedereien führten jedoch zu einem erneuten Verdrängungswettbewerb. Zugleich gewann dadurch die bereits vor dem Ersten Weltkrieg feststellbare Tendenz zur Konzentration in der deutschen Handelsschifffahrt weiter an Dynamik. 1927 verfügten die sieben größten Reedereien über 65 Prozent der deutschen Tonnage. Ebenso beteiligten sich die deutschen Großreedereien auch an den internationalen Schifffahrtskartellen der Nachkriegsjahre.

In dieser Zeit kontrollierten die beiden größten deutschen Reedereien, die die Hamburg-Amerikanische Packetfahrt-Actien-Gesellschaft (Hapag) und der Norddeutsche Lloyd (NDL), über direkte oder indirekte Firmenbeteiligungen rund 70 Prozent der gesamten deutschen Handelsschiffstonnage. Dies betraf in zunehmendem Maße auch die sogenannte Zubringerfahrt in der Nord- und Ostsee, die bis dahin das Geschäftsfeld von formal selbständigen kleineren und mittleren Reedereien gewesen war.

Die Großreedereien und die kleineren Reedereien verband ein dichtes Netzwerk von Kapitalverflechtungen und gegenseitigen Abhängigkeiten. Ein gutes Beispiel ist die Lübecker Dampfschiffs-Reederei Horn. Die 1901 gegründete Schifffahrtsfirma hatte im Ersten Weltkrieg ihren gesamten Schiffsbestand verloren, konnte jedoch nach 1918 mit finanzieller Unterstützung des Norddeutschen Lloyd (NDL) wieder eine Flotte von zwölf Tramp- und Linienschiffen mit insgesamt 19.329 BRT aufbauen, die in der Nord- und Südamerikafahrt eingesetzt wurden. In ähnlicher Weise geriet die Lübecker Hanseatische Dampfschiffsgesellschaft AG zunächst unter den Einfluss der Dampfschiffgesellschaft Argo, um Ende 1922 mit dieser von der Reederei Roland-Linie AG übernommen zu werden, die 1925 wiederum mit dem NDL fusionierte. Neben anderen Reedereibeteiligungen übernahm der NDL 1931 auch einige Schiffe und die Linienfahrt der Flensburger Ozean-Dampfer AG, wodurch die Bremer Großreederei ihr Liniennetz bis nach Mexiko ausweiten konnte.

Angesichts der harten Konkurrenz beschlossen einige große Reedereien eine engere Zusammenarbeit, um einen ruinösen Preiskampf zu vermeiden. 1930 schlossen sich auch die beiden größten deutschen Reedereien, die Hapag und der NDL, zur Hapag-Lloyd-Union zusammen.

Von diesen Entwicklungen profitierten vor allem die beiden großen Hafenstädte Hamburg und Bremen, während regionale Hafenzentren wie Flensburg oder Kiel weiter an den Rand gedrängt wurden. Auch der Niedergang der schleswig-holsteinischen Handelsschifffahrt war nicht mehr aufzuhalten und wurde durch den Börsenkrach vom Oktober 1929 und die dadurch ausgelöste Weltwirtschaftskrise noch weiter beschleunigt.

Nach einigen politisch und ökonomisch stabilen Jahren beendete die Weltwirtschaftskrise kurze Zeit der wirtschaftlichen Blüte in Deutschland und kündigte den Anfang vom Ende der Weimarer Republik an; die Arbeitslosigkeit und damit die Hoffnungslosigkeit der Menschen wuchsen unaufhaltsam. 1930 zerbrach die letzte parlamentarische Reichsregierung an den Folgen der Weltwirtschaftskrise. Immer tiefer rutschte das Deutsche Reich in die Agonie. Radikale Parteien, wie die antisemitische NSDAP und die linksextreme, von Moskau gelenkte KPD, trugen zur weiteren Destabilisierung der innenpolitischen Lage bei. Kommunisten und Nazis lieferten sich blutige Straßenschlachten, während die demokratischen Parteien immer mehr an Rückhalt in der Bevölkerung verloren. Mit mehr als sechs Millionen Erwerbslosen erreichte die Massenarbeitslosigkeit in Deutschland im Winter 1932/33 ihren Höhepunkt.

Auch die deutsche Seeschifffahrt litt schwer unter der Weltwirtschaftskrise. Bis 1930 war die deutsche Gesamttonnage wieder auf rund 4,2 Millionen BRT und damit auf rund 75 Prozent der Vorkriegstonnage angewachsen. Ende 1932 waren davon nur noch 2,5 Millionen BRT in Fahrt. Durch den globalen Konjunktureinbruch waren die Im- und Exporte massiv zurückgegangen. Der sinkende Bedarf an Schiffskapazität und der gleichzeitige Verfall der Frachtraten hatte immer mehr Reeder zum Auflegen ihrer Schiffe gezwungen. Angesichts der hohen Betriebskosten war es für viele Reeder wirtschaftlicher, ihre Schiffe aus dem Verkehr zu nehmen, als sie mit Verlusten weiter fahren zu lassen. Als erstes wurden die veralteten, technisch überholten und unwirtschaftlichen Schiffe stillgelegt.

Bei der Bekämpfung der Weltwirtschaftskrise fehlte jede internationale Zusammenarbeit. Allein auf sich gestellt versuchten die Regierungen erfolglos, den Verfall der Wirtschaft einzudämmen. Die zunehmenden Schutzmaßnahmen und Handelsrestriktionen trafen vor allem die Industriestaaten Nordwesteuropas mit ihren engen Handelsbeziehungen und miteinander verflochtenen Ökonomien. Obgleich die internationalen Schifffahrtskonferenzen den Verfall der Fracht- und Passagierraten abmilderten und einen erbarmungslosen Konkurrenzkampf verhinderten, kam es zu einem erheblichen Einbruch im Seeverkehr. Überall wurden in diesen Jahren Handelsschiffe aus dem Verkehr genommen. Weltweit waren es

14,23 Millionen BRT, etwa 20 Prozent der Gesamtwelttonnage.

Verschärft wurde die Situation der deutschen Handelsschifffahrt noch durch die Währungsabwertungen in Großbritannien und den skandinavischen Ländern, die ebenfalls schwer unter der Weltwirtschaftskrise zu leiden hatten. Vor allem der Wertverlust des britischen Pfundes, der damaligen Leitwährung in der Seeschifffahrt, bereitete den deutschen Reedern große Sorgen. Das Sinken der Wechselkurse bedeutete, dass die Reeder weniger einnahmen, so dass weitere Schiffe aufgelegt werden mussten. Das hatte wiederum Folgen für die Beschäftigungssituation in der deutschen Handelsschifffahrt; viele deutsche Seeleute wurden in diesen Jahren arbeitslos. Ende 1930 waren mit 1,27 Millionen BRT bereits mehr als 30 Prozent der deutschen Handelsflotte aufgelegt.

Auch in Flensburg lagen Ende 1930 viele beschäftigungslose Schiffe vor Anker. Die allgemeine Schifffahrtskrise war durch eine gute Getreideernte in Europa und damit einen geringeren Importbedarf aus Amerika und Australien sowie durch einen milden Winter, der einen Rückgang der Kohletransporte über die Ostsee zur Folge hatte, noch verstärkt.

Obgleich sie sich lange gegen staatliche Subventionen ausgesprochen hatten, wandten die sich aufgrund von Überschuldung in Bedrängnis geratenen deutschen Reedereien 1931/32 mit der Bitte um Unterstützung an die Reichsregierung. Den Anfang machten die Trampreeder, die eine Abwrackprämie nach dem Vorbild anderer Staa-

Die Flensburger Fördedampfer ALEXANDRA (links) und ALBATROS (rechts) wurde 1935 von der neugegründeten Förde-Reederei übernommen. Beide Schiffe haben bis heute überdauert: Die ALEXANDRA ist das schwimmende Wahrzeichen Flensburgs, während die ALBATROS in Damp auf Land gesetzt wurde.

ten vorschlugen, um die zur Verfügung stehende Tonnage zu reduzieren. Die Regierung in Berlin stellte daraufhin zwölf Millionen Reichsmark bereit, um insgesamt 400.000 BRT überflüssigen Schiffsraum abzuwracken. Doch ebenso wie viele andere Eingriffe des Staates in die Wirtschaft hatte auch diese Intervention nicht den gewünschten Erfolg. So schrieb der Reederverein Flensburg an das Reichsverkehrsministerium, die Abwrackpläne würden die *„Existenzvernichtung mancher Reedereien und erhöhte Arbeitslosigkeit der Seeleute bedeuten."*

Die Situation in der deutschen Handelsschifffahrt verschärfte sich weiter. Anfang 1932 waren die bedeutendsten deutschen Großreedereien Hapag, der NDL, die Hamburg Südamerikanische Dampfschifffahrts-Gesellschaft (HSDG oder „Hamburg-Süd"), die Deutsche Dampfschifffahrts-Gesellschaft „Hansa" (DDG „Hansa"), die Woermann-Linie und die Deutsche Ost-Afrika Linie (DOAL) faktisch zahlungsunfähig. Ein Großteil der Reedereiflotten ging nun faktisch in den Besitz der Gläubigerbanken über. Nur durch ein Eingreifen der Reichsregierung konnten die Großreedereien gerettet werden. Viele kleinere Reeder wurden dagegen in den Konkurs gezwungen, wie das Beispiel Flensburg zeigt. 1929 hatte es in der Fördestadt noch 15 Reedereien gegeben, denen 45 Schiffe mit insgesamt 85.000 BRT gehört hatten. 1933 waren es noch elf Reedereien, die über 29 Schiffe mit 45.000 BRT verfügten. Vor allem die Reedereien, die es versäumt hatten, ihren Schiffsbestand rechtzeitig zu modernisieren, überstanden die Weltwirtschaftskrise nicht. Die alteingesessene Reederei H. Schuldt dagegen sah nach fast 60 Jahren in Flensburg keine geschäftliche Zukunft mehr in der Fördestadt und verlegte daher 1933 ihren Sitz mitsamt der Schiffe nach Hamburg. Wenige Jahre später wurde auch Flensburgs älteste Reederei, die „Flensburger Dampfschiffahrt-Gesellschaft von 1869" aufgelöst. Am 31. Dezember 1937 wurde die „69er" liquidiert; Rechtsnachfolger wurde die Flensburger Reederei H.W. Christophersen, die bereits seit einiger Zeit die Aktienmehrheit besaß und auch die drei Dampfer der FDG übernahm.

Auch die Flensburger Fördeschifffahrt litt unter der Weltwirtschaftskrise. Nach der Abtrennung Nordschleswigs hatten für die Flensburg-Ekensunder Dampfschiffahrtsgesellschaft schwere Zeiten begonnen, nicht zuletzt durch die wachsende Konkurrenz von Bus und Bahn. Die

Dampferflotte war überaltert und wurde während der Krise zum größten Teil aufgelegt. Um die Fördeschifffahrt wiederzubeleben, wurde 1935 die Förde-Reederei GmbH gegründet, die alle Schiffe und Landanlagen der in finanziellen Schwierigkeiten befindlichen Flensburg-Ekensunder Dampfschiffahrtsgesellschaft übernahm. Drei der Dampfer wurden abgewrackt, nur die Schiffe ALBATROS, ALEXANDRA und HABICHT blieben im Dienst. 1939 übernahm die Förde-Reederei zudem die Anteilsmehrheit der 1934 gegründeten Flensburger Förde Motorschifffahrts-GmbH mitsamt den beiden Motorschiff-Neubauen FORELLE und LIBELLE, so dass die Fördeschifffahrt fortan mit drei Dampfern und zwei Motorschiffen betrieben wurde.

Die schleswig-holsteinischen Werften erlebten nach 1918 ebenfalls schwere Zeiten. Dies galt vor allem für die Kieler Großwerften. Sie waren auf den Kriegsschiffbau spezialisiert gewesen, der durch den Versailler Vertrag verboten war. So durften die technisch veralteten Schiffe der Reichsmarine erst nach Ablauf genau festgelegter Fristen durch Neubauten ersetzt werden und auch der Bau von Kriegsschiffen für ausländische Staaten war untersagt.

Am leichtesten gelang die Umstellung den Howaldtswerken, da diese vor dem Krieg hauptsächlich Handelsschiffe gebaut hatten. Doch trotz zunächst guter Auslastung ging das Unternehmen als Folge der Inflation 1926 in Konkurs. Die Werft wurde vom Hamburger Kaufmann und Reeder Dr. Heinrich Diederichsen gekauft und der Betrieb unter dem Namen „Howaldtswerke Aktiengesellschaft" wieder aufgenommen.

Die „Kaiserliche Werft" dagegen war nach Kriegsende 1918 zunächst in „Reichswerft Kiel" umbenannt worden. 1919 wurde der Bereich der ehemaligen Nordwerft ausgegliedert und als Marinearsenal an die Reichsmarine übergeben, der Rest der Reichswerft wurde 1920 Teil der neugeschaffenen „Deutschen Werke AG". Nach der Auflösung des Deutsche-Werke-Konzerns im Jahr 1925 wurde der Werftbetrieb zusammen mit der ehemaligen Torpedowerkstatt in die neu geschaffene, mit einem Aktienkapital in Höhe von elf Millionen Reichsmark ausgestattete „Deutschen Werke AG Kiel" überführt; alleiniger Aktionär war das Deutsche Reich. Obgleich die Werft nach wie vor im Staatsbesitz war, wurde der Betrieb privatwirtschaftlich geführt. Neben Reparationsbauten wurden hier auch andere Produkte

Das 1906 vom Stapel gelaufene Linienschiff SCHLESWIG-HOLSTEIN. Die veralteten Schiffe der Reichsmarine durften erst nach Ablauf einer genau festgelegten Frist durch Neubauten ersetzt werden.

Das Panzerschiff DEUTSCHLAND war das erste große Kriegsschiff, das nach dem Ersten Weltkrieg in Deutschland vom Stapel lief. Der Bau der DEUTSCHLAND war mit heftigen innenpolitischen Auseinandersetzungen verbunden. Gegen den Widerstand von SPD und KPD wurde der Neubau im März 1928 mit den Stimmen der bürgerlichen Parteien beschlossen. Obgleich die SPD nach den Reichstagswahlen vom Mai 1928 als stärkste Partei den Reichskanzler stellte, wurde der Baubeschluss nicht rückgängig gemacht.

wie Milchkannen und eiserne Bettgestelle, aber auch Eisenbahntriebwagen und Dieselmotoren hergestellt. Ab 1926 wurden bei den Deutschen Werken Kiel auch wieder Kriegsschiffe gebaut, 1927 lief hier der Leichte Kreuzer KARLSRUHE und 1931 das Panzerschiff DEUTSCHLAND vom Stapel. Nach 1933 verlagerte sich der Schwerpunkt erneut auf den Marineschiffbau; unter anderem wurde hier der Leichte Kreuzer NÜRNBERG und das Schlachtschiff GNEISENAU und der niemals fertiggestellte Flugzeugträger GRAF ZEPPELIN auf Kiel gelegt. Im Zweiten Weltkrieg liefen bei den Deutschen Werken in Kiel vor allem U-Boote vom Stapel.

Die Germaniawerft wiederum, die vor und während des Krieges auf den Bau von U-Booten spezialisiert gewesen war, geriet nach 1918 durch den Wegfall der Marineaufträge in ernste wirtschaftliche Schwierigkeiten. Die Werft verlegte sich auf den Bau von Luxusjachten und Dampfschiffen vor allem für amerikanische Auftraggeber. Die Weltwirtschaftskrise überstand die Germaniawerft nur dank ihrer Zugehörigkeit zum Krupp-Konzern. Im Zuge der Wiederaufrüstung unter dem NS-Regime nahm die Werft den Bau von Kriegsschiffen auf, unter anderem wurden auf der Germaniawerft der Schwere Kreuzer PRINZ EUGEN und bis Kriegsende 1945 mehr als 130 U-Boote gebaut. 1948 wurde die Werft demontiert.

Nicht nur in Kiel, auch in den anderen Städten Schleswig-Holsteins brachte die Weltwirtschaftskrise den Schiffbau weitgehend zum Erliegen. Sie bedeutete das Ende der Koch'schen Schiffswerft in Lübeck und trieb auch die Flensburger Schiffbaugesellschaft (FSG) fast in den Konkurs. 1930 war hier der letzte Neubau vom Stapel gelaufen, in der Folgezeit hielt sich die FSG mit Reparaturaufträgen, dem Abwracken von Schiffen und schiffbaufremden Arbeiten mühsam über Wasser, wobei die Belegschaft von etwa 1.500 Angestellten und Arbeitern auf nur noch 200 sank. Die Lage der Werft wurde immer prekärer; Ende 1932 schrumpfte die Zahl der Beschäftigten auf nur noch 60 Mann. Die Übernahme von 25 Prozent des Aktienkapitals durch die Stadt Flensburg konnte zwar den weiteren Bestand der FSG sichern, doch die Blütezeit des Schiffbaus in Flensburg war ein für allemal vorbei.

Kleinere Werften litten ebenfalls unter der wirtschaftlichen Misere. 1918 hatte der damals 25jährige Schiffszimmermann Heinrich Siegfried

Das Kieler Marinearsenal in den 1920er Jahren. Nach dem Ende des Ersten Weltkriegs waren aus der Kaiserlichen Werft die Deutschen Werke Kiel entstanden. Die ehemalige Nordwerft wurde dabei als Marinearsenal ausgegliedert.

auf dem Betriebsgelände der kurz zuvor geschlossenen Glasau-Werft in Eckernförde die Siegfriedwerft gegründet, die sich bald auf den Bau von Fischkuttern spezialisierte. Nachdem die Werft während der Weltwirtschaftskrise bereits kurz vor dem Konkurs gestanden hatte, brachte die Wiederaufrüstung nach der nationalsozialistischen Machtergreifung der Werft neue Aufträge. In den Jahrzehnten nach dem Ende des Zweiten Weltkriegs ging es nicht nur mit der Eckernförder Fischerei, sondern auch mit der Siegfriedwerft stetig bergab. Nachdem sich der kleine Schiffbaubetrieb mit vereinzelten Neubauten und vor allem mit Schiffsreparaturen noch einige Jahrzehnte halten konnte, ging die Siegfriedwerft 1990 endgültig in Konkurs. Damit endete die Geschichte des Schiffbaus in Eckernförde. Heute nutzt ein Restaurationsbetrieb mit Hotel das ehemalige Werftgebäude.

Fortschritte der Navigationstechnik

Am Ende des 19. Jahrhunderts wurde die Navigation nach wie vor auf klassische Weise als Koppelnavigation mit Seekarte und Kursdreieck betrieben. Auf hoher See konnte der Schiffsstandort nur mit Hilfe der astronomischen Navigation bestimmt werden. Als wichtigste navigatorische Hilfsmittel standen der Magnetkompass, das Chronometer, der Sextant, das Log und das Lot zur Verfügung.

Zu Beginn des 20. Jahrhunderts wurde allerdings eine Reihe von Erfindungen gemacht, wel-

Die Eckernförder Siegfriedwerft in den 1950er Jahren. Der 1918 gegründete Werftbetrieb war auf den Bau von Fischkuttern spezialisiert. 1990 ging die Siegfriedwerft endgültig Konkurs.

Der Untergang der NIOBE

Am frühen Nachmittag des 26. Juli 1932 sank das Segelschulschiff NIOBE der Reichsmarine vor der Insel Fehmarn. Bei leichtem Wind aus südlicher Richtung hatte die von Kiel kommende Barkentine alle Segel gesetzt. Die Freiwache befand sich zum Unterricht im Zwischendeck, als über Fehmarn eine Gewitterfront aufzog. Noch bevor die Segel geborgen werden konnten, brachte gegen 14.30 Uhr eine Fallbö das übertakelte Schiff zum Kentern. In weniger als fünf Minuten war die NIOBE versunken. Die unter Deck befindlichen Soldaten hatten keine Chance. Nur 40 der 109 Männer an Bord überlebten die Katastrophe. 26 Offiziersanwärter, 10 Unteroffiziersanwärter und 23 weitere Besatzungsangehörige fanden den Tod in den Fluten – der schwerste Verlust, den die junge Reichsmarine bis dahin erlitten hatte.

Nach anfänglichen Schwierigkeiten gelang es Hamburger Bergungsexperten, das Wrack der NIOBE zu heben. Die Toten wurden feierlich auf dem Kieler Nordfriedhof beigesetzt oder in ihre Heimatorte überführt; 19 Seeleute waren auf See geblieben – ihre Leichen wurden nie gefunden. Die NIOBE wurde nach Abschluss der Untersuchungen zur Unfallursache, die zur vollständigen Entlastung des Kommandanten und des wachhabende Oberbootsmanns führten, von der Reichsmarine in einer würdevollen Zeremonie versenkt.

Als Konsequenz aus dem Untergang der NIOBE wurden die seit 1933 gebauten Segelschulschiffe der Kriegsmarine GORCH FOCK, HORST WESSEL und ALBERT LEO SCHLAGETER ganz auf Sicherheit konstruiert. Die drei als Bark getakelten Schwesterschiffe besaßen eine wesentlich größere Stabilität als die meisten Handelssegler und waren untertakelt, hatten also eine für ihre Größe geringe Segelfläche. Der Entwurf war so geglückt, dass auch die 1958 in Dienst gestellte GORCH FOCK, das Segelschulschiff der Deutschen Marine, im Wesentlichen auf diesen Plänen beruht.

Der Ingenieur Hermann Anschütz-Kaempfe (1872–1931) entwickelte ab 1902 den Kreiselkompass.

che die Navigation fortan erheblich erleichterten. Dazu zählt vor allem der ab 1902 von dem Ingenieur Hermann Anschütz-Kaempfe (1872–1931) entwickelte, elektrisch betriebene Kreiselkompass, der sich im Gegensatz zum herkömmlichen Magnetkompass nicht am ungleichmäßigen Magnetfeld der Erde, sondern parallel zur Erdachse ausrichtet. Dadurch unterliegt der Kreiselkompass anders als der Magnetkompass keinerlei Störungen und zeigt zudem den geographischen und nicht den magnetischen Norden an. Ein weiterer Vorteil war, dass dieser Kompasstyp auch

problemlos auf eisernen Schiffen verwendet werden konnte, da er im Gegensatz zum herkömmlichen Magnetkompass unempfindlich gegen Deviation war, die Ablenkung der Kompassnadel von der magnetischen Nord-Süd-Richtung durch die Eisenmasse des Schiffes. 1905 gründete Anschütz-Kaempfe in Kiel die Firma Anschütz & Co. Seit 1908 wurde der Kreiselkompass auf den Schiffen der Kaiserlichen Marine eingesetzt. Als erstes Handelsschiff erhielt 1913 der Passagierdampfer IMPERATOR einen Kreiselkompass. Die zahlreichen zivilen und militärischen Aufträge führten schließlich zum Bau einer eigenen Fabrik in Kiel.

1920 wurde von Anschütz & Co. auf der Basis des Kreiselkompasses die erste Selbststeueranlage entwickelt. Ebenso brachte das Kieler Unternehmen 1928 mit dem unter Mithilfe von Albert Einstein entwickelten Kugelkompass eine deutlich verbesserte Version des Kreiselkompasses auf den Markt. Auch die Aufzeichnung des Schiffsweges am Koppeltisch wurde verbessert; ab 1933 bot die Firma Anschütz einen Koppeltisch (auch „Plotttisch" genannt) mit Kursschreiber an, bei dem die Informationen des Kreiselkompasses zusammen mit den von einer Fahrtmessanlage gemessenen Daten ausgegeben und der Weg des Schiffes automatisch auf einer Karte eingezeichnet wurden. 1930 übertrug Hermann Anschütz-Kaempfe, der sich bereits 1914 aus der Firma zurückgezogen hatte, seine Anteile an die Carl-Zeiss-Stiftung. Im Zweiten Weltkrieg produzierte die Firma vor allem für die Kriegsmarine und die Luftwaffe, wobei auch Zwangsarbeiter und KZ-Häftlinge eingesetzt wurden. 1944 wurde das Anschütz-Werk durch einen Bombenangriff zerstört, doch nach der Aufhebung eines von den Alliierten verhängten Fertigungsverbots nahm Anschütz & Co auf einem neuen Betriebsgelände ab 1950 die Produktion von Kompass- und Navigationsanlagen wieder auf. Nach dem Verkauf an den us-amerikanischen Rüstungs- und Elektronikkonzern Raytheon Company im Jahr 1995 trägt die Firma heute den Namen Raytheon Anschütz.

Es wurden auch völlig neue Methoden zur Kursbestimmung entwickelt. So wurden seit Beginn des 20. Jahrhunderts Wasserschallsender als Navigationshilfe im Küstenvorfeld eingesetzt. Mit einfachen, unterhalb der Wasserlinie angebrachten Horchgeräten konnten die Schiffe die Schallsender orten und auf diese Weise auch bei

Ein Kreiselkompass. Im Gegensatz zum Magnetkompass richtet sich der elektrisch betriebene Kreiselkompass nicht am ungleichmäßigen Magnetfeld der Erde, sondern parallel zur Erdachse aus und zeigt dabei den geographischen Norden anstatt des magnetischen Nordpols an.

Der Kieler Signalturm und der Zwölf-Uhr-Schuss

1913 ließ die Kaiserliche Marine zur optischen Kommunikation mittels Flaggen- und Scheinwerfersignalen mit den im Kieler Hafen auf Reede liegenden Schiffen in der Nähe der Blücher-Brücke einen fünfgeschossigen Signalturm errichten, der über eine rund 50 Meter lange hölzerne Brücke mit dem Ufer verbunden war. Die Mastspitze des quadratischen, aus Beton gebauten Signalturms erreichte eine Höhe von rund 40 Metern, so dass die von dort abgegebenen Signale auch an Bord von weiter entfernt ankernden Schiffen gut erkennbar waren.

Von diesem Signalturm aus wurde in den 1920er Jahren täglich ein optisches und akustisches Signal gegeben, zum Synchronisieren der Schiffschronometer diente, die damals für eine exakte Bestimmung der Position eines Schiffes auf See unerlässlich waren. Exakt um 12 Uhr Mittags ging der sogenannte Zeitball auf dem Signalturm nieder, der wiederum den sogenannten „Zwölf-Uhr-Schuss" auslöste. Die beiden Signale ermöglichten eine sekundengenaue Justierung der Schiffschronometer. Der Zwölf-Uhr-Schuss wurde im Volksmund auch „Klümpschuss" genannt, weil die Kieler Hausfrauen angeblich beim Abfeuern des Schusses die Klöße, niederdeutsch „Klümp", in die Kochtöpfe gaben, damit diese pünktlich zum Mittagessen gar waren. Der

Der 1913 nahe der Blücher-Brücke errichtete Signalturm zählte bis zu seinem Abbruch Ende 1958 zu den maritimen Wahrzeichen Kiels. In den 1920er Jahren wurde von hier aus täglich der Zwölf-Uhr-Schuss abgefeuert.

Signalturm war eines der maritimen Wahrzeichen Kiels, bis er im Dezember 1958 wegen Baufälligkeit abgebrochen wurde.

Nebel sicher manövrieren. Auf dem Feuerschiff KIEL waren die Schallsender bis 1953, auf dem Feuerschiff ELBE 1 sogar bis 1959 in Betrieb.

Ebenso wurde das alte Handlot zur Messung der Wassertiefe durch akustische Messmethoden abgelöst, bei denen die Wassertiefe mit Hilfe der Laufzeit eines Schallimpulses zwischen Schiffsboden und Meeresgrund gemessen wurde. Bereits 1912 hatte der Kieler Physiker Alexander Behm das erste brauchbare Echolot entwickelt, das in den 1920er Jahren zunächst in der Fischerei Verwendung fand, da es das Aufspüren der Fischschwärme wesentlich erleichterte. Allerdings trug diese „Fischlupe" erheblich zur Überfischung bei. Seit den 1930er Jahren wurde das Echolot in zunehmendem Maße auch auf anderen Schiffen als Navigationshilfe eingesetzt.

Gleichzeitig wurde auch die Hochseenavigation durch technische Hilfsmittel erleichtert. Seit 1910 ermöglichten über Funk ausgestrahlte Zeitsignale die genaue Einstellung der Schiffs-Chronometer und ab 1925 wurde die Navigation außer Sichtweite von Landmarken und bei unsichtigem Wetter durch Funkpeilung erleichtert. Durch das Anpeilen von mehreren ortsfesten Sendern wurde es möglich, die eigene Position exakt zu bestimmen. Zudem wurden seit 1926 die Wetterkarten der Deutsche Seewarte auf dem Funkwege übermittelt und später sogar von „Wetterschreibern" grafisch ausgegeben.

All diese technischen Innovationen verbesserten die herkömmliche Koppelnavigation und damit die Sicherheit auf See deutlich. Bis zur Einführung der satellitengestützten GPS-Navigation blieb jedoch die astronomische Navigation, d.h. die Positionsbestimmung mit Hilfe des Sextanten, die genaueste Form der Standortbestimmung auf See.

Die Zeit des Dritten Reichs

Am 30. Januar 1933 wurde Adolf Hitler zum Reichskanzler ernannt. Gleich nach der Machtergreifung besetzten die Nationalsozialisten die wichtigsten Posten in der Verwaltung der preußischen Provinz Schleswig-Holstein sowie ihrer Städte und Gemeinden. Systematisch begannen sie mit der Errichtung einer totalitären Diktatur.

Wie im übrigen Deutschland stand auch in Schleswig-Holstein die Mehrheit der Bevölkerung hinter den neuen Machthabern. Verstärkt wurde diese Zustimmung durch die Suggestion einer solidarischen „Volksgemeinschaft", aber auch durch die Chancen zum beruflichen und sozialen Aufstieg, die das nationalsozialistische Regime seinen Anhängern bot. Erst als sich die Niederlage im Zweiten Weltkrieg immer deutlicher abzeichnete, begann die Akzeptanz des NS-Regimes innerhalb der Bevölkerung allmählich zu schwinden.

Gleich nach ihrer Machtergreifung hatten die Nationalsozialisten angefangen, mit zahlreichen Gewaltakten gegen ihre Gegner vorzugehen. Sozialdemokraten, Kommunisten, Demokraten, Christen, Homosexuelle, „Zeugen Jehovas" und andere Minderheiten wurden willkürlich verhaftet, gefoltert und ermordet. Nur wenige Menschen hatten den Mut, dagegen aufzubegehren. Zu ihnen gehörten einige Eckernförder Fischer, unter denen es eine Reihe überzeugter Kommunisten gab, die unter dem Einsatz ihres Lebens die Flüchtlinge aus Nazideutschland heraus- und Propagandamaterial hineinschmuggelten.

Für einige Jahre wurde Eckernförde zu einem der wichtigsten kommunistischen Widerstandszentren in Schleswig-Holstein. Von hier aus wurde eine illegale Seeverbindung nach Sonderburg aufgebaut, über die Flüchtlinge aus dem ganzen Reichsgebiet nach Dänemark geschleust wurden. Ungeachtet ihrer ideologischen Gegensätze kam es dabei sogar zu einer begrenzten Zusammenarbeit zwischen den Kommunisten und einigen Sozialdemokraten. Trotz aller Vorsicht kam ihnen die Gestapo schließlich auf die Spur; 1936/1937 wurde die kommunistische Widerstandsbewegung in Eckernförde zerschlagen. Rund 80 Personen wurden vor Gericht gestellt und einige Fischer in die Konzentrationslager Esterwegen, Sachsenhausen und Dachau eingeliefert, wo drei von ihnen starben.

Ebenso konsequent wie bei der Sicherung des NS-Herrschaftssystems ging Hitler daran, seine außenpolitischen Pläne in die Tat umzusetzen. Bereits am 3. Februar 1933 erklärte er vor hohen Reichswehroffizieren, dass sein Ziel die Eroberung von „Lebensraum im Osten" ist. Systematisch wurde der kommende Krieg vorbereitet. Zu den Rüstungsvorbereitungen gehörten auch das propagierte Ziel der Unabhängigkeit von Importen und der ökonomischen Autarkie sowie staatliche Eingriffe in die Wirtschaft, die sich in zunehmendem Maße von einer Markt- in Richtung einer staatlich gelenkte Planwirtschaft entwickelte, obgleich die Unternehmen in privaten Händen blieben und nicht verstaatlicht wurden. Zugleich wurde in den Jahren nach 1933 durch umfangreiche verschleierte Kreditaufnahmen die deutsche Wirtschaft wieder in Schwung gebracht und die Arbeitslosigkeit überwunden – auf Kosten einer versteckten Inflation, die schließlich zusammen mit den direkten Kriegsfolgen zur wirtschaftlichen Katastrophe Deutschlands nach dem Zweiten Weltkrieg beitragen sollte.

Nach der Machtergreifung durch die Nationalsozialisten wurde auch mit einer massiven staatlichen Subventionierung der deutschen Seeschifffahrt begonnen, etwa durch die seit 1933 gewährten „Reichshilfen für die Seeschiffahrt". Gleichzeitig wurden durch Druck auf die ausländischen Gläubiger die Auslandsverbindlichkeiten verringert, während die Schulden bei den deutschen Banken durch den Staat übernommen wurden. Damit gingen das Aktienkapital und die Flotten der deutschen Großreedereien formal in den Besitz des Deutschen Reichs über. Dies bot dem NS-Regime die Möglichkeit, die Schifffahrtsbranche neu zu ordnen und der zunehmend auf eine massive militärische Aufrüstung ausgerichteten nationalsozialistischen Wirtschaftspolitik zu unterwerfen. So erzwang die Reichsregierung 1934 ein Abkommen zwischen den Linienreedereien und dem Küstenschifferverband. Fortan sollten billige Massengüter von Motorseglern, Stückgüter dagegen von Linienschiffen befördert werden. Damit war dem bisherigen Konkurrenzkampf zwischen Motorseglern

Arnold Bernstein –
Ein jüdischer Reeder

Heute fast vergessen, war Arnold Bernstein einer der erfolgreichsten deutschen Reeder in der politisch wie wirtschaftlich schwierigen Zeit zwischen dem Ersten und dem Zweiten Weltkrieg. 1888 in Breslau geboren, hatte er sich 1911 in Hamburg niedergelassen und dort mit 23 Jahren ein kleines Handelsgeschäft gegründet. Im Ersten Weltkrieg kämpfte er an der Westfront. Aufgrund seiner Tapferkeit wurde er mehrfach ausgezeichnet und ungeachtet seiner jüdischen Abstammung zum Offizier befördert. Nach dem

Dank seiner unkonventionellen und innovativen Ideen wurde Arnold Bernstein (1888-1971) in den 1920er Jahren zu einem der erfolgreichsten deutschen Reeder. Nach der faktischen Enteignung durch das NS-Regime emigrierte er 1939 in die USA.

1922 kaufte Arnold Bernstein das 1895 vom Stapel gelaufenen Küstenpanzerschiff ÄGIR und ließ es zu einem Lokomotivtransporter umbauen. 1929 ging das Schiff durch Strandung vor Gotland verloren. Die Bugzier des Schiffes befindet sich heute im Hotel ADMIRAL SCHEER in Laboe.

Bis zu seiner Verhaftung durch die Nationalsozialisten im Jahr 1937 war Bernsteins Leben eine ununterbrochene Erfolgsgeschichte. Doch innerhalb von nur zweieinhalb Jahren wurde sein Lebenswerk zerstört und er selbst unter fadenscheinigen Anschuldigungen ins Gefängnis geworfen. Als einer der letzten Juden konnte Arnold Bernstein kurz vor Ausbruch des Zweiten Weltkriegs Deutschland verlassen. Am 1. September 1939 ging er in New York an Land. Nachdem Bernstein in den USA Fuß gefasst hatte, begann er wieder im Schifffahrtsgeschäft tätig zu werden und versuchte letztlich erfolglos, erneut eine transatlantische Passagier-Linie aufzubauen. 1971 starb Arnold Bernstein in seiner neuen Heimat Amerika.

verlorenen Krieg baute Bernstein buchstäblich aus dem Nichts ein Schifffahrtsimperium auf. Unkonventionell und innovativ, ließ Bernstein ausgediente Kriegsschiffe wie das alte Küstenpanzerschiff ÄGIR zu Frachtern umbauen und wälzte innerhalb weniger Jahre den Autotransport über den Atlantik durch die Erfindung des „Garagenschiffs" sowie die Passagierschifffahrt durch die revolutionäre Konzeption eines „Eine-Klasse-ein-Preis"-Transatlantikdampfers völlig um. So wurde der kleine Hamburger Reeder zu einem ernstzunehmenden Konkurrenten der großen etablierten Schifffahrtsfirmen.

1923 ließ Bernstein die 1891 vom Stapel gelaufene FRITHJOF, ein Schwesterschiff der ÄGIR, zum Motorfrachter umbauen. 1930 wurde die FRITHJOF in Danzig abgewrackt.

und Liniendampfern die Schärfe genommen, wodurch sich die Frachtraten stabilisierten. Ebenfalls 1934 wurden die deutschen Reedereien durch den neu geschaffenen, in den Reichsver-

kehrsrat eingegliederten Seeschiffsrat „gleichgeschaltet". Bereitwillig arrangierten sich die während der Weltwirtschaftskrise beinahe Konkurs gegangenen deutschen Großreedereien mit den braunen Machthabern. Indem führende Mitarbeiter durch NSDAP-Mitglieder ersetzt wurden, gliederten sich die Reedereien in das nationalsozialistische Herrschafts- und Kontrollgefüge ein, auch wenn innerhalb des Rahmens der politischen Vorgaben die unternehmerische Entscheidungsfreiheit bis zum Zweiten Weltkrieg weitgehend unangetastet blieb. Bis 1938 wurden zudem die jüdischen Reedereien „arisiert". Deutsche Reedereien profitierten überdies von der durch die Repressionsmaßnahmen forcierten Auswanderung deutscher Juden.

Bereits 1935 war die Zusammenarbeit zwischen der Hapag und dem NDL neu geregelt worden. Abseits der wichtigen Seeverkehrswege wurden der Gemeinschaftsdienst beider Reedereien aufrecht erhalten, um unnötige Konkurrenz zu vermeiden, während die defizitäre Passagierfahrt über den Nordatlantik an zwei neu gegründete Betriebsgesellschaften übergeben wurde, die den subventionierten Nordatlantikdienst ab 1935 im Auftrag des Deutschen Reichs durchführten. Zudem wurden die Afrika- und Südamerika-Dienste 1936 an die Deutsche Afrika Linien (DAL) beziehungsweise an die Reederei Hamburg-Süd abgegeben.

Bereits ab 1932 hatte der Norddeutsche Lloyd mit der Ausgliederung seiner europäischen Zubringerlinien begonnen. 1934 erwarb ein aus der Kieler Firma Sartori & Berger und den Hamburger Reedereien Ernst Russ und Robert Sloman jr. bestehendes Konsortium vom NDL die Aktien der in der Ostseelinienfahrt tätigen Hamburger Mathies-Reederei. Später gab der NDL die von Bremen ausgehende Frachtfahrt in Nord- und Ostsee an die nun wieder selbständigen Reedereien Argo und Neptun ab.

Mit dem Abflauen der Weltwirtschaftskrise hatte sich die internationale Seeschifffahrt in den 1930er Jahren allmählich wieder belebt. Auch die deutsche Handelsschifffahrt erholte sich nach Jahren der Rezession langsam wieder – nicht zuletzt wegen der massiven Unterstützung durch das NS-Regime.

Nach offiziellen Angaben wurde die deutsche Seeschifffahrt ab 1933 mit zwei Milliarden Reichsmark subventioniert. Von 1936/37 an erwirtschafteten die Reedereien dank der Staatshilfen, der Entschuldungspolitik und der sich belebenden Weltkonjunktur allmählich wieder Gewinne. Nun wurden die Reedereiaktien auch wieder an den deutschen Börsen gehandelt, obgleich

sich zunächst nur wenige Abnehmer fanden. Dies änderte sich erst nach Beginn des Zweiten Weltkriegs, als Kriegsgewinne in Schifffahrtsaktien investiert wurden. 1942 war die Reprivatisierung der Hapag-Lloyd-Union abgeschlossen, deren faktische Monopolstellung ungebrochen blieb.

Vor allem die Küstenschifffahrt profitierte von den Fördermaßnahmen des NS-Regimes, wie einem Neubauprogramm, das zu einer zunehmenden Modernisierung der Küstenschiffsflotte führte. Dennoch erfolgte der Wiederaufstieg der deutschen Handelsschifffahrt relativ langsam. 1936 betrug die deutsche Gesamttonnage 3,6 Millionen BRT und damit rund 500.000 BRT weniger als 1929 und stieg bis zum Herbst 1939 auf rund 4,5 Millionen BRT.

Dagegen war die Tonnage der schleswig-holsteinischen Handelsflotte weiter gesunken. Ihre Gesamttonnage betrug 1934 nur noch etwa 40.000 NRT. Das gleiche galt für die Lübecker Handelsflotte; zwischen ihrem Höchststand 1909 und 1939 sank sie von rund 60.000 NRT um zwei Drittel auf knapp 20.000 NRT. Dagegen zählte die Hamburger Flotte 1934 mehr als 1.115.000 NRT und die Bremer Handelsflotte 711.000 NRT. Trotz einer gewissen Erholung in den Jahren bis zum Ausbruch des Zweiten Weltkriegs war der Bedeutungsverlust der schleswig-holsteinischen Handelsschifffahrt unaufhaltsam; die Segelschifffahrt spielte mit einer Tonnage von nur noch 7.000 NRT im Jahr 1938 faktisch keine Rolle mehr.

Am 18. Juni 1935 schlossen das Deutsche Reich und Großbritannien ein Abkommen, das die Flottenstärke der deutschen Marine bei Überwasserschiffen auf 35 Prozent und bei U-Booten auf 45 Prozent der britischen Kriegsschiffstonnage begrenzte; später wurde das Verhältnis der U-Boot-Tonnage auf 100 Prozent erhöht. Das Flottenabkommen gestattete dem Deutschen Reich, seine Marine auf legale Weise um das Dreifache zu vergrößern. Damit wurden die Rüstungsbegrenzungen des Versailler Vertrags faktisch aufgehoben.

Die massive Wiederaufrüstung durch das NS-Regime ab 1935 hatte zur Folge, dass Marine, Heer und die neue Luftwaffe die Provinz Schleswig-Holstein wirtschaftlich und gesellschaftlich sogar noch stärker prägten als zur Zeit des Kaiserreichs. Zudem entstanden überall im Land Rüstungsbetriebe, wobei besonders die schleswig-holsteinischen Werften von den Kriegsvor-

Das deutsch-britische Flottenabkommen vom 18. Juni 1935 schuf die Voraussetzung für den zügigen Ausbau der Kriegsmarine. Das Bild zeigt den Stapellauf des bei den Deutschen Werken Kiel gebauten Flugzeugträgers GRAF ZEPPELIN im Dezember 1938. Das Schiff wurde nie fertiggestellt.

bereitungen der Nationalsozialisten profitierten. Anstelle von Frachtschiffen liefen auf den deutschen Werften jetzt in rascher Folge Schlachtschiffe, Kreuzer, Zerstörer und U-Boote vom Stapel. Der Endzweck dieser Rüstungsanstrengungen war, Deutschland so schnell wie möglich kriegsbereit zu machen. Während die Werften volle Auftragsbücher hatten, bereitete die Wiederaufrüstung gleichzeitig große Probleme bei der notwendigen Erneuerung der deutschen Handelsflotte, da der Bau von Kriegsschiffen und devisenträchtige Auslandsaufträge den Vorrang vor dem Bau von Handelsschiffen für deutsche Reedereien besaßen. Ebenso wurden aus Furcht vor der Abhängigkeit von ausländischen Mineralöllieferungen nach wie vor vorwiegend Dampfschiffe gebaut, die mit heimischer Kohle betrieben werden konnten.

Ab 1936 wurde Kiel erneut zu einem Hauptstandort deutscher Flottenrüstung, während der Handelsschiffbau hier fast völlig zum Erliegen kam. 1937 übernahmen die Deutschen Werke sämtliche Aktien der Howaldtswerke, die als Staatsunternehmen nun in den Dienst der Rüstungsproduktion gestellt und schließlich an die Kriegsmarine verkauft wurde. Zugleich wurden die Howaldtswerke mit dem Marinearsenal zu einem Betrieb zusammengefasst. Am 1. April 1939 wurde die Werft offiziell in „Kriegsmarinewerft" umbenannt und unterstand bis 1943 direkt der Kriegsmarine.

1937 kam es mit dem Groß-Hamburg-Gesetz zu einer territorialen Neuordnung der Provinz

Schleswig-Holstein. Per „Dekret von oben" wurden Altona und Wandsbek zusammen mit weiteren Gemeinden Hamburg zugeschlagen, während gleichzeitig Lübeck zusammen mit den Oldenburgischen Landesteilen um Eutin und weiteren Gemeinden in die preußische Provinz Schleswig-Holstein eingegliedert wurde. Fortan waren auch die Lübecker Handelsschiffe Teil der schleswig-holsteinischen bzw. der preußischen Handelsflotte.

Der Zweite Weltkrieg

Nach 1935 wurde die deutsche Außenpolitik immer aggressiver. Mit dem Überfall auf Polen löste Hitler schließlich den Zweiten Weltkrieg aus. Am frühen Morgen des 1. September 1939 eröffnete das vor Danzig liegende Linienschiff SCHLESWIG-HOLSTEIN das Feuer auf die polnischen Stellungen auf der Westerplatte.

Nur wenige Tage vor Kriegsbeginn hatten das Deutsche Reich und die Sowjetunion einen Nichtangriffspakt geschlossen, der Hitler die notwendige Rückenfreiheit für den Überfall auf Polen gegeben hatte. Dieser Vertrag zwischen den ideologischen Todfeinden Hitler und Stalin war allein schon eine politische Sensation, doch viel bedeutsamer war die in einem geheimen Zusatzprotokoll vereinbarte Teilung Polens zwischen Deutschland und der UdSSR. Als sich der Sieg der Deutschen abzeichnete, ließ Stalin am 17. September Ostpolen durch die Rote Armee besetzten. Nur wenige Monate später, im Sommer 1940, wurden auch Estland, Lettland und Litauen als Sowjetrepubliken in den Machtbereich Stalins eingegliedert.

Die Schüsse des Linienschiffs SCHLESWIG-HOLSTEIN auf die polnischen Stellungen auf der Westerplatte bei Danzig eröffneten am 1. September 1939 den Zweiten Weltkrieg.

Anders als 1914 weckte der Kriegsausbruch 1939 keine Begeisterung – zu lebendig waren die Erinnerungen an die Schrecken des Ersten Weltkriegs. Dennoch ließen sich auch in Schleswig-Holstein viele Menschen in den ersten Kriegsjahren von den „Blitzsiegen" der deutschen Wehrmacht mitreißen. So konnte Hitler das Volk noch einmal fest an sich binden. Ebenso blieb die Versorgungslage anders als im Ersten Weltkrieg für die deutsche Bevölkerung trotz Rationierungen zunächst recht gut. So wurde das Deutsche Reich auf Kosten der besetzten Länder ernährt; Rücksicht auf die einheimische Bevölkerung nahm man dabei nicht.

Von den unmittelbaren Kampfhandlungen wurde Schleswig-Holstein zunächst nur am Rande berührt. Am größten war die Bedrohung aus der Luft. Ab 1941 flogen englische Bombenflugzeuge regelmäßig nächtliche Angriffe über Schleswig-Holstein. Lübeck, Kiel, Neumünster – viele schleswig-holsteinische Städte litten in den folgenden Jahren entsetzlich unter den Bombardements.

Auch die deutsche Handelsschifffahrt musste wie schon 1914 erhebliche Verluste hinnehmen. Anders als beim Ausbruch des Ersten Weltkriegs kamen die Flensburger Schiffseigner jedoch zunächst glimpflich davon; 22 der 23 in der Fördestadt beheimateten Schiffe konnten nach Kriegsbeginn auf teilweise abenteuerlichen Wegen wohlbehalten die deutschen Gewässer erreichen. Lediglich der Dampfer DIANA wurde im neutralen Hafen Cadiz interniert und musste 1942 zwangsweise an Spanien verkauft werden. Andere Reedereien hatten weniger Glück: So wurde die HENNING OLDENDORFF der Lübecker Reederei Oldendorff im November 1939 in der Dänemarkstraße von britischen Kriegschiffen aufgebracht. Im März 1941 wurde das von den Alliierten wieder in Fahrt gebrachte Schiff von den deutschen Schlachtschiffen SCHARNHORST und GNEISENAU im Atlantik versenkt.

Allein in den ersten sieben Monaten des Zweiten Weltkriegs wurden 78 deutsche Handelsschiffe mit 354.552 BRT durch die Alliierten aufgebracht oder versenkt; das waren rund acht Prozent der deutschen Gesamttonnage. Weitere Schiffe wurden in feindlichen Häfen beschlagnahmt oder in neutralen Häfen interniert. Die Verluste konnten durch Neubauten nicht ausgeglichen werden. Ebenso wurden wieder viele Handelsschiffe als Vorrats- und Transportschiffe

Deutsches Vorpostenboot. Für den Sicherungsdienst im Küstenvorfeld setzte die Kriegsmarine neben Kriegsschiffen auch zahlreiche umgerüstete Handels- und Fischereifahrzeuge ein. Die 126 Küstenschutz-, Sicherungs-, Minensuch-, Minenräum- und Geleitflottillen operierten während des gesamten Krieges an fast allen Küsten Europas und bildeten mit einer Personalstärke von mehr als 126.000 Mann einen bedeutenden Teil der Kriegsmarine.

sowie als Minenleger, Hilfskreuzer und Sperrbrecher in den Dienst der Kriegsmarine gestellt.

Die wichtigste Aufgabe der deutschen Handelsschifffahrt im Zweiten Weltkrieg war neben der Beförderung von militärischen Gütern der Transport von kriegswichtigen Rohstoffen wie Erz, Kohle und Holz in Nord- und Ostsee. Auf diese Weise leistete die deutsche Seeschifffahrt erneut einen wesentlichen Beitrag zur deutschen Kriegswirtschaft.

Ebenso wie zwischen 1914 und 1918 besaß Deutschland auch im Zweiten Weltkrieg die Seeherrschaft in der Ostsee, die durch starke Minensperren gegen das Eindringen von alliierten Flottenkräften abgeschirmt wurde. Am 9. April 1940 überfielen die Deutschen ohne Kriegserklärung Dänemark und Norwegen. Dadurch wollten Hitler und die deutsche militärische Führung nicht nur einem britischen Zugriff auf Nordnorwegen zuvorkommen, sondern auch den Nachschub von den schwedischen Erzlagern über den Hafen Narvik sichern und eine Operationsbasis für den Seekrieg im Nordatlantik gewinnen. Beide Länder blieben bis zum Kriegsende besetzt. Fortan besaß das Deutsche Reich die alleinige Kontrolle über die Ostsee und ihre Zugänge.

Als Folge der deutschen Seeherrschaft blieb die deutsche Handelsschifffahrt in der Ostsee in den ersten Kriegsjahren weitgehend unbehelligt. Ebenso stand der Kriegsmarine ein von Kriegshandlungen weitgehend unberührtes Gebiet für die Erprobung von Schiffen und die Ausbildung von Mannschaften zur Verfügung.

Wirtschaftlich war die Ostsee für Deutschland von großer strategischer Bedeutung. Gleich nach Kriegsbeginn hatte die britische Royal Navy erneut eine Seeblockade über das Deutsche Reich verhängt. Von allen Überseeverbindungen abgeschnitten, war die deutsche Kriegswirtschaft daher auf einen gesteigerten Rohstoffimport aus Skandinavien und der Sowjetunion angewiesen, wodurch die Ostseeschifffahrt rasch an Umfang und Intensität zunahm. Dabei bezog Deutschland aus Schweden hochwertiges Eisenerz, Holz und Zellulose, aus Finnland Holz, Zellulose, Nickelerz und Kupfer, aus Norwegen Holz und Fisch. Im Gegenzug lieferte Deutschland wiederum Kohle für die skandinavische Industrie. Aus der Sowjetunion wurden unter anderem Öl, Getreide, Futtermittel, Phosphat, Flachs und Hanf eingeführt, während Deutschland Kohle und Industrieerzeugnisse wie Werkzeugmaschinen und Waffen lieferte. Da die Transportkapazität der Eisenbahn für diese beträchtlichen Warenlieferungen nicht annähernd ausreichte, wurde vor allem der Seeweg über die Ostsee genutzt.

Am 22. Juni 1941 überfiel die deutsche Wehrmacht die Sowjetunion. Für Stalin, der alle Hinweise auf Hitlers Angriffspläne ignoriert hatte, kam der deutsche Einmarsch völlig unerwartet. Bis zum letzten Augenblick hatte der sowjetische Diktator die mit Deutschland getroffenen Handelsvereinbarungen getreu erfüllt; nur wenige Stunden vor dem deutschen Einmarsch hatte noch ein Getreidezug die deutsch-sowjetische Grenze in Richtung Westen überquert. Bereits nach zwei Wochen waren die deutschen Truppen bis zum Finnischen Meerbusen vorgerückt. Die Kriegsmarine errichteten auf beiden Ufern starke Sperrstellungen, die bis 1944 alle Durchbruchsversuche sowjetischer Überwasser- und Unterwasserstreitkräfte aufhalten konnten. Dank dieses Sperriegels konnten die deutschen Handelsschiffe auch weiterhin ungehindert die Ostsee befahren.

Die Verluste der deutschen Handelsschifffahrt in der Ostsee waren in den ersten Kriegsjahren gering. Den schwersten Verlust erlitten die Deutschen, als am 9. Juli 1941 die drei Schiffe TANNENBERG, PREUSSEN und HANSESTADT DANZIG südöstlich der Insel Ölland in ein schwedisches Minenfeld gerieten und sanken. Am 15. Dezember 1941 lief zudem der Dampfer DELPHIN der Flensburger Dampfschifffahrtsgesellschaft in der Hohwachter Bucht auf eine Mine und sank. Auch andere schleswig-holsteinische Reedereien verloren Schiffe. So büßte beispielsweise die Kieler Reederei „Neue Dampfer-Compagnie" (NDC) mehrere Schiffe durch feindliche See- und Luftstreitkräfte ein: Im Dezember 1942 sank die HOLSTEIN in der Danziger Bucht durch einen Minentreffer, fast genau ein Jahr später lief die PRINZESSIN IRENE in der mittleren Ostsee ebenfalls auf eine Mine, während die DÜSTERNBROOK im Juli 1944 in Kiel durch einen Luftangriff versenkt wurde. Ebenso verlor die Reederei Sartori & Berger im Juni 1942 den Motorfrachter INGRID und im März 1944 den Frachtdampfer AENNE durch Minen. Im April 1945 wurde zudem der Frachtdampfer KÄTE in Hamburg durch einen Bombentreffer versenkt.

Ersatz für verloren gegangene Handelsschiffe war nur schwer zu beschaffen, da die deutschen Werften vor allem für die Kriegsmarine arbeiteten. Um den Seetransportbedarf zu decken, wurden daher aufgebrachte oder in den besetzten Ländern erbeutete Handelsschiffe unter deutscher Flagge in Fahrt gebracht. So fiel beispielsweise nach dem Überfall auf die Sowjetunion 1941 der Wehrmacht bei der Einnahme der baltische Hafenstadt Libau der sowjetische Dampfer AMATA in die Hände. Die deutschen Behörden setzten Sartori & Berger als Korrespondenzreeder für das Schiff ein, das unter dem neuen Namen CARL unter deutscher Flagge fuhr, bis es im März 1945 in Hamburg durch einen Bombentreffer versenkt wurde.

Allerdings konnten die Prisen oder im Ausland beschlagnahmte Fahrzeuge die Verluste der deutschen Handelsschifffahrt bei weitem nicht kompensieren. Daher wurde 1942 mit dem „Hansa-Programm" ein Neubauprogramm aufgelegt, das von der durch acht Bremer und Hamburger Reedereien gemeinsam gegründeten „Schiffahrt Treuhand GmbH" beaufsichtigt wurde. Es wurden drei Standardschiffstypen mit einer Tragfähigkeit von 3.000 Tonnen (Typ A), 5.000 Tonnen (Typ B) und 9.000 Tonnen (Typ C) entwickelt, die auf deutschen und ausländischen Werften gebaut werden sollten. Neben der Beschaffung des zum Bau der Schiffe benötigten Stahls sorgte auch der Bedarf an Werftkapazität für einen ständigen Konflikt mit der Kriegsmarine. Die

Wie bereits zwischen 1914 und 1918 liefen auch im Zweiten Weltkrieg bei der Kieler Germaniawerft zahlreiche U-Boote vom Stapel.

höchste Zahl von Neubauten erreichte der Typ A, von dem auch auf der Flensburger Schiffbaugesellschaft fünf Einheiten gebaut wurden.

Gleichzeitig verdienten insbesondere die Kieler Großwerften viel Geld mit dem Bau von Kriegsschiffen – vor allem mit dem U-Boot-Bau. Durch die Einführung von Sektionsbau, d.h. dem Zusammenfügen vorgefertigter Schiffssegmente, und Fließbandtechnik wurde die Bauzeit drastisch verkürzt – bei HDW in Kiel werden bis heute Schiffe nach diesem Verfahren gebaut. Die Rüstungsproduktion erforderte Massen von Arbeitern. Skrupellos wurden daher Menschen aus Polen und der Sowjetunion verschleppt und in den Kieler Rüstungsbetrieben als Zwangsarbeiter eingesetzt. Anfang 1943 arbeiteten allein in Kiel mehr als 36.000 Deportierte unter sklavereiähnlichen Umständen.

Spätestens mit der Niederlage von Stalingrad im Februar 1943 zeichnete sich ab, dass der Krieg für Deutschland verloren war. Nach hohen U-Boot-Verlusten brach Großadmiral Karl Dönitz, seit 1939 Befehlshaber der U-Boote sowie seit Anfang 1943 zudem Oberbefehlshaber der Kriegsmarine, Ende Mai 1943 die Geleitzugschlachten im Atlantik ab. Fortan passierten die alliierten Konvois die Nordatlantikroute fast ungehindert. In der letzten Kriegsphase erzielten die deutschen U-Boote nur noch Gelegenheitserfolge, während ihre Verluste weiter stiegen. Daran konnte auch die Entwicklung neuer, moderner U-Boot-Typen nichts mehr ändern. Ihr Einsatz Anfang 1945 kam viel zu spät, um eine erneute Wende im Seekrieg herbeizuführen.

Ab Mitte 1943 stiegen auch in der Ostsee die deutschen Schiffsverluste, vor allem durch alliierte Luftangriffe. In diesem Jahr verlor allein die Flensburger Handelsflotte fünf Schiffe. 1944 gingen insgesamt 44 deutsche Handelsschiffe in der Ostsee verloren.

Im Sommer 1944 begann die Endphase des Zweiten Weltkriegs. Die Landung britischer, kanadischer und amerikanischer Truppen in der Normandie am 6. Juni markierte den Auftakt zur Befreiung Europas von der deutschen Besetzung. Gleichzeitig setzte die Rote Armee an der Ostfront zu einer neuen Großoffensive an. Am 29. Juli erreichten die sowjetischen Truppen die Rigaer Bucht. Nun wurde auch die Ostsee, bis dahin faktisch ein deutsches Binnenmeer, zum Kriegsgebiet. Ab Herbst 1944 wurde die deutsche Handelschifffahrt auf der Ostsee zunehmend durch alliierte See- und Luftstreitkräfte beeinträchtigt. Auch schleswig-holsteinische Schiffe wurden versenkt. So fiel das der Lübecker Reederei Oldendorff gehörende Schiff LUDOLF OLDENDORFF im Oktober 1944 in der Flensburger Förde vor Egernsund einem Luftangriff zum Opfer. Ebenfalls durch einen Luftangriff von Egernsund ging im März 1945 auch der Frachter THETIS der Flensburger Reederei Hansen verloren.

Die deutsche Niederlage war nur noch eine Frage der Zeit. Doch Hitler und die NS-Führung weigerten sich, die Ausweglosigkeit der Lage zu erkennen. Zynisch spekulierten sie auf den Verteidigungswillen der deutschen Soldaten, als sie die rechtzeitige Evakuierung der deutschen Ostgebiete verboten. Auf beiden Seiten stiegen die Verluste ins schier Unermessliche. Allein in den letzten fünf Kriegsmonaten fielen je eine Million

Die WILHELM GUSTLOFF in Gotenhafen (polnisch: Gydnia) im Juli 1944. Die Versenkung des ehemaligen Passagierschiffs am 30. Januar 1945 gilt als die größte Schifffahrtskatastrophe aller Zeiten.

Die ALBATROS

Nur wenige der Schiffe, die 1945 an der Rettung über die Ostsee beteiligt waren, sind noch erhalten. Eines ist die 1912 auf der Werft von Jos. L. Meyer in Papenburg, der heutigen Meyer-Werft, gebaute ALBATROS. Der kleine Dampfer verkehrte jahrzehntelang im Dienst der Vereinigten Flensburg-Ekensunder und Sonderburger Dampfschiffahrtsgesellschaft und später unter der Flagge der Flensburger Förde-Reederei als Passagier- und Viehtransporter auf der Flensburger Förde. In beiden Weltkriegen hatte der kleine, 36,6 Meter lange, 6,3 Meter breite, 214 BRT große und zehn Knoten schnelle Dampfer als Hilfskriegsschiff gedient. In den letzten Wochen des Zweiten Weltkriegs transportierte die ALBATROS über 3.000 Flüchtlinge aus Kurland, Memelland, Ost- und Westpreußen, Danzig und Pommern nach Schleswig-Holstein. Nach der Außerdienststellung war die ALBATROS Anfang der 1970er Jahre im neu erbauten Ostseebad Damp 2000 auf den Strand gesetzt worden, wo das Schiff als

Die ALBATROS als Museumsschiff in Damp. Von 1983 bis 1999 war an Bord eine Ausstellung zum Thema „Flucht über die Ostsee" zu sehen.

Restaurant und Touristenattraktion dienen sollte. 1983 wurde an Bord eine Gedenkstätte zum Thema „Flucht über die Ostsee" eröffnet. Nachdem die Besucherzahlen in den 1990er Jahren stark zurückgegangen waren, wurde die Ausstellung 1999 geschlossen und zum Teil in das Marine-Ehrenmal in Laboe überführt. Heute beherbergt die ALBATROS eine naturkundliche Ausstellung.

Die 1912 gebaute ALBATROS diente in beiden Weltkriegen als Hilfskriegsschiff. Der kleine Fördedampfer gehört zu den wenigen noch erhaltenen Schiffen, die an den Flüchtlingstransporten während der letzten Wochen des Zweiten Weltkriegs beteiligt waren.

deutsche und russische Soldaten. Die starrsinnige Durchhaltepolitik der deutschen Führung hatte zugleich zur Folge, dass viele Menschen erst inmitten der Gefechte des letzten Kriegswinters die Flucht antraten.

Anfang 1945 hatte die Rote Armee die Odermündung erreicht. Bereits zuvor waren sowjetische Truppen nach Elbing vorgestoßen und hatten Ostpreußen eingeschlossen. Damit war für die deutschen Flüchtlinge aus Danzig, Pommern,

Ost- und Westpreußen der Weg nach Westen versperrt. Unter der deutschen Zivilbevölkerung löste der Vormarsch der Roten Armee eine regelrechte Flüchtlingslawine aus. Bis Ende Januar 1945 befanden sich fünf Millionen Deutsche auf der Flucht vor den sowjetischen Truppen.

In einem spektakulären Rettungsunternehmen wurden von Ende Januar 1945 bis Kriegsende Hunderttausende auf rund 700 Passagierschiffen, Frachtern, Fähren, Schleppern und Kriegs-

Oskar Kusch

Bis zuletzt gehorchte die Kriegsmarine Hitlers Befehlen. Viele Marineangehörige kämpften im guten Glauben, ihre Heimat zu verteidigen, oder fühlten sich trotz ihres Wissens um die NS-Verbrechen an ihren Eid gebunden. Ebenso waren vor allem unter den jüngeren Marinesoldaten auch viele überzeugte Nationalsozialisten. Andererseits gab es aber auch in der Kriegsmarine Gegner des Nationalsozialismus, die ihre Ablehnung des NS-Unrechtssystems zum Teil mit dem Leben bezahlen mussten. Ein Beispiel ist das Schicksal von Oskar Kusch. Der erfolgreiche und hochdekorierte U-Boot-Kommandant wurde wegen regimekritischer Äußerungen zum Tode verurteilt und hingerichtet.

Geboren am 6. April 1918, war Kusch 1937 in die Kriegsmarine eingetreten. Ab Juni 1941 diente er als Wachoffizier auf U-103. Im Februar 1943 wurde er zum Kommandanten von U-154, einem U-Boot vom Typ IXc, ernannt, mit dem er zwei lange Feindfahrten unternahm. Ende 1943 wurde Oskar Kusch von seinem Ersten Wachoffizier wegen einiger abfälliger Bemerkungen über Hitler denunziert, vor ein Kriegsgericht gestellt und am 26. Januar 1944 *„wegen fortgesetzter Zersetzung der Wehrkraft und wegen Abhörens von Auslandssendern zum Tode"* verurteilt. Das Kriegsgericht begründete sein Todesurteil damit, dass Kusch den Nationalsozialismus ablehne, den Glauben an den Endsieg verloren und sich wiederholt negativ über Hitler geäußert habe. Weder seine Vorgesetzten noch Großadmi-

Oberleutnant zur See Oskar Kusch (1918–1943), Marineoffizier und Hitlergegner. Der junge U-Boot-Kommandant wurde wegen einiger abfälliger Bemerkungen über Hitler von seinem Ersten Wachoffizier denunziert, vor ein Kriegsgericht gestellt und zum Tode verurteilt.

ral Dönitz hielten eine Begnadigung oder Strafmilderung für angebracht. Am 12. Mai 1944 wurde Oskar Kusch auf dem Schießstand in Kiel-Holstenau durch Erschießung hingerichtet.

Das Urteil gegen Kusch wurde 1996 aufgehoben, nachdem der Marinehistoriker Heinrich Walle Kuschs Schicksal erneut publik gemacht hatte. Anlässlich des Volkstrauertages 1996 würdigte der damalige Inspekteur der Marine, Vizeadmiral Hans-Rudolf Boehmer, Oskar Kusch in seiner Ansprache als eine Persönlichkeit, die *„nachdem sie das Unrecht erkannt hatte – allein ihrem Gewissen folgend Unrecht für Unrecht erklärte und dafür ihr Leben verlor."* Im Jahr 1998 benannte die Stadt Kiel die Straße, die an der Hinrichtungsstätte vorbeiführt, in „Oskar-Kusch-Straße" um. Dort befindet sich auch ein Gedenkstein.

schiffen nach Westen, vor allem nach Schleswig-Holstein, evakuiert.

Bis in die letzten Kriegstage hinein wurde das Handeln der Verantwortlichen nicht von dem Gedanken an die Evakuierung von Flüchtlingen, sondern von der Weiterführung des bereits verlorenen Kriegs bestimmt. Der Transport von Verwundeten und militärischen Gütern besaß oberste Priorität; nur wenn an Bord der Transportschiffe noch Platz war, durften Flüchtlinge mitfahren. Noch am 30. März 1945 erteilte Großadmiral Dönitz als Oberbefehlshaber der Kriegsmarine der Beförderung militärischer Güter gegenüber dem Flüchtlingstransport oberste Priori-

tät. Allerdings unternahm er keine Schritte, um die Evakuierungsbemühungen der Dienststellen vor Ort zu unterbinden. Erst am 6. Mai, nur zwei Tage vor der bedingungslosen Kapitulation, gab Dönitz, nach Hitlers Selbstmord am 30. April 1945 dessen Nachfolger als Staatsoberhaupt und Oberbefehlshaber der Wehrmacht, den Befehl, der Rettung von Menschen die höchste Priorität zu geben.

Die Evakuierung verlief nicht ohne Verluste; auch die Flüchtlingstransporter wurden zu Kriegszielen. Etwa ein Zehntel der für die Evakuierung eingesetzten Schiffe wurde versenkt; rund 25.000 Menschen verloren dabei ihr Leben. Die

Flüchtlinge an Bord eines nach dem Konstrukteur Friedrich Siebel als „Siebelfähre" bezeichneten Landungsboots der deutschen Wehrmacht. Nach offiziellen Angaben wurden zwischen Ende Januar 1945 und der deutschen Kapitulation am 8./9. Mai 1945 mindestens zwei Millionen Menschen über die Ostsee in den Westen evakuiert. Neueste Forschungen gehen jedoch davon aus, dass diese Zahl zu hoch ist. Tatsächlich wurden vermutlich zwischen 1,15 und 1,25 Millionen Menschen über See gerettet.

höchsten Verluste gab es bei den Versenkungen der Schiffe WILHELM GUSTLOFF, STEUBEN und GOYA, bei denen insgesamt mehr 16.000 Menschen starben.

Nach offiziellen Zahlen wurden in den letzten 115 Tagen des Kriegs mindestens zwei Millionen Menschen über die Ostsee in den Westen, vor allem nach Dänemark und Schleswig-Holstein, evakuiert. Neueste Forschungen gehen jedoch davon aus, dass diese Zahlen geschönt sind. Vermutlich wurden insgesamt nur 800.000 bis 900.000 Flüchtlinge und 350.000 Verwundete über See gerettet. Viele von ihnen fanden später in Schleswig-Holstein eine neue Heimat.

Nicht der Marineführung und Großadmiral Dönitz, wie häufig behauptet, sondern Dienststellen und Einzelpersonen vor Ort, die oft sogar gegen ihre Befehle handelten, verdanken die meisten der Geretteten ihr Leben. Ohne die gewaltige Leistung sowohl der Befehlsstellen als auch der Besatzungen der beteiligten Schiffe schmälern zu wollen, bleibt die Bilanz dieser größten maritimen Evakuierungsaktion der Geschichte zwiespältig. Hätte die deutsche Marineführung recht-

Das brennende Wrack der CAP ARCONA in der Neustädter Bucht. Infolge einer Verwechslung bombardierte die Royal Air Force drei mit KZ-Häftlingen überfüllte Schiffe, wobei 8.000 Häftlinge ums Leben kamen.

Gedenkstein auf dem Eckernförder Mühlenbergfriedhof für 22 KZ-Häftlinge aus dem Konzentrationslager Stutthof, die nach der Strandung eines Gefangenenschiffs vor Booknis im Frühjahr 1945 in Eckernförde den erlittenen Entbehrungen erlagen.

Marinejustiz

Hatte die Kriegsmarine unter der Führung von Großadmiral Raeder – zumindest äußerlich – noch eine gewisse Distanz zum NS-Regime gehalten, geriet sie ab 1943 unter ihrem neuen Oberbefehlshaber Großadmiral Dönitz in zunehmendem Maße in den Bann der NS-Ideologie.

Unter allen Umständen sollte eine Wiederholung der Ereignisse vom November 1918 vermieden werden, als die Meuterei der Hochseeflotte eine Revolution und den Sturz der Monarchie in Deutschland ausgelöst hatte. Ziel war die unerbittliche Durchsetzung der Disziplin. Daher ging die Marinejustiz erbarmungslos gegen „Fahnenflucht" und „Wehrkraftzersetzung" vor.

Wie auch in der übrigen Wehrmachtsjustiz wurden selbst verhältnismäßig geringfügige Straftaten in vielen Fällen mit unangemessen harten Urteilen geahndet. Je näher die Niederlage rückte, desto härter wurden die Strafen. Selbst nach der Kapitulation im Mai 1945 wurden noch Kriegsgerichtsprozesse geführt und Todesurteile vollstreckt.

Am 7. Mai 1945, kurz nach dem Inkrafttreten der Teilkapitulation, erhielt Oberleutnant z.S. Hans Constabel, der 21jährige Kommandant des in Kopenhagen liegenden Minenräumbootes R 414, den Befehl, nach Hela auszulaufen, um Flüchtlinge abzuholen. Zwei Besatzungsmitglieder meuterten gegen den ihrer Meinung nach unrechtmäßigen Befehl. Sie versuchten, die Offiziere an Bord zu überwältigen. Der Versuch scheiterte jedoch, das Unternehmen wurde abgebrochen, R 414 lief nach Kiel, wo ein Standgericht einberufen werden sollte. Allein der Besonnenheit eines Gerichtsmitglieds war es zu verdanken, dass es nicht zum Todesurteil kam. Mit dem Hinweis auf die Unzuständigkeit des Standgerichts konnte die Aburteilung der Meuterer verhindert werden. R 414 verlegte schließlich nach Flensburg, wo Leutnant z.S. Constabel von den Briten verhaftet und die Besatzung von Bord geschickt wurde.

Ein schlimmeres Ende nahm eine Kriegsgerichtsverhandlung an Bord des Schnellbootbegleitschiffs BUÉA am 9. Mai 1945. Nach der Teilkapitulation der im Nordwesten Deutschlands kämpfenden Wehrmachtseinheiten gegenüber den Briten am 4. Mai 1945 hatten vier Angehöri-

ge der Kriegsmarine am 6. Mai nach einem Kameradschaftsabend ihre Einheit in Svendborg auf der Insel Fünen verlassen, um nach Hause zurückzukehren. Sie wurden jedoch von dänischen Polizisten aufgegriffen und an den Ortskommandanten der deutschen Truppe auf Fünen ausgeliefert.

Am 9. Mai 1945, einen Tag nach der Gesamtkapitulation der Wehrmacht, wurden die vier Männer auf der in der Geltinger Bucht bei Flensburg vor Anker liegenden BUÉA wegen Fahnenflucht vor ein Kriegsgericht gestellt. Drei der Angeklagten, der Matrose Fritz Wehrmann, der Marinefunker Alfred Gail und der Obergefreite Martin Schilling, wurden zum Tod durch Erschießen verurteilt, der vierte Angeklagte, Kurt Schwalenberg, erhielt drei Jahre Zuchthaus. Das Urteil wurde nicht begründet und die Verurteilten wurden auch nicht auf die Möglichkeit eines Gnadengesuchs hingewiesen.

Um Rechtskraft zu erlangen, musste das Urteil jedoch von Kommodore Rudolf Petersen, dem „Führer der Schnellboote", bestätigt werden. Als Kriegsgerichtsherr hätte Petersen die Möglichkeit zur Begnadigung oder Strafaussetzung gehabt. Um die Disziplin aufrecht zu erhalten und Auflösungserscheinungen vorzubeugen, entschloss sich Petersen nach eingehender Beratung mit seinen Offizieren jedoch am 10. Mai 1945, die Urteile zu bestätigen. Am Nachmittag des gleichen Tages wurden die drei zum Tode Verurteilten auf dem Achterdeck der BUÉA erschossen, ihre Leichen wurden mit Gewichten beschwert und in der Ostsee versenkt.

Das Verfahren gegen die vier Marineangehörigen an Bord der BUÉA und die Vollstreckung der Todesurteile hatten ein juristisches Nachspiel. In einem ersten Verfahren wurden die am Kriegsgerichtsverfahren Beteiligten entlastet. Das Urteil wurde jedoch in der Revision aufgehoben, im Folgeverfahren wurden die Beteiligten, darunter auch Kommodore Petersen, wegen Verbrechens gegen die Menschlichkeit verurteilt, aber letztinstanzlich 1952 vom Bundesgerichtshof freigesprochen. Gleichwohl fühlte Petersen bis zum Ende seines Lebens tiefe Reue wegen der Hinrichtung der drei Seeleute, die er als den schwersten Fehler seines Lebens betrachtete.

zeitig den Schwerpunkt auf die Evakuierung gelegt, hätten viel mehr, vielleicht sogar alle Flüchtlinge gerettet werden können. So gerieten drei bis vier Millionen Deutsche in den Machtbereich der Roten Armee. Auch nach Kriegsende ging die Vertreibung der deutschen Bevölkerung in den von sowjetischen Truppen besetzten Gebieten Osteuropas weiter. Zahllose Männer, Frauen und Kinder wurden zu Opfern des von Hitler begonnenen Krieges und der aggressiven Expansionspolitik Stalins. Bis 1950 mussten etwa 12,5 Millionen Deutsche zwangsweise ihre Heimat verlassen.

Noch in den letzten Tagen des Zweiten Weltkriegs lief die deutsche Militär- und Vernichtungsmaschinerie auf Hochtouren. Während in den deutschen Ostgebieten die Tragödie der Flucht und Vertreibung der deutschen Bevölkerung begann, verloren Hunderttausende von KZ-Häftlingen ihr Leben auf Todesmärschen, mit denen die SS die Insassen der Konzentrationslager vor der vorrückenden Roten Armee nach Westen evakuierte. Etwa 10.000 dieser gequälten Menschen wurden an Bord der Schiffe CAP ARCONA, THIELBECK und ATHEN gebracht, die in der Neustädter Bucht verankert wurden. Wahrscheinlich hatte die SS vor, die Schiffe mitsamt der unliebsamen Zeugen zu versenken. Infolge einer tragischen Verwechslung nahm ihnen die Royal Air Force die schmutzige Arbeit ab. Am 3. Mai wurden die Schiffe bombardiert, weil die Briten angenommen hatten, an Bord seien Nazis auf der Flucht nach Schweden. 8.000 Häftlinge kamen bei dem Angriff ums Leben – befehlsgemäß rettete die Kriegsmarine nur SS-Männer und Schiffsmannschaften.

Kurz vor Kriegsende wurden die Menschen in Eckernförde direkt mit den furchtbaren Verbrechen des nationalsozialistischen Deutschlands konfrontiert, als am 4. Mai 1945 ein Schiff mit über 500 überwiegend jüdischen Häftlingen und ihren SS-Wachen aus dem KZ Stutthof bei Danzig an Bord nach einem Angriff englischer Jagdbomber in der Eckernförder Bucht vor Booknis strandete. Von den Gefangenen konnten sich nur etwa 40 Männer, Frauen und Kinder an Land retten. Nachdem man den völlig entkräfteten Häftlingen in Kappeln die Aufnahme verweigert hatte, wurden sie nach Eckernförde gebracht, wo einige von ihnen starben. Die überlebenden SS-Wachen und Besatzungsmitglieder waren dagegen geflohen. Heute erinnert ein Gedenkstein auf dem Eckernförder Friedhof an insgesamt 22 Opfer des Nationalsozialismus aus dem Konzentrationslager Stutthof.

Das letzte Kapitel der NS-Herrschaft spielte sich in Flensburg ab. Vor seinem Selbstmord am 30. April 1945 hatte Hitler Großadmiral Karl Dönitz zu seinem Nachfolger als Reichspräsident und Oberbefehlshaber der Wehrmacht ernannt. Nachdem dieser vom Tod Hitlers erfahren hatte, berief er in der Marineschule in Flensburg-Mürwik eine „geschäftsführende Reichsregierung" ein. Wenige Tage später kapitulierte Deutschland – am 7. Mai 1945 in Reims und am 8./9. Mai 1945 in Berlin-Karlshorst. Damit war der Zweite Weltkrieg in Europa beendet.

Die bedrückende Bilanz dieses fast sechs Jahre dauernden, größten Land-, Luft- und Seekriegs der Geschichte waren ein zerstörtes Europa und über 55 Millionen Tote, von denen 20 bis 30 Millionen Zivilisten waren, die bei Kampfhandlungen oder durch Luftangriffe, Deportation und Massentötungen ihr Leben verloren hatten – unter ihnen auch sechs Millionen Juden, die in deutschen Konzentrationslagern systematisch ermordet worden waren. Weitere 20 Millionen Menschen verloren ihre Heimat oder wurden als Zwangsarbeiter verschleppt.

Knapp zwei Wochen nach Kriegsende, am 23. Mai, wurden Dönitz und seine „Kabinettsmitglieder" von den Briten verhaftet. Von August 1945 bis Oktober 1946 wurden die überlebenden Verantwortlichen des NS-Regimes im Nürnberger Hauptkriegsverbrecherprozess von den Alliierten vor Gericht gestellt. Zu den Angeklagten gehörten neben Hermann Göring, dem einzigen noch lebenden Mitglied der engeren NS-Führung, auch die ehemaligen Oberbefehlshaber der Kriegsmarine, die Großadmirale Dönitz und Raeder. Es war der Versuch, die von der NS-Führung begangenen Verbrechen gegen den Frieden, das Kriegsrecht und die Menschenrechte juristisch aufzuarbeiten. Der Prozess endete mit zahlreichen Todesurteilen, aber auch mit Haftstrafen und mit Freisprüchen. Göring wurde zum Tode verurteilt, entzog sich aber der Hinrichtung durch Selbstmord. Dönitz wurde wegen „Verbrechen gegen den Frieden" zu zehn Jahren Gefängnis verurteilt. Raeder erhielt wegen „Planung und Führung eines Angriffskriegs" eine lebenslange Haftstrafe, wurde aber vorzeitig entlassen.

Nachkriegszeit

Mit der Kapitulation am 8./9. Mai 1945 hatte der deutsche Staat faktisch aufgehört zu existieren. Stattdessen hatten die Alliierten die Regierungsgewalt in Deutschland übernommen, das in je eine amerikanische, französische, britische und sowjetische Besatzungszone aufgeteilt wurde. Als Folge des beginnenden Kalten Kriegs zeichnete sich aber schon bald die Teilung Deutschlands ab. Während die drei Westalliierten ihre Besatzungszonen nach marktwirtschaftlich-demokratischen Gesichtspunkten gestalteten, trieb Stalin in der Ostzone die Sowjetisierung, d.h. die kommunistischen Parteidiktatur, voran.

Schleswig-Holstein gehörte zur britischen Besatzungszone. Bereits am 5. Mai 1945 hatten britische Einheiten die wichtigsten militärischen Einrichtungen in Kiel besetzt und die Kontrolle über den Kieler Hafen übernommen. Weil sie mit den hiesigen Verhältnissen nicht vertraut war, blieb den Briten nichts anderes übrig, als sich zunächst auf den bestehenden Verwaltungsapparat und die preußische Provinzialordnung zu stützen.

Auf der Potsdamer Konferenz vom 17. Juli bis zum 2. August 1945 legten die Alliierten die Grundsätze für die Behandlung des besiegten Deutschen Reichs fest. Die Gespräche waren bereits deutlich vom Konflikt zwischen den Westalliierten und der Sowjetunion gekennzeichnet. Als Folge des beginnenden Kalten Kriegs zeichnete sich schon bald eine Teilung Deutschlands ab.

Während die drei Westalliierten ihre Besatzungszonen nach marktwirtschaftlich-demokratischen Gesichtspunkten gestalteten, setzte Stalin konsequent die Sowjetisierung der Ostzone weiter fort.

Von den unmittelbaren Kampfhandlungen war Schleswig-Holstein während des Zweiten Weltkrieges nur am Rand berührt worden. Dafür hatte der Bombenkrieg in einigen Städten schwere Verwüstungen angerichtet. Ein Hauptangriffsziel war Kiel mit seinen zahlreichen Werften gewesen. Mehr als 90 alliierte Bombenangriffe hatten die Stadt zu 80 Prozent zerstört. Trotzdem machten die Briten die kriegszerstörte Fördestadt 1946 zur Hauptstadt des neu gegründeten Landes Schleswig-Holstein.

Bereits am 26. Februar 1946 war der erste, von der britischen Militärregierung ernannte Nachkriegs-Landtag zusammengetreten. Obgleich das Land Preußen erst am 25. Februar 1947 aufgelöst wurde, erhielten die preußischen Provinzen der britischen Besatzungszone mit der „Verordnung Nr. 46" am 23. August 1946 von der Militärregierung die vorläufige staatsrechtliche Stellung von Ländern zuerkannt. Das war die Geburtsstunde des Landes Schleswig-Holstein.

Nach dem Ende des Zweiten Weltkriegs unterstand die Verwaltung der Seewasserstraßen an Nord- und Ostsee zunächst dem Land Schleswig-Holstein, wurde jedoch mit Inkrafttreten des Grundgesetzes 1949 als Bundesdienststelle unmittelbar dem neuen Bundesverkehrsministerium unterstellt. Am 1. November 1949 wurde die bisherige Wasserstraßendirektion in „Wasser- und Schifffahrtsdirektion Kiel" (WSD Kiel) umbenannt. 1976 wurden die Wasser- und Schifffahrtsdirektion Kiel mit der Wasser- und Schifffahrtsdirektion Hamburg zur neuen „Wasser- und Schifffahrtsdirektion Nord" (WSD Nord) mit Sitz in Kiel zusammengelegt, in deren Aufgabenbereich neben der Überwachung und Unterhaltung der Bundeswasserstraßen von Sylt bis zur Elbe an der Nordsee und von Flensburg bis Greifswald an der Ostsee auch alle wasser- und hafenbaulichen Maßnahmen für die Deutsche Marine und die Bundespolizei See sowie die Aufsicht über den größten Teil der an die deutschen Hoheitsgewässer anschließenden sogenannten „Ausschließlichen Wirtschaftszone" der Bundesrepublik Deutschland in Nord- und Ostsee fallen. Aufgrund einer Vereinbarung des Bundesverkehrsministeriums mit dem Land Schleswig-Hol-

Das zerstörte Kiel. Seit 1942 litten die deutschen Städte unter dem alliierten Flächenbombardement, das neben der Zerstörung kriegswichtiger Industriebetriebe vor allem den Zweck verfolgte, durch gezielte Angriffe auf die Zivilbevölkerung deren Widerstandswillen zu schwächen. Als Zentrum des U-Boot-Baus gehörte auch Kiel zu den Hauptangriffszielen der alliierten Bomberverbände.

stein war die WSD bis 1980 auch für Verwaltung, Unterhalt und Ausbau der staatlichen Häfen und die bauliche Betreuung der kommunalen Häfen zuständig. Der WSD Nord unterstehen die sieben regional zuständigen Wasser- und Schifffahrtsämter (WSA) in Brunsbüttel, Cuxhaven, Hamburg, Kiel-Holtenau, Lübeck, Stralsund und Tönning.

Die wirtschaftlichen und sozialen Schwierigkeiten in Schleswig-Holstein in der unmittelbaren Nachkriegszeit waren riesig. Es mangelte an allem, das Land war zerstört und – auf Grund der zahlreichen Flüchtlinge aus den deutschen Ostgebieten – hoffnungslos übervölkert: Bis Oktober 1945 war die Einwohnerzahl auf 160 Prozent des Vorkriegsstandes angestiegen.

Es galt nicht nur das Flüchtlingsproblem zu lösen, auch der nationale Gegensatz zwischen Deutschen und Dänen war wieder aufgebrochen. Nach 1945 hatten sich in Südschleswig zehntausende Menschen der dänischen Minderheit angeschlossen. Von den Deutschen wegen der dänischen Lebensmittelhilfen als „Speckdänen" diffamiert, lagen die Gründe für die Hinwendung zum Dänentum oft tiefer. Viele Menschen waren angesichts der nationalsozialistischen Verbrechen innerlich orientierungslos und suchten im Dänentum eine neue Identität. Der neudänischen Bewegung setzten die Landesregierung, die deutschen Parteien und die deutschgesinnten Schleswig-Holsteiner ihrerseits eine „Kulturoffensive" entgegen. Doch erst durch die wirtschaftlichen Erfolge des Wiederaufbaus und der Schaffung einer Grundlage zur friedlichen Lösung der deutsch-dänischen Minderheitenproblematik durch die Bonn-Kopenhagener Erklärungen von 1955 beruhigten sich die nationalen Gegensätze in Südschleswig allmählich wieder.

Die drängendsten Probleme, die die neue Landesregierung zu lösen hatte, waren nach wie vor Hunger, Wohnungsnot und Arbeitslosigkeit. Erst ab 1948 ging es wirtschaftlich wieder bergauf. Mit der Einführung der Deutschen Mark gab es endlich wieder eine stabile Währung. Zugleich wurden die Preis- und Bewirtschaftungsvorschriften gelockert und die drei westlichen Besatzungszonen zur Trizone zusammengefasst. Am 23. Mai 1949 wurde Schleswig-Holstein Teil der neu gegründeten Bundesrepublik Deutschland. Durch eine konsequente Politik der Westintegration versuchte Bundeskanzler Konrad Adenauer die schnelle Wiedergewinnung der staatlichen Souveränität der Bundesrepublik zu erreichen. Gleichzeitig machte der ökonomische Wiederaufbau weitere Fortschritte. Auch in Schleswig-Holstein kamen Handel und Industrie allmählich wieder in Schwung.

Vor allem die Kieler Schiffbau- und Rüstungsbetriebe waren durch die Bombenangriffe schwer in Mitleidenschaft gezogen worden. Nach dem Ende des Kriegs hatten die Briten durch Demontage und Sprengungen bei den Deutschen Werken und der Germania-Werft auch die noch verbliebenen Reste der Werftanlagen unbrauchbar gemacht. Als einzige Großwerft entgingen die Howaldtswerke der Demontage; bereits 1945 war hier der Reparaturbetrieb im Auftrag der Briten wieder aufgenommen worden.

Die Schifffahrt hatte ebenfalls erheblich unter den alliierten Luftangriffen gelitten. Bei Ende des Zweiten Weltkriegs lagen rund 240 Wracks in der Kieler Förde, die eine erhebliche Gefahr für alle ein- und auslaufenden Schiffe darstellten. Zudem war das Material wertvoll, so dass bis 1949 rund 200 Wracks geborgen wurden. Der Schwere Kreuzer ADMIRAL SCHEER, der nach schweren Bombentreffern im Bauhafen der Deutschen Werke gekentert war, wurde dagegen an seinem Ort belassen. Das Bassin wurde einfach zugeschüttet; heute befindet sich darauf ein Parkplatz.

Im allgemeinen Zusammenbruch des Deutschen Reichs war auch die deutsche Seeschifffahrt untergegangen: Insgesamt hatte die deut-

Demontage und „Devastation"

Nach dem Kriegsende wollten die Alliierten Deutschland vollständig entmilitarisieren. Dazu wurde, was an Militäranlagen und Rüstungsindustrie noch nicht zerstört war, demontiert und „devastiert", d.h. gesprengt oder sonst wie unbrauchbar gemacht. Auch Betriebe in Schleswig-Holstein, wie beispielsweise die Kieler Großwerften Deutsche Werke und Germaniawerft, waren davon betroffen. Was noch brauchbar war, wie der als Rohstoff dringend benötigte Schrott, wurde von den Alliierten abtransportiert. Durch Demontage und Devastation gingen nicht nur 120.000 bis 130.000 Arbeitsplätze, sondern auch die für den Wiederaufbau wichtigen Produktionsanlagen verloren.

Die Deutschen Werke bei Kriegsende 1945. Was nicht durch Luftangriffe zerstört war, wurde im Rahmen der Demilitarisierung demontiert, gesprengt oder sonstwie unbrauchbar gemacht.

Die gekenterte ADMIRAL SCHEER im Bauhafen der Deutschen Werke. Das Wrack des Schweren Kreuzers wurde nicht geborgen, sondern beim Auffüllen des Hafenbeckens mit Trümmerschutt zugedeckt. Heute befindet sich an dieser Stelle ein Parkplatz.

sche Handelsflotte 66 Prozent ihres Vorkriegsbestandes eingebüßt; die Gesamttonnage betrug am 9. Mai 1945 einschließlich der Hochseefischerei- und Walfangschiffe nur noch 1.583.151 BRT. Neben den unzähligen Schiffen, die während des Krieges versenkt, interniert oder gekapert worden waren, wurden auch viele der noch schwimmenden Fracht- und Passagierschiffe der deutschen Handelsflotte als Reparationen an die alliierten Mächte, hauptsächlich aber an die Sowjetunion abgegeben. Vor allem die moderneren und intakten Handelsschiffe mussten an die Alliierten abgeliefert werden. Da die Schiffe als Kriegsbeute galten, erhielten die Reeder keinen Lastenausgleich, doch wurden die verlorenen und abgelieferten Schiffe später bei den Wiederaufbaudarlehen als kriegsbedingte Verluste angerechnet.

Die deutsche Schifffahrt kam vorerst zum Erliegen. Nach Kriegsende hatten die Alliierten zunächst jeglichen Verkehr deutscher Schiffe untersagt sowie ein generelles Schiffbauverbot erlassen. Am Anfang der langsamen Rückkehr Deutschlands auf die Weltmeere standen der Mi-

nenräumdienst und die Kampfmittelbeseitigung durch deutsche Seeleute unter alliiertem Kommando.

Der Minenräumdienst markierte zwar den Beginn der langsamen Rückkehr Deutschlands auf das Meer, jedoch waren diese Aufgaben in erster Linie von verkehrstechnischem und weniger von wirtschaftlichem Nutzen – außer dass es einer kleinen Zahl arbeitsloser Seeleute Brot und Arbeit brachte, da besonders unter der sogenannten seefahrenden Bevölkerung die Arbeitslosigkeit sehr groß war. Einen gewissen Bedarf an ausgebildetem seemännischen Personal gab es in der Fischerei, die in dieser Zeit höchster Lebensmittelknappheit eine überaus wichtige Rolle in der Nahrungsmittelversorgung spielte, weshalb Fischereifahrzeuge auch bis zu einer gewissen Tonnagehöchstgrenze vom allgemeinen Schiffbauverbot ausgenommen waren.

Allerdings war hier das Problem, dass die Küstenfischerei vor allem von den einheimischen schleswig-holsteinischen Fischern, verstärkt durch die auf ihren Fahrzeugen vor den vorrückenden sowjetischen Armeen geflüchteten ostpreußischen, pommerschen und mecklenburgischen Fischern betrieben wurde. Somit blieb allein die Hochseefischerei, deren begrenzter Bedarf an Arbeitskräften die Notlage unter den arbeitslosen Seeleuten allerdings kaum mindern konnte.

Für die überwiegende Mehrzahl der Seeleute, die weder bei den Alliierten noch in der Fischerei unterkommen konnten, sah die berufliche Situation sehr schlecht aus. Nur die wenigsten fanden einen Arbeitsplatz an Land. Am ehesten war dieses noch für das technische Personal möglich, da Schiffsingenieure und Maschinisten als qualifizierte Fachleute über die nach den Zerstörungen und Menschenverlusten des Krieges dringend benötigten technischen Kenntnisse verfügten. Dagegen war die Arbeitsmarktsituation für das rein seemännische Personal sehr ungünstig, obgleich in der internationalen Handelsschifffahrt eigentlich ein großer Bedarf an ausgebildeten Seeleuten bestand: Waren in Deutschland die Seeleute zahlreich, die Schiffe dagegen knapp, so sah es im Ausland anders aus: Hier waren, insbesondere durch den ungeheuren Tonnageausbau während des Krieges, die Schiffe zahlreich, Seeleute jedoch Mangelware. Allerdings konnten sich die Besatzungsmächte trotz wiederholter Anregungen deutscherseits nicht dazu entschlie-

Minenräumdienst

Bereits kurz nach der deutschen Kapitulation begann der Minenräumdienst deutscher Seeleute unter alliiertem Kommando. Sie sollten die von allen kriegführenden Mächten in großer Zahl ausgelegten Seeminen beseitigen, die eine erhebliche Gefahr für die Schifffahrt darstellten. Allein in Nord- und Ostsee waren während des Zweiten Weltkriegs von Deutschen und Alliierten schätzungsweise rund 700.000 Minen gelegt worden. Daher wurde noch im Mai 1945 von den Briten und Amerikanern die aus 300 Einheiten mit 27.000 Mann bestehende „German Minesweeping Administration" (GM/SA) ins Leben gerufen, um die Minenfelder in Nord- und Ostsee zu räumen. Die deutschen Minenräumkommandos beseitigten mehrere Tausend Seeminen. Rund 400 Angehörige der Minensuchverbände verloren dabei ihr Leben.

Weil die Sowjetunion die GM/SA als versteckte deutsche Wiederaufrüstung betrachtete, wurde diese 1947 von den Briten aufgelöst. Von 1948 bis 1951 setzte der „Deutsche Minenräumverband" (DMRV) mit zwölf Minenräumbooten und

Minenräumboot der „German Mine Sweeping Administration" in See. Statt der deutschen Flagge führen die Minensuchfahrzeuge der GM/SA die blau-weiß-rot-weiß-blaue Flagge „C" des internationalen Flaggenalphabets als Unterscheidungssignal.

etwa 600 Zivilangestellten unter britischer Aufsicht die Minenbeseitigung fort. Die Amerikaner gründeten 1951 mit der „Labour Service Unit – B" (LSU „B") ebenfalls einen Minenräumverband. Er umfasste 20 Einheiten mit 1.000 Mann und bestand bis 1956.

ßen, deutsche Seeleute auf ihren Schiffen einzusetzen.

Ungeachtet dessen erlebte die deutsche Handelsschifffahrt bereits 1945 einen, wenn auch zunächst noch zögerlichen und vorsichtigen Neuanfang. Schon bald war das totale Schifffahrtsverbot von den Alliierten gelockert und zumindest ein Minimum an unbedingt erforderlicher Küstenschifffahrt gestattet worden. Das erste deutsche Handelsschiff, das nach dem Zweiten Weltkrieg wieder auslaufen durfte, war der nur 433 BRT große, bereits 70 Jahre alte Dampfer PIONIER der Kieler Reederei Sartori & Berger.

Laut den Bestimmungen des Potsdamer Abkommens verblieben den deutschen Reedern lediglich 130 Schiffe mit 80.000 BRT, mit denen aber nur zwischen deutschen Häfen gefahren werden durfte. Keines dieser Schiffe war größer als 1.500 BRT. Die Hälfte dieser Schiffe war zudem werftreif.

Schritt für Schritt lockerten die Alliierten ihre Schifffahrtsbeschränkungen. Ab 1946 war deutschen Handelsschiffen wieder ein begrenzter

Küstenverkehr erlaubt, allerdings musste jede Reise von den alliierten Behörden genehmigt werden. Da die Siegermächte die Verwendung der früheren deutschen Nationalflagge verboten hatten, ordneten die Alliierten am 12. November 1946 an, dass alle deutschen Schiffe eine als Doppelstander abgewandelte internationale Signalflagge „C" (das „C" stand für Kapitulation) in

Der kleine, 1875 auf der Hamburger Reiherstiegwerft gebaute Frachtdampfer PIONIER der Kieler Reederei Sartori & Berger war das erste deutsche Handelsschiff, das nach der Kapitulation 1945 wieder auslaufen durfte. 1946 wurde das Schiff nach Hamburg verkauft.

den Farben Blau-Weiß-Rot-Weiß-Blau zu setzen hatten. Dieses Unterscheidungssignal wurden von deutschen Schiffen bis 1951 geführt; im Gegensatz zu einer Nationalflagge wurde es weder in See von Kriegs- und Handelsschiffen gegrüßt, noch durften ihm andere Ehrenbezeugungen erwiesen werden. 1947 wurden die Beschränkungen für die deutsche Handelsschifffahrt in der Ostsee von den Alliierten gelockert und 1949 gänzlich aufgehoben. Ende 1950 umfasste die westdeutsche Handelsflotte bereits wieder 582.000 BRT.

Zugleich war dem besetzten Deutschland der Neubau von Seeschiffen untersagt. Im August 1945 war den deutschen Werften durch das Potsdamer Abkommen zumindest die Reparatur von Schiffen erlaubt worden. Ende September 1946 hatten die Alliierten auch den Neubau von Handelsschiffen auf deutschen Werften wieder

gestattet, allerdings mit erheblichen Beschränkungen: Die neugebauten Handelsschiffe durften eine Größe von 1.500 BRT, eine Höchstgeschwindigkeit von zwölf Knoten sowie eine maximale Reichweite von 2.000 Seemeilen nicht überschreiten. Überdies wurde vorgeschrieben, dass alle Schiffe von einer Länge von mehr als 33,49 Metern ausschließlich von kohlenbefeuerten Kolbendampfmaschinen angetrieben werden durften. Aufgrund der alliierten Restriktionen waren diese Potsdam-Schiffe technisch veraltet und wenig wirtschaftlich. Ab 1949 war auch der Bau von Küstenmotorschiffen von maximal 300 BRT gestattet, die eine Tragfähigkeit von 400 bis 450 Tonnen hatten, sowie von Überseeschiffen bis zu 7.200 BRT, die aber noch der Geschwindigkeitsbeschränkung von höchstens zwölf Knoten unterlagen.

Robert Rühr und die ELISABETH

Zu den ersten Schiffen, die nach dem Ende des Zweiten Weltkriegs wieder mit deutscher Besatzung und unter deutschem Kommando in See stechen durften, gehörte auch der kleine Dampfer ELISABETH unter dem Kommando von Kapitän Robert Rühr.

Rühr war 1879 als Sohn des Kieler Kapitäns Ferdinand Karl Rühr geboren worden. Nach dem Abschluss der Realschule war Robert Rühr 1896 im Alter von 17 Jahren ebenfalls zur See gegangen und als Matrose auf Segelschiffen gefahren – darunter auf der Bark Paposo der bekannten Reederei Laeisz und auch auf dem Vollschiff SUSANNA, dessen 99-tägige Umrundung des Kap Hoorn in schwerem Sturm in Seefahrerkreisen zur Legende wurde.

Nach dem Besuch der Seefahrtsschule in Lübeck und dem Erwerb der notwendigen nautischen Patente folgte Rühr erneut dem Beispiel seines Vaters und heuerte bei dessen alter Reederei Paulsen & Ivers in Kiel an. 1906, im Alter von 27 Jahren, beförderte ihn sein Reeder zum Kapitän. In den Jahren bis zum Ersten Weltkrieg führte Kapitän Rühr für die Reederei Paulsen & Ivers eine Reihe von Schiffen mit Stückgütern auf einem fünfwöchigen Rundkurs von Rotterdam nach Stettin, Stockholm und zurück. Bei Ausbruch des Krieges 1914 ging Robert Rühr zur

Der Kieler Kapitän Robert Rühr (1879–1965). Von 1935 bis 1951 führte er als Kapitän und Reeder den Dampfer ELISABETH.

Marine. Als Reserveoffizier diente er unter anderem auf dem Linienschiff GROSSER KURFÜRST, auf dem alten Küstenpanzerschiff BEOWULF, bei der Sundbewachung sowie bei der Invasion der baltischen Inseln Ösel und Dagö.

Nach dem Ende des Ersten Weltkriegs kehrte er in den Dienst seines alten Arbeitgebers zurück. Erst 1935 verließ Robert Rühr die Reederei Paulsen & Ivers und kaufte ein kleines Frachtschiff namens WERRA. Der 663 BRT große Dampfer war 1920 aus dem ausgezeichneten Stahl demontierter Kriegsschiffsrümpfe des Ersten Weltkriegs gebaut worden. Rühr taufte sein neues Schiff nach seiner Frau ELISABETH. Schon bald war der kleine Dampfer mit seinem charakteristischen langen, dünnen Schornstein ebenso bekannt in der Nord-

Nicht nur in Kiel, auch in anderen Städten Schleswig-Holsteins mussten die Werften um ihre Existenz fürchten, darunter auch die Flensburger Schiffbaugesellschaft (FSG). Bis Kriegsende 1945 war auf der FSG gearbeitet worden, danach wurde die Werft auf Anweisung der britischen Besatzungsmacht geschlossen und auf die Liste der zu demontierenden Industriebetriebe gesetzt. Nur unter großen Schwierigkeiten gelang es, den Werftbetrieb mit dem Bau von Schiffen des Typs Hansa-B für Großbritannien aufrechtzuerhalten. Im Juni 1946 wurde der Schiffbau auf Geheiß der Briten eingestellt und ein Großteil der Belegschaft entlassen. Mitte 1947 wurde die Werft ganz geschlossen. Ende 1947 wurde der Reparaturbetrieb erneut aufgenommen und ab 1949 begann mit der Kiellegung von fünf Schiffen des Potsdam-Typs auch wieder der Bau von neuen Schiffen.

Doch nicht nur die FSG baute nach dem Zweiten Weltkrieg Schiffe in Flensburg. Auch auf der kleinen Werft der Flensburger Maschinenbau-

Der Dampfer FLENS-AU war einer der ersten Neubauten der Flensburger Schiffbaugesellschaft nach 1945 und gehörte zu den sogenannten „Potsdamschiffen". Aufgrund der alliierten Beschränkungen auf eine maximale Größe von 1.500 BRT, eine Höchstgeschwindigkeit von zwölf Knoten und eine kohlenbefeuerte Dampfmaschine als Antrieb waren diese Schiffe bereits beim Bau technisch veraltet und wenig wirtschaftlich.

Der 663 BRT große Dampfer ELISABETH mit dem charakteristischen langen, dünnen Schornstein wurde 1945 als Schiff Nr. 653 von den Alliierten in Dienst genommen und durfte als erstes deutsches Schiff nach dem Zweiten Weltkrieg wieder britische Gewässer befahren.

und Ostsee wie ihr Kapitän und Eigner Robert Rühr mit seinem charakteristischen Spitzbart und seiner steifen Melone als markanter Kopfbedeckung. Wohlbehalten führte er sein kleines Schiff auch durch alle Wirrnisse des Zweiten Weltkrie-

ges. Bei Kriegsende im Mai 1945 hatten Kapitän Rühr und die ELISABETH in Kiel vor Anker gelegen. Von den britischen Besatzungsbehörden in Kiel war das Schiff zwar nicht gerade übersehen worden, jedoch war das Schiff gerade groß oder vielmehr klein genug, um nicht wie so viele andere Schiffe mit in die Masse der Reparationsleistungen aufgenommen zu werden. Nach einer Zeit der Ungewissheit über ihr weiteres Schicksal wurde die ELISABETH, immer noch unter dem Kommando von Kapitän Rühr, von den Alliierten als Schiff Nr. 653 in Dienst genommen.

Im Auftrag der Briten beförderte der kleine Dampfer britische Kriegsbeute nach England. Bis Ende 1946 transportierte das Schiff unter anderem Dokumente, Konstruktionspläne sowie Maschinenteile vom Panzer bis zur Schiffsturbine. Danach, nun unter der seit November 1946 für das besetzte Deutschland gültigen Seeflagge Blau-Weiß-Rot-Weiß-Blau, der Signalflagge "C" des internationalen Flaggenalphabets, fuhr die ELISABETH Munition, Beuteschrott und Holz nach England, bis sich die Handelsbeziehungen allmählich wieder normalisierten.

Kapitän Rühr kommandierte sein Schiff bis 1951, als er im Alter von 72 Jahren als der älteste Kapitän der deutschen Handelsschifffahrt in den Ruhestand ging. Als er 1965 im Alter von 86 Jahren starb, hatte er sein Schiff, die ELISABETH, um neun Jahre überlebt.

Anstalt von Johannsen & Sörensen liefen Küstenschiffe vom Stapel. Allerdings schloss die Werft bereits 1954 ihre Pforten.

1948 wurde durch die massive Wirtschaftshilfe des amerikanischen Marshallplans in den drei westlichen Besatzungszonen die Basis für den raschen Wiederaufbau und das spätere, sogenannte „Wirtschaftswunder" gelegt.

Im April 1951 wurden die alliierten Schiffbaubeschränkungen vollständig aufgehoben; nun durften auf den bundesdeutschen Werften wieder Handelsschiffe aller Größen und Klassen für Kunden aus dem In- und Ausland auf Kiel gelegt werden. Nun verschwand auch die Dampfmaschine bis auf wenige Ausnahmen, während sich gleichzeitig der Dieselmotor als gebräuchlichster Schiffsantrieb durchsetzte.

Ebenfalls im Frühjahr 1951 hoben die Westmächte die allgemeinen Beschränkungen für die bundesdeutsche Handelsschifffahrt weitgehend auf. Äußerliches Zeichen dafür war der Wechsel von der Flagge „C" als Unterscheidungssignal zur schwarz-rot-goldenen Flagge der Bundesrepublik Deutschland.

Nach 1945 hatten sich zahlreiche Reeder aus den ehemaligen deutschen Ostgebieten in Schleswig-Holstein niedergelassen. Unter ihnen war auch der aus Danzig stammende Reeder Franz Preukschat. 1945 war er mit einem Schiff und 600 Flüchtlingen an Bord nach Flensburg gekommen. 1950 ließ er das Wrack des 1943 gebauten britischen Minensuchers SKOKHOLM zum Frachtmotorschiff HOCHMEISTER umbauen. 1956 wurde die Reederei Preukschat nach Kiel verlegt. 1974 wurde das letzte Schiff veräußert und die Reederei eingestellt. Die HOCHMEISTER war bereits 1958 nach Griechenland verkauft worden.

Die 1950er und 1960er Jahre

Nachdem die unmittelbare Not der Nachkriegsjahre überwunden war, begann auch in Schleswig-Holstein allmählich der wirtschaftliche Aufschwung. Trotzdem blieb die Arbeitslosigkeit, die 1949 ca. 20 Prozent betragen hatte, noch bis weit in die 1950er Jahre hoch. Das rasante Wirtschaftswachstum nach 1950 hatte in den Jahren 1957/58 zur Vollbeschäftigung geführt. Weil

nach dem Bau der Berliner Mauer 1961 keine Arbeitskräfte aus der DDR mehr zuwandern konnten, wurden in Griechenland, Italien, Jugoslawien, Portugal, Spanien und später auch in der Türkei sogenannte „Gastarbeiter" angeworben. Auch in schleswig-holsteinischen Betrieben, vor allem auf den Werften, fanden ausländische Arbeitnehmer Beschäftigung.

Nach einer Wachstumsphase von den 1960ern bis Mitte der 1970er Jahre gehörte Schleswig-Holstein seit dem Ende der 1970er wieder zu den Schlusslichtern in der Wirtschaftsentwicklung der Bundesrepublik. Ausgerechnet in Schleswig-Holstein, das mit Ausnahme der Werften nie ein Zentrum der Schwerindustrie gewesen war, vollzog sich in besonderem Maße der durch die Krise der Schwerindustrie in Europa in Gang gesetzte industrielle Strukturwandel – der Abbau der Industrie zugunsten des Dienstleistungssektors.

Seit den 1950er Jahren hatte die deutsche Handelsschifffahrt erneut einen deutlichen Aufschwung erlebt und wuchs bis 1965 auf rund das Sechsfache der Vorkriegstonnage an. Nicht nur die Zahl, auch Größe und Ladekapazität der Schiffe hatte zugenommen. Der Grund für die rasche Zunahme der deutschen Handelsflotte nach den mageren Aufbaujahren lag in dem gewachsenen Handelsvolumen als Folge der ra-

Die Flensburger Schiffbau-Gesellschaft in den frühen 1950er Jahren. Ab 1951 durften auf deutschen Werften wieder Handelsschiffe aller Größen gebaut werden. Links ist der im Bau befindliche Tanker LUISE LEONHARDT zu erkennen, rechts der kurz vor dem Stapellauf stehende Dampfer BIRKNACK.

schen ökonomischen Erholung der Bundesrepublik Deutschland durch das sogenannte „Wirtschaftswunder".

Vor allem die schleswig-holsteinischen Ostseehäfen hatten sich nach 1945 auf die geänderten politischen und wirtschaftlichen Bedingungen einstellen müssen. Als Folge der deutschen Niederlage im Zweiten Weltkrieg war die UdSSR zur dominierenden Macht an der Ostsee geworden. Der sowjetische Einflussbereich reichte fortan von Leningrad bis zur Lübecker Bucht. Durch den sogenannten „Eisernen Vorhang" war der Wirtschaftsraum der Ostsee faktisch halbiert worden. Damit verlor auch Lübeck sein wirtschaftliches Hinterland.

Dagegen konnte sich der Hamburger Hafen, der nach 1945 ebenfalls sein traditionelles ostdeutsches und mitteleuropäisches Hinterland eingebüßt hatte, dank der gewachsenen Bedeutung des Handels mit Westeuropa erstaunlich schnell erholen. Bereits 1955 hatte der Güterumschlag wieder das Vorkriegsniveau erreicht. Zugleich wurden die im Krieg zerstörten Hafeneinrichtungen durch moderne Technik ersetzt, was die internationale Konkurrenzfähigkeit des Hamburger Hafens erheblich verbesserte.

Da die deutschen Reeder nach dem Zweiten Weltkrieg oft nur über wenig Eigenkapital verfügten, wurden Neubauten von schifffahrtsfremden Investoren mitfinanziert, die Gewinne aus Handel und Industrie anlegen wollten. Es gab keine staatlichen Subventionen, allerdings wurden den Reedern günstige Finanzierungsmöglichkeiten angeboten. Nach dem Wiederaufbaugesetz für die Seeschifffahrt von 1950 konnten 40 Prozent der Baukosten als zinsgünstiges Darlehen gewährt werden, wenn der betreffende Reeder ein Schiff im Krieg verloren oder nach Kriegsende an die Alliierten hatte abgeben müssen. Die restlichen 60 Prozent konnten bei Schiffshypothekenbanken aufgenommen werden. Ebenso konnten Reeder für den Wiederaufbau der deutschen Wirtschaft bestimmte Kredite aus dem auch als Marshall-Plan bekannten „European Recovery Program" („Europäisches Wiederaufbau-Programm") der US-Regierung erhalten. Durch diese Finanzierungslösungen konnte die Kapitallücke der deutschen Reeder ausgefüllt werden. Ebenso ermöglichten Sonderregelungen den Reedern, ihre Schiffe schnell abzuschreiben.

Neben den alteingesessenen schleswig-holsteinischen Reedern versuchten auch Schiffseigner aus Pommern, Ostpreußen und dem Baltikum, die nach 1945 in Schleswig-Holstein eine neue Heimat gefunden hatten, wirtschaftlich Fuß zu fassen. So hatte es einige Reeder aus den ehemaligen deutschen Ostgebieten auf der Flucht vor der Roten Armee nach Flensburg verschlagen, wo sie sich niederließen, darunter Ernst Sieg und Franz Preukschat aus Danzig oder Max Faulbaum aus Riga. In Kiel gründeten vertriebene ostdeutsche Reeder nach dem Zweiten Weltkrieg die Nordische Reederei, die jedoch bereits 1966 den Betrieb wieder einstellte.

Ende der 1950er Jahre kam es zu einem Einbruch auf dem Frachtmarkt; die durch den Nachholbedarf der Nachkriegsjahre und den Koreakrieg hervorgerufene große Nachfrage nach Schiffsraum hatte sich gelegt, während zugleich die Handelsschiffstonnage bereits wieder den Vorkriegsstand erreicht hatte. Erst Anfang der

Das Küstenmotorschiff HERA lief 1953 auf der Flensburger Maschinenanstalt vom Stapel. In den 1950er und 1960er Jahren waren „Kümos" wie die HERA in vielen schleswig-holsteinischen Häfen ein alltäglicher Anblick.

Der 1964 in Rendsburg gebaute Frachter SIRIUS der Flensburger Reederei Schiffsparten-Vereinigung im Flensburger Hafen. In den 1960er Jahren liefen die in der Fördestadt registrierten Schiffe ihren Heimathafen nur noch selten an.

Der Mehrzweckfrachter OLGA JACOB lief 1970 auf der Flensburger Schiffbaugesellschaft für die Ernst Jacob Seetransport GmbH aus Flensburg vom Stapel. Neben normaler Fracht konnte das Schiff bis zu 317 20-Fuß-Container laden. Das Schiff wurde 1976 nach Hamburg verkauft.

Der Frachter SONNHOLM wurde 1970 in Lübeck für die Flensburger Reederei Nissen & Co gebaut und war auch für Container geeignet.

1960er Jahre erholte sich der depressive Frachtmarkt wieder.

In den 1950er Jahren erreichte das „Wirtschaftswunder" in Gestalt steigender Löhne auch die Arbeitnehmer der Bundesrepublik. Mit dem Mantel- und Heuertarifvertrag von 1956 wurden die Heuern der deutschen Seeleute ebenfalls deutlich angehoben. Doch nicht zuletzt durch die steigenden Lohnkosten wurde es in den 1960er Jahren für kleine Reedereien immer schwieriger, wirtschaftlich zu arbeiten, insbesondere wenn die Schiffe älter waren und eine große Besatzung benötigten. Zwischen 1955 und 1970 stiegen die Heuern der deutschen Seeleute um rund das Dreifache, weshalb die Reeder in zunehmendem Maße nur noch mit modernen, effizienten Schiffen gegen die ausländische Konkurrenz von Schiffen aus den sogenannten „Billigflaggen-Staaten", die vor allem aufgrund gerin-

gerer Lohn- und Steuerkosten einen erheblichen Wettbewerbsvorteil besaßen, bestehen konnten. Insbesondere durch die Automatisierung der Maschinenanlagen und die Mechanisierung des Ladevorgangs konnte auf deutschen Schiffen Personal und damit Kosten eingespart werden.

Die Modernisierung der deutschen Handelsflotte wurde staatlich subventioniert. Ende der 1960er Jahre wurde der Neubau von Schiffen von der Bundesregierung im Rahmen eines Schiffbauförderungsprogramms mit Zuschüssen von bis zu 17,5 Prozent des Baupreises gefördert. Zugleich wurden die Abschreibungsmöglichkeiten für Seeschiffe verbessert, um schifffahrtsfremde Investoren anzulocken. Ende der 1960er Jahre erfasste die Containerrevolution auch die deutsche Handelsschifffahrt.

Am Beispiel Flensburgs lässt sich diese Entwicklung recht gut beobachten: Ab Mitte der 1960er Jahre modernisierten die Flensburger Reeder ihre Flotten und bauten sie zum Teil auch aus. Zugleich war auch ein Trend zu größeren Schiffen zu registrieren. Mitte der 1970er Jahre setzte aber auch in der Flensburger Handelsschiffsflotte ein Schrumpfungsprozess ein. Anfang der 1980er Jahre gab es in Flensburg nur noch drei Reedereien, die Seeschifffahrt betrieben. Der Flensburger Hafen verzeichnete zu diesem Zeitpunkt einen jährlichen Umschlag von rund 90.000 Tonnen und war damit nicht mehr als ein Provinzhafen, wobei Kohle für das Heizkraftwerk und Futtermittel für die Landwirtschaft die wesentlichen Güter waren.

Anders als die Seeschifffahrt hatte die Küstenschifffahrt in wesentlich geringerem Maße vom wirtschaftlichen Aufschwung der 1950er Jahre profitiert. Die Segelschifffahrt spielte nun überhaupt keine Rolle mehr und auch die kleinen Küstenmotorschiffe, kurz „Kümo" genannt, die sich seit den 1920er Jahren aus den Motorseglern entwickelt hatten, sahen sich seit den 1960er Jahren in zunehmendem Maße der Konkurrenz durch den flexibleren Transport zu Land per LKW gegenüber, was erheblich zum Niedergang der traditionellen Küstenschifffahrt beitrug.

Demgegenüber erlebte der Schiffsverkehr auf der Ostsee trotz des Eisernen Vorhangs ebenso wie die Überseeschifffahrt durch den Wirtschaftsboom der 1950er und 1960er Jahre und das damit verbundene Anwachsen des Massengut- und Stückguttransports einen deutlichen Aufschwung. Schleswig-Holsteins geographische

Lage machte das Land zu einer Drehscheibe für Handel und Verkehr im Ostseeraum, vor allem mit den skandinavischen Ländern. Eine wichtige Rolle im Ostseeverkehr spielte der Holztransport. In den 1960er Jahren erreichte der Schnittholzumschlag in Kiel seinen Höhepunkt.

Anfang der 1950er Jahre war auch der Fährverkehr zwischen Kiel und Korsör auf der dänischen Insel Seeland für kurze Zeit wieder aufgenommen worden, konnte aber mit der 1951 eingerichteten, verkehrsgünstigeren Fährverbindung zwischen Großenbrode und Gedser auf der dänischen Insel Falster nicht konkurrieren. 1963 wurde die sogenannte „Vogelfluglinie" von Fehmarn nach Rødby auf der dänischen Insel Lolland eingerichtet und der Fährhafen von Großenbrode nach Puttgarden verlegt, das bis heute mit rund 6,6 Millionen Passagieren pro Jahr der bedeutendste deutsche Fährhafen ist. Der ehemalige Fährhafen in Großenbrode wurde anschließend von 1963 bis 1995 von der Marineküstendienstschule genutzt.

Die ursprünglich schwerpunktmäßig für den Personenverkehr eingesetzten Fährschiffe spielten auch eine wachsende Rolle im Güterverkehr auf der Ostsee. Dies lässt sich besonders deutlich an der Entwicklung des Güterumschlags in den wichtigsten Fährhäfen Lübeck, Kiel und Puttgarden ablesen: So wuchs der Güterfährverkehr von wenigen 100.000 Tonnen im Jahr 1962 bis 1990 auf 21 Millionen Tonnen. Im gleichen Zeitraum erhöhten sich auch die Passagierzahlen von rund 1,7 Millionen auf etwa zwölf Millionen.

Seit den 1950er Jahren wurden die bald als „Butterfahrten" bekannten Einkaufsfahrten zu einem wichtigen Wirtschaftsfaktor für die schleswig-holsteinischen Ostseestädte. Den Anfang hatte der Sonderburger Unternehmer Orla Werner Rassmussen gemacht, der ab 1952 auf einem kleinen Passagierschiff preisgünstig Spirituosen ausschenkte. Schon bald fanden sich Nachahmer. Ab 1953 fuhren die Motorschiffe FORELLE und LIBELLE der Flensburger Förde-Reederei zwischen Flensburg und Kollund. Dank dieser „Butterfahrten" erlebte die Flensburger Fördeschifffahrt seit Ende der 1950er Jahre einen neuen Aufschwung. In den 1960er Jahren wurden bereits rund 2,5 Millionen Fahrgäste registriert, die von Flensburg aus mit den „Butterschiffen" auf Einkaufsfahrt gingen. Aber auch in anderen schleswig-holsteinischen Häfen gab es schon bald „Butterfahrten". Von Gelting, Kappeln, Damp, Eckernförde, Kiel und Maasholm aus fuhren Fahrtgastschiffe nach dänischen Häfen wie Sonderburg auf Alsen, Faaborg auf Fünen oder Bagenkop auf Langeland, um den Fahrgästen durch das Verlassen des deutschen Zollgebiets den Einkauf zollfreier Waren zu ermöglichen.

Mehr und mehr verwandelten sich die Fahrgastschiffe in schwimmende Supermärkte. Hatte in den Anfängen in den 1950er Jahren noch der Einkauf von günstigen Lebensmitteln – daher der Name „Butterfahrten" – die Hauptrolle gespielt, standen später Konsumgüter wie Tabakwaren, Spirituosen und Kosmetika im Mittelpunkt. Die Fahrpreise waren niedrig, ebenso wurden auf den Schiffen Speisen und Getränke preisgünstig angeboten, da die Haupteinnahmequelle der Reeder der Verkauf zollfreier Waren an Bord war. In den 1970er Jahren etablierte sich

Der 1974 in Flensburg gebaute Bulkcarriere TOM JACOB der Flensburger Reederei Ernst Jacob. 1978 rettete der von Kapitän Jürgen Eckert geführte Massengutfrachter im Südchinesischen Meer 400 vietnamesische Flüchtlinge, in dem er deren Boot in die Nähe der thailändischen Küste schleppte. Zu den Geretteten gehörte auch das Ehepaar Nguyen, die ihren 1979 geborenen Sohn aus Dankbarkeit Tom Jacob nannten.

Die 1944 auf der Flensburger Schiffbaugesellschaft fertiggestellte POLLUX der Reederei Heinrich Schmidt gehörte zu den letzten Flensburger Dampfschiffen. Die POLLUX wurde 1968 nach Panama verkauft und ging im folgenden Jahr durch Strandung verloren.

„Butterdampfer" im Eckernförder Hafen. Nicht nur bei Rentnern und Hausfrauen, auch bei vielen Urlauber waren die Schiffsreisen mit Duty-free-Einkaufsmöglichkeit sehr beliebt. 1999 wurden die Butterfahrten aufgrund eines EU-Beschlusses eingestellt.

Anzeige für Butterfahrten ab Maasholm und Kappeln. Die Fahrpreise waren niedrig, da die Reeder ihr Geld vor allem durch den Verkauf zollfreier Waren an Bord verdienten.

Häfen einen Einbruch in den Hafeneinnahmen und für viele Seeleute die Arbeitslosigkeit, sondern auch für viele Rentner Vereinsamung, da die „Butterschiffe" gerade für viele ältere Menschen ein wichtiger sozialer Treffpunkt gewesen waren.

Immer noch von Bedeutung sind dagegen die Fahrten nach Helgoland. Zwischen März und Oktober nehmen von Büsum aus täglich zwei Passagierschiffe Kurs auf die Insel. Nach wie vor lockt Helgoland, das weder zum deutschen Steuergebiet, noch zum Zollgebiet der Europäischen Union gehört, neben Feriengästen auch zahlreiche Tagesausflügler zum Duty-free-Shopping an.

Boom und Krise – die schleswig-holsteinische Werftindustrie

Nach der Aufhebung des alliierten Verbots für den Bau von Seeschiffen in Deutschland Anfang der 1950er Jahre kam es zum erneuten Aufschwung der schleswig-holsteinischen Werftindustrie.

Durch die einseitige Ausrichtung auf die Werftindustrie hatte Kiel nach dem Ende des Zweiten Weltkriegs große wirtschaftliche Probleme zu bewältigen. Als einzige Kieler Großwerft war Howaldt der Demontage entgangen. Die Werft hatte nur vergleichsweise geringe Zerstörungen erlitten. Daher begann hier schon bald auf britische Anordnung die Reparatur der für den Minenräumdienst in der Ostsee benötigten Minensuchfahrzeuge.

Der Wiederaufstieg der nach wie vor im Staatsbesitz befindlichen, aber privatrechtlich organisierten und kaufmännisch geführten Howaldtswerke nach dem Zweiten Weltkrieg begann mit Tankern, Walfangmutterschiffen und Fischfab-

dann die Kombination aus Bus- und Schiffsreise. Zum Teil wurden die Fahrgäste aus ganz Schleswig-Holstein und Hamburg mit Bussen zu den „Butterdampfern" gebracht, wobei die Busunternehmer mitunter ein „Kopfgeld" pro Fahrgast erhielten. Neben Rentnern und Hausfrauen nutzten auch viele Urlauber die Butterfahrten gern zu einem kurzen Schiffsausflug mit Duty-free-Einkaufsmöglichkeit.

Bis in die 1990er Jahre sorgten die maritimen Einkaufstouren für einen regen Passagierverkehr, doch nahm die Zahl der Fahrgäste im Laufe der Zeit kontinuierlich ab, bis die „Butterfahrten" schließlich aufgrund eines EU-Beschlusses zum 30. Juni 1999 endgültig eingestellt wurden, nachdem der Europäische Gerichtshof (EuGH) bereits 1981 entschieden hatte, dass die Abgabenfreiheit auf den „Butterschiffen" gegen EG-Recht verstieß. Dies bedeutete nicht nur für viele

Die Yacht CHRISTINA des griechischen Reeders Aristoteles Onassis.

In den 1950er Jahren setzte die Kieler Howaldt-Werft beim Tankerbau neue Maßstäbe. Der 1959 bei Howaldt in Kiel für Aristoteles Onassis fertiggestellte OLYMPIC CHALLENGER konnte bis zu 66.188 Tonnen Öl befördern.

rikschiffen. 1952/53 arbeiteten bei Howaldt bereits wieder 8.000 Personen und es konnten 13 Neubauten abgeliefert werden. Ein wichtiger Auftraggeber war der griechische Reeder Aristoteles Onassis. Er ließ bei Howaldt in Kiel nicht nur zahlreiche Tanker und andere Schiffe bauen, sondern auch die ehemalige kanadische Fregatte STORMOND in die Luxusyacht CHRISTINA umbauen.

Vor allem beim Bau von Tankern setzte Howaldt neue Maßstäbe. Angesichts des wachsenden Bedarfs an Rohöl vervielfachte sich deren Größe innerhalb weniger Jahre: Hatte der 1952 für die norwegische Reederei Anders Jahre vom Stapel gelaufene Tanker JALANTA noch eine Tragfähigkeit von 18.730 Tonnen besessen, besaß der 1958 für die gleiche Reederei gebaute Tanker JAKINDA bereits eine Ladekapazität von 40.581 Tonnen, während die 1959 für Aristoteles Onassis fertiggestellte OLYMPIC CHALLENGER sogar 66.188 Tonnen Öl befördern konnte.

1955 kam es zur Fusion der bundeseigenen Howaldtswerke mit dem nach der Demontage übriggebliebenen Restbetrieb der ebenfalls im Bundesbesitz befindlichen Deutschen Werke in Kiel unter der neuen Bezeichnung Kieler Howaldtswerke AG. Damit kam auch das Werftgelände der Deutschen Werke in den Besitz der Howaldtswerke, das diese zur Erweiterung nutzten. Bereits zuvor hatte Howaldt die beiden größten Trockendocks der Deutschen Werke gekauft. Durch umfangreiche Investitionen und Erweiterungen entwickelte sich die Howaldtswerft zu einem der bedeutendsten Schiffbaubetriebe weltweit.

1959 übernahm die ebenfalls bundeseigene Salzgitter AG die Howaldtswerke, die damit vom direkten Bundesbesitz in ein mittelbares Eigentum des Bundes übergingen. In diesem Jahr stand Howaldt mit 16 Neubauten an der Weltspitze, während der Mitarbeiterstand mit 13.500 Personen seinen Höchststand erreichte. Nun wurde auch der Kriegsschiff-, insbesondere der U-Boot-Bau wieder zu einem bedeutenden Geschäftszweig für die Howaldtswerke. Bereits 1956/57 hatte die Werft zwei gehobene U-Boote der Kriegsmarine vom Typ XXIII wieder instandgesetzt, die anschließend als U-HAI und U-HECHT als Schulboote von der Bundesmarine in Dienst gestellt worden waren. 1959 erteilte die Bundesmarine einen Großauftrag über zwölf neue U-Boote; im Oktober 1961 lief bei Howaldt

Der Stapellauf des 90.000 BRT großen Tankers ESSO DEUTSCHLAND im Februar 1963. Das Schiff wurde von Wilhelmine Lübke, der Frau des damaligen Bundespräsidenten Heinrich Lübke getauft. Die Arbeiter im Vordergrund verdeutlichen die gewaltige Größe des Schiffs.

Werkzeitung der Kieler Howaldtswerke vom November 1961.

Das Minensuchboot PERSEUS der Bundesmarine vor den Howaldtswerken-Deutsche Werft AG um 1970. Die Boote der SCHÜTZE-Klasse wurden zwischen 1959 und 1963 in Dienst gestellt. Nach 28 Jahren wurde die PERSEUS 1988 außer Dienst gestellt und 2005 abgewrackt.

in Kiel das erste deutsche Nachkriegs-U-Boot U 1 der Klasse 201 vom Stapel.

Auch technisch gehörten die Howaldtswerke zu den führenden Schiffbaubetrieben und setzten modernste Produktionsverfahren ein. Durch das Sektionsbauverfahren, das Zusammenfügen vorgefertigter Schiffssegmente, konnten Neubauten in erheblich kürzerer Zeit fertiggestellt werden als auf traditionelle Weise, während beim Schweißen anstatt des vorher üblichen Vernietens der Schiffsteile nicht nur Material und damit auch Gewicht gespart wurde, sondern auch stabilere Schiffskörper geschaffen wurden. Seit den 1950er Jahren setzte sich überdies im Handelsschiffbau zunehmend der Wulstbug durch. Der Vorteil dieser Bauweise ist eine Verringerung des Wasserwiderstands, wodurch die Geschwindigkeit erhöht und Treibstoff eingespart wird.

1967 fusionierten die Howaldtswerke mit ihren Betrieben in Kiel und Hamburg mit den Deutschen Werken in Hamburg-Finkenwerder zur neuen Werftengruppe „Howaldtswerke Deutsche Werft AG", kurz HDW genannt, wobei sich der wirtschaftliche Schwerpunkt mehr und mehr nach Kiel verlagerte. In seinen Glanzzeiten beschäftigte HDW rund 24.000 Mitarbeiter in Kiel und Hamburg. 1968 wurde bei HDW in Kiel mit dem Frachter OTTO HAHN eines der wenigen zivilen atomar betriebenen Schiffe der Welt gebaut.

Nach dem Zusammenschluss der Howaldtswerke mit den Deutschen Werken war von den traditionsreichen Kieler Werften nur noch HDW geblieben. Andererseits war nach dem Zweiten Weltkrieg mit der Lindenau-Werft ein neuer

Schiffbaubetrieb nach Kiel gekommen. In den letzten Kriegstagen war es Paul Lindenau, dem Gründer und Eigentümer der in Memel beheimateten „Lindenau-Werft" gelungen, ein großes Schwimmdock nach Lübeck zu überführen. Da hier aber kein Interesse an einem weiteren Werftbetrieb bestand, schleppte Lindenau das Dock weiter nach Kiel, wo er auf dem Gelände des ehemaligen Marineartillerie-Arsenals eine neue Heimat fand. Neben sachlichen Gründen mögen auch persönliche Motive eine Rolle bei der Wahl des neuen Standorts gespielt haben. Paul Lindenau hatte als junger Ingenieur bei den Deutschen Werken in Kiel als Konstrukteur gearbeitet und dabei seine Frau kennengelernt. Im Juli 1960 lief bei Lindenau mit dem Tender MAIN der erste Kriegsschiffneubau in Kiel nach dem Zweiten Weltkrieg vom Stapel.

Mitte der 1950er Jahre waren Deutschland und Großbritannien die wichtigsten Schiffbau-Nationen der Welt. Über 30.000 Beschäftigte arbeiteten damals allein auf den Werften Schleswig-Holsteins. So erreichte in diesen Jahren beispielsweise der Personalbestand der Lübecker Flenderwerft mit über 4.000 Mitarbeitern ihren Höchststand. Nach einigen Jahren der Stagnation Ende der 1950er Jahre ging es bis Mitte der 1970er Jahre im Schiffbau dank Rationalisierung und erhöhter Produktivität weiter aufwärts, während gleichzeitig die Personalstärke verringert wurde. So sank beispielsweise bei den Kieler Howaldtswerken die Zahl der Mitarbeiter zwischen 1960 und 1967 von über 13.000 auf knapp über 10.000 um mehr als ein Viertel. In diesen Jahren wurden vor allem Großtanker gebaut. Einer dieser Neubauten war die 1966 für die Jahre-Reederei fertiggestellte MALDA mit einer Ladekapazität von 139.020 Tonnen. Das Schiff war damit fast genauso groß wie die im gleichen Jahr in Japan vom Stapel gelaufene TOKYO MARU, der erste Öltanker mit mehr als 150.000 Tonnen Tragfähigkeit und zu diesem Zeitpunkt das größte Schiff der Welt.

Doch als nach der Ölkrise der frühen 1970er Jahre die Transportmengen sanken, kollabierte der Markt für Tanker – und mit ihnen die Werften. Hatten die schleswig-holsteinischen Werften 1975 noch 21.500 Arbeiter beschäftigte, waren es 1987 noch 9.300 und 1997 sogar nur noch 6.000 Beschäftigte. Zugleich bekam der europäische Schiffbau mit Japan und Südkorea zwei bedeutende Konkurrenten. Vor allem die HDW be-

HDW um 2000. In den 1990er Jahren hatte der Aufstieg des Unternehmens zu einer internationalen Werftengruppe begonnen. 2005 wurde HDW Teil der ThyssenKrupp Marine Systems AG. 2010 wurde die Kieler Werft mit Ausnahme des Bereiches U-Boot-Bau an die Abu Dhabi MAR Group verkauft.

kam dies empfindlich zu spüren. Nur durch massive Subventionszahlungen des Landes konnten das Überleben der Werft und die Arbeitsplätze gesichert werden. Bereits 1972 hatte das Land Schleswig-Holstein für 100 Millionen DM (rund 51 Millionen Euro) einen Anteil von 25,1 Prozent an dem Unternehmen erworben. Zwischen 1972 und 1982 flossen weitere 100 Millionen DM Landesmittel in die Großwerft. 1990/91 zog das Land sich aus seiner Kapitalbeteiligung bei HDW zurück. Mit dem Verkaufserlös von 60 Millionen DM (rund 30,6 Millionen Euro) wurde 1991 die „Technologiestiftung Schleswig-Holstein" gegründet.

In den 1990er Jahren konzentrierte sich HDW zunehmend auf den heutigen Standort in Kiel-Gaarden, der zu einer der modernsten Werften in Europa ausgebaut wurde. Bereits Anfang der 1980er Jahre war das veraltete Stammwerk in Kiel-Dietrichsdorf aufgegeben und die Produktion auf das Gelände der ehemaligen Deutschen Werke in Kiel-Gaarden verlagert worden. Mitte der 1990er Jahre sorgte die Umstellung auf weitgehend computergestützte Fertigung für internationales Aufsehen. Auch im Containerschiffbau konnte HDW durch die Entwicklung des lukendeckellosen Containerschiffs Anfang der 1990er Jahre weltweit neue Maßstäbe setzen. Ende der 1990er Jahre begann mit dem Kauf der schwedischen Kockums-Werft, dem Erwerb der Hellenic Shipyards in Griechenland und der Kooperationen mit den bedeutendsten europäischen Schiffbauern der Aufstieg zu einer internationalen Werftgruppe.

Immer noch gehört HDW zu den modernsten Schiffbaubetrieben Europas. Durch die Konkur-

renz aus Fernost geriet der Handelsschiffbau in Deutschland jedoch in den letzten Jahren immer tiefer in die Krise. Wichtigster Geschäftszweig bei HDW ist heute der Bau von Kriegsschiffen für die Deutsche Marine und den Export, euphemistisch „Sonderschiffbau" genannt. Vor allem bei der Entwicklung und dem Bau von nichtnuklearen U-Booten nimmt HDW nach wie vor eine internationale Spitzenposition ein. Das U-Boot der Klasse 209 ist mit 61 Einheiten der meistgebaute diesel-elektrische U-Boot-Typ der Nachkriegszeit. Mit den Booten der Klassen 212 A und 214, die mit einem außenluftunabhängigen Brennstoffzellenantrieb wochenlang unter Wasser in Fahrt bleiben können, gelang es HDW erneut, seine weltweite Spitzenposition beim Bau von nicht-nuklearen U-Booten eindrucksvoll unter Beweis zu stellen. Doch ungeachtet ihrer großen technischen Expertise hat die Kieler Großwerft in

U-Boote bei HDW. Bis heute nimmt die Kieler Werft eine Spitzenposition beim Bau von nicht-nuklearen U-Booten ein. Dank ihres außenluftunabhängigen Brennstoffzellenantriebs können die modernsten nicht-nuklearen U-Boote der Klasse 212 A wochenlang unter Wasser operieren.

den letzten zwei Jahrzehnten wiederholt wirtschaftlich schwere Zeiten erlebt. Auch das Personal wurde weiter reduziert; in den Jahren nach 2000 waren bei HDW noch rund 2.300 Mitarbeiter beschäftigt. Durch die Fusion mit den ThyssenKrupp-Werften wurde HDW 2005 Teil der ThyssenKrupp Marine Systems AG (TKMS). 2010 erfolgte ein erneuter Eigentümerwechsel, als die TKMS die Kieler Werft mit Ausnahme des Bereiches U-Boot-Bau an die Abu Dhabi MAR Group, eine international tätige Schiffbau-Holding-Gesellschaft mit Sitz in Abu Dhabi verkaufte. Damit wurde HDW in zwei getrennte Unternehmen aufgeteilt, die jedoch das Kieler Werftgelände gemeinsam nutzen. Die Belegschaft von TKMS umfasst rund 2.000 Arbeitnehmer, während bei Abu Dhabi MAR etwa 160 Menschen beschäftigt sind. Aktuell plant TKMS im Bereich Marineschiffbau die Zusammenführung der Werften HDW in Kiel und Blohm & Voss Naval mit Standorten in Hamburg und Emden unter dem neuen Namen ThyssenKrupp Marine Shipyards.

Auch andere schleswig-holsteinische Werften gerieten in Schwierigkeiten. 1987 gelang es nur mit Hilfe staatlicher Unterstützung, die Kieler Lindenau-Werft vor der Schließung zu retten. Lindenau war eines der leider nur seltenen Beispiele für eine geglückte Werft-Sanierung. Nach einem fünfmonatigen Vergleichsverfahren gelang Lindenau ein Neuanfang. Lange war die Kieler Werft Weltmarktführer bei Doppelhüllen-Tankern. Ursprünglich waren diese Schiffe für den Transport extrem zähflüssiger Produkte wie Schweröl entwickelt worden, da die Doppelhülle die notwendige Beheizung der Fracht erleichter-

te. Mittlerweile steht aber die höhere Sicherheit der Doppelhüllentanker beim Transport von umweltgefährdenden Gütern im Vordergrund.

Manche Werften wurden von anderen Schiffbauunternehmen übernommen, wie beispielsweise die Kröger-Werft in Schacht-Audorf bei Rendsburg. Die beiden Brüder Hans und Karl Kröger hatten 1928 in Warnemünde eine Yachtwerft gegründet, die sowjetische Besatzungzone aber verlassen müssen. In Schleswig-Holstein gründeten sie neue Werftbetriebe, Hans in Husum und Karl in Rendsburg. Die 1948 in Rendsburg eröffnete Kröger-Werft wurde später nach Schacht-Audorf verlegt und ist seit 1987 Teil der Lürssen-Gruppe. Die Werft ist heute neben der Reparatur und Wartung von Marine- und zivilen Schiffen vor allem mit dem Bau von Megayachten bis zu 90 Metern Länge für den Mutterkonzern Lürssen beschäftigt.

Andere Werften hatten weniger Glück: 1987 gingen die Rendsburger Werft Nobiskrug und die Harmstorf-Gruppe mit ihren Werften in Büsum, Travemünde und Flensburg in Konkurs. Doch während die Nobiskrug-Werft von der Wirtschaftsaufbaukasse des Landes und HDW übernommen wurde, überlebte von den drei Harmstorf-Werften nur die Flensburger Schiffbaugesellschaft, die heute aber wieder international gut im Geschäft ist. Vor allem bei RoRo-Schiffen gehört die FSG zur Weltspitze. RoRo-Schiffe (englisch „roll-on-roll-off", zu deutsch „rauffahren-runterfahren") sind vorn und achtern mit Toren versehen. Über Rampen können Fahrzeuge beispielsweise durch das Bugtor auf die Fähre fahren und diese im Zielhafen durch das Hecktor wieder verlassen. Auch am Bau der Einsatzgruppenversorger (EGV) der Klasse 702, auch als BERLIN-Klasse bezeichnet, für die Deutsche Marine war die Flensburger Werft beteiligt. Die EGV sind die größten Schiffe der Deutschen Marine; sie können weltweit operieren und versorgen andere Schiffe mit Treibstoff, Proviant und Munition. Zudem haben sie ein Lazarett an Bord, dessen notfallmedizinische Kapazität der eines Kreiskrankenhauses entspricht.

Auch die ursprünglich ebenfalls im Besitz der Gebrüder Kröger befindliche Husumer Werft überlebte das Werftensterben nicht. Erst nach dem Zweiten Weltkrieg war Husum zum bedeutenden Werftstandort geworden. Am 1. Januar 1947 übernahmen die Gebrüder Kröger das Werftgelände am Husumer Binnenhafen, wo seit

Das U-Boot HAI der Bundesmarine vor dem Marine-Ehrenmal in Laboe. 1966 sank U-HAI in der Nordsee; von den 20 Besatzungsangehörigen überlebte nur ein Mann.

Die neue Husumer Werft wurde Ende der 1960er Jahre außerhalb der Stadt auf der Rödemishallig errichtet. 1999 ging die Husumer Werft in die Insolvenz. Heute wird das Werftgelände von einer Reparaturwerft und einem Hersteller von Windkraftanlagen genutzt.

Die alte Husumer Werft um 1965. Lange wurden mitten in der Stadt Schiffe gebaut und repariert. 1976 wurde der Betrieb eingestellt. Heute steht an diesem Ort das Husumer Rathaus.

dem 19. Jahrhundert mit wechselndem Erfolg Schiffbau betrieben worden war. Zunächst ein reiner Reparaturbetrieb, wurde nach der Aufgabe des Schiffbauverbots durch die Alliierten auch mit dem Schiffsneubau begonnen; als erstes Schiff lief in Husum 1949 der Zollkreuzer ElDERSTEDT vom Stapel. Bald war die Husumer Schiffswerft der größte Industriebetrieb der Stadt. Um auch größere Schiffe bauen zu können, wurde Ende der 1960er Jahre eine neue Werftanlage auf der Rödemishallig errichtet. 1976 wurde der Betrieb auf dem alten Werftgelände eingestellt. In den 1970er Jahren erlebte die Husumer Werft ihre Blütezeit, so dass das Werftgelände noch einmal erweitert wurde. Unter anderem wurden in Husum die Fähren der Wyker Dampfschiff-Reederei (W.D.R.) gebaut, die die nordfriesischen Inseln mit dem Festland verbinden. In den 1980er Jahren begann der Niedergang; 1999 schloss die Husumer Schiffswerft für immer ihre Pforten. Die Dockanlagen werden von einer Reparaturwerft genutzt, das übrige Werftgelände ist heute Standort der Firma RePower, die Windkraftanlagen herstellt. Auf dem alten Werftgelände in der Innenstadt wurde 1988/89 unter Erhalt der historischen Slipanlage das neue Rathaus errichtet. Seit 2000 steht hier der ehemalige, 1907 auf der Werft von Stocks & Kolbe in Kiel gebaute Tonnenleger HILDEGARD.

Das schleswig-holsteinische Werftensterben ist noch immer nicht beendet. Ein weiteres Opfer des erbarmungslosen Verdrängungswettbewerbs ist die Lübecker Flender-Werft, die im Sommer 2002 wegen fehlender Aufträge und Managementfehlern den Antrag auf Eröffnung eines Insolvenzverfahrens gestellt hatte. Den Todesstoß hatten der Werft die Verluste beim Bau von zwei Schnellfähren für die griechische Reederei Superfast Ferries gegeben. Anfang April 2003 verließ mit der Autofähre Norröna für die färöische Reederei Smyril Lineder der letzte Neubau die Lübecker Traditionswerft. Inzwischen ist die Flender-Werft stillgelegt, die Docks wurden verkauft und das Gelände für den Bau eines Fährterminals genutzt. Auch Lindenau in Kiel befindet sich seit 2010 erneut in der Insolvenz; die Zukunft der Werft ist nach wie vor offen.

Schleswig-Holstein und die Marine

Im Jahr 1955 wurde die junge Bundesrepublik Mitglied der NATO. Angesichts der wachsenden Bedrohung durch den sowjetisch dominierten kommunistischen Machtbereich in Osteuropa hatten sich 1949 Belgien, Dänemark, Frankreich, Großbritannien, Island, Italien, Kanada, Luxemburg, die Niederlande, Norwegen, Portugal und die Vereinigten Staaten von Amerika zu einem

Ein ehemaliger Kriegsfischkutter (KFK) als Wachboot des Bundesgrenzschutzes. Über 1.000 dieser hölzernen Hilfskriegsschiffe liefen während des Zweiten Weltkriegs vom Stapel. Zehn KFK wurden ab 1951 vom Seegrenzschutz als Wachboote in Dienst gestellt und nach der Gründung der Bundeswehr 1955 als „Hafenschutzgeschwader" in die neue Bundesmarine übernommen.

Begegnung eines U-Bootes der Bundesmarine mit einem polnischen Kriegsschiff während des Kalten Kriegs. Bis 1990 standen sich in der Ostsee die Flotten der NATO und des Warschauer Paktes direkt gegenüber.

Verteidigungsbündnis, der „North Atlantic Treaty Organisation", kurz NATO, zusammen geschlossen.

Die Gründung zweier deutscher Staaten 1949 war die direkte Folge des Zerfalls der Siegerkoalition nach dem Ende des Zweiten Weltkriegs gewesen. Von Anfang an waren beide deutsche Staaten in den Ost-West-Konflikt eingebunden und bereiteten bald auch den Aufbau eigener Streitkräfte vor. In der sowjetischen Besatzungszone erfolgte die verdeckte Remilitarisierung bereits ab 1948 mit dem Aufbau der sogenannten „Kasernierten Volkspolizei" und der „Seepolizei". Als westdeutsches Gegengewicht wurden 1951 der Bundesgrenzschutz und der Seegrenzschutz gegründet.

Parallel zum NATO-Beitritt begann die Bundesrepublik auch offiziell mit der Aufstellung eigener Streitkräfte, die den Namen Bundeswehr erhielten. Gleichzeitig erfolgte der Aufbau der drei Teilstreitkräfte Heer, Luftwaffe und Marine.

Auf den NATO-Beitritt der Bundesrepublik reagierte die sowjetische Führung im Mai 1955 mit der Gründung des Warschauer Paktes. Ab 1956 begann die DDR mit der Aufstellung der „Nationalen Volksarmee" (NVA), zu der auch Seestreitkräfte gehörten, die seit 1960 den Name „Volks-

marine" trugen. In der Ostsee standen sich die Flotten der NATO und des Warschauer Paktes direkt gegenüber. Erst mit der deutschen Wiedervereinigung am 3. Oktober 1990 durch den Beitritt der DDR zur Bundesrepublik endete diese direkte Konfrontation. Das wiedervereinigte Deutschland blieb Mitglied der NATO und der Europäischen Union. 1385 Soldaten der ehemaligen Volksmarine wurden in die Marine der Bundesrepublik integriert, die seit 1995 offiziell „Deutsche Marine" heißt. Zugleich begann der bis heute nicht abgeschlossene Umstrukturierungsprozess der Bundeswehr. Im Zuge der Truppenreduzierungen wurde auch der personelle Umfang der Deutschen Marine sowie die Zahl der Standorte und schwimmenden Einheiten der Marine erheblich verringert.

Eine wichtige Keimzelle der neuen Bundeswehr war der Bundesgrenzschutz, wobei der Seegrenzschutz mit allen Schiffseinheiten, Beamten und technischen Einrichtungen in die neue Marine überführt wurde. Diese trug offiziell den Namen Marine der Bundesrepublik Deutschland, wurde aber meist als Bundesmarine bezeichnet.

Für den materiellen Aufbau der Bundesmarine in den Anfangsjahren nach 1955 stellten die NATO-Alliierten Schiffe, Boote und Flugzeuge aus eigenen Beständen zur Verfügung. Auch Einheiten der ehemaligen deutschen Kriegsmarine wurden erneut in Dienst gestellt. Weil die Bundesmarine innerhalb der NATO für die Verteidigung der Ostseezugänge zuständig war, benötigte sie geeignete Stützpunkte. Das hatte zur Folge, dass viele ehemalige Liegenschaften der Kriegsmarine erneut genutzt wurden. Auch Kiel wurde nun wieder Marinestandort. Vor allem der für Schiffe aller Größen geeignete Tiefwasserhafen und die geographische Nähe zu ihren Einsatzgebieten veranlassten die Bundesmarine, in der Fördestadt wieder einen Stützpunkt zu errichten. Am 18. März 1956 wurden die ersten drei Schnellboote in Kiel stationiert, weitere Einheiten folgten bald.

Von Anfang an war die Bundeswehr fest in das westliche Bündnissystem integriert und NATO-Kommandostrukturen unterstellt. Aus den Kriegsgegnern USA, Frankreich und Großbritannien waren Verbündete geworden. Rasch begann sich das Verhältnis zu den ehemaligen Besatzungsmächten zu normalisieren. Schon bald gehörten Besuche ausländischer Kriegsschiffe wieder zum Alltag in Kiel. Als erstes ausländisches

Kriegsschiff machte am 19. Oktober 1956 der britische Kreuzer GLASGOW zu einem Besuch an der Tirpitzmole fest. Die GLASGOW war das Flaggschiff von Konteradmiral Sir John David Luce, der gemeinsam mit dem Kommandanten des Kreuzers, Captain Christopher D. Bonham-Carter, unter anderem dem Ministerpräsidenten und der Stadt Kiel Besuche abstattete.

In den kommenden Jahren wurde Kiel zum Heimathafen des 1. und 3. Zerstörergeschwaders, des 1. U-Bootgeschwaders, des 3. Minensuchgeschwaders, des 7. Schnellbootgeschwaders und Teilen des 1. Versorgungsgeschwaders sowie des Segelschulschiffs GORCH FOCK, während das Marinefliegergeschwader 5 den Fliegerhorst in Holtenau übernahm.

SAR-Hubschrauber der Marine vom Typ SEA KING. Neben ihrem militärischen Auftrag dienen die SEA KING-Hubschrauber auch dem Seenotrettungsdienst aus der Luft. (SAR = „Search and Rescue", zu deutsch: „Suchen und Retten")

Minenräumboote im Marinestützpunkt Kiel. Diese im Zweiten Weltkrieg für die Kriegsmarine gebauten Boote wurden nach 1945 zum Minenräumen in Nord- und Ostsee eingesetzt und später von der neu gegründeten Bundesmarine übernommen. Bereits im März 1956 waren die ersten Einheiten der Bundesmarine in der Fördestadt stationiert worden. In den 1960er Jahren war Kiel erneut der wichtigste Marinestandort an der Ostsee.

In den 1960er Jahren war Kiel mit rund 9.000 Soldaten und 2.000 Zivilangestellten bereits wieder der größte Stützpunkt der Marine an der Ostsee. Doch verlor die Fördestadt seit Mitte des Jahrzehnts allmählich an Bedeutung als Marinestandort. Bereits 1966 hatte man die Inspektion der Marinewaffen und die Inspektion der Schiffstechnik nach Wilhelmshaven verlagert; 1969 wurde zudem das 3. Minensuchgeschwader in den neuen, an der Schleimündung gelegenen Stützpunkt Olpenitz und 1975 die U-Boot-Flottille nach Eckernförde verlegt. Nur das 7. Schnellbootgeschwader und das 1. und 3. Zerstörergeschwader blieben in Kiel stationiert. 1981 wurde das 3. Zerstörergeschwader aufgelöst und mit der Außerdienststellung des Lenkwaffenzerstörers LÜTJENS im Jahr 2003 endete auch die Geschichte der Zerstörer in Kiel.

In der 1913 fertiggestellten ehemaligen Ingenieur- und Deckoffizierschule der Kaiserlichen Marine war ab 1956 die Technische Marineschule (TMS) untergebracht. Der Schwerpunkt der Ausbildung lag in der Vermittlung technischer Kenntnisse und Fertigkeiten für alle Techniker der Marine vom Mannschaftsdienstgrad bis zum Offizier. Zur Marinetechnikschule gehörte auch das Einsatzausbildungszentrum Schadensabwehr der Marine in Neustadt/Holstein. 1999 wurde die TMS in Kiel aufgelöst und der neuen Marinetechnikschule (MTS) in Parow/Mecklenburg-Vorpommern unterstellt. 2002 wurde der Schulbetrieb endgültig nach Parow verlegt und der Standort der MTS in Kiel aufgelöst.

1957 wurde in Kiel auf dem Gelände der vormaligen, von den Alliierten demontierten Kriegs-

Schnellboote der JAGUAR-Klasse der Bundesmarine im Verband. Zu den Aufgaben der westdeutschen Marine innerhalb der NATO gehörte die Verteidigung der Ostseezugänge. Dafür waren vor allem kleinere Einheiten wie Schnellboote, Minensucher und U-Boote geeignet.

Die drei 1969 und 1970 in Dienst gestellten Schiffe der LÜTJENS-Klasse waren die ersten modernen Lenkwaffenzerstörer der Bundesmarine. Als letzter Zerstörer und als letztes dampfgetriebenes Schiff der Deutschen Marine wurde Ende 2003 das Typschiff LÜTJENS außer Dienst gestellt. Der Zerstörer MÖLDERS liegt heute als Museumsschiff im Deutschen Marinemuseum in Wilhelmshaven.

marinewerft das Marinearsenal für die Reparatur und Instandsetzung der Schiffe und Boote der neuen Bundesmarine eingerichtet. Nachdem es zunächst unter militärischer Führung gestanden hatte, wurde es 1957 fachlich und 1959 auch organisatorisch dem Bundesamt für Wehrtechnik und Beschaffung (BWB) unterstellt. 1974 wurde es mit dem Marinearsenal Wilhelmshaven zur Dienststelle Marinearsenal mit Sitz in Wilhelmshaven und den beiden Arsenalbetrieben Kiel und Wilhelmshaven zusammengefasst. Im Oktober 2011 wurde die Schließung des Arsenalbetriebs in Kiel mit rund 750 Beschäftigten im Zuge der Bundeswehrreform angekündigt. In Kiel sollen nur wenige Spezialbetriebe wie die Sehrohrwerkstatt verbleiben.

Wie schon zur Zeit des Kaisers verband die Stadt Kiel und die Marine auch in den Jahren nach 1956 lange Zeit ein gespanntes Verhältnis. Die Frage der deutschen Wiederbewaffnung hatte nach den Erfahrungen zweier Weltkriege nicht nur im Ausland, sondern auch unter der deutschen Bevölkerung für erhebliche Auseinandersetzungen gesorgt. Vor allem die SPD hatte Adenauers Politik der Westbindung und Integration in die NATO abgelehnt. So kam es auch in Kiel immer wieder zu Demonstrationen von pazifistischen Gruppen und NATO-Gegnern. Durch die Proteste gegen die amerikanische Vietnam-Politik in den 1960er und die Friedensbewegung in den 1980er Jahren verschärften sich die Differenzen weiter. Auch die sozialdemokratische Stadtregierung wahrte eine deutliche Distanz zur Bundesmarine, obgleich das Schulschiff GORCH

FOCK das schwimmende Wahrzeichen der Stadt war. Nicht zuletzt infolge dieser Auseinandersetzungen blieben die Beziehungen der Marine zur Stadt Kiel über viele Jahre von Spannungen und gegenseitigem Misstrauen belastet. Erst Oberbürgermeister Norbert Gansel, Sohn eines Marinesoldaten und selber Reserveoffizer, gelang es in den 1990er Jahren, die Stadt Kiel und die Marine auszusöhnen. Heute ist das Verhältnis gut.

Auch Flensburg und Eckernförde wurden wieder Marinestandort. Ab 1956 wurden in Flensburg die Liegenschaften der früheren Torpedo- und Nachrichtenschule von der Marinefernmeldeschule und der 1963 nach Eckernförde verlegten Unterwasserwaffenschule genutzt. Im gleichen Jahr nahm auch die Marineschule Mürwik mit den Offizieranwärtern der Crew 1/56 den Ausbildungsbetrieb wieder auf. Seither dient sie der Ausbildung der Offiziere und Offizieranwärter der Marine. Der Marineschule unterstellt ist auch das Segelschulschiff GORCH FOCK.

Parallel wurde der Marinestützpunkt Flensburg aufgebaut, in dem hauptsächlich Schnellboote und Minensuchboote sowie Hilfs- und Schulfahrzeuge stationiert waren. 1998 wurde der Marinestützpunkt Flensburg aufgegeben. Unter Einbeziehung der historischen Kasernenbauten entsteht hier seit einigen Jahren der neue maritime Stadtteil Sonwik. 2002 wurde auch die Marinefernmeldeschule aufgelöst und die Fernmeldeausbildung an die Marineoperationsschule in Bremerhaven verlegt.

Seit 1960 befand sich in Glücksburg-Meierwik das Flottenkommando, dem alle schwimmenden und fliegenden Verbände, die schwimmenden Unterstützungseinheiten sowie einige Landeinheiten der Marine unterstellt waren. Von hier aus wurden die See- und Seeluftstreitkräfte der Marine im weltweiten Einsatz geführt. Entsprechend den 2011 beschlossen Umstrukturierungsplänen für die Bundeswehr wird der Standort Glücksburg in den kommenden Jahren aufgegeben und das Flottenkommando in das neu geschaffene Marinekommando in Rostock eingegliedert.

Als erste Liegenschaft in Eckernförde wurde die im Zweiten Weltkrieg unversehrt gebliebene Kaserne Carlshöhe am 1. April 1956 an die neu gegründete Bundesmarine übergeben und bereits am 3. April 1956 traten die ersten Rekruten bei der 4. Schiffsstammabteilung ihren Dienst an. Von 1957 bis zu ihrem Umzug an ihren endgültigen Standort in Plön im Jahr 1960 war hier die Marineunteroffizierschule untergebracht. 1973 zog die „Marinefernmeldeschule – Lehrgruppe Grundausbildung" in die Kaserne Carlshöhe ein. Hier erhielt das Fernmeldepersonal der Marine die allgemeine militärische Grundausbildung und die Vermittlung der ersten Fachkenntnisse. Im Zuge der Bundeswehrstrukturreform wurde die „Lehrgruppe Grundausbildung" im Jahr 2001 geschlossen.

1957 wurde auf dem Gelände der ehemaligen Torpedoversuchsanstalt die „Erprobungsstelle für Marinewaffen" eingerichtet, aus der 1974 mit der Neuordnung des Rüstungsbereiches die „Wehrtechnische Dienststelle 71" (WTD 71) mit Sitz in Eckernförde hervorging, die für die Prüfung der Waffen und Schiffe der Deutschen Marine zuständig ist sowie Forschungsprojekte in den Bereichen Schiffstechnik, Marinewaffentechnik, Kommunikation und Navigation durchführt.

Am 1. März 1957 wurde der Marinestützpunkt Eckernförde in Dienst gestellt. Seit Mitte der 1960er Jahre trägt der Eckernförder Marinehafen den Namen „Kranzfelder Hafen", benannt nach dem Widerstandskämpfer Korvettenkapitän Alfred Kranzfelder, der als einziger aktiver Marineoffizier an der Verschwörung vom 20. Juli 1944 beteiligt gewesen war.

Als erste Einheit der Bundesmarine bezogen im Frühjahr 1963 die Minentaucher die neuen Kasernenanlagen in Eckernförde-Nord. Die Kompanie gehörte zu diesem Zeitpunkt noch zu der in Flensburg stationierten Marineunterwasserwaf-fenschule und wurde erst am 1. Oktober 1964 als selbständige Einheit der Flottille der Minenstreitkräfte direkt unterstellt. 1970 wurde zudem die seit 1963 in Eckernförde-Carlshöhe untergebrachte Kampfschwimmerkompanie in die neue Kaserne Eckernförde-Nord verlegt. 1963 zog auch die Marineunterwasserwaffenschule in die Kaserne Eckernförde-Nord ein. Im Zuge der Bundeswehrreform wurde die Marinewaffenschule – Lehrgruppe A Ende 2002 aufgelöst und die Aufgaben an die Marineoperationsschule Bremerhaven und die Marinetechnikschule Parow (Mecklenburg-Vorpommern) übertragen.

Seit 1991 sind die Kampfschwimmer- und die Minentaucherkompanie in der sogenannten „Waffentauchergruppe" zusammengefasst. Nach dem Abzug zahlreicher Einheiten infolge der Truppenreduzierungen und der Reform der Bundeswehr nach dem Ende des Kalten Kriegs hat Eckernförde heute eine neue Aufgabe als zentraler U-Bootstützpunkt der Bundesmarine gefunden. Seit Oktober 2005 sind in Eckernförde auch die neuen U-Boote mit Brennstoffzellenantrieb vom Typ 212A beheimatet. Darüber hinaus sind in Eckernförde die „Spezialisierten Einsatzkräfte der Marine" und das Seebataillon, die ehemaligen Marineschutzkräfte, stationiert.

Ab 1958 war die Marineversorgungsschule in List auf Sylt die zentrale Ausbildungseinrichtung für die Logistiker der Deutschen Marine. Seit ihrer Auflösung 2007 erfolgt die Logistikausbil-

1958 wurde die GORCH FOCK als Segelschulschiff der Bundesmarine in Dienst gestellt. Seither sind an Bord über 15.000 Offizier- und Unteroffizieranwärter der Marine ausgebildet worden. Zugleich dient die Dreimastbark mit dem Heimathafen Kiel auch als „Botschafterin in Weiß". Benannt ist das auf der Hamburger Werft Blohm & Voss gebaute Schiff nach dem norddeutschen Dichter Johann Kinau, der unter dem Pseudonym „Gorch Fock" schrieb. Er fiel am 31. Mai 1916 in der Skagerrakschlacht.

Luftaufnahme des Kranzfelder Hafens in Eckernförde, benannt nach Korvettenkapitän Alfred Kranzfelder, der am Attentat auf Hitler am 20. Juli 1944 beteiligt gewesen war. Der Marinestützpunkt Eckernförde wurde am 1. März 1957 in Dienst gestellt.

gungsschule in List/Sylt wurde 2007 auch die Ausbildung der Köche der Marine an die MUS nach Plön verlegt.

Zur Zeit des Kalten Krieges gehörte zu den Schwerpunktaufgaben der Bundesmarine im Bündnis- bzw. Verteidigungsfall die Unterbrechung der sowjetischen Seeverbindungen in der Ostsee. Hier standen sich die Flotten der NATO und des Warschauer Paktes direkt gegenüber. Zudem erhielt die Bundesmarine eigene Flugzeuge und Hubschrauber für die Seekriegführung aus der Luft. In Schleswig-Holstein waren zwei mit Jagdbomber ausgerüstete Marinefliegergeschwader stationiert. 1959 wurde das in Jagel stationierte Marinefliegergeschwader 1 (MFG 1) aufgestellt, 1960 folgte das in Tarp/Eggebek beheimatete Marinefliegergeschwader 2 (MFG 2).

1963 erhielten die Marineflieger der Bundesmarine das einsitzige Kampfflugzeug STARFIGHTER (F-104 G), das als Aufklärer und Jagdbomber diente. Das anspruchsvolle Waffensystem zeichnete sich besonders in den ersten Jahren durch eine hohe Flugunfallrate aus. Erst nachdem 1966 grundlegende Maßnahmen zur Aufklärung und Beseitigung der Unfallursachen ergriffen wurden, fassten die Piloten wieder Vertrauen zum STARFIGHTER. Bis zur endgültigen Außerdienststellung im Jahr 1986 verlor die Bundesmarine insgesamt 49 STARFIGHTER, wobei 20 Soldaten starben.

Ab 1979 wurden die Marineflieger mit dem Mehrzweckkampf- und Aufklärungsflugzeug TORNADO ausgerüstet. 1993 wurde das MFG 1

dung in der Bundeswehr zentralisiert und streitkräfteübergreifend.

Von 1961 bis 2005 war auf dem militärischen Teil des Flughafens Westerland die Marinefliegerlehrgruppe stationiert. Hier wurden die Mannschaften und Unteroffiziere der Marinefliegergeschwader militärisch und fachlich ausgebildet.

Seit 1960 hat die Marineunteroffiziersschule (MUS) ihren Sitz in Plön. Hier werden vor allem die zukünftigen Maate und Bootsmänner, die Unteroffiziere und Portepee-Unteroffiziere der Marine, ausgebildet, wobei die Qualifizierung zum militärischen Vorgesetzten im Vordergrund steht. Nach der Auflösung der Marineversor-

Der Marinestützpunkt Kiel mit Blick auf das Marine-Ehrenmal in Laboe. Seit 2006 sind hier die Minenstreitkräfte der Deutschen Marine stationiert. Sie gehören zur Einsatzflottille 1, die ihren Sitz in Kiel hat.

als Aufklärungsgeschwader 51 Immelmann in die Luftwaffe überführt. 2005 wurde auch das MFG 2 aufgelöst und die Jagdbomber vom Typ TORNADO an die Luftwaffe übergeben, die damit die Fähigkeit zum Luftkrieg über See übernahm.

Seit 1958 ist Kiel-Holtenau die Heimat des Marinefliegergeschwaders 5 (MFG 5). Zu den Aufgaben des mit Hubschraubern vom Typ Sikorsky SEA KING SAR-Hubschrauber ausgerüsteten MFG 5 gehört auch der Seenotrettungsdienst aus der Luft (SAR = „Search and Rescue", zu deutsch: „Suchen und Retten"). Von 1963 bis 1968 war in Holtenau auch das ebenfalls mit Hubschraubern ausgerüstete Marinefliegergeschwader 4 (MFG 4) stationiert. Ende 2012 wird das MFG 5 in Holtenau aufgelöst und in Nordholz bei Cuxhaven neu aufgestellt.

Zur Erfüllung ihrer Aufgaben in der Ostsee benötigte die Bundesmarine neben Kiel und Flensburg einen weiteren großen Marinestützpunkt. 1964 wurde daher der neu geschaffene Marinestützpunkt Olpenitz an der Schleimündung in Betrieb genommen. Von hier aus konnten die hier stationierten Einheiten ohne lange Anmarschwege ihre Einsatzgebiete erreichen. In Olpenitz lagen vor allem Minensucher und bis zu ihrer Verlegung nach Rostock-Warnemünde 1994 auch Schnellboote. 2006 wurde der Stützpunkt Olpenitz geschlossen. Auf dem Gelände soll der Ferienpark „Port Olpenitz" mit Yachthafen entstehen. Im nahegelegenen Kappeln befand sich von 1968 bis zu ihrer Schließung Ende 2002 die Marinewaffenschule Lehrgruppe B, in der die Soldaten der Marine an Überwasserwaffen ausgebildet wurden.

Für die Bundesrepublik Deutschland hat sich durch das Ende des Kalten Kriegs und die Terroranschläge des 11. September 2001 die sicherheitspolitische Lage in den letzten zwei Jahrzehnten gleich zweimal grundlegend gewandelt. Gleichzeitig fordert die internationale Staatengemeinschaft von der Bundesrepublik ein verstärktes sicherheitspolitisches Engagement. Auch die Deutsche Marine hat sich der veränderten Weltlage angepasst. Sie hat sich in den letzten eineinhalb Jahrzehnten von einer auf die Verteidigung von Nord- und Ostsee beschränkten Seestreitmacht zu einer global operierenden Einsatzmarine gewandelt. Die wichtigsten Aufgaben der Deutschen Marine sind heute die internationale Krisenbewältigung, die Bekämpfung des internationalen Terrorismus, die Abwehr asymme-

trischer Bedrohungen und der Schutz der internationalen Seewege.

2006 wurden die bisherigen fünf Typflottillen der Marine, die Zerstörer-, die Schnellboot- und die U-Bootflottille sowie die Flottille der Minenstreitkräfte und die Flottille der Marineflieger, zu zwei Einsatzflottillen mit Sitz in Kiel und Wilhelmshaven zusammenfasst, die vom Flottenkommando in Glücksburg aus geführt werden. Als Sitz der neu aufgestellten Einsatzflottille 1, zu der die Marineschutzkräfte und die Spezialisierten Einsatzkräfte der Marine (SEKM) mit den Kampfschwimmern und den Minentauchern, die Schnellboote, die Korvetten und die U-Boote gehören, wurde Kiel erneut zum Zentrum der Marine in der Ostsee.

2011 begann ein neuer Abschnitt in der Geschichte der Deutschen Marine. Mit der Aussetzung der Wehrpflicht und dem Beginn einer erneuten Strukturreform der Bundeswehr steht die Deutsche Marine vor den größten Veränderungen seit ihrer Gründung. Ende 2011 wurde vom Bundesverteidigungsministerium angekündigt, dass im Rahmen der Umstrukturierung der Bundeswehr das bisherige Flottenkommando aufgelöst und mit dem bisherigen Führungsstab der Marine zum neuen Marinekommando mit Sitz in Rostock zusammengeführt wird. Der Stützpunkt in Glücksburg wird aufgegeben. Ungeachtet der erneuten Truppenreduzierung als Folge der Bundeswehrreform bleibt die Deutsche Marine mit der Marineschule Mürwik in Flensburg, dem U-Boot-Geschwader, dem künftigen Kommando Spezialkräfte der Marine, zu dem die Kampfschwimmer gehören werden, und dem neu auf-

Vereidigung von Offiziersanwärtern an der Marineschule Mürwik. Durch die Aussetzung der Wehrpflicht und die Bundeswehr-Strukturreform sieht sich die Deutsche Marine seit 2011 erneut mit erheblichen Veränderungen konfrontiert.

gestellten Seebataillon, in dem die Fähigkeiten der Minentaucher, Boardingteams und Marineschutzkräfte zusammengefasst werden, in Eckernförde, dem Stab der Einsatzflottille 1, dem 3. Minengeschwader und dem Schiffsmedizinischen Institut der Marine in Kiel sowie dem Einsatzausbildungszentrum Schadenssicherung der Marine in Neustadt aber auch in Zukunft prominent in Schleswig-Holstein vertreten.

Die Entwicklung der Schifffahrt seit den 1980er Jahren

In den letzten Jahrzehnten hat sich erneut eine Revolution im maritimen Transportgeschäft ereignet. Durch den Einsatz von Containern und die Modernisierung der Umschlagtechnik haben sich die Hafenliegezeiten erheblich verringert,

während sich zugleich durch die wachsenden Ladekapazitäten und Geschwindigkeiten moderner Handelsschiffe die Transportzeiten erheblich verkürzten.

Die zunehmende Verbreitung des Containers seit den 1960er Jahren hatte tiefgreifende Folgen für Häfen, Schiffbau und das Leben an Bord, ebenso wie für das Verkehrswesen. Zum einen wurden neuartige Schiffe sowie neue Lade- und Löschanlagen für den Containerumschlag erforderlich, zum anderen wurden die Hafenliegezeiten ebenso wie die Transportzeiten immer kürzer; Lagerzeiten entfallen fast vollständig. Waren früher für das Be- und Entladen von Schiffen Dutzende, wenn nicht Hunderte von Arbeitern nötig, so wird die Arbeit heute mit Hilfe moderner Technik von einigen wenigen hochqualifizierten Fachleuten erledigt.

Der Container oder die Revolution im Warenumschlag

Vor rund 40 Jahren hat der Containerverkehr die Schifffahrt revolutioniert. Entwickelt wurde der Container Mitte der 1950er Jahre zur platz- und zeitsparenden Verschiffung von Waren aller Art. Es dauerte nicht lange, da erkannten die Reeder die Vorteile des genormten Transportbehälters: Das Umladen der Waren ging sehr viel schneller, statt einer Woche dauerte der Hafenaufenthalt nur noch 24 Stunden. Als internationaler Standard hat sich der TEU (Twenty-foot-Equivalent-Unit) etabliert. Diese Container sind 20 Fuß (etwa 6,10 Meter) lang, acht Fuß (etwa 6,50 Meter) breit und acht Fuß und sechs Zoll (etwa 2,60 Meter) hoch und können mit bis zu 20 Tonnen Fracht beladen werden. Ein FEU (Forty-foot-Equivalent-Unit) ist bei gleicher Breite und Höhe doppelt so lang und kann bis zu 30 Tonnen Fracht aufnehmen. Darüber hinaus gibt es Spezialcontainer, etwa für flüssige Fracht oder lebende Tiere. 1966 wurden bereits allein in Bremen mehr als 16.000 TEU verladen. Die Umschlagzahlen

Der Container-frachter BERLIN EXPRESS der Reederei Hapag-Lloyd. Das 320 Meter lange Schiff kann bis zu 7.500 Container an Bord nehmen. Große Containerschiffe wie die BERLIN EXPRESS schlagen ihre Fracht in Hamburg oder Bremen um. Der weitere Transport der Container erfolgt per LKW, Bahn oder Feederschiff.

Das Be- und Entladen der Containerschiffe findet mittels spezieller Ladekräne statt, die im vorderen Teil klappbar sind, damit die Schiff mit der hohen Schiffsbrücke ungehindert an die Ladepier fahren können. In einigen Häfen erfolgt der Transport der Container bereits vollautomatisch mit führerlosen Fahrzeugen. Lagen die Schiffe früher oft tage- oder wochenlang im Hafen, so sind es heute meist nur noch wenige Stunden.

Auch die Schiffe haben sich verändert, angefangen beim Wulstbug, der den Wasserwiderstand des fahrenden Schiffes verringert, bis hin zum lukendeckellosen Schiff, bei dem die Container vom Boden bis zur maximalen Stapelhöhe über Deck gestaut werden. Unter Deck werden die Container von speziellen Führungen gehalten, an Deck werden sie durch besondere Vorrichtungen fixiert und untereinander fest verbunden.

steigerten sich in den folgenden Jahren gewaltig; mittlerweile werden rund 70 Prozent aller Stückgutfrachten in Containern transportiert. Heute ist Hamburg Deutschlands größter und

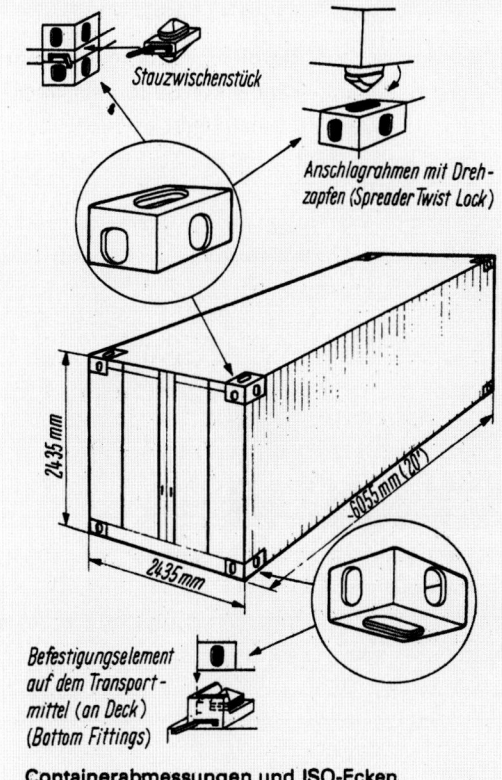

Containerabmessungen und ISO-Ecken

Schematische Darstellung eines Containers.

Den Zubringer- und Verteilerdienst von den großen Containerhäfen in die Zielhäfen übernehmen die sogenannten „Feeder", kleinere Contai-

Europas zweitgrößter Containerhafen. Inzwischen werden die Schiffe vollautomatisch be- und entladen. 2002 betrug der weltweite Containerbestand fast 16 Millionen TEU. Heutige Standard-Containerschiffe sind bis zu 330 Meter lang und fassen bis zu 9.000 TEU. Die größten Containerfrachter haben mittlerweile eine Tragfähigkeit von mehr als 14.000 TEU, doch lässt die dänische Reederei Maersk, die größte Privatreederei der Welt, in Korea bereits Containerschiffe mit einem Fassungsvermögen von 18.000 TEU bauen, die zwischen 2013 und 2015 in Fahrt kommen sollen. Diese gewaltigen, 400 Meter langen und knapp 60 Meter breiten Schiffe werden weltweit nur noch wenige Häfen anlaufen können. Sie sollen zwischen Asien und Europa verkehren und durch ihr großes Fassungsvermögen helfen, die Transportkosten zu verringern.

Die wachsende Größe der Containerschiffe stellt auch die Häfen vor immer größere Probleme. So müssen, wie im Falle Hamburgs, die Fahrrinnen der Zufahrten vertieft, aber auch neue Lade- und Löscheinrichtungen gebaut werden, die in der Lage sind, die wachsende Zahl von Containern zu bewältigen. Weitere Schwierigkeiten bereiten die Logistik und Infrastruktur für den anschließenden Weitertransport per Schiff, Bahn oder LKW. Auch hier sind oftmals hohe Investitionen nötig.

Ein Feederschiff beim Verlassen des Nord-Ostsee-Kanals. Diese kleineren Containerfrachter mit einer Kapazität von bis zu 1.400 TEU dienen als Zubringer zwischen den großen Überseehäfen und den Zielhäfen in Nord-und Ostsee.

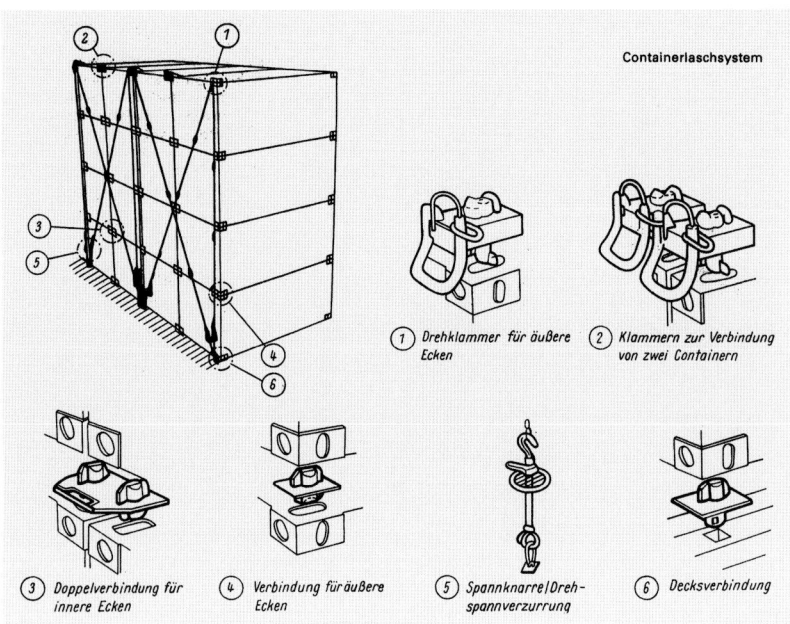

Containerlaschsystem

① Drehklammer für äußere Ecken
② Klammern zur Verbindung von zwei Containern
③ Doppelverbindung für innere Ecken
④ Verbindung für äußere Ecken
⑤ Spannknarre|Drehspannverzurrung
⑥ Decksverbindung

Schematische Darstellung der Verlaschung eines Containers.

nerfrachter mit einem Fassungsvermögen von bis zu 1.400 TEU. Der Weitertransport der Container auf den Binnenwasserstraßen erfolgt dagegen auf speziellen Binnenschiffen mit einer Kapazität von maximal 500 TEU. Andere Container werden über Straße und Schiene weiter befördert. Heute sind nicht nur See- und Binnenschiffe, sondern auch Lkw und Eisenbahnwaggons eigens für die Aufnahme von Containern konstruiert.

Der Siegeszug des Containers und die Rationalisierung des Hafenumschlags haben zudem zu extrem kurzen Hafenliegezeiten geführt: Nur ein Schiff, das fährt, verdient auch Geld. Für die Seeleute hat dies jedoch zur Folge, dass kaum noch Zeit für Erholung im Hafen bleibt, zumal als Folge der Terroranschläge vom 11. September 2011 neue Sicherheitsbestimmungen erlassen wurden. Diese „International Ship and Port Facilities Security Codes" (ISPS) haben aus den Häfen faktisch Sperrbezirke gemacht, so dass es schwer geworden ist, hinein oder heraus zu kommen.

Nicht nur technisch, auch wirtschaftlich erlebte die internationale Handelsschifffahrt seit den 1960er Jahren gravierende Umwälzungen. Angesichts der wachsenden Konkurrenz von Schiffen unter sogenannten „Billigflaggen", die aufgrund von geringeren Heuerkosten, Steuervergünstigungen und niedrigeren Sicherheitsanforderungen einen deutlichen Wettbewerbsvorteil besaßen, sowie dem damit verbundenen Kostensenkungs- und Rationalisierungsdruck sahen sich die deutschen Reeder seit den 1970er Jahren zu-

nehmend zur Ausflaggung ihrer Schiffe gezwungen. Häufig wurden für eine solche Umregistrierung Länder wie Griechenland, Liberia und Panama oder Staaten der Karibik gewählt. Anfang 1980 fuhren bereits fast 50 Prozent der von deutschen Reedereien betriebenen Handelsschiffe unter solchen „Billigflaggen".

Auch in den 1980er Jahren setzte sich der Trend zur Ausflaggung fort. Obgleich die deutsche Handelsflotte zu dieser Zeit zu den modernsten und leistungsfähigsten der Welt gehörte, befand sie sich in einem harten internationalen Wettbewerb, der durch ein Überangebot an Schiffsraum und die stark schwankenden, dollarabhängigen Frachtraten noch weiter verschärft wurde. Aus Kostengründen registrierten die deutschen Reeder immer mehr Schiffe im Ausland. 1989 wurde daher das deutsche „Zweitregister" eingeführt, so dass die Reeder ihre Schiffe unter deutscher Flagge fahren lassen können, ohne die Mannschaft nach den Regeln des deutschen Arbeits- und Tarifrechts beschäftigen zu müssen. Jedoch hatte diese Maßnahme lediglich bescheidenen Erfolg; nur relativ wenige Schiffe wurden in den folgenden Jahren nach Deutschland zurückgeflaggt.

Diese Umwälzungen ließen auch die schleswig-holsteinische Schifffahrt nicht unberührt. Seit den 1980er Jahren ist die Zahl der in Schleswig-Holstein beheimateten Seeschiffe erheblich zurückgegangen. 1986 gab es Schleswig-Holstein noch 186 Reeder, die mit insgesamt 434 großen und kleinen Handelsschiffen über rund 15 Prozent der deutschen Handelsflotte verfügten und circa 5.000 Personen beschäftigten. Heute sind es nur noch 66 Reedereien mit 266 Schiffen.

Dagegen erlebte die Fährschifffahrt auf der Ostsee und damit auch die schleswig-holsteinischen Fährhäfen einen weiteren Aufschwung – nicht zuletzt durch den Wechsel vom konventionellen Umschlag zum Roll-on-/Roll-off-System oder RoRo-System, bei dem PKW und LKW direkt in das Schiff hinein und wieder herausfahren konnten. Durch das RoRo-Verfahren boten sich neue Möglichkeiten des kombinierten Land-See-verkehrs, die sich auch in der rasanten Aufwärtsentwicklung der Umschlagszahlen in den Fährhäfen Kiel, Lübeck-Travemünde und Puttgarden bemerkbar machte.

1961 wurde von der norwegischen Jahre-Line der Fährbetrieb zwischen Kiel und Oslo aufgenommen, wofür der neue Oslo-Kai gegenüber dem Kieler Schloss gebaut wurde. Mehrmals wöchentlich verkehrte die bei den Kieler Howaldtswerken gebaute Autofähre KRONPRINS HARALD, damals das größte Fährschiff in der Ostsee, zwischen den beiden Städten. Die Überfahrt von Oslo nach Kiel dauerte 19 Stunden. Bereits im ersten Jahr wurden 54.200 Passagiere und 8.300 Fahrzeuge transportiert. Ab 1966 wurde in den Sommermonaten zusätzlich die ebenfalls bei Howaldt in Kiel gebaute PRINSESSE RAGNHILD eingesetzt, so dass es tägliche Abfahrten gab. In den Wintermonaten wurde das Schiff für Kreuzfahrten im Mittelmeer eingesetzt. Seit 1972 sind ganzjährig zwei Schiffe auf der Linie Kiel–Oslo eingesetzt.

In den 1970er Jahren wurde die zweite Generation von Norwegenfähren in Dienst gestellt. Ab 1976 wurde eine neue, bei Nobiskrug in Rendsburg gebaute KRONPRINS HARALD auf der Route zwischen Kiel und Oslo eingesetzt. Im gleichen Jahr wurden erstmals mehr als 200.000 Passagiere pro Jahr befördert; die Beförderungszahlen stiegen bis 1980 auf 241.000 Passagiere und 17.000 LKW. 1981 löste die wieder bei HDW gebaute PRINSESSE RAGNHILD ihre gleichnamige Vorgängerin ab, 1987 wurde auch die KRONPRINS HARALD durch einen auf einer finnischen Werft vom Stapel gelaufenen Neubau gleichen Namens ersetzt. 1990 ging aus der Fusion der Jahre-Line und der Norway-Line die neue Reederei Color-Line hervor.

Die Fährlinie Kiel–Oslo gilt heute als eine der wichtigsten Seerouten in Nordeuropa. Allein

2007 wurden insgesamt 850.000 Fahrgäste befördert; 2011 waren es bereits über 1,1 Millionen Passagiere. Die seit 2004 eingesetzte COLOR FANTASY und die 2007 in Dienst gestellte COLOR MAGIC sind 223 Meter lang und bieten an Bord Platz für 2.700 Passagiere sowie 750 bzw. 550 PKW. Die Reise auf den beiden im finnischen Turku gebauten Schiffen ist heutzutage mehr als nur ein bloßer Transport über See von Kiel nach Oslo. Sie sind die größten Luxus-Autofährschiffe der Welt und ähneln eher Kreuzfahrtschiffen als herkömmlichen Fähren.

Nach dem Ende der Verbindung nach Korsör wurden in den 1960er Jahren von Kiel aus auch neue Fährlinien nach Dänemark eingerichtet, unter anderem nach Nakskov auf Lolland (1963), Faaborg auf Fünen (1964) und Bagenkop auf Langeland (1965). Diese Schiffsverbindungen

Die erste KRONPRINS HARALD in Kiel. Von 1961 bis 1976 verkehrte die auf der Howaldtwerft in Kiel gebaute Autofähre zwischen Kiel und Oslo.

Die 2007 in Dienst gestellte COLOR MAGIC gehört zu den modernsten Fähren Europas. Ausstattung und Komfort an Bord gleichen mehr einem Kreuzfahrtschiff als einer herkömmlichen Autofähre. 2011 wurden über 1,1 Millionen Passagiere auf der Fährlinie Kiel-Oslo befördert, die damit eine der bedeutendsten Seerouten in Nordeuropa ist.

Kiel ist nicht nur einer der wichtigsten Fähr-häfen Deutschlands, sondern auch einer der bedeutendsten Kreuzfahrthäfen Nordeuropas. Allein 2010 liefen 136 Kreuzfahrtschiffe die Landeshauptstadt an.

gibt es heute jedoch nicht mehr, als letzte Däne-markfähre wurde 2003 die Linie nach Bagenkop eingestellt.

Seit 1967 besteht von Kiel aus auch eine direk-te Autofährverbindung nach Göteborg in Schwe-den. 1982 wurde der neue Stena-Terminal, auch „Schwedenkai" genannt, für die Fähre nach Gö-teborg gebaut und 1997 die Anlegestelle der Os-lo-Fähren an den neu gebauten Norwegen-Kai in Gaarden verlegt, während der alte Oslo-Kai zu einem Kreuzfahrtterminal umgebaut und 2007 in Ostseekai umbenannt wurde.

Mit den drei modernen Terminals in unmittel-barer Innenstadtlage hat sich Kiel mittlerweile unübersehbar als Passagierhafen etabliert, ob-wohl mit dem Wegfall der Duty-free-Verkäufe Ende der 1990er Jahre etwa die Hälfte des frühe-ren Passagieraufkommens verloren ging. Dafür hat sich Kiel in den letzten zwanzig Jahren zu einem der wichtigsten Anlaufhäfen für Kreuz-fahrtschiffe im Ostseeraum entwickelt.

Zwischen 1993 und 2010 stieg die Zahl der Kiel anlaufenden Kreuzfahrtschiffe von zehn auf 136. Die Landeshauptstadt ist der derzeit drittgrößte Reisewechselhafen für Kreuzfahrten in Nordeuro-pa. Die meisten dieser Schiffe werden von Sartori & Berger betreut. Angesichts der großen Zahl von Kreuzfahrtschiffen, die den Hafen von Kiel an-laufen, wird allmählich der Platz knapp. Sowohl der 2007 eingeweihte Ostseekai als auch der Nor-wegenkai sind mittlerweile überlastet, weshalb im Sommer 2012 ein neuer, vierter Liegeplatz im

Ostuferhafen mit entsprechenden PKW- und Busstellflächen geschaffen werden soll.

Als traditionell wichtige Drehscheibe im Fähr-verkehr mit Skandinavien hatte der Kieler Hafen nach dem Fall des „Eisernen Vorhangs" bereits frühzeitig den Blick auch nach Osten gerichtet. Als wahrer Glücksfall erwies es sich für den Kieler Handelshafen, dass Mitte der 1980er Jahre das ehemalige Werftgelände des veralteten HDW-Stammwerks an der Schwentinemündung in Diedrichsdorf nutzbar wurde. 1984 kaufte die Stadt Kiel die Fläche zur Erweiterung des Han-delshafens. Zuvor verfügte Kiel nur über einen vergleichsweise kleinen Handelshafen, der auf-grund der langjährigen Vormachtstellung von Militär und Schiffbau zudem auch noch in meh-rere Hafenteile zersplittert war. Dazu gehörten auch der Nordhafen und der Scheerhafen am Nord-Ostsee-Kanal, die dem Umschlag von Bau-stoffen, Mineralölen und Agrarprodukten dien-ten. Ab 1985 wurde in Dietrichsdorf in mehreren Stufen der neue Ostuferhafen mitsamt Eisen-bahnanschluss und großen Lagerkapazitäten ge-baut. Im Jahr 2000 wurde nach langer kontover-ser und emotionaler Diskussion auch die Ruine des ehemaligen U-Bootbunkers Kilian abgetra-gen, um den Ostuferhafen zu erweitern.

Heute ist der Ostuferhafen der größte Kieler Hafenteil und eine wichtigen Drehscheibe im Fährverkehr zwischen West- und Osteuropa. Von 1992 bis 2002 stieg der Umschlag im Ostuferha-fen von 100.000 Tonnen auf eine Million Tonnen. Es dominiert der Handel mit Russland und den Baltischen Republiken, wobei der größte Teil des Warenverkehr per LKW-Fähre nach Klaipeda in Litauen, dem ehemaligen Memel, abgewickelt wird. Der von den Reedereien DFDS Seaways und Scandlines/Euroseabridge gemeinsam betriebene Kiel-Klaipeda-Express rangiert in Bezug auf die Umschlagsmenge inzwischen an erster Stelle der Frachtkunden des Seehafens Kiel. Zusätzlich zum Frachtverkehr befördern die modernen kombinierten Fährschiffe auf der Linie nach Klaipeda auch Passagiere. Im Juni 2012 wurde die Zahl der wöchentlichen Abfahrten von Kiel nach Litauen von der DFDS Seaways von sechs auf sieben erhöht. Jeweils einmal wöchentlich gibt es auch eine Frachtfährverbindung nach Kaliningrad, St. Petersburg und Ust-Luga in Russland. Seit Mitte Juni 2012 gibt es zudem eine neue Fährlinie von Kiel nach St. Petersburg, die von der auf Schwertransporte spezialisierten Speditionsfirma Largus betrieben wird.

Dass sich Kiel trotz mancher Rückschläge erfolgreich am Markt behaupten konnte, ist neben anderen Faktoren insbesondere auf die günstige geographische Lage der Stadt zurückzuführen: Kiel ist westlichster europäischer Ostseehafen. Von Kiel aus sind über den Nord-Ostsee-Kanal Westdeutschland und das übrige Europa schnell erreichbar. Zudem ist der Seeweg einfacher, umweltfreundlicher und auf vielen Routen auch wirtschaftlicher als der LKW-Transport.

Auch Lübeck-Travemünde konnte eine positive Entwicklung verzeichnen und ist heute vor Rostock der wichtigste deutsche Ostseehafen. Durch seine Nähe zu Hamburg kann Lübeck-Travemünde einen wesentlichen Teil des Feederverkehrs in der Ostsee für sich beanspruchen. Der Warenumschlag hat sich in den letzten Jahrzehnten fast verdreifacht: Wurden Anfang der 1980er Jahre in Lübeck 10 Millionen Tonnen Güter umgeschlagen, waren es zu Beginn der 1990er Jahre bereits 20 Millionen Tonnen. Bis 2005 stieg die Zahl auf 27.000 Tonnen und erreichte 2007 mit 32,6 Millionen Tonnen ihren bisherigen Höhepunkt; nach einem Einbruch aufgrund der Weltwirtschaftskrise waren es 2011 bereits wieder 26,6 Millionen Tonnen. Davon sind rund vier Millionen Tonnen Forstprodukte. Besonders bedeutend ist der Papierumschlag; rund 60 Prozent der deutschen Papierimporte laufen über Lübeck-Travemünde. Des Weiteren werden hier neben Stück- und Massengütern vor allem Fahrzeuge umgeschla-

gen. Schätzungen gehen von einem weiteren Anstieg der Umschlagzahlen auf bis zu 40 Millionen Tonnen im Jahr 2015 aus.

Zugleich ist Lübeck-Travemünde der bedeutendste deutsche RoRo-Fährhafen. Jede Woche verbinden rund 120 Schiffsabfahrten den Lübecker Hafen mit 24 Häfen im Ostseeraum. Ebenso fahren täglich Fähren von Travemünde nach dem schwedischen Hafen Trelleborg und der finnischen Hauptstadt Helsinki; wobei auf der Finnlandroute die größten RoRo-Fähren der Welt verkehren. Obgleich der Containerumschlag vergleichsweise gering ist, liegt Lübeck hier auf dem dritten Rang nach Hamburg und Bremerhaven. Im Jahr 2010 wurden insgesamt 720.000 LKW und Trailer im Lübecker Hafen umgeschlagen. Mit rund 126.000 umgeschlagenen Container-Einheiten (TEU) pro Jahr ist Lübeck der größte deutsche Ostsee-Containerhafen.

Um einen reibungslosen Anschluss innerhalb der Logistikkette zu gewährleisten, sind die Ankunftszeiten der Fährschiffe und die Abfahrtzeiten der Züge eng aufeinander abgestimmt. Jede Woche verbinden rund 200 Züge den Lübecker Hafen mit den großen europäischen Industriezentren. Durch die Kombination von LKW, Bahn und Binnenschifffahrt können die in Lübeck umgeschlagenen Güter optimal zu den europäischen Hauptindustriezentren weitertransportiert werden. Auch der Schiffsverkehr auf dem Elbe-Lübeck-Kanal hat in den letzten Jahren weiter zugenommen, obgleich ein wirtschaftlicher Containertransport nicht möglich ist, da nur kleinere Binnenschiffe mit einer Tragfähigkeit maximal 1.000 Tonnen die bei Lauenburg in die Elbe mündende Wasserstraße passieren können.

In Flensburg werden vor allem Massengüter wie Düngemittel, Futtermittel, Kohle und Getreide umgeschlagen, in geringerem Maße auch Stückgut. An der Nordsee besitzen lediglich Brunsbüttel und der landeseigene Hafen Glückstadt eine größere wirtschaftliche Bedeutung. Beide Häfen sind auf den Umschlag von Massen-

Die Auto-und Passagierfähre UTHLANDE IV der Wyker Dampfschiff-Reederei (W.D.R.). Das speziell für das Wattenmeer konstruierte Schiff wurde 1980 in Husum gebaut und verkehrte 30 Jahre zwischen Dagebüll und den nordfriesischen Inseln Föhr und Amrum. 2010 wurde die UTHLANDE IV durch einen Neubau ersetzt, jedoch in der Saison 2011 noch einmal in Fahrt genommen. Seit November 2011 ist das Schiff aufgelegt.

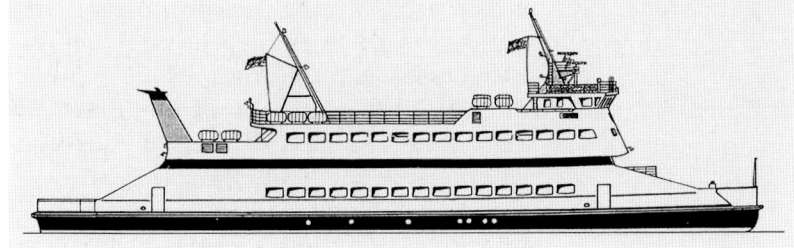

Seegüterverkehr in Hamburg und ausgewählten schleswig-holsteinischen Seehäfen

	1999	2002	2011
Hamburg	73,4 Mio. Tonnen	86,7 Mio. Tonnen	132,2 Mio. Tonnen
Lübeck	17,54 Mio. Tonnen	17,02 Mio. Tonnen	26,57 Mio. Tonnen
Puttgarden	3,81 Mio. Tonnen	3,28 Mio. Tonnen	4,36 Mio. Tonnen
Kiel	2,69 Mio. Tonnen	3,19 Mio. Tonnen	6,29 Mio. Tonnen
Flensburg	0,53 Mio. Tonnen	0,47 Mio. Tonnen	0, 511 Mio. Tonnen
Rendsburg	0,40 Mio. Tonnen	0,32 Mio. Tonnen	0,375 Mio. Tonnen
Brunsbüttel	7,31 Mio. Tonnen	7,56 Mio. Tonnen	10,36 Mio. Tonnen

gütern spezialisiert, vor allem Erdöl, Erdgas und Chemieprodukte für die ortsansässige Industrie. Die Unterelbehäfen Brunsbüttel, Cuxhaven, Glückstadt, Hamburg und Stade erzielten seit 2009 dank einer engen Kooperation und Vernetzung beim Flächenmanagement sowie bei nautischen Fragen und der überregionalen Vermarktung erhebliche Synergieeffekte.

Vor dem Hintergrund der bis 2020 erwarteten 9.500 bis 10.000 Offshore-Windenergieanlagen in Nordeuropa erhalten auch die Westküstenhäfen neue Entwicklungsmöglichkeiten So besitzen Brunsbüttel, Kiel und Lübeck sowie Rendsburg mit seinem „Neuer Hafen Kiel-Canal" Entwicklungspotenzial als Montage- und Produktionsstandorte für Offshore-Großkomponenten. Insbesondere für Helgoland ergeben sich als Ausgangspunkt für die Installation und Versorgung von Offshore-Anlagen große Chancen. Aber auch die Häfen in Büsum, Dagebüll, Husum und auf Sylt könnten als Versorgungshäfen für die maritimen Windparks eine neue Bedeutung bekommen. Um sich in diesem Bereich zu positionieren, haben sich die Westküstenhäfen mit dem Rendsburger „Neuen Hafen Kiel-Canal" im Jahr 2010 zu einer Kooperation „Offshore-Häfen Nordsee SH" zusammengefunden.

Des Weiteren besitzt an der Westküste nach wie vor die Fährschifffahrt der Wyker Dampfschiff-Reederei (W.D.R.) für den Transport von Fahrzeugen und Passagieren auf die nordfriesischen Inseln große Bedeutung. Von Dagebüll und Schlüttsiel aus verbinden die Fähren der W.D.R. ganzjährig die nordfriesischen Inseln Föhr und Amrum sowie die Halligen Langeneß und Hooge mit dem Festland. Die Insel Pellworm ist dagegen mit einer von der 1902 gegründeten

„Neuen Pellwormer Dampfschiffahrtsgesellschaft" (N.P.D.G.) ganzjährig betriebenen Fährlinie nach Nordstrand an das Festland angebunden. Auch die von verschiedenen Reedereien von Büsum aus angebotenen Überfahrten nach Helgoland sowie Ausflugfahrten in das Wattenmeer spielen eine gewisse Rolle.

Trotz der stagnierenden Nachfrage nach Seetransportkapazitäten nahm das Tonnageangebot der Welthandelsflotte zu Beginn des neuen Jahrtausends zu, wobei Containerschiffe die größten Zuwachsraten besaßen. Für Deutschland als importabhängige und exportorientierte Industrienation, die fast 97 Prozent ihres Rohölbedarfs per Schiff einführt und deren seewärtiger Außenhandel gut 20 Prozent des gesamten Außenhandelsvolumens umfasst, stellen die Seewege wichtige Lebensadern dar. Heute werden rund 95 Prozent des interkontinentalen und 35 Prozent des innereuropäischen Warenverkehres über See abgewickelt.

Nach den Terroranschlägen des 11. September 2001 brachen die Charter- und Frachtraten weltweit ein, während sich zugleich die Versicherungsprämien schlagartig erhöhten. Doch schon bald erholte sich der internationale Markt und die Nachfrage nach Seetransportraum stieg wieder an, so dass auch die Charterraten bis Ende 2002 in allen Fahrtgebieten stiegen.

Im Boomjahr 2008 erzielte der Hamburger Hafen mit über 140 Millionen Tonnen den zweitgrößten Seegüterumschlag seiner Geschichte. Der Containerumschlag betrug 9,7 Millionen TEU, womit Hamburg unter den europäischen Containerhäfen den zweiten Rang nach Rotterdam einnimmt. Nach einem zeitweiligen Einbruch durch die Wirtschaftskrise hat der Containerumschlag in Hamburg wieder deutlich zugenommen. 2011 wurden hier neun Millionen TEU umgeschlagen, was einen Zuwachs von 1,12 Millionen TEU oder 14,2 Prozent gegenüber dem Vorjahr bedeutet. Prognosen besagen, dass sich der Hamburger Hafen auch in Zukunft weiter positiv entwickeln wird.

Auch als Wirtschaftsfaktor wirkt der Hamburger Hafen weit in sein Umland. Eine intensivere Zusammenarbeit mit schleswig-holsteinischen Häfen wie Brunsbüttel oder Glückstadt könnte für alle Beteiligten neue wirtschaftliche Impulse geben. Direkt oder indirekt sind in der Metropolregion bereits heute rund 167.000 Arbeitsplätze mit dem Hamburger Hafen verbunden. Insgesamt sind bundesweit 276.000 Beschäftigte in der Hafenwirtschaft tätig.

Die wichtigste Hinterlandverbindung für den Hamburger Hafen ist der Nord-Ostsee-Kanal. In den Jahren von 1999 bis 2008 hat die sich die Anzahl der Schiffspassagen um 45 Prozent, die Ladungsmenge sogar um 150 Prozent erhöht. Über den Nord-Ostsee-Kanal verteilen die sogenannten Feederschiffe die in Hamburg umgeschlagenen Container im gesamten Ostseeraum und bringen auf dem Rückweg Waren für die weitere Verschiffung in die großen Überseehäfen.

Von den 40 schleswig-holsteinischen Häfen besitzen heute aber nur noch Kiel, Lübeck, Puttgarden und Brunsbüttel überregionale Bedeutung. Vom Gesamtumschlag der Häfen im nördlichsten Bundesland entfallen mehr als 70 Prozent auf den Güterverkehr mit den Ostseeanrainern, vor allem mit Schweden, Dänemark, Russland und Finnland.

Der Schifffahrtsmarkt ist heute auf wenige Nationen konzentriert. So befinden sich mehr als 70 Prozent der internationalen Handelsschiffstonnage im Besitz von Reedern der zehn wichtigsten Seefahrtsnationen. Deutschland steht dabei mit neun Prozent der Welthandelstonnage auf Platz drei, bei den Containerfrachtern sogar auf Platz eins. Der Trend zu größeren Schiffen ist ungebrochen. Containerschiffe, Tanker und Massengutfrachter werden immer länger, können mehr Fracht transportieren und besitzen damit auch einen immer größeren Tiefgang, was viele Häfen, darunter auch Hamburg, vor große Probleme stellt. So können heute Schiffe mit einem maximalen Tiefgang von 13,5 Metern den Hamburger Hafen anlaufen – allerdings nur bei auf-

laufender Tide. Hamburg möchte daher die Elbe vertiefen, so dass zukünftig Containerschiffe mit einem Tiefgang von bis zu 14,5 Metern den Hafen der Hansestadt anlaufen können. Angesichts des Trends zu größeren und damit auch tiefergehenden Schiffen zeichnet sich ab, dass der Hamburger Hafen ohne eine Vertiefung des Elbefahrwassers im Wettbewerb mit anderen Häfen die Bremerhaven oder Wilhelmshaven zwangsläufig ins Hintertreffen geraten wird. Mit der umweltpolitisch umstrittenen, aber für die weitere Entwicklung des Hamburger Hafens dringend notwendigen Elbvertiefung wird voraussichtlich nicht vor 2013 begonnen werden.

Die etwa 400 deutschen Reedereien kontrollieren heute 7,5 Prozent aller Handelsschiffe und rund fünf Prozent der Tonnage weltweit. Dazu zählt auch mehr als ein Viertel der weltweiten Containerschiffe, die einen Anteil von rund 46 Prozent an der deutschen Handelsflotte haben. Der Rest setzt sich aus Fracht-, Tank-, Mehrzweck-, Fahrgast- und Fährschiffen zusammen.

Auch in Schleswig-Holstein ist die Schifffahrt nach wie vor ein wichtiger Wirtschaftszweig. Allerdings ist die Zahl der in Schleswig-Holstein ansässigen Reedereien in den letzten zwei Jahrzehnten deutlich gesunken. Waren es Mitte der 1980er Jahre noch über 180 Schifffahrtsunternehmen, existieren mittlerweile zwischen Nord- und Ostsee nur noch 66 Fracht-, Fähr- und Passagierschiffsreedereien.

Während die Transportkapazität der deutschen Handelsflotte in den letzten Jahrzehnten wuchs, nahm die Zahl der deutschen Seeleute stetig ab. Die Ursache dafür sind neben steigenden Personalkosten auch die zunehmende Technisierung des Schiffsbetriebs sowie die Verdrängung traditioneller Reeder und Schiffseigner mit sozialem Verantwortungsbewusstsein durch rein renditeorientierte Kapital- und Schiffsbetreibergesellschaften. Durch den hohen Automatisierungsgrad moderner Handelsschiffe konnten die Besatzungsstärke immer weiter verringert werden, während gleichzeitig die Schiffe immer größer werden. Heute sind Handelsschiffsmannschaften nur noch halb so groß wie noch vor 30 Jahren. Ebenso ist der Trend zur Beschäftigung von Seeleuten aus dem europäischen und außereuropäischen Ausland ungebrochen. Da sie geringere Heuern erhalten als deutsche Seeleute, wuchs ihr Anteil an den Besatzungen auf Schiffen deutscher Reeder zwischen 1999 und 2002 von 40

Prozent auf 50 Prozent. Heute sind oft nur noch der Kapitän und die Offiziere deutsche Staatsbürger. Die Mannschaften stammen dagegen vorwiegend aus Ländern mit niedrigem Lohnniveau, wie den Philippinen, Indien oder Russland.

Heute steht die Handelsschifffahrt unter erheblichem Zeit- und Konkurrenzdruck. Anders als in früheren Jahrhunderten spielt der Transport von Waren auf eigene Rechnung für die deutschen Reedereien heute keine Rolle mehr. Sie sind keine Handelsfirmen, sondern reine Logistikunternehmen und damit Teil der weltweiten Transportkette vom Erzeuger zum Verbraucher. Nach wie vor ist aus ökonomischen Gründen nur ein kleiner Teil der deutschen Handelsflotte in Deutschland registriert. Ein Großteil der Schiffe deutscher Reeder fährt heute in Bare-Boat-Charter unter ausländischer Flagge, z.B. unter der Liberias. Das Schiff ist zwar im deutschen Register eingetragen, aber mit dem Vermerk, dass es unter fremder Flagge fährt. Im Gegensatz dazu wird bei einer Zeitcharter das fertig ausgerüstete und bemannte Schiff gegen eine tägliche Miete zur Verfügung gestellt, über das der Charterer dann im Rahmen der im Vertrag festgelegten Bedingungen frei verfügen kann. Bei einer Reisecharter wiederum befördert das Schiff gegen Entgelt eine bestimmte Ladung zu ihrem Bestimmungsort.

Maritime Wirtschaft, Meeresforschung und Meerestechnik

Die maritime Wirtschaft zählt zu den wichtigsten und fortschrittlichsten Wirtschaftszweigen in Deutschland. Sie ist von herausragender Bedeutung für die Wettbewerbsfähigkeit Deutschlands als Technologie-, Produktions- und Logistikstandort. Mit 380.000 Beschäftigten und 50 Milliarden Euro Umsatz ist die maritime Wirtschaft in Deutschland ein gewichtiger ökonomischer Faktor. Allein Schiffbau, Zulieferer und Meerestechnik beschäftigen rund 100.000 Arbeitnehmer und erwirtschaften einen Umsatz von 20 Milliarden Euro.

Auch die schleswig-holsteinische Wirtschaft ist stark maritim geprägt. Ein Viertel der deutschen Reedereien und ein Fünftel der deutschen Werften sind in Schleswig-Holstein beheimatet. 2006 waren im Land zwischen den Meeren in den

1.700 Unternehmen der maritimen Wirtschaft rund 47.000 Menschen beschäftigt. Ebenso ist Schleswig-Holstein heute ein Zentrum des Wassersports und verfügt an der Nord- und Ostseeküste über eine große Zahl von Sportboothäfen und attraktiven Segel- und Surf-Revieren.

Ein wichtiger Standortvorteil für die maritime Wirtschaft in Schleswig-Holstein sind die zahlreichen wissenschaftlichen Institute und Einrichtungen, an denen Grundlagenforschung, aber auch angewandte Forschung zu vielfältigen maritimen Themen betrieben wird.

Die Meeresforschung blickt in Schleswig-Holstein auf eine lange Tradition zurück. Bereits 1697 führte Samuel Reyher, Mathematiker und Physiker an der 1665 gegründeten Christian-Albrechts-Universität, Versuche zur Bestimmung des Salzgehaltes der Kieler Förde durch. Seit etwa 1870 wird an der Kieler Universität Meeresforschung betrieben. 1902 gründete die „Preußische Kommission zur wissenschaftlichen Erforschung der deutschen Meere" in Kiel das „Laboratorium für die internationale Meeresforschung" für die physikalische, chemische und biologische Untersuchung der Meere. Im Rahmen der „Deutschen Atlantischen Expedition" von 1925 bis 1927 auf dem Forschungsschiff METEOR gelang Wissenschaftlern des Instituts dank der mit Hilfe des ab 1912 in Kiel von dem Physiker Alexander Behm entwickelten Echolots durchgeführten, präzisen Vermessung des Meeresbodens im Südatlantik die Erstellung der ersten detaillierten Tiefenkarten.

1937 wurde an der Christian-Albrechts-Universität das „Institut für Meereskunde" geschaffen, das sich nach dem Zweiten Weltkrieg in der Nachfolge des 1906 gegründeten und 1944 durch einen alliierten Luftangriff zerstörten Berliner Instituts für Meereskunde zum führenden Meeresforschungsinstitut in Deutschland entwickelte. Im Jahr 1968 wurde das Universitätsinstitut zum Institut der „Blauen Liste", der späteren „Leibniz-Gemeinschaft", gleichwohl blieb die enge Verbindung zur Kieler Universität erhalten. 1972 bezog das Institut seinen heutigen Sitz zwischen dem Düsternbrooker Weg und der Kiellinie; das Aquarium und das bekannte Seehundbecken an der Kiellinie bilden seither auch touristische Anziehungspunkte.

Stand im „Institut für Meereskunde" die Erforschung physikalischer, chemischer und biologischer Prozesse im Vordergrund, so beschäftigte sich das 1987 auf dem Kieler Ostufer gegründete „Forschungszentrum für Marine Geowissenschaften", kurz GEOMAR, vor allem mit der Untersuchung geologischer, geophysikalischer und geochemischer Vorgänge. 2004 schlossen sich das „Institut für Meereskunde" (IFM) und GEOMAR zum „Leibniz-Institut für Meereswissenschaften an der Universität Kiel" (IFM-GEOMAR) zusammen, zu dem auch vier Forschungsschiffe, die Alkor, die Poseidon, die Littorina und die Polarfuchs, sowie das Aquarium mit dem berühmten Seehundebecken an der Kiellinie gehören. Zum 1. Januar 2012 wurde das IFM-GEOMAR in das „Helmholtz-Zentrum für Ozeanforschung Kiel" (GEOMAR) umgewandelt. Die Arbeit des Instituts umfasst alle wichtigen Bereiche der Meeresforschung von der Geologie bis zur Meteorologie.

Mit der Meeresökologie im küstennahen Raum beschäftigt sich dagegen das Institut für Küstenforschung im „Helmholtz-Zentrum Geesthacht – Zentrum für Material- und Küstenforschung", dem ehemaligen GKSS-Forschungszentrum. Die GKSS war in den 1960er Jahren ursprünglich als „Gesellschaft für Kernenergieverwertung in Schiffbau und Schiffahrt" für die Konstruktion des ersten und einzigen deutschen Nuklearschiffs, der OTTO HAHN, gegründet worden. Hinzu kommen die Außenstellen des Alfred-Wegener-Instituts für Polar- und Meeresforschung auf Sylt (Wattenmeerstation Sylt) und Helgoland (Biologische Anstalt Helgoland) sowie das Forschungs- und Technologiezentrum Westküste (FTZ), das unter anderem in den Bereichen Küstenökologie, Meerestechnik, Küstengeologie, Küstengeographie, Küstenarchäologie und Landschaftsentwicklung tätig ist.

In Flensburg betreibt das „Institut für Schiffsbetriebsforschung" an der Fachhochschule Flensburg in Zusammenarbeit mit Werften und Reedereien Forschung in vielen Bereichen der Schiffstechnik. Das „Institut für Schiffbau" der Fachhochschule Kiel hat sich dagegen unter anderem auf die Optimierung von Segelyachten spezialisiert. So wurde in Kiel ein neuartiger Ballastkiel für die deutsche Yacht ILLBRUCK der Firma Illbruck-Pinta GmbH optimiert, die im Sommer 2002 das Volvo Ocean Race, eine Segelregatta rund um die Welt, gewann.

In dem im Rahmen der Exzellenzinitiative von Bund und Ländern geförderten interdisziplinären Forschungsverbund „Ozean der Zukunft" untersuchen seit 2006 rund 250 Wissenschaftler der Christian-Albrechts-Universität, des Helmholtz-Zentrums für Ozeanforschung Kiel (GEOMAR) und des Instituts für Weltwirtschaft die Veränderungen der Weltmeere sowie die Wechselwirkungen zwischen Meer und Mensch. Die Forschungsvorhaben untersuchen unter anderem die Auswirkungen des globalen Klimawandels auf die Ozeane, die Bedrohung durch Tsunamis und andere Gefahren sowie Fragen der maritimen Rohstoffgewinnung oder des Meeresumweltschutzes. Im Juni 2012 wurde bekannt gegeben, dass die Finanzierung des Forschungsclusters „Ozean der Zukunft" durch die Exzellenzinitiative mindestens bis 2017 gesichert ist.

In direktem Zusammenhang mit der Meeresforschung steht die Meerestechnik, die heute ein

Ein Offshore-Windpark. Auch an der schleswig-holsteinischen Nordseeküste sollen vor Sylt und Amrum mehrere solcher maritimen Windparks zur umweltfreundlichen Stromerzeugung entstehen. Der Bau von Offshore-Windparks findet jedoch nicht nur Zustimmung; unter anderem werden negative Auswirkungen auf Fische, Meeressäuger und Vögel befürchtet.

bedeutender Wirtschaftsfaktor für Schleswig-Holstein ist. Mit dem Begriff „Meerestechnik" werden Techniken zur Nutzung und zum Schutz der Meere bezeichnet, etwa unterseeischer Bergbau, Unterwasser-Pipelines, aber auch Offshore-Windkraftanlagen oder maritime Umweltschutztechnik. Meerestechnik ist für die Erforschung, die nachhaltige Nutzung und den Schutz der Meere und damit auch für das Überleben der Menschheit unverzichtbar und daher ein wichtiger zukunftsorientierter Wirtschaftsbereich für die Bundesrepublik. In Schleswig-Holstein beschäftigen sich rund 100 Firmen mit diesem Bereich, der vom Schiffbau bis hin zur Elektronik und zur Aquakulturtechnik, wie der gezielten Zucht von Speisefischen, reicht. Daher besitzt auch die Forschung zur marinen Biotechnologie eine hohe Anwendungsrelevanz. In diesem Bereich aktiv sind neben dem FTZ auch das Kieler Wirkstoffzentrum am IFM-Geomar (KiWiZ) sowie die Fraunhofer-Einrichtung „Marine Biotechnologie Lübeck", die zu einem Institut für marine Biotechnologie ausgebaut werden soll. Mit dem neuen „Nordverbund Marine Biotechnologie – Wirk- und Wertstoffe aus Marinen Organismen" haben sich die schleswig-holsteinischen Forschungseinrichtungen mit Wirtschaft und Forschung in Hamburg und Mecklenburg-Vorpommern vernetzt.

Auch der Bereich der Offshore-Windenergie soll ausgebaut werden. An der schleswig-holsteinischen Nordseeküste sollen vor Sylt und Amrum mehrere solcher Windparks errichtet werden. Die Fertigstellung der ersten deutschen Anlagen – nach dem Windpark „alpha ventus" vor der niedersächsischen Nordseeküste, der als Testanlage geplant wurde und 2010 als erste Offshore-Windpark in der deutschen Ausschließlichen Wirtschaftszone in Betrieb ging – ist für 2013 geplant. Studien zufolge sollen diese Windparks keine Beeinträchtigung des empfindlichen maritimen Ökosystems darstellen. Trotzdem werden der Bau von Offshore-Windparks und deren mögliche Folgen für die Umwelt kontrovers diskutiert. Zwar wird befürchtet, dass die Errichtung solcher Anlagen negative Auswirkungen auf Fische, Meeressäuger und Vögel haben könnten, andererseits können die Offshore-Windparks aber auch Schutz- und Rückzugsräume für Fische darstellen.

Ebenso ist Deutschland nach wie vor die führende europäische Schiffbaunation. Im Bereich der Werftindustrie nimmt Schleswig-Holstein nach Niedersachsen und Mecklenburg-Vorpommern aber nur den dritten Rang in der Bundesrepublik ein. Das Land Schleswig-Holstein unterstützt seine Werften unter anderem mit Subventionen und Landesbürgschaften.

Heute konzentrieren sich rund 93 Prozent des weltweiten Schiffbaus auf den asiatischen Raum. Deutschland hat heute nur noch einen Weltmarktanteil von einem Prozent. Gegenüber den staatlich massiv unterstützen Werften in Japan, Korea und China sind die deutschen Werften beim Bau von Standardschiffen, wie Containerfrachtern, ungeachtet aller Subventionen nicht länger konkurrenzfähig.

Bereits vor längerer Zeit haben sich die schleswig-holsteinischen Werften auf diese neuen Rahmenbedingungen eingestellt. Dank hochwertiger Produkte und innovativer Entwicklungen besitzt die deutsche Werftindustrie immer noch eine technologische Spitzenstellung unter den Schiffbaunationen. Die Stärke des deutschen Schiffbaus liegt bei Spezialschiffen, wie Megayachten, U-Booten oder Kreuzfahrtschiffen. Die Flensburger Schiffbaugesellschaft (FSG) hat sich beispielsweise auf den Bau von RoRo-Schiffen und -Fähren spezialisiert, in die PKW und LKW über Rampen durch große Tore in der Bordwand oder an Bug und Heck direkt hineinfahren können. In Flensburg gebaute RoRo-Schiffe sind weltweit im Einsatz. Die FSG gehört damit zu den am besten ausgelasteten deutschen Werften.

Ebenso ist HDW nach wie vor die weltweit führende Werft im Bereich der nicht-nuklearen U-Boote, wobei der neue, mit Brennstoffzellenantrieb ausgerüstete Typ 214 den Vorgängertyp 209 als Exportboot verdrängt hat. Die Werften Blohm & Voss Kiel, die Rendsburger Nobiskrugwerft, die zur Lürssengruppe gehörende Krögerwerft sowie die Peterswerft in Wewelsfleth haben sich dagegen zunehmend auf den Bau von Groß- und Megayachten konzentriert. Dabei können die schleswig-holsteinischen Werften sich auch auf leistungsfähige Zulieferbetriebe stützen, wie den Hersteller von Navigationssystemen Raytheon-Anschütz oder den Schiffsmotorenbauer Caterpillar in Kiel-Friedrichsort. 1997 war die Krupp MaK Maschinenbau an den amerikanischen Konzern Caterpillar verkauft worden, der die Produktion von Schiffsdieselmotoren mit guten Erfolg weiterführt. So wurde beispielsweise im Jahr

2007 das Kreuzfahrtschiff AIDAdiva mit vier Dieselmotoren des Typs MaK 9M43C ausgerüstet.

Mit der Gründung der Initiative „Zukunft Meer" und der Ernennung eines Maritimen Koordinators will das Land Schleswig-Holstein die Entwicklung der maritimen Wirtschaft fördern. 2005 wurde das „Maritime Cluster Management Schleswig-Holstein" für die Wirtschafts- und Regionalentwicklung ins Leben gerufen, das seit 2008 durch die „Wirtschaftsförderung und Technologietransfer Schleswig-Holstein GmbH" getragen und unter anderem von den Industrie- und Handelskammern, Unternehmen und Institutionen aus dem maritimen Bereich unterstützt wird. Seit Beginn des Jahres 2011 umfasst das wirtschaftliche Netzwerk als trilaterales „Maritimes Cluster Norddeutschland" neben Schleswig-Holstein auch Niedersachsen und Hamburg. Mit dieser länderübergreifenden Vernetzung soll die technologische Kompetenz der Branche weiter erhöht werden. 2007 wurde zudem durch die Industrie- und Handelskammer Schleswig-Holstein der landesweite Arbeitskreis „Maritime Wirtschaft" gegründet, um die Interessen der maritimen Wirtschaft zu bündeln und gegenüber der Politik zu vertreten. Der Arbeitskreis umfasst etwa 60 Unternehmen aus allen Bereichen der maritimen Wirtschaft.

Die Verbesserung von Navigation und Seesicherheit

Nach dem Zweiten Weltkrieg trugen neue Hilfsmittel und Verfahren zur Ortsbestimmung auf See zu einer Verbesserung der Navigation und zu einer erhöhten Sicherheit in der Seefahrt bei.

Das zuverlässigste Grundgerät in der Navigation ist nach wie vor der Kompass. Nach dem Zweiten Weltkrieg hat sich der Kreiselkompass zur Bestimmung der Himmelsrichtung allgemein durchgesetzt und ist heute auf den meisten größeren Handelsschiffen zu finden. Doch obwohl ein Kreiselkompass kaum störanfällig ist, müssen sich zur Sicherheit zusätzlich Magnetkompasse für den Fall eines Stromausfalls an Bord befinden.

Gleichzeitig wurden neben Echoloten zur Messung der Wassertiefe auch Radargeräte als Navigationshilfe üblich. Bei diesem elektromagnetischen Ortungsverfahren werden die vom Radar-sender ausgestrahlten Radiowellen von festen Gegenständen reflektiert und vom Radarempfänger in ein sichtbares Signal auf einem Leuchtschirm umgewandelt. Die ausgesendeten Radiowellen dringen auch durch Nebel oder Regen und ermöglichen daher selbst nachts und bei ungünstigen Sichtverhältnissen ein sicheres Navigieren. Seit 1965 sind Radargeräte durch eine Ergänzung des internationalen Seesicherheitsabkommens SOLAS von 1960 (SOLAS = International Convention for the Safety of Life at Sea) weltweit an Bord von Handelsschiffen vorgeschrieben.

Ebenso erleichterten nach dem Zweiten Weltkrieg neue Verfahren der Handelsschifffahrt und der Hochseefischerei die Standortbestimmung auf See. Eine dieser neuen Navigationsmethoden war die Funknavigation. Dabei konnte die Schiffsposition mithilfe von Signalen festgestellt werden, die von einer Kette von ortsfesten, sogenannten „Funkfeuern" ausgestrahlt wurden, wie z.B. bei dem ab 1947 eingeführten britischen Decca-System oder dem seit 1957 einsatzbereiten amerikanischen LORAN-Navigationsverfahren.

Noch präziser als die Funknavigation ist die 1964 eingeführte und zunehmend verbreitete Satellitennavigation. Das bekannteste Satellitennavigationssystem ist das ursprünglich für militärische Zwecke vom US-Verteidigungsministerium entwickelte, heute aber auch vollständig zivil nutzbare GPS (Global Positioning System). Es besteht aus 24 Satelliten, die sich auf sechs kreisförmigen Umlaufbahnen um die Erde bewegen und ständig über Funk ihre aktuelle Position und die genaue Uhrzeit senden. Das GPS-System basiert auf der Messung der Laufzeitunterschiede der von unterschiedlichen Satelliten ausgesandten Funksignale und ermöglicht so eine auf wenige Meter genaue Standortbestimmung auch bei ungünstigen Wetterverhältnissen, wie Sturm oder schlechter Sicht. Angesichts der Genauigkeit des GPS-Systems verloren die bisherig üblichen Verfahren der Standortbestimmung, wie die klassische astronomische Navigation oder die Funknavigation, rasch immer mehr an Bedeutung.

Mittlerweile hat die GPS-Navigation die anderen Methoden zur Positionsbestimmung weitgehend abgelöst. So wurde das Decca-System im Jahr 2000 endgültig abgeschaltet, während die letzte LORAN-Station 2010 ihren Dienst einstellte. Durch die moderne computergestützte Navigation werden auch die herkömmlichen Seekarten zunehmend überflüssig. In der internationalen Handelsschifffahrt werden integrierte elektronische Informations-, Navigations- und Schiffssteueranlagen (Electronic Chart Display and Information System, kurz ECDIS) verwendet. Ebenso haben viele Handelsschiffe heute Bugstrahlruder, um die Manövrierfähigkeit, etwa in engen Hafenbecken, zu verbessern und so teure Schlepperhilfe einzusparen.

Aus Kostengründen wurde in den letzten Jahren die Zahl der Seezeichen, wie Fahrwasserbetonnungen oder Leuchtfeuer, erheblich verringert. Dadurch steigt die Abhängigkeit von elektronischen Navigationssystemen noch weiter, so dass eine Störung des GPS-Systems erhebliche Auswirkungen auf die Sicherheit der Seeschifffahrt hätte. Bei einem Ausfall könnte der Seeverkehr sogar weitgehend zum Erliegen kommen, da ohne die exakte Positionsbestimmung durch Satellitennavigation eine sichere Kursberechnung auf See nicht mehr möglich wäre.

Ungeachtet moderner Navigationsmethoden ist die Seefahrt nach wie vor gefahrvoll. Nord- und Ostsee zählen heute zu den am dichtesten befahrenen Gewässern der Welt. Mit der Zahl der Schiffe wächst auch die Gefahr von Havarien. Trotz zuverlässiger technischer Hilfsmittel wie GPS oder Radar kommt es auch heute noch immer wieder zu Unfällen und Unglücken auf See, wie das Beispiel der PALLAS zeigt: Im Oktober 1998 strandete der während eines schweren Sturmes in Brand geratene Holzfrachter PALLAS vor der Insel Amrum, nachdem alle Löschbemühungen ebenso wie die Versuche, die PALLAS auf die offene See oder nach Cuxhaven zu schleppen, gescheitert waren. Derartige Seeunfälle und

die möglicherweise damit verbundenen Umweltschäden stellen eine ernsthafte Bedrohung für die deutschen Küsten dar. Eine Vorstellung von den möglichen Folgen eines Schiffsunglücks für die Umwelt vermittelt die Kollision zwischen einem Tanker und einen Frachter vor der Halbinsel Darß an der Küste Mecklenburg-Vorpommerns im Jahre 2001. Dabei liefen mehrere Tausend Tonnen Öl aus, die das empfindliche maritime Ökosystem in diesem Gebiet nachhaltig geschädigt haben.

Auch mehr als 65 Jahre nach dem Ende des Zweiten Weltkriegs stellen militärische Hinterlassenschaften immer noch eine erhebliche Bedrohung für Schifffahrt und Fischerei dar. Nach der deutschen Niederlage 1945 wurden schätzungsweise 1,3 Millionen Tonnen konventionelle und chemische Munition in deutschen Nord- und Ostseegewässern versenkt. Hinzu kommen Blindgänger, nicht geräumte Seeminen und andere Überbleibsel aus der Zeit der beiden Weltkriege. Auch heute noch muss mit dem Fund von Munition gerechnet werden. Die Minenjagdboote und Minentaucher der Deutschen Marine besitzen die notwendigen Fähigkeiten, um diese Relikte des Krieges gefahrlos zu beseitigen.

Nach zahlreichen spektakulären Schiffsunfällen ist in den letzten Jahren weltweit die Frage der Schiffssicherheit ebenfalls wieder in den Vordergrund getreten. Dabei geht es neben der Kontrolle des baulichen Zustands der Schiffe vor allem um eine bessere Überwachung des Seeverkehrs. So wird in den deutschen Häfen regelmäßig die Sicherheit ausländischer Handelsschiffe von der See-Berufsgenossenschaft überprüft, die bei schwerwiegenden Mängeln Sanktionen bis hin zum Verbot der Weiterfahrt verhängen kann.

Für die Sicherheit der Schiffe und des Schiffsverkehrs in schwierigen Gewässern, bei Kanalpassagen und im Hafen sind Lotsen unentbehrlich. Sie sind in Lotsenbrüderschaften organisiert. Als Berater übernehmen sie im Auftrag und mit Billigung des Kapitäns die nautische Führung des Schiffes. In Nord- und Ostsee gilt eine Lotspflicht unter anderem auf der Elbe, im Hamburger Hafen und bei der Anfahrt der Häfen Kiel, Lübeck und Flensburg. Auf dem Nord-Ostsee-Kanal müssen Schiffe ab 65 Metern Länge und elf Metern Breite einen Lotsen an Bord nehmen sowie ab 100 Metern Länge und 14 Metern Breite zudem von einem Kanalsteurer und bei mehr als

Sprengung einer Seemine durch Minenjagdeinheiten der Deutschen Marine. Bis heute finden sich in der Ostsee militärische Altlasten wie versenkte Munition, nicht geräumte Minen oder Blindgänger. Unter anderem finden seit 1996 jährlich die multinationalen Minenräumoperationen BALTIC SWEEP und OPEN SPIRIT vor den Küsten der baltischen Staaten statt, bei denen militärische Hinterlassenschaften aus der Zeit der beiden Weltkriege und des Kalten Kriegs beseitigt werden.

120 Metern Länge und 17 Metern Breite von zwei Kanalsteurern geführt werden.

Seit den 1970er Jahren wurden auch verstärkt internationale Abkommen über Mindeststandards für die Ausbildung und Prüfung von Seeleuten geschlossen, wodurch die Sicherheit an Bord erhöht wurde. Auch die Sicherheitsausstattung von Handelsschiffen wurde durch internationale Übereinkünfte verbessert. Bereits 1914 war als Reaktion auf den Untergang der TITANIC das erste „Internationale Übereinkommen zum Schutz des menschlichen Lebens auf See" („International Convention for the Safety of Life at Sea" = SOLAS) geschlossen worden, das einen internationalen Mindeststandard für die Sicherheit auf Handelsschiffen schaffen sollte. In den folgenden Jahrzehnten wurden diese Bestimmungen durch neue Übereinkünfte immer wieder aktualisiert. Das heute noch gültige 5. SOLAS-Abkommen wurde 1974 geschlossen und hat weltweit einheitliche Normen für den sicheren Schiffsbetrieb festgelegt, die durch zahlreiche Ergänzungsabkommen erweitert und aktualisiert wurden. Die SOLAS-Bestimmungen gelten seit 2002 weltweit und sollen einen sicheren Schiffsbetrieb und die Verhütung von Meeresverschmutzungen sicherstellen. Unter anderem sind heute Schiffsdatenschreiber und das AIS (Automatic Identification System) genannte, automatische Schiffsidentifizierungssystem für alle Handelsschiffe über 300 BRZ vorgeschrieben. Die Prüfung der Einhaltung dieser Vorschriften und Ausstellung der entsprechenden Zertifikate liegt in Deutschland in der Verantwortung der Schiffssicherheitsabteilung der See-Berufsgenossenschaft, die dabei von anerkannten Klassifikationsgesellschaften, wie beispielsweise dem Germanischen Lloyd, unterstützt wird.

Nach wie vor ist der Transport mit dem Schiff im Vergleich mit Bahn und LKW die umweltfreundlichste Variante, auch wenn deren Schweröl- und Dieselmotoren nicht unerheblich zur Luftverschmutzung und zum weltweiten CO_2-Ausstoß beitragen. Der Schutz der Meere und der maritimen Ökosysteme ist und bleibt eine dauernde Herausforderung. Zu den wichtigsten Problemfeldern des maritimen Umweltschutzes zählen heute Überfischung, Überdüngung und der Eintrag schädlicher Stoffe in die Meere. Auch der globale Klimawandel und der zu erwartende Anstieg des Meeresspiegels stellt Küstenforschung und Küstenschutz vor ganz neue Herausforderungen. Deutschland gehört zu den führenden Nationen im maritimen Umweltschutz. Unter anderem wird am Helmholtz-Zentrum in Geesthacht unter Leitung des Instituts für Küstenforschung ein Umwelt-Überwachungssystem für die Nordsee entwickelt.

Der Meeresumweltschutz in Ostsee und Nordsee ist in mehreren internationalen Übereinkommen geregelt, wie dem Paris-Übereinkommen über die landabhängige Meeresverschmutzung, dem Oslo-Übereinkommen über die Abfallversenkung, dem MARPOL-Übereinkommen über die Schiffsverschmutzung sowie dem Helsinki-Übereinkommen über den Schutz der gesamten Ostsee. Ebenso wurde nach einigen verheerenden Tankerunglücken beschlossen, Einhüllentankschiffe weltweit bis spätestens 2017 aus dem Verkehr zu nehmen. Aus EU-Gewässern wurden die Einhüllentankschiffe bereits 2010 verbannt.

Internationale Seeschifffahrts-Organisation

Die „Internationale Seeschifffahrts-Organisation" („International Maritime Organization" oder kurz „IMO") ist eine seit 1959 bestehende Sonderorganisation der Vereinten Nationen mit Sitz in London. Zu ihren Aufgaben gehören die Verbesserung der Schiffssicherheit und Sicherheit der Seefahrt sowie der Meeresumweltschutz. Seit ihrer Gründung hat die IMO rund 40 internationale Übereinkommen erarbeitet, die unter anderem die berufliche Befähigung und die Sicherheit der Schiffsbesatzungen (STCW-Übereinkommen), die Sicherheit auf See (SOLAS-Übereinkommen), den Meeresumweltschutz (MARPOL-Übereinkommen), die Seenotrettung und den Schutz vor Piraterie und Terrorismus betreffen. 1987 wurde beschlossen, dass jedes Schiff eine individuelle, nur einmalig vergebene, der Fahrgestellnummer eines Kraftfahrzeugs vergleichbare Nummer erhält, die bereits bei Baubeginn des Schiffes zugeteilt wird. Seit 2002 muss diese sogenannte „IMO-Nummer" deutlich sichtbar am Heck, seitlich am Rumpf oder an den Aufbauten des Schiffs angebracht werden.

Zusammen mit den übrigen Küstenländern ist Schleswig-Holstein für die Sicherung und Kontrolle des Seeverkehrs innerhalb der deutschen Hoheitsgewässer innerhalb der Zwölf-Seemeilengrenze zuständig, da dies in den Kompetenzbereich der Bundesländer fällt; außerhalb dieses Bereichs ist ausschließlich der Bund verantwortlich. Für die länderübergreifende Einsatzkoordinierung innerhalb der norddeutschen Küstenländer wurde 2002 die Wasserschutzpolizei-Leitstelle Cuxhaven eingerichtet. Dabei übernimmt die schleswig-holsteinische Wasserschutzpolizei die Überwachung der Zwölf-Seemeilenzone an der Nord- und Ostseeküste, auf der Elbe ist dagegen allein die Hamburger Wasserschutzpolizei zuständig.

Die Überwachung der Seegrenzen und des grenzüberschreitenden Warenverkehrs fällt dagegen in die alleinige Kompetenz des Bundes und wird durch die Bundespolizei See und den Zoll übernommen. Während der Zoll für die Kontrolle der Einfuhr, Ausfuhr und Durchfuhr von Waren zuständig ist, obliegt der Bundespolizei der Schutz der deutschen Küste und die Wahrnehmung polizeilicher Aufgaben im Küstenmeerbereich und auf hoher See.

Die Bundespolizei See entstand 2005 durch Umbenennung des „Bundesgrenzschutz See". Nachdem der seit 1951 bestehende bundesdeutsche Seegrenzschutzverband 1956 in der neu gegründeten Bundesmarine aufgegangen war, wurde der Bundesgrenzschutz See (BGS See) 1964 zum zweiten Mal aufgestellt. Im Sommer 1965 wurde der Patrouillendienst in der westlichen Ostsee mit vier kleinen Booten aufgenommen. Die wichtigste Aufgabe war zunächst die Kontrolle der Seegrenze zur DDR, später kamen Aufgaben wie Seeüberwachung und Umweltschutz hinzu. Bis 1994 besaßen die Beamten des Bundesgrenzschutz Kombattantenstatus. Die wichtigsten Stützpunkte des BGS See waren Neustadt in Holstein für die Ostsee und Cuxhaven für die Nordsee. Nach der deutschen Wiedervereinigung 1990 erweiterte sich das Einsatzgebiet bis zur polnischen Grenze. Das Bundespolizeiamt See verfügt heute über drei „Seeinspektionen" genannte Stützpunkte in Neustadt, Cuxhaven und Warnemünde.

Zur besseren Koordination der Überwachungs- und Kontrollaufgaben in den deutschen Küstengewässern hat der Bund bereits 1994 den „Koordinierungsverbund Küstenwache" ins Leben gerufen, zu dem neben dem Zoll und der Bundespolizei auch die Wasser- und Schifffahrtsverwaltung, die Bundesanstalt für Landwirtschaft und Ernährung sowie das Bundesamt für Seeschifffahrt und Hydrografie gehören. Zu den Aufgaben der Küstenwache zählen die Sicherung und Kontrolle des Seeverkehrs, die Seenotrettung, die Verfolgung von Straftaten sowie die Überwachung von Fischerei- und Umweltschutzbestimmungen. Alle Fahrzeuge der Küstenwache führen als Erkennungszeichen eine vertikale schwarz-rot-goldene Kennzeichnung, den Schriftzug „Küstenwache" und das Logo der Küstenwache, ein hellblaues Wappenschild mit Anker und Bundesadler, das auch die Besatzungen an ihrer Dienstkleidung tragen. Die Küstenwache ist jedoch keine eigenständige Behörde, sondern lediglich eine besondere Form der Zusammenarbeit zwischen den maritimen Vollzugskräften des Bundes.

Die Schaffung einer tatsächlichen Küstenwache als Bundesbehörde mit klar definierten exekutiven Kompetenzen scheiterte bislang sowohl am Widerstand einiger Bundesländer, als auch an den Kompetenzstreitigkeiten innerhalb der mit maritimen Aufgaben beauftragten Bundesministerien.

Lange Zeit fehlte in Deutschland auch eine einheitliche Organisations- und Führungsstruktur bei der Bewältigung schwerer Seeunfälle. Die während der Havarie des Holzfrachters PALLAS im Herbst 1998 zu Tage getretenen Abstimmungsprobleme zwischen den verschiedenen Behörden führten schließlich zur Gründung einer Koordinierungsstelle, um in Zukunft bei derartigen Vorfällen schneller und besser reagieren zu können.

Seit 2003 dient das Havariekommando mit Sitz in Cuxhaven als Sonderstelle des Bundes und der Küstenländer zur Sicherstellung eines koordinierten Unfallmanagements auf Nord- und Ostsee. Es ist für die Vorbereitung, Übung und Durchführung von Hilfsmaßnahmen von der Verletztenversorgung über die Brandbekämpfung bis zur Notbergung zuständig und fungiert im Falle schwerer Seeunfälle als einheitlichen Einsatzleitung für alle Einsatzkräfte des Bundes und der Küstenländer. Bei komplexen Schadenslagen wird zudem ein Havariestab einberufen, der das koordinierte Vorgehen aller Einsatzkräfte des Bundes und der Küstenländer sicherstellen soll.

Vom Kreuzzoll zur Küstenwache

Die wichtigste Aufgabe des Zolls war und ist die Überwachung des grenzüberschreitenden Warenverkehrs zu Land und zur See.

Nach dänischem Vorbild war in Preußen nach 1864 ein Kreuzzollwesen entstanden, also die Überwachung der Schifffahrtswege durch auf See kreuzende Zollwachtschiffe. Zu Beginn des 20. Jahrhunderts wurden die Segelschiffe von Dampf- und später von Motorschiffen abgelöst; 1902 wurde das deutsche Kreuzzollwesen aufgelöst. Im Kaiserreich waren die Zollaufgaben Landessache, d.h. der Zoll wurde von der Finanzverwaltung der einzelnen Länder erhoben und verwaltet, erst in der Weimarer Republik wurden die Zollangelegenheiten Reichssache. Auch in der Bundesrepublik ist der Zoll Bundessache. Die Bundeszollverwaltung untersteht der Bundesfinanzverwaltung und diese dem Bundesfinanzminister.

Die grenzpolizeiliche Exekutive des Bundes zur See übt dagegen die Bundespolizei See aus. Zur besseren Koordination der Überwachungs- und Kontrollaufgaben in den deutschen Küstengewässern hat der Bund 1994 den „Koordinierungsverbund Küstenwache" ins Leben gerufen. Zugleich wurden die Boote des Zolls und des damaligen „Bundesgrenzschutz See", der heutigen „Bundespolizei", in diese Küstenwache integriert, die von den Küstenwachzentren Cuxhaven (Nordsee) und Neustadt/Holstein (Ostsee) geführt wird. Anders als in den USA ist die Küstenwache in Deutschland allerdings keine eigenständige Behörde, sondern lediglich eine besondere Form der Zusammenarbeit zwischen den

Obgleich zahlreiche Behördenfahrzeuge des Bundes seit 1994 den Schriftzug „Küstenwache" tragen, gibt es bis heute keine eigenständige deutsche Küstenwache nach dem Vorbild der US Coast Guard, sondern lediglich einen Koordinierungsverbund verschiedener Bundesbehörden.

maritimen Vollzugskräften des Bundes. Die Schaffung einer Küstenwache auf Bundesebene scheiterte bislang am Widerstand einiger Bundesländer sowie an Kompetenzstreitigkeiten zwischen den mit maritimen Aufgaben beauftragten Bundesministerien.

Von 1995 bis 2005 existierte in Schleswig-Holstein eine eigene Küstenwache als Verbund von Wasserschutzpolizei, dem Amt für ländliche Räume und dem Landesamt für Natur und Umwelt. Angesichts des anhaltenden Widerstands anderer Bundesländer gegen die Schaffung einer bundeseinheitlichen Küstenwache löste das Land Schleswig-Holstein diesen Verbund von Landesbehörden schließlich wieder auf.

Im Falle einer Havarie stehen in Nord- und Ostsee Notschlepper bereit, die innerhalb von zwei Stunden zur Stelle sein sollen. In der Ostsee wird diese Aufgaben von zwei Mehrzweckschiffen und drei von privaten Reedern gecharterten Schleppern wahrgenommen, während in der Nordsee seit 1996 der Hochseeschlepper OCEANIC im Seegebiet der Deutschen Bucht stationiert war; seit Januar 2011 hat der neu gebaute Schlepper NORDIC die Aufgaben der OCEANIC übernommen. Im Fall eines Schiffsunglücks unterstehen die Notfallschlepper der zentralen Einsatzleitung des Havariekommandos.

Das Havariekommando in Cuxhaven hat sich bewährt. Das Maritime Sicherheitszentrum mit dem seit 2007 bestehenden Gemeinsamen Lagezentrum See (GLZ-See) ist ein wichtiger Schritt hin zum gemeinsamen Handeln der insgesamt 15 beteiligten Dienste. Im Dezember 2011 ist auch die Deutsche Marine dem Maritimen Sicherheitszentrum beigetreten. Aufgaben der Marine sind der militärische Schutz der deutschen Küsten und Seeverbindungslinien, die militärische Seeraumüberwachung sowie die Unterstützung des maritimen Such- und Rettungsdienstes (Search and Rescue, kurz „SAR"). Allerdings hat das GLZ-See bislang keinen Zugriff auf Daten der Deutschen Marine. Dadurch bleibt das Lagebild unvollständig.

Die Seeraumüberwachung ist in Deutschland angesichts des Kompetenzwirrwarrs zwischen Bund und Ländern nach wie vor äußerst lückenhaft. Auch wenn es glücklicherweise bislang nicht zu Anschlägen auf die Bundesrepublik Deutschland kam, ist nicht auszuschließen, dass die deutschen Küsten in Zukunft zum Angriffsziel für internationale Terroristen werden könnten. Dabei ist es durchaus möglich, dass gekaperte Schiffe als schwimmende Bomben oder zur bewussten Herbeiführung von Umweltkatastrophen auf See eingesetzt werden.

Internationale Gefahren der Seefahrt

Seit den von islamistischen Extremisten verübten Anschlägen vom 11. September 2001 ist der internationale Terrorismus weltweit die größte Bedrohung für Freiheit und Sicherheit. Die Terrorangriffe auf das Pentagon in Washington und das World Trade Center in New York forderten insgesamt mehr als 3.000 Todesopfer. Als Hauptverantwortlicher gilt das islamistische Terrornetzwerk Al Qaida unter der Führung des 2011 in Pakistan von US-Spezialkräften getöteten Osama bin Laden.

Für die Bundesrepublik und ihre Verbündeten bedeutete dies, dass die Gefahr durch islamistische Terroristen global und allgegenwärtig ist. Nach den Terrorangriffen des 11. September rückte auch die Seeschifffahrt als mögliches Ziel des internationalen Terrorismus in den Fokus. Ein Großteil des deutschen Außenhandels wird über die Meere abgewickelt. Unser gesamtes Wirtschaftssystem, unser Wohlstand und unsere sozialen Errungenschaften sind von einem freien Seehandel abhängig. Der Schutz der weltweiten Seeschifffahrt ist daher für Deutschland von vitalem Interesse.

Die Forderungen nach möglichst umfassenden Schutzmaßnahmen für die weltweite Seeschifffahrt führten zur Ergänzung der internationalen Sicherheitsbestimmungen der SOLAS-Konvention sowie zur Einführung des sogenannten ISPS-Codes (International Ship and Port Facility Security). Zu den getroffenen Maßnahmen gehörten unter anderem die Einführung einer äußerlich sichtbaren Schiffs-Identifikationsnummer, der

sogenannten „IMO-Nummer", für jedes Handelsschiff sowie Schiffskontrollen. In den Häfen wurden Sicherheitsmaßnahmen, wie Zugangs- und Personenkontrollen, Errichtung von Sicherheitszäunen sowie elektronische Ladungskontrolle eingeführt. Häfen, die die Bestimmungen des ISPS-Codes nicht erfüllen, gelten als „unsichere Häfen". Besonders problematisch sind die neuen Sicherheitsbestimmungen für den Containerverkehr, da jetzt eine kurzfristige Verschiffung, wie sie bisher üblich war, nicht mehr möglich ist.

Ebenso hat die Bedrohung der internationalen Handelsschifffahrt durch Piraten in den letzten zwei Jahrzehnten wieder erheblich zugenommen. Lange Zeit galten das Inselgewirr Indonesiens und die enge Straße von Malakka als die gefährlichsten Seegebiete der Welt. Aber auch an den Küsten Afrikas und Südamerikas häuften sich seit den 1990er Jahren die Überfälle von Piraten.

Die moderne Piraterie hat viele Gesichter. In vielen Häfen Afrikas gibt es „Gelegenheitspiraten", die – oft aus reiner Not – an Bord schleichen und von der Schwimmweste bis zum Funkgerät alles stehlen, was nicht niet- und nagelfest ist. In Asien greifen die Seeräuber nachts mit schnellen Motorbooten an und plündern die Schiffskasse oder die Ladung. Es werden aber auch ganze Schiffe mitsamt der Besatzung entführt, um Lösegeld zu erpressen. Das professionelle Vorgehen vieler Piratenbanden beweist nach Ansicht von Experten zudem, dass hinter vielen Überfällen hoch organisierte Verbrechersyndikate stehen. Dabei ist seit einigen Jahren eine Eskalation der Gewalt feststellbar, ebenso wie eine steigende Zahl von Schiffsübernahmen, die nach Ansicht von Experten auf die zunehmende Vernetzung innerhalb der organisierten Kriminalität zurückzuführen ist.

Zu Beginn des neuen Jahrtausends schien sich zunächst eine gewisse Entspannung der Lage anzukündigen. Seit 2008 ist jedoch wieder eine Zunahme der Zahl von Piratenüberfällen zu verzeichnen. Dieser Anstieg ist vor allem auf das Anwachsen der Bedrohung durch Seeräuber vor Somalia und im Golf von Aden zurückzuführen.

Die steigende Zahl von Piratenüberfällen fand lange Zeit außerhalb von Schifffahrtskreisen kaum Beachtung. Erst im Jahr 2008 wurde die deutsche Öffentlichkeit durch eine Reihe von spektakulären Angriffen vor der Küste Somalias auf die Gefährdung der Schifffahrt durch moderne Seeräuber aufmerksam. Auch deutsche Schiffe wurden immer wieder Opfer von Piratenattacken. Im Mai 2008 wurde das deutsche Frachtschiff LEHMANN TIMBER der in Lübeck ansässigen Reederei Hans Lehmann von somalischen Seeräubern gekapert und mitsamt seiner 15köpfigen Mannschaft in den Hafen von Eyl gebracht. Nachdem ein Lösegeld in Höhe von 750.000 US-Dollar gezahlt worden war, konnte das Schiff nach 41 Tagen in der Gewalt der Piraten seine Fahrt fortsetzen.

Ein wesentlicher Faktor für das Aufblühen der Piraterie vor der Küste Somalias ist die Nähe zu wichtigen Seefahrtsrouten zwischen Asien und Europa. Zudem werden die Hoheitsgewässer Somalias seit dem Zerfall der Zentralregierung in den frühen 1990er Jahren kaum überwacht. Als Reaktion auf die steigende Zahl von Piratenüberfällen am Horn von Afrika beschloss die Europäischen Union am 10. November 2008, sich im Rahmen der multinationalen Operation ATALANTA aktiv am Schutz der humanitären Hilfslieferungen für Somalia und der Handelsschifffahrt am Horn von Afrika zu beteiligen. Am 19. Dezember 2008 stimmte der Bundestag mit großer Mehrheit für eine deutsche Beteiligung an der Operation ATALANTA. Seit Anfang 2009 operieren ständig zwischen 15 und 20 Kriegsschiffe am Horn von Afrika. Dennoch werden hier nach wie vor Handelsschiffe überfallen.

Durch den Einsatz von hochseetüchtigen Mutterschiffen, die größere Mengen Proviant, Wasser und Treibstoff mitführen, haben die somalischen Piraten in den letzten Jahren ihren Aktionsradius enorm vergrößert; heute sind sie – nicht zuletzt als Reaktion auf die verstärkten Aktivitäten der internationalen Seestreitkräfte seit 2009 – auch vor den Küsten Kenias und Tansanias sowie vor den Seychellen und Madagaskar aktiv. Einige Überfälle ereigneten sich mehr als tausend Seemeilen vor der somalischen Küste.

Obgleich die Aufmerksamkeit der Öffentlichkeit nach wie vor hauptsächlich auf die Ereignisse am Horn von Afrika gerichtet ist, gibt es auch an vielen anderen Orten weltweit Überfälle von Piraten.

Die Bekämpfung der modernen Piraterie ist schwierig. Zwar sind nach dem Völkerrecht Kriegsschiffe aller Nationen berechtigt, auf hoher See Piratenschiffe aufzubringen, doch finden immer noch viele Piratenüberfälle in den Territorialgewässern von Staaten der Dritten Welt statt. Viele der betroffenen Länder sind mit der Bekämpfung der Seeräuberei hoffnungslos überfordert. Es fehlt an Geld, an Personal, an Ausrüstung – und manchmal wohl auch an dem Willen, entsprechende Maßnahmen zu ergreifen – wie im Falle Somalias, wo der Staat zerfallen ist und lokale Warlords oder Milizen die Gewalt übernommen haben.

Deshalb fordern Fachkreise, wie das „International Maritime Bureau", eine Unterorganisation der „International Chamber of Commerce", und die „International Maritime Organisation", die Schifffahrtsorganisation der Vereinten Nationen, eine Verstärkung der internationalen Zusammenarbeit, um das Problem energisch anzugehen. Entschlossenes Vorgehen ist die beste Waffe gegen Piraterie. Dass dies funktioniert, zeigt das Beispiel der Straße von Malakka. Hier ist die Zahl der Überfälle aufgrund der verstärkten Patrouillen der Anrainerstaaten erheblich gesunken.

Allerdings können militärische Mittel allein das Problem nicht lösen. Die Erfahrungen am Horn von Afrika zeigen, dass der Einsatz von Kriegsschiffen nur lokal und zeitlich begrenzt die Sicherheit erhöhen kann. Doch nur langsam und zögerlich entsteht ein internationaler Konsens bei der Strafverfolgung der Piraterie. Zugleich muss auch den kriminellen Hintermännern das Handwerk gelegt werden. Gleichzeitig muss man sich bemühen, den Piraten eine wirtschaftliche Alternative zum Seeraub zu bieten. Solange dies nicht geschieht, wird das Problem der maritimen Sicherheit aktuell bleiben.

Ausblick

Die Bundesrepublik Deutschland ist eine der bedeutendsten Wirtschaftsnationen und eines der größten Exportländer der Welt. Über 90 Prozent des Welthandels und auch ein Großteil des deutschen Außenhandels werden über die Meere abgewickelt. Als rohstoffarmes Hochtechnologieland bezieht Deutschland viele lebensnotwendige Ressourcen aus dem Ausland. Mehr als 70 Prozent der benötigten Energieträger wie Erdöl, Erdgas und Steinkohle müssen importiert werden. Auch bei vielen anderen Rohstoffen ist Deutschland auf Importe angewiesen. Metalle wie Eisen, Chrom, Kupfer, Titan, Uran und Mangan müssen zu 93,8 Prozent, Edelmetalle zu 98 Prozent eingeführt werden. Die deutsche Wirtschaft ist daher von einem freien Seehandel abhängig.

Der Güterverkehr über See hat sich 2011 positiv entwickelt. Der Welthandel und damit auch der Containerumschlag haben sich ungeachtet der seit 2008 herrschenden Finanz- und Wirtschaftskrise weiter belebt. 2011 wuchs der Umschlag in den deutschen Seehäfen um 7,3 Prozent auf 296 Millionen Tonnen. Der Containerumschlag wuchs sogar um 16,5 Prozent auf 15,3 TEU. Dagegen brach der Markt für den Transport von Massengütern per Schiff angesichts der steigenden Tonnageüberkapazität zu Beginn des Jahres 2012 ein.

Der rapide Zuwachs der deutsche Containertonnage in den letzten Jahren ist nicht zuletzt auf die massiven Investitionen von schifffahrtsfremden Anlegern in Schiffsfonds zurückzuführen, die mit hohen Renditen lockten. Heute gehört jedes dritte Containerschiff weltweit einem deutschen Reeder. Allerdings zeichnet sich durch das stetige Tonnagewachstum auch bei den Containerschiffen immer deutlicher ab, dass es in den kommenden Jahren zu Überkapazitäten kommen wird, was einen deutlichen Einbruch der Frachtraten und das Auflegen zahlreicher Schiffe zur Folge hätte. Auch die deutschen Reeder wären davon betroffen. Mit den Tonnageüberkapazitäten wachsen auch die Zweifel, ob sich die hochgesteckten Gewinnerwartungen der Investoren erfüllen, denn durch die internationalen Entwicklungen in der Handelsschifffahrt geraten bereits jetzt vor allem kleinere deutsche Reedereien zunehmend in Not.

Durch eine seit längerem schwelende Finanzierungskrise stehen die deutschen Reedereien und Werften, aber auch Zulieferbetriebe immer mehr unter Druck. Der Markt für Schiffsfonds ist 2012 weitgehend zusammengebrochen, Anleger halten sich zurück und auch Bankkredite sind für die Schifffahrts- und Schiffbaubranche zur Zeit nur schwer zu bekommen. Obgleich sich der Frachtmarkt allmählich erholt hat, bereiten neben den Überkapazitäten in der Containerschifffahrt vor allem die steigenden Kraftstoffpreise den deutschen Reedereien große Probleme. Sollte sich die Situation verschlimmern, könnten Reedereien in die Insolvenz gehen und viele Anleger würden ihr Geld verlieren. Sollte sich die Situation verschlimmern, könnten Reedereien in die Insolvenz gehen und viele Anleger würden ihr Geld verlieren.

Zugleich ist der Trend zu immer größeren Schiffen ungebrochen. Inzwischen sind Containerfrachter mit einer Kapazität von 18.000 TEU in Bau. Dafür sind vor allem wirtschaftliche

Die Holtenauer Schleusen. Das Verkehrsaufkommen auf dem Nord-Ostsee-Kanal entwickelt sich weiterhin positiv. Zugleich ist ein deutlicher Trend hin zu größeren, kosteneffizienten Schiffen festzustellen.

Gründe ausschlaggebend, da auf diese Weise mit weniger Schiffen und weniger Personal mehr Ladung befördert werden kann.

Die Welthandelsflotte verfügt heute über eine Tragfähigkeit von mehr als 1,1 Milliarden Tonnen. Im internationalen Verkehr werden über 45.000 Schiffe eingesetzt. Die deutsche Handelsschifffahrt zählt immer noch zu den bedeutendsten der Welt. Seit dem Jahr 2000 hat sich die Zahl der deutschen Handelsschiffe mehr als verdoppelt. Ungeachtet der weltweiten Finanz- und Wirtschaftskrise ist die deutsche Handelsflotte auch nach 2009 gewachsen, wobei sich aber die Zahl der Schiffe unter deutscher Flagge weiter verringert hat. 2011 kontrollierten die deutschen Reeder mit 3.716 Schiffen und einer Gesamttonnage von mehr als 83 Millionen BRZ (Brutto-

Entwicklung der deutschen Handelsflotte seit 1970

Jahr	Schiffe deutscher Reeder		Schiffe unter deutscher Flagge	
	Schiffe	1000 BRZ	Schiffe	1000 BRZ.
1970	2.578	7.485	2.578	7.485
1975	2.120	9.965	1.882	8.563
1980	1.900	11.833	1.540	7.866
1985	1.750	9.524	1.388	5.933
1090	1.410	7.518	922	4.005
1995	1.542	10.797	825	5.373
2000	1.850	19.924	717	6.536
2001	2.010	23.039	692	6.605
2002	2.110	26.584	605	6.190
2003	2.230	29.726	549	6.093
2004	2.397	33.975	482	5.778
2005	2.575	40.879	508	7.577
2006	2.729	49.946	603	11.475
2007	3.011	58.751	574	11.248
2008	3.220	65.899	546	12.668
2009	3.371	71.003	645	15.781
2010	3.548	76.281	571	15.517
2011	3.716	83.609	571	15.517

raumzahl) die drittgrößte Handelsflotte der Welt. Der weitaus größte Teil der deutschen Handelsflotte ist allerdings aus ökonomischen Gründen nach wie vor ausgeflaggt; 2011 fuhren nur 571 Schiffe mit 15,5 Millionen BRZ unter deutscher Flagge.

Das aktuellste Beispiel für eine Ausflaggung ist die Diskussion im Sommer 2012 um das aus der ZDF-Serie „Das Traumschiff" bekannte Kreuzfahrtschiff DEUTSCHLAND der Neustädter Reederei Peter Deilmann, das künftig unter der Flagge Maltas fahren sollte. Nach Protesten hat die Reederei Deilmann jedoch beschlossen, den Registerwechsel nicht vorzunehmen und die DEUTSCHLAND unter deutscher Flagge zu belassen.

Der maritime Arbeitsmarkt in Deutschland stellt sich ambivalent dar. Für deutsche Matrosen oder Schiffsmechaniker ist die Situation schlecht, da die Lohnkosten für ausländisches Personal deutlich geringer sind. Bei den Handelsschiffsoffizieren haben Schiffstechniker weiterhin gute Berufsaussichten. Dagegen sind die Chancen für junge Nautiker auf einen Arbeitsplatz an Bord nicht mehr ganz so gut wie noch vor einigen Jahren. Durch die Konkurrenz von Schiffsoffizieren aus dem europäischen Ausland, die für niedrigere Heuern arbeiten, ist die Situation für deutsche Berufseinsteiger schwieriger geworden. Erfahrene nautische Schiffsoffiziere und Kapitäne aus Deutschland sind aber nach wie vor gesucht.

Die deutschen Häfen sind heute keine reinen Umschlagplätze mehr, sondern leistungsfähige logistische Dienstleistungszentren und bedeutende Industriestandorte. Rund 500.000 Arbeitsplätze sind direkt oder indirekt von der Hafenwirtschaft abhängig. In den letzten Jahren haben sich Bremerhaven und Wilhelmshaven zu einer bedeutenden Konkurrenz für den Hamburger Hafen entwickelt, der nach Rotterdam und Antwerpen auf den dritten Platz in Europa abgesunken ist.

Von den etwa 150.000 Seeschiffen, die heute jedes Jahr die deutschen Seehäfen an Nord- und Ostsee anlaufen, suchen 65 Prozent die Nordseehäfen auf. Dabei ist Hamburg der größte Container- und Stückgut- und Wilhelmshaven der größte Ölumschlaghafen. Bremerhaven ist Europas größter Automobilumschlagplatz. Wachstumsträger ist vor allem der Containerverkehr. Insgesamt wurden 2011 in den deutschen Seehäfen 291,5 Millionen Tonnen umgeschlagen; das bedeutet eine Steigerung um 6,8 Prozent gegenüber 2010. Nach aktuellen Prognosen wird das Güteraufkommen in den deutschen Seehäfen bis 2025 auf über 750 Millionen Tonnen zunehmen.

Auch der Verkehr auf dem Nord-Ostsee-Kanal entwickelt sich weiter positiv. In den ersten sechs Monaten des Jahres 2012 wurden auf diesem Weg 52 Millionen Tonnen Güter befördert, vier Millionen Tonnen mehr als im Vorjahreszeitraum. Möglicherweise kommt das Jahresergebnis dem Rekord von 2006 nahe, als 106 Millionen Tonnen Fracht durch den Nord-Ostsee-Kanal transportiert wurden. Gleichzeitig ist auch der Trend zu größeren, kosteneffizienten Schiffen ungebrochen. Die Zahl der Schiffe von mehr als 210 Metern Länge nahm deutlich zu; das größte Schiff, das den Kanal im ersten Halbjahr 2012 passierte, war ein rund 230 Meter langer, 43.767 BRZ großer griechischer Frachter. Täglich fahren durchschnittlich 95 Schiffe mit fast 30.000 Tonnen Gütern durch den Nord-Ostsee-Kanal, was der Ladekapazität von bis zu 15.000 schweren LKW entspricht.

2011 sank die Zahl der in den schleswig-holsteinischen Häfen abgefertigten Schiffe um 1,4 Prozent auf 55.947. Dagegen nahm der Güterumschlag gegenüber 2010 um 2,3 Prozent auf 36,6 Millionen Tonnen zu, womit sich auch in diesen Zahlen der Trend zu immer größeren Schiffen bestätigt. Damit ist allerdings der durch die Wirtschaftskrise bedingte Umschlagsrückgang in den Jahren 2008 und 2009 noch nicht wieder vollständig ausgeglichen. Von den Seehäfen des Landes verzeichneten Brunsbüttel, Puttgarden und Kiel eine Steigerung der umgeschlagenen Gütermengen, wobei Kiel mit einem Zuwachs 12,5 Prozent auf 4,3 Millionen Tonnen an der Spitze lag. Demgegenüber ging in Lübeck die Menge der umgeschlagenen Güter um rund ein Prozent auf 17,7 Millionen Tonnen leicht zurück.

Im Bereich des Fährverkehrs stieg die Zahl der beförderten LKW um 5,4 Prozent, während die Zahl der PKW um 2,2 Prozent und die der beförderten Passagiere um 1,8 Prozent auf 14,3 Millionen sank. Dagegen gab es bei den Kreuzfahrten keinen Rückgang. Zwar ging die Zahl der abgefertigten Kreuzfahrtschiffe gegenüber 2010 um 16 auf 183 zurück, doch angesichts des Trends zu größeren Schiffen auch bei den Kreuzfahrtreedereien stieg die Zahl der Passagiere, die ihre

Von Kiel aus existiert ein dichtes Netz an Fährlinien. Der Fährverkehr auf der Ostsee spielt nach wie vor eine wichtige wirtschaftliche Rolle für Schleswig-Holstein als das „Fährhaus des Nordens".

Seereise in einem schleswig-holsteinischen Hafen begannen, um zehn Prozent auf 360.000 Personen.

Die schleswig-holsteinischen Häfen besitzen eine wichtige Brückenfunktion zu den Wirtschaftzentren des Ostseeraums. Vor allem der Fährverkehr auf der Ostsee spielt nach wie vor eine wichtige Rolle für Schleswig-Holstein, das „Fährhaus des Nordens". Die Prognosen für den Handels- und Fährverkehr in der Ostsee sind trotz der geplanten Fehmarn-Belt-Querung nach Dänemark günstig.

Puttgarden konnte dank der Vogelfluglinie nach Skandinavien mit rund 6,6 Millionen Passagieren pro Jahr seine Rolle als der bedeutendste deutsche Fährhafen behaupten. Auch von Kiel aus existiert ein dichtes Netz an Fährlinien. Vom Norwegenkai aus verbindet die Color Line Kiel mit der norwegischen Hauptstadt Oslo, während die Stena Line die Route Kiel – Göteborg bedient. Zudem verkehrt täglich eine Fähre vom Kieler Ostuferhafen mit der litauischen Hafenstadt Klaipeda, ebenso gibt es regelmäßige Verbindungen nach St. Petersburg. Auch als Kreuzfahrthafen spielt die Landeshauptstadt eine bedeutende Rolle. Kiel ist jedes Jahr für rund 1,2 Mio. Fähr- und Kreuzfahrtpassagiere Start- oder Zielhafen. Dagegen ist Lübeck-Travemünde vor Rostock der bedeutendste deutsche Ostseehafen, wobei neben dem Containerumschlag auch der Fährverkehr nach Helsinki und ins schwedische Trelleborg großes wirtschaftliches Gewicht besitzt.

Heute zählt die maritime Wirtschaft zu den wichtigsten und fortschrittlichsten Wirtschaftszweigen in Deutschland. Allein Schiffbau, Zulieferer und Meerestechnik beschäftigen rund 100.000 Arbeitnehmer und erwirtschaften einen Umsatz von 20 Milliarden Euro. Die deutsche maritime Industrie ist damit von herausragender Bedeutung für die Wettbewerbsfähigkeit Deutschlands als Technologie-, Produktions- und Logistikstandort.

Nach wie vor ist die Seeschifffahrt mit Abstand der größte Bereich der maritimen Wirtschaft in Schleswig-Holstein. Zu diesem Sektor gehören neben Fracht- und Passagierreedereien auch die Schiffsmakler sowie alle schifffahrtsbezogenen Dienstleistungen. Aber auch Meeresforschung und Meerestechnik sind bedeutende Wirtschaftsbereiche in Schleswig-Holstein.

Trotz der sich abzeichnenden Überkapazitäten in verschiedenen Bereichen der Schifffahrt wurden weltweit noch nie so viele Handelsschiffe neu gebaut wie 2011. Die wachsende Welthandelsflotte sowie die Anhebung von Sicherheits- und Umweltstandards hat überdies zu einem Aufschwung im Bereich der Reparaturen und Umbauten von Handelsschiffen geführt. Obgleich heute mehr als 90 Prozent der weltweiten Schiffbauproduktion auf Asien entfallen, konnte die deutsche Werftindustrie ihre technologische Spitzenstellung halten. Deutschland ist in der Rangliste der bedeutendsten Schiffbaunationen in Europa die Nr. 1 und weltweit die Nr. 4 nach Südkorea, Japan und China. Zur Zeit gerät die chinesische Werftindustrie jedoch erheblich unter Druck. Als Folge der globalen Wirtschaftskrise erlebte sie im vergangenen Jahr einen deutlichen Auftragsrückgang um 45 Prozent.

Auch für die deutschen Werften stellt sich zur Zeit vor allem das Problem der Anschlussaufträge. Durch die Finanzmarktkrise des Jahres 2008 und den dadurch ausgelösten weltweiten Wirtschaftsabschwung brach auch der Schiffbauboom der vorangegangenen Jahre ein. Zahlreiche Aufträge wurden storniert oder verschoben. Doch zumindest die Flensburger Schiffbaugesellschaft (FSG) steht gut dar. Anfang August 2012 lief hier der mit einer Länge von 208 Meter bislang größte Frachtfähren-Neubau vom Stapel. Die FSG ist mit einem Auftragbestand von derzeit neun zivilen Schiffen noch bis 2014 voll ausgelastet.

Nach wie vor spielt der Bau von Kriegsschiffen im Auftrag ausländischer Marinen für die Werften in Deutschland eine wichtige Rolle. Um die für die Deutsche Marine notwendige Entwicklungsarbeit aufrecht erhalten zu können, ist die deutsche Werftindustrie auf Exporte angewiesen. ThyssenKrupp Marine Systems (TKMS) will zukünftig den Geschäftsbereich „Unterwasser" und damit den U-Bootbau in Kiel konzentrieren; Überwasserschiffe sollen dagegen in Hamburg und Emden gebaut werden. Auch der Geschäftsbereich „Service" wird in Kiel und Hamburg zusammengefasst. Die Arbeitsplätze bei TKMS in Kiel sollen bis 2015 gesichert sein.

Um die Wettbewerbsfähigkeit der deutschen Häfen zu sichern, sind erhebliche Investitionen notwendig. So plant Hamburg die Vertiefung der Elbe, damit zukünftig Containerschiffe mit bis zu 14,5 Meter Tiefgang den Hafen der Hansestadt anlaufen können. Nach einigen Diskussionen scheint nun die Finanzierung der unmittelbar notwendigen Sanierungs- und Ausbaumaßnahmen am Nord-Ostsee-Kanal gesichert. Zumindest hat das Bundesverkehrsministerium den Bau der dringend erforderlichen fünften Schleusenkammer in Brunsbüttel genehmigt, die für die Sicherung eines effizienten Schiffsverkehrs auf dem Nord-Ostsee-Kanal in der Zukunft unerlässlich ist, da dieser Neubau die Voraussetzung für die Grundinstandsetzung der vorhandenen Schleusenkammern darstellt. Die Bundesregierung hat dafür insgesamt 300 Millionen Euro bewilligt. Mit den notwendigen Mitteln für den lang geplanten Ausbau den Kanalstrecke, vor allem für die dringend notwendige Begradigung der elf Kilometer langen Oststrecke zwischen Kiel und Königsförde ist dagegen frühestens ab 2015 zu rechnen. Daneben muss der Kanal auf ganzer Länge vertieft werden, um der Größenentwicklung der Schifffahrt zu begegnen und die Schleusen in Kiel-Holtenau instandgesetzt werden. Um die Leistungsfähigkeit des Nord-Ostsee-Kanals zu erhalten, sind für diese Infrastrukturprojekte in den kommenden Jahren Investitionen von mindestens 700 Millionen Euro notwendig.

Nach dem Willen des Bundesverkehrsministeriums soll die Schifffahrtsverwaltung in den folgenden Jahren neu geordnet werden. Bis 2020 will man die sieben deutschen Wasser- und Schifffahrtsdirektionen abschaffen und deren Aufgaben auf die Wasser- und Schifffahrtsämter sowie eine neue Zentraldirektion in Bonn übertragen. Für Kiel hieße dies, dass die WSD Nord aufgelöst und statt dessen ein neues WSA Kiel aufgebaut wird. Die Zuständigkeit für den Nord-Ostsee-Kanal soll an das WSA Cuxhaven übertragen werden. Vor allem dieser Teil der Reform hat bei Schifffahrtswirtschaft in Schleswig-Holstein Proteste ausgelöst.

Ein wichtiges, aber oft verdrängtes Thema ist die maritime Sicherheit. Die existenzielle Bedeu-tung freier und sicherer Seewege für die Bundesrepublik Deutschland wird von der deutschen Öffentlichkeit bislang zu wenig wahrgenommen. Auch die deutschen Küsten sind gefährdet. Neben der Gefahr von Terroranschlägen stellen insbesondere Seeunfälle und die möglicherweise damit verbundenen, schwerwiegenden Folgen für die Umwelt eine ernsthafte Bedrohung dar. Heute zählen Nord- und Ostsee zu den am dichtesten befahrenen Gewässern der Welt. Mit der Zahl der Schiffe wächst auch die Gefahr von Havarien.

In Deutschland ist die Seeraumüberwachung angesichts des Kompetenzwirrwarrs zwischen Bund und Ländern jedoch äußerst lückenhaft. Die Sicherung und Kontrolle des Seeverkehrs ist Ländersache, während die Überwachung der Seegrenzen und des grenzüberschreitenden Warenverkehrs in die Kompetenz des Bundes fällt.

Zweifellos hat sich bereits vieles zum Besseren gewandelt. Das 2003 als Sonderstelle des Bundes und der Küstenländer zur Sicherstellung eines koordinierten Unfallmanagements auf Nord- und Ostsee gegründete Havariekommando in Cuxhaven hat sich bewährt. Das Maritime Sicherheitszentrum mit dem seit 2007 bestehenden Gemeinsamen Lagezentrum See (GLZ-See) ist ein wichtiger Schritt hin zum gemeinsamen Handeln der insgesamt 15 beteiligten Dienste.

Es ist es jedoch unerlässlich, die bestehenden Strukturen weiter zu entwickeln. Das Ziel muss der Aufbau einer nationalen Küstenwache sein. Die Schaffung einer Küstenwache als effektive Exekutivbehörde und ein Seesicherheitsgesetz für eine kompetente Beteiligung der Deutschen Marine an den Sicherheitsstrukturen vor unseren Küsten wären die ideale Lösung, um möglichen seewärtigen Bedrohungen der Bundesrepublik vorzubeugen.

Auswahlbibliographie

Bibliographien

Bibliographie zur Schleswig-Holsteinischen Geschichte und Landeskunde, hg. von der Schleswig-Holsteinischen Landesbibliothek, bislang 16 Bände.

Bibliographie zur Wirtschafts- und Sozialgeschichte Schleswig-Holsteins, bearbeitet von Martin Rheinheimer, Studien zur Wirtschafts- und Sozialgeschichte Schleswig-Holsteins, Band 27, Neumünster 1997.

Biographische Quellen

Hans Bruhn: Kaptajn Hans Bruhns Erindringer, hg. von Erland Møller und Johan Hvidtfeldt, Apenrade 1957.

Jens Jacob Eschels: Lebensbeschreibung eines Alten Seemannes, von ihm selbst und zunächst für seine Familie geschrieben, Altona 1835, Nachdruck, hg. von Albrecht Sauer, Hamburg 1995.

Paul Frercksen: Aus den Lebenserinnerungen des Grönlandfahrers und Schiffers Paul Frercksen, mitgeteilt von Friedrich Pauls, kommentiert von Pieter Dekker, in: Friesisches Jahrbuch, Neue Folge, Bd. 9, Aurich 1973, S. 95–104.

Peter Hansen: Biographie des Schiffscapitains Peter Hansen von Amalienburg bei Arnis im Herzogthum Schleswig, Nachdruck, Lebensbilder aus Schleswig-Holstein Bd. 3, Flensburg 1989.

Jürgen Jacobsen: Beschreibung meiner unglüklichen Seefahrten in einer Zeit von 17 Jahren, meiner Schiksale während meiner Gefangenschaft in Afrika und nachher ausgestandener Gefahren nebst Bemerkungen über Afrika's Einwohner und deren Sitten von mir selbst geschrieben und herausgegeben, Flensburg 1821.

Friedrich Gottlob Köhler: Die „Reise ins Eismeer und nach den Küsten von Grönland und Spitzbergen im Jahre 1801" des Friedrich Gottlob Köhler, Seilermeister in Pirna, Leipzig 1820, Textauszüge und kritischer Kommentar von Harald Voigt, in: Nordfriesisches Jahrbuch, neue Folge, Bd. 18/19, 1982/83, S. 155–179.

Georg Wilhelm Kroß: Die Fahrten eines deutschen Seemannes um die Mitte des 19. Jahrhunderts, Aufzeichnungen des Segelschiffs-Kapitäns Georg Wilhelm Kroß, in: Meereskunde, 5. Jg., Heft 10, Berlin 1911, S. 1–42.

Jürgen Nannings: Briefe des Föhrer Kapitäns Jürgen Nannings zwischen 1794 und 1816, Archiv der Ferring-Stiftung/Föhr.

Nachschlagewerke

Alfred Dudzus, Ernest Henriot und Friedrich Krumrey: Das große Buch der Schiffstypen, 3., unveränderte Auflage, Berlin (Ost) 1988.

Klaus-Joachim Lorenzen-Schmidt und Ortwin Pelc (Hg.): Das neue Schleswig-Holstein Lexikon, Neumünster 2006.

Ulrich Scharnow u.a.: Lexikon Seefahrt, 5., bearbeitete und ergänzte Auflage, Berlin (Ost) 1988.

Hans Szymanski: Deutsche Segelschiffe, Reprint der Ausgabe von 1934, Norderstedt/Hamburg 1972.

Doris Tillmann und Johannes Rosenplänter (Hg.): Kiel Lexikon, Neumünster 2011.

Statistiken

Statistik des Handels, der Schifffahrt und der Industrie der Herzogthümer Schleswig und Holstein, nach zuverlässigen Nachrichten ausgearbeitet von einigen Männern vom Fache, Schleswig 1835.

Ingwer Ernst Momsen: Statistik des schleswig-holsteinischen Schiffsbestandes 1745–1865, in: Rundbrief des Arbeitskreises für Wirtschafts- und Sozialgeschichte Schleswig-Holsteins Nr. 66 u. 67, 1996, S. 37–51 u. S. 23–47.

Aktuelle Informationen

Flottenkommando: Fakten und Zahlen zur maritimen Abhängigkeit der Bundesrepublik Deutschland, Jahresbericht, hg. im Auftrag des Bundesministeriums der Verteidigung, Glücksburg 2008 ff.

Zukunft Meer. Maritimes Jahrbuch, Hamburg 2006 ff.

Informationen über maritime Museen und Sehenswürdigkeiten

Eva v. Engelberg-Dočkal und Stefan Lipsky: Kurs Schleswig-Holstein. Maritime Kultur entdecken. Herausgegeben vom Landesamt für Denkmalpflege Schleswig-Holstein und Schleswig-Holstein Maritim e.V., Kiel, Hamburg 2007.

Literatur

Gerd Andresen (Hg.): Schiffahrt und Häfen im Bereich der Industrie- und Handelskammer zu Flensburg, Schriften der Gesellschaft für Flensburger Stadtgeschichte, Bd. 21, Flensburg 1971.

Anonymus: Der geöffnete See-Hafen, Neudruck der in zwei Teilen erschienen Ausgabe von 1705–1706, mit einem Vorwort von Lothar Erich, Hamburg 1989.

Walter Asmus: Die Entwicklung des Verkehrs in Schleswig-Holstein 1750–1918, Neumünster 1996.

Albert Bantelmann, Albert Panten, und Rolf Kuschert (Hg.): Geschichte Nordfrieslands, Heide 1996.

Karl Hamilkar Bernsten: Die Schiffsgewalt, Jur. Diss., Göttingen 1904.

Ludwig Beutin: Der deutsche Seehandel im Mittelmeergebiet bis zu den Napoleonischen Kriegen, Neumünster 1933.

Klaus Bösche u.a (Hg): Dampfer, Diesel und Turbinen. Die Welt der Schiffsingenieure, Schriftenreihe des Deutschen Schiffahrtsmuseums, Bd. 64, Hamburg 2005.

Robert Bohn (Hg.): Nordfriesische Seefahrer in der frühen Neuzeit, Nordfriesische Quellen und Studien, Bd. 1., Amsterdam 1999.

Robert Bohn und Sebastian Lehmann (Hg.): Strandungen, Havarien, Kaperungen. Beiträge zur Seefahrtsgeschichte Nordfrieslands, Nordfriesische Quellen und Studien, Bd. 4, Amsterdam 2004.

Hinrich Brarens: System der praktischen Schifferkunde, von H. Brarens, Königl. autorisirtem Navigations-Lehrer und Examinateur in Tönningen; Friedrichstadt 1807.

Jürgen Brockstedt (Hg.): Seefahrt an deutschen Küsten im Wandel 1815–1914, Studien zur Wirtschafts- und Sozialgeschichte Schleswig-Holsteins Bd. 22, Neumünster 1993.

Fritz Brustat-Naval: Zwischen Ostsee und Ostasien. Aus der Kieler Schiffahrtsgeschichte, Herford 1973.

Hans Christian Bjerg und Ole L. Franzen: Danmark i Krig, Kopenhagen 2005.

Thomas Brück: Korporationen der Schiffer und Bootsleute – Untersuchungen zu ihrer Entwicklung in den Seestädten an der Nord- und Ostseeküste vom Ende des 15. bis zum Ende des 17. Jahrhunderts, Abhandlungen zur Handels- und Sozialgeschichte, Bd. 29, Weimar 1994.

Johann Georg Büsch: Ueber das Bestreben der Völker neuerer Zeit, einander in ihrem Seehandel recht wehe zu thun, Sämmtliche Schriften über die Handlung, Fünfter Theil, Hamburg 1825.

Hans Constabel: Hol nieder Flagge! Ereignisse um ein Standgericht Mai 1945, 2., verbesserte und erweiterte Auflage, Hamburg 2001.

Jörn Danker: Die Kieler Woche im Wandel der Neugründung der Kieler Woche nach dem Zweiten Weltkrieg, Kiel 1990.

Christina Deggim: Hafenleben in Mittelalter und Früher Neuzeit. Seehandel und Arbeitsregelungen in Hamburg und Kopenhagen vom 13. bis zum 17. Jahrhundert, Schriftenreihe des Deutschen Schiffahrtsmuseums, Bd. 62. Hamburg 2005.

Christian Degn: Die Schimmelmanns im atlantischen Dreieckshandel. Gewinn und Gewissen, 3., unveränderte Auflage, Neumünster 2000.

Gert Uwe Detlefsen: Flensburger Schiffahrt. Vom Raddampfer zum Kühlschiff, Hamburg 1983.

Gert Uwe Detlefsen: Häfen, Werften, Schiffe. Chronik der Schiffahrt an der Westküste Schleswig-Holsteins, St. Peter Ording 1987.

Ernst Deutschländer: Die Entwicklung der Fischerei und Fischindustrie in Eckernförde, in:

Jahrbuch der Heimatgemeinschaft Eckernförde 61, 2003, S. 15–36.

Urs J. Diederichs (Hg.): Schleswig-Holsteins Weg ins Industriezeitalter, Hamburg 1986.

Phillipe Dollinger: Die Hanse, 4., erweiterte Auflage, Stuttgart 1989.

Svante Domizlaff: Sartori & Berger 1858–2008. 150 Jahre im Dienste der Schifffahrt, Hamburg 2008.

Detlev Ellmers: Mit Seekiste und Bettzeug an Bord; in: Hansische Geschichtsblätter, 127 Jg., 2009, S. 1–52.

Johann Andreas Engelbrecht: Der wohl unterwiesene Schiffer, oder Unterricht was derselbe vor, während und nach abgelegter Reise zu beachten hat, nebst einem Anhange, Lübeck 1792.

Fachhochschule Flensburg: 125 Jahre Seefahrts-Ausbildung in Flensburg, Flensburg 2011.

Berend Harke Feddersen: Wie fanden sie ihren Weg? Die Sicherung der nordfriesischen Küstenfahrt, Schriftenreihe des Schifffahrtsmuseums Nordfriesland, Bd. 4, Husum 2001.

Ole Feldbæk: Dansk neutralitetspolitik under krigen 1778–1783, Studier i regeringens prioritering af politiske og økonomiske interesser, Institut for økonomisk historie publikation Nr. 2, Kopenhagen 1971.

Ole Feldbaek: Danmarks økonomiske historie 1500–1840, Herning 1993.

Ole Feldbæk: Danmark and the Armed Neutrality 1800–1801, Small Power Policy in a World War, Institut for økonomisk historie publikation, Nr. 16, Kopenhagen 1980.

Hans-Christian Freiesleben: Geschichte der Navigation, Wiesbaden 1976.

Monika Frohriep: Vom Postwagen zur Eisenbahn. Kleine Verkehrsgeschichte Schleswig-Holsteins im 19. Jahrhundert, Heide 1998.

Ernst Joachim Fürsen und Reimer Witt (Hg.): Schleswig-Holstein und die Niederlande: Aspekte einer historischen Verbundenheit, Veröffentlichungen des Schleswig-Holsteinischen Landesarchivs, Bd. 80, Schleswig 2003.

Gesellschaft für Flensburger Stadtgeschichte (Hg.): Flensburg – Geschichte einer Grenzstadt, Schriften der Gesellschaft für Flensburger Stadtgeschichte, Nr. 17, Flensburg 1966.

Gesellschaft für Flensburger Stadtgeschichte: Flensburg in Geschichte und Gegenwart, Schriften der Gesellschaft für Flensburger Stadtgeschichte, Bd. 22, Flensburg 1972.

Jutta Glüsing (Hg.): Fördenland im Wandel. Veränderungen der maritimen Kultur zwischen Alsensund und Eckernförder Bucht, Flensburg 1994.

Jutta Glüsing: Die Flensburger Zucker- und Rummeile, Flensburg 2010.

Antjekathrin Graßmann: Lübeck im 17. Jahrhundert: Die Wahrung des Erreichten, in: Antjekathrin Graßmann: Lübeckische Geschichte, 2., überarbeitete Auflage, Lübeck 1989, S. 435–488.

Konrad Grunsky: Kapitäne, Steuerleute und Matrosen von der Insel Föhr, Eine Liste von 1798 als sozialgeschichtliche Quelle, Husum 1990.

Kurt Hamer, Karl-Werner Schunk und Rolf Schwarz (Hg.): Vergessen und verdrängt. Arbeiterbewegung und Nationalsozialismus in den Kreisen Rendsburg und Eckernförde. Eine andere Heimatgeschichte, 3., um einen Nachtrag erweiterte Auflage, Schleswig 1995.

Rolf Hammel-Kiesow (Hg.): Seefahrt, Schiff und Schifferbrüder. 600 Jahre Schiffergesellschaft zu Lübeck 1401–2001, Lübeck 2001.

Wolf-Dieter Hauschild: Frühe Neuzeit und Reformation: Das Ende der Vormachtstellung und die Neuorientierung der Stadtgemeinschaft, in: Antjekathrin Graßmann: Lübeckische Geschichte, 2., überarbeitete Auflage, Lübeck 1989, S. 341–432.

Lars N. Henningsen: Provinsmatadorer fra 1700-Årene, Reder-, købmands- og fabrikantfamilien Otte i Ekernførde i økonomi og politik, 1700–1770, Flensburg 1985.

Industrie- und Handelskammer zu Flensburg: Schiffahrt und Häfen. Von Tondern bis Brunsbüttel, von Hadersleben bis Schleswig. Ein geschichtlicher Überblick von den Anfängen bis heute, Flensburg 1971.

Uwe Jenisch: Kiel maritim. Mit Jules Verne und Albert Einstein in die Zukunft, mit ergänzenden Beiträgen von Boris Culik, Heikendorf 2005.

Jürgen Jensen und Peter Wulf (Hg.): Geschichte der Stadt Kiel, Neumünster 1991.

Dagmar Jestrzemski: Altonas Blütezeit und ihr jähes Ende, Die Reederei Hinrich Dultz

1756–1807, Schriften des Deutschen Schifffahrtsmuseums, Bd. 52, Hamburg 2000.

Herbert Karting: Segel vor der Eider. Die Geschichte der Schöning-Werft in Friedrichstadt und der dort gebauten Schiffe, Bremen 1995.

Christine Keitsch: Frauen zur See: weibliche Arbeitskräfte an Bord deutscher Handelsschiffe seit 1945, Flensburg 1997.

Christine Keitsch: Landgang: der Flensburger Hafen um 1900, Flensburg 2000.

Christine Keitsch: Vom Nieter zum Schweißer – vom Konstrukteur zum Schiffsdesigner: 130 Jahre Arbeit auf der Flensburger Schiffbau-Gesellschaft, Flensburg 2002.

Christine Keitsch: Brackwasser und weite See: Geschichten von Alltag und Drama in der Küstenschifffahrt; eine Begleitbroschüre zur Sonderausstellung des Arbeitskreises Coastal Shipping, Flensburg 2003.

H.S.K. Kent: War and Trade in Northern Seas, Anglo-Scandinavian economic relations in the mid-eighteenth century, Cambridge 1973.

Olaf Klose und Christian Degn: Die Herzogtümer im Gesamtstaat 1721–1830, Geschichte Schleswig-Holsteins, Bd. 6, Neumünster 1960.

Christian Kock: Holzschiffbau in Eckernförde von 1731 bis 1816; in: 700 Jahre Stadt Eckernförde. Beiträge zur Erforschung und Beschreibung der Geschichte der Stadt aus den Schriften und Veröffentlichung der Heimatgemeinschaft, Schriftenreihe der Heimatgemeinschaft Eckernförde, Nr. 13, hg. von der Heimatgemeinschaft Eckernförde, Eckernförde 2001, S. 91–152.

Christian Kock: Seehandel und Schifffahrt in Eckernförde; in: 700 Jahre Stadt Eckernförde. Beiträge zur Erforschung und Beschreibung der Geschichte der Stadt aus den Schriften und Veröffentlichung der Heimatgemeinschaft, Schriftenreihe der Heimatgemeinschaft Eckernförde, Nr. 13, hg. von der Heimatgemeinschaft Eckernförde, Eckernförde 2001, S. 153–219.

Gerhard Kraack: Das Flensburger Schiffergelag in Vergangenheit und Gegenwart, Kleine Reihe der Gesellschaft für Flensburger Stadtgeschichte, Heft 3, Flensburg 1979.

Martin Krieger: Geschichte Hamburgs, München 2006.

Karl B. Kühne und Günther Spelde (Hg.): Das deutsche Seelotsenwesen. Von den Ursprüngen bis in die heutige Zeit, Bremen 2006.

Rainer Lagoni, Hellmuth St. Seidenfus und Hans-Jürgen Teuteberg (Hg.): Nord-Ostsee-Kanal. hg. im Auftrag des Bundesministeriums für Verkehr, Neumünster 1995.

Ulrich Lange (Hg): Geschichte Schleswig-Holsteins – Von den Anfängen bis zur Gegenwart, 2., verbesserte und wesentlich erweiterte Auflage, Neumünster 2003.

Michael Legband: 50 Jahre Kiel-Oslo, Lübeck 2011.

Theodor Link: Flensburgs Überseehandel von 1755 bis 1807, seine wirtschaftliche und politische Bedeutung im Rahmen des dänisch-norwegischen Seehandels, Quellen und Forschungen zur Geschichte Schleswig-Holsteins, Bd. 38, Neumünster 1959.

Walter Lüden: Föhrer Seefahrer und ihre Schiffe, 2., vollst. überarb. Auflage, Heide/Holstein 1989.

Heinrich Mehl (Hg.): Historische Schiffe. Vom Nydamboot zur Gorch Fock, Heide/Holstein 2002.

Heinrich Mehl und Doris Tillmann (Hg.): Fischer, Boote, Netze: Geschichte der Fischerei in Schleswig-Holstein; Heide 1999.

Dirk Meier: Land in Sicht. Entwicklung der Seefahrt an Nord- und Ostsee, Heide 2009.

Klaus Mewe: 100 Jahre Segelclub Eckernförde; in Jahrbuch der Heimatgemeinschaft Eckernförde 58, 2000, S. 51–61.

Jürgen Meyer: Segelschiffsbau und Segelschifffahrt an der Kieler Förde im 18. und 19. Jahrhundert, Dissertation zur Erlangung des Doktorgrades an der Philosophischen Fakultät der Christian-Albrechts-Universität zu Kiel, Kiel 1949.

Jürgen Meyer: 150 Jahre Blankeneser Schiffahrt 1785–1935, Hamburg 1968.

Ingwer Ernst Momsen: Hinrich Brarens, in: Biographisches Lexikon für Schleswig-Holstein und Lübeck, Bd. 6, Neumünster 1982, S. 36–37.

Hans-Werner Niemann: Europäische Wirtschaftsgeschichte vom Mittelalter bis heute, Darmstadt 2009.

Wilhelm Nürnberg: Eckernförder Yachtmannschaften; in Jahrbuch der Heimatgemeinschaft Eckernförde 55, 1997, S. 167–170.

Wanda Oesau: Schleswig-Holsteins Grönland-fahrt auf Walfischfang und Robbenschlag vom 17.–19. Jahrhundert, Glückstadt 1937.

Christian Ostersehlte: Die Deutsche Gesellschaft zur Rettung Schiffbrüchiger, Schriften des Deutschen Schiffahrtsmuseums, Bd. 26, Hamburg 1990.

Christian Ostersehlte: Der Bugsierdienst der Handelskammer zu Lübeck. In: Zeitschrift des Vereins für Lübeckische Geschichte und Altertumskunde, Lübeck Bd. 71, 1991, S. 221–310.

Christian Ostersehlte: Der Eiswinter 1929 in Lübeck. Zeitschrift des Vereins für Lübecki-sche Geschichte und Altertumskunde, Lü-beck Bd. 77, 1997, S. 140–183.

Christian Ostersehlte: Von Howaldt zu HDW. 165 Jahre Entwicklung von einer Kieler Ei-sengießerei zum weltweit operierenden Schiffbau und Technologiekonzern, Ham-burg 2004.

Christian Ostersehlte: Reederei und Schifffahrt-sagentur Sartori & Berger 1858–1918, Bd. 84, Heft 5 der Mitteilungen der Gesellschaft für Kieler Stadtgeschichte, Kiel 2008.

Volker Plagemann (Hg.): Übersee. Seefahrt und Seemacht im deutschen Kaiserreich, Mün-chen 1988.

Thorsten Prange: Das Marine-Ehrenmal in La-boe. Geschichte eines deutschen National-symbols, Wilhelmshaven 1996.

Jürgen Rath: … doch stehlen können sie meis-terlich! Über Strandungen, Strandräuber und Strandvögte, Hamburg 2007.

Martin Rheinheimer: Der fremde Sohn, Hark Olufs' Wiederkehr aus der Sklaverei, Nord-friesische Quellen und Studien, Bd. 3, Neu-münster 2001.

Martin Rheinheimer (Hg.): Mensch und Meer in der Geschichte Schleswig-Holsteins und Süddänemarks, Studien zur Wirtschafts- und Sozialgeschichte Schleswig-Holsteins, Bd. 47, Neumünster 2010.

Brar C. Roeloffs: Von der Seefahrt zur Landwirt-schaft. Ein Beitrag zur Geschichte der Insel Föhr, 2. Auflage, Neumünster 1985.

Jürgen Rohweder: 250 Jahre Schiffswerft La-boe. Von der Dorfschmiede zu Werft und Yachtzentrum, Hamburg 2011.

Hartmut Rübner: Konzentration und Krise der deutschen Schifffahrt. Maritime Wirtschaft und Politik im Kaiserreich, der Weimarer Re-publik und im Nationalsozialismus, Deutsche Maritime Studien, Bd. 1, Bremen 2005.

Reinhard Scheiblich: Sterne unter Wolken. Ge-schichte und Geschichten rund um deutsche Leuchttürme, Hamburg 2003.

Otto Schlenska: 100 Jahre Kieler Yacht-Club, Kiel 1987.

Lars U. Scholl (Hg.): Technikgeschichte des in-dustriellen Schiffbaus in Deutschland, 2 Bde., Hamburg 1994.

Catharina Spethmann: Schiffahrt in Schleswig-Holstein 1864–1939, Dissertation zur Erlan-gung des Doktorgrades an der Philosophi-schen Fakultät der Christian-Albrechts-Uni-versität zu Kiel, Kiel 2002.

Uwe Steffen: Der erfolgreichste Walfänger der Nordfriesen. Matthias der Glückliche und seine Zeit, Nordfriesische Lebensläufe, Bd. 8, Bredstedt 2004.

Gerd Stolz: Der alte Eiderkanal – Schleswig-Hol-steinischer Kanal, Heide/Holstein 1983.

Gerd Stolz: Die schleswig-holsteinische Marine 1848–1852, 2., verbesserte Auflage, Heide 1987.

Gerd Stolz: Historische Stätten der Marine in Schleswig-Holstein, Heide 1990.

Günter Thye: 50 Jahre Marinegeschichte an der Flensburger Förde 1956–2006, 3. Auflage, Flensburg 2009.

Frank Trende: Schleswig-Holstein in den 50er Jahren, Heide 2006.

Richard W. Unger: Shipping and Economic Growth 1350–1850, Global Economic Histo-ry Series, Bd. 7, Leiden 2011.

Walther Vogel: Die Deutschen als Seefahrer. Kurze Geschichte des deutschen Seehandels und Seeverkehrs von den Anfängen bis zur Gegenwart, Hamburg 1949.

Harald Voigt: Die Nordfriesen auf den Hambur-ger Wal- und Robbenfängern 1669–1839, Studien zur Wirtschafts- und Sozialgeschich-te Schleswig-Holsteins, Band 11, Neumüns-ter 1987.

Klaus Volbehr: Gesundheit an Bord, Kleine Ge-schichte der Hygiene und Arzneimittelver-sorgung auf Schiffen, bearbeitet und her-ausgegeben von Klaus-Peter Kiedel, 2. Auf-lage, Hamburg 1987.

Heinrich Walle: Rahsegler in Deutschland. Von der Seewarte bis zur GORCH FOCK. Kleine Schriftenreihe zur Militär- und Marinege-schichte, Bochum 2009.

Heinrich Walle (Hg.): Moderne Ausbildung in historischen Mauern. 100 Jahre Offiziersausbildung an der Marineschule Mürwik, herausgegeben im Auftrag des Deutschen Marine Instituts, Bonn 2010.

Hans-Jürgen Warnecke: Schiffsantriebe. 5000 Jahre Innovation, Hamburg 2005.

Rolf-Harald Wippich: Risiken des Fernostgeschäfts: Piratenüberfälle auf norddeutsche Handelsschiffe im Chinesischen Meer (1840–1870); in: Hansische Geschichtsblätter, 125 Jg., 2007, S. 143–168.

Jann M. Witt: Die dänisch-gesamtstaatliche Mittelmeerfahrt und die Barbaresken; in: Schleswig-Holstein, 3/98, S. 12–14.

Jann M. Witt: Schleswig-Holstein und die Deutsche Marine 1848–1852; in: Schleswig-Holstein, 11/98, S. 2–8.

Jann M. Witt: Seefahrt im Umbruch am Beispiel der Reederei Otte in Eckernförde; in: Jahrbuch der Heimatgemeinschaft Eckernförde, 58. Jg., 2000, S. 27–50.

Jann M. Witt: 'Master next God?' Der nordeuropäische Handelsschiffskapitän vom 17. bis zum 19. Jahrhundert., Schriftenreihe des Deutschen Schiffahrtsmuseums, Bd. 57, Hamburg 2001.

Jann M. Witt (Hg.): Eckernförde – Geschichte einer Hafen- und Marinestadt, Hamburg 2006.

Jann M. Witt: Education and Training: Nautical Certification: John B. Hattendorf (Hg.): The Oxford Encyclopaedia of Maritime History, Oxford University Press, Oxford/New York 2007, S. 632–648.

Jann M. Witt: Handel und Schifffahrt in den Herzogtümern Schleswig und Holstein im 16. und 17. Jahrhundert; in: Marion Bej-schowetz-Iserhoht und Rainer Hering (Hg.): 99 Silbermünzen – Der Haselauer Münzfund aus der Zeit des Dreißigjährigen Krieges, Veröffentlichungen des Landesarchivs Schleswig-Holsteins, Schleswig 2008, S. 67–80.

Jann M. Witt: Die Ostsee – Schauplatz der Geschichte, Primus Verlag, Darmstadt 2009.

Jann M. Witt und Heiko Vosgerau (Hg.): Geschichte Schleswig-Holsteins – anschaulich – spannend – verständlich, Heide 2010.

Jann M. Witt: Die Meuterei auf der „L'Espèrance". Konflikte an Bord deutscher und dänischer Schiffe im 18. und 19. Jahrhundert; in: Martin Rheinheimer: Mensch und Meer in der Geschichte Schleswig-Holsteins und Süddänemarks, Studien zur Wirtschafts- und Sozialgeschichte Schleswig-Holsteins Bd. 47, Neumünster 2010, S. 203–232.

Jann M. Witt: Erinnern und Gedenken: Das Marine-Ehrenmal in Laboe als Erinnerungsstätte an die Flucht über die Ostsee: Bill Niven (Hg.): Die Wilhelm Gustloff. Geschichte und Erinnerung eines Untergangs, Halle (Saale) 2011, S. 171-204.

Jann M. Witt: Piraten – Eine Geschichte von der Antike bis heute, Darmstadt 2011.

Jann M. Witt: Von Schwarz-Rot-Gold zu Schwarz-Rot-Gold. Eine kurze Geschichte der deutschen Marinen von 1848 bis heute, hg. vom Deutschen Marinebund e.V., Berlin/Laboe 2011.

Jann M. Witt: Die Festung Friedrichsort. Ostseegeschichte an der Kieler Förde, Kiel 2012.

Gudrun Wolfschmidt (Hg.): Geschichte der Navigation, Nuncius Hamburgensis. Beiträge zur Geschichte der Naturwissenschaften, Bd. 14, Hamburg 2008.

Glossar

Abdrift: Unerwünschtes seitliches Versetzen durch den Wind.

Abfallen: Vom Winde wegdrehen.

Achterdeck: Der hintere Teil des Oberdecks, Aufenthaltsort der Schiffsführung.

Achtern: Hinten.

Anderthalbmaster: Schiff mit zwei Masten, wobei der vordere Mast höher ist als der hintere.

Am Wind: Kurs des Schiffs, bei dem der Wind so weit wie möglich von vorn einfällt.

Auflegen: Die zeitweilige Außerbetriebnahme eines Schiffes.

Back: Der vordere Teil des Oberdecks.

Backbord: In Fahrtrichtung gesehen die linke Seite des Schiffs.

Backbrassen: Ein Segel so stellen, dass es die Fahrt des Schiffs hemmt.

Bake: Feste, in Ufernähe an Land errichtete Seezeichen ohne Leuchtfeuer sowie Stangen und Pricken (s.d.) zur Markierung der Fahrwasser.

Barbaresken, Barbareskenkorsaren: Islamische Seeräuber aus Nordafrika. Von ihren Stützpunkten Tunis, Tripolis, Algier und Sallé machten die Barbaresken bis weit in den Atlantik hinein Jagd auf europäische Handelsschiffe, raubten die Ladung und nahmen die Mannschaft und die Passagiere gefangen, um Lösegeld zu erpressen oder sie als Sklaven zu verkaufen. Erst der Angriff der Briten auf Algier 1816 und die Kolonialisierung Nordafrikas durch die Franzosen im Jahr 1830 machten ihrem Treiben ein Ende.

Bark: Handelsschiff mit mindestens drei Masten, das an den vorderen Masten Rah- und am hinteren Mast Gaffelsegel führt.

Beidrehen: Durch Backbrassen der Segel die Fahrt aus dem Schiff nehmen.

Besanmast: Nur mit Gaffelsegel getakelter hinterer Mast eines Dreimasters.

Bilge: Tiefster Raum des Schiffs direkt über dem Kiel, wo sich Schwitz- und überkommendes Wasser sammelt.

„Billigflaggen-Staaten": Länder mit offenen Schiffsregistern, in denen ausländische Eigentümer ihre Schiffe zu wesentlich geringeren Kosten registrieren lassen können. Durch niedrigere Heuern, Steuervergünstigungen sowie geringere Ausbildungs- und Sicherheitsstandards besaßen Schiffe aus „Billigflaggen-Staaten" lange Zeit einen deutlichen Wettbewerbsvorteil. In den 1990er Jahren wurden jedoch durch internationale Übereinkünfte wie STCW 95 (Standards of Training, Certification and Watchkeeping for Seafarers) und ISM (International Safety Management) weltweit einheitliche Sicherheitsstandards eingeführt.

Block: Umlenkrolle für Tauwerk.

Bojer: Aus den Niederlanden stammender, rund gebauter Küstensegler mit fülligen Formen, flachem Boden und Seitenschwertern.

Bramsegel: An rahgetakelten Masten das dritte Segel von unten, über den Marssegeln.

Brassen: 1. Taue, mit deren Hilfe die Rahen nach links und rechts gedreht werden können. 2. Die Rahen mit Hilfe der Brassen bewegen.

Brigg: Mittelgroßer zweimastiger Schiffstyp, der an beiden Masten Rahsegel sowie am Großmast zusätzlich ein Gaffelsegel fährt.

Bruttoraumzahl (BRZ): siehe Raumzahl.

Bruttoregistertonnen (BRT): siehe Registertonne.

Bugspriet: Über den Bug hinausragende Stenge, an der das Vorstag (siehe: Stag) zum Abstützen des vordersten Mastes befestigt ist. Auf größeren Schiffen wird der Bugspriet durch den Klüverbaum verlängert.

Commerzlast (CL): Einheit zur Angabe der Transportfähigkeit von Schiffen. In Altona war eine Commerzlast das Äquivalent von 5.200 hamburgischen Pfund (zu 484,46 Gramm), im übrigen Gesamtstaat dagegen von 5.200 dänischen Pfund (zu 499,43 Gramm). In metrische Maße umgerechnet entspricht eine Commerzlast rund 2,6 Tonnen und damit ungefähr der Ladung eines Pferdefuhrwerks.

Container: Genormter stählerner Transportbehälter. Als internationaler Standard hat sich der 20 Fuß (etwa 6,10 Meter) lange, acht Fuß (etwa 6,50 Meter) breite und acht Fuß und sechs Zoll (etwa 2,60 Meter) hohe TEU (Twenty-foot-Equivalent-Unit) etabliert. Diese Container können mit bis zu 20 Tonnen Fracht beladen werden. Die FEU (Forty-foot-Equivalent-Unit) ist bei gleicher Breite und Höhe doppelt so lang und kann bis zu 30 Tonnen Fracht aufnehmen. Darüber hinaus gibt es Spezialcontainer, etwa für flüssige Fracht oder lebende Tiere.

Deck: Die horizontale Unterteilung sowie der obere Abschluss des Schiffskörpers.

Dichtholen: An einem Tau ziehen.

Dreidecker: Segellinienschiff mit drei übereinander liegenden Geschützdecks.

Entern: 1. Ersteigen eines Mastes. 2. Übersetzen auf ein feindliches Schiff.

Ewer: Niederländisch für „Einfahrer"; Nordseeküstensegler mit einen bis anderthalb Masten und flachem Boden.

Faden: Tiefenmaß, entspricht 1,829 Metern.

FEU: Siehe Container.

Fieren: Ein Tau nachlassen.

Flaggschiff: Führungsschiff eines Geschwaders, auf dem der befehlshabende Admiral oder Kommodore seine Flagge bzw. seinen Stander gesetzt hat.

Fleute: Aus den Niederlanden stammender, nach ökonomischen Gesichtspunkten konstruierter dreimastiger Handelsschiffstyp mit rundem Heck und stark eingezogenen Seitenwänden.

Fockmast: Der vordere Mast eines vollgetakelten Schiffs.

Frachtfahrt: Beförderung von Waren im Auftrag fremder Kaufleute gegen Bezahlung.

Fregatte: Ein dreimastiges Segelkriegsschiff mit einem Geschützdeck, das mit 20 bis 44 Kanonen bestückt war, meist eingesetzt als Aufklärer oder Handelsstörer. Heute größeres Kriegsschiff, das auf eine bestimmte Aufgabe, wie U-Boot-Jagd, Flugabwehr oder Bekämpfung von Überwasserfahrzeugen, spezialisiert ist.

Freihafen: Ein Hafen, in dem keine Zölle und Abgaben erhoben werden, so dass Waren unverzollt umgeschlagen und gelagert werden können.

Gaffelsegel: Ein längsschiffs stehendes, viereckiges Segel, das mit einer Längsseite am Mast und mit der Oberseite an einer Spiere, der sogenannten „Gaffel" befestigt ist. Die Unterseite ist häufig an einer zweiten Spiere, dem „Baum", befestigt.

Galeasse: Anderthalbmastiger Handelsschiffstyp, der besonders an der Unterelbe und in der Ostsee verbreitet war.

Galiot: Aus den Niederlanden stammender Handelsschiffstyp mit einem bis drei Masten und einem breiten, bauchigen Rumpf. Ähnlich der Kuff, aber mit einem etwas schärferen Unterwasserschiff.

Gangspill: Senkrecht stehende, mittels Spillspaken durch Menschenkraft betriebene Winde zum Aufheißen schwerer Lasten, zum Lichten des Ankers usw.

Großmast: Bei dreimastigen Schiffen der mittlere, bei zweimastigen Schiffen der hintere Mast.

Großsegel: Bezeichnung für das unterste Segel am mittleren Mast eines Dreimasters, das Gaffelsegel eines Kutters oder das hintere Gaffelsegel eines Schoners.

Gut: Sämtliches Tauwerk eines Schiffs; wird unterschieden in stehendes Gut, das die Masten stützt, und laufendes Gut, das zur Handhabung der Segel dient.

Halse, halsen: Segelmanöver, mit dem eine Kursänderung verbunden ist. Bei der Halse dreht das Schiff im Gegensatz zur Wende mit dem Wind, bis es auf dem anderen Bug am Wind liegt.

Helling: Geneigte Ebene am Ufer, auf der ein Schiff erbaut wird und von der es vom Stapel läuft.

Heck: Das hintere Ende des Schiffs.

Hissen: Hochziehen eines Segels, einer Flagge oder einer Rah.

Huker: Aus den Niederlanden stammender ein- bis dreimastiger Handelsschiffstyp mit breitem Bug, rundem Rumpf und rundem Heck.

Jagt oder Jacht: An der schleswig-holsteinischen Ostseeküste weit verbreiteter einmastiger Küstensegler mit Spiegelheck, fülligem Rumpf mit recht großem Tiefgang und einer Tragfähigkeit von drei bis 24 Commerzlasten.

Kabellänge: Nautisches Längenmaß, entspricht mit 185,2 Metern einem Zehntel einer Seemeile.

Kaperschiff: Bei Kaperschiffen handelte es sich um Schiffe privater Eigner, die in Kriegszeiten durch ein staatliches Dokument, den sogenannten Kaperbrief, dazu befugt wurden, gleichsam als „lizensierte Piraten" feindliche Schiffe aufzubringen. Weil die Kaperschiffe vor allem an schnellem Gewinn interessiert waren, griffen sie in der Regel nur Handelsschiffe an, die leichte Beute versprachen, wobei sie dafür bekannt waren, es mit den Rechten neutraler Schiffe nicht so genau zu nehmen. Durch die Pariser Seerechtsdeklaration von 1856 wurde die Kaperei abgeschafft.

Kapitän: 1. Führer eines Handelsschiffs; 2. Bezeichnung für die Stabsoffizierdienstgrade in der Marine: Korvettenkapitän (Major), Fregattenkapitän (Oberstleutnant) und Kapitän zur See (Oberst).

Kappen: Ein Tau oder etwas anderes abhauen.

Kentern: Umkippen eines Schiffs.

Klassifikationsgesellschaften: Dienstleistungsunternehmen, die technische Richtlinien zum Bau von Schiffen erarbeiten und auf der Basis dieser Bauvorschriften neugebauten Schiffen eine sogenannte „Klasse" erteilen, die unter anderem als Basis für die Berechnung von Schiffs- und Ladungsversicherungen dient. Die Klassifikationsgesellschaften kontrollieren in regelmäßigen Abständen den Erhaltungszustand der von ihnen zertifizierten Schiffe, vergleichbar dem TÜV bei Kraftfahrzeugen.

Klipper: Im 19. Jahrhundert entwickelter Schnellsegler mit schlankem, stromlinienförmigen Rumpf und scharfem Bug.

Klüverbaum: Stenge zum Verlängern des Bugspriets.

Knoten: Geschwindigkeitsmaß; ein Knoten entspricht einer Geschwindigkeit von einer Seemeile (s.d.) pro Stunde.

Kommandant: Befehlshabender Offizier eines Kriegsschiffs. Im Gegensatz zum Begriff „Kapitän" handelt es sich dabei um eine Dienststellung, nicht um einen Dienstrang. Auch ein Offizier ohne Kapitänsrang konnte und kann Kommandant eines Kriegsschiffs sein.

Kondemnieren: Eine Prise für rechtmäßig erklären.

Konterbande: Verbotene, den Feind militärisch unterstützende Handelswaren, wie Waffen und Munition, deren Transport neutralen Staaten durch einen Krieg führenden Staat untersagt wurde.

Korvette: Leichtes Aufklärungsfahrzeug, meist als Vollschiff getakelt. Heute kleineres maschinengetriebenes Kriegsschiff mit einer den Fregatten ähnlichen Bewaffnung.

Kraweel: Baumethode für hölzerne Schiffe, bei der die Planken stumpf aufeinander stoßen und dadurch eine glatte Schiffswand bilden.

Kreuzen: Sich abwechselnd über Steuerbord- und Backbordbug gegen den Wind nach Luv arbeiten.

Kreuzer: Größeres Kriegsschiff mit hoher Geschwindigkeit und großem Fahrbereich, mit leichter bis mittlerer Artillerie bewaffnet; ursprünglich für Aufklärungszwecke vorgesehen. Als sogenannter „Schlachtkreuzer" Großkampfschiff mit schwerer Bewaffnung, aber relativ schwacher Panzerung.

Kreuzmast: Mit Rah- und Gaffelsegeln getakelter hinterste Mast eines Dreimasters.

Kuff: Aus den Niederlanden stammender Handelsschiffstyp mit einem bis drei Masten und einem breiten, bauchigen Rumpf.

Last: Einheit zur Angabe der Transportfähigkeit von Schiffen. Eine Last entspricht etwa zwei metrischen Tonnen.

Laufendes Gut: Bewegliche Teile der Takelage, die zur Kontrolle der Segel dienen.

Lee: Die dem Wind abgewandte Seite.

Legerwall: Gefährliche Situation, bei der ein Segelschiff durch auflandigen Wind, Wellen oder Strömung auf die Küste getrieben wird.

Linienfahrt: Fahrt eines Handelsschiffs nach festem Fahrplan.

Linienschiff: 1. Großes Kriegsschiff mit mindestens 64 Kanonen, die auf zwei und mehr Geschützdecks verteilt waren. Benannt nach der Fähigkeit, in der Schlachtlinie zu segeln. Bis 1918 auch die offizielle Bezeichnung für die Schlachtschiffe der Kaiserlichen Marine. 2. Handelsschiff, das nach festem Fahrplan auf einer bestimmten Strecke verkehrt.

Loten: Die Wassertiefe messen.

Lotse: Erfahrener Nautiker, der den Kapitän eines Schiffes beim Befahren eines See-, Fluss- oder Kanalreviers berät.

Luke: Öffnung im Deck oder im Schiffsrumpf.

Luv: Die dem Wind zugewandte Seite des Schiffs.

Luven: Auf die Windrichtung zudrehen.

Mark Banco/Mark Courant: Die Mark Banco war eine Hamburger Rechenwährung, die nicht in Münzform existierte. Später wurde in Hamburg die „Mark Courant" als Münze geprägt, deren Wert sich jedoch von der Mark Banco unterschied.

Marssegel: Zweites Rahsegel von unten.

Maßeinheiten: 1 Tonne (1000 kg) = 0,5 Last (Mittelwert: ~2000 kg) = 0,33 Commerzlast (~ 3000 kg).

Navigation: Bestimmung des Standortes und des Kurses eines Schiffes auf See. Dabei wird unterschieden zwischen der terrestrischen Navigation, die sich an Land und Seezeichen orientiert, und der astronomischen Navigation, d.h. der Standortbestimmung mit Hilfe von Himmelskörpern, sowie der meteorologischen Navigation, der Nutzung des durch langjährige Beobachtung erworbenen Wissens um die in bestimmten Gebieten herrschenden Wetterbedingungen für die Bestimmung des Segelkurses.

Navigationsakte: 1651 von Oliver Cromwell erlassenes, 1660 und 1696 durch weitere Verordnungen ergänztes Schifffahrtsgesetz zum Schutz der englischen Handelsschifffahrt vor ausländischer, vor allem niederländischer Konkurrenz. Nur englische Schiffe, die mit englischen Seeleuten bemannt waren und nach englischen Häfen fuhren, durften Handel mit englischen Kolonien treiben. Desgleichen durfte die Einfuhr nach England nur noch auf englischen Fahrzeugen oder auf Schiffen des Ursprungslands erfolgen. Die Navigationsakte wurde erst 1849 aufgehoben.

Nettoraumzahl (NRT): siehe Raumzahl.

Nettoregistertonnen (NRT): siehe Registertonne.

Oktant: Winkelmessgerät zur Ortsbestimmung auf See, kann Winkel bis zu 90° messen; Vorläufer des Sextanten, hat im Gegensatz zu diesem einen kürzeren Kreisbogen.

Ostindienfahrer: Ein großes, bewaffnetes, dreimastiges Handelsschiff, das von den europäischen Ostindienkompagnien auf der Route nach Asien eingesetzt wurde.

Ostindienkompagnien: Staatlich monopolisierte Handelsgesellschaften zum Handel mit Ostindien, China und dem Fernen Osten. Von den zahlreichen europäischen Ostindienkompagnien erlangten nur die niederländische Vereenigte Oostindische Compagnie (V.O.C.) und die englische East India Company wirkliche Bedeutung.

Partenreederei: Aufteilung des Schiffseigentums auf mehrere Personen, die Anteile oder „Parten" an dem Schiff besitzen, zur Verringerung des finanziellen Risikos bei einem Schiffsverlust. Oft war auch der Schiffer an dem von ihm geführten Schiff beteiligt.

Pinaßschiff: Aus den Niederlanden stammender dreimastiger Schiffstyp. Mit der Fleute verwandt, aber mit schlankerem Rumpf und plattem Spiegelheck.

Pinne: Hölzerner Hebel zum Bewegen des Ruders.

Plattboden: Flacher Schiffsboden, vor allem gebräuchlich an der Nordseeküste, um das Umkippen des Schiffes beim Trockenfallen im Wattenmeer bei Ebbe zu verhindern.

Plattgatt: siehe Spiegelheck

Prahm, Prähme: Kastenförmiges, flachgehendes Wasserfahrzeug ohne Eigenantrieb.

Prigge oder Pricke: Häufig im Wattenmeer verwendete Fahrwasserkennzeichnung durch in den Meeresboden gesteckte fünf bis sieben Meter hohe Birken oder Holzstangen mit Zweigbüscheln.

Prise: Gekapertes Schiff.

Prisengericht: Gericht, das die Aufbringung eines Schiffs auf seine Rechtmäßigkeit überprüfte. Prozesse vor Prisengerichten konnten Jahre dauern. Ebenso sind zahlreiche Fälle von Korruption und Unterschlagungen bei Prisengerichtsverfahren bekannt.

Raumzahl: Da die Schiffsvermessung nach BRT bzw. NRT nicht ohne Mängel war, wurde 1982 ein neues internationales Vermessungssystem auf der Basis der dimensionslosen Größen Brutto- und Nettoraumzahl eingeführt. Die Bruttoraumzahl (BRZ) wird auf der Grundlage des Inhalts aller umbauten Räume des Schiffes berechnet, die Nettoraumzahl (NRT) bezeichnet dagegen den Laderauminhalt.

Rah: Quer zum Mast angebrachtes, horizontal schwenkbares Rundholz, an dem die obere Kante des Rahsegels befestigt wird.

Rahnock: Das Ende einer Rah.

Rahsegel: An einer Rah angeschlagenes, quer zum Schiff stehendes Segel.

Reede: geschützter Ankerplatz außerhalb eines Hafens, beispielsweise in einer Bucht oder auf einem Fluss.

Reff, Reffen: Verkleinerung der Segelfläche bei starkem Wind durch Einbinden des Segels.

Registertonne (RT): Veraltete Raummaß-Einheit für die Größe von Handelsschiffen. Eine Registertonne entspricht 100 englischen Kubikfuß (ca. 2,83 Kubikmeter). Es wird unterschieden zwischen Bruttoregistertonnen (BRT), die den gesamten Rauminhalt eines Schiffes umfassen, und Nettoregistertonnen (NRT), die den Laderauminhalt eines Schiffes nach Abzug der Räume für den Schiffsbetrieb, wie Mannschaftsunterkünfte, Treibstoffbunker, Maschinenräume, angeben und zur Berechnung von Gebühren und Abgaben in Kanälen und Häfen dienten.

Riemen: An einem Ende abgeflachte, hölzerne Stange zum Antrieb von Booten, oft fälschlich als „Ruder" bezeichnet.

Rigg: Die Takelage des Schiffs.

RoRo-Schiff (englisch „roll-on-roll-off", zu deutsch „rauffahren-runterfahren"): Vorn und/oder achtern mit Toren versehenes Schiff, in das Fahrzeuge über Rampen im Verladehafen hinein- und im Zielhafen wieder herausfahren können.

Ruder: Seemännischer Ausdruck für das Steuer des Schiffs.

Rundheck: Gerundetes Heck eines Schiffes oder Bootes.

Rüsten: Befestigung der Wanten an der Bordwand.

Schanzkleid: Teil der Bordwand über dem Oberdeck, oft fälschlich als „Reling" bezeichnet.

Schiffer: frühere Bezeichnung für den Kapitän eines Handelsschiffs.

Schiffsvermessung: Ermittlung des Rauminhalts bzw. der Tragfähigkeit von Schiffen nach komplizierten Formeln. Vom Gesamtrauminhalt, der Brutto-Tonnage, wird durch Abzug bestimmter Rauminhalte, wie Unterkünfte und Maschinenräume, die Netto-Tonnage errechnet. Die in den Quellen überlieferten Zahlen für die Tragfähigkeit der Schiffe sind angesichts wechselnder Verfahren zur Schiffsvermessung und Tonnageberechnung nicht unproblematisch. Zur Zeit des dänischen Gesamtstaats wurden Schiffe in Commerzlasten vermessen, mit der Eingliederung der Herzogtümer in das Königreich Preußen wurde die international gebräuchliche Registertonne eingeführt, die wiederum 1982 durch die dimensionslose

Raumzahl ersetzt wurde. Siehe auch Commerzlast, Registertonne und Raumzahl.

Seitenschwert: Seitlich am Rumpf angebrachte hölzerne Platte, um die bei plattbodigen Schiffen besonders große Abdrift zu verringern und die Kursstabilität zu erhöhen.

Sextant: Gerät zur Messung der Winkelabstände zwischen Gestirnen und der Gestirnshöhen (Winkelabstände der Gestirne vom Horizont), kann im Gegensatz zum älteren Oktanten Winkel bis zu 120° messen; wurde lange Zeit zur astronomischen Standortsbestimmung auf See verwendet.

Schlachtschiff: Schwer bewaffnetes und stark gepanzertes maschinengetriebenes Großkampfschiff; in der Kaiserlichen Marine bis 1918 offiziell als „Linienschiff" bezeichnet.

Schmack: Anderthalbmastiger Nordseeküstensegler mit flachem Boden und Seitenschwertern.

Schnau: Abart der Brigg, bei der das Gaffelsegel an einem kleinen, direkt hinter dem Großmast angebrachten, sogenannten „Schnau-Mast" angeschlagen wurde.

Schoner: Kleines, zweimastiges Schiff mit Gaffeltakelage.

Schratsegel: Bezeichnung für alle in Längsrichtung zum Schiff stehenden Segel wie Stag- oder Gaffelsegel.

Segel: Ausgespannte Tuchfläche, mit deren Hilfe ein Fahrzeug durch den Druck des Windes vorwärts bewegt wird. Die wichtigsten Segel der damaligen Kriegsschiffe waren die Rahsegel. Ein voll getakelter Mast trug von unten: Untersegel (z.B. Fock oder Großsegel), Marssegel und Bramsegel, wobei manche Schiffe über den Bramsegeln noch Royalsegel führten. Hinzu kamen die Schratsegel, in Längsschiffrichtung stehende, nicht an einer Rah befestigte Segel, wie das Gaffelsegel am Kreuzmast oder die Stagsegel.

Segeln: Fortbewegung eines Schiffs mit Hilfe des Windes. Physikalisch gesehen, folgt das Segeln den gleichen Prinzipien wie die Auftriebskraft einer Flugzeugtragfläche. Streicht der Wind über ein Segel, entsteht ein Druckunterschied zwischen Vor- und Rückseite des Segels, der für den Vortrieb sorgt. Am besten segeln rahgetakelte Schiffe bei raumem Wind, das heißt, bei schräg von achtern über das Heck einfallendem Wind. Überdies besaßen sie die Fähigkeit zu kreuzen, das heißt, gegen den Wind zu segeln. Durch wiederholtes Wenden konnten sie – wenn auch nur langsam – in Form eines Zick-Zack-Kurses Fahrt gegen den Wind machen.

Seemeile: Nautisches Längenmaß, entspricht 1852 Metern.

Spant, Spanten: Gebogene, auf dem Kiel aufsitzende Holzbalken, die das Skelett eines Schiffs bilden. Das Spantenwerk dient zur Versteifung des Rumpfes und zur Befestigung der Beplankung.

Speigatt: Öffnung in der Bordwand über Deck, dient zum Ablauf überkommenden Wassers.

Spiegelheck oder Plattgatt: Flaches Heck eines Schiffes oder Bootes.

Spieren: Alle in der Takelage verwendeten Holzstangen, wie Masten, Rahen und Stengen.

Sprietsegel: viereckiges Segel, das mit einer Längsseite am Mast befestigt ist und durch eine diagonale Spiere gespreizt wird.

Stag: Starke Taue, die die Masten in Längsrichtung stützen.

Stagsegel: An einem Stag gesetztes Schratsegel.

Stampfen: Auf- und Niederbewegung des Schiffs in Längsrichtung.

Stehendes Gut: Die unbeweglichen Taue der Takelage, wie Wanten und Stage.

Stenge: Auf den Untermast aufgesetztes Verlängerungsstück eines Mastes.

Steuerbord: In Fahrtrichtung gesehen die rechte Seite des Schiffs.

Steuermann: Assistent des Kapitäns auf einem Handelsschiff, heute als Handelsschiffsoffizier bezeichnet.

Stückpforte: Öffnungen in der Bordwand für die Geschütze.

SWATH: Small Waterplane Area Twin Hull. Doppelrumpfschiff mit zwei torpedoförmigen Auftriebsflächen unterhalb der Wasseroberfläche, besonders unempfindlich gegen Seegang.

Takel: Seemännischer Ausdruck für einen Flaschenzug.

Takelage: Gesamtheit des stehenden und laufenden Guts eines Segelschiffs. Siehe auch: Gut.

Talje: Seemännische Bezeichnung für einen Flaschenzug.

Tdw: Tons Deadweight, bezeichnet die Gesamt-Tragfähigkeit eines Handelsschiffes. Wird wahlweise angegeben in metrische Tonnen zu je 1000 kg oder in englischen long tons zu je 1.016 kg.

TEU: Siehe Container.

Torpedoboot: Seit den 1870er Jahren entwickeltes, kleines, schnelles maschinengetriebenes Kriegsschiff, das andere Kriegsschiffe mit Hilfe von Torpedos angreift. Aus den Torpedobooten entstanden später neue Kriegsschiffstypen wie Zerstörer und Schnellboote.

Tide: Ablauf der Gezeiten zwischen Ebbe und Flut.

Tonne: Schwimmendes Seezeichen, ursprünglich wie ein Fass aus Holzdauben gefertigt.

Trampfahrt: Fahrt eines Handelsschiffs ohne festen Fahrplan je nach Ladungsangebot von Hafen zu Hafen.

Trosse: Starkes Tau.

Untermast: Der vom Kiel bis zum Mars reichende Mast, auf dem die Stenge aufsitzt.

Untersegel: Die untersten Rahsegel.

Vollschiff, vollgetakelt: Mit Rahsegeln getakelter Mast; vollgetakeltes Schiff oder Vollschiff nennt man ein Segelschiff mit mindestens drei Masten, das an allen Masten Rahsegel führt.

Wache: Um einen 24stündigen Bordbetriewb zu ermöglichen, war die Besatzung in zwei oder drei „Wachen" oder „Quartiere" eingeteilt, die abwechseln Dienst taten. Eine Wache dauerte in der Regel vier Stunden.

Wanten: Die seitlichen Stütztaue der Masten.

Wende, wenden: Segelmanöver, mit dem eine Kursänderung verbunden ist. Bei der Wende dreht das Schiff im Gegensatz zur Halse durch den Wind, bis es auf dem anderen Bug vor dem Wind liegt.

Yacht, Jacht: Segel- oder Motorfahrzeug für Sport- oder Freizeitzwecke, nicht zu verwechseln mit der schleswig-holsteinischen Jagt oder Jacht.

Zerstörer: Ursprünglich ein kleines maschinengetriebenes Kriegsschiff zur Abwehr von Torpedobooten, heute hauptsächlich mit Waffen zur See-, Luft- und Landzielbekämpfung sowie mit U-Boot-Abwehrwaffen ausgerüstetes Allzweckkriegsschiff.

Zweidecker: Segelkriegsschiff mit zwei übereinander liegenden Batteriedecks.

Zweimaster: Schiff mit zwei Masten, wobei der hintere höher ist als der vordere.

Maritime Museen in Schleswig-Holstein

BRUNSBÜTTEL

Museum an der Schleuse
Informationszentrum des Wasser- und Schifffahrtsamtes.
Gustav-Meyer-Platz, 25541 Brunsbüttel,
Tel.: 4852/8850,
15. März bis 15. November, www.nok-wsa.de

Heimatmuseum Brunsbüttel
Ausstellung zur Stadtgeschichte mit maritimem Schwerpunkt.
Markt 4, 25541 Brunsbüttel,
Tel.: 04852/7212,
www.brunsbuettel.de/museum/home.htm

BURG (DITHMARSCHEN)

Ausstellung zur Burger Schifffahrt
Ausstellung zu Schifffahrt und Schiffbau an der Burger Au.
Große Mühlenstraße 6,
25712 Burg/Dithmarschen,
Tel.: 04825/902200,
Mai–Oktober, im Winter nur sonntags,
www.burger-museum.de

BURG (FEHMARN)

U-Bootmuseum mit Museumsschiff U 11 (S 190)
Ausstellung mit dem ehemaligen U-Boot U 11 der Bundesmarine.
Burgstaaken, Hafen, 23769 Burg/Fehmarn,
Tel.: 04371/3135

BÜSUM

Museum am Meer
Ausstellung zur Geschichte Büsums sowie zur Küstenfischerei und Krabbenverarbeitung.
Am Fischereihafen 19, 25761 Büsum,
Tel.: 04834/99418,
www.museum-am-meer.de

ECKERNFÖRDE

Museum im Alten Rathaus
Sammlung zur Stadtgeschichte und zum Gefecht von Eckernförde am 5. April 1849.
Rathausmarkt 8, 24340 Eckernförde,
Tel.: 04351/712547,
www.eckernfoerde.net/museum/aktuell.html

FLENSBURG

Schifffahrtsmuseum Flensburg
Umfangreiche Sammlung zur Flensburger Seefahrtsgeschichte
Schiffbrücke 39, 24939 Flensburg,
Tel.: 0461/852970,
www.schiffahrtsmuseum.flensburg.de

Wehrgeschichtliche Ausbildungszentrum der Marineschule Mürwik
Sammlung zur deutschen Marinegeschichte von 1848 bis heute.
Kelmstraße 14, 24944 Flensburg,
Tel.: 0461/31355876,
dienstags 14–19 Uhr (nur mit Personalausweis)

GLÜCKSTADT

Detlefsen-Museum
Ausstellung zur Stadtgeschichte sowie zu Walfang, Robbenschlag und Fischerei.
Am Fleth 43, 25348 Glückstadt,
Tel.: 04124/937630,
www.detlefsen-museum.de

HEILIGENHAFEN

Heimatmuseum
Sammlung zur Stadtgeschichte sowie zu den Themen Schifffahrt, Schiffbau und Fischerei.
Thulboden 11a, 23774 Heiligenhafen,
Tel.: 04362/3876,
April bis Oktober.
www.heiligenhafen-info.de/touristinfo/kultur/museum.htm

HELGOLAND
Museum Helgoland
Ausstellung zur Geschichte der Insel sowie zu
den Themen Fischerei und Meeresforschung.
Kurpromenade, 27498 Helgoland,
Tel.: 04725/12 92,
www.museum-helgoland.de

HUSUM
Schifffahrtsmuseum Nordfriesland
Ausstellung zu Schifffahrt, Schiffbau, Fischerei
und Walfang. Teil der Ausstellung ist das bei
Uelvesbüll gefundene Wrack eines Küstenseglers
aus dem 17. Jahrhundert.
Am Zingel 15, 25813 Husum,
Tel.: 04841/5257,
www.schiffahrtsmuseum-nf.de

KAPPELN/SCHLEI
Schlei-Museum
Sammlung zur Schifffahrt und Fischerei auf der
Schlei.
Mittelstraße 7, 24376 Kappeln,
Tel.: 04642/1428,
April–Oktober, November–März nach Absprache,
www.schleimuseum.de

KIEL
Schifffahrtsmuseum
Ausstellung über die Schifffahrts- und und
Marinegeschichte der Stadt Kiel.
Wall 65, 24103 Kiel,
Tel.: 0431/9013428,
www.kiel.de/kultur/museen/schiffahrtsmuseum.
php

**Kanalausstellung des Wasser- und Schiff-
fahrtsamtes**
Schleuseninsel 2, 24159 Kiel-Holtenau,
Tel.: 0431/3603407,
www.wsa-kiel.wsv.de

LABOE
**Marine-Ehrenmal und Technisches Museum
U 995**
Internationale Gedenkstätte für die auf See
Gebliebenen mit Ausstellung zur deutschen
Marinegeschichte. Das Technische Museum U
995 ist das letzte erhaltene U-Boot vom Typ VIIc
aus dem Zweiten Weltkrieg.
Strandstraße 92, 24233 Laboe,
Tel.: 04343/49484930, ganzjährig,
www.deutscher-marinebund.de/ehrenmal

LÜBECK
Holstentor-Museum
Ausstellung zur lübischen Seefahrtsgeschichte
im Stadttor von 1466–78, dem Wahrzeichen der
Stadt Lübeck.
Holstentorplatz, 23552 Lübeck,
Tel.: 0451/12 241-29,
www.luebeck.de/kulturbildung/museen/
holstentor/index.html

MELDORF
Dithmarscher Landesmuseum
Ausstellung zu Küstenschifffahrt und Fischerei.
Teil der Ausstellung ist Wrack vom Hedwigen-
koog, die Überreste eines Küstenseglers aus dem
17. Jahrhundert.
Bütjestr. 2, 25704 Meldorf,
Tel.: 04832/60006-0,
www.landesmuseum-dithmarschen.de

MOLFSEE
Schleswig-Holsteinisches Freilichtmuseum
Im größten Freilichtmuseum Norddeutschlands
mit mehr als 70 Haus- und Hoftypen aus
Schleswig-Holstein befindet sich auch ein
Walfänger-Kommandeurhaus von der Insel Sylt
sowie eine Reeperbahn aus Glückstadt, auf der
Taue für die Schifffahrt hergestellt wurden.
Hamburger Landstraße 97, 24113 Molfsee,
Tel.: 0431/65966-0,
von November bis 16. März nur sonntags;
www.freilichtmuseum-sh.de

MÖLTENORT
U-Boot-Ehrenmal
Gedenkstätte für die im Ersten und Zweiten
Weltkrieg gefallenen U-Boot-Fahrer sowie für
alle auf See gebliebenen U-Boot-Fahrer.
Der Besuch der Gedenkstätte ist kostenlos.
www.ubootehrenmal.de/

NEUSTADT
Ostholstein-Museum
Ausstellung zur Fischerei und zum Gefecht des
Dampfkanonenboots VON DER TANN am
20./21. Juli 1850. In einem Anbau befindet sich
das CAP-ARCONA-Museum mit einer Dokumen-
tation zur Versenkung mehrerer zur Verwahrung
von KZ-Häftlingen genutzter Schiffe durch die
britische Royal Air Force am 3. Mai 1945.
Vor dem Kremper Tor 11, 23730 Neustadt
Tel.: 04561/55 84 24,
www.oh-museum.de/oh-museum/neustadt/
index.htm

RENDSBURG

Museen im Kulturzentrum

Ausstellung zur Stadtentwicklung, der Rendsburger Schifffahrtsgeschichte sowie zum Eider- und Nord-Ostsee-Kanal.
Arsenalstraße 2–10, 24768 Rendsburg,
Tel.: 04331/331336,
www.rendsburg.de/kultur-sport/museen.html

Rendsburger Schifffahrtsarchiv

Ausstellung zur Rendsburger Schifffahrtsgeschichte im 19. und 20. Jahrhundert.
Königstraße 5, 24768 Rendsburg,
Tel: 04331/4379376, Fax: 04331/4372042,
http://www.rendsburger-schifffahrtsarchiv.de/

SCHLESWIG

Schleswig-Holsteinischen Landesmuseen Schloss Gottorf

Zur kunst- und kulturgeschichtlichen Sammlung der Schleswig-Holsteinischen Landesmuseen zählt auch die Galionsfigur des 1849 vor Eckernförde versenkten dänischen Linienschiffs CHRISTIAN VIII.
24837 Schleswig,
Tel.: 04621/813-222,
www.schloss-gottorf.de

Volkskunde Museum Schleswig

Ausstellung zur Fischerei und Fischverarbeitung an der Ostsee.
Suadicanistraße, 24837 Schleswig,
Tel.: 04621/9676-0,
www.schloss-gottorf.de/vkm/index.php

SYLT

Heimatmuseum

Ausstellung über Schifffahrt und Walfang.
Am Kliff 19, 25980 Keitum,
Tel.: 04651/32805 oder 31669,
www.soelring-foriining.de

TRAVEMÜNDE

Museum für Schifffahrtszeichen

Im 1539 errichteten Alten Leuchtturm werden Einrichtungen verschiedener Leuchttürme ausgestellt.
Am Leuchtenfeld 1, 23570 Travemünde,
Tel. 04502/8475525,
www.leuchtturm-travemuende.de

Museumsschiff PASSAT

Die 1911 in Hamburg gebaute Viermastbark ist das letzte deutsche Großsegelfrachtschiff.
Am Priwallhafen 16a, 23570 Lübeck-Travemünde,
Tel.: 0451/1225202,
www.luebeck.de/tourismusfreizeit/passat/besichtigungen.html/www.ss-passat.com

WYK AUF FÖHR

Dr. Haeberlin-Friesen-Museum

Ausstellung zu Walfang, Seefahrt, Auswanderung und der Geschichte des Seebades Wyk.
Rebbelstieg 34, 25938 Wyk auf Föhr,
Tel.: 04681/2571

Zeitleiste zur Geschichte Schleswig-Holsteins

(Jann M. Witt und Heiko Vosgerau)

1448 Christian von Oldenburg, der Neffe Herzog Adolfs VIII. von Schauenburg, wird zum dänischen König gewählt.

1459 Herzog Adolf VIII. von Schauenburg stirbt ohne direkten Erben.

1460 Wahl des dänischen König Christian I. zum Herzog von Schleswig und Grafen von Holstein. In den Wahlurkunden, der Urkunde von Ripen und der Kieler „tapferen Verbesserung", garantiert der neue Landesherr die Rechte des Adels und die Unteilbarkeit Schleswigs und Holsteins.

1462 Erster bezeugter gemeinsamer Landtag der holsteinischen und schleswigschen Stände.

1472 Erhebung Holsteins zum reichsunmittelbaren Herzogtum.

1490 Erste Landesteilung unter den Söhnen Christians I. entgegen den Bestimmungen des Ripener Vertrages und gegen den Willen der Stände.

1500 Schlacht bei Hemmingstedt.

1514 Heirat Christians II. mit Isabella von Habsburg, der Schwester des späteren Kaisers Karl V.

1520 Christian II. erringt mit Waffengewalt die schwedische Krone. Das „Stockholmer Blutbad" führt jedoch schon bald zu einer neuerlichen Aufstandsbewegung unter Gustav Wasa.

1521 Martin Luther verteidigt seine Lehre auf den Wormser Reichstag. Herzog Friedrichs Sohn Christian wird Zeuge und ist tief beeindruckt.

1523 Vertreibung König Christians II. aus seinen Reichen. Ende der Kalmarer Union: Herzog Friedrich wird König von Dänemark und Norwegen; Gustav Wasa wird schwedischer König.

1524 König Friedrich verleiht der Ritterschaft weitgehende Privilegien, u.a. die Blutgerichtsbarkeit über ihre untergehörigen Bauern. In Meldorf wird der evangelische Prediger Heinrich von Zütphen auf dem Scheiterhaufen verbrannt.

1528–1533 Friedrich I. löst die Klöster der Bettelorden auf.

1534–1536 Die „Grafenfehde". Im Krieg gegen Dänemark verliert Lübeck seine Großmachtstellung im Ostseeraum.

1544 Auf dem Rendsburger Landtag nehmen die Stände die vom Reformator Johannes Bugenhagen ausgearbeitete Kirchenordnung für die Herzogtümer an. Gegen den Protest der Stände kommt es zur zweiten Landesteilung. Neben dem königlichen Anteil Christians entstehen so der Gottorfer Teil Adolfs und der Haderslebener Teil Johanns.

1559 Die „Letzte Fehde", der Feldzug der Herzöge gegen Dithmarschen.

1564 Etablierung der „Gemeinschaftlichen Regierung" für die gemeinsam regierten Landesteile. König Friedrich II. findet die Erbansprüche seines Bruders Johann mit einigen Gebieten aus seinem Anteil ab. Die Stände verweigern die Huldigung, weshalb Johann und seine Nachfolger als die „abgeteilten Herren" keinen Anteil an der Regierung der Herzogtümer hatten.

1608–1616 In einem langwierigen Prozess gelingt es den Landesherren, die Rechte und Privilegien der Stände weitgehend zu beseitigen und die Oberhand zu gewinnen.

1616 König Christian IV. gründet die Festungsstadt Glückstadt.

1618–1648 Dreißigjähriger Krieg.

1621 Herzog Friedrich III. gründet die nach ihm benannte Friedrichstadt als Handelsplatz und religiöse Freistätte für niederländische Remonstranten.

1625 Als Herzog von Holstein und Oberst des Niedersächsischen Kreises tritt Christian IV. in den Dreißigjährigen Krieg ein, nur zögerlich unterstützt von seinem Mitherzog Friedrich.

1626 Vernichtende Niederlage Christians IV. gegen die kaiserlich-ligistischen Truppen in der Schlacht bei Lutter am Barenberge. Der König zieht sich über die Elbe nach Norden zurück.

1627 Die weit überlegenen Heere der Liga und des Kaisers besetzen die Herzogtümer und Jütland. Nur die beiden königlichen Festungen Glückstadt und Krempe leiste Widerstand.

1629 Friede von Lübeck, die kaiserlichen Besatzungstruppen ziehen sich aus den Herzogtümern zurück.

1633–1639 Persienreise im Auftrag des Gottorfer Herzogs.

1634 Die Burchardi-Flut vernichtet einen großen Teil der Insel Nordstrand.

1640 Die Grafschaft Pinneberg fällt an die Landesherren zurück. König und Herzog teilen den Besitz unter sich auf.

1643–1645 Dänisch-Schwedischer Krieg.

1644 Herzog Friedrich III. schließt mit dem schwedischen Oberbefehlshaber ein Neutralitätsabkommen.

1645 Der Frieden von Brömsebro schwächt Dänemarks Stellung im Ostseeraum.

1657/58 Dänisch-Schwedischer Krieg.

1658 Vertrag von Roskilde: Dänemark verliert seinen ganzen Besitz auf der schwedischen Halbinsel. Im Kopenhagener Vergleich erlangen die Gottorfer Herzöge die Aufhebung der Lehnsbindung und die Anerkennung der Souveränität des Gottorfer Herzogs im Herzogtum Schleswig.

1658–1660 Erneuter Krieg zwischen Dänemark und Schweden.

1660 Der Kopenhagener Frieden bestätigt die Bestimmungen des Roskilder Vertrages. Gegen den Widerstand des Adels wird in Dänemark die absolutistische Erbmonarchie eingeführt.

1661 Gottorf schließt ein Schutzbündnis mit Schweden.

1665 Mit der Lex Regia wird in Dänemark als einzigem Land Europas der Absolutismus schriftlich fixiert. Gründung der Universität Kiel durch den Gottorfer Herzog Christian Albrecht.

1667 Die gegenseitige Annäherung von Herzog Christian Albrecht und König Friedrich III mündet in dem „Glückstädter Rezeß".

1672/1674 Gottorf erneuert sein 1661 abgeschlossenes Schutzbündnis mit Schweden.

1675 Letzter Landtag der schleswigschen und holsteinischen Stände in Rendsburg. Nach der Niederlage der Schweden bei Fehrbellin zwingt der dänische König Herzog Christian Albrecht zum Verzicht auf die Souveränität. Herzog Christian Albrecht flieht nach Hamburg.

1679 Als Verbündeter Schwedens erreicht der französische König Ludwig XIV. im Frieden von Fontainebleau die Wiederherstellung der Souveränität der Gottorfer.

1684 Der dänische König macht sich die Schwäche des Gottorfer Verbündeten Schweden zunutze. Er zieht den herzoglich-gottorfischen Anteil in Schleswig ein und vereinigt ihn mit dem königlichen Gebiet.

1689 Im Altonaer Vergleich wird Christian Albrecht „restituiert" und erhält seine Gebiete zurück. Die Seemächte England und Holland garantieren die herzogliche Souveränität.

1697 Dänemark schließt ein Bündnis mit Sachsen-Polen und Russland.

1700–1721 Nordischer Krieg um die Vorherrschaft im Ostseeraum.

1700 Der Friede zu Traventhal bestätigt den Status quo in den Herzogtümern; Dänemark scheidet aus der antischwedischen Allianz aus. Gottorf steht auf dem Höhepunkt seiner Macht.

1702 Herzog Friedrich IV. verpfändet sein Herzogtum, um eine Gottorfer Beteiligung am schwedischen Feldzug in Polen zu finanzieren. Im Juli fällt der Herzog in der Schlacht von Klissov. Eine Vormundschaftsregierung übernimmt die Herrschaft für den zweijährigen Nachfolger Carl Friedrich.

1709 Dänemark tritt nach der Schlacht bei Poltava erneut in den Krieg gegen Schweden ein.

1713 Ein schwedisches Heer besetzt nach der Zerstörung Altonas die Gottorfer Festung Tönning. Der offene Neutralitätsbruch Gottorfs führt zur Annexion des gottorfischen Besitzes durch Dänemark.

1721 Vereinigung des gottorfischen Teils des Herzogtums Schleswig mit dem königlichen Anteil. Den Gottorfern bleiben nur ihre Besitzungen in Holstein. Herzog Karl

Friedrich bittet Zar Peter den Großen um Hilfe.

1725 Herzog Karl Friedrich heiratet die russische Prinzessin Anna Petrowna.

1742 Zarin Elisabeth ernennt Karl Peter Ulrich, den Sohn Herzog Karl Friedrichs, zum russischen Thronfolger und Großfürsten von Russland.

1751 Johann Hartwig Ernst Bernstorff wird dänischer Außenminister.

1756–1763 Siebenjähriger Krieg, der dänische Gesamtstaat bleibt neutral.

1762 Karl Peter Ulrich besteigt als Peter III. den russischen Thron und beginnt gegen Dänemark zu rüsten. Nach der Ermordung Peters III. kommt es unter Zarin Katharina II. zur Annäherung an Dänemark. Der Kaufmann Heinrich Carl Schimmelmann beginnt mit der Sanierung der dänischen Finanzen.

1767 Durch den „Tauschvertrag" wird die endgültige Lösung der „Gottorfer Frage" eingeleitet.

1768 Schimmelmann wird zum dänischen Schatzmeister ernannt. Die Schleswig-Holsteinische Landkommission beginnt mit der Modernisierung der Landwirtschaft. Dänemark erkennt Hamburg als freie Stadt des Deutschen Reichs an.

1770 Der Leibarzt des Königs Johann Friedrich Struensee (1737–1772) übernimmt die Macht am dänischen Hofe.

1772 Sturz Struensees, der in einem rechtlich fragwürdigen Verfahren zum Tode verurteilt wird.

1773 Andreas Peter Bernstorff wird Nachfolger seines 1772 verstorbenen Onkels J.H.E. Bernstorff. Nach der Mündigkeitserklärung der Großfürsten Paul tritt durch den Vertrag von Zarskoje Selo der 1767 vereinbarte Gebietstausch in Kraft. Dänemark schließt eine „Ewige Allianz" mit Russland. Mit Ausnahme der Herzogtümer wird Dänisch im Gesamtstaat als Amtssprache und als Kommandosprache im Heer eingeführt.

1774–1836 Landgraf Carl von Hessen königlicher Statthalter in den Herzogtümern.

1776 Ein neues Staatsbürgerschaftsgesetz erlaubt nur noch dänischen Staatsbürgern den Zugang zu staatlichen Ämtern.

1776–1783 Amerikanischer Unabhängigkeitskrieg, der dänische Gesamtstaat bleibt neutral.

1777–1784 Bau des Schleswig-Holsteinischen Kanals.

1779 Nach dem Aussterben der männlichen Linie der Glücksburger Herzöge fallen deren Besitzungen an den dänischen König.

1780 Nach britischen Übergriffen schließen sich die neutralen Seemächte zur „Bewaffneten Neutralität" zusammen. Andreas Peter Bernstorff nimmt seinen Abschied aus dem Staatsdienst.

1784 Kronprinz Friedrich übernimmt in einem Staatsstreich die Regentschaft für seinen geisteskranken Vater und ruft Bernstorff aus dem Ruhestand zurück.

1787 Gründung der Zeitschrift „Schleswig-Holsteinische Provinzialberichte" durch August Christian Heinrich Niemann Professor für Kameralwissenschaft an der Universität Kiel.

1788 Gründung der Schleswig-Holsteinischen Bank in Altona. Die Herzogtümer erhalten eine eigene, an Lübeck angelehnte Währung.

1788–1790 Russisch-schwedischer Krieg, der dänische Gesamtstaat bleibt neutral.

1800 Preußen, Dänemark, Schweden und Russland schließen sich erneut zu einer „Bewaffneten Neutralität" zusammen.

1801 Schlacht von Kopenhagen, ein britisches Geschwader vernichtet die dänische Flotte fast vollständig.

1805 Die Leibeigenschaft in den Herzogtümern wird aufgehoben.

1806 Nach dem Ende des Heiligen Römischen Reiches erklärt der dänische Regent Friedrich Holstein durch das Inkorporationspatent zu einem „ungetrennten Teil" der gesamtstaatlichen Monarchie.

1807 Alle Verordnung erscheinen fortan in deutscher und dänischer Sprache und alle Bewerber um eine Stellung im Staatsdienst müssen dänische Sprachkenntnisse nachweisen. Im September erfolgt ein zweiter Angriff der Briten auf Kopenhagen. Dänemark schließt ein Militärbündnis mit Napoleon und beteiligt sich an der Kontinentalsperre.

1808/09 Der Gesamtstaat führt Krieg mit Schweden.

1813 Dänemark muss den Staatsbankrott erklären. Die Barbestände der Schleswig-Holsteinischen Bank werden beschlagnahmt und die Währungsautonomie der Herzogtümer aufgehoben.

1814 Im Januar kapituliert Dänemark. Der Friede von Kiel reduziert den Gesamtstaat in seiner Fläche um ein Drittel, der dadurch von einer Mittelmacht zu einem außenpolitisch von den Großmächten abhängigen Kleinstaat schrumpft.

1815 Dänemark tauscht Schwedisch-Vorpommern gegen das Herzogtum Lauenburg und eine Zahlung von zwei Millionen Talern. Die „Schleswig-Holsteinische Kanzlei" wird in „Schleswig-Holstein-Lauenburgische Kanzlei" umbenannt. Der dänische König wird für Holstein und Lauenburg Mitglied im Deutschen Bund.

1815 Der Kieler Historiker Friedrich Dahlmann spricht in seiner Waterloo-Rede als erster vom „schleswig-holsteinischen Gedanken".

1830 In der Flugschrift „Über das Verfassungswerk in Schleswigholstein" fordert Uwe Jens Lornsen eine Trennung der Herzogtümer von Dänemark und die Umwandlung des Gesamtstaates in einen Doppelstaat.

1832 Fertigstellung der ersten künstlichen Straße von Altona nach Kiel.

1834 Provinzialständeverfassung: Schleswig und Holstein erhalten getrennte Ständeversammlungen, die im Wesentlichen auf beratende Aufgaben beschränkt bleiben. Durch eine Verwaltungsreform wird auf Schloss Gottorf die Schleswig-Holsteinische Regierung als Mittelinstanz und der Kieler Oberappellationsgerichtshof eingerichtet.

1842 Orla Lehmann fordert ein Dänemark vom Øresund bis zur Eider.

1844 Deutsches Volks- und Sängerfest in Schleswig. Die nationalen Gegensätze verhärten sich.

1844 Erste Eisenbahnstrecke von Altona nach Kiel.

1846 Im „Offenen Brief" erklärt der dänische König, das dänische Erbfolgerecht sei auch in Schleswig gültig.

1848–1851 Schleswig-Holsteinische Erhebung gegen Dänemark.

1848 Die „Provisorischen Regierung" in Kiel übernimmt im März die Regierung in den Herzogtümern. Begründung: Der Herzog sei „unfrei" in seinen Entscheidungen. Zugleich schließt die Regierung sich den Einigkeits- und Freiheitsbestrebungen in Deutschland an. Im April erhalten die Herzogtümer militärische Hilfe durch Preußen und Bundestruppen. Im August wird der Waffenstillstand von Malmö geschlossen. Im September tritt das schleswig-holsteinische Staatsgrundgesetz in Kraft.

1849 Anfang April kündigt Dänemark den Waffenstillstand. Im Juli kommt es nach russischen Drohungen unter britischer Vermittlung zum Berliner Waffenstillstand.

1850 Preußen und Dänemark schließen im Juli in Berlin einen Friedensvertrag. Im gleichen Monat unterliegt die schleswig-holsteinische Armee den Dänen in der Schlacht bei Idstedt. Im August erkennen die europäischen Großmächte im Ersten Londoner Protokoll die Integrität des dänischen Gesamtstaates an. In der Punktation von Olmütz gibt Preußen im November dem Druck Österreichs nach und beteiligt sich an der Bundesexekution gegen Holstein.

1851 Österreichische und preußische Truppen besetzen Schleswig-Holstein. Der dänische König sagt den deutschen Mächten zu, eine Gesamtstaatsverfassung zu erlassen und Schleswig nicht in das Königreich zu inkorporieren.

1852 Im Mai werden die Herzogtümer im Zweiten Londoner Protokoll erneut der Herrschaft des dänischen Königs unterstellt. Zugleich wird die Integrität des dänischen Gesamtstaates garantiert. Als Thronfolger, wird Christian von Schleswig-Holstein-Sonderburg-Glücksburg bestimmt.

1855 Holstein und Schleswig werden neue Ständeverfassungen oktroyiert. Entgegen den Verträgen wird eine engere Verbindung Dänemarks mit Schleswig etabliert und zugleich eine restriktive Sprachpolitik in den gemischtsprachigen Gebieten Mittelschleswigs betrieben.

1863 Das Patent vom 30. März löst eine europäische Krise aus. Im Rahmen einer Bundesexekution besetzen hannoversche und sächsische Truppen im Dezember die zum

Deutschen Bund gehörigen Herzogtümer Holstein und Lauenburg.

1864 Der Konflikt um Schleswig eskaliert zum Deutsch-Dänischen Krieg. Dänemark verweigert die Aufhebung der vertragswidrigen Maßnahmen, worauf preußische und österreichische Truppen in Schleswig einrücken. Im Frieden von Wien tritt Dänemark die Herzogtümer Schleswig, Holstein, Lauenburg an Österreich und Preußen ab, die fortan die Territorien gemeinsam verwalten.

1865 Die preußisch-österreichischen Gegensätze verschärfen sich, können aber durch den Vertrag von Bad Gastein zunächst beigelegt werden. Fortan wird Schleswig durch einen preußischen, Holstein durch einen österreichischen Statthalter regiert. Zugleich tritt Österreich gegen eine Abfindung das Herzogtum Lauenburg an Preußen ab.

1866 Preußisch-Österreichischer Krieg. Nach der Niederlage Österreichs überträgt Kaiser Franz Josef im Friedensvertrag von Prag seine Rechte an den Herzogtümern Schleswig und Holstein an den König von Preußen, wobei allerdings Nordschleswig, sollten die Einwohner" durch freie Abstimmung den Wunsch zu erkennen geben", an Dänemark abgetreten werden soll.

1867 Schleswig-Holstein wird preußische Provinz. In der Folge werden Justiz und Verwaltung nach preußischem Vorbild neu geordnet.

1870 Schleswig wird Provinzhauptstadt.

1870/71 Deutsch-französischer Krieg.

1876 Das Herzogtum Lauenburg wird Teil der preußischen Provinz Schleswig-Holstein.

1888 In der Sprachverfügung vom 18. Dezember wird Deutsch als Unterrichtssprache eingeführt. Dadurch werden die dänischen Nordschleswiger in einen Konflikt mit dem preußischen Staat geführt.

1890 Helgoland wird von den Engländern an das Deutsche Reich übergeben.

1895 Eröffnung des Nord-Ostsee-Kanals.

1898–1901 „Köllerpolitik", Anwendung von Druckmitteln gegenüber Dänischgesinnten.

1914–1918 Erster Weltkrieg.

1918 Infolge der Meuterei der Kieler Matrosen kommt es zur Revolution im Deutschen Reich.

1919 Der Friedensvertrag von Versailles verfügt eine Volksabstimmung über die nationale Zugehörigkeit in Nordschleswig und Mittelschleswig.

1920 Im Februar entscheiden sich die Nordschleswiger für die Zugehörigkeit zu Dänemark, die Abstimmung in Mittelschleswig im März ergibt dagegen eine Mehrheit für Deutschland.

1924–1929 In Schleswig-Holstein beginnt eine Phase der wirtschaftlichen Gesundung. Zugleich ebbt der Streit um die Grenz- und Nationalitätenfrage allmählich ab.

1929–1933 Das weitgehend agrarisch geprägte Schleswig-Holstein leidet schwer unter der Weltwirtschaftskrise. Es kommt zu Demonstrationen und vereinzelten Gewalttaten der Landvolkbewegung. Infolge der Krise kommt es zu großen Wahlerfolgen der Nationalsozialisten, die bei den Reichstagswahlen im Juli 1932 51 Prozent der Stimmen erhalten.

1933–1945 Nationalsozialistische Diktatur.

1936 Olympische Segelwettkämpfe auf der Kieler Förde.

1937 Durch das Großhamburg-Gesetz werden Altona und Wandsbek zusammen mit weiteren Gemeinden an Hamburg abgetreten, während gleichzeitig Lübeck, das ehemalige Fürstbistum Lübeck, Geesthacht und weitere Landgemeinden in die preußische Provinz Schleswig-Holstein eingegliedert werden.

1939–1945 Zweiter Weltkrieg. Kiel, Lübeck und Neumünster erleiden durch alliierte Bombenangriffe schwere Verwüstungen.

1945 Schleswig-Holstein wird Teil der britischen Besatzungszone. Am 23. Mai wird in Flensburg die geschäftsführende Reichsregierung unter Dönitz verhaftet.

1944/45–1950 Aus den deutschen Ostgebieten strömen über 1, 1 Millionen Flüchtlinge und Vertriebene nach Schleswig-Holstein.

1945 Im Mai ernennt die britische Besatzungsmacht Dr. Otto Hoevermann zum Oberpräsidenten, im November wird Theodor Steltzer (CDU) sein Nachfolger (ab August 1946 Ministerpräsident).

1946 Im Februar wird der erste Landtag ernannt. Ministerpräsident Steltzer steht einer De-facto-Koalition von CDU, SPD und KPD vor. Im August wird aus der preußischen Provinz Schleswig-Holstein ein „selbständiges Land". Im Dezember wird der zweite Landtag ernannt, Ministerpräsident Steltzer steht nun einer De-facto-Koalition von CDU und SPD vor.

1947 Im Februar wird Preußen durch ein Gesetz des Alliierten Kontrollrats formell aufgelöst. Im April wird der erste Landtag gewählt. Regierungspartei wird die SPD unter Ministerpräsident Hermann Lüdemann (SPD). Mit fast 100.000 Wählern erreicht die „neudänische" Bewegung, die eine Verschiebung der deutsch-dänischen Grenze nach Süden fordert, ihren Höhepunkt.

1949 Im Mai wird die Bundesrepublik Deutschland gegründet. Im August tritt Ministerpräsident Lüdemann zurück. Sein Nachfolger wird Bruno Diekmann (SPD). Die Kieler Erklärung vom 26. September erklärt: Das Bekenntnis zum dänischen Volkstum und zur dänischen Kultur ist frei. Im Dezember wird die schleswig-holsteinische Landessatzung verabschiedet.

1950 Nach der zweiten Landtagswahl kommt es zum Regierungswechsel. Neuer Ministerpräsident wird Dr. Walter Bartram (CDU), der einer Koalition aus CDU, BHE, FDP und DP vorsteht.

1951 Ministerpräsident Bartram tritt zurück, sein Nachfolger wird Friedrich-Wilhelm Lübke (CDU).

1952 Die Briten geben die Insel Helgoland zurück, die nach dem Krieg als Bombenziel diente.

1953 Mit dem Programm Nord beginnt eine durchgreifende Agrarreform.

1954 Nach der Wahl zum dritten Landtagswahl tritt Friedrich-Wilhelm Lübke zurück, neuer Ministerpräsident wird Kai-Uwe von Hansel (CDU). Er regiert mit einer Koalition aus CDU, GB/BHE und FDP.

1955 In den Bonn-Kopenhagener Erklärungen verpflichten sich Deutschland und Dänemark zur Anwendung der demokratischen Grundrechte bei der Behandlung der jeweiligen Minderheiten.

1958 Nach der vierten Landtagswahl kommt es zur Bildung einer Koalitionsregierung aus CDU und FDP.

1962 Nach der großen Sturmflut im Februar wird der Generalplan Küstenschutz verabschiedet. Die Wahl zum fünften Landtag bestätigt die Koalition aus CDU und FDP.

1963 Kai-Uwe von Hassel tritt zurück, neuer Ministerpräsident wird Dr. Helmut Lemke (CDU).

1967 In der sechsten Landtagswahl zieht mit 5,8 Prozent der Stimmen die rechtsextreme NPD mit vier Abgeordneten in den Landtag ein.

1970 Die Gemeinde- und Kreisgrenzen werden reformiert und die Zahl der Kreise zunächst auf 12, 1974 auf 11 verringert.

1971 In der Wahl zum siebten Landtagswahl erringt die CDU die absolute Mehrheit. Nach dem Rücktritt von Dr. Helmut Lemke wird Dr. Gerhard Stoltenberg (CDU) neuer Ministerpräsident.

1972 Olympische Segelwettbewerbe auf der Kieler Förde.

1975 In der achten Landtagswahl kann die CDU ihre absolute Mehrheit erfolgreich verteidigen.

1977 Durch den Zusammenschluss der Landeskirchen von Schleswig-Holstein, Eutin, Lübeck, Hamburg und des Kirchenkreises Harburg entsteht die „Nordelbische Evangelisch-Lutherischen Kirche".

1979 Auch in der neunten Landtagswahl verteidigt die CDU trotz Stimmverlusten ihre absolute Mehrheit.

1982 Nach dem Rücktritt von Dr. Gerhard Stoltenberg wird Dr. Dr. Uwe Barschel (CDU) neuer Ministerpräsident.

1983 In der zehnten Landtagswahl kann die CDU ihre absolute Mehrheit erneut verteidigen.

1987 Nach der elften Landtagswahl kommt es im Oktober als Konsequenz aus der „Barschel-Affäre" zum Rücktritt von Dr. Dr. Uwe Barschel als Ministerpräsident. Neuer geschäftsführender Ministerpräsident wird Dr. Henning Schwarz (CDU). Im Oktober stirbt Uwe Barschel in Genf auf mysteriöse Weise.

1988 Infolge der Barschelaffäre kommt es zu Neuwahlen, in denen die SPD die absolute

Mehrheit erringt. Neuer Ministerpräsident wird Björn Engholm (SPD).

1990 Am 1. August tritt die neue Verfassung des Landes Schleswig-Holstein in Kraft.

1992 In der Wahl zum dreizehnten Landtag kann die SPD unter Ministerpräsident Björn Engholm ihre absolute Mehrheit verteidigen. Zugleich zieht mit 6,3 Prozent der Stimmen die rechtsextreme DVU mit sechs Abgeordneten in den Landtag ein.

1993 Nach der sogenannten Schubladenaffäre und Vorwürfen wegen seiner Aussagen im sogenannten „Barschel-Pfeiffer-Ausschuss" tritt Ministerpräsident Engholm zurück. Als erste Frau wird Heide Simonis (SPD) zur Ministerpräsidentin eines deutschen Bundeslands gewählt.

1996 Wahl zum vierzehnten Landtag. Die SPD verliert die absolute Mehrheit. Ministerpräsidentin Heide Simonis regiert fortan an der Spitze einer rot-grünen Koalition.

2000 In der Wahl zum fünfzehnten Landtag wird die rot-grüne Koalition bestätigt.

2005 Bei der Wahl zum sechzehnten Landtag am 20. Februar 2005 verliert die rot-grüne Koalition ihre Mehrheit. Zugleich verfehlt auch die CDU zusammen mit ihrem desig-

nierten Koalitionspartner FDP die Mehrheit der Mandate. Nachdem am 17. März die Bildung einer vom SSW tolerierten rot-grünen Minderheitsregierung scheitert, einigen sich CDU und SPD auf die Bildung einer Großen Koalition. Am 27. April wird Peter Harry Carstensen (CDU) zum neuen Ministerpräsidenten gewählt.

2009 Nach dem Scheitern der großen Koalition erreichen CDU und FDP bei den vorgezogenen Neuwahlen am 27. September eine knappe parlamentarische Mehrheit und bilden eine Koalitionsregierung unter Ministerpräsident Peter Harry Carstensen.

2010 Am 30. August stellt das schleswig-holsteinische Verfassungsgericht fest, dass das Wahlgesetz nicht im Einklang mit der Verfassung steht, und ordnet bis spätestens zum 30. September 2010 Neuwahlen an. Die Sitzverteilung im Kieler Landtag bleibt jedoch unangetastet.

2011 Nach der vom schleswig-holsteinischen Verfassungsgericht angeordneten Neuwahl vom 6. Mai bilden SPD, Grüne und SSW eine Koalition. Zum neuen Ministerpräsidenten wird am 12. Juni der bisherige Kieler Oberbürgermeister Thorsten Albig (SPD) gewählt.

Bildnachweis

Sammlung Oliver Krauß, Altenholz: 247; Archiv Quedens, Amrum: 50; Museum Apenrade: 79; 130 (u.), 180; Reederei Jebsen, Apenrade: 188 (m.), 213; Sammlung Gert Uwe Detlefsen, Bad Segeberg: 195, 215 (u.l.), 289, 301; BIAS: 205, 259 (o.); Deutsches Schifffahrtsmuseum, Bremerhaven: 14 (u.), 42 (u.), 48, 54, 264; Deutsche Stiftung Sail Training, Bremerhaven: 96 (o.); Museum Eckernförde: 35, 82, 83, 199 (o.l.), 206 (u.), 207, 219, 220 (u.), 221, 223 (o.), 231 (o.), 252 (u.), 259 (u.), 284 (o.); Archiv der Fachhochschule Flensburg: 165, 170; Stadtarchiv Flensburg: 99, 129, 150, 187 (u.), 184, 185 (u.), 188 (u.), 198 (u.l), 199 (u.l.), 204 (m.l./m.r/u.), 212 (u.), 237 (o.); Sammlung Brodersen, Flensborghus, Flensburg: 89, 90, 110, 129 (o.), 138, 155; Schifffahrtsmuseum Flensburg: 16 (u.), 37, 52 (u.), 53 (o.), 55 (u.), 73, 84, 97 (o.), 100 (o.), 105 (o.), 105 (Rd.), 111, 128 (u.), 133 (u.r.), 156, 164, 182, 186 (u.), 187, 197, 198, 204 (o.), 222 (u.), 223 (u.), 241, 254, 257, 280, 281, 284 (m.); Städtisches Museum Flensburg: 79, 135 (u.); Wehrgeschichtliches Ausbildungszentrum Marineschule Mürwik, Flensburg-Mürwik: 216 (o.), 253, 271 (o.), 277 (o.); Sammlung Theodor Tedsen, Flensburg: 185 (o.), 279 (o.); Archiv des Friesenmuseums, Föhr: 101; H.D. Habbe, Föhr: 44 (u.); Sammlung N. Roeloffs, Föhr: 50 (o.); Nationalhistorisches Museum, Frederiksborg, 107, 114 (u.), 147; Stadtarchiv Friedrichstadt: 26; Presse- und Informationszentrum der Marine, Glücksburg: 146 (o.), 237 (u.), 291 (u.), 292, 293, 295, 308; Dethleffsen-Museum, Glückstadt: 25; Stadtarchiv Glückstadt: 136; Sammlung Jens Harrebye, Hadersleben: 188 (o.); Altonaer Museum, Hamburg: 36 (u.), 80; 83 (Rd.), 84 (o.), 88 (o.l.), 112 (o.), 116 (u.), 119, 130, 134 (o.), 194; Archiv Hapag-Lloyd, Hamburg: 296; Museum für Hamburgische Geschichte, Hamburg: 34 (u.), 255; Sammlung Horn, Hamburg: 115; Staatsarchiv Hamburg: 120 (o.), Stiftung Bruhn, Hamburg: 42 (Rd.); Archiv Gerd Bockhorn, Harrislee: 153, 154; Reinhard Scheiblich, Hamburg: 50 (u.); Museen der Kommune Helsingör: 27; Nordfriesisches Museum Ludwig-Nissen-Haus, Husum: 225; Schifffahrtsmuseum Nordfriesland, Husum: 55 (o.), 95 (u.); H. Kraft, Kleiseer Koog: 240; Archiv HDW, Kiel: 145 (o.), 189 (o.r.), 199 (u.r.), 200 (u.), 201, 276 (o.) 284 (u.), 285, 287 (Rd.), 298; Archiv der Landeshauptstadt Kiel: 200 (o.), 226 (o.), 229 (u.), 242 (o.), 248, 251, 274; Archiv Sartori & Berger, Kiel: 190 (m.), 190 (u.), 191, 192, 277, 316; Landesamt für Denkmalpflege, Kiel: 20, Schleswig-Holsteinische Landesbibliothek, Kiel: 10, 19, 32, 36 (o.), 41, 43, 59, 98 (o.), 112 (u.), 114 (Rd.), 122, 123, 143 (l.), 162 (o.), 174, 175 (u.), 177, 189 (o.l.), 223 (m.), 238 (o.), 241 (u.r.), 244 (o.); Stadtplanungsamt der Landeshauptstadt Kiel: 29; Stadt- und Schifffahrtsmuseum Kiel: 28, 49, 53 (u.), 61, 96 (u.), 113 (o.), 132, 133 (o.), 133 (u.l.), 134 (u.), 144, 145 (Rd.), 162 (u.), 189 (u.), 190 (o.), 201 (o.r.), 202 (o.), 207, 212 (o.), 222 (u.), 224, 228 (u.), 230, 231 (u.), 234 (u.), 236, 238 (u.), 261; Archiv Wasser- und Schifffahrtsamt Kiel: 96 (u.), 215, 217; Heinz Klaskala, Kiel: 299 (o.); Archiv Michael Legband, Kiel: 215; Archiv Jann M. Witt, Kiel: 7; 17 (o.),18, 23 (Rd.), 39 (o.), 40, 44 (u.), 47; 52 (o.), 75, 77, 81 (Rd.), 84 (u.l.); 86, 88 (u.r.), 89, 100 (u.), 101 (Rd.), 122, 152 (o.), 176, 218, 220 (o.), 232 (o.l.), 235, 271 (u.), 278, 279 (u.), 287, 288, 294, 297, 311, 314; Dänisches Reichsarchiv, Kopenhagen: 94 (o.); Königliche Bibliothek, Kopenhagen: 13, 104, 105, 151; Königliche Kupferstichsammlung, Kopenhagen: 17 (u.), 78; Ny Carlsberg Glyptotek, Kopenhagen: 30 (u.); Nationalmuseum, Kopenhagen: 103; Orlogsmuseet, Kopenhagen: 124 (o.); Archiv Reederei Maersk, Kopenhagen: 173; Handels- und Seefahrtsmuseum, Kronborg: 84 (u.r.), 85, 87 (o.), 88 (o.r.), 91, 104 (o.), 116 (o.), 119, 125, 126, 131 (o.), 135 (o.); Archiv Deutscher Marinebund, Laboe: 121, 139, 143 (r.), 145 (u.), 146, 152 (u.), 167, 226 (u.), 227, 228 (o.), 229 (o.), 232, 233, 242 (u.), 243, 244, 245, 246, 250, 252 (o.), 258, 260, 264 (m.), 266, 267, 268, 269, 270, 272, 276 (u.), 286, 290 (o.), 291; Museumshafen Probstei (Uwe Sturm), Laboe: 175 (o.), Archiv Schiffswerft Laboe: 203; Britisches Museum, London: 117; National Maritime Museum, London: 30 (l.), 98 (u.); Haus Stache, Lübeck: 42 (o.); Museum für Kunst und Kulturgeschichte der Stadt Lübeck: 181, 206 (o.); Dithmarscher Landesmuseum, Meldorf: 22, 87; Freilichtmuseum Molfsee: 44 (o.); Werner-von-Siemens-Institut, München: 140; Museum Nyborg: 14 (o.), 23 (o.); Cornelia Grobe, Pinneberg: 153; Schleswig-Holsteinisches Landesarchiv, Schleswig: 14; Stiftung Schleswig-Holsteinische Landesmuseen, Schleswig: 16 (o.), 24, 26, 30 (o.), 128; Museum Sonderburg: 34 (Rd.); Eiderstedter Heimatmuseum, St. Peter-Ording: 118; Archiv Dr. Jürgen Rohwedder, Stein: 202 (u.), 209; Landesarchiv Viborg: 64; Max Broders: 199 (o.r.), H. Hammon: 21 (Rd.); L. Hermannsen: 21 (o.); Ullstein Bilderdienst: 234; Wikipedia: 168; YPS Peter Neumann: 186 (o.).

Leider war es uns nicht in allen Fällen möglich, die Inhaber der Bildrechte festzustellen. Wir bitten gegebenenfalls um Nachricht.

Zu diesem Thema ebenfalls in unserem Verlag erschienen:

Dirk Meier

Land in Sicht
Entwicklung der Seefahrt an Nord- und Ostsee

ISBN 978-3-8042-1272-5

Jann Markus Witt/Heiko Vosgerau (Hg.)

Geschichte Schleswig-Holsteins
anschaulich · spannend · verständlich

ISBN 978-3-8042-1313-5

Schriftenreihe der Deutschen Maritimen Akademie – Band 2

ISBN 978-3-8042-1367-8

© 2012 by Boyens Medien GmbH & Co. KG, Heide
Alle Rechte vorbehalten
Herstellung: Boyens Buchverlag GmbH und Co. KG, Heide
Layout und Gestaltung: Dörte Kromrei
Umschlaggestaltung: Wiebke Hennings
Druck: Kösel, Krugzell
Printed in Germany